KEY PROJECT OF NATIONAL SOCIAL SCIENCE FUND

国家社科基金项目 [项目号：15BKS038]

ZHONGGUO TESE SHEHUIZHUYI
"XINSANNONG" XIETONG FAZHAN YANJIU

中国特色社会主义"新三农"协同发展研究

王国敏 等／著

四川大学出版社
SICHUAN UNIVERSITY PRESS

项目策划：蒋姗姗　舒　星
责任编辑：蒋姗姗
责任校对：刘　畅
封面设计：墨创文化
责任印制：王　炜

图书在版编目（CIP）数据

中国特色社会主义"新三农"协同发展研究 / 王国敏等著． — 成都：四川大学出版社，2021.4
ISBN 978-7-5690-4703-5

Ⅰ．①中… Ⅱ．①王… Ⅲ．①三农问题－研究－中国 Ⅳ．① F32

中国版本图书馆 CIP 数据核字（2021）第 085630 号

书名	中国特色社会主义"新三农"协同发展研究
著　者	王国敏　等
出　版	四川大学出版社
地　址	成都市一环路南一段 24 号（610065）
发　行	四川大学出版社
书　号	ISBN 978-7-5690-4703-5
印前制作	四川胜翔数码印务设计有限公司
印　刷	成都东江印务有限公司
成品尺寸	185mm×260mm
印　张	24.25
字　数	576 千字
版　次	2021 年 7 月第 1 版
印　次	2021 年 7 月第 1 次印刷
定　价	168.00 元

◆ 版权所有 ◆ 侵权必究

◆ 读者邮购本书，请与本社发行科联系。
　电话：(028)85408408/(028)85401670/(028)86408023　邮政编码：610065
◆ 本社图书如有印装质量问题，请寄回出版社调换。
◆ 网址：http://press.scu.edu.cn

四川大学出版社
微信公众号

内容摘要

　　农业、农村和农民问题,是关系改革开放和社会主义现代化建设全局,关系国计民生的根本性重大问题。对农业、农村和农民问题的研究,构成了中国共产党领导和推动"三农"工作,深刻把握社会主义建设规律,以及推进马克思主义中国化、时代化研究的一项十分重要的内容。改革开放四十年来的中国,无论是国民经济的整体发展,还是农业农村的现代化建设,都取得了举世瞩目的成就。中国特色社会主义"三农"发展在道路、理论、制度、文化各方面的集中展现和全面进步,形成了与世情、国情、党情和农情相适应的中国特色社会主义农业农村现代化发展道路,给世界上那些既希望加快工业化和城镇化,又希望实现农业农村现代化的国家和民族提供了全新选择和途径,为解决人类城乡融合发展和"三农"协同发展贡献了中国智慧和中国方案。但又不容否认,在急速前行的新型工业化、城镇化、信息化、现代化的浪潮中,随着我国城乡流动性增强以及城镇化、工业化、信息化对乡村社会带来强烈的结构性、技术性和价值性冲击,农业和农村被现代化发展的阴影所遮蔽、解构、遗弃;乡村社会整体出现衰退和衰败,以及呈现出包括人口、土地、产业、基建、宅基地、基层组织在内的乡村地域空间整体空心化。因此,如何在快速工业化、城镇化、信息化、农业现代化、绿色化叠加的"并联式"现代化进程中实现城乡协调、产业协同以及"政府—市场—社会"主体协作,可能是迄今为止世界上所有国家都面临过或正在面临的共同问题。而对于地处东亚"小农经济圈"的世界上最大的发展中国家——中国而言,这个问题显得尤为突出和紧要。

　　党的十八大以来,面对城乡产业结构、人口结构、文化结构、技术结构、空间结构和生态格局的转换,面对乡村地域农业经营主体结构变化、农业产业结构升级、农村空间结构演化,面对中国特色社会主义"三农"发展的新情况、新问题、新特征、新趋势,党和国家明确了推动"三农"工作要从"新农村建设"升级到"乡村全面振兴",从"城乡统筹"演化到"城乡融合"发展阶段的总体战略取向。当前,我国已开启全面建设社会主义现代化国家新征程。我国"三农"工作重心也迎来了从"决胜脱贫攻坚"向"全面推进乡村振兴"战略任务的历史性转移。"乡村"政策话语的再现超越了传统"农村"政策话语的认识边界,超越了"只见物、不见人"的新农村建设模式,超越了传统工业化、城市化偏向战略思维,形成了新时代城市与乡村价值等值和功能互补的城乡关系新定位。为此,城乡融合时代以乡村振兴全面破解城乡发展不平衡、农业农村发展不充分等突出问题,推进中国特色社会主义新农业、新农民、新农村实现"产业—主体—空间"的协同发展、整体发展和全面发展,成为新时代"进入新发展阶段"党和国家领导和推动"三农"工作的决策共识。

因此,在党的十五届三中全会提出的"全面推进农村经济发展和社会进步,建成富裕民主文明的社会主义新农村",党的十六届五中全会提出的"按照生产发展、生活宽裕、乡风文明、村容整洁、管理民主的要求,坚持从各地实际出发,尊重农民意愿,扎实稳步推进新农村建设",党的十七届三中全会提出的"农业是安天下、稳民心的战略产业,没有农业现代化就没有国家现代化,没有农村繁荣稳定就没有全国繁荣稳定,没有农民全面小康就没有全国人民全面小康"和党的十八大政治报告提出的"推动城乡发展一体化"的基础上,党的十九大政治报告进一步明确了中国特色社会主义进入"强起来"时代的历史方位之后,"坚持农业农村优先发展,按照产业兴旺、生态宜居、乡风文明、治理有效、生活富裕的总要求","实施乡村振兴战略",是党和国家在决胜全面小康社会攻坚阶段、开启全面建设社会主义现代化国家新征程和实现中华民族复兴伟业时代推动"三农"工作的总纲领、总遵循和总抓手。党的十九届五中全会指出"十四五"时期,是乘势而上开启全面建设社会主义国家新征程、向第二个百年奋斗目标进军的第一个五年。民族要复兴,乡村必振兴。全面建设社会主义现代化国家,实现中华民族伟大复兴,最艰巨、最繁重的任务在农村,最广泛、最深厚的基础依然在农村,新发展阶段构建新发展格局,畅通城乡经济循环,潜力后劲在"三农",根本抓手是"优先发展农业农村,全面推进乡村振兴"。

实施乡村振兴战略,是习近平新时代中国特色社会主义思想的有机组成部分,是习近平新时代中国特色社会主义经济思想的重要内容。实施乡村振兴战略,推动农业全面升级、农村全面进步、农民全面发展,丰富和拓展了中国特色社会主义新农业、新农村、新农民协同发展的新内涵、新要求和新内容,是以习近平总书记为核心的党中央领导集体站在改革开放以来党和国家重视、领导和推动"三农"工作积累的丰富实践经验和取得的巨大发展成就基础上,结合党的十八大以来全面加强党对"三农"工作的领导、牢固树立新发展理念、落实高质量发展要求,围绕统筹推进"五位一体"总体布局和协调推进"四个全面"战略布局,面向中华民族进入"强起来"新时代、全面开启建设社会主现代化强国新征程而做出的关于"三农"发展的重大决策部署。实施乡村振兴战略,是坚持农业农村优先发展,协同推动城镇化的乡村振兴。乡村全面振兴应与城镇化发展并行不悖,要在协同重视"城镇化"与"乡村振兴""两点论"基础上坚持"乡村全面振兴"和"农业农村优先发展"的"重点论"。

乡村是具有自然、经济、社会、文化、政治等特征的地域综合体,兼具生产、生活、生态等多重功能,与城镇互促互进、共生共荣,共同构成人类社会经济活动的主体性空间。乡村兴则国家兴,乡村衰则国家衰。因此,实施乡村振兴战略,推进中国特色社会主义"新三农"协同发展,整合乡村地域综合体"主体—产业—空间"多维要素,坚持国家战略、地方实践、行为主体的宏观、中观与微观的统筹,是摒弃城乡融合时代线性式"都市化幻想""城镇化想象",以及建构承认城乡差异性、多样性及认同乡村价值性的题中之义。从传统"乡土中国"发展到"后乡土中国"或"城乡融合"时代,我国人民日益增长的美好生活需要和不平衡不充分的发展之间的矛盾在乡村地域空间最为突出，我国仍处于并将长期处于社会主义初级阶段的基本特征也集中体现在乡村，农业基础薄弱、农村发展滞后、城乡差距较大的局面仍未根本改变，农业依然是新型工业化、信息化、城镇化、农业现代化、绿色化同步发展中的短板，农村还是全面建成小康社会的薄弱环节。换句话讲，全面建成小康社会和建成社会主义现代化强国，最艰巨、最繁重的任务在农村，最广泛、最深厚的基础在农村，最大的潜力和后劲也在农村。以乡村全面振兴战略引领"新农业、新农村、新农民"协同发展，就是要着力挖掘农村发展潜力，培育新型农业业态，优化乡村空间格局，完善农业农村发展体制机制，健全涉农政策体系，破解新时代我国社会主要矛盾，为建设现代化经济体系，建设美丽中国，传承中华优秀传统文化，提升基层社会治理能力，实现全体人民共同富裕奠定坚实的乡村社会基础。

长期以来，无论是在学术界还是在政策部门，"农业现代化""现代农业"的提法耳熟能详，而"农业农村现代化""新三农"概念相对少见少提。推动城乡融合时代的乡村振兴，引领中国特色社会主义"新农业、新农村、新农民"协同发展，坚持农业农村优先发展，实现产业兴旺、生态宜居、乡风文明、治理有效、生活富裕，意味着党和国家对农村工作的定位和要求已经发生了重大转变。在"经过长期努力，中国特色社会主义进入新时代"的宏观叙事中，要超越"三农"发展的"问题域"逻辑，以"积极发展"话语将"三农"作为一个整体加以系统研究，以更加全面、综合、整体的思维思考和解决"城乡中国"时代，或者说"后乡土中国"时代的"三农"问题。如果单纯地将农业、农村、农民孤立地，甚至是相互割裂地进行研究，以农业问题替代农村问题，以局部的、个体的农民问题替代总体性的乡村问题，都会在理论和政策导向上造成混乱。因此，从"清单式问题域"的批判性单向思维向"协同型发展论"的建构性整合框架的范式转换，是中国特色社会主义"三农"协同发展研究具有逻辑必然性的学术进路。本书在寻求多学科对话的基础上以马克思主义中国化研究为主学科视域，以中国特色社会主义"新三农"协同发展为旨归，尝试通过"旧三农"与"新三农"异质性比较、"新三农"研究的范式转换、理论建构、历史剖析、战略重构、机制完善、动力整合等内容展开，摆脱理论界在"三农"研究中的自说自话、政策界涉农政策相互冲突的现实困境，为新时代"三农"协同发展的理论研究和政策制定提供有益参照。

具体而言，中国特色社会主义"新农业、新农村、新农民"协同发展研究，主要包括以下内容：

第一，"新三农"协同发展的研究对象。"新三农""新"的内涵、特征、目标、趋向是中国社会主义现代化进程中农村生产力与生产关系、农业发展方式与农民生活方式交互作用以及城乡融合发展进程中乡村社会阶层结构变迁的必然结果；"新三农"协同发展是解放生产力、发展生产力与变革农村生产关系的辩证统一，是权力、市场与社会有机整合的必然选择。二者共同构成本书的研究对象。

第二，"新三农"协同发展的研究缘起和理论建构。从中国经济进入"新常态"的现实和丰富中国特色社会主义理论体系的要求出发，阐述"新三农"研究缘起。在纵向理论的演进上，以马克思主义经典作家"三农"协同发展思想为基点，梳理马克思主义中国化的"新三农"协同发展思想；在横向理论的援引上，突出与西方诸多农业农村发展思想的对话。在理论溯源基础上，提出新时代"三农"协同发展研究要超越传统"产业结构转换"的经济视域局限，明确新时代"三农"协同发展已经形成了从"新农村建设"到"乡村全面振兴"、重构城乡空间新格局的决策共识，即基于实施乡村振兴战略背景和城乡"空间结构共生"整合视域出场的"新三农"协同发展研究。本书一定程度上拓展了城乡融合时代以乡村振兴为战略引领的"三农"研究的"空间化"策略和取向。以乡村振兴引领"新三农"协同发展的理论框架建构，是本书的重要创新之处。

第三，"三农"协同发展的历程、经验和特色。纵观改革开放四十年来"三农"发展历程，厘清中国特色社会主义"三农"发展"从哪里来、现在在哪里、将到哪里去"这一历史发展逻辑，就能把"三农"问题看得深、把得准。本书将改革开放以来中国特色社会主义"三农"发展历程划分为制度创新（1979—1984）、市场化导向（1985—2002）、统筹城乡发展（2003—2012）、从城乡一体化到城乡整合引领下的乡村振兴（2013至今）四个阶段，详细梳理了改革开放以来"四个阶段"主要是围绕生产责任制实行初期生产关系变革、非农产业兴起带来的政策调整、工业化进程中的"三农"新举措以及中国特色社会主义新时代"三农"发展战略转换等实践进程。进而，依据"历史进程"提炼了中国特色社会主义"三农"发展所形成的包括本质遵循、思想前提、根本要求、重要手段、基础保障"五条基本经验"，并揭示了中国特色社会主义"三农"发展所彰显本源性与科学性、人民性与时代性、求实性与协调性、实践性与开放性"四大特色表征"。

第四，"新三农"协同发展的主要矛盾与国际挑战。总体上看，"新三农"发展面临着来自三个层面的矛盾：一是农业、农村、农民各自内部的矛盾；二是农业、农村、农民之间的矛盾；三是农业、农村、农民与新型工业化、城镇化、信息化、绿色化之间的矛盾。具体看，"新三农"协同发展存在"六大矛盾"：农产品质量安全与农业生态环境恶化的矛盾、农业现代化与新型农业经营主体发育不良的矛盾、"物的新农村"与"人的新农村"建设的矛盾、农业增产与农民不增收的矛盾、农地规模化经营与农民利益保护的矛盾、精准扶贫的艰巨任务与现有扶贫体制的矛盾。"新三农"协同发展面临的这"六大矛盾"进一步强化了"三农"发展现状与新型工业化、城镇化、信息化、绿色化进程不同步和不协同的现象。当然，阻碍"新三农"协同发展有包括禀赋、历史、阶段、体制等多重归因。"新三农"协同发展面临的内部多重矛盾及其背后的多重归因，也进一步给"新三农"协同发展带来了严峻的国际挑战，比如国际农产品价格波动对我国农业产业安全带来的冲击、跨国农业垄断公司对我国农业产业链的渗透、农业"走出去"战略背景下我国农业企业参与国际竞争的能力严重不足等，这给新时代"三农"协同发展带来了前所未有的国际风险。

第五，"新三农"协同发展的战略选择。习近平新时代中国特色社会主义"新三农"协同发展要以"四个全面"战略布局作为根本指针，关键在于把党的领导全面贯穿到"新三农"协同发展的各方面和全过程，体现"中国特色"的现实国情和"社会主义"的本质规定；要把创新、协调、绿色、开放、共享"五大发展理念"作为贯穿"新三农"协同发展的基本思路，推动农业农村发展迈向高质量发展阶段，要把构建新发展格局、畅通城乡经济社会循环作为新发展阶段"新三农"协同发展的基本路径，促进农业高效高质、乡村宜居宜业、农民富裕富足，为全面建设社会主义国家提供坚实的"三农"支撑。在推进中国特色社会主义"新三农"协同发展的进程中，也要始终把坚持党的全面领导、坚持农民的主体地位、坚持农业农村优先发展、坚持人与自然和谐共生、坚持因地制宜和循序渐进作为基本原则，站在"新三农"协同发展为建设社会主义现代化强国和为实现中华民族伟大复兴提供坚实的社会基础的政治高度，以满足亿万农民日益增长的美好生活需要为出发点和落脚点，把促进农业供给侧结构性改革作为"新三农"协同发展变革的切入点、把适度规模经营与新型农业经营主体培育同步推进作为"新三农"协同发展的着力点、把实现乡村全面振兴作为"新三农"协同的关键点、把构建新型工农城乡关系作为"新三农"协同发展的向外延伸点。

第六，"新三农"协同发展的动力机制。构建"新三农"协同发展的动力系统，是在推进我国新型工业化、城镇化、信息化、农业现代化、绿色化"五化叠加"的"并联式"现代化进程中亟待着力解决新时代"三农"问题的关键议题。这一动力系统，从根本上应围绕中国共产党的核心领导、中国特色社会主义道路、中国特色社会主义理论体系、中国特色社会主义制度、中国特色社会主义文化等核心范畴具体展开。本书将这一动力系统解构为"新三农"协同发展的核心动力、中层动力和外延动力三个层面，一定程度上体现了中国特色社会主义的本质蕴涵和特色。动力机制是动力系统构成中的核心环节，是引导"新三农"协同发展的不同层级、不同领域、不同主体、不同要素之间的相互关系及其发生相互作用的过程、机理与方式，本质上反映了"新三农"协同发展的内在逻辑和一般规律，是引导其相应制度设计和政策调适的基本依据。本书依据中国特色社会主义的本质蕴涵和特色，从构建党领导"新三农"协同发展的工作机制、优化"新三农"协同发展的政府"牵引力"、激活"新三农"协同发展的市场"源动力"、塑造"新三农"协同发展的社会"驱动力"、重构"新三农"协同发展的内外联动机制等方面，全面分析了中国特色社会主义"新三农"协同发展的动力机制，以此实现了对"新三农"协同发展的核心动力、中层动力和外延动力等动力系统展开合理解构与建构。

第七，"新三农"协同发展的支撑体系。从功能作用上看，支撑体系内在地包含两个层面的要点：一是发挥引导性功能的根本路径；二是起着保障性功能的制度政策。"三农"不仅体现为由工业化、城市化带来的"发展问题"，而且更深层体现为由工业化、城市化引致的"空间问题"。从"发展"到"空间"的转向，跳出"三农"看"三农"，跳出"三农"促进乡村振兴，也就成为审视新时代"新三农"协同发展不可或缺的新视角。党的十八大以来，党和国家把城乡融合发展作为解决"三农"问题的根本途径，预示着新时代超越"传统产业结构转换"的经济视域、以"空间"建构方式通过重塑城乡工农关系、推进城镇与乡村"空间生产"的整合来推进"新三农"协同发展，已达成决策共识。某种意义上，"新三农"协同发展已经进入重构城乡地域空间格局、畅通城乡经济社会循环的新阶段。与"引导性功能的根本路径"相适应、相衔接，党和国家也亟须通过制度调适和政策优化来为"新三农"协同发展提供保障性支撑。因此，本书基于这种理性和现实的双重逻辑判断，推动"新三农"协同发展就需要从"引导性"和"保障性"两个层面同时着力。在"引导性的根本路径"上，需要从工作视野上跳出

"三农"看"三农",把城乡融合发展作为根本途径;需要从行为主体上,实现从行政推动到内源发展,着力挖掘"新三农"协同发展的内在潜力。在"保障性的制度政策"上,需要从把脉"三农"制度变迁逻辑,围绕政府与市场这一经济体制改革核心,激活农村各类资源要素活力;需要从细分"三农"政策层次上,围绕"新三农"协同发展的空间再造、产业融合、主体培育等关键环节,不断提升政策设计的针对性和有效性。

综上所述,在"经过长期努力,中国特色社会主义已经进入新时代"的宏观历史方位的政治判断背景下,"新三农"协同发展也已进入城乡融合发展引领和乡村全面振兴推进的"两翼齐飞"的新时代。坚定不移地走中国特色社会主义"新三农"协同发展道路,是新时代"新三农"协同发展的必由之路,必须坚持以习近平新时代中国特色社会主义思想和习近平总书记关于"三农"工作重要论述为指导,坚持以人民为中心的发展思想,把让亿万农民生活更美好作为出发点和落脚点;必须坚持和加强党对"三农"工作的全面领导,构建适应"新三农"协同发展要求的乡村治理体系,推进"三农"发展体制机制创新,增强乡村振兴有效制度供给和政策创新能力,汇聚全社会力量投身于城乡融合与乡村振兴引领的"新三农"协同发展的事业中来;必须坚持城乡融合与乡村振兴协同并进,统筹"新三农"协同发展面临的宏观、中观和微观各层次,整合"新三农"协同发展涉及的主体、产业和空间各要素,牢固树立和全面落实创新、协调、绿色、开放、共享发展新理念,加快形成人与自然和谐共生的"新三农"协同发展格局;必须坚持脱贫攻坚与乡村振兴有机衔接,把精准扶贫、精准脱贫摆在全面建成小康社会进而开启全面建设社会主义现代化强国目标的首要位置,不断完善精准扶贫、精准脱贫的体制机制、政策措施,增强深度贫困地区贫困人口脱贫致富内生发展能力和可持续生计能力,为乡村振兴和城乡融合奠定坚实的发展基础;必须巩固拓展脱贫攻坚成果同乡村振兴有机衔接,在全面建设社会主义现代化创新征途中,以全面推进乡村振兴引领城乡相对贫困治理,以推动高质量发展为主题,全面贯彻落实新发展理念,构建新发展格局,促进农业高效高质、乡村宜居宜业、农民富裕富足,推动形成以"乡村振兴"支撑"民族复兴"、以"三农强国"支撑"社会主义现代化强国"的现代化发展格局和新路。

目 录

引论 新发展格局下城乡融合和乡村振兴引领"新三农"协同发展……………（001）
第一章 中国特色社会主义"新三农"协同发展的理论建构………………………（046）
 第一节 中国特色社会主义"新三农"协同发展的理论溯源…………………（046）
  一、纵向理论的演进：从马克思主义经典作家到中国化马克思主义………（046）
  二、横向理论的援引：与西方诸多思想资源的对话………………………（079）
 第二节 中国特色社会主义"新三农"协同发展的框架建构…………………（085）
  一、"三农"发展研究：传统"产业结构转换"经济视域的局限 ……………（085）
  二、从"新农村建设"到"乡村全面振兴"：重构城乡空间新格局的决策共识
   ………………………………………………………………………………（087）
  三、"新三农"协同发展的"空间化"：城乡"空间结构共生"整合视域出场
   ………………………………………………………………………………（088）
  四、以乡村振兴引领"新三农"协同发展：基于"空间结构共生"的理论框架
   ………………………………………………………………………………（093）

第二章 中国特色社会主义"三农"发展的历程、经验与特色……………………（109）
 第一节 中国特色社会主义"三农"发展的历史进程…………………………（109）
  一、制度创新：生产责任制实行初期的生产关系变革（1979—1984）……（110）
  二、市场化导向：非农产业兴起引发的政策调整（1985—2002）…………（112）
  三、统筹城乡发展：工业化背景下的"三农"新举措（2003—2012）………（118）
  四、从城乡一体化到乡村振兴："三农"发展的战略转换（2013年至今）……（126）
 第二节 中国特色社会主义"三农"发展的基本经验…………………………（134）
  一、坚持以全面加强党的领导作为引领"三农"发展的本质遵循……………（134）
  二、坚持以解放思想与实事求是作为厘清"三农"误区的思想前提…………（136）
  三、坚持以解放发展农村生产力作为破解"三农"问题的根本要求…………（137）
  四、坚持以政府引导与市场调节作为发展"三农"事业的重要手段…………（138）
  五、坚持以制度变革与技术创新作为突破"三农"困境的基础保障…………（139）
 第三节 中国特色社会主义"三农"发展的特色表征…………………………（141）
  一、"三农"理论依据的本源性与科学性………………………………………（141）

二、"三农"价值取向的人民性与时代性 …………………………………… (142)
三、"三农"目标任务的求实性与协调性 …………………………………… (144)
四、"三农"具体内容的实践性与开放性 …………………………………… (146)

第三章　中国特色社会主义"新三农"协同发展的矛盾挑战 …………………… (148)

第一节　"新三农"协同发展面临的五大矛盾 …………………………………… (149)
一、农产品质量安全与农业生态环境恶化的矛盾 ………………………… (149)
二、农业现代化与新型农业经营主体发育不良的矛盾 …………………… (151)
三、"物的新农村"与"人的新农村"建设的矛盾 ……………………… (155)
四、农业增产与农民不增收的矛盾 ………………………………………… (158)
五、农地规模化经营与农民利益保护的矛盾 ……………………………… (160)

第二节　"三农"发展现状与工业化、城镇化和信息化不协同 ……………… (163)
一、农业现代化水平与工业化发展阶段不协同 …………………………… (163)
二、农村发展状况与城镇化进程不协同 …………………………………… (166)
三、农民信息素养与信息化突飞猛进的步调不协同 ……………………… (167)

第三节　阻碍"新三农"协同发展的原因分析 …………………………………… (169)
一、禀赋原因：农业要素禀赋缺乏比较优势 ……………………………… (169)
二、历史原因：城乡二元结构仍有待破解 ………………………………… (172)
三、阶段原因：社会主义初级阶段生产力水平制约 ……………………… (175)
四、体制原因：政府与市场定位不清 ……………………………………… (179)

第四节　"新三农"协同发展面临的国际挑战 …………………………………… (181)
一、国际农产品价格波动对我国农业产业安全的冲击 …………………… (182)
二、跨国农业垄断公司对我国农业产业链的渗透 ………………………… (187)
三、农业"走出去"战略背景下我国农业企业自生能力严重不足 ……… (191)

第四章　中国特色社会主义"新三农"协同发展的战略选择 ……………………… (194)

第一节　中国特色社会主义"新三农"协同发展的指导思想 ………………… (194)
一、"四个全面"战略：引领"新三农"协同发展的根本指针 ………… (195)
二、"五大发展理念"：贯穿"新三农"协同发展的基本思路 ………… (202)

第二节　中国特色社会主义"新三农"协同发展的基本原则 ………………… (211)
一、坚持党领导"新三农"协同发展的原则 ……………………………… (211)
二、坚持农民主体地位的原则 ……………………………………………… (213)
三、坚持农业农村优先发展的原则 ………………………………………… (216)
四、坚持人与自然和谐共生的原则 ………………………………………… (217)
五、坚持因地制宜、循序渐进的原则 ……………………………………… (219)

第三节　中国特色社会主义"新三农"协同发展的主攻方向 ………………… (220)
一、变革的切入点：协同推进农业供给侧与需求侧结构性改革 ………… (220)
二、发展的着力点：同步推进适度规模经营与新型经营主体培育 ……… (222)
三、协同的关键点：加快实施乡村全面振兴战略 ………………………… (225)
四、向外的延伸点：重构新时代新型工农城乡关系 ……………………… (228)

第五章　中国特色社会主义"新三农"协同发展的动力机制……(230)
第一节　构建党领导"新三农"协同发展的工作机制……(231)
一、加强党对新时代"三农"工作的顶层设计是首要任务……(231)
二、完善党对新时代"三农"工作领导体制是根本保证……(232)
三、加强"三农"工作干部队伍建设是重要支撑……(233)
四、优化农村基层党组织的治理机制是必然要求……(234)
五、加强党对脱贫攻坚工作的领导是底线任务……(235)
第二节　优化"新三农"协同发展的政府"牵引力"……(236)
一、农村土地产权制度改革……(236)
二、新型工农城乡协同发展体制机制改革……(241)
三、农业农村支撑制度体系改革……(244)
第三节　激活"新三农"协同发展的市场"源动力"……(248)
一、农村土地流转市场化改革……(248)
二、乡村空间生态利益补偿机制改革……(253)
三、农村金融供给侧结构性改革……(256)
第四节　塑造"新三农"协同发展的社会"驱动力"……(261)
一、新型农业经营主体内生发展能力培育……(261)
二、农村基本公共产品供给模式的转型……(266)
三、新型农村社区治理方式的全新变革……(271)
第五节　重构"新三农"协同发展的内外联动机制……(276)
一、生产要素的双向流动机制……(276)
二、公共服务的均衡供给机制……(281)

第六章　中国特色社会主义"新三农"协同发展的支撑体系……(284)
第一节　"新三农"协同发展的根本途径……(284)
一、跳出"三农"抓"三农":城乡融合发展的实践归途……(285)
二、从行政推动到内源发展:"新三农"协同发展的内部挖潜……(291)
三、"新三农"协同发展——进一步走向共识的行动逻辑……(294)
第二节　"新三农"协同发展的制度调适……(301)
一、制度构成与分类:诱致性制度抑或强制性制度……(301)
二、"三农"制度变迁的逻辑:政府的退出还是市场的嵌入……(304)
三、农村土地制度优化……(306)
四、农村金融制度创新……(309)
五、乡村社会治理创新……(313)
第三节　"新三农"协同发展的政策保障……(317)
一、政策分类与实施原则……(317)
二、基于空间再造的政策体系……(318)
三、基于产业融合的政策体系……(324)
四、基于主体培育的政策体系……(332)

结语　坚持走中国特色社会主义"新三农"协同发展道路……………（345）
　　一、政党、政治和政策逻辑：理解"新三农"协同发展的"一条主线"……（346）
　　二、城乡融合与乡村振兴：让亿万农民共建共享美好生活的"两个抓手"
　　………………………………………………………………………………（348）
　　三、宏观、中观和微观："新三农"协同发展方略原则的"三个层次" ……（350）
　　四、主体、产业、空间和制度整合："新三农"协同发展的"四条路向" …（351）
阶段性成果…………………………………………………………………………（354）
参考文献……………………………………………………………………………（356）
后　记………………………………………………………………………………（373）

引论　新发展格局下城乡融合和乡村振兴引领"新三农"协同发展

> 马克思给我们留下的最有价值、最具影响力的精神财富，就是以他名字命名的科学理论——马克思主义。这一理论犹如壮丽的日出，照亮了人类探索历史规律和寻求自身解放的道路。①
>
> ——习近平

时代是思想之母，实践是理论之源，没有科学的理论指导，就没有正确的行动实践。2015年1月，习近平总书记在党的十八届中共中央政治局第二十次集体学习会上指出："我们要根据时代变化和实践发展，不断深化认识，不断总结经验，不断进行理论创新，坚持理论指导和实践探索辩证统一，实现理论创新和实践创新良性互动，在这种统一和互动中发展二十一世纪中国的马克思主义。"② 同年5月，习近平总书记在哲学社会科学工作座谈会上强调："坚持和发展中国特色社会主义，需要不断在实践和理论上进行探索、用发展着的理论指导发展着的实践。"③ 2016年7月，习近平总书记在庆祝中国共产党成立95周年大会上进一步明确提出："不断开辟二十一世纪马克思主义发展新境界，让当代中国马克思主义放射出更加灿烂的真理光芒。"④《20世纪的马克思主义——全球导论》一书指出："马克思主义思想依然在为当代政治和学术做出贡献，并且可能在进入21世纪后仍将是一个重要的政治和思想的参照点。马克思主义仍是一个发展中的传统。"⑤ 换言之，对于马克思主义理论，既要坚持，又要发展，"不以新的思想、观点去继承、发展马克思主义，不是真正的马克思主义者"⑥。要把马克思主义基本原理与中国具体实际相结合，"只有结合中国实际的马克思主义，才是我们所需要

---

① 《十九大以来重要文献选编》（上），北京：中央文献出版社，2019年，第423页。
② 习近平：《辩证唯物主义是中国共产党人的世界观和方法论》，《求是》2019年第1期，第8页。
③ 习近平：《在哲学社会科学工作座谈会上的讲话》，北京：人民出版社，2016年，第2页。
④ 《十八大以来重要文献选编》（下），北京：中央文献出版社，2018年，第347页。
⑤ 达里尔·格雷泽、戴维·M.沃克尔著，王立胜译：《20世纪的马克思主义——全球导论》，南京：江苏人民出版社，2011年，第18页。
⑥ 《邓小平文选》（第3卷），北京：人民出版社，1993年，第291~292页。

的真正的马克思主义"①。因此,推进"21世纪马克思主义"和"当代中国马克思主义"创新发展,既是中国共产党人作为"真正的马克思主义者"的根本要求,又是中国共产党人面对国际国内发展大势和中国特色社会主义进入新时代对实践基础上的理论创新提出的时代要求。

"三农"问题是中国现代化面临的基本问题,不仅事关国民经济发展、社会和谐稳定、全面建成小康社会和全面建设社会主义现代化国家的全局,也关系着新型工业化、城镇化、信息化、绿色化的纵深发展质量。自中共十三届八中全会通过的《关于进一步加强农业和农村工作的决定》第一次将农业、农村和农民作为"三位一体"整体范畴提出以来,"三农"问题便一直受到党和国家的高度重视。"农业丰则基础强,农民富则国家盛,农村稳则社会安"② 以及"中国要强,农业必须强;中国要美,农村必须美;中国要富,农民必须富"③ 等"三农"整体发展论断相继提出,不断赋予中国特色社会主义农业、农村、农民以新的时代蕴涵和价值功能。同时,改革开放四十多年以来,随着"农村家庭联产承包责任制改革全面推进之后,乡村社会也在经历着市场转型的历史过程,城乡二元分割格局下的乡村,也开始面向并走向市场社会"④,中国也从传统型的"乡土中国"时代进入了具有开放性特质的"城乡中国"和带有乡土性特质的"后乡土中国"并置的时代。由此所带来的中国乡村社会阶层结构分化、三次产业结构融合、农业经营主体结构多元以及农业生产方式、农民生活方式、乡村基层治理方式的巨大变迁,既给新时代中国特色社会主义"三农"发展带来了巨大机遇,也给党和国家带来了亟须着力解决的新问题和新情况。在这种大背景下,以怎样的学科视野和研究视角聚焦新时代中国特色社会主义新农业、新农村和新农民问题,如何在中国进入"经济新常态"周期实现经济高质量发展,牢固树立创新、协调、绿色、开放、共享发展新理念,继续强化农业基础地位、拓展农业多元价值功能、促进农民稳定持续增收、大力实施乡村振兴战略,实现城乡融合时代乡村振兴引领"新三农"协同发展,便成为亟须科学和全面回答的重大课题。

一、国内外"三农"发展研究的学术史梳理:简要的回顾与评价

(一)国内研究回顾

1. 坚持问题导向,中国共产党人在中国革命、建设和改革开放以来的不同发展阶段都针对"三农"发展问题提出过诸多有益见解。20世纪以来,中国社会发生了巨变。⑤ 伴随着政治革命的演进,中国发展为纯粹的农业社会逐渐发展为新兴的工业社

---

① 《邓小平文选》(第3卷),北京:人民出版社,1993年,第213页。
② 《十六大以来重要文献选编(下)》,北京:中央文献出版社,2008,第835页。
③ 《十八大以来重要文献选编(上)》,北京:中央文献出版社,2008,第658页。
④ 陆益龙:《后乡土中国》,北京:商务印书馆,2017年,第12页。
⑤ 李友梅、黄晓春、张虎祥等:《从弥散到秩序:"制度与生活"视野下的中国社会变迁(1921—2011)》,北京:中国大百科全书出版社,2011年,第1页。

会，这种结构性变迁必然会对农民、农业和农村产生深刻的影响。[①] 早在中国共产党成立至新民主主义革命时期，李大钊、陈独秀、毛泽东等早期中国共产党人就已经认识到土地之于农民、农民之于革命的重要性，先后提出了"耕地农有"[②]、"在农民间作共产的社会革命运动"[③]、"打土豪分田地"[④] 等主张，为中国革命取得胜利奠定了坚实的社会基础和群众基础。新中国成立前夕，毛泽东同志《在中国共产党第七届中央委员会第二次会议上的报告》中也曾指出："城乡必须兼顾，必须使城市工作和乡村工作，使工人和农民，使农业和农业，紧密地联系起来。绝不可以丢掉乡村，仅顾城市，如果这样想，那是完全错误的。"[⑤] 将城市和乡村、工人和农民、农业和农民作为一个整体来看待，对新中国成立之后中国共产党人认识"三农"问题、推进"三农"发展产生了十分重要而深远的影响。新中国成立以来，党和国家领导人十分重视"三农"问题，如毛泽东强调"全党一定要重视农业。农业关系国计民生极大"[⑥]，明确了农业之于国民经济和国计民生的重大意义；邓小平提出了"两个飞跃"[⑦] 的思想，揭示了农村生产力和生产关系的矛盾运动规律及农业农村未来的发展趋向；江泽民提出"没有农村的稳定，就不可能有我国整个社会的稳定；没有农民的小康，就不可能有全国人民的小康；没有农业的现代化，就不可能有整个国民经济的现代化"[⑧]，厘清了农村稳定、农民小康、农业现代化与社会主义现代化、社会稳定和全面小康的逻辑关系；胡锦涛做出了"两个趋向"[⑨] 的判断，把21世纪"三农"发展推进到"工业反哺农业、城市支持农村"的新阶段，开始"把城乡发展一体化作为解决'三农'问题的根本途径"[⑩]。党的十八大以来，习近平总书记基于我国现代化道路独特性，即"我国现代化同西方发达国家有很大不同。西方发达国家是一个'串联式'的发展过程，工业化、城镇化、农业现代化、信息化顺序发展，发展到目前水平用了二百多年时间。我们要后来居上，把'失去的二百年'找回来，决定了我国发展必然是一个'并联式'的过程，工业化、信息化、城镇化、农业现代化是叠加发展的"[⑪]，认为要推进新型工业化、城镇化、信息化、农业现代化、绿色化同步发展，就要实施乡村振兴战略，始终要"把解决好'三农'问题作为全党工作的重中之重""要坚持农业农村优先发展，按照产业兴旺、生态宜居、乡风文明、治理有效、生活富裕的总要求，建立健全城乡融合发展体制机制和政策体系，加快推进农业农村现代化""构建现代农业产业体系、生产体系、经营体系""实现

---

① 于建嵘：《中国农民问题研究资料汇编（1912—1949）》（第一卷上册），北京：中国农业出版社，2007年，"编辑说明"第1页。
② 《李大钊全集》（第5卷），北京：人民出版社，1999年，第82页。
③ 彭明：《中国现代史资料选辑第一、二册补编（1919—1927）》，北京：中国人民大学出版社，1991年，第217~218页。
④ 《毛泽东文集》（第1卷），北京：人民出版社，1993年，第242页。
⑤ 《毛泽东选集》（第4卷），北京：人民出版社，1991年，第1427页。
⑥ 《毛泽东文集》（第7卷），北京：人民出版社，1993年，第199页。
⑦ 《邓小平文选》（第3卷），北京：人民出版社，1993年，第355页。
⑧ 《江泽民文选》（第1卷），北京：人民出版社，2006年，第259页。
⑨ 《胡锦涛文选》（第2卷），北京：人民出版社，2016年，第247页。
⑩ 《十八大以来重要文献选编》（上），北京：中央文献出版社，2014年，第18页。
⑪ 《习近平关于社会主义经济建设论述摘编》，北京：中央文献出版社，2017年，第159页。

小农户和现代农业发展有机衔接""健全自治、法治、德治相结合的乡村治理体系"①。习近平总书记第一次真正意义上揭示了在"五化"同步发展进程中推进中国特色社会主义"三农"协同发展具有的复杂性、艰巨性和长期性，第一次明确了坚持农业农村优先发展和实施乡村振兴战略在中国特色社会主义现代化建设的伟大征程中的角色定位、功能地位和目标趋向。

2. 国内学术界围绕马克思主义经典作家和中国共产党人对"三农"发展的论述及其政策实践，从经济学、社会学、政治学、管理学、历史学等角度展开了对"三农"发展问题的深入系统研究。这些学术研究成果很好地实现了理论与实践、历史与现实的有机结合，呈现了"三农"发展研究的实践性、应用性和现实性特征。中共十三届八中全会通过的《关于进一步加强农业和农村工作的决定》第一次将农业、农村和农民并列提出以来，"三农"作为"三位一体"整体范畴便受到党和国家高度重视。21世纪以后，随着城乡关系、工农关系急剧变迁带来的城乡各类资源要素非对称性流动、"空心化"趋势、公共基础设施供给短缺、公共服务体系建立滞后等"三农"问题的日益暴露，学术界关于"三农"问题的研究呈现井喷状态，并取得了丰硕的学术成果。2000年3月，时任乡党委书记的李昌平怀着对中国农民的深切同情、对中国经济的深切忧虑和对中国共产党的忠诚，以"一个乡党委书记的心里话"为题提出了"农民真苦、农村真穷、农业真危险"②的"三农"发展危机，此后，我国学术界开始从不同角度和方面对"三农"发展问题进行系统性研究。

一是关于"三农"发展的整体性与乡村全面振兴研究。陆学艺（2002、2005、2013）以社会学家的视野，从农业发展和粮食问题、农村的改革和发展、农业现代化道路、农民分化与农村社会阶层结构、社会结构与经济发展、树立和落实科学发展观、新农村建设、农民工问题、城乡统筹与社会建设等方面，全面描述了20世纪90年代以来中国"三农"问题的发展和演变，这集中体现于其关于"三农"研究的"三部曲"学术成果。③ 贺雪峰（2003）以费孝通先生为学术楷模，追随费老先生《乡土中国》的文字风格，从乡土本色、村治格局、制度下乡、村庄秩序、乡村治理、乡村研究方法等层面建构和理解当代中国农村和农民问题的整体框架。④ 武力、郑有贵（2003）认为，"三农"问题始终是中国现代化的基本问题，"三农"问题不是孤立的，它关系到中国工业化、城市化、共同富裕、可持续发展以及以人为本等一系列中国社会发展的重大问题。⑤ 徐勇等（2009）从现代化视角整体思考农村与农民问题，对城乡统筹的理论基础和发展目标、就业增收导向的增收模式、以精简机构为导向的乡镇改革、后税费改革时

---

① 《十九大以来重要文献选编》（上），北京：中央文献出版社，2019年，第22~23页。
② 李昌平：《我向总理说实话》，北京：光明日报出版社，2001年，第6页。
③ 陆学艺：《"三农"论——当代中国农业、农村、农民研究》，北京：社会科学文献出版社，2002年；陆学艺：《"三农"新论——当前中国农业、农村、农民问题研究》，北京：社会科学文献出版社，2005年；陆学艺：《"三农"续论——当代中国农业、农村、农民问题研究》，重庆：重庆出版社，2013年。
④ 贺雪峰：《新乡土中国：转型期乡村社会调查笔记》，桂林：广西师范大学出版社，2003年，第244~251页。
⑤ 武力、郑有贵：《解决"三农"问题之路——中国共产党"三农"思想政策史》，北京：中国经济出版社，2003年，第1~15页。

代的农村公共物品供给问题等进行了全面讨论。① 郁建兴、高翔（2013）认为从"转型中国家"到"城市化国家"，中国农业农村发展已经进入新阶段，这就要求当代中国农业农村发展实现从行政推动到内源发展的战略转型，在此基础上构建农业农村发展中的政府与市场、社会相协同的分析框架，通过制度创新、政策再造、治理转型来实现中国"三农"整体发展。② 无独有偶，陆益龙（2013）也从制度创新、农村市场发展来寻求中国农村社会整体发展。③ 在党的十九大政治报告提出"实施乡村振兴战略"以后，以"乡村全面振兴"推动"三农"问题的最终解决，不仅成为政策实际部门的决策共识，也是学术界展开"三农"发展研究的重要切入点。林峰等（2018）认为乡村振兴的本质内涵就是乡村现代化，乡村振兴的终极目标就是构建承载桃源之梦的乡村生活方式，实施乡村振兴战略要构建乡村规划新体系，并从乡村振兴规划与行动纲领、现代农业与休闲农业规划、村庄规划与乡村旅游、乡村综合开发与田园综合体等维度分析了乡村振兴战略规划与实施问题。④ 翟坤周（2019）认为中国特色社会主义新时代"三农"发展要为社会主义现代化强国建设、实现中华民族伟大复兴伟业奠定坚实基础，厘清新时代"三农"发展的"时代意蕴"是进一步实施乡村振兴战略、有针对性地提出乡村振兴集成路径的基本前提。⑤

二是关于农业产业化、农业现代化道路及其实现模式研究。王国敏（2005）从农业产业化经营的兴起与发展、运行机制、基本构成要素、农村市场体系培育、农业增长方式转变、城镇化建设、财政政策、金融政策、产业政策等方面对农业产业化与农业宏观政策展开研究。⑥ 在此基础上，王国敏等（2013）进一步从中国特色社会主义农业现代化道路的理论基础、历史进程、评价及运用、基本思路、区域实现模式、要素投入和资源配置、制度保障等方面对中国特色社会主义农业现代化道路实现模式进行了系统研究。⑦ 罗必良（2009）在剖析现代化农业发展的宏观背景基础上，提出"三农"问题的化解战略包括基于农业劳动力转移与就业空间拓展的外部化解战略和基于分工深化与效率改善的内部化战略，并为科学回答现代化农业发展的理论依据、方向选择、技术创新、制度创新、组织创新、体制创新等提供了基本理路。⑧ 陈锡文（2012）认为我国农业基础薄弱、农村发展滞后、农民增收困难的局面尚未改变，迫切需要走出一条中国特色的农业现代化道路，并提出区别传统农业和现代化农业的四个标志，即物质能量循环从封闭到循环的过程转变、现代科技和大工业带来的农业科技进步、农业支持保护体系

---

① 徐勇等：《中国农村与农民问题前沿研究》，北京：经济科学出版社，2009年，第3~24页。
② 郁建兴、高翔：《从行政推动到内源发展：中国农业农村的再出发》，北京：北京师范大学出版社，2013年，第15~56页。
③ 陆益龙：《制度、市场与中国农村发展》，北京：中国人民大学出版社，2013年，第1~21页。
④ 林峰等：《乡村振兴战略规划与实施》，北京：中国农业出版社，2018年，第55~80页。
⑤ 翟坤周：《"三农"发展的时代意蕴与乡村振兴的集成路径》，《福建论坛（人文社会科学版）》2019年第6期，第48~56页。
⑥ 王国敏：《农业产业化与农业宏观政策研究》，成都：四川大学出版社，2005年，第7~14页。
⑦ 王国敏等：《中国特色农业现代化道路的实现模式研究》，成都：四川大学出版社，2013年，第9~12页。
⑧ 罗必良：《现代农业发展理论：逻辑线索与创新路径》，北京：中国农业出版社，2009年，第1~16页。

和现代农业组织体系的构建。[1] 毛飞等（2012）系统梳理了中国农业现代化的总体态势和政策取向，认为农业现代化是一个具有时代性、区域性、整体性的概念，随着时代环境的变迁、科学技术的发展、生产水平的提升和发展理念的进步，农业现代化的内涵经历了一个由狭义走向广义的过程。[2] 周应恒等（2012）以现代农业发展战略研究为主题，从国外现代农业发展与我国现代农业体系、现代农业可持续发展战略、现代农业发展中的资源高效利用、现代农业发展中的粮食安全战略、现代农业区域发展模式、现代农业发展的产业组织体系、现代农业发展科技创新与推广服务体系等方面进行了分析。[3] 曹阳（2015）以"自由和组织"为分析架构，从分工与整合、功能与系统双重视域方面分析了纵向视野的全产业链现代农业和横向视野的多功能性现代农业，回答了当代中国农业生产组织现代化的历史脉络、内在逻辑、基本架构以及改造小农、农民合作经济组织、网络化等核心内容。[4]

三是关于农村综合改革与基础建设研究。农村综合改革从改革开放一开始就受到学术界的广泛关注，20世纪80年代中后期以后，学术界对中国农村改革启动和发展研究逐步走向成熟并取得了丰硕的成果。林毅夫（2008）以制度和技术变化相结合为视角，在基于博弈论观点分析合作社集体化"一次性博弈"时，构建了揭示农村家庭联产承包责任制改革原因的理论模型，进而验证了中国农村改革对农业增长的影响。[5] 在此基础上，林毅夫（2000）以农村改革为主题，对制度供需、制度变迁与经济发展、中国农村改革中关于诱致性制度创新假说的禀赋、技术和要素市场验证、基于中国农业经验验证和理论分析的价格双轨制与供给反应、技术变迁与农户收入分配、中国农业信贷和农场绩效等做了进一步研究。[6] 被称为中国"农村改革之父"的杜润生（2005）曾在回忆党的十一届三中全会以来逐步推开的农村公有土地家庭承包制大变革时，认为中国农村改革主要有两点：一是改革所有制，将原来人民公社的所有制关系加以改变，主要是找到一种土地公有制经营形式，即土地为农民集体所有，承包给家庭经营，简单地说就是所有权归集体，使用权归农民。二是用市场经济取代原来的计划经济。改革前，国家将农产品剩余的部分收购，然后全国居民分配消费，即由国家垄断，实行农产品计划收购、计划供应，农民没有处理剩余产品的自主权力。现在逐步实行贸易自由化，逐步开放农产品市场，允许农民自由处理自己的产品。[7] 蔡昉（2008）根据中国农村蕴含的制度经济学逻辑，将中国农村改革历程划分为从1978年到20世纪80年代后期实行家庭承包责任制、从20世纪80年代末到整个90年代着眼于改进农业中的激励机制和农村经济的配置效率、进入21世纪特别是党的十六大召开以来调整城乡关系的全面改革阶段等三阶段，在此基础上，对中国农村改革成功条件和经验进行了深入分析。[8] 韩俊

---

[1] 陈锡文：《中国特色农业现代化的几个主要问题》，《改革》2012年第10期，第5~6页。
[2] 毛飞等：《中国农业现代化总体态势和未来取向》，《改革》2012年第10期，第9~11页。
[3] 周应恒等：《现代农业发展战略研究》，北京：经济科学出版社，2012年，第1~32页。
[4] 曹阳：《当代中国农业生产组织现代化研究》，北京：中国社会科学出版社，2015年，第13~28页。
[5] 林毅夫：《制度、技术与中国农业发展》，上海：上海人民出版社，2008年，前言页，第8~13页。
[6] 林毅夫：《再论制度、技术与中国农业发展》，北京：北京大学出版社，2000年，第11~65页。
[7] 杜润生：《杜润生自述：中国农村体制变革重大决策纪实》，北京：人民出版社，2005年，第198~199页。
[8] 蔡昉：《中国农村改革三十年——制度经济学的分析》，《中国社会科学》2008年第6期，第99~110页。

(2013)揭示了中国"三农"的根本症结在于城乡二元结构,农业农村在资源配置和国民收入分配中处于不利地位,其根本出路在于:第一,从通过产权的有效分割和清晰界定,赋予农民包括排他的使用权、独享的收益权和自由的转让权在内的更加完整的土地权利;第二,加快构建"普惠、均等、一体"的基本公共服务体系,赋予农民平等享有基本公共服务的权利;第三,以城镇化吸纳农民并使之转变为市民为目标,赋予农民更加自由的迁徙权;第四,建立普惠型农村金融体系,赋予农民平等获得金融服务的权利。[1] 陈锡文(2013)提出了当前我国农村改革发展面临"粮""地""人"三大问题,即包括粮食与主要农产品的供求关系问题、农业经营体制创新中的农地经营形式问题、快速城镇化过程中的农民转市民问题。[2] 张红宇(2016)也认为当前和今后一个时期,深化农村改革主要从农村土地制度、农业经营制度、农村集体产权制度、农业支持保护制度四个方面展开。[3] 同时,伴随中国农村改革的深入推进,以改革为动力推动农村基础建设也不断从决策层的政策共识走向学术界的研究热点。韩俊(2006)分析了推进社会主义新农村建设需要处理好若干重大关系,即处理好新农村建设与现行"三农"政策的关系、正确认识新农村建设与新村庄建设的联系与区别、处理好农村经济发展与社会发展和政治发展的关系、正确处理新农村建设与城镇化的关系、处理好国家扶持与发挥农民的积极性和自主性的关系、处理好发达地区与欠发达地区的关系、处理好立足当前和着眼长远的关系、处理好"少取""多予"和"放活"的关系。[4] 温铁军(2010)结合新农村建设的背景、问题与战略意义,全面分析了新农村建设中的"政府主导"与新农村建设中的"农民主体"之辨,对新农村建设中的农村基础设施投资体制改革、农村金融体系重建、新农村建设的政策体系等进行了研究。[5] 张日新、万俊毅(2011)从要素配置视角下的"三农"问题与新农村建设入手,对新农村建设的要素配置主体、要素配置客体、要素配置机制与模式、要素配置的现状与绩效、要素配置的约束与动力、基于要素配置效率提高新农村建设目标与战略措施以及国内外新农村建设要素配置案例等展开了系统性研究。[6] 王立胜(2018)从农村现代化的"社会基础"概念引入入手,指出特定的社会理想的实现必须与相应的社会基础实现对接,中国共产党领导的革命和建设的胜利正是再造中国农村社会基础的胜利,试图通过对中国农村现代化的社会基础再造使得中国特色社会主义市场经济、民主政治、先进文化、和谐社会成为实现中国特色社会主义现代化的必要性条件。[7]

四是关于农民持续增收和农民市民化研究。李凤瑞(2002)论述了研究农民增收具有重大现实意义,实证分析了我国"九五"期间农民收入状况、变动趋势及其影响成因、路径选择等基本问题。[8] 张晓山等(2007)围绕改革开放以来我国农民收入增长特

---

[1] 韩俊:《中国"三农"问题的症结与政策展望》,《中国农村经济》2013年第1期,第4~7页。
[2] 陈锡文:《当前我国农村改革发展面临的几个重大问题》,《农业经济问题》2013年第1期,第4~6页。
[3] 张红宇:《关于深化农村改革的四个问题》,《农业经济问题》2016年第7期,第4~10页。
[4] 韩俊:《推进社会主义新农村建设需要处理好的若干重大关系》,《开发研究》2006年第5期,第4~8页。
[5] 温铁军:《中国新农村建设报告》,福州:福建人民出版社,2010年,第3~7页。
[6] 张日新、万俊毅:《要素配置与新农村建设研究》,北京:中国经济出版社,2011年,第12~28页。
[7] 王立胜:《中国农村现代化社会基础研究(修订版)》,济南:济南出版社,2018年,第4~28页。
[8] 李凤瑞:《农民增收新论》,北京:中央党校出版社,2002年,第1~14页。

征、我国农户要素资源对收入贡献、农户收入差异、农业结构调整对农民增收的影响、农业科技推广体系创新对农民增收的影响、农业产业化经营和农民组织创新对农民增收的影响、土地制度变革对农民增收的影响、城镇化与各区域农民收入增长关系、缩小农民收入区域差距的转移支付政策、促进农民增收的公共财政体制改革等主题对农民增收议题进行了详尽的实证分析。[①] 赵海东（2007）则着眼于我国农民的收入结构与增长因素呈现多样化新特征，但我国农民收入增长仍然面临陷入温饱陷阱的可能性以及受到人地关系紧张、小农经济等国情约束和城乡二元体制的约束，因而拉高农民收入增长需要从农业结构调整、农业技术进步机制创新、中小企业发展、农村双层经营体制创新、突破城乡二元体制、农业补贴机制创新等方面寻找农民增收出路和拓宽农民增收渠道。[②] 徐勇等（2009）认为解决农村和农民问题，缩小城乡差距，必须增加农民收入，但包括增产增收、价格增收、结构增收、政策增收在内的传统增收模式具有较大局限性，提出了就业导向增收的新模式。[③] 杨卫军（2010）从人力资本视角对农民增收进行了深入研究，分析了人力资本投资增加农民收入的内在机理及我国农民人力资本投资行为、现状、问题、出路等诸多内容，开辟了从提升农民内生发展能力增加农民收入的新视角。[④] 孙迪亮（2013）从理论和实践相结合的维度围绕农民增收的战略地位、农民增收的系统工程、农民增收的首要依托、农民增收的根本途径、农民增收的战略举措、农民增收的组织载体、农民增收的终极动力、农民增收的先决条件等剖析了中国共产党解决农民增收的"富民之道"。[⑤] 同时，随着中国进入"工业反哺农业、城市支持农村"的发展新阶段，以及城乡发展带来的中国社会阶层结构变化，对于农民非农就业增收和农民市民化发展，学术界也开始给予足够关注和重视。张奋勤等（2006）围绕制度障碍与农民劳动力非农就业、区域经济发展与农民劳动力非农就业、农业产业化与农民劳动力非农就业、农村城镇化与农民劳动力非农就业、农民市民化和农民劳动力非农就业、农民增收与农民劳动力非农就业、民营经济发展与农民劳动力非农就业、教育培训与农民劳动力非农就业、失地农民与农民劳动力非农就业、社会保障与农民劳动力非农就业、地下就业与农民劳动力非农就业等主要内容进行了系统的理论政策分析。[⑥] 吕庆春、伍爱华（2014）认为快速工业化促进了社会大流动和农民市民化，但农民市民化进程中存在身份延续和社会排斥的双重困境，由此分析了转型社会中农民市民化存在的制度供给滞后、城镇化导致大量失地农民、新生代农民工教育缺失、资本强势与资源短缺等带来的多重社会风险及其规制和化解农民市民化社会风险的路径。[⑦] 石智雷（2016）则在超越西奥多·舒尔茨《改造传统农业》研究视野的基础上，提出农业人口在向城市转移的

[①] 张晓山等：《农民增收问题的理论探索与实证分析》，北京：经济管理出版社，2007年，第1~28页。
[②] 赵海东：《中国农民增收的约束条件与路径选择》，南昌：江西人民出版社，2007年，第12~26页。
[③] 徐勇等：《中国农村与农民问题前沿研究》，北京：经济科学出版社，2009年，第83~166页。
[④] 杨卫军：《农民增收：人力资本视角的研究》，西安：西北大学出版社，2010年，第7~10页。
[⑤] 孙迪亮：《富农之道：中国共产党解决农民增收问题的理论与实践》，济南：山东人民出版社，2013年，第1~19页。
[⑥] 张奋勤等：《农民劳动力非农就业研究》，北京：中国财政经济出版社，2006年，第1~13页。
[⑦] 吕庆春、伍爱华：《转型社会中的农民市民化与社会风险》，北京：中央编译出版社，2014年，第31~41页。

过程中，逐渐接受城市具有现代性的生活方式和行为方式，所拥有的人力资本、社会资本明显增加，思想意识发生明显转变，相比于无外出务工经历的农民，他们具有更强的现代性。基于能力发展的城市化改造传统农民，将成为传统农民向现代农民转变的可行路径。① 吴宝华（2019）在阐释新型城镇化与农民市民化核心概念及理论的基础上，全面剖析了我国农民市民化的现状、评估指标体系、机制体制障碍、道路选择及国外农民市民化典型模式和经验借鉴等议题，对新型城镇化进程中推进农民同步市民化具有重大意义。②

（二）国外研究回顾

1. 马克思主义经典作家论"三农"发展。继法国古典政治经济学家布阿吉尔贝尔、弗朗斯瓦·魁奈、西斯蒙第等重农主义学派先驱提出"农业是国家富强之本""社会财富的真正源泉是农业"后，马克思主义经典作家对"三农"也做了系统论述。

一是关于马克思、恩格斯、列宁、斯大林对"农业"的论述。马克思主义经典作家围绕农业生产方式、土地所有制、农产品三大主题展开。就"农业生产方式"来看，主要涉及农业分工与家庭经营、农业集约规模经营、农业合作社、资本主义农业、社会主义农业等方面内容，如马克思强调农业部门的经济再生产过程，与它的特殊的社会性质无关，农业"总是同一个自然的再生产过程交织在一起"③，农业的生产过程是需要自然力的协助，是一个经济社会再生产与自然再生产相统一的过程。同时，马克思认为"只有农业劳动是生产劳动的第一个理由是：农业劳动是其他一切劳动得以独立存在的自然基础和前提"④，农业是基础性产业，农业生产是人类生存和"创造历史"的首要条件。传统农业社会，农业是社会决定性生产部门，乡村统治着城市；随着城市兴起与工业发展，社会分工与商品经济带来工农产业分离，农业落后于工业，农村开始依附于城市。基于农民阶级分化、小农诞生及贫困化分析，农业人口会随城市化与工业化发展而不断地减少，在现代化的漫长进程中，农民阶级终将趋于消亡或终结。恩格斯也指出："现存的大地产将给我们提供一个良好的机会，让联合的劳动者来经营大规模的农业，只有在这种巨大规模下，才能利用一切现代工具、机器等等，从而使小农明显地看到通过联合进行大规模经营的优越性。"⑤ 恩格斯看到了当一切现代机器和工具运用于农业生产过程时，可以"把每个人的生产力提高到能生产出够两个人、三个人、四个人、五个人或六个人消费的产品；那时，城市工业就能腾出足够的人员，给农业提供同此前完全不同的力量；科学终于也将大规模地、像在工业中一样彻底地应用于农业"⑥。这些叙述无不对我们今天认识和反思"农业工业化生产方式"提供理论思考。列宁甚至认为，"农业经济仍然是小商品生产。这是一个非常广阔和极其深厚的资本主义基础。在这个基础上，资本主义得以保留和重新复活起来，同共产主义进行着极其残酷的斗

---

① 石智雷：《城市化改造传统农民》，北京：中国人民大学出版社，2016 年，第 50~87 页。
② 吴宝华：《新型城镇化进程中农民市民化研究》，北京：社会科学文献出版社，2019 年，第 22~27 页。
③ 《马克思恩格斯全集》（第 24 卷），北京：人民出版社，1972 年，第 398~399 页。
④ 《马克思恩格斯全集》（第 33 卷），北京：人民出版社，2004 年，第 27 页。
⑤ 《马克思恩格斯文集》（第 3 卷），北京：人民出版社，2009 年，第 331 页。
⑥ 《马克思恩格斯文集》（第 10 卷），北京：人民出版社，2009 年，第 225~226 页。

争",因此,"把小农组织成各种协作社"是"从小商品农业过渡到共产主义农业的办法"①。进一步,斯大林希望通过农业合作总社把农民经济和国家工业联系起来、通过合作社把农民经济纳入社会主义建设总体系。斯大林指出,"俄国农业应当循着使千百万小农和中农合作化的道路,循着在农村中发展那种由国家以优惠贷款的办法来扶持的群众性的合作社的道路去发展"②,然后"在无产阶级胜利以后,把农民经济纳入苏维埃经济发展的总体系"③。

就"土地所有制"来看,马克思主义经典作家研究主要围绕土地、土地私有制、小土地所有制、土地公有制等内容展开,对我国农村土地产权制度改革和农村经济体制改革具有根本性指导价值。恩格斯认为,"一切文明民族都是从土地公有制开始的"④,"土地是我们的一切,是我们生存的首要条件;出卖土地,就是走向自我出卖的最后一步"⑤,因此,"资本、劳动和科学的应用,可以使土地的生产能力无限地提高"⑥。在对土地私有制进行分析时,恩格斯说明了土地要素作为一种财产,和其他所有规律一样,土地财产的集中是私有制所固有的规律,"只有随着大工业的发展才有可能消灭私有制"⑦。列宁强调:"那些似乎是全民的、全民族的、普遍的、超阶级的民主而实际上是资产阶级的民主的口号,不过是为剥削者的利益服务,只要土地和其他生产资料的私有制仍然存在,最民主的共和国都必然是资产阶级专政,是一小撮资本家镇压占大多数的劳动者的机器。"⑧ 显然,我们也要反对小块土地所有制,因为"小块土地所有制按其性质来说排斥社会劳动生产力的发展、劳动的社会形式、资本的社会积聚、大规模的畜牧和对科学的累进的应用"⑨。因此,马克思进一步指出,"土地只能是国家的财产""土地国有化将彻底改变劳动和资本的关系,并最终消灭工业和农业中的资本主义生产方式",这样"一切生产部门将用最合理的方式逐渐组织起来。生产资料的全国性的集中将成为由自由平等的生产者的各联合体所构成的社会的全国性的基础"⑩。

就"农产品"来看,马克思主义经典作家对粮食问题、农产品贸易也有论述。这方面的论述主要集中在列宁和斯大林那里。列宁高度重视粮食问题,认为,"我们正在向社会主义过渡,最重要的问题——粮食问题、劳动问题——不是个人的问题,不是企业主的私事,而是整个社会的问题"⑪,"在粮食政策方面,俄共坚持要巩固和发展国家垄断,同时也不拒绝在苏维埃政权进行监督的条件下,为了把工作组织得很好而利用合作社和私商或商业职员,并实行奖励制度"⑫,"决不能把粮食看作普通商品……它是人人

---

① 《列宁专题文集——论社会主义》,北京:人民出版社,2009年,第155~156页。
② 《斯大林全集》(第6卷),北京:人民出版社,1956年,第119页。
③ 《斯大林全集》(第7卷),北京:人民出版社,1958年,第106页。
④ 《马克思恩格斯文集》(第9卷),北京:人民出版社,2009年,第145页。
⑤ 《马克思恩格斯文集》(第1卷),北京:人民出版社,2009年,第70页。
⑥ 《马克思恩格斯文集》(第1卷),北京:人民出版社,2009年,第77页。
⑦ 《马克思恩格斯文集》(第1卷),北京:人民出版社,2009年,第556页。
⑧ 《列宁专题文集——论无产阶级政党》,北京:人民出版社,2009年,第191页。
⑨ 《马克思恩格斯文集》(第7卷),北京:人民出版社,2009年,第912页。
⑩ 《马克思恩格斯文集》(第3卷),北京:人民出版社,2009年,第230~233页。
⑪ 《列宁专题文集——论无产阶级政党》,北京:人民出版社,2009年,第242页。
⑫ 《列宁专题文集——论无产阶级政党》,北京:人民出版社,2009年,第201页。

都买而且没有它就不能生存的一种商品"①。马克思早就讲过,当"消费本身又表现为生产的一个要素"时,"交换显然也就作为生产的要素包含在生产之内""只有在最后阶段上,当产品直接为了消费而交换的时候,交换才表现为独立于生产之旁,与生产漠不相干",总之,"交换的深度、广度和方式都是由生产的发展和结构决定的"②。而"[农产品]直接作为生活资料和使用价值,最容易同交换价值区别开来,表现为使用价值"③。当然,"社会分工是商品经济的基础",由于"农业本身也变成工业,即变成生产商品的经济部门""建立了日益专业化的种种区域(和农业系统),不仅引起了农产品和工业品之间的交换,而且也引起各种农产品之间的交换"④。关于粮食和农产品交换的论述,对于我国国家粮食安全和农业产业化发展具有重要理论启示。

二是关于马克思、恩格斯、列宁、斯大林对"农村"的论述。马克思主义经典作家围绕论农村社会、论城乡关系两大主题展开。就"论农村社会"而言,马克思主义经典作家根据社会形态演进历程,对原始社会农村、奴隶社会农村、封建社会农村、资本主义农村进行了详细阐述。马克思认为,乡村是"自然形成的共同体"和"天然的共同体",这种天然形成的具有"血缘、语言、习惯等的共同性"共同体"将随种种外界的,即气候的、地理的、物理的等等条件,以及他们的特殊自然性质……或多或少地发生变化",而土地"既提供劳动资料,又提供劳动材料,还提供共同居住的地方,即共同体的基础"⑤。在此基础上,马克思主义经典作家分析了进入阶级统治的社会,农村社会基于各种生产资料的占有关系而建构起来的经济基础具有"两面性",从负面来看,农村社会的阶级压迫和剥削极大地压低了农民生活状况,使得社会阶级矛盾极为突出,尤其是进入资本主义社会,当"工业革命推广到农业地区,从而把居民中最安定的、最保守的阶级变成革命的温床,而这一切的结果,就是从事家庭工业的农民被机器剥夺,被机器强制地推上起义的道路"⑥;从正面来看,正是这些矛盾的存在极大地加速了农村社会经济共同体和生活共同体的发展和进步,使得农民阶级越来越革命化。

就"城乡关系"来看,马克思主义经典作家论述了从城乡对立到城乡平等的历史发展过程,为中国城乡统筹发展和城乡融合发展提供了认识智慧。马克思和恩格斯认为,"一个民族内部的分工,首先引起工商业劳动同农业劳动的分离,从而也引起城乡的分离和城乡利益的对立"⑦,"每一个国家都存在着城乡之间的对立"⑧,"物质劳动和精神劳动的最大的一次分工,就是城市和乡村的分离。城乡之间的对立是随着野蛮向文明的过渡、部落制度向国家的过渡、地域局限性向民族的过渡而开始的,它贯穿着文明的全部历史直至现在"⑨。进入资本主义时期,"资产阶级使农村屈服于城市的统治。它创立

---

① 《斯大林选集》(下卷),北京:人民出版社,1979年,第177~178页。
② 《马克思恩格斯文集》(第8卷),北京:人民出版社,2009年,第22~23页。
③ 《马克思恩格斯文集》(第8卷),北京:人民出版社,2009年,第75页。
④ 《列宁专题文集——论资本主义》,北京:人民出版社,2009年,第7~8页。
⑤ 《马克思恩格斯文集》(第8卷),北京:人民出版社,2009年,第123~124页。
⑥ 《马克思恩格斯文集》(第3卷),北京:人民出版社,2009年,第247~249页。
⑦ 《马克思恩格斯文集》(第1卷),北京:人民出版社,2009年,第520页。
⑧ 《马克思恩格斯文集》(第1卷),北京:人民出版社,2009年,第523页。
⑨ 《马克思恩格斯文集》(第1卷),北京:人民出版社,2009年,第556~557页。

了巨大的城市,使城市人口比农村人口大大增加起来,因而使很大一部分居民脱离了农村生活的愚昧状态。正像它使农村从属于城市一样,它使未开化和半开化的国家从属于文明的国家,使农民的民族从属于资产阶级的民族,使东方从属于西方"①。为了从根本上突破由资本和地产分离主导的城市和乡村的对立状态,恩格斯认为,"公民公社将从事工业生产和农业生产,将把城市和农村生活方式的优点结合起来,避免二者的片面性和缺点""只要向私有制一发起猛烈的进攻,无产阶级就要被迫继续向前迈进,把全部资本、全部农业、全部工业、全部运输业和全部交换都越来越多地集中在国家手里"②。由此,"城市和乡村之间的对立也将消失",并"通过消除旧的分工,通过产业教育、交换工种、所有人共同享受大家创造出来的福利,通过城乡的融合,使社会全体成员的才能得到全面发展"③。列宁则从为了完全消灭阶级的终极目标上分析了消除城乡之间的差别,他指出:"不仅要推翻剥削者即地主和资本家,不仅要废除他们的所有制,而且要废除任何生产资料私有制,要消灭城乡之间、体力劳动者和脑力劳动者之间的差别""必须大大发展生产力。"④ 斯大林在论述城乡关系时指出,"必须实行正确的工农业品和农产品的价格政策,以保证工业和农业的迅速增长,并且消灭'剪刀差'""必须缩减农业税的总额""必须使千百万农民群众合作化""必须最大限度地向农村提供拖拉机,因为这是使农业进行技术革命的手段,也是农村中创立文化技术基地的方法。最后,必须实行电气化计划,因为这是使农村接近城市和消灭城乡对立的手段"⑤。

三是关于马克思、恩格斯、列宁、斯大林对"农民"的论述。马克思主义经典作家主要围绕论农民的阶级性、论工农关系两个主题展开。就"农民的阶级性"来看,马克思主义经典作家主要是分析了农民的双重性和小农问题。马克思认为,农民阶级"取得生活资料多半是靠与自然交换,而不是靠与社会交往。一小块土地,一个农民和一个家庭;旁边是另一小块土地,另一个农民和另一个家庭。一批这样的单位就形成一个村子;一批这样的村子就形成一个省。这样,法国国民的广大群众,便是一些同名数简单相加而形成的,就像一袋马铃薯是由袋中的一个个马铃薯汇集而成的那样。数百万家庭的经济生活条件使他们的生活方式、利益和教育程度与其他阶级的生活方式、利益和教育程度各不相同并互相敌对,就这一点而言,他们是一个阶级"⑥。然而,恩格斯认为,当"城市工业无产阶级成了现代一切民主运动的核心;小资产者,尤其是农民,总是跟在他们后面",因为小农这个阶级是"目前最不能发挥革命首倡精神的阶级"⑦。可以说,"处于所有这些阶级(平民反对派除外)之下的,就是这个民族中遭受剥削的广大群众——农民""所有其他等级一起剥削农民"⑧。可见,农民阶级是一个长期受到压迫剥削但又存在自身局限性的阶级。但是当无产阶级领导反对压迫和剥削的革命运动

---

① 《马克思恩格斯文集》(第2卷),北京:人民出版社,2009年,第36页。
② 《马克思恩格斯文集》(第1卷),北京:人民出版社,2009年,第686~687页。
③ 《马克思恩格斯文集》(第1卷),北京:人民出版社,2009年,第689页。
④ 《列宁专题文集——论社会主义》,北京:人民出版社,2009年,第145~146页。
⑤ 《斯大林选集》(上卷),北京:人民出版社,1979年,第355页。
⑥ 《马克思恩格斯文集》(第2卷),北京:人民出版社,2009年,第566~567页。
⑦ 《马克思恩格斯文集》(第1卷),北京:人民出版社,2009年,第661页。
⑧ 《马克思恩格斯文集》(第2卷),北京:人民出版社,2009年,第231~233页。

全面展开,"农民阶级就会一个跟着一个参加进来",展现出自己作为一个关心政治且具有强烈的资产阶级革命性的一面。换言之,"农村居民由于分散于广大地区,难以达到大多数人的意见一致,所以他们永远不能胜利地从事独立的运动。他们需要更集中、更开化、更活跃的城市居民富有的首创精神的推动"①。但随着"小生产到处被大生产所替代""生产变成了资本主义的生产,它残酷无情地压榨所有的小业主,破坏了他们的乡村定居生活,迫使他们到全国各地去做普通的小工,把自己的劳动出卖给资本。越来越多的人完全脱离了乡村,脱离了农业,聚集到城市,聚集到工厂和工业村镇,形成了一个没有任何私有财产的特殊阶级,即专靠出卖自己劳动力来维持生活的雇佣工人——无产者阶级"②。因此,列宁循此思路进一步指出,"农民作为劳动者,倾向于社会主义,更愿意要工人专政而不要资产阶级专政",要使无产阶级能够引导农民阶级前进,"必须以无产阶级感情体会一切劳动者的心理,并在农村或小生产中的涣散的、不够开展的、政治上不够稳定的劳动者面前具有威信"③。同时,无产阶级专政政权和共产党人要加强对小农的改造,但决不能幻想在短期内可以把小农业的经济基础和经济根系改造过来,"因为改造小农,改造他们的整个心理和习惯,这件事需要花几代人的时间。只有有了物质基础,只有有了技术,只有在农业中大规模地使用拖拉机和机器,只有大规模电气化,才能解决小农这个问题,才能像人们所说的使他们的整个心理健全起来"④。斯大林还界定了小农经济这个基本范畴,指出:"我们的农业是小农经济,……我们是一个真正的小农经济国家。小农经济是什么呢?这是最没有保障、最原始、最不发达、提供商品最少的经济。"⑤

就"工农关系"来看,马克思主义经典作家主要是分析了工农联系和工农联盟问题。恩格斯曾讲:"当工人无产阶级已经随着最初的、还很不完善的机器发展起来的时候,这台机器也促进了农业无产阶级的产生。"⑥同样,列宁也指出:"大工厂正在俄国日益迅速地发展起来,使小手工业者和农民相继破产,把他们变成了一无所有的工人,把越来越多的人赶进城市、工厂和工业村镇。"⑦同时,列宁也看到了"商品经济的发展就是一个个工业部门同农业分离。商品经济不发达(或完全不发达)的国家的人口,几乎全是农业人口""从事农业的居民自己进行农产品的加工,几乎没有交换和分工。因此商品经济的发展也就意味着愈来愈多的人口同农业分离,就是说工业人口增加,农业人口减少"⑧。可以看到,恩格斯、列宁在清晰地刻画出工人无产阶级和农民无产阶级之间关系的基础上,也看到了工业人口与农业人口在商品经济发展过程中的此消彼长。另外,马克思和恩格斯在《共产党宣言》中也曾掷地有声地指出:"在当前同资产

---

① 《马克思恩格斯文集》(第 2 卷),北京:人民出版社,2009 年,第 357~358 页。
② 《列宁专题文集——论无产阶级政党》,北京:人民出版社,2009 年,第 6 页。
③ 《列宁专题文集——论社会主义》,北京:人民出版社,2009 年,第 139~140 页。
④ 《列宁专题文集——论社会主义》,北京:人民出版社,2009 年,第 203~204 页。
⑤ 《斯大林选集》(下卷),北京:人民出版社,1979 年,第 16 页。
⑥ 《马克思恩格斯文集》(第 1 卷),北京:人民出版社,2009 年,第 392 页。
⑦ 《列宁专题文集——论无产阶级政党》,北京:人民出版社,2009 年,第 1 页。
⑧ 《列宁专题文集——论资本主义》,北京:人民出版社,2009 年,第 9~10 页。

阶级对立的一切阶级中，只有无产阶级是真正革命的阶级。"[①] 但由于"无产阶级是自己的先锋队"[②]，而农民所构成的"这个阶级继续处于愚昧无知状态"[③]，"这个阶级根本没有能力首倡革命"[④]，在这种情况下，"工人也应当同农村无产阶级联合起来"[⑤]，唤起农民无产阶级并吸引他们参加革命运动，便成为工人无产阶级运动首要的最迫切的任务。换言之，在一个农业无产阶级占人口大多数的国家和民族，"社会党夺取政权已经成为可以预见的将来的事情。然而，为了夺取政权，这个政党应当首先从城市走向农村，应当成为农村中的一股力量"[⑥]，才能真正地把农民从工业工人的消极敌人变成工业工人的积极朋友。马克思主义关于工农联系和工农联盟的论述，对于中国共产党领导中国革命、建设、改革开放的不同时期中正确处理农业与工业、农民与工人的关系以及团结广大农民无产阶级，都具有重要的理论价值和现实价值。

2. 与马克思主义经典作家关于"三农"发展论述相对，国外学术界也运用多学科理论和方法对资本主义国家、广大发展中国家的"三农"发展进行了研究。

一是围绕传统农业现代性改造、农业经营形式、农业技术模式和农业制度变迁展开研究。众所周知，农业问题长期以来都是发展经济学讨论的主要议题之一。农业是否能够成为发展中国家经济增长的源泉，如何改造发展中国家的传统农业，也一直都是经济学家们争论和研究的中心问题。对于一个从土地和农业中生长出来的最大的发展中国家，当代中国在农业转型过程中基于中国农业是否该规模化、资本下乡是否合理、技术该选择土地节约型还是劳动节约型、土地制度是否该"还权赋能"四个焦点问题展开了农业规模经营之争、农业资本深化之争、农业技术选择之争和农地制度变迁之争为代表性的"四大争论"。[⑦] 这些关于农业发展的代表性争论也是国外学术界讨论的重要内容。刘易斯（1954）的二元经济理论紧紧围绕经济发展这一中心议题，已经为全面分析发展中国家的结构变迁、城乡关系、劳动力市场、劳动力转移、人口增长、收入分配、资本积累、储蓄行为、技术选择及变化等一系列重要问题提供了理论框架。[⑧] 费景汉、古斯塔夫·拉尼斯（1964）讨论了农业社会向现代增长的转型增长进程，不仅提出了食物短缺点的来临是与农业技术变化（中性技术进步）和劳动力的释放过程同时发生的，也补充和修正了刘易斯的二元经济发展模型，提出在经济的商业化（现代）部门和非商业化（传统）部门之间，存在生产和组织方面的初始差异，传统部门不存在出清的劳动力市场，呈现出劳动力过剩的经济；而发展的一个目标就是通过剩余劳动力持续再配置消除劳动力过剩，但由于绝大部分人口在农村从事农业生产、开始转向现代经济增长时通常

---

① 《马克思恩格斯文集》（第2卷），北京：人民出版社，2009年，第42页。
② 《马克思恩格斯文集》（第2卷），北京：人民出版社，2009年，第89页。
③ 《马克思恩格斯文集》（第2卷），北京：人民出版社，2009年，第212页。
④ 《马克思恩格斯文集》（第2卷），北京：人民出版社，2009年，第175页。
⑤ 《马克思恩格斯文集》（第2卷），北京：人民出版社，2009年，第197页。
⑥ 《马克思恩格斯文集》（第4卷），北京：人民出版社，2009年，第510页。
⑦ 罗浩轩：《当代中国农业转型"四大争论"的梳理与评述》，《农业经济问题》2018年第5期，第33～42页。
⑧ 威廉·阿瑟·刘易斯著，施炜等译：《二元经济论》，北京：北京经济学院出版社，1989年，译者前言，第1页。

会遇到人口爆炸、给定土地上持续的人口压力导致劳动力供给极为丰富等多因素的交互作用,使得从二元结构转向一元结构的现代化结构的过程具有长期性和动态性。①舒尔茨(1964)为现代农业经济理论的形成奠定了基础,开创了把农业经济问题与人力资本理论结合起来加以研究的新视角。他认为发展中国家的传统农业是不能对经济增长做出贡献的,只有现代化的农业才能对经济增长做出重大贡献,因此,"如何把弱小的传统农业改造成为一个高生产率的经济部门"是问题的关键。他尝试围绕传统农业的基本特征是什么、传统农业为何不能成为经济增长的源泉、如何改造传统农业三个问题展开了深入论证和研究,特别是他提出改造传统农业的关键是要引进新的现代农业生产要素,要从建立一套适合于传统农业改造的制度、创造现代农业生产要素引进的供需条件、对农民进行人力资本投资等几方面着力。②约翰·梅尔(1988)对农业及农村发展做了宏观的动态考察,认为自然资源、经济条件以及文化传统上的显著差异性使不同国家的农业发展道路大相径庭,但农业这个最古老最基本的行业凝聚着人类智慧的共同结晶。因而,他试图在"工业基础主义"(或"唯工主义")与"农业基础主义"(或"唯农主义")之间寻找一条中间道路,即在提供了一个比"平衡增长"的概念更为准确的基础上,探讨农业在经济的全面发展中的作用、传统农业的经济特征、农业现代化的经济进程、如何通过农业发展来促进低收入国家获得更高的生活水平和更快的经济增长等议题,突出了农业发展的目标、农业发展赖于实现的基础以及要实现农业发展需要什么变革。③速水佑次郎、弗农·拉坦(2000)对国际上流行的发展经济学诸多流派,如增长阶段理论、二元经济理论、依附理论、区位理论、技术和制度变革理论、微观经济学理论等进行了比较分析,依据自己的综合农业发展理论,进一步充实和完善了诱导的技术创新和制度创新理论模型,并根据"诱导的技术创新模型",将西方农业现代化分为"劳动节约型""土地节约型""中间类型"三种主导模式。④祖田修(2000)认为在急速的工业化、城市化、现代化的浪潮中,农业和农村被发展的阴影所遮蔽、被弃而不顾并因此衰退的方面也是存在的。如何取得农工之间的均衡发展,是迄今为止世界上的所有国家都面临过或者正在面临的共同问题,而对于亚洲的"小农圈"来说,这是一个尤其紧要的重大问题。他在提出"生命空间"这一新概念的基础上,认为现代农业和农学的任务在于追求一种综合价值,即经济价值、生态环境价值和生活价值的和谐实现,并试图以"作为现代生活世界的中小城市和农村一体化的地域这一空间"为中心,根据时代要求来构筑自己的农业哲学理论体系⑤。尽管国外学者没有直接将农业、农村和农民作为一个整体提出来,但有关农业转型的争论、农业技术进步、农业制度变迁、城乡关

---

① 费景汉、古斯塔夫·拉尼斯著,洪银兴等译:《增长和发展:演进观点》,北京:商务印书馆,2004年,"译者序",第1~5页。
② 西奥多·W. 舒尔茨著,梁小民译:《改造传统农业》,北京:商务印书馆,1987年,"译者前言",第1~7页。
③ 约翰·梅尔著,何宝玉等译:《农业经济发展学》,北京:农村读物出版社,1988年,"译者序"和"前言"第1~2页和第1~2页。
④ 速水佑次郎、弗农·拉坦著,郭熙保、张进铭等译:《农业发展的国际分析修订扩充版》,北京:中国社会科学出版社,2000年。
⑤ 祖田修著,张玉林译:《农学原论》,北京:中国人民大学出版社,2003年。

系结构等对中国特色社会主义"新三农"协同发展研究仍具有重要参考价值。

二是围绕农民主体结构性、农民发展伦理性、农村改革综合性、农村公共品供给以及乡村社会变迁展开研究。孟德拉斯（1961）认为传统农民社会在表面上是稳定的，工具的改进、新植物品种的引进、耕作方法的改善推动着农业社会的长期进化，共同构成了农业发展变革通史的重要篇章，站在工业文明的入口处的"小农"将借助于工业社会的管理和生产技术使其变为工业化的"农业生产者"，即借助于拖拉机和联合收割机，内燃机使机器作用于固定的劳动资料上，从而突破了空间的约束，化学和植物学的进步也使生物节奏得以加速，并提高了果实产量，时间的约束在很大程度上也被克服了；同时，新一代工业化的青年"农业生产者"对经济的前途和乡村职业的高尚重新确立信心，作为"农业生产者"的农民主体性得以极大地提高。[①] 詹姆斯·C.斯科特（1976）把农民家庭的关键问题——安全生存问题置于研究农民政治活动的中心，揭示了如何用农民对饥荒的恐惧来解释农民社会的许多奇特的技术的、社会的和道德的安排。他强调生存规则的道德含义，剥削和反叛不仅仅是食物和收入的问题，而且也是农民的社会公正观念、权利义务观念和互惠观念的问题，在"安全第一"生存伦理的经济学下，农民表现出具有回避风险行为、追求较低风险社会分配与较高生存保障的发展伦理取向。[②] 盖尔·约翰逊（2000）重点分析了中国的农村经济改革，认为中国农业经济改革是一次经济制度和政治体制同时发生的变革，相比于城市和工业改革，农业农村改革更加彻底、效果更加显著。他指出，中国的农村改革在其进程中表现出了很强的灵活性、试错性和实用主义，改革极大地增加了市场在农业中的作用，并提出农业发展与农民增收的政策适时调整是农村改革取得成功的基础和前提；但农村改革也存在缺陷，比如城乡人均收入差距不断扩大，比如现行的农业和农村政策还不足以解决未来25年中农业和农村生活面临的问题，农业和农村政策的前瞻性不够，比如随着公社的取消，农村地区留下了政府的真空，甚至包括医疗和医院实施、学校、维护灌溉和防洪系统、农产品加工设施和市场营销设施等公共物品的重要资金来源就不复存在了。[③] 黄宗智（2014）从历史社会学和经济人类学视域，以中国土地和人口关系的演变为出发点，以基层乡村微观的家庭生产单位的生产实践为切入点，来展示农业经济与现代工业经济的不同以及揭示乡村社会宏观的经济社会逻辑理路，进而从整体上勾勒出明清以来乡村社会经济变迁的历史、理论与现实以及改革开放时期农业去集体化和家庭化进而实现市场化演变的"全景图式"。[④] 国外学术界主要聚焦于农民主体结构性变迁、农民生存伦理和发展伦理、农村改革的功能效应以及乡村经济社会历史性变迁等展开研究，为中国特色社会主义"新三农"协同发展研究提供了宽广的学术视野和具有深度的理性思考。

---

① H.孟德拉斯著，李培林译：《农民的终结》，北京：社会科学文献出版社，1991年。
② 詹姆斯·C.斯科特著，程立显、刘建等译：《农民的道义经济学：东南亚的反叛与生存》，南京：译林出版社，2001年，第16～43页。
③ D.盖尔·约翰逊著，林毅夫等编译：《经济发展中的农业、农村、农民问题》，北京：商务印书馆，2004年。
④ 黄宗智：《明清以来的乡村社会经济变迁：历史、理论与现实》（卷3），北京：法律出版社，2013年，第1～24页。

(三) 简要的评价

国内外学者对农村、农业、农民问题都进行了深入研究，也有非常经典的论述，但能够真正为中国特色社会主义农村、农业、农村协同发展研究提供有益的学术滋养和学术借鉴，仍然存在严重的不足和局限。哲学社会科学的特色、风格、气派是发展到一定阶段的产物，是成熟的标志，是实力的象征。这就要求中国特色哲学社会科学应该从根本上体现继承性、民族性，体现原创性、时代性，体现系统性、专业性。[①] 中国特色社会主义"新三农"协同发展研究，在历史、理论和实践相结合的逻辑路向上，也应该展现出改革开放以来中国共产党人所开创的中国特色社会主义道路、理论、制度、文化的中国特色、风格、气派、魅力和优势，体现出中国哲学社会科学这三大特点。正如习近平总书记指出的那样："当代中国的伟大社会变革，不是简单延续我国历史文化的母版，不是简单套用马克思主义经典作家设想的模板，不是其他国家社会主义实践的再版，也不是国外现代化发展的翻版，不可能找到现成的教科书。"[②] 我们必须以当代中国正在做的事情为依据，从中国特色社会主义"三农"发展的历史、理论和实践的变迁中挖掘新材料、发现新问题、提出新观点、建构新理论，对中国特色社会主义"三农"协同发展加以马克思主义中国化视域的学科性、学理性、历史性和实践性相结合的学术研究。

二、"三农"研究的学科新视界：马克思主义中国化"学科之问"[③]

改革开放四十多年来，党和国家通过出台一系列相互衔接和相互贯通的"三农"政策，在农业提质增效强基础、农民就业创业拓渠道、农村改革赋权增活力、农村社会保障固基本等方面取得了巨大成就，为中国经济社会持续健康发展提供了有力的乡村社会基础性和战略性支撑。尽管我国已进入新发展阶段，农村已全面脱贫，小康社会全面建成，但我国农业发展仍是同步推进新型工业化、信息化、城镇化、农业现代化、绿色化发展中的短板，农村区域发展还是全面建设社会主义现代化国家的短板，农业农村发展面临农产品价格"天花板"封顶、生产成本"地板"抬升、资源环境"硬约束"加剧、乡土社会"空心化"趋向等突出挑战和压力，迫切需要加强理论和实践研究，为中国特色社会主义"三农"协同发展寻求出路。

(一) 老问题与新视野：马克思主义中国化学科视域的可能性和必要性

从当代中国学术界关于农业、农村、农民问题展开学术研究的既有成果和学科视域来看，多为从经济学、管理学、社会学、政治学等学科视域观察"三农"和研究"三农"，并取得了一大批具有重大影响力的学术成果，这些学术成果从总体上描摹了中国从"乡土中国"到"城乡中国"或"后乡土中国"发展变迁的总体图景及其背后蕴涵的经济的、政治的、文化的、社会的变迁逻辑，为推动中国"三农"发展做出了巨大贡

---

① 《十八大以来重要文献选编》(下)，北京：中央文献出版社，2018年，第322~329页。
② 《十八大以来重要文献选编》(下)，北京：中央文献出版社，2018年，第327页。
③ 翟坤周：《新时代"三农"协同发展的马克思主义中国化逻辑：问题、范式及目标》，《新疆师范大学学报(哲学社会科学版)》2020年第1期，第74~79页。

献。但我们要看到，中国学术界所倡导并尝试加强"三农"研究的跨学科对话，在当前既是优势，也存在局限，其优势在于为中国解决"三农"问题提供了多学科观察视角和多种学理性阐释路径，其局限在于难以发现和阐释中国解决"三农"问题的"中国特色"和"社会主义"的本质规定性。改革开放以来，中国特色社会主义是党的全部理论和实践的主题，这就要求在加强"三农"研究跨学科对话时要始终坚持以马克思主义为指导，避免"三农"研究中马克思主义学科视域的边缘化、马克思主义理论阐释的空泛化、马克思主义学理论证的标签化，摆脱"三农"研究中马克思主义视域在学科中"失语"、在教材中"失踪"、在论坛上"失声"的学科困境和学术怪相，自觉运用马克思主义立场、观点、方法构建中国特色社会主义"三农"发展研究的学科体系、学术体系、话语体系。同时，中国特色社会主义"三农"问题的破解和"三农"发展成败，事关巩固党在农村的执政基础、事关农民安居乐业和农村社会和谐稳定、事关经济社会发展战略全局。从根本上讲，中国特色社会主义"三农"发展议题，最能直接体现中国特色社会主义最本质特征和中国特色社会主义制度最大优势，最能集中反映中国共产党始终坚持以人民为中心的发展思想和政治立场。因此，观察和分析当代中国特色社会主义"三农"发展议题，就需要建构一个集中体现"中国特色社会主义"本质规定性的学科视域，将中国特色社会主义"三农"发展置于人类社会发展进步、中国特色社会主义建设和中国共产党治国理政的历史、理论和实践的逻辑中加以考察。从这个意义上，从马克思主义中国化学科视域展开中国特色社会主义"三农"发展研究，具有历史逻辑的必然性与理论逻辑的合理性。

  理论创新既是马克思主义中国化发展的永恒主题，也是回应社会变迁、实践深化和历史前进中出现的各种矛盾问题的必然要求，创新成为不断赋予理论发展的强大生命力。理论创新是从问题开始的，坚持问题意识是马克思主义的鲜明特点。从一定意义上说，理论创新就是一个发现问题、筛选问题、研究问题、解决问题的完整过程。马克思曾指出："问题就是公开的、无畏的、左右一切个人的时代声音。问题就是时代的口号，是它表现自己精神状态的最实际的呼声。"[①] 可见，坚持问题导向是理论创新的起点和基础。这也就决定了，当代中国学术界、政策界及至公共媒体等在观察、分析和研究"三农"时理应坚持问题意识和问题导向这个马克思主义鲜明特点。但结合前文对既有"三农"研究文献的回顾、总结和梳理，我们又不难发现，基于单项的问题意识和问题导向而展开的传统"三农"研究偏重对农村、农业、农民具体领域呈现的具体现实问题的剖析，难以揭示中国特色社会主义农村、农业、农民之间的内在逻辑关系和"三农"之于坚持和加强党的领导、建设社会主义现代化强国、实现中华民族伟大复兴中国梦以及对于全世界发展中国家解决"三农"问题提供中国方案具有何种外部逻辑联系。这种关于中国特色社会主义"三农"研究的学术局限性，导致了基于"问题清单式"的"三农"研究学术成果颇多，而基于"发展协同性"的"三农"研究学术成果明显不足。总体来看，既有"三农"研究学术成果在历史、理论与实践的结合度上不够，在呈现中国特色社会主义"三农"发展关联的经济、政治、文化、社会、生态以及基层党组织等全

[①] 《马克思恩格斯全集》（第40卷），北京：人民出版社，1982年，第289页。

景式内容的协同度上不足，难以构建起全面反映和集中体现中国特色社会主义实践特色、理论特色、民族特色、时代特色"四大特色"的中国共产党领导的跨越政府、市场与社会各层面的基础分析框架，无法深刻揭示贯穿中国特色社会主义"三农"发展不同阶段的主线与主题、特色与本质。

具体而言，中国特色社会主义"三农"发展议题，是最能直接体现出新时代中国特色社会主义的本质要求、最能集中反映出中国共产党坚持以人民为中心的发展思想的重大理论与实践课题。观察和分析当代中国特色社会主义"三农"发展议题，这与中国特色社会主义进入新时代继续推进21世纪马克思主义、当代中国马克思主义创新发展的重要任务和根本要求高度契合。因此，坚持以马克思主义为指导，运用马克思主义立场、观点、方法展开对中国特色社会主义"三农"变迁以及"新三农"的协同发展研究，也就自然而然地成为马克思主义中国化学科研究视域中常议常新的重要学术旨趣所在。从历史与现实、理论与实践相结合的维度来看，基于马克思主义中国化研究视域的中国特色社会主义"三农"协同发展研究，需要从以下几个方面展开。一是从资本主义和社会主义的横向质性对比中探究和凸显我国"三农"发展具有的"中国特色"和"社会主义"双重规定性；二是在历史纵向变迁发展中突出中国特色社会主义"三农"协同发展的相对动态性线索，揭示"三农"协同发展的内在逻辑关系与不同阶段的实践经验；三是从中国共产党的领导、国家政治权力的嵌入、经济体制改革市场化取向、农民主体权利的实现等相互关系中构建中国特色社会主义"三农"协同发展的充要条件、动力机制和支撑体系；四是中国新型城镇化、工业化、信息化逐渐成为具有世界意义和具有巨大发展潜力的重要战略支点，这不仅为中国经济社会向纵深发展提供了前所未有的战略机遇，也为中国特色社会主义"三农"发展提供了强大而坚实的反哺基础和支撑条件，跳出"三农"发展"三农"，跳出"乡村地域空间"实施"乡村振兴战略"，必将成为城乡融合时代以乡村振兴引领中国特色社会主义"三农"协同发展的根本途径和前进方向。

（二）"新三农"协同发展研究：马克思主义立场、观点与方法

学术研究的产生与推展，是从"概念""理论"与"方法"三个维度展开的；这三种力量正好构成一个三角模型，并通过它们间的互动推动着学术研究的发展。[①] 马克思主义中国化学科视域下的中国特色社会主义"新三农"协同发展研究，应将一般性的学术生产和发展所需要的"概念""理论""方法"加以马克思主义理论学科化转换和改造，使其研究展开遵循马克思主义的基本立场、观点与方法。学术立场问题至关重要，是决定学术进路展开、学术观点凝练和学术方法选取的关键环节。站在什么样的人的立场上分析问题，站在什么样的学科界域研究问题，站在什么样的时空视界解决问题，一定程度上也就决定了学术观察和学术分析的广度、深度、高度和精度。比如，一些国外研究学者认为，在中国革命年代，中国共产党人根据中国革命发展形势走"农村包围城市、武装夺取政权"的新民主主义革命道路，一定意义上表明中国化马克思主义者呈现

[①] 刘祖云、李烊：《学术研究的"三角模型"：基于"转型社区"的文献考察》，《党政研究》2017年第1期，第104页。

出一种反城市的倾向，出现了没有厘清中国共产党始终反对盘踞于城市之中的反动统治阶级、反对落后的社会生产关系与中国共产党自始至终都不反对城市本身的错乱。回顾历史我们不难发现，无论是中国革命年代，还是中国建设和改革开放新时期，城市和乡村无不具有极其重要的战略地位。因此，从马克思主义中国化研究学科视域对中国特色社会主义"新三农"协同发展展开研究，"概念范畴"的精准阐释、"理论观点"的科学表达、"研究方法"的合理得当、"人民立场"的坚定坚守，是新时代给予"三农"协同发展研究以学科性、学理性和学术性观照的基本规范和要求。

然而，中国特色社会主义进入新时代和新阶段又赋予中国特色社会主义"三农"协同发展新的时空方位。在时间进程上，新时代中国特色社会主义正处于从传统农业文明、农耕文明向农业文明、工业文明、生态文明共生转轨的过程中，以及正处于传统、现代和后现代叠加累进的发展阶段；在空间维度上，中国已经全面融入由经济全球化、政治多极化、文化多样化、社会信息化所表征的复杂、激荡、互动、交锋和交流的"时空压缩"的世界，忽视和逃避这种在"历史成为世界历史"的基础上所建构的空间维度的不断扩展过程，仅以中国自身为根据，也难以正确看待中国特色社会主义"新三农"协同发展对于世界的中国贡献以及对于中国人民过上幸福美好生活、对于社会主义现代化强国建设、对于实现中华民族伟大复兴中国梦的地位和作用；在结构变迁上，基于时间长河和空间世界双重观照视域中的中国特色社会主义农村、农业和农民，是随着经济增长、政治进步、文明介入、社会发展、城乡变迁、工农互动以及生态文明建设的推进，而使"三农"本身越来越呈现出包括主体结构、产业结构、居住结构、要素结构、城乡结构、区域结构在内的结构性动态变化过程。归根结底，关于中国特色社会主义"三农"发展的时空演化过程和结构性变迁过程，是辩证唯物主义和历史唯物主义世界观和方法论的具体体现，是马克思主义立场、观点和方法内在统一性的集中反映。因此，从马克思主义立场、观点和方法的内在统一性和一致性逻辑对中国特色社会主义"新三农"协同发展研究，应重点讨论五个基本问题。

第一个是逻辑起点问题：如何准确界定和科学阐释中国特色社会主义"新三农"协同发展研究的逻辑起点是一项学术研究的基础性工作。党的十八大以来，以习近平同志为核心的党中央领导集体从理论与实践相结合的维度回答了"新时代坚持和发展什么样的中国特色社会主义、怎样坚持和发展中国特色社会主义"这一基本命题，本质上揭示了改革开放以来党的全部理论和实践的主题就是中国特色社会主义，中华民族迎来了从"富起来"迈向"强起来"的新时代，归根结底就是要继续书写中国特色社会主义的伟大新篇。这为中国共产党人厘清中国特色社会主义"新三农"协同发展研究的逻辑起点问题提供了基本的政治判断和解释基础。我们认为，中国特色社会主义"新三农"协同发展研究的逻辑起点可以从理论逻辑起点、实践逻辑起点、政策逻辑起点等维度加以深刻阐释和确证。从理论逻辑起点来看，中国特色社会主义"新三农"协同发展研究应包括两个方面的"起点"理解：一方面是就马克思主义到中国化马克思主义创新发展的理论发展脉络而言，马克思主义经典作家关于"三农"发展的论述和阐释是其世界视域中的理论逻辑起点；另一方面是就马克思主义中国化的第二次理论飞跃所形成的中国特色社会主义理论体系中的伟大开篇而言，邓小平理论关于"三农"发展的论述和论断是其中国视域的理论逻辑起点。因此，中国特色社会主义"新三农"协同发展研究的理论基础应从马克思主义经典作家关于"三农"的论述中进行深度挖掘，尤其是要从中国特色社会主义理论体系的伟大开篇之作——邓小平理论关于"三农"的论述中进行系统化厘清。从历史逻辑起点来看，中国特色社会主义"新三农"协同发展研究，应从改革开放以后中国农村全面改革启动和农村基本经济体制最终确立之前的"分包到户""大包干""分田单干"等地方化实践开始算起。从政策逻辑起点来看，中国特色社会主义"新三农"协同发展研究，应从改革开放以后的"全国农村工作会议纪要"正式颁布实施算起。由此可见，中国特色社会主义"新三农"协同发展的历史逻辑起点和政策逻辑起点并不是同步的，历史逻辑起点往往要早于政策逻辑起点，这主要是由改革开放初始时期党和国家是从"摸着石头过河"的地方化实践经由"自下而上"政策通道上升为党和国家层面的宏观政策体系的政策生成逻辑决定的。所以，本书有必要从理论、历史、政策等层面回答中国特色社会主义"新三农"协同发展研究的逻辑起点问题，全面梳理中国特色社会主义"新三农"协同发展具有的理论逻辑、历史逻辑、政策逻辑以及蕴涵其中的文化逻辑。

第二个是理论框架问题：基于中国特色社会主义新时代中国共产党人关于"中国特色社会主义是改革开放以来党的全部理论和实践的主题""中国共产党领导是中国特色社会主义最本质的特征""中国共产党领导是中国特色社会主义制度的最大优势"等政治判断和经验概括，我们又应该将中国特色社会主义"新三农"协同发展研究置于何种理论框架下加以科学分析和系统研究，也是一项十分重要的基础性学术任务。我们已经清晰地意识到："马克思主义理论不仅要随着历史发展的时间坐标变化而不断创新自身的理论观点和解决方案，同时也需要在历史发展的空间坐标中，提出更加具有区域色彩和本土特征的解释体系与行动方案。"① 因而，要加强对中国特色社会主义"新三农"协同发展研究，就需要遵循马克思主义与时俱进的理论品质，在推进理论创新和发展中努力建构能够深刻反映和揭示改革开放以来"党的全部理论和实践的主题""中国特色社会主义最本质的特征""中国特色社会主义制度的最大优势"等宏观政治话语的理论解释框架和实践行动方案。由此，我们也不难看出，要建构中国特色社会主义"新三农"协同发展研究的理论框架，一方面要通过加强党对"三农"工作的领导和统筹集中体现中国特色社会主义"新三农"协同发展最本质的特征，另一方面又要通过增强党领导建立健全"三农"领域在经济、政治、文化、社会、生态等各个层面的制度体系全面反映中国特色社会主义"新三农"协同发展的最大优势。从这个意义上来看，要对中国特色社会主义"新三农"协同发展进行有高度、有深度、有宽度、有温度的学理性研究，则需要构建一个由中国共产党全面直接领导，能够发挥政府、市场与社会多元主体协同合力，并能把统筹推进乡村产业兴旺、生态宜居、乡风文明、治理有效、生活富裕"五位一体"整体发展作为根本任务的理论解释框架和实践行动方案，只有这样，才能实现把中国特色社会主义"新三农"协同发展作为全党的共同意志、共同行动，做到认识统一、步调一致。

---

① 谢迪斌：《发展21世纪中国马克思主义的三重逻辑》，《社会主义研究》2017年第1期，第34页。

第三个是核心立场问题：基于中国特色社会主义新时代"坚持以人民为中心的发展思想""坚持农民主体地位""顺应亿万农民美好生活的向往""调动亿万农民的积极性、主动性、创造性""把维护农民群众根本利益、促进农民共同富裕作为出发点和落脚点""不断提升亿万农民获得感、幸福感、安全感"等价值立场、决策共识和政策导向，我们在实施乡村振兴战略、推进城乡融合发展以及实现农业强、农村美、农民富的实践进程中，又将中国特色社会主义"新三农"协同发展置放在阶层利益群体的层面来开展研究。归根结底，就是中国共产党人要回答推动中国特色社会主义"新三农"协同发展研究所应站在谁的立场上的问题。历史唯物主义认为，只有人民才是人类历史的创造者，人民是推动社会变革的根本力量。这就要求党和国家在推动中国特色社会主义"新三农"协同发展工作时，要把亿万农民群众动员起来、组织起来，才能从根本上为中国特色社会主义"新三农"协同发展提供不竭动力和源泉。改革开放以来，随着我国社会主义市场经济向纵深发展、城乡流动性显著增强以及工农业发展中的工业比较优势的凸显，中国乡村社会阶层结构发生了根本性变革。改革开放四十多年来，我们见证了乡村社会产业、人口、土地、基础设施等呈现的"空心化"动态趋势，尤其是人口的"空心化"过程带来的乡村社会阶层结构所展示出的农业人口老龄化、弱质化、兼业化特征事实，以及基于这种特征事实、基于市场消费导向和党的"三农"政策引导所形成的家庭农场、专业大户、农民合作社、农业企业等集约化、专业化、组织化、社会化的新型农业经营主体。因此，从改革开放以来我国"三农"发展的历史、现实和趋势来看，在中国特色社会主义新时代推进"新三农"协同发展的学术研究和政策实践，既要站在传统小农培育、成长和发展的立场上，实现小农户与现代农业发展有机衔接，又要站在顺应城乡融合、市场需求、社会发展等培育和发展起来的家庭农场、专业大户、农民合作社、农业企业等新型农业经营主体的立场上。不能仅把中国特色社会主义"新三农"协同发展的学术研究和政策实践的认知视界置放于中国共产党领导下的政府、市场与社会的互动框架之下，只看到党和国家的宏观政策推动力量而不看到基层乡村社会个体化的和组织化的主体力量。从根本上讲，站在包括传统小农户和新型农业经营主体的根本立场上，是中国共产党的宗旨体现和党心所向，中国特色社会主义的本质要求和民心所指。

第四个是战略选择问题：基于中国特色社会主义新时代同步推进新型工业化、城镇化、信息化、农业现代化、绿色化"五化发展"的中国特色社会主义"并联式"现代化道路的独特性以及全面贯彻创新、协调、绿色、开放、共享的新"五大理念"、协调推进"四个全面"战略布局、统筹推进"五位一体"总体布局等党和国家整体发展战略，我们应该为推进中国特色社会主义"新三农"协同发展确定什么样的战略选择，对进一步推进中国特色社会主义"新三农"协同发展的方法路径确定、制度机制设计和支撑体系构建具有基础性和战略性导向功能。战略选择和战略取向是党和国家推进各项事业顺利前进并取得扎实成效的"指南针"和"导航图"。改革开放四十多年以来党和国家领导的中国特色社会主义"新三农"协同发展主要经历了包括实施"家庭联产承包责任制"与"粮食产量战略""完善家庭承包制"与"农业、乡镇企业并举战略""减负增收、粮食流通体制改革与小城镇战略""'三农'统筹、城乡统筹与新农村建设战略"

"土地制度改革和完善"与乡村振兴战略等"五大战略"的阶段性演变过程。[①] 中国特色社会主义"新三农"协同发展过程中的每一个阶段性战略选择,既是对党和国家关于中国特色社会主义"三农"发展的重大战略决策的呼应,又是对中国特色社会主义"三农"发展进程中出现的阶段性问题的回应以及呈现的发展性趋势的反映。21世纪以来,中国农村发展战略实现了从"新农村建设战略"到"新农村建设与新型城镇化并举的城乡统筹发展战略",再到"乡村全面振兴与新型城镇并举的城乡融合发展战略"的演变。换句话讲,党的十八大以来,特别是党的十九大报告提出"城乡融合发展"和"实施乡村振兴战略"以后,中国特色社会主义"新三农"协同发展就真正进入城乡融合时代以乡村全面振兴引领农业农村优先发展的战略选择阶段。这一阶段的中国特色社会主义"新三农"协同发展战略选择既不是"另起炉灶",也不是"另辟蹊径",而是对改革开放以来中国过去"三农"发展战略的延续、递进和升级,是立足于推进中国特色社会主义"五化同步发展"的"并联式"现代化大背景,是面向全面决胜小康社会、全面开启建设社会主义现代化强国新征程和实现中华民族伟大复兴中国梦的一项长期性战略,是重视乡村振兴农民主体、乡村振兴农业主业、乡村振兴城乡融合并举以及实现乡村产业兴旺、生态宜居、乡风文明、治理有效、生活富裕等发展目标的重大战略。因此,推进中国特色社会主义"新三农"协同发展的学理性和实践性研究,我们不能忽视,更不能回避党和国家针对中国特色社会主义发展历程中的不同阶段所提出的农业农村发展战略选择,要善于从中国特色社会主义"三农"发展战略选择的演变过程把准和看深中国特色社会主义新时代"新三农"协同发展蕴含的"从哪里来、现在在哪里、将到哪里去"等命题的发展逻辑。

第五个是方法路径问题:基于"城乡一体化是解决'三农'问题的根本途径""新时代我国社会主要矛盾已经转化为人民日益增长的美好生活需要和不平衡不充分发展之间的矛盾""提升农业发展质量,培育乡村发展新动能""推进乡村绿色发展,打造人与自然和谐共生发展新格局""繁荣兴盛农村文化,焕发乡风文明新气象""加强农村基层基础工作,构建乡村治理新体系""提高农村民生保障水平,塑造美丽乡村新风貌""打好精准脱贫攻坚战,增强贫困群众获得感""推进体制机制创新,强化乡村制度性供给""汇聚全社会力量,强化乡村振兴人才支撑""开拓投融资渠道,强化乡村振兴投入保障""坚持和完善党对'三农'工作的领导"等政治判断、顶层设计和宏观政策[②],我们应该将城乡融合时代乡村振兴战略引领的中国特色社会主义"新三农"协同发展置于何种具体的方法和路径上来研究,是对"新三农"协同发展加以理论性、思想性学术研究能否最终走向可操作性方法、可实践性路径和可复制性样板的"最后一公里"。党的十八大以来,随着中国特色社会主义进入新时代,我国从整体上也已经进入"乡土中国"向"城乡中国"转型发展的新阶段,这种"转型中国"发展阶段总体上是一种由城镇化主导的"城乡中国"转型发展阶段,这一阶段最集中的表现就是中国从传统农耕社

---

① 黄少安:《改革开放40年中国农村发展战略的阶段性演变及其理论总结》,《经济研究》2018年第12期,第4~19页。

② 《十九大以来重要文献选编》(上),北京:中央文献出版社,2019年,第157~181页。

会向现代农业和现代工商业社会转型,从社会主义计划经济向让市场在各类资源要素配置中起决定性作用的社会主义市场经济转型,从自给自足的自然经济为特征熟人化乡土社会向面向城乡市场多样化需求的市场交易为特征的半熟人或陌生人化城乡中国转型,等等。在这一阶段,中国特色社会主义"三农"发展表现出与过往发展阶段不同的新特征和新趋势,也出现了与过往发展阶段不同的新问题和新矛盾。比如我国常住人口城镇化率以每年一个百分点的速度增长,农民工市民化给新型城镇化带来的大量经济的、政治的和社会的问题与乡村振兴战略背景下农村人口空心化问题相互纠结缠绕;比如新型城镇化进程中农民工市民化的城市融入难困境与乡村振兴战略背景下接受了市场化历练、技能化提升的"城归"群体给乡村社会带来了新的活力和希望的"发展悖论";比如城乡居民日益增长的美好生活需要的多样性、多层性、差异性、动态性与农业农村不平衡不充分发展带来的供给侧结构性单一化、扁平化、格式化之间的矛盾表现日益突出。因此,面对"乡土中国"向城镇化主导的"城乡中国"转型发展阶段所带来的机遇和挑战,推动中国特色社会主义"新三农"协同发展的方法和出路就在城镇、在城市,就在城乡融合发展框架下通过改革创新实现乡村全面振兴。归根结底,中国特色社会主义"新三农"协同发展的方法路径问题就是动力机制与支撑体系的问题。具体来看,推进中国特色社会主义"新三农"协同发展研究,就是要在方法原则上抓住"统筹"这个关键词,即围绕要动力、增活力、塑合力建构其方法论原则,通过改革与城乡融合发展时代乡村振兴引领"新三农"协同发展不相适应的体制机制,逐步建立健全城乡融合发展的体制机制和政策体系,通过对资源要素的市场化赋能,不断激活乡村社会主体、要素和市场内生活力,推动城乡资源要素自由流动和平等交换,实现城乡基本公共服务均等化,通过发挥基层党组织在"新三农"协同发展中的战斗堡垒作用,形成党组织、政府主体、市场主体、社会主体等共同参与的强大合力;推动中国特色社会主义"新三农"协同发展研究,就是要在集成路径上抓住"协同"这个关键词,充分挖掘农业农村多种功能和价值,坚持把满足亿万城乡居民日益增长的美好生活需要作为"新三农"协同发展的出发点和落脚点,把乡村供给侧结构性改革而非农业供给侧结构性改革引向深入,整体谋划农村经济建设、政治建设、文化建设、社会建设、生态文明建设、党的建设等各具体方面的协同性,才能实现农业强、农村美和农民富"新三农"协同发展的中国梦。

三、"三农"协同发展的新趋向:中国特色社会主义"时代之蕴"[①]

习近平总书记在 2017 年 7 月 26 日省部级主要领导干部专题研讨班开班式上指出:"党的十八大以来,在新中国成立特别是改革开放以来我国发展取得的重大成就基础上,党和国家事业发生历史性变革,我国发展站到了新的历史起点上,中国特色社会主义进入了新的发展阶段。"[②] 党的十九大报告进一步提出:"经过长期努力,中国特色社会主

[①] 翟坤周:《"三农"发展的时代意蕴与乡村振兴的集成路径》,《福建论坛(人文社会科学版)》2019 年第 6 期,第 49~51 页。

[②] 《学习贯彻习近平总书记"7·26"重要讲话精神人民日报重要言论汇编》,北京:人民日报出版社,2017 年,第 5 页。

义进入了新时代,这是我国发展新的历史方位。""这个新时代,是承前启后、继往开来、在新的历史条件下继续夺取中国特色社会主义伟大胜利的时代,是决胜全面建成小康社会、进而全面建设社会主义现代化强国的时代,是全国各族人民团结奋斗、不断创造美好生活、逐步实现全体人民共同富裕的时代,是全体中华儿女勠力同心、奋力实现中华民族伟大复兴中国梦的时代,是我国日益走近世界舞台中央、不断为人类作出更大贡献的时代。"[①] 中国共产党做出的"中国特色社会主义进入了新时代"这一历史新方位的政治判断,对理解中国特色社会主义"新三农"协同发展的新趋势及新时代赋予"新三农"协同发展的丰富时代蕴涵,具有十分重要的意义。

党的十八大以来,是中国农村改革与农业发展取得巨大成就的极不平凡的阶段。这一阶段,中国特色社会主义"三农"发展进入迈向"三农"强国、重视"城乡融合"以及贯彻创新发展、协调发展、绿色发展、开放发展、共享发展五大新发展理念的新时代。特别是,面对亿万农民日益增长的美好生活需要和城乡发展不平衡不充分发展之间的突出矛盾,党的十九大政治报告提出,要在城乡融合发展框架下坚持农业农村优先发展、大力实施乡村振兴战略,按照"产业兴旺、生态宜居、乡风文明、治理有效、生活富裕"的总要求,着力推进中国特色社会主义"三农"的内源发展、协同发展和全面发展,持续巩固"建设社会主义现代化强国"和"实现中华民族伟大复兴中国梦"的经济基础,协同补齐"五化同步发展"的短板,把中国特色社会主义"三农"发展置于"两个一百年"的奋斗目标之中,描绘了推动中国特色社会主义"新三农"协同发展的时间表和路线图。因而,准确把握中国特色社会主义"三农"发展的"新时代"蕴涵,是推动中国特色社会主义"新三农"协同发展的基本前提。

(一) 在奋进目标上,"三农"发展已进入从"三农大国"迈向"三农强国"、以"乡村振兴"支撑"民族复兴"的新时代

农业、农村、农民问题既是关系国计民生的根本性问题,也是事关国民经济持续发展、社会和谐稳定的基础性和战略性问题,党和国家应始终把解决"三农"问题作为全党各项工作的重中之重,必须从宏观层面通过推进中国特色社会主义"三农"发展为21世纪中叶建成社会主义现代化强国和实现中华民族伟大复兴中国梦固本强基。党的十一届三中全会以来,随着党和国家工作重心的转移和农村改革序幕的拉开,于1982年到1986年、2004年到2021年两个时段颁发了二十三个"中央一号文件",集中展现了党和国家发展"三农"的"强国雄心"和"复兴使命"。从1982年到1986年连续颁发涉及土地承包责任制、农村商品流通、农村产业结构调整、工农城乡关系调整等重大问题的五个"中央一号文件",为改革开放初期推动中国农村经济迅速发展提供了强大动力。进入21世纪以来,从2004年到2021年连续颁发了关于农民增收、提高农业综合生产能力、推进社会主义新农村建设、积极发展现代农业、加强农业基础地位、加大统筹城乡力度、加快水利改革、增强农产品供给能力、增强农村发展活力、全面深化农村改革、落实新发展理念、推进农业供给侧结构性改革、实施乡村振兴战略、坚持农业农村优先发展等重大问题的十八个"中央一号文件",宣示了党中央长期高度重视"三

---

① 《十九大以来重要文献选编》(上),北京:中央文献出版社,2019年,第8页。

农"、发展"三农"的政治稳定性和政策延续性。党的十八大以来，以习近平同志为核心的党中央领导集体围绕新时代坚持和发展中国特色社会主义主题，面对中国这样一个农业人口仍占很大比重、农村地区发展仍相对滞后、城乡发展仍不平衡的发展中大国，得出了"没有农业农村的现代化，就没有国家的现代化，没有乡村的振兴，就没有中华民族的伟大复兴"的重要论断。这一论断将"三农"发展置于中华民族从站起来、富起来到强起来的伟大飞跃历史进程中，准确定位了新时代实现"三农"发展"强起来"与建设社会主义现代化强国的关系，科学揭示了新时代乡村振兴与实现中华民族伟大复兴的关系，即新时代"三农"发展蕴涵从农业大国、"三农"大国到"三农"强国和从乡村衰败、乡村振兴到民族复兴的双重目标逻辑；"三农"发展的"新时代"既是与建成社会主义现代化强国同向同行的新时代，又是与实现中华民族伟大复兴同行并进的新时代，是以"三农"强国支撑社会主义现代化强国、以"乡村振兴"推进"民族复兴"为目标使命的新时代。

（二）在战略取向上，"三农"发展已进入从"工业和城市偏向战略"向"农业农村优先发展战略"转变的新时代

中国作为人口大国，在迈向社会主义工业化国家的进程中，既要快速推进工业化，又要解决老百姓的吃饭问题，是党和国家处理和协调好工农关系的两难选择。新中国成立初期，面对外部帝国主义的封锁包围和国内经济社会落后、基础条件薄弱的政治经济环境，以毛泽东同志为核心的党中央第一代领导集体通过主要农产品的国家统购统销体系和工农业产品价格"剪刀差"政策，走出了一条"以农养政、以农补工"、优先发展重工业的"内向型"工业化道路。尽管1956年毛泽东已经在《论十大关系》中认识到"苏联的办法把农民挖得很苦，他们采取所谓义务交售制等项办法，把农民生产的东西拿走太多，给的代价又极低。他们这样来积累资金，使农民的生产积极性受到极大的损害。你要母鸡多生蛋，又不给它米吃，又要马儿跑得好，又要马儿不吃草。世界上哪有这样的道理"[①]，但是，据相关数据统计，1978年以前的30年，国家利用工农业产品价格"剪刀差"政策，从农业中获得了高达约6000亿元的资本积累用于城市和工业。即便是在改革开放之后的一段时期，农业农村仍以同样的方式支撑着城镇化和工业化发展，从1985年到1994年共约4000亿元资金从农村抽离进入城市和工业。因此，在1998年10月召开的党的十五届三中全会指出："农业、农村和农民问题是关系改革开放和现代化建设全局的重大问题。没有农村的稳定就没有全国的稳定，没有农民的小康就没有全国人民的小康，没有农业的现代化就没有整个国民经济的现代化。稳住农村这个大头，就有了把握全局的主动权。"[②] 进入21世纪，以胡锦涛同志为总书记的党中央领导集体做出了"两个趋向"的判断，即"在工业化初始阶段，农业支持工业、为工业提供积累是带有普遍性的趋向；但在工业化达到相当程度后，工业反哺农业、城市支持农村，实现工业与农业、城市与农村协调发展，也是带有普遍性的趋向"[③]，我国发展

---

① 《毛泽东文集》（第7卷），北京：人民出版社1999年，第29~30页。
② 《改革开放以来历届三中全会文件汇编》，北京：人民出版社，2013年，第89页。
③ 《十六大以来重要文献选编》（中），北京：中央文献出版社，2006年，第311页。

已进入"以城带乡、以工促农"发展新阶段,标志着城乡"资源在工农两部门配置政策取向上的根本转变"[①]。同时,我们又要看到,各级地方政府在推动"三农"工作实践中仍受制于重城市轻农村、重工业轻农业的思维定式,"工业和城市偏向"战略持续强化了城市对乡村、工业对农业的虹吸效应,导致不同地域空间出现"乡村空心化""农业边缘化"和"农民弱质化"的乡村社会衰退景象。因此,在中国特色社会主义进入新时代之后,"贯彻新发展理念,建设现代化的经济体系",就必须在战略取向上从"工业和城市偏向"彻底转变过来,坚持农业农村优先发展、实施乡村振兴战略。需要说明的是,"三农"发展从"工业和城市偏向战略"向"农业农村优先发展战略"转变的新时代,绝不是不要工业和城市、只要农业农村的新时代,而是通过公共政策设计实现城乡两个空间、三次产业在发展权利上平等、在发展方式上共生、在发展成果上共享的新时代。

(三)在城乡关系上,"三农"发展已进入从"城乡分离分治"向"城乡融合一体"转变的新时代

城乡关系的纠结是国家迈向现代化绕不开的一道门槛,是贯穿于新中国成立以来至今的整个历史进程中的重大理论和实践命题。新中国成立以来,我国城乡关系大致经历了农本经济延续下相对开放的城乡关系结构(1949—1953)、总体性支配下城乡关系结构的国家性建构(1953—1978)、乡村自主性增长下的城乡关系(1978—1984)、竞争型增长下的城乡关系(1985—2002)、统筹城乡模式下的城乡关系(2003年至今)等阶段。[②] 新中国成立以后采取"总体性支配"下的城乡分离分治是处理城乡关系的基本思路。这一过程集中体现于承载着强大政治功能的户籍制度,有效配合计划经济体制发挥了"一统城乡"目标下的分而治之的作用,进而通过城市"单位制"和农村"集体制"实现了对城乡各种资源要素的全面控制和劳动者各种权利的分割。改革开放以来,伴随农村经济体制改革和城市经济体制改革的相继启动,我国城乡关系也先后经历了乡村自主发展、城乡竞争发展、城乡统筹发展等阶段。就常住人口城镇化率来看,从1978年的17.9%上升到2018年的59.58%,8000多万农业转移人口成为城镇居民,中国正进入以城镇化为主导的社会。纵观世界城乡发展的一般规律我们可以看到,我国城镇化发展趋势将不可逆转,以城镇居民为主的人口空间分布将逐步形成。这就要求我们必须去正视和解决中国社会从"乡土中国"进入"城乡中国"发展阶段后带来的一个重大难题,即如何在由乡村人口向城镇迁移所引导的各类资源要素向城镇聚集的同时,避免乡村衰败、落后甚至边缘化。为此,党的十八大以来,党中央明确了推进城乡一体化和城乡融合发展是解决"三农"问题的根本途径,协同推进新型工业化、信息化、城镇化、农业现代化和绿色化同步发展,为工业化、信息化、城镇化、绿色化改造传统"三农"提供了前进方向。党的十九大报告又以乡村为切入点,将乡村振兴作为处理城乡关系的重大国家战略,既把乡村振兴视为新农村建设的升级版,又将乡村振兴作为迈向社会主

---

① 郑有贵:《目标与路径:中国共产党"三农"理论与实践60年》,长沙:湖北人民出版社,2009年,第185页。

② 折晓叶、艾云:《城乡关系演变的制度逻辑和实践过程》,北京:中国社会科学出版社,2014年,第63~64页。

义现代化强国和实现中华民族伟大复兴中国梦的总抓手，逐步建立健全城乡融合发展的体制机制和政策体系，从根本上改变了过去"乡村从属于城市、城市支配乡村"单向思维，进而转向城乡互动融合发展的新时代，即中国特色社会主义"三农"发展已经迈向了"城乡融合一体""城乡两个文明机体"共生共存的新时代。中国特色社会主义"新三农"协同发展不能脱离这样的新时代。

（四）在结构变迁上，"三农"发展已经进入从"传统三农分离"向"新型三农协同"转变的新时代

20世纪80年代中期以后，伴随我国城乡经济社会体制改革走向深入，乡土社会自给自足的自然经济开始在城乡产业经济利益比较中逐渐瓦解，世代以土地为生的传统农民也顺着改革开放打开的城乡通道，突破传统乡土空间作为整个"意义世界"的局限进入城镇生活和工作。这种"离土不离乡、进厂不进城"现象带来的传统农户与农业、农村的分离，今天又以乡村空心化、农业边缘化、农民弱质化等"新三农"图景呈现出来，"谁来种地、地怎么种"成为当前和今后一个时期亟待解决的重大现实问题。21世纪以来，尽管党中央连续制定和实施了十八个"中央一号文件"聚焦农业农村农民问题，但党的十九大以前"中央一号文件"的整个政策体系主要是涉及农业现代化、农民增收、新农村建设、农田水利、农业科技等单项内容，缺乏从乡村社会整体角度进行政策规划设计，忽视了村落村庄发展的问题。具体来看，过去只讲农业现代化，不讲农村现代化和农民现代化；过去只讲"物"的新农村建设，不讲"人"和"文化"的新农村建设；过去只是一味强化农业经营统分结合"分"的一面，忽视集体经济的壮大；过去一味突出传统小农户的基础地位，忽略适应现代经济发展要求的新型农业主体培育。这些突出问题从而导致了"三农"发展呈现出"要素—产业—主体—空间"分离，难以实现小农户、新型农业经营主体与现代农业发展有机衔接、推进"物"和"人"的新农村建设协同。党的十八大以来，以习近平同志为核心的党中央领导集体把主动适应和引领经济发展新常态作为推动"三农"工作的大逻辑，认识到"农业是本体，农民是主体，农村是载体，没有主体和载体的现代化，本体农业就不可能现代化，只有三体共化，农业现代化这条短腿才能加长"[①]，据此，2019、2021年"中央一号文件"都强调坚持农业农村优先发展，加快农业农村现代化。只有全面贯彻落实创新、协调、绿色、开放、共享发展新理念，深化农业供给侧结构性改革，实施乡村振兴战略，把"农业本体、农民主体、农村载体"看作一个有机整体，更加注重协同实现农业收益能增长、农民利益不受损、农村权益有保障，才能进一步在构建现代农业产业体系、生产体系、经营体系、服务体系、乡村治理体系和培育新型农业主体过程中，推进中国特色社会主义"三农"发展进入一、二、三产业协同融合、传统农户与新型经营主体协同发展、各类业态产业链与价值链协同整合、城镇与乡村地域空间协同共生的"新型三农协同发展"的新时代。

---

① 刘奇：《大国三农 清华八讲》，北京：中国发展出版社，2016年，第7页。

(五)在动力方式上,"三农"发展已进入从"行政推动"向"总体势能"转变的新时代

中国改革发轫于农村,农村体制改革一直以来都倍受党和国家的高度重视。改革开放以来,党和国家重构农业农村基本经营制度、产权制度、土地制度的改革和产业体系、生产体系、经营体系、服务体系、治理体系,使我国农业农村发展取得了巨大进步。但进入21世纪以来,工业化、城镇化对乡村社会各类资源要素的"虹吸效应"日渐显现,传统计划经济时期政府与市场功能错位、中央与地方权力错配的思维定式,"农民真苦、农村真穷、农业真危险"的经验预判和"农业弱质、农民弱势、农村落后"的现实图景极大地消解了国家对"三农"发展巨大潜力的评估研判。这种认知思维、现实图景、评估判断严重地影响了党和国家的"三农"政策偏好和走向以及对待"农业本体、农民主体、农村载体"的基本态度。总体上,党和国家从政治上、制度上、政策上和行动上高度重视"三农"问题无可厚非,但绝不能限制或压抑乡村多元经济行为主体和社会主体在决胜全面建成小康社会、推动中国特色社会主义"新三农"协同发展中的主动性、积极性和创造性。党的十八大以来,以习近平同志为核心的党中央面向新时代,开启了全面深化改革的新征程。从根本上讲,全面深化改革旨在进一步完善和发展中国特色社会主义制度,推进国家治理现代化;旨在进一步发展生产力,释放各类资源要素活力;旨在进一步处理好政府与市场的关系,让市场在资源配置中发挥决定性作用,更好地发挥政府的作用。就"三农"发展而言,继续深化农业农村体制改革是全面深化改革的重要内容,不仅关系党和国家全面深化改革的成果成效,也事关新时代我国农业基础性战略性地位的巩固和国家粮食安全战略的保障。因此,党的十八大以来,党中央紧紧抓住农民与土地这条主线,正确处理好党和政府、农民主体之间的关系,把激活农村各类资源要素活力作为政策优先地位和政策重点,不断完善农村土地所有权承包权经营权"三权分置"办法,建立健全乡村自治、法治、德治相结合的治理体系,确立并巩固农民主体在农业农村发展中的主体地位,不断激发农业农村发展的巨大潜力和活力,标志着党和国家对农业、农村、农民发展逐步开启了从过去主要由"行政推动"主导向注重"内源发展"、统筹国家、市场和基层社会"总体势能"的动力转化的新时代。换言之,中国特色社会主义"三农"发展的动力转换过程,就是不断"找回国家"、建构"积极政府"、发挥"市场作用"、协同"社会合力"的过程,就是要正确处理好党的领导、政府、市场与社会之间的关系,实现"新三农"协同发展的总体势能最大化过程。

(六)在策略调适上,"三农"发展已经入从"响应国家经济文化宏观需要"向"回应人民美好生活的微观需要"转化的新时代

新中国成立以来,特别是在我国完成社会主义改造和确立社会主义制度以后,党和国家在不同的经济社会发展阶段上推动"三农"工作时会有不同的阶段性策略应对。从根本上讲,不同发展阶段上的不同策略应对是由转化中的社会主要矛盾决定的;反过来,不同发展阶段上的社会主要矛盾决定了党和国家推动"三农"工作的全局之变和全局之策。中国共产党领导的新民主主义革命在全国取得胜利以及农村土地制度改革在全国完成之后,国内的主要矛盾便转化为工人阶级和资产阶级之间、社会主义道路和资本

主义道路之间的矛盾。新中国成立以后通过社会主义革命解决了上述主要矛盾，我国社会主要矛盾便转化为人民对于经济文化迅速发展的需要同当前经济文化不能满足人民需要的状况之间的矛盾，与之对应，"集中力量发展社会主义生产力，实现国家工业化，逐步满足人民日益增长的物质文化需要"也就成为全国人民的主要任务。改革开放以来，结合社会主义建设正反两方面的经验教训，我国社会主义初级阶段的社会主要矛盾进一步在党的十一届六中全会上确定为"人民日益增长的物质文化需要同落后的社会生产之间的矛盾"，推动了党和国家对社会主义事业从"两个文明"到"五位一体"的拓展，进而从总体上改变了国家整体面貌，实现了中华民族"富起来"。可以看出，这一时期中国共产党人主要是从党和国家的整体宏观视野出发，坚持以经济建设为中心，加快变革落后的社会生产力和生产关系，进而从总体上解决和满足人民日益增长的物质文化需要的问题。党的十八大以来，以习近平同志为核心的党中央在开启中国特色社会主义发展新征程伊始就把"人民对美好生活的向往作为奋斗的目标"，这也成为中国特色社会主义新时代我国社会主要矛盾孕育形成的逻辑起点。党的十九大政治报告进一步提出新时代我国社会主要矛盾已经转化为人民日益增长的美好生活需要和不平衡不充分的发展之间的矛盾。在中华民族实现"富起来"并进入"强起来"的新时代，这一新的主要矛盾深刻体现了中国共产党人的人民立场和人民情怀，回答了当前和今后一个时期不断满足人民日益增长的美好生活微观需要已经成为党和国家在国家整体面貌改变、人民生存需要基本满足之后推动各项工作的首要出发点和落脚点。这一点在从党的十八大以来，以习近平同志为核心的中国共产党人以更加务实求真的精神、以更加落地落细的实践指向，开展诸如"厕所革命""四好农村路""精准脱贫"等满足农民切身微观利益需求的实践行动中可以得到充分的证明。可以说，我国"不平衡不充分的发展"已经成为满足"人民日益增长的美好生活需要的主要制约因素"。这种"不平衡不充分的发展"在"三农"领域体现的更为突出。城乡之间、地区之间的发展不平衡，农业和农村发展的不充分，这些事关农民切身利益、农业产业融合、城乡一体发展的主要制约因素直接影响到党和国家推进"三农"工作的成效、决定着全面决胜小康社会目标的实现。总之，新时代我国社会主要矛盾转化，对中国特色社会主义"新三农"协同发展的精准决策和精准发力将会产生深远影响。因此，推进中国特色社会主义"新三农"协同发展研究，要精准把握社会主要矛盾的转化，以及在策略调适上实现从宏观上"响应国家经济文化建设的需要"向从微观上更加注重"回应人民美好生活的现实需要"转化，把人民最关心、最直接、最现实的美好生活现实具体需要作为党和国家推动各项事业和一切工作的出发点和落脚点。

四、"新三农"研究的范式转换：构筑"三农"发展"协同之路"[①]

经过长期的努力，中国特色社会主义进入新时代，这不仅是从中华民族整体性上明确了中国特色社会主义发展的历史方位，也为解决中国特色社会主义"三农"问题这一

[①] 翟坤周：《新时代"三农"协同发展的马克思主义中国化逻辑：问题、范式及目标》，《新疆师范大学学报（哲学社会科学版）》2020年第1期，第79~81页。

具体领域提供了新的分析范式和发展框架。中华民族历来非常重视农业农村农民问题。特别是改革开放四十多年来，中国共产党人领导和推动中国特色社会主义"三农"发展，勇于推进理论创新、实践创新和制度创新，为党和国家事业的全面开创提供了强有力的支撑和坚实的社会物质基础。与此同时，中国特色社会主义"三农"发展存在的诸多矛盾问题也日益暴露，需要中国共产党人运用新智慧、新思路和新范式去面对和破解"三农"发展中面临的"问题"。因此，与解决传统"三农"采取的"清单式问题域"范式不同，新时代中国共产党人需要从激发自身积极意义和挖掘"三农"发展潜力角度，建构破解新时代"三农"问题的"协同型发展论"范式，才能发挥亿万农民的创造精神，把实施乡村振兴战略这件大事最终办好办成。可见，从"清单式问题域"的批判性单向思维向"协同型发展论"的建构性整合框架的范式转换，是中国特色社会主义"三农"协同发展具有逻辑必然性的学术进路。

（一）"三农"研究传统范式的式微："清单式问题域"批判性思维的局限性

长期以来，无论是"三农"工作的业务部门和政策部门，还是从事"三农"研究的学术界，对"三农"几乎都是以一种批判性的"问题域"视角，"清单式"地分析中国特色社会主义农业发展、新农村建设、农民结构性变动等方面存在的突出问题。从根本上，这反映了坚持问题导向这一马克思主义理论研究的鲜明特点，能够针对中国特色社会主义"三农"发展中出现的具体问题提出针对性应对策略。但是，"清单式问题域"的批判性的单向思维也存在明显的局限性，它无法从宏观上把握"清单式问题域"的内在逻辑和相互关系，难以从整体上做到"三农"发展中针对具体"问题"所提出的应对策略之间的衔接性和协同性。

当然，"三农"研究的"清单式问题域"批判性单向思维范式所暴露出来的局限性，是随着中国特色社会主义"旧三农"向"新三农"发展转型而逐渐显现出来的。从中国特色社会主义"旧三农"向"新三农"发展转型，是由改革开放以来包括政治的、经济的、社会的多种因素综合作用推动的，既有政治层面上党和国家有关涉农的规划、制度、政策的引导，又有经济社会层面上新型城镇化、信息化、工业化、农业现代化、绿色化"五化同步"发展带来的劳动力转移、乡村空心化、乡村社会阶层结构分化、乡村社会治理"去政治化"倾向以及资源要素外溢等现实问题出现的市场化机制、社会化机制的作用。加强对中国特色社会主义"三农"发展研究，我们不能仅仅停留在"三农"发展始终是一个面临各种复杂矛盾交织一体的"问题集"，如"一些村庄缺人气、缺活力、缺生机，到村里一看，农宅残垣断壁，老弱妇孺留守，房堵窗、户封门，见到年轻人不多，村庄空心化、农户空巢化、农民老龄化不断加剧"，如"一些村庄建设没规划、没秩序、没特色，宅基地违规乱占、农房乱建，有新房没新村，有新村没新貌"，如"乡村社会的血缘性和地缘性减弱，农民组织化程度低、集体意识弱，'事不关己、高高挂起'的心态普遍存在，乡村秩序的基础受到冲击"，如"一些农村基层党组织软弱涣散，村干部队伍青黄不接、后继乏人，少数干部作风不实、优亲厚友，'小官巨贪'时有发生，对惠农项目资金'雁过拔毛'的'微腐败'也不同程度存在"[1]。"清单式"地厘清中国特色社会主义"三农"发展呈现的具体问题，对于党和国家、各级地方政府、涉农实际工作部门从微观和具体层面入手实现中国特色社会主义"三农"发展问题的短期破解，具有十分重要的意义。但从长远发展来看，"清单式问题域"批判性单向思维模式可能会一定程度地阻碍党和国家从战略维度、政治高度、内容宽度相结合的视域去思考和解决中国特色社会主义"三农"发展的整体性、系统性和协同性。比如，我们单向性地看到乡村地域空间社会内部呈现出的上述"问题集"样态，既可能会忽视中国社会已经进入城镇在整个社会生活和生产关系中占据重要地位的城镇社会或者都市社会阶段（城乡社会协同发展阶段）的特征事实，也可能无法从城乡融合发展视野下看清中国特色社会主义"三农"问题的实质是中国特色社会主义新型城镇建设和新型城镇化发展不充分的问题。这样来看，基于乡村地域空间的"清单式问题域"批判性单向范式，无法看到新时代随着社会主要矛盾转化，中国特色社会主义"三农"发展呈现出的复杂性、多面性、开放性、整体性、系统性、协同性等趋势特征。正如英国学者安德鲁·甘布尔所指出的，我们"理解这个世界的某些旧的方式、某些旧的行为模式以及某些制度正在走向终结，新的正在取代他们或者说已经取代了他们"[2]的新范式、新话语也正在不断生成，比如"农民作为一种职业的社会产业工人主体的成长""农业作为基础性产业业态的多样化功能的挖掘""乡村作为现代社会诗意栖居地的重塑"等具有积极性意义、创造性价值、建构性共识在社会主义市场经济和城乡融合发展中逐步形成。对此，仅以"清单式问题域"批判性单向思维模式来解释和思考党和国家关于城乡融合和乡村全面振兴时代中国特色社会主义"新农村、新农业、新农民"协同发展的积极性意义、创造性价值和建构性共识便会显得无能为力。因此，新时代推动中国特色社会主义"三农"协同发展研究，建构新的解释框架和思维范式已成为必然选择。

（二）"三农"研究的新范式发现："协同型发展观"建构性框架的逻辑必然

长期以来，我们始终把"三农"当作"问题"来看待，认为中国城乡二元体制下城市偏向发展战略、市民偏向分配制度、重工业偏向产业结构加深了中国城乡分割、土地分治、人地分离的"三分"矛盾，制约了当代中国经济发展方式转变、城乡发展转型、体制机制转换的"三转"进程，已经成为当前中国"城进村衰"、农村空心化和日趋严峻的"乡村病"问题的根源所在。尽管我们试图对"三农"研究长期所依循的"清单式问题域"批判性单向思维范式局限性进行系统揭露，但这种努力的目的和实质是最终建构起顺应新时代中国特色社会主义"三农"发展研究的新范式和新话语。从宏观话语和学术进路的逻辑来看，中国特色社会主义"三农"研究是"批判性"与"建构性"范式整合寻求科学解释的过程，只有学理性上的"批判"而没有学理性上的"建构"，不符合中国共产党人坚持辩证唯物主义和历史唯物主义世界观和方法论的；从事物本身发展的客观进程来看，中国特色社会主义"三农"研究是"问题揭示"和"价值创造"两个

---

[1] 《习近平关于"三农"工作论述摘编》，北京：人民出版社，2019年，第8~9页。
[2] 安德鲁·甘布尔著，胡晓进、罗珊珍等译：《政治与命运》，南京：江苏人民出版社，2003年，第11页。

层面协同实现的过程，只看到事物发展的"问题矛盾"而没有看到事物发展的"价值创造"，也是不符合中国共产党人坚持辩证唯物主义和历史唯物主义世界观和方法论的。因此，超越"清单式问题域"批判性单向思维范式，逻辑必然性的发现和阐释基于"农民作为一种职业的社会产业工人主体的成长""农业作为基础性产业业态的多样化功能的挖掘""乡村作为现代社会诗意的栖居地的重塑"等积极性意义、创造性价值、建构性视野的中国特色社会主义"三农"研究新范式，具有重大的理论和实践价值。

那么，基于中国特色社会主义"三农"发展蕴涵的时代意蕴，我们应该建构何种对中国特色社会主义"三农"研究的问题剖析、矛盾揭示、价值创造、发展聚力等都具有包容性的分析范式和分析框架呢？从逻辑必然性上，超越"清单式问题域"批判性单向思维范式来建构新范式、新话语和新框架，可以从三个方面得到强有力的解释：

一是从中国特色社会主义"三农"工作本身来看，新时代中国特色社会主义社会主要矛盾已经转化为人民日益增长的美好生活需要和不平衡不充分的发展之间的矛盾，"人民日益增长的美好生活需要"从积极性、创造性和建构性视野，增强了亿万农民对美好生活的真切期待，激活了亿万农民对美好生活的使命奋斗，"不平衡不充分的发展"呈现了新时代社会主要矛盾的制约性、约束性和批判性，明确了中国特色社会主义"三农"发展的发力点和关键点。因此，从"三农"工作本身来看，新时代社会主要矛盾内在地揭示了中国特色社会主义"三农"发展具有的"制约性、约束性和批判性"与"积极性、创造性和建构性"双重视域，这就要求在对中国特色社会主义"三农"研究时，要认识到党和国家关于"农业农村农民问题是一个不可分割的整体"以及"协调推进农村经济建设、政治建设、文化建设、社会建设、生态文明建设和党的建设，促进乡村全面发展"[①]等政治定位和决策共识蕴含的积极性意义、创造性价值和建构性视野，实现中国特色社会主义"三农"研究从消极的"批判性"到积极的"建构性"的范式转换。

二是从新时代城乡关系层面来看，我们长期形成的关于"三农"的"清单式问题域"批判性单向认知方式，既无法顺应世界城乡融合发展不可逆规律和趋势，也难以在城乡融合时代从"发展性"视野看到促进城乡公共服务均等化过程和城乡居民公共权利实现过程对推动中国特色社会主义"三农"工作具有的积极意义和正向价值。这就需要我们对推进新型工业化、城镇化进程中出现的关于乡村地位、农业定位和农民趋势的错误认知和实践进行积极性、创造性和建构性的理性矫正，对中国特色社会主义"三农"研究的范式进行重构，充分挖掘城乡融合发展给中国特色社会主义"三农"发展带来的潜力、活力和动力。特别是针对长期以来形成的关于"只要城镇化搞好了，大量农民进城了，'三农'问题也就迎刃而解了""'三农'对生产总值、财政收入贡献少，不如工业项目来得快""'三农'说起来重要、干起来次要、忙起来不要"等错误认识和实践所造成的"一边是越来越现代化的城市，一边却是越来越萧条的乡村"[②]的发展悖论，更需要通过发掘乡村地域空间"三农"发展潜力和释放乡村地域空间"三农"发展活力，才能让乡村尽快赶上国家发展的步伐。党的十八大以来，我们顺应世界城乡融合发展不

---

① 《习近平关于"三农"工作论述摘编》，北京：人民出版社，2019年，第8~9页。
② 《习近平关于"三农"工作论述摘编》，北京：人民出版社，2019年，第10页。

可逆规律和趋势,提出了"城乡融合发展是解决'三农'问题的根本途径""贯彻创新、协调、绿色、开放、共享的新发展理念""实施乡村振兴战略"等重大决策部署,正是党和国家从"发展"的话语和视野,把坚持以人民为中心的发展思想的人民情怀、建设社会主义现代化强国的国家目标和为人民谋幸福的执政党初心结合起来,突破"以乡养城、以农养工"的发展定势,重塑"三农"发展价值观认知,重新揭示乡村社会蕴涵的生产逻辑、生态逻辑和生活逻辑,深度发掘乡村振兴蕴涵的经济发展价值、生态环境价值和社会文化生活价值等综合性价值,实现新时代中国特色社会主义"三农"研究从"问题域"到"发展论"转变的积极尝试。

三是从改革开放以来中国特色社会主义"三农"工作实践历程来看,乡村地域空间格局的优化、新型农业经营主体的培育、现代农业产业业态的拓展以及亿万农民逐渐通过自我奋斗和党和国家政策引导过上了美好幸福生活,让我们对新时代"三农"发展充满了希望和期待,中国特色社会主义"三农"发展的积极性、创造性、建设性逻辑实然在改革开放四十多年取得巨大成就的历史画卷中铺陈延展。尽管"三农"发展暴露的"问题"仍然很多,但"三农"发展的潜力、活力和动力是占主导性地位的,"问题"也是事物"发展"中不可避免的。"三农"发展的"建设性"更是一个不得不聚焦关注和解决的"大问题"。因此,从辩证唯物主义和历史唯物主义的世界观和方法论逻辑来看,只有建构起正确的具有包容性解释力的逻辑思维框架,才能从根本上找到解决中国特色社会主义"三农"发展面临症结问题的正确道路。同时,长期以来,中国特色社会主义"三农"发展的分离性带来了农业、农村、农民相互之间的发展不平衡不协调困境,这与新时代贯彻创新、协调、绿色、开放、共享五大新发展理念具有"知""形""行"层面上的逻辑自洽。因此,中国特色社会主义"三农"研究就不仅要实现从"批判性"到"建构性"的范式转换和从"问题域"到"发展论"的范式转换,也要实现从"分离型"到"协同型"的范式转换,通过构建创新发展的动力观、协调发展的整体观、绿色发展的生态观、开放发展的时空观、共享发展的价值观来形成"五位一体"的"协同型发展观",通过组织再造推进乡村基层社会秩序重建、共同体意识重塑和新型农人的培育,实现地域空间(乡村)、组织(主体)、秩序(治理)和结构(产业)的协同发展。

综合来看,新时代中国特色社会主义"三农"研究范式创新已经到了不得不从"清单式问题域"批判性单向思维模式向"协同型发展观"建构性整合分析框架转换的学术阶段,本书就是按照这一学术进路具体展开的。

五、"新三农"协同发展的目标:从"三大命题"到"三个梯次"[①]

改革开放以来,经过长期努力,中国特色社会主义进入了新时代。在中国特色社会主义新时代的宏观话语下推进中国特色社会主义"新三农"协同发展,其目标、阶段和步骤应与"决胜全面建成小康社会,开启全面建设社会主义现代化国家新征程"同向同行和齐头并进。实现中国特色社会主义"新三农"协同发展,不仅要有与决胜全面建成

---

① 翟坤周:《新时代"三农"协同发展的马克思主义中国化逻辑:问题、范式及目标》,《新疆师范大学学报(哲学社会科学版)》2020年第1期,第81~82页。

小康社会、全面建设社会主义现代化强国和实现中华民族伟大复兴时代使命同等的信心和决心，也要有足够的历史耐心和定力。总之，中国特色社会主义"新三农"协同发展目标，既要有明确的定位、清晰的定向和坚定的定力，也要按照党的十九大提出的新时代坚持和发展中国特色社会主义战略安排、任务时序以及实施乡村振兴战略目标任务的要求，进一步确定中国特色社会主义"新三农"协同发展的目标层次。

（一）"新三农"协同发展的基本命题：定位、定向与定力

"新三农"协同发展目标是由一系列包括经济、政治、文化、社会、生态、党的建设等具体子目标构成的总目标集合。为了实现"新三农"协同发展总目标，应首先从总体上明确新时代中国特色社会主义"新三农"协同发展的历史定位、价值定向和实践定力三个基本命题。

从"新三农"协同发展的历史定位来看，归根结底是要处理好"新三农"协同发展与全面建成小康社会、全面开启建设社会主义现代化强国、实现中华民族伟大复兴之间的关系定位问题。中国共产党在中国革命、建设、改革开放不同历史时期从胜利走向胜利的一条基本经验就是党和国家历来高度重视和推动"三农"工作，正确处理了不同历史方位上党和国家的目标使命与农业发展、农村建设、农民土地之间的关系。中国特色社会主义进入新时代以后，党和国家如何定位"新三农"协同发展，仍然是关系党和国家前途命运以及事关国计民生、经济持续发展、社会和谐稳定的基础性、战略性和根本性问题。党的十八大以来，以习近平同志为核心的党中央领导集体紧紧抓住坚持和发展中国特色社会主义这一鲜明主题，提出了包括"任何时候都不能忽视农业、忘记农民、淡漠农村""农业丰则基础强，农民富则国家盛，农村稳则社会安""中国要强，农业必须强；中国要美，农村必须美；中国要富，农民必须富""没有农业农村的现代化，就没有国家的现代化"等一系列关于"三农"工作的重要论述，明确了推动"新三农"协同发展才是全面决胜小康社会任务和建设社会主义现代化强国的固本强基和"安天下稳民心"的根本之策。因此，站在中华民族"强起来"的伟大历史起点上，就应把推进"新三农"协同发展的历史方位置于"既要全面建成小康社会、实现第一个百年奋斗目标，又要乘势而上开启全面建设社会主义现代化国家新征程，向第二个百年奋斗目标进军"[①]的伟大进程中来看待，把"新三农"协同发展的历史定位确定为实现"两个一百年"奋斗目标，实现中华民族伟大复兴使命，建成社会主义现代化强国的基础性、战略性、根本性支撑。

从"新三农"协同发展的价值定向来看，归根结底是要回答好"新三农"协同发展是为了什么人、过上什么样的美好生活的问题。为什么人的问题，是检验一个政党、一个政权性质的试金石。坚持人民立场是中国共产党的根本政治立场，是马克思主义政党区别于其他政党的显著标志。中国共产党在发展问题上始终坚持发展为了人民、发展依靠人民、发展成果由人民共享。这是中国特色社会主义现代化道路越走越宽广、越来越成功的根本原因。党的十九大报告在党的十八届五中全会提出的"坚持以人民为中心的

[①] 《乡村振兴战略规划（2018—2022年）》，北京：人民出版社，2018年，第2页。

发展思想"的基础上,进一步明确地将"坚持以人民为中心"作为坚持和发展中国特色社会主义十四条基本方略之一,提出要"把人民对美好生活的向往作为奋斗目标,依靠人民创造历史伟业"①。因此,在中华民族站在"强起来"的新时代,党领导和推动"新三农"协同发展,必须要回答好中国共产党人站在什么人的立场上协同发展"新三农"、为了什么人而协同发展"新三农"、实现人的什么样的美好生活协同发展"新三农"等系列价值定向问题。具体而言,就是在新时代围绕和顺应我国社会主要矛盾转化的要求,把解决不同区域、不同地域、不同民族亿万农民日益增长的美好生活需要作为各级党委政府推动"三农"工作的出发点和落脚点,把亿万农民的获得感和幸福感作为检验和评价各级党委政府推动"三农"工作成效的标准线和观测点。从"新三农"协同发展的价值定向意义上看,推动中国特色社会主义新农村、新农业、新农民协同发展,应正确处理好农村、农业、农民三者之间以及城乡之间、工农之间的关系定位,既要看到新农村建设、新农业发展都是以满足新农民美好生活期待为价值旨归,又要注意在城乡融合、产业融合发展过程中避免对新农村、新农业、新农民形成新的利益剥夺感。同时,党和国家、各级地方政府在制定和执行"新三农"协同发展的相关制度和政策时,也都要以实现亿万农民美好生活需要为根本出发点和落脚点。

从"新三农"协同发展的实践定力来看,归根结底是要破解"新三农"协同发展过程中出现的各种矛盾、问题和挑战。事物的发展自始至终是一个矛盾运动的过程,即"矛盾存在于一切事物发展的过程中,矛盾贯穿于每一事物发展过程的始终"②,事物发展的"新过程又包含着新矛盾,开始它自己的矛盾发展史"③。既然事物发展中存在着矛盾的普遍性,就要求我们在认识世界和改造世界时以及在推进事物发展过程中,把敢于承认和破解事物内在的矛盾以及一事物与他事物之间的矛盾,作为基本世界观和方法论。这种唯物主义的辩证法对于增强党和国家推进各项事业向前发展的实践定力,具有重要的世界观和方法论意义。因此,推进中国特色社会主义"新三农"协同发展,党和国家、各级地方政府要敢于承认"新三农"协同发展中出现的现实挑战,勇于破解"新三农"协同发展中出现的矛盾问题,不能因为出现了问题、矛盾和挑战,就不敢于通过全面深化农村改革来推进矛盾问题的解决。矛盾问题既是事物发展中出现的矛盾问题,也是事物发展变革的主要动力。推进中国特色社会主义"新三农"协同发展,其关键着力点和发力点,在于破解影响和制约"新三农"协同发展面临的内外动力不协同、乡村整体不协同、空间格局不协同、权利共享不协同等突出的"不协同"问题,要在推进"新三农"协同发展中的"协同"上做足文章,着力通过全面深化农村改革来优化"新三农"协同发展的制度和政策体系,通过树立和贯彻创新、协调、绿色、开放、共享发展新理念,在党和国家重视和推动"三农"工作中始终保持敢于揭示矛盾、分析矛盾、解决矛盾的实践定力。

---

① 《十九大以来重要文献选编》(上),北京:中央文献出版社,2019年,第15页。
② 《毛泽东选集》(第1卷),北京:人民出版社,1991年,第308页。
③ 《毛泽东选集》(第1卷),北京:人民出版社,1991年,第307页。

（二）"新三农"协同发展的目标路向："三个梯次目标"的推进

在从宏观上明确了"新三农"协同发展的历史定位、价值定向和实践定力三个基本命题基础上，需要进一步明晰与"决胜全面建成小康社会，开启全面建设社会主义现代化国家新征程"同向同行的"新三农"协同发展"三个梯次目标"。

第一梯次目标：决胜全面建成小康社会，顺利实现脱贫攻坚"战役"与乡村振兴"战略"的有效衔接。"从现在到二〇二〇年，是全面建成小康社会决胜期""从十九大到二十大，是'两个一百年'奋斗目标的历史交汇期"[1]。这"两个时期"的政治判断和历史任务是制定和实现"第一梯次目标"的基本依据；这"两个时期"是决胜全面建成小康社会的"攻坚期""关键期"，也是顺利实现脱贫攻坚"战役"与乡村振兴"战略"有效衔接和无缝对接的"窗口期""机遇期"，又是以乡村振兴"战略"强化脱贫攻坚"战役"成果成效"巩固期""保障期"。因此，"第一梯次目标"最为关键的历史任务就是能否以2020年为分界点，正确处理好"脱贫攻坚"和"乡村振兴"的衔接和对接关系，从而顺利实现从以"脱贫攻坚"为重点的"新三农"协同发展向以"乡村振兴"为引领的"新三农"协同发展阶段过渡。具体而言，以2020年为分界点，在决胜全面建成小康社会阶段，以"脱贫攻坚"为重点任务推进"新三农"协同发展既要全面建成小康社会的核心任务，也要作为实施乡村振兴战略的重要内容，要把脱贫攻坚与乡村振兴进行统筹规划和协同衔接，"到2020年，乡村振兴的制度框架和政策体系基本形成，各地区各部门乡村振兴的思路举措得以确立，全面建成小康社会的目标如期实现"[2]，为2020年到党的二十大以实施乡村振兴战略为重点的"新三农"协同发展奠定坚实的发展基础，即"到2022年，乡村振兴的制度框架和政策体系初步健全，现代农业体系初步构建，农村一、二、三产业融合发展格局初步形成，成效统一的社会保障制度体系基本建立，城乡融合发展体制机制初步建立，现代乡村治理体系初步构建"[3]，通过探索形成一批各具特色的乡村振兴模式和经验，实现"新三农"协同发展取得阶段性成果。

第二梯次目标：以乡村振兴战略引领的"新三农"协同发展取得决定性进展，农业农村农民现代化基本实现。这一阶段，与"从二〇二〇年到二〇三五年，在全面建成小康社会的基础上，再奋斗十五年，基本实现社会主义现代化"[4] 同步同行，特别是在全面实施《乡村振兴战略规划（2018—2022年）》并实现其既定的发展目标的基础上，到"2035年，乡村振兴取得决定性进展，农业农村现代化基本实现。农业结构得到根本性改善，农民就业质量显著提高，相对贫困进一步缓解，共同富裕迈出坚实步伐；城乡基本公共服务均等化基本实现，城乡融合发展体制机制更加完善；乡风文明达到新高度，乡村治理体系更加完善；农村生态环境根本好转，美丽宜居乡村基本实现"[5]。显然，

---

[1] 《十九大以来重要文献选编》（上），北京：中央文献出版社，2019年，第19~20页。
[2] 《乡村振兴战略规划（2018—2022年）》，北京：人民出版社，2018年，第13页。
[3] 《乡村振兴战略规划（2018—2022年）》，北京：人民出版社，2018年，第13~14页。
[4] 《十九大以来重要文献选编》（上），北京：中央文献出版社，2019年，第20页。
[5] 《乡村振兴战略规划（2018—2022年）》，北京：人民出版社，2018年，第14页。

与乡村振兴这一阶段实现目标对应的，就是以乡村振兴战略引领的"新三农"协同发展目标的"第二梯次目标"，即通过实施乡村振兴战略，"坚持农业农村优先发展，按照产业兴旺、生态宜居、乡风文明、治理有效、生活富裕的总要求，建立健全城乡融合发展体制机制和政策体系，统筹推进农村经济建设、政治建设、文化建设、社会建设、生态文明建设和党的建设，加快推进乡村治理体系和治理能力现代化，走中国特色社会主义乡村振兴道路"[①]，实现农业农村农民基本现代化目标，为基本实现社会主义现代化奠定坚实的"三农"发展基础。

第三梯次目标：乡村全面振兴和城乡融合发展，成为农业强、农村美、农民富协同实现的社会主义"三农强国"。这一阶段，与"从二〇三五年到本世纪中叶，在基本实现现代化的基础上，再奋斗十五年，把我国建成富强民主文明和谐美丽的社会主义现代化强国"[②] 同步同行，即在第二梯次目标"以乡村振兴战略引领'"新三农"'协同发展取得决定性进展，农业农村农民现代化基本实现"的基础上，对标到21世纪中叶把我国建成社会主义现代化强国和实现中华民族伟大复兴的目标使命，以"三农"强国支撑社会主义现代化强国，以"乡村振兴"推进"民族复兴"，继续扎实稳步实施以乡村振兴战略引领的"新三农"协同发展进程，不断夯实和巩固农业的基础性和战略性地位，到那时，我国乡村社会物质文明、政治文明、精神文明、社会文明、生态文明得以全面提升，乡村治理体系和治理能力现代化水平全面提高，全体乡村居民共同富裕基本实现并享有更加幸福安康的美好生活，让农业真正成为有奔头的产业，让农民真正成为有吸引力的职业，让农村真正成为安居乐业的美丽家园，让中国特色社会主义"新三农"协同发展成就中国成为屹立于世界民族之林的农业强、农村美、农民富的协同实现的社会主义"三农"强国。

六、本书的叙述逻辑和内容

（一）本书的叙述思路

认识和把握中国特色社会主义新时代"三农"发展的阶段性特征、推进中国特色社会主义"新三农"协同发展，"必须坚持辩证唯物主义和历史唯物主义的方法论，从历史和现实、理论和实践、国内和国际等的结合上进行思考，从我国社会发展的历史方位上来思考，从党和国家事业发展大局出发进行思考，得出正确结论"[③]。本书从中国特色社会主义进入新时代的历史方位和推进21世纪中国马克思主义创新发展要求出发，阐述从马克思主义中国化学科视野研究中国特色社会主义"新三农"协同发展的缘起和重大意义。通过梳理中国特色社会主义"新三农"协同发展的理论源流，构建"新三农"协同发展研究的理论框架，明确新时代以乡村振兴引领"新三农"协同发展的内容布局。在此基础上，围绕"新三农"协同发展的历程、经验、特征以及矛盾挑战、战略选择、动力机制、支撑体系等核心内容进行系统研究，为城乡融合时代坚持走以乡村振

---

① 《十九大以来重要文献选编》（上），北京：中央文献出版社，2019年，第141页。
② 《十九大以来重要文献选编》（上），北京：中央文献出版社，2019年，第20页。
③ 《习近平谈治国理政》（第2卷），北京：外文出版社，2017年，第61页。

兴战略为引领的中国特色社会主义"新三农"协同发展道路提供了科学论证。其基本研究思路如图1。

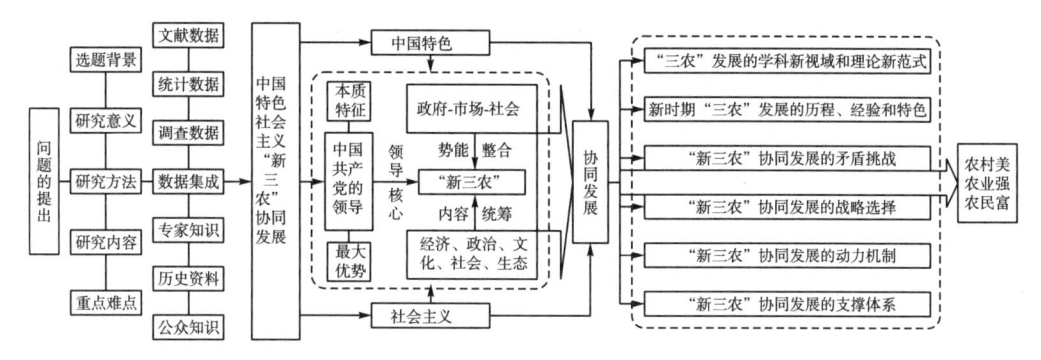

图1 中国特色社会主义"新三农"协同发展研究逻辑思路

（二）研究框架和内容

中国特色社会主义"新三农"协同发展研究，有着明确的"问题域"边界，具有特定的研究主题、目标、思路和内容，其总体目标是：突破长期以来关于"三农"研究的"问题域"单项思维，超越"农村"政策话语局限，构建基于坚持"问题导向"这个马克思主义最鲜明的特点以及基于"城—乡"之间作为连续体共生空间的"三农"协同发展新视角、新思路和新框架，加强党对"三农"工作的领导，协同政府、市场、社会多个层面合力，推进乡村地域经济、政治、文化、社会、生态多方面内容全面振兴，从而探索中国特色社会主义"新三农"协同发展历程、经验、特点以及战略选择、动力机制、支撑体系等核心内容。具体研究框架和内容如下：

引论：城乡融合时代乡村振兴引领"新三农"协同发展。围绕国内外"三农"发展研究的学术史梳理、"三农"研究的马克思主义中国化研究学科新视界、中国特色社会主义"三农"协同发展的"时代之蕴"，建构从"问题域"到"发展论"的新时代"新三农"协同发展研究新范式，确立新时代"新三农"协同发展从"基本命题"到"梯次目标"的实践路向，在此基础上呈现本书的叙述逻辑和内容框架以及"新三农"协同发展的创新及展望。

第一章：中国特色社会主义"新三农"协同发展的理论建构。首先从纵向和横向两个维度出发，一方面系统梳理了从马克思主义经典作家到中国化马克思主义创新发展过程中关于"三农"协同发展的理论逻辑演进，另一方面批判性梳理了西方诸多关于"三农"协同发展的思想资源。在此基础上，揭示了长期以来从"产业结构转换"经济视域研究"三农"发展的局限，构建了中国特色社会主义"新三农"协同发展的理论框架，即阐释了21世纪以来，特别是党和国家从"新农村建设"的提出到"乡村全面振兴"的提出、从"城乡统筹发展""城乡发展一体化"的提出到"城乡融合发展"的提出以来，超越传统"产业结构转换"经济视域、重构城乡空间发展新格局已经成为重大的决策共识，为"新三农"协同发展的"空间化"整合视域的提出以及构建基于"空间结构共生"的理论框架、以乡村振兴引领中国特色社会主义"新三农"协同发展提供了理论基础。

第二章：中国特色社会主义"新三农"协同发展的历程、经验与特色。纵观改革开放四十多年来"三农"发展历程，厘清中国特色社会主义"三农"发展"从哪里来、现在在哪里、将到哪里去"这一历史发展逻辑，就能把"三农"问题看得深、把得准。本书将改革开放以来中国特色社会主义"三农"发展历程划分为制度创新（1979—1984）、市场化导向（1985—2002）、统筹城乡发展（2003—2012）、从城乡一体化到乡村振兴（2013至今）四个阶段，详细梳理了改革开放以来"四个阶段"主要是围绕生产责任制实行初期生产关系变革、非农产业兴起带来的政策调整、工业化进程中的"三农"新举措以及中国特色社会主义新时代"三农"发展战略转换等实践进程。进而，依据"历史进程"提炼了中国特色社会主义"三农"发展所形成的包括本质遵循、思想前提、根本要求、重要手段、基础保障等"五条基本经验"，并揭示了中国特色社会主义"三农"发展所彰显的包括本源性与科学性、人民性与时代性、求实性与协调性、实践性与开放性等"四大特色表征"。

第三章：中国特色社会主义"新三农"协同发展的矛盾挑战。总体上分析了"新三农"发展面临来自三个层面的矛盾：一是农业、农村、农民各自内部的矛盾，二是农业、农村、农民之间的矛盾，三是农业、农村、农民与新型工业化、城镇化、信息化、绿色化之间的矛盾。具体分析了"新三农"协同发展存在"六大矛盾"：农产品质量安全与农业生态环境恶化的矛盾、农业现代化与新型农业经营主体发育不良的矛盾、"物的新农村"与"人的新农村"建设的矛盾、农业增产与农民不增收的矛盾、农地规模化经营与农民利益保护的矛盾、精准扶贫的艰巨任务与现有扶贫体制的矛盾。"新三农"协同发展的"六大矛盾"进一步强化了"三农"发展与新型工业化、城镇化、信息化、绿色化进程不协同。同时，剖析了阻碍"新三农"协同发展的禀赋性、历史性、阶段性、体制性归因。最后进一步分析了"新三农"协同发展面临的内部多重矛盾及其背后的多重归因给"新三农"协同发展带来了严峻的国际挑战。

第四章：中国特色社会主义"新三农"协同发展的战略选择。提出新时代中国特色社会主义"新三农"协同发展要以"四个全面"战略布局作为根本指针，关键在于把党的领导全面贯穿至"新三农"协同发展的各方面和全过程，体现"中国特色"的现实国情和"社会主义"的本质规定；要把创新、协调、绿色、开放、共享"五大发展理念"作为贯穿"新三农"协同发展的基本思路，推动农业农村发展迈向高质量发展阶段。在推进中国特色社会主义"新三农"协同发展的进程中，也要始终把坚持党的全面领导、坚持农民的主体地位、坚持农业农村优先发展、坚持人与自然和谐共生、坚持因地制宜和循序渐进作为基本原则，站在"新三农"协同发展为建设社会主义现代化强国和为实现中华民族伟大复兴提供坚实的社会基础的政治高度，以满足亿万农民日益增长的美好生活需要为出发点和落脚点，把促进农业供给侧结构性改革作为"新三农"协同发展变革的切入点、把适度规模经营与新型农业经营主体培育同步推进作为"新三农"协同发展的着力点、把实现乡村全面振兴作为"新三农"协同的关键点、把构建新型工农城乡关系作为"新三农"协同发展的向外延伸点。

第五章：中国特色社会主义"新三农"协同发展的动力机制。构建"新三农"协同发展的动力系统，是在推进我国新型工业化、城镇化、信息化、农业现代化、绿色化

"五化叠加"的"并联式"现代化进程中亟待着力解决新时代"三农"问题的关键议题。这一动力系统,从根本上应围绕中国共产党的核心领导、中国特色社会主义道路、中国特色社会主义理论体系、中国特色社会主义制度、中国特色社会主义文化等核心范畴而具体展开。本书将这一动力系统解构为"新三农"协同发展的核心动力、中层动力和外延动力三个层面,一定程度上体现了中国特色社会主义的本质蕴涵和特色。动力机制是动力系统的核心环节,是引导"新三农"协同发展的不同层级、不同领域、不同主体、不同要素之间的相互关系及其发生相互作用的过程、机理与方式,本质上反映了"新三农"协同发展的内在逻辑和一般规律,是引导其相应制度设计和政策调适的基本依据。本书依据中国特色社会主义的本质蕴涵和特色,从构建党领导"新三农"协同发展的工作机制、优化"新三农"协同发展的政府"牵引力"、激活"新三农"协同发展的市场"源动力"、塑造"新三农"协同发展的社会"驱动力"、重构"新三农"协同发展的内外联动机制等方面,全面分析了中国特色社会主义"新三农"协同发展的动力机制,以此实现了对"新三农"协同发展的核心动力、中层动力和外延动力等动力系统的合理解构与建构。

  第六章:中国特色社会主义"新三农"协同发展的支撑体系。从功能作用上看,支撑体系内在的包含两个层面的要点:一是发挥引导性功能的根本路径,二是起着保障性功能的制度政策。"三农"不仅体现为由工业化、城市化带来的"发展问题",而是更深层体现为由工业化、城市化引致的"空间问题"。从"发展"到"空间"的转向,跳出"三农"看"三农",跳出"三农"促进乡村振兴,也就成为审视新时代"新三农"协同发展不可或缺的新视角。党的十八大以来,党和国家把城乡融合发展作为解决"三农"问题的根本途径,预示着新时代超越"传统产业结构转换"的经济视域、以"空间"建构方式通过重塑城乡工农关系、推进城镇与乡村"空间生产"的整合来推进"新三农"协同发展,已达成决策共识。某种意义上,"新三农"协同发展已经进入重构城乡地域空间格局新阶段。与"引导性功能的根本路径"相适应相衔接,党和国家也亟须通过制度调适和政策优化来为"新三农"协同发展提供保障性支撑。因此,本书基于这种理性和现实的双重逻辑判断,推动"新三农"协同发展就需要从"引导性"和"保障性"两个层面同时着力。在"引导性的根本路径"上,需要从工作视野上跳出"三农"看"三农",把城乡融合发展作为根本途径;需要从行为主体上,实现从行政推动到内源发展,着力挖掘"新三农"协同发展的内在潜力。在"保障性的制度政策"上,需要从把脉"三农"制度变迁逻辑,围绕政府与市场这一经济体制改革核心,激活农村各类资源要素活力;需要从细分"三农"政策层次上,围绕"新三农"协同发展的空间再造、产业融合、主体培育等关键环节,不断提升政策设计的针对性和有效性。

  结语:坚持走中国特色社会主义"新三农"协同发展道路。坚定不移地走中国特色社会主义"新三农"协同发展道路,是新时代"新三农"协同发展的必由之路,必须坚持以习近平总书记关于"三农"工作重要论述为指导,坚持以人民为中心的发展思想,把让亿万农民生活更美好作为出发点和落脚点;必须坚持和加强党对"三农"工作的全面领导,构建适应"新三农"协同发展要求的乡村治理体系,推进"三农"发展体制机制创新,增强乡村振兴有效制度供给和政策创新能力;必须坚持城乡融合与乡村振兴协同并进,统筹"新三农"协同发展面临的宏观、中观和微观各层次,整合"新三农"协同发展涉及的主体、产业和空间各要素,牢固树立和全面落实创新、协调、绿色、开放、共享的发展新理念,加快形成人与自然和谐共生的"新三农"协同发展格局;必须坚持脱贫攻坚与乡村振兴有机衔接,推动脱贫成果巩固在乡村振兴战略下统筹推进,进而使"脱贫—振兴"协同推进,为新发展阶段实现"第二个百年目标"奠定基础。

七、本书的创新及研究展望

本书以""新三农"协同发展"为主题,探讨了中国特色社会主义新时代"新三农"协同发展和实施乡村振兴战略的基本理论思路,具有一定的专业性、系统性和原创性。改革开放以来,中国乡村经济社会变迁是以何种历史逻辑和理论逻辑展开,在这种巨变中"三农"发展又具有何种新的表现、新的问题和新的趋向,在城乡融合时代如何以乡村振兴引领中国特色社会主义"三农"协同发展,能否对"新三农"协同发展的战略选择、动力机制、支撑体系做出科学的逻辑阐释,都需要持续观察和系统研究。本书旨在围绕上述议题,在理论、历史和实践相结合的维度上提出一些创新观点,也对党和国家未来引领"新三农"发展和实施乡村振兴战略提出展望和预判。

(一)本书创新之处

第一,在学科归属上,将中国特色社会主义新农村、新农业、新农民协同发展研究纳入马克思主义中国化视野。目前,学术界关于"三农"问题的研究,大多倾向于从经济学、管理学、社会学、历史学、政治学等学科视域进行,缺乏从马克思主义中国化研究视域对中国特色社会主义"三农"问题的协同发展研究,导致在整体上缺乏对"三农"协同发展研究的"中国特色"和"社会主义"本质规定性解构和建构。本书正是抓住目前"三农"研究的局限,尝试从理论、历史和实践相结合的维度分析了中国特色社会主义"新三农"协同发展的内涵特征、历史进程、基本经验、协同机理、动力机制、支撑体系等基本内容,拓展了"三农"协同发展研究的马克思主义中国化研究视野,深化了马克思主义中国化研究视野下对中国特色社会主义"三农"发展的历史进程及基本经验的认识,进一步拓展了理解中国特色社会主义"三农"协同发展的道路逻辑、理论逻辑、制度逻辑和文化逻辑,对提升党和国家各级政策实际部门和学术界关于中国特色社会主义"三农"协同发展的"中国特色"和"社会主义"双重本质规定性进行了阐释,并具有重大理论和实践意义。

第二,在研究方法上,将中国特色社会主义新农业、新农村、新农民协同发展研究的"新"视为一个动态演化的历史过程,摆脱了"问题导向"式的单线研究,实现了"新三农"协同发展研究的历史与现实、理论与实践、历时和共时的有机结合。本书突破了长期以来"三农"研究的"问题域"思维逻辑,超越了从产业结构转换的经济视域推动传统农业部门现代性改造的狭隘认知局限,冲破了我们对"城市"与"乡村"抽象二分或冲突对立的迷茫,为从积极性意义和发展性价值认知视角深化对中国特色社会主义新农村、新农业、新农民协同发展以及增强"新三农"内生协同发展能力提供了方法论维度的引导。同时,在中国特色社会主义"新三农"协同发展的"新"的内涵特征上,新农村是物质系统与非物质系统的有机整体,是"人与物"所构成的乡村地域系统要素结构、产业结构和空间结构整体优化的动态过程；新农业在产业结构、生产方式、经营方式、经营主体、功能目标等内容上都很"新"，是新时代农业产业业态面向市场化转型过程和农业产业与二、三产业深度融合过程；新农民是除了传统意义上的小农户之外，在中国乡村社会阶层结构发生巨大变迁以及城乡互动融合过程中形成和培育起来的新型农业经营主体，是融合了全新知识技能、赋予了全新社会角色、形成了全新主体结构的高度集约化、专业化、组织化、社会化的"大农民"。从另外的角度来看，新农村、新农业、新农民协同发展是一个动态演化的整体实现过程：新农村是新农业实践和新农民生活的空间地域优化的过程；新农业是乡村全面振兴和新农民培育的主导性产业依托，以农业多功能多效应拓展和以农业为主导的三次产业深度融合也是一个不断培育的过程；新农民是适应新型农业业态和乡村地域空间格局优化的实践主体和生活主体。因而，从动态性视角深化中国特色社会主义"新三农"协同发展研究，可以实现"农村空间—农业产业—农民主体"在动态发展中的有机整合。

第三，在研究内容上，将中国特色社会主义新农村、新农业、新农民协同发展研究置于重构城乡空间新格局、以乡村振兴引领"新三农"协同发展的战略框架下，以"新三农"协同发展的"空间化"策略构建了基于城乡"空间结构共生"的理论框架。本书在总结新农村建设经验教训和顺应实施乡村振兴战略取向的基础上，突破了传统"产业结构转换"经济视域对推动"三农"协同发展的局限性，从而形成了以城乡融合时代乡村全面振兴的"经济、政治、文化、社会、生态"总体布局引领中国特色社会主义"新三农"协同发展的实践路径，有助于增强党和国家领导、驾驭和开展"三农"工作的能力。同时，中国特色社会主义"新三农"又覆盖了政府、市场、社会多个层面，包含了经济、政治、文化、社会、生态多个内容以及涉及各类资源要素的巨系统，在现阶段"三农"整体性变迁背景下，仅从农村、农业、农民的单一性维度以及乡村地域空间的封闭系统进行"三农"协同发展研究，既难以抓住问题的本质，又无法找到实现"三农"协同发展的科学路径。因此，本书在"三农"的"协同发展"上下工夫，分别从影响中国特色社会主义"新三农"协同发展的矛盾挑战以及实现中国特色社会主义"新三农"协同发展的战略选择、动力机制、支撑体系等方面展开了深入研究，提出了诸多关于"协同发展"的有益思考。

（二）未来研究展望

时代是思想之母，实践是理论之源。实践推进无止境，理论创新无止境。实现中国特色社会主义"新三农"协同发展，是一个漫长的历史过程，是一项艰巨的历史任务，是一份重大的历史责任。这就决定了对中国特色社会主义"新三农"协同发展研究，要在理论创新上不停步，要不断地从中国特色社会主义"新三农"协同发展的实践中挖掘新材料、发现新问题、提出新观点、建构新理论，把马克思主义中国化研究学科视域中的中国特色社会主义"新三农"协同发展研究推向新境界和新高度。具体来看，面向建成社会主义现代化强国和实现中华民族伟大复兴的目标使命，在城乡融合时代以乡村全面振兴引领中国特色社会主义"新三农"协同发展研究，要有前瞻性学术自觉和有温度的学术情怀，应进一步围绕以下三个方面展开深入系统研究：

第一，构建中国特色社会主义乡村振兴学和乡村振兴学派。中国特色社会主义进入新时代，实施乡村振兴战略是推进"三农"协同发展的总遵循和总抓手，对乡村全面振兴战略要有高度的学术责任和积极的学术自觉。实施乡村振兴战略的目标任务和步骤安排是面向2020年、2035年和2050年的，对乡村振兴加以系统性、原创性、专业性、前瞻性研究具有广阔空间，既要超越以乡土为视角而落脚于现代化的中国乡村研究传统范式，超越以乡村为单位着眼于改造农民的乡村建设学派，又要跳出以城市化和工业化改造传统农业、引致农民终结的西式线性思维桎梏，探索中国特色乡村振兴的理论框架、目标模式、空间格局、政策体系、实践路径以及社会基础，着力构建"新时代乡村振兴学"的学科体系、学术体系和话语体系，形成具有时代深远影响的中国特色社会主义"乡村振兴学派"。进一步，就是要以马克思主义立场、观点、方法为根本指导，从经济学、政治学、管理学、社会学、历史学、地理学等不同学科对话中展开对新时代中国特色社会主义乡村振兴战略的基本理据、改革开放以来中国特色社会主义乡村振兴战略的历史脉络、乡村振兴的国际实践经验借鉴与国内实践模式比较、新时代中国特色社会主义乡村振兴战略的基本架构、新时代中国特色社会主义乡村振兴战略的推进路径等具体内容的整体性研究。

第二，深化中国特色社会主义"三农"协同发展学研究。实现"三农"研究的基本范式从"问题域"向"发展论"转变，是本书所要取得的基本目标。改革开放四十多年以来，中国城乡经济社会发展取得了巨大成就，给新时代中国特色社会主义农村、农村、农民带来了广阔的发展前景、机遇和空间。但由于我们长期把中国社会出现的"城进村衰"问题的总根源，归结为党和国家长期实施的城乡二元体制下城市偏向发展战略、市民偏向分配制度、重工业偏向产业结构及由此带来的城乡分割、土地分治、人地分离的"三分"矛盾，实事求是地讲，这些"问题域"确实给中国"三农"发展带来了巨大挑战和冲击，但这种"问题域"思维方式、工作方式和学理范式也极大地消解了党和国家、各级地方政府对中国特色社会主义农村、农业、农民具有的"发展性"潜力、"创造性"意义和"多元性"价值的深度挖掘、开发和利用。因此，站在改革开放四十多年来中国经济社会发展巨大成就为新时代中国特色社会主义"三农"提供的广阔前景、机遇和空间的视角以及站在"三农"大国成为"三农"强国时代使命、"乡村振兴"支撑"民族复兴"的历史责任的高度，对中国特色社会主义新时代"三农"发展的下一步研究，就不仅仅是需要我们坚守"三农"研究从"问题域"到"发展论"的范式转换，还需要从人类历史演进、城乡区域空间、乡村结构变迁、社会基础培植等层面深化"三农"协同发展学研究。从人类历史演进来看，从渔猎文明、农耕文明、工业文明、生态文明一路走来，新时代中国特色社会主义是以覆盖物质文明、政治文明、精神文明、社会文明、生态文明的整体文明形态，与之相对应，中国特色社会主义"三农"也已进入多种文明要素结构和谐共生与协同并进的新时代，这就要求从学理、历史和实践相结合的角度深入研究中国"三农"从"生产的'三农'"到"生活的'三农'""生态的'三农'"再到"空间的'三农'"的发展进程，围绕满足亿万农民日益增长的美好生活期待，揭示乡村社会蕴含的生产、生态、生活和生命逻辑，挖掘乡村蕴含的"经济—社会—生态"综合价值。从城乡区域空间来看，科学认识城镇与乡村在中国特色社会主义现代化强国建设和实现中华民族伟大复兴中的地位、定位、功能和作用，突破长期以来城市、乡村是"封闭的循环"的狭隘思维,以城乡区域交通基础设施建设、互联网络基础设施建设为重点打通城乡区域之间的"空间共生"和"空间互动"通道,重构城乡之间、区域之间的现代化发展格局,为新时代"三农"协同发展建立健全城乡区域融合发展的体制机制和政策体系。从乡村结构变迁来看,系统研究中国特色社会主义"三农"发展中的产业结构、阶层结构、空间结构、资源要素结构、居住结构等结构性变化,着力从产业、主体、空间、资源、要素、制度、政策等具体方面构建推动"三农"协同发展学新理路。从社会基础培育来看,认清社会基础和社会条件是党和国家进一步制定"三农"协同发展和实施乡村振兴的基本依据。换言之,推动中国特色社会主义新时代"三农"协同发展和实施乡村振兴战略,需要进一步综合研究现有推进"三农"协同发展和实施乡村振兴战略的社会基础和社会条件,包括经济、政治、文化、社会、生态、党的建设层面及制度、机制、政策等层面的社会基础和社会条件。

第三,加强"精准扶贫精准脱贫"攻坚战役与"实施乡村全面振兴战略"的有机衔接研究。精准脱贫是党的十八大以来决胜全面建成小康社会的攻坚战役,面向 2020 年全面建成小康社会的目标任务;乡村振兴是新时代推动"三农"工作的顶层战略,对标 2050 年建成社会主义现代化强国和实现中华民族伟大复兴的目标使命。党中央决定对脱贫县设 5 年过渡期,以 2020 年为时间节点,在过渡期内,实现巩固拓展脱贫成果与乡村振兴有效衔接,通过乡村振兴巩固脱贫攻坚成果,接续乡村经济社会发展和人民生活改善,将是新时代"三农"发展研究的重大议题。同时,面对当前精准扶贫精准脱贫中面临的"短期性"和"长期性"、"生存性"与"发展性"、"顽固性"与"脆弱性"、"主导性"与"被动性"、"差异化"与"均等化"等多重矛盾,加强对集中连片特困地区、革命老区、"三区三州"等深度贫困地区"脱贫攻坚"与"乡村振兴""牧区振兴"在产业、人才、文化、要素、组织、制度、政策等方面的有机衔接和有效对接开展前瞻性研究,同样具有重大的理论和实践意义。

第一章　中国特色社会主义"新三农"协同发展的理论建构

> 坚持和发展中国特色社会主义，需要不断在实践和理论上进行探索、用发展着的理论指导发展着的实践。①
>
> ——习近平

以马克思主义经典作家"三农"思想为理论基点，在此基础上，剖析从"产业结构转换"经济视域推进"三农"协同发展的局限性，梳理从"新农村建设"到"全面推进乡村振兴"、从"城乡统筹"到"城乡一体化"、从"城乡融合发展"到"城乡协调发展"的政策变迁和实践演进，揭示进入新发展阶段后重构新型城乡空间格局已成为推动"三农"协同发展的决策共识。基于此，本章旨在超越传统"产业结构转换"经济视域分析范式，建构一个基于"空间结构共生"的理论分析框架，为城乡融合时代以全面推进乡村振兴引领中国特色社会主义"新三农"协同发展提供坚实的理论基础。

第一节　中国特色社会主义"新三农"协同发展的理论溯源

农业、农民和农村发展问题是任何经济体推动工业化、城镇化都要面对的重大议题。对此，马克思主义理论体系和西方经济学理论体系都有经典阐述。本部分以纵向的理论演进和横向的理论借鉴为视角，分析从马克思主义理论体系和西方经济学理论体系中挖掘关于农业、农民和农村发展的理论资源，为中国特色社会主义"新三农"协同发展提供理论支撑和理论借鉴。

一、纵向理论的演进：从马克思主义经典作家到中国化马克思主义

在乡村振兴的大背景下，涵盖农业、农村、农民的中国特色社会主义"三农"研究已成为政界和学界高度关注的社会性公共议题。回溯马克思主义关于"三农"问题的重要论述和基本观点，对于实现中国特色社会主义"新三农"协同发展具有极其重要的理

---

① 习近平：《在哲学社会科学工作座谈会上的讲话》，北京：人民出版社，2016年，第2页。

论和实践启示。

（一）马克思、恩格斯"三农"思想

马克思、恩格斯在批判地继承资产阶级古典政治经济学，尤其是重农学派理论的基础上，围绕"农业发展、城乡差距缩小、农民解放"等主题，通过大量的历史研究和实证研究，提出了一系列科学系统的关于"三农"发展的理论观点。

1. 围绕"农业发展"主题，马克思、恩格斯在对英、法、德、美四国农业现代化进程考察的基础上，对于农业基础地位、农业基本特点、农村土地所有权及其实现形式、农业现代化、农业与其他产业的协调发展等问题进行了深入思考，形成了对农业发展的基础性、整体性、全面性和前瞻性认识。

一是围绕农业基础地位、农业基本特点、农业生产力发展和农业生产关系变革等问题进行系统研究，形成对农业的整体性认识。

关于农业基础地位的阐述。马克思、恩格斯将农业视作国民经济发展的基础，在《德意志意识形态》《资本论》等著作中对之进行了比较深入的阐述。首先，马克思、恩格斯认为农业是人类生存和发展的首要条件。他们明确指出，"人们为了能够'创造历史'，必须能够生活"，而"为了生活，首先就需要吃喝住穿以及其他一些东西"，既然如此，那么"第一个历史活动就是生产满足这些需要的资料，即生产物质生活本身"[①]。而这里的"生产物质生活本身"主要指农业。此处，马克思、恩格斯已经意识到农业对于人类社会生存与发展的重要作用。在《1861—1863年经济学手稿》中，马克思进一步指出，"农业劳动是其他一切劳动得以独立存在的自然基础和前提"[②]，强调了农业劳动相对其他劳动的突出地位。在他看来，如果没有农业劳动为我们提供丰富的农产品，以满足人类生存与发展最基本的物质需要，其他劳动形式不可能独立存在。而在《家庭、私有制和国家的起源》中，恩格斯认识到农业不仅是古代世界的基础，同样是现代世界的基础："农业是整个古代世界的决定性的生产部门，现在它更是这样了。"[③] 其次，马克思、恩格斯认为农业发展是社会分工的重要前提。马克思在《资本论》中指出，只有当生产力发展到一定程度，当部分社会成员的农业劳动能够给全体社会成员提供必要的食物时，从事食物生产的农民与生产原料的农民、从事农业的社会成员与从事工业的社会成员才有实行分工的可能性。[④] 最后，马克思、恩格斯强调农业生产率提高是社会经济发展的基础。在《资本论》（第3卷）中，马克思强调，"超过劳动者个人需要的农业劳动生产率，是全部社会的基础，并且首先是资本主义生产的基础"[⑤]。这是因为，如果一个社会的农业劳动生产率无法满足劳动者自身需要，或者只能够满足他们自己所需，那么，他们无法为从事其他行业的人生产必需的食物。在这种情况下，人们只能从事农业生产以维持自我的生存，工业、商业、教育等其他行业的发

---

① 《马克思恩格斯文集》（第1卷），北京：人民出版社，2009年，第531页。
② 《马克思恩格斯全集》（第33卷），北京：人民出版社，2004年，第27页。
③ 《马克思恩格斯文集》（第4卷），北京：人民出版社，2009年，第168页。
④ 《马克思恩格斯文集》（第7卷），北京：人民出版社，2009年，第716页。
⑤ 《马克思恩格斯文集》（第7卷），北京：人民出版社，2009年，第888页。

展便缺乏足够的劳动力。正因此，马克思指出，"农业的一定发展阶段，不管是本国的还是外国的，是资本发展的基础"①。马克思、恩格斯的经典论述，深刻揭示了农业在国民经济的基础地位。马克思主义农业基础地位论，对于指导我国进入新发展阶段持续巩固农业基础地位、拓展农业多元发展路径具有理论指导意义。

关于农业生产突出特点的描述。相比其他行业，农业生产具有突出的特点，即生产时间与劳动时间大不相同，前者远远长于后者。马克思认为，"生产时间和劳动时间的差别，在农业上特别显著"②。他指出，农业生产过程受自然规律支配，农业"产品只有到生产期间结束以后，才能完成、成熟"③，整个生产过程才算完成。因此，农业生产不仅包括劳动过程，也包括自然过程，农业的生产时间远远长于劳动时间。这使得农业生产力和农业机具的利用产生了较强的季节性，也意味着农业资本要经过较长的周转时间。

关于农业生产中提高生产力水平与生产关系变革的论述。马克思、恩格斯对农业劳动的生产率进行了深入论述。他们认为，决定农业发展的不仅仅是"劳动的社会生产率，而且涉及由劳动的自然条件决定的劳动的自然生产率"④。在他们看来，除了人的天然特性和生产技能，劳动的自然条件、劳动的社会力量的日益改进都深刻地影响着农业生产效率。劳动的自然条件包括土地的肥沃程度、矿山的丰富程度等，劳动的社会力量的日益改进则由大规模生产、交通事业的发展以及科学进步等因素共同推动。⑤ 与此同时，他们通过考察农业发展历程深刻地总结出，"合理的农业同资本主义制度不相容"⑥，强调要变革农业生产关系。他们认为，变革资本主义农业生产关系，也即"以自由的联合的劳动条件去代替劳动受奴役的经济条件"，是一段漫长的历史过程，"不仅需要改变分配，而且需要一种新的生产组织……还需要在全国范围内和国际范围内进行协调的合作"⑦，从而指明了农业生产关系变革的前进方向与基本路径。

二是对土地这一农业的核心要素进行了总体性把握，形成了对土地所有权及其实现形式的全面认识。

地租理论。在马克思主义政治经济学话语体系中，资本主义农业存在绝对地租、级差地租两种地租形式。马克思指出，资本主义农业中存在两种地租形式，分别是绝对地租与级差地租。其中，绝对地租指土地所有者因"土地所有权本身"⑧ 从土地使用者那里所取得的地租，它是农产品价值超出社会生产价格之上的那一部分超额利润。级差地租指租佃较好土地的农业资本家向土地所有者缴纳的超额利润。级差地租又分为级差地租Ⅰ（因肥力与土地位置产生的级差地租）⑨ 与级差地租Ⅱ（因连续追加投资产生的级

---

① 《马克思恩格斯全集》（第33卷），北京：人民出版社，2004年，第22页。
② 《马克思恩格斯文集》（第6卷），北京：人民出版社，2009年，第268页。
③ 《马克思恩格斯文集》（第6卷），北京：人民出版社，2009年，第267页。
④ 《马克思恩格斯文集》（第7卷），北京：人民出版社，2009年，第867页。
⑤ 《马克思恩格斯文集》（第3卷），北京：人民出版社，2009年，第50页。
⑥ 《马克思恩格斯文集》（第7卷），北京：人民出版社，2009年，第137页。
⑦ 《马克思恩格斯文集》（第3卷），北京：人民出版社，2009年，第198~199页。
⑧ 《马克思恩格斯文集》（第7卷），北京：人民出版社，2009年，第999页。
⑨ 《马克思恩格斯文集》（第7卷），北京：人民出版社，2009年，第732页。

第一章 中国特色社会主义"新三农"协同发展的理论建构

差地租)。马克思认为,"一切地租都是剩余价值,是剩余劳动的产物"[1],不同地租形式的共同点在于,"地租的占有是土地所有权借以实现的经济形式,而地租又是以土地所有权……为前提"[2]。马克思在科学分析的基础上,预言道,在共产主义社会,随着农业的发展,不但土地私有制被消灭,土地所有权也会被消灭,一切地租形式也将不复存在:"地租是资本有机组成部分的比例的历史性差别造成的,这种差别一部分会趋于平衡,甚至随着农业的发展会完全消失。"[3] 然而,受生产力发展水平所限,在当今中国,多种地租形式仍然存在。与此同时,欠缺效率的土地管理制度制约了土地有效利用和工农业发展。正确理解马克思关于绝对地租和级差地租的论述,有助于推进和实现土地资源的优化配置。

土地国有化思想。受生产资料私有制与土地碎块化的影响,农业在18世纪的欧洲难以迅速发展。为此,马克思、恩格斯认为,未来农业的发展要建立在土地国有化的基础上。恩格斯指出:"土地应该共同占有,为共同的利益而共同耕种。"[4] 马克思强调,只有在土地国有化基础上进行大规模经营,才能充分利用"科学知识"与"耕作技术手段""如灌溉、排水、蒸汽犁、化学处理等等"[5]。与此同时,"土地国有化将彻底改变劳动和资本的关系,并最终消灭工业和农业中的资本主义生产方式",从而消灭"阶级差别"和"各种特权"的"经济基础"[6]。必须加以注意的是,马克思、恩格斯认为土地国有化有它本身实施的条件。在马克思、恩格斯看来,实行农民所有制、土地被农民分散经营的法国"无疑不是我们应当寻求解决这个重大问题的办法的地方"[7],而实行大土地所有制的英国则应该土地国有化。当前,我国还处于社会主义初级阶段,城乡经济社会发展不平衡和不充分,现有以小农户主导的农业生产方式,仍是与社会主义初级阶段社会主义制度相适应的。农业生产的集约化、规模化、组织化会随着"三权分置"的农业土地制度实施和改进而不断发展起来。对此,我们应该有准确认识。

合作社思想。土地国有化之后,以什么样的方式进行农业生产呢?恩格斯指出,土地将"由合作社在全民监督下耕种"[8]。就合作社生产的必要性而言,恩格斯强调,面临"资本主义经济"以及"海外廉价粮食生产"的激烈竞争,不管是大农,还是中农,"都同样无法挽救地要走向灭亡"[9]。在此情况下,"各个农户"需要"联合为合作社",以"消除对雇佣劳动的剥削",并"逐渐变成一个全国大生产合作社的……组成部分"[10]。就合作社生产的优势而言,恩格斯提出,农业合作社生产有利于农业的大规模

---

[1] 《马克思恩格斯文集》(第7卷),北京:人民出版社,2009年,第715页。
[2] 《马克思恩格斯文集》(第7卷),北京:人民出版社,2009年,第714页。
[3] 《马克思恩格斯全集》(第34卷),北京:人民出版社,2008年,第114页。
[4] 《马克思恩格斯文集》(第4卷),北京:人民出版社,2009年,第321页。
[5] 《马克思恩格斯文集》(第3卷),北京:人民出版社,2009年,第231页。
[6] 《马克思恩格斯文集》(第3卷),北京:人民出版社,2009年,第233页。
[7] 《马克思恩格斯文集》(第3卷),北京:人民出版社,2009年,第232页。
[8] 《马克思恩格斯全集》(第25卷),北京:人民出版社,2001年,第514页。
[9] 《马克思恩格斯文集》(第4卷),北京:人民出版社,2009年,第528~529页。
[10] 《马克思恩格斯文集》(第4卷),北京:人民出版社,2009年,第529页。

经营,"能够采用农业机具,利用蒸汽力"和"其他现代化的改良措施"①。就小农向合作社的过渡方式而言,恩格斯指出,马克思主义者"坚决站在小农方面",尊重小农意愿。若他们下定决心,就帮助他们尽快过渡到合作社。反之,就让他们在现有基础上认真思考自己的未来。②就大土地所有者向合作社的过渡方式而言,恩格斯建议实行剥夺和赎买政策,而这两种政策的执行取决于获取政权时的状况以及大土地所有者的态度。③恩格斯明确指出,农业合作社的范例"将说服最后一些可能仍在反抗着的小块土地农民乃至某些大农相信大规模合作企业的优越性"④。当前,随着统一的竞争性全国农产品市场和国际农产品市场的形成,跨国、跨区域的农产品贸易打破原有壁垒带来的市场冲击,小农户主导的农业生产方式在全球气候变化、农产品资本深化等非传统因素的叠加影响下,将面临着更加严峻的市场风险。在此情况下,要汲取马克思、恩格斯合作社思想的精华,适时适势推进农民合作经济组织的发展。

三是阐述农业商品化、资本化、工业化、科技化统一于农业现代化的进程,形成了比较完整的农业现代化思想。

农业现代化是商品经济逐渐占主导地位并取代自然经济的历史过程。马克思、恩格斯科学地指出,在农业社会中,自然经济占据主导地位。受生产力发展水平的制约,当时农业生产的主要目的是供生产者和土地所有者消费而非交换,农产品只有很少的部分进入流通过程。农业生产者对土地所有者存在严重的人身依附,给后者缴纳地租。而农业中的资本主义生产方式,"是以农业劳动者被剥夺土地并从属于一个……资本家为前提"⑤,这既使土地所有权摆脱了原有的统治与从属的关系,也促使"土地同土地所有权和土地所有者完全分离"⑥,进而促进了土地、资本、劳动力等农业生产要素在市场中的自由流动。资本主义生产方式使得自给自足的自然经济逐步为商品经济所代替,农业开始为市场而生,生产主要为了销售而非自己直接消费,农产品具有独立的交换价值。在这样一个进程中,农业生产中的分工更加精细化和专业化,加速了农业社会化的经营,提高了农业劳动生产率。从市场供给和市场需求来看,农业现代化就是推动农业商品化和市场化的过程。

农业资本化是农业现代化的巨大动力。马克思、恩格斯认为,伴随着农业商品化程度的逐步加深,农业资本家阶级出现了。他们明确指出,"随着奴隶转化为自由工人即雇佣工人,地主本身便实际上转化为工厂主、资本家"⑦。农业资本家并不满足于获取平均利润,他们的目的在于获得平均利润之上的超额利润。由于农业资本的有机构成长期低于工业的资本有机构成,农业利润率在相当长时期内高于工业利润率。为了追逐超额利润,农业资本家的资本不断流入农业生产中,直到农业利润率和工业利润率比较接

---

① 《马克思恩格斯全集》(第44卷),北京:人民出版社,1982年,第561页。
② 《马克思恩格斯文集》(第4卷),北京:人民出版社,2009年,第526页。
③ 《马克思恩格斯文集》(第4卷),北京:人民出版社,2009年,第529页。
④ 《马克思恩格斯文集》(第4卷),北京:人民出版社,2009年,第530页。
⑤ 《马克思恩格斯文集》(第7卷),北京:人民出版社,2009年,第694页。
⑥ 《马克思恩格斯文集》(第7卷),北京:人民出版社,2009年,第697页。
⑦ 《马克思恩格斯文集》(第1卷),北京:人民出版社,2009年,第173页。

近。马克思指出，得益于农业资本化，英国等西方国家的农业现代化迅猛发展，农业生产率显著提高，农产品数量急剧增加，农业资本家的财富也获得了惊人的增长。

农业工业化孕育着农业现代化的革命性因素。马克思、恩格斯鲜明地指出，"在农业领域内，就消灭旧社会的堡垒——'农民'，并代之以雇佣工人来说，大工业起了最革命的作用"[①]。随着生产力的发展，工场手工业逐步取代了家庭手工业。为了获取剩余价值，工厂主积极推进以节省劳动、节约时间为目标的生产工具变革。在这样一个过程中，依靠蒸汽机提供动力的机器应运而生。机器的发明和使用引发了举世瞩目的工业革命，机器大生产逐渐占领了纺织、煤炭、冶金等工业部门。协作、分工以及机器的使用，既增加了单位工作日的产品量，又缩短了工人的劳动时间。随后，工业革命逐步进入农业领域，引起了农业生产的广泛变革，以机械化、良种化以及化肥化为基本特点的农业工业化在英国等西方国家渐次推进。这一进程加速了以小块土地所有制和小生产为主要特征的小农经济的解体，极大地提高了农业劳动生产力。正如马克思所言，"大工业把巨大的自然力和自然科学并入生产过程，必然大大提高劳动生产率"[②]。

农业科技化加速农业现代化。一方面，在18世纪的欧洲，马克思、恩格斯已深刻认识到科技对于农业发展的重要促进作用。恩格斯指出，受益于生产力的高速发展，工业会腾出大量的劳动力，这将为"农业提供同此前完全不同的力量"[③]。在此情况下，"科学终于也将大规模地……彻底地应用于农业"[④]，大力推进农业生产力的发展。另一方面，他们揭示了农业科技发展的光明前景。恩格斯指出，农业科技的高度发展与应用将使我们能够对"欧洲东南部和美国西部"以"空前巨大的规模进行开发"[⑤]。马克思、恩格斯认为，英、法、德、美的农业发展和农业现代化是以农业商品化、资本化、工业化、科技化推动的农业现代化道路，它以资本主义生产方式为动力，加快农业技术改进和应用，大力提高农业劳动生产力水平，促进生产关系变革，推动农村发展。

四是深入阐述了农业同其他产业的关系，即农业同工业、商业、副业等方面的密切联系，初步形成了农业与其他产业协调发展的基础性认识。

农业与工业的关系。马克思、恩格斯认为，在不同的社会发展阶段，农业与工业有不同的联系。最初，工业劳动包含于农业劳动之中，二者紧密结合在一起。后来，随着社会生产力的发展，工业从农业中分离出来[⑥]，并形成了工业工人和农业工人的分工[⑦]。在此基础上，他们指出，工农差别是历史的差别，在未来社会，随着资本主义生产方式的消灭，随着工业与农业的联系日益紧密，以及交通事业的日益发达，这一差别将会逐步消失。

农业与商业的关系。马克思、恩格斯认为，农业和商业的关系具有阶段性，在不同

---

① 《马克思恩格斯文集》（第5卷），北京：人民出版社，2009年，第578页。
② 《马克思恩格斯文集》（第5卷），北京：人民出版社，2009年，第444页。
③ 《马克思恩格斯文集》（第10卷），北京：人民出版社，2009年，226页。
④ 《马克思恩格斯文集》（第10卷），北京：人民出版社，2009年，第226页。
⑤ 《马克思恩格斯文集》（第10卷），北京：人民出版社，2009年，第226页。
⑥ 《马克思恩格斯文集》（第7卷），北京：人民出版社，2009年，第713页。
⑦ 《马克思恩格斯文集》（第7卷），北京：人民出版社，2009年，第714页。

的时期有不同的特点。在"真正的自然经济中，农产品根本不进入或只有极小部分进入流通过程"①，因而，农业商品率不高，农民对商业的依赖程度很低。然而，随着"大农业越发达，它购买'先于它生产的'产品和卖出自己的产品就越多"②，这说明随着农业生产力的发展，农业对商业的依赖日益增强。与此同时，马克思、恩格斯认为，商业的发展对农业具有推动作用。在古代和中世纪，商品生产者是独立的直接生产者。③而到了近代，商人被"看做商品的形式转化的当事人"④，他可以连接买者和卖者，为农业生产者缩短买卖时间，减少劳动力的无益消耗。显而易见的，商业的发展推动着农业的进步。

农业和副业的关系。马克思、恩格斯认为，资本主义生产方式既撕裂了农业和副业的原始家庭早期联系，也加速了农业和副业的有条件结合。⑤这里的有条件可以理解为自然基础和社会条件两个方面。其自然基础在于农业"生产期间和劳动期间的不一致（后者仅仅是前者的一部分）"⑥。正是因为农业生产期间和劳动期间的不一致，农民才有空闲时间进行皮革、刀具等副业生产。其社会条件在于，随着社会化大生产的发展，农民的副业生产受到外部巨大的挑战。为了维持或改善自己的生活状况，农业经营主体被迫花费更多时间进行副业生产，从而更加依赖"纯粹带偶然性的副业"。与此同时，马克思深刻地指出，连接着农业生产经营主体和工商业资本家的农村副业，是部分农民成为工业资本家的"据点"⑦，在研究部分农民向工业资本家转换的历史过程时，必须对此予以充分重视。

2. 围绕"农村发展"主题，探讨了农村作为一个复杂的系统在生产、生活、政治、文化、社会、生态等方面的综合发展，以及基于城乡关系提出城乡融合思想。

一是农村生产方面。马克思、恩格斯认为农产品"只有在一定的社会联系中才成为价值和商品"⑧，在他们看来，农产品是否具有交换能力取决于有无多样性的等价物与之交换，并且农产品需要进行商品化生产。只有当等价物的数量和种类增加时，农产品才能作为商品发展起来，与此同时，在这种情况下，农产品作为商品生产的数量，也会因此增加。⑨而大工业的发展极大地降低了商品的生产费用，并以"此为资本最终地征服了国内市场，使自给自足的农民家庭的小生产和自然经济陷于绝境"⑩。

二是农村生活方面。一方面，马克思、恩格斯对于资本主义社会农民的悲惨命运进行了深刻揭示。他们认为，资本主义社会摧毁了自给自足的自然经济，将无数农民抛向了无情的市场。另一方面，他们设想，在未来社会，社会成员在农村将享受富裕的物质

---

① 《马克思恩格斯文集》（第7卷），北京：人民出版社，2009年，第888~889页。
② 《马克思恩格斯全集》（第34卷），北京：人民出版社，2008年，第59页。
③ 《马克思恩格斯文集》（第6卷），北京：人民出版社，2009年，第147页。
④ 《马克思恩格斯文集》（第6卷），北京：人民出版社，2009年，第148页。
⑤ 《马克思恩格斯文集》（第5卷），北京：人民出版社，2009年，第578~579页。
⑥ 《马克思恩格斯文集》（第6卷），北京：人民出版社，2009年，第269页。
⑦ 《马克思恩格斯文集》（第6卷），北京：人民出版社，2009年，第269页。
⑧ 《马克思恩格斯文集》（第7卷），北京：人民出版社，2009年，第719页。
⑨ 《马克思恩格斯全集》（第7卷），北京：人民出版社，2009年，第718~719页。
⑩ 《马克思恩格斯文集》（第7卷），北京：人民出版社，2009年，第1026~1027页。

生活，并拥有充裕的闲暇时间。这将保证农村居民的"体力和智力获得充分的自由的发展和运用"①。为了实现这一远景，我们必须大力发展社会生产力，变革生产关系，建立和完善社会主义制度、共产主义制度，为所有人获得"真正的充分的自由"② 提供制度保障。

三是农村文化方面。马克思、恩格斯认为，未来农村将"对所有儿童实行公共的和免费的教育"③，强调教育资源的公共性和受教育者的免费性。同时，无论大人还是小孩都应拥有充足的自由时间。对正在成长的孩子来说，自由时间就是受教育的时间；对成人来说，在自由时间，可以锻炼身体，提升自我素质，从事科学实验，进行发明创造。紧接着，他们提出工人阶级的解放对人才需要的层次有了特殊的需求，不仅要培养具有丰富知识的医生、工程师、化学家等专门人材，也要培养农艺师，"因为问题在于不仅要掌管政治机器，而且要掌管全部社会生产"④。最后，他们指明了农村对于技术的需要和渴求，"会比十所大学更能把科学推向前进"⑤。

四是农村政治方面。马克思、恩格斯认为，"共产主义革命……要同传统的观念实行最彻底的决裂"⑥，毫无疑问，在共产主义革命中，农民也要同传统的观念实行最彻底的决裂。在资本主义向共产主义的革命转变中，政治上的过渡时期，"国家只能是无产阶级的革命专政"⑦。自然地，农村也是无产阶级的革命专政。这种专政将"是达到消灭一切阶级差别"，以及消灭随之产生的生产关系、相应的社会关系以及观念的"必然的过渡阶段"⑧。可见，加强农村基层政治建设、坚持和加强无产阶级政党对农业农村工作的领导，对推动农村社会关系变革、消灭一切不适应共产主义革命的传统观念，具有重要价值和作用。

五是农村生态方面。恩格斯明确指出，由于人类日复一日、年复一年的活动，"地球的表面、气候、植物界、动物界以及人本身都发生了无限的变化"⑨。这种变化，在资本主义社会尤为显著。随着资本主义生产的发展，人和土地之间原有的物质变换被破坏了，"土地持久肥力的永恒的自然条件"⑩ 也被破坏了。恩格斯批判道，对自然取得一次胜利，自然界就会报复我们一次。他语重心长地指出，我们以及我们的身体"都是属于自然界和存在于自然界之中的；我们对自然界的整个支配作用，就在于我们……能够认识和正确运用自然规律"⑪。这些马克思主义的生态自然观告诫我们，在新时代推动农业农村优先发展、实施乡村振兴战略进程中，必须重建人与自然和谐共生的生命共

---

① 《马克思恩格斯文集》（第9卷），北京：人民出版社，2009年，第299页。
② 《马克思恩格斯全集》（第28卷），北京：人民出版社，2018年，第652页。
③ 《马克思恩格斯文集》（第2卷），北京：人民出版社，2009年，第53页。
④ 《马克思恩格斯文集》（第4卷），北京：人民出版社，2009年，第446页。
⑤ 《马克思恩格斯文集》（第10卷），北京：人民出版社，2009年，第668页。
⑥ 《马克思恩格斯文集》（第2卷），北京：人民出版社，2009年，第52页。
⑦ 《马克思恩格斯文集》（第3卷），北京：人民出版社，2009年，第445页。
⑧ 《马克思恩格斯文集》（第2卷），北京：人民出版社，2009年，第166页。
⑨ 《马克思恩格斯文集》（第9卷），北京：人民出版社，2009年，第484页。
⑩ 《马克思恩格斯文集》（第5卷），北京：人民出版社，2009年，第579页。
⑪ 《马克思恩格斯文集》（第9卷），北京：人民出版社，2009年，第560页。

同体理念,尊重自然、顺应自然、保护自然,构建乡村地域空间系统的人与自然和谐共生的现代化格局。

六是农村保障方面。马克思、恩格斯认为,农村要发展必须要有国家的政策保障。为了农民的利益,必须给合作社提供低利率贷款以及社会资金中抽拨的非金钱贷款等各种便利,同时要促进社会资源有序流动,促进农业规模化生产。① 他们还提醒我们,必须注意国家权力对发展经济的三种反作用,包括同向作用、反向作用,以及阻止经济沿着某些方向走,而规定另外的方向。他们尤其强调,在后两种情况下,"政治权力会给经济发展带来巨大的损害,并造成大量人力和物力的浪费"②。

七是城乡融合发展思想。一方面,马克思、恩格斯一针见血地指出,城乡对立是经济社会发展的重大障碍。在长期的社会历史发展过程中,伴随着社会分工的扩大,城乡对立随之产生:"物质劳动和精神劳动的最大的一次分工,就是城市和乡村的分离。"③ 恩格斯在《共产主义原理》一文中分析指出,城乡对立"是一切进一步发展的障碍"④。在《反杜林论》中,恩格斯进一步强调,城乡对立"破坏了农村居民的精神发展的基础和城市居民的肉体发展的基础"⑤,对城乡对立的负面影响进行了有力批判。另一方面,马克思、恩格斯揭示了城乡融合发展的基本途径以及光明前景。恩格斯指出,要实现城乡融合发展必须废除私有制,而随着"旧的分工"的消除,随着教育事业的发展以及不同工种的变换,城乡融合发展,"社会全体成员的才能"将"得到全面发展"⑥。他预言,到那时,"从事农业和工业的将是同一些人,而不再是两个不同的阶级"⑦。深入理解马克思、恩格斯的城乡融合发展思想及共产主义前景展望,对于我们在新时代通过城乡融合发展实现中国特色社会主义"新三农"协同发展具有重要的现实指导意义。

3. 围绕"农民解放"主题,马克思、恩格斯深入探讨了农民的阶级特性、农村劳动力剩余和转移、农民的生产积极性、农民的家庭副业以及工农联盟思想等问题,创造性地提出超越以往的"农民解放"思想。

一是农民的阶级特性。马克思、恩格斯认为,小农"是指小块土地的所有者或租佃者"⑧,其生活方式、利益需求和教育程度与其他阶级大不相同。然而,地域的分散和利益的同一并未使他们形成全国性联系和政治性组织。⑨ 这就决定了农民可以成为一个阶级,却不能以自己的名义来保护自己的阶级利益。进而,"处于所有这些阶级(平民反对派除外)之下"⑩并遭受严酷剥削,却"从不会采取一个独立阶级的立场"⑪,不能

---

① 《马克思恩格斯文集》(第4卷),北京:人民出版社,2009年,第525页。
② 《马克思恩格斯文集》(第10卷),北京:人民出版社,2009年,第597页。
③ 《马克思恩格斯文集》(第1卷),北京:人民出版社,2009年,第556页。
④ 《马克思恩格斯文集》(第1卷),北京:人民出版社,2009年,第689页。
⑤ 《马克思恩格斯文集》(第9卷),北京:人民出版社,2009年,第308页。
⑥ 《马克思恩格斯文集》(第1卷),北京:人民出版社,2009年,第689页。
⑦ 《马克思恩格斯文集》(第1卷),北京:人民出版社,2009年,第689页。
⑧ 《马克思恩格斯文集》(第4卷),北京:人民出版社,2009年,第512页。
⑨ 《马克思恩格斯文集》(第2卷),北京:人民出版社,2009年,第567页。
⑩ 《马克思恩格斯文集》(第2卷),北京:人民出版社,2009年,第231页。
⑪ 《马克思恩格斯文集》(第2卷),北京:人民出版社,2009年,第371页。

自发、独立进行革命。只有当"城市工业无产阶级成了现代一切民主运动的核心"①，农民才获得同其他等级结成联盟获取胜利的机会。所以，"一旦运动全面展开"，农民阶级"就会一个跟着一个参加进来"②。

二是农村劳动力剩余和转移。马克思、恩格斯认为，一国从事农业的人数有直接和相对之分，且二者的差别是衡量一国文明水平的重要标准。③ 原因在于，农业机器的采用和农业的规模化经营会使部分小农的劳动变为多余，产生农村劳动力的剩余。为避免农村劳动力失业和向城市流动，马克思、恩格斯认为有两种办法：一种是另拨出一些土地供农民合作社使用；另一种是给他们创造机会、提供资金从事副业生产，以满足其自身需求④。无论是农民通过直接组织农民合作社，还是农民通过发展副业，都可以有效消化农村劳动力的剩余、实现农村劳动力转移和充分就业，从而改变农民的经济社会地位。

三是农民的生产积极性。马克思、恩格斯认为，农民的生产积极性同他们的利益密切相关。因为"'思想'一旦离开'利益'，就一定会使自己出丑"⑤。他们分析，"每一既定社会的经济关系首先表现为利益"⑥，每个人都是具有排他性的交换主体。基于此，他们阐明了农民自由交换的原则、主体与动力。他们认为，"自愿的交易"和"任何一方都不使用暴力"是交换原则，"提供服务的人"是交换主体，"自私利益"是交换的动力。⑦ 同时，他们认为，科学合理的分配方式也是调动农民劳动积极性的重要手段："最能促进生产的是能使一切社会成员尽可能全面地发展、保持和施展自己能力的那种分配方式。"⑧ 利益分配关系社会公平正义，对农民劳动生产认知和行为具有激励和约束双向功能。新时代如何通过社会利益再分配，发挥乡村居民主体参与乡村振兴、农业发展和农村建设的积极性、创造性和主动性，关键就在于能否让乡村居民主体共享改革发展成果。

四是农民的家庭副业。马克思、恩格斯探讨了农民从事家庭副业的原因。第一，农村家庭副业的出现和消灭与工厂手工业紧密相关，因为"它需要它们把原料加工到一定的程度"⑨。由此产生了一个以种地为副业和以工业劳动为主业的小农阶级。第二，受气候的影响。以俄国为例，农民受气候影响可从事农业劳动的时间只有4~6个月。农闲时间增多，会使家庭遭受巨大损失。第三，受风俗习惯影响。以俄国为例，"那里所有的农民世世代代都是织工、皮匠、鞋匠、锁匠、制刀匠等等"⑩，农民从事的副业相对固化和成熟。第四，产品交换的发展。产品交换促使公社解体，分解为大大小小的家

---

① 《马克思恩格斯文集》（第1卷），北京：人民出版社，2009年，第661页。
② 《马克思恩格斯文集》（第2卷），北京：人民出版社，2009年，第358页。
③ 《马克思恩格斯全集》（第34卷），北京：人民出版社，2008年，第539页。
④ 《马克思恩格斯文集》（第4卷），北京：人民出版社，2009年，第525页。
⑤ 《马克思恩格斯文集》（第1卷），北京：人民出版社，2009年，第286页。
⑥ 《马克思恩格斯文集》（第3卷），北京：人民出版社，2009年，第320页。
⑦ 《马克思恩格斯全集》（第30卷），北京：人民出版社，1995年，第199页。
⑧ 《马克思恩格斯文集》（第9卷），北京：人民出版社，2009年，第209页。
⑨ 《马克思恩格斯文集》（第5卷），北京：人民出版社，2009年，第858页。
⑩ 《马克思恩格斯文集》（第6卷），北京：人民出版社，2009年，第269页。

庭。一个家庭不仅从事农牧业，而且还对农牧产品进行初步加工或深加工，"以致家庭或家庭集团基本上可以自给自足"[①]。第五，小农日益加剧的贫困促进了农村家庭副业的发展。他们指出，"事实上，德国小农中间日益加剧的贫困，以及德国工业的一般状况，都使农村家庭工业继续推广起来。这是德国特有的现象"[②]。

五是工农联盟思想。首先，马克思、恩格斯对德国农民做了阶级分析，论述了工农联盟之于农民的重要性。他们认为，农民阶级内部可以划分为富裕的农民、小自由农、封建佃农、农业工人四部分，其中小农占全国人口的大多数。由于经济地位不同，农民的政治态度和革命倾向有差异。其中，富裕农民，拥有面积不等的大片农田，处于大封建地主和小农之间，在政治上与城市资产阶级结成联盟；小自由农，拥有小块土地，受高利贷盘剥之苦，政治上具有反抗高利贷的革命性和保护私有财产的保守性的二重性；封建佃农，为地主交租和服役，不具有革命首倡精神；农业工人，是雇主的奴隶，始终处于贫穷饥饿中，革命性最强。只有依靠工人阶级，才能使小自由农摆脱高利贷的压迫，封建佃农摆脱封建人身依附，农业工人才能求得解放。其次，马克思、恩格斯论述了工农联盟之于无产阶级的必要性。他们认为在那个时代与资产阶级对立的所有阶级中，"只有无产阶级是真正革命的阶级"[③]。然而，法国农民日益恶劣的生存状态使得"农民的利益已不像拿破仑统治时期那样同资产阶级的利益、同资本相协调，而是同它们相对立了"[④]。因此，农民就把负有推翻资产阶级制度革命使命的城市无产阶级看作自己的天然同盟者和领导者。同时，尽管农民没有革命的主动精神，但马克思、恩格斯还是看到农村人口数量远超城市人口且经济破产陷入绝境，是未来的无产者，得出了农民是无产阶级"强大的和不可缺少的同盟者"[⑤]。他们明确指出，"为了夺取政权"，无产阶级政党"应当首先从城市走向农村，应当成为农村中的一股力量"[⑥]。再者，马克思、恩格斯强调了建构工农联盟的基本路径。他们认为构建工农联盟必须采取以下路径：工人阶级要"唤起这个阶级并吸引它参加运动"[⑦]，通过"耐心的宣传工作和议会活动"将农民争取过来[⑧]，最终同农民联合起来，构建工农联盟。

六是农民解放思想。一方面，马克思、恩格斯认为农民解放是新农业发展的重要条件。恩格斯认为，新农业需要农民解放："由整个社会共同经营生产和由此而引起的生产的新发展，也需要完全不同的人。"[⑨] 在他看来，仅仅依靠机械、化学等手段并不足以完全推动新农业的发展，新农业的发展需要具备采用这些手段的能力的农民，需要他们从原有的束缚中解放出来。另一方面，马克思、恩格斯指出农民解放的前提是废除资本主义生产方式，并强化工农业联系。他们认为，只有"废除资本主义生产方式"，并

---

① 《马克思恩格斯文集》（第7卷），北京：人民出版社，2009年，第1015~1016页。
② 《马克思恩格斯文集》（第3卷），北京：人民出版社，2009年，第244页。
③ 《马克思恩格斯文集》（第2卷），北京：人民出版社，2009年，第41页。
④ 《马克思恩格斯文集》（第2卷），北京：人民出版社，2009年，第570页。
⑤ 《马克思恩格斯文集》（第4卷），北京：人民出版社，2009年，第469页。
⑥ 《马克思恩格斯文集》（第4卷），北京：人民出版社，2009年，第510页。
⑦ 《马克思恩格斯文集》（第2卷），北京：人民出版社，2009年，第211页。
⑧ 《马克思恩格斯文集》（第4卷），北京：人民出版社，2009年，第550页。
⑨ 《马克思恩格斯文集》（第1卷），北京：人民出版社，2009年，第688页。

"使人口尽可能地平均分布于全国",强化工农联系,大力发展交通事业,"才能使农村人口从……与世隔绝的和愚昧无知的状态中挣脱出来"①,使他们实现真正意义上的解放。农民解放是新农业发展的重要条件,农民解放又必须通过废除资本主义生产方式、强化工农业联系来完成,其中内含着农民与农业协同发展、工业与农业协同发展的思想,对我们认识"新三农"协同发展具有突出价值。

(二)列宁"三农"理论

列宁在领导苏维埃进行社会主义革命和建设的进程中,将马克思主义基本原理与俄国实际相结合,围绕"农业、农村、农民"做了系统性分析,进一步阐发了农业基础地位、农业现代化、农村合作社、城乡关系、农民解放等思想,在实践推进和理论提升中继承和发展了马克思恩格斯"三农"理论。

1. 围绕"农业发展"主题,列宁从确立农业基础地位、农业现代化、农业合作化等方面阐明了在苏俄这样一个小农大国取得政权和巩固政权应采取的农业发展举措,第一次将马克思恩格斯"三农"思想用于指导一国实践,使如何发展社会主义农业从理论探讨变为现实实践。

一是农业基础地位理论。列宁以群众利益为研究农业基础地位的出发点,围绕土地和粮食展开,论证了土地问题是俄国革命的关键,粮食问题是一切问题的基础,进而说明自由派和社会党人已形成的共识——"农业是俄国国民经济的基础"②。1906年,列宁撰文指出,"如果出发点是群众利益,那么俄国革命的关键就是土地问题"③。随后,从1913年起的10年间,他进一步研究粮食问题并得出了清晰的认识。在1919年写作的《关于粮食状况和军事形势》中,他提出"粮食问题是一切问题的基础"④;在1920年2月俄共(布)第八次代表大会上,他提出"没有这些粮食,国家政权就等于零。没有这些粮食,社会主义的政策不过是一种愿望而已"⑤。经历了帝国主义战争和国内战争,列宁深刻认识到只有解决土地问题,才能促进粮食生产;只有大力生产和储备粮食,才能满足人民的物质需要,才能巩固无产阶级政权和推动国家工业化,才能为社会主义革命和建设提供坚实基础。可见,列宁敏锐地看到了俄国的发展大势。他在1921年的全国农业大会上指出,必须"发展整个经济,首先是发展农业"⑥。在此,他已经很明确地提出"农业生产是国民经济发展的基础"的思想。这一思想坚持了马克思、恩格斯的基本理论观点,并贯穿于列宁领导苏俄进行社会主义革命与建设的历史进程。虽然,在每一特定历史阶段,列宁采取了不同的农业政策,但都是以粮食生产为中心。同时,这一思想为其他社会主义国家所接受,为日后世界各国社会主义革命和建设工作提供了有益的启示。

二是农业现代化理论。农业基础地位决定了必须大力发展农业生产。围绕在不同历

---

① 《马克思恩格斯文集》(第3卷),北京:人民出版社,2009年,第326页。
② 《列宁全集》(第14卷),北京:人民出版社,2017年,第177页。
③ 《列宁全集》(第14卷),北京:人民出版社,2017年,第176~177页。
④ 《列宁全集》(第37卷),北京:人民出版社,2017年,第353页。
⑤ 《列宁全集》(第40卷),北京:人民出版社,2017年,第151页。
⑥ 《列宁全集》(第42卷),北京:人民出版社,2017年,第294页。

史条件下如何发展农业生产和提高农业生产率，以促进工业农业的商贸活动、推动国家向社会主义顺利平稳过渡这一重大问题，列宁经过系统化思考和"试错式"实践，提出了农业现代化理论。首先，提出因地制宜地探索一条适合国情与生产力发展要求的农业现代化道路。他认为，历史上资产阶级发展现代农业有两条道路，分别是"普鲁士式的道路和美国式的道路。"[1] 前者将"农奴制"转变为"盘剥"，转变为"在封建主——地主——容克土地上的资本主义剥削"[2]。在这条道路下，农奴制地主经济经过缓慢转化，变为"资产阶级的容克经济"，并分化出为数很少的"大农""使农民遭受几十年最痛苦的剥夺和盘剥"[3]。后者则使"宗法式的农民"转变为"资产阶级农场主"[4]。在这条道路下，地主经济已不再存在，或者被革命所捣毁，而农民则占据优势地位，成为农业"独一无二"的代表，并逐渐演变成"资本主义的农场主"[5]。于此，他得出结论：发展现代农业可以有不同道路，根本在于是否与国情和生产力水平相适应。列宁的这一思想提示我们，发展现代农业可以有不同道路，要因地制宜地探索一条适合国情与生产力发展要求的农业现代化道路。其次，提出通过科技进步推动农业发展。列宁认识到运用科学技术改造小农经济的迫切性。由于科技在战争中的运用，造成了国家经济被破坏和农民破产，农民没有耕畜、农具、工具，为了加快重建、提高劳动生产率，他认为"技术奇迹首先应该用来改造……农业生产"[6]。他提出，我们必须利用科技力量对原有的农业进行改造，将之"变成建立在科学和技术成就基础上的农业"[7]。随着农业技术的广泛应用，"个体的、单独的小商品经济过渡到公共的大经济"[8]，进而加速社会主义的实现。列宁尤其强调电气化对推动农业现代化起决定性作用。他认为，要"立足于现代科学技术、立足于电力的现代技术基础上使农业和工业都得到改造和恢复"[9]，"共产主义就是苏维埃政权加全国电气化"[10]。因此，他指出，提高农业生产力必须加强"水力和风力发动机"[11] 的运用，加大电力与机械推广，把农业生产转到新型电气化、机械化的基础之上，使农业大生产与社会主义工业化并行。再次，列宁提出，要培养农业人才、提高人口素质。他主张从广大工农群众中提拔人才，在《关于生产宣传的提纲》中指出，要"从工农群众中提拔能干的行政管理人员、组织工作者和发明创造者"，并且这一工作"应当经常化，并广泛开展"[12]。他主张发挥资产阶级农业专家的力量。由于当时的苏俄农民受教育水平偏低、农业技术人才匮乏，他提出"发展生产力这一任务还要求立即广泛地和全面地利用资本主义遗留给我们的科学技术专家"，但对于他们"不作

---

[1] 《列宁全集》（第16卷），北京：人民出版社，2017年，第205页。
[2] 《列宁全集》（第16卷），北京：人民出版社，2017年，第205页。
[3] 《列宁全集》（第16卷），北京：人民出版社，2017年，第205页。
[4] 《列宁全集》（第16卷），北京：人民出版社，2017年，第205页。
[5] 《列宁全集》（第16卷），北京：人民出版社，2017年，第205页。
[6] 《列宁全集》（第35卷），北京：人民出版社，2017年，第353~354页。
[7] 《列宁全集》（第35卷），北京：人民出版社，2017年，第354页。
[8] 《列宁全集》（第37卷），北京：人民出版社，2017年，第275页。
[9] 《列宁全集》（第39卷），北京：人民出版社，2017年，第336页。
[10] 《列宁全集》（第40卷），北京：人民出版社，2017年，第30页。
[11] 《列宁全集》（第34卷），北京：人民出版社，2017年，第215页。
[12] 《列宁全集》（第40卷），北京：人民出版社，2017年，第16页。

丝毫的政治让步",并要反对他们的"不学无术的自负"与资本主义思想观念[①]。他还主张汲取非党农民的力量。他强调非党农民在国民中是大多数,唯有提高他们的认识,让他们支持社会主义建设,我们的事业才能大步向前。[②] 最后,提出农业现代化还需要对生产关系进行调整,即对小农进行改造。他认为,想要改造小农在长久的工作与生活中形成的心理习惯,需要花费数代人的时间。对于小农的改造要建立在物质基础上,要建立在农业技术使用与农业电气化的基础上。[③] 同时,为了改造小农,还应有适宜的生产组织形式。他明确指出,要"把小农组织成各种协作社"[④]。列宁的农业现代化理论,不仅涉及如何通过技术进步提高农业生产率,还进一步提出农村生产关系的变革对发展生产的重要性,同时还不忽视农业主体的才能及其主动性的发挥。这说明,列宁已明确认识到"三农"协调发展对于国民经济发展、推动工业化、提升综合国力具有正效应。

三是农业合作化思想。无产阶级掌握国家政权后,小农国家如何向社会主义过渡成为列宁思考的重要问题。他以马克思恩格斯的农业合作化理论为指导思想,既进行了生产方式变革、过渡时期长期性和复杂性等理论问题的探讨,也围绕苏俄农业发展的具体实践进行了细致分析和经验总结,提出苏俄由小农遍布的落后农业国向共产主义过渡的基本方法,形成了比较完备的农业合作化理论。俄国十月革命胜利后,由于苏维埃政权处于帝国主义战争和国内战争的内忧外患中,苏俄实行了战时共产主义政策。以此为导向,农业生产领域意图通过"国营农场、农业公社和共耕社"[⑤]来向共产主义农业过渡。由于生产效率低,分配过程简单粗暴,引起农民对这种过渡的不满和反抗。由此,列宁认识到集体农庄这一农业生产组织模式不宜继续全面开展,必须将支持和维护个体农民的利益作为发展农业生产的前提,不能为了大生产而大生产。于是,他提出"把小农组织成各种协作社"是"从小商品农业过渡到共产主义农业的办法"[⑥],并认为"苏维埃政权现时的任务是坚定不移地继续在全国范围内用有计划有组织的产品分配来代替贸易……合作社就是达到这一目的的过渡手段"[⑦]。同时,他指出,"工人合作社仍然与资产阶级合作社同时并存"[⑧],"在资本主义社会里就已存在的合作社……无论如何要保留,要发展,而决不能加以抛弃"[⑨]。在《论合作制》等论著中,列宁总结了苏俄合作社的发展经验,强调了农业合作社是农业合作化的重要手段,提出了以合作制经济向社会主义过渡的整体战略构想,探讨了农业合作社的运行机制。从出发点来看,农民可以在坚持家庭生产独立性的同时,按照自我生产需求加入若干个农业合作社,并依托合作社加强生产联合。从性质来看,农业合作社可以被看作一种非营利机构,其可以在农业生产的不同时期为农民群体提供他们所需要的支持与服务。从目的来看,农业合作社可

[①]《列宁全集》(第36卷),北京:人民出版社,2017年,第110页。
[②]《列宁全集》(第40卷),北京:人民出版社,2017年,第147页。
[③]《列宁全集》(第41卷),北京:人民出版社,2017年,第53页。
[④]《列宁全集》(第37卷),北京:人民出版社,2017年,第271页。
[⑤]《列宁全集》(第36卷),北京:人民出版社,2017年,第92页。
[⑥]《列宁全集》(第37卷),北京:人民出版社,2017年,第271页。
[⑦]《列宁全集》(第36卷),北京:人民出版社,2017年,第90页。
[⑧]《列宁全集》(第34卷),北京:人民出版社,2017年,第168页。
[⑨]《列宁全集》(第36卷),北京:人民出版社,2017年,第149页。

以使小农经济在一定时期内以自愿联合的方式逐步过渡到大生产。从必要条件看，开展农业合作社必须促进广大农民文化水平的提高。列宁认为，苏俄农民物质上的贫困和思想上的愚昧使得小农意识、封建思想充斥其头脑，如果"没有一场文化革命，要完全合作化是不可能的"①。因而，普及农村文化教育是"两个划时代的主要任务"② 之一。从基本原则看，第一，要坚持尊重商品经济的客观规律和确保农民获得物质利益相统一。在总结苏俄经济建设的经验教训时，列宁提出，在当时"试图完全禁止……商业的发展"，是一种"自杀"行为，完全不符合生产力发展要求，也不符合国家实际。③ 因而，农业合作社的农产品与工业产品进行交换时要遵循货币关系。同时，农业合作社应当有利于"改进农民经济条件的基础，并切实加以改进"④，即要确保农民获得更多物质利益。第二，坚持农民自愿和渐进过渡相统一。列宁认为，必须坚持农民自愿入社原则。他指出，"农业公社是根据自愿原则建立的，过渡到共耕制只能是自愿的，在这方面，任何强迫手段都是工农政府所不能采取的，而且是法律所不容许的"⑤。同时，"从个体的、单独的小商品经济过渡到公共的大经济。这样的过渡必然是非常长久的"⑥。第三，坚持国家保障和农民主体相统一。列宁认为，国家要对农业合作社给予政策保障。他指出，"在政策上要这样对待合作社，就是不仅使它能一般地、经常地享受一定的优待"，这种优待应当是"纯粹资财上的优待"，贷款额度应比"贷给私人企业的多些"⑦。同时，支持合作社制度应理解为"确实有真正的居民群众参加的合作社的流转"⑧ 且使全体居民积极主动地参加⑨。从意义来看，他认为"俄国的合作化"有"巨大的、不可估量的意义"⑩。因为在生产资料国有化、无产阶级掌握国家政权后，这种合作化使得农民的个人利益与国家利益相结合，无产阶级和小农结成了联盟，无产阶级对农民的领导得到了保证。这为建成完全的社会主义奠定了"所必需而且足够的一切"⑪ 的基础。

2. 围绕"农村发展"主题，列宁在吸收马克思、恩格斯对原始社会、奴隶社会、封建社会、资本主义社会农村精辟分析的基础上，深入研究了俄国农奴社会、资本主义社会农村的历史进程，提出了城乡平等理论。

一是俄国农村发展的历史回溯。列宁对农奴社会的农村进行分析，他认为"在绝大多数国家里，奴隶制发展成了农奴制"⑫，农村的基本特征就是农民"被禁锢在土地

---

① 《列宁全集》（第43卷），北京：人民出版社，2017年，第372页。
② 《列宁全集》（第43卷），北京：人民出版社，2017年，第371页。
③ 《列宁全集》（第41卷），北京：人民出版社，2017年，第210页。
④ 《列宁全集》（第37卷），北京：人民出版社，2017年，第370页。
⑤ 《列宁全集》（第36卷），北京：人民出版社，2017年，第25页。
⑥ 《列宁全集》（第37卷），北京：人民出版社，2017年，第275页。
⑦ 《列宁全集》（第43卷），北京：人民出版社，2017年，第367页。
⑧ 《列宁全集》（第43卷），北京：人民出版社，2017年，第367页。
⑨ 《列宁全集》（第43卷），北京：人民出版社，2017年，第367页。
⑩ 《列宁全集》（第43卷），北京：人民出版社，2017年，第365~366页。
⑪ 《列宁全集》（第43卷），北京：人民出版社，2017年，第366页。
⑫ 《列宁全集》（第37卷），北京：人民出版社，2017年，第66页。

上"①，农村的奴隶"不仅不算是公民，而且不算是人"②。紧接着，他的思绪回到俄国十月革命以前的俄国农村，他认为虽然"农奴制颠覆后过了半个世纪，俄国农村仍有不少的农奴制残余"③，贵族地主统治着农民的农奴制残余，仍然压迫着广大人民。当过渡到资本主义社会的时候，"由于商业的发展……地主阶级的经济力量衰落下去"④，农村的大多数农民变成无产者，只有少数农民会变成富裕农民，成为农村资产阶级。⑤

二是城乡平等理论。列宁在继承马克思、恩格斯城乡关系理论的基础上，结合俄国实际情况，深化对城市与农村、工业和农业的关系的分析，强调城乡协调发展，提出了城乡平等理论。首先，列宁解释了城乡对立原因，揭露了城乡对立的影响。他认为落后的生产力和不合理的社会分工会导致城乡对立，即特定的"技术把工人束缚在一种专业上"⑥，使之长期从事某一种手艺，而不擅长从事其他行业。列宁分析指出，伴随着商品经济以及资本主义生产的不断发展，俄国的城乡矛盾进一步加重："商品经济的发展就是一个个工业部门同农业分离。"⑦ 同时，他认为城乡对立具有极其严重的破坏性，不正常的物质交换未能改善土地耕作，反而破坏了土地生产力，使"城市和乡村面临衰退和灭亡的直接危险"⑧。直接表现为：农民生活水平往往比工人还低，生活状况很差；农村经济衰退，生产条件恶化。其次，他提出城乡协调发展是消除城乡对立的主要举措。列宁认为城市比乡村占优势，是包括俄国在内的诸多国家共同存在的现象。他认为，建立无产阶级政权、消灭剥削是消除城乡对立的前提条件，"我们要用这个机器或者说这根棍棒去消灭一切剥削"⑨，消灭城市对农村的偏见。他还指出，要通过城市化使农业人口向城市流动，使得"农业人口和非农业人口混合和融合起来"，使得双方的"生活条件接近"⑩，逐步消灭城乡对立。与此同时，必须依靠科学技术大力发展农业生产，增强城乡合作，促进城乡融合。他提出，工业要支持农业的发展，"我们必须把工业生产组织起来，向农民供应工业品，还农民这笔债"⑪，避免旧日工农业的对立、产业工人和农业工人的纠纷，进一步促进城乡协调发展。

3. 围绕"农民解放"主题，列宁继承了马克思、恩格斯关于农民具有双重性的思想，在深入分析俄国农民情况的基础上，形成了对农民阶级的完整认识，提出工农联盟理论、农民组织思想以及农民教育思想。

一是列宁对农民阶级的完整认识。首先，揭示了农民的阶级特性。列宁指出，革命"日益显露出农民的两重地位和两重作用"⑫，即作为破产者的革命性和作为业主的反革

---

① 《列宁全集》(第37卷)，北京：人民出版社，2017年，第70页。
② 《列宁全集》(第37卷)，北京：人民出版社，2017年，第70页。
③ 《列宁全集》(第37卷)，北京：人民出版社，2017年，第17页。
④ 《列宁全集》(第37卷)，北京：人民出版社，2017年，第72页。
⑤ 《列宁全集》(第37卷)，北京：人民出版社，2017年，第67页。
⑥ 《列宁全集》(第3卷)，北京：人民出版社，2013年，第393页。
⑦ 《列宁全集》(第3卷)，北京：人民出版社，2013年，第20页。
⑧ 《列宁全集》(第36卷)，北京：人民出版社，2017年，第418页。
⑨ 《列宁全集》(第37卷)，北京：人民出版社，2017年，第77页。
⑩ 《列宁全集》(第2卷)，北京：人民出版社，2013年，第480页。
⑪ 《列宁全集》(第38卷)，北京：人民出版社，2017年，第124页。
⑫ 《列宁全集》(第3卷)，北京：人民出版社，2013年，第11页。

命性。这也使极少部分小生产者变成资产者,而绝大多数小生产者变为雇佣工人或赤贫者。革命进程的推进揭示了"农民具有资产阶级民主主义的革命性,但潜藏在它内部的,并不是'社会化'的思想,而是农民资产阶级和农村无产阶级间的新的阶级斗争"①。到了无产阶级取得政权并向社会主义过渡的时期,"农民作为劳动者,倾向于社会主义",他们"作为粮食出售者,倾向于资产阶级,倾向于自由贸易"②。由此,列宁揭示农民阶级的阶级特性,即消灭封建制度的革命性和社会主义革命中的摇摆性。其次,对农民内部进行分层。由于农民的经济条件和生活条件决定了农民一方面受地主、资本家、商人、投机者甚至国家的压迫,另一方面又会在大多数时候变成商人和投机者。因而,"把种地的农民和经商的农民、劳动的农民和投机的农民区别开来"③ 是社会主义的全部实质。为此,他对劳动农民和投机农民做了区分。他认为,劳动农民是社会主义工人的真正同志和最可靠同盟,投机农民是资本家的同盟者和工人的阶级敌人。再者,论述了农民的可团结性。农民的经济地位决定了他们"在无产阶级专政下也处于中间地位"④,加之"倾向于资本、倾向于资产阶级的,只是经商的农民,投机农民,而不是劳动农民"⑤。因而,无产阶级的任务就是领导和设法影响劳动农民,并且号召普通工人和劳动农民加入党组织,因为这些人真心拥护共产主义、真正忠于无产阶级专政。因为"允许社会上一部分人占有别人的劳动",就产生了阶级⑥,因而"在一个农民占多数的国家里,阶级必然要存在很久,存在许多年"⑦。这也就意味着需要经过一系列的过渡阶段才能消灭阶级,也就是说农民阶级将会作为同盟军存在直至阶级消失。最后,提出改造小农的必要性及举措。列宁指出,"在一个农民国家里,从无产阶级专政方面首先获得利益、获得利益最多和马上获得利益的是农民"⑧。然而,"小农需要的东西同工人需要的不一样"⑨,其阶级利益是各不相同的。所以,只要俄国还是"一个小农国家",资本主义在这个国家"就有比共产主义更牢固的经济基础"⑩。为此,改造小农就有极端重要的必要性。如何改造小农?列宁认为,改造小农不仅需要变革生产方式和经营方式,还需要"改造他们的整个心理和习惯"⑪,并且这是一个长期的任务。考虑到当时农民已经整体处于中农的实际情况,他提出"可以用两个东西来满足小农",即流转自由和商品⑫。原因在于,"在一个小农国家内······部分是宗法式的、部分是小资产阶级的'结构'占着优势"⑬,小农"必须有同他们的经济基础即个体小经济相适

---

① 《列宁全集》(第 11 卷),北京:人民出版社,2017 年,第 1~2 页。
② 《列宁全集》(第 36 卷),北京:人民出版社,2017 年,第 376 页。
③ 《列宁全集》(第 37 卷),北京:人民出版社,2017 年,第 275 页。
④ 《列宁全集》(第 37 卷),北京:人民出版社,2017 年,第 278 页。
⑤ 《列宁全集》(第 37 卷),北京:人民出版社,2017 年,第 218 页。
⑥ 《列宁全集》(第 39 卷),北京:人民出版社,2017 年,第 339 页。
⑦ 《列宁全集》(第 41 卷),北京:人民出版社,2017 年,第 90 页。
⑧ 《列宁全集》(第 37 卷),北京:人民出版社,2017 年,第 274 页。
⑨ 《列宁全集》(第 41 卷),北京:人民出版社,2017 年,第 51 页。
⑩ 《列宁全集》(第 40 卷),北京:人民出版社,2017 年,第 159 页。
⑪ 《列宁全集》(第 41 卷),北京:人民出版社,2017 年,第 53 页。
⑫ 《列宁全集》(第 41 卷),北京:人民出版社,2017 年,第 54 页。
⑬ 《列宁全集》(第 41 卷),北京:人民出版社,2017 年,第 210 页。

应的刺激、动力和动因"①。通过将商品流转和流转自由控制在特定地域和一定程度，建立国家同农民的流转关系，可以作为获取了政治权力的国家进一步获取经济权力的手段和方式。

二是工农联盟理论。列宁在分析工农关系的基础上，从无产阶级执政的角度论证了农民是工人阶级的天然同盟军，最终的目的是实现工农平等。首先，对工农关系进行了细致分析。列宁认为，"商品经济的发展就是一个个工业部门同农业分离""工业人口增加，农业人口减少"②。他深刻指出，"大工厂正在俄国日益迅速地发展起来……把越来越多的人赶进城市、工厂和工业村镇"③。这不仅"彻底改变了一切旧的生活条件"④，也建立了工厂工人同农村居民的直接联系（工厂工人往往有家在农村）⑤。其次，论证了工农联盟何以可能及如何建立。列宁认为，"雇佣工人和被剥削劳动农民的利益没有根本相悖的地方"⑥，可以结为"真诚的联盟"。加之"农民不是用空话，而是用实际行动表明，他们愿意帮助并且正在帮助已经夺得了政权的无产阶级实现社会主义"⑦，且"凡是识字的、有识别人的本领的、有实际经验的普通工人和农民都能够胜任组织家的工作"⑧。因而，应当始终不渝地使"农村无产者和半无产者群众同先进工人更紧密地联合起来"⑨，在社会主义建设中要发挥出工人和农民的独创精神。同时指明，只有工人和农民的合作，"亲自来计算和监督产品的生产和分配"，才"是唯一走向社会主义胜利的道路"⑩。在巩固政权方面，要"使一部分其他农村居民保持中立"⑪，要让无产阶级团结、引导分散的农民"经受住了剥削者的一切进攻"⑫，要让无产阶级"去重新教育和改造一部分农民，把劳动农民争取过来"⑬。在民主方面，列宁认为，我们所实行的是真正的而非纸上的民主，可以充分吸收工农阶级参加国家管理⑭。在人才储备方面，由于"资本主义扼杀、压制、摧残了工人和劳动农民中的大批人才"⑮，我们必须建设最忠诚、饱受磨难、最接近工农的"工人和劳动农民"这个大储备库⑯。在政策方面，其一，"俄共对中农的政策是逐步地有计划地吸引他们参加社会主义建设工作"⑰。其二，"俄共在土地问题上的政策的基本路线和指导原则仍旧是力求依靠农村中的无产

---

① 《列宁全集》（第41卷），北京：人民出版社，2017年，第55页。
② 《列宁全集》（第3卷），北京：人民出版社，2013年，第20页。
③ 《列宁全集》（第2卷），北京：人民出版社，2013年，第69页。
④ 《列宁全集》（第2卷），北京：人民出版社，2013年，第73页。
⑤ 《列宁全集》（第2卷），北京：人民出版社，2013年，第433页。
⑥ 《列宁全集》（第33卷），北京：人民出版社，2017年，第102页。
⑦ 《列宁全集》（第34卷），北京：人民出版社，2017年，第52页。
⑧ 《列宁全集》（第33卷），北京：人民出版社，2017年，第209页。
⑨ 《列宁全集》（第36卷），北京：人民出版社，2017年，第83页。
⑩ 《列宁全集》（第33卷），北京：人民出版社，2017年，第210页。
⑪ 《列宁全集》（第39卷），北京：人民出版社，2017年，第203页。
⑫ 《列宁全集》（第39卷），北京：人民出版社，2017年，第339页。
⑬ 《列宁全集》（第39卷），北京：人民出版社，2017年，第340页。
⑭ 《列宁全集》（第36卷），北京：人民出版社，2017年，第156页。
⑮ 《列宁全集》（第37卷），北京：人民出版社，2017年，第232页。
⑯ 《列宁全集》（第37卷），北京：人民出版社，2017年，第233页。
⑰ 《列宁全集》（第36卷），北京：人民出版社，2017年，第418页。

阶级和半无产阶级分子"①。其三，无产阶级和农民如果没有"一定的经济联盟，军事联盟连几个星期也不能维持"②，这实际上指出了工农联盟的核心是构建经济联盟。其四，阐明了建立工农联盟的目的。列宁认为，"为了消灭阶级……就要消灭工农之间的差别"③。要推翻资本家和地主，建立无产阶级政权，从个体的、单独的小商品经济过渡到公共的大经济，从工人具有"优越地位逐渐过渡到工农平等"④。

三是农民组织思想。在"三农"发展中，列宁高度重视农民组织的重要作用。列宁指出，为了捍卫农民的利益，"第一个办法，就是把农业雇佣工人和贫苦农民组织起来"⑤。他希望，"在每一个农民委员会里，在每一个乡、县和省里，单独成立农业雇佣工人和贫苦农民的团体或组织"⑥。《在联席会议上的讲话》中，他强调，"在农村中建立起真正无产阶级的（不是全体农民的）支柱"，有助于"创立和巩固社会主义制度的基础"⑦。为此，俄国十月革命中成立了贫苦农民委员会。列宁将通过成立贫苦农民委员会的决定视作革命整个发展过程中和革命的构成上"一个极其重要的转折点"⑧，使他们"越过了资产阶级革命和社会主义革命之间的界限"⑨。

四是农民教育思想。农村的地理分布决定了农民的空间分散性和思想保守性，为此，列宁提出了教育农民的必要性、长期性及途径。从必要性来看，完全合作化需要文化革命，政治教育的前提需要消除文盲现象，文化落后限制了苏维埃政权的作用。从长期性来看，"改造小农，改造他们的整个心理和习惯，这件事需要花几代人的时间"⑩。为了改造小农，"必须有大量的教育工作、组织工作和文化工作，这不能用法律迅速办到，这需要进行长期的巨大的努力"⑪。从途径来看，他把教育任务提高到首位，要求建学校、教识字。他指出，"人们在学校里学习。学习什么呢？首先是识字"⑫。与此同时，要配备书刊，提高读写水平。另外，还要培养一支全新的教育大军，即同党的思想密切联系且拥护共产主义的教师队伍。

综而述之，列宁将农业、农村、农民发展置于社会主义建设的大局中，深度挖掘了"三农"发展的重要价值。一方面，"三农"发展关系到无产阶级政权的巩固。1919年11月18日，《在全俄党的农村工作第一次会议上的讲话》中，列宁强调："在我国，农村工作问题现在仍然是整个社会主义建设的基本问题。"⑬列宁为什么有这样的论断呢？当时的苏俄，贫农虽然在资本主义制度下受压迫最深，但又最不容易相信有急剧转折和

---

① 《列宁全集》（第36卷），北京：人民出版社，2017年，第91页。
② 《列宁全集》（第42卷），北京：人民出版社，2017年，第5页。
③ 《列宁全集》（第37卷），北京：人民出版社，2017年，第275页。
④ 《列宁全集》（第36卷），北京：人民出版社，2017年，第156~157页。
⑤ 《列宁全集》（第30卷），北京：人民出版社，2017年，第152页。
⑥ 《列宁全集》（第30卷），北京：人民出版社，2017年，第152页。
⑦ 《列宁全集》（第35卷），北京：人民出版社，2017年，第405页。
⑧ 《列宁全集》（第35卷），北京：人民出版社，2017年，第405页。
⑨ 《列宁全集》（第35卷），北京：人民出版社，2017年，第405页。
⑩ 《列宁全集》（第41卷），北京：人民出版社，2017年，第53页。
⑪ 《列宁全集》（第36卷），北京：人民出版社，2017年，第150~151页。
⑫ 《列宁全集》（第42卷），北京：人民出版社，2017年，第206页。
⑬ 《列宁全集》（第37卷），北京：人民出版社，2017年，第307页。

转变的可能性；富农大多数仍然站在资本家一边；中农作为劳动者站在工人一边，作为私有者却习惯于自由出卖余粮，这在饥饿的国家被视为"剥削者"。因此，能否解决好农村工作问题，便直接关系到农村社会是否稳定，进而关系到无产阶级政权是否巩固。另一方面，"三农"发展关系到社会主义经济建设。1921年，列宁在讲话中指出，"要坚决振兴经济。首先要振兴、加强和改善农民经济"①。受到战争严重破坏的苏俄，百废待兴。而其中，"三农"发展又是重中之重。因为，只有推进农业生产力恢复和发展，进一步改善农民的生活，才可能有更多的粮食及其他初级产品支援社会主义经济建设，并保持社会稳定和物价稳定。正如列宁所言，"没有完全有保证的和足够的粮食储备，国家就根本无法全神贯注地有步骤地进行恢复大工业的工作"②。列宁关于"三农"的系统性认识，对新时代中国正确对待农业、农村和农民的发展问题具有重要的参照意义。

（三）中国化马克思主义"三农"思想及重要论述

中国共产党在领导全国人民进行革命、建设和改革的实践中，将马克思主义基本原理同中国"三农"发展实际和时代特征相结合，形成了内容丰富、影响深远的中国化马克思主义"三农"思想及重要论述。在此，从中国共产党人坚持与时俱进马克思主义理论品质、不断推动马克思主义中国化理论创新发展的主要创立者代表入手，分别梳理了毛泽东"三农"思想和中国特色社会主义"三农"思想及重要论述。

1. 毛泽东"三农"思想及重要论述。

毛泽东认为，"农民问题乃国民革命的中心问题"③，"农业关系国计民生极大"④。在不同的历史阶段，毛泽东同志结合中国国情、区情、农情发展实际，逐渐形成了"三农"思想及重要论述，对推动中国"三农"发展、解决中国人民吃饭问题、稳定农村发展大局以及中国革命、建设取得重大胜利发挥了重要作用。

土地革命时期，毛泽东提出了"农村包围城市，最后夺取革命胜利"的革命道路。他科学分析中国面临的实际情况，清醒地认识到当时中国是一个半殖民地半封建社会，各国列强虎视眈眈，国内反动军阀陷入混战。他在归纳总结中国革命的经验教训的基础上，鲜明地指出，必须在我们的敌人统治力量相对薄弱的农村地区，发动农民武装起义，建立由中国共产党领导的人民军队，创建革命根据地，并将武装斗争、土地革命、建立政权三者有机结合。此后，依托根据地积蓄中国革命的强大力量，并随着革命战争、人民武装和根据地的发展，逐渐形成农村包围城市的战略形式，最终赢得全国革命的胜利。此外，毛泽东反复强调"一要打仗，二要建设"，并将农村经济建设置于战略高度："经济建设的中心是发展农业生产。"⑤ 为了发展农业生产，毛泽东指出，要合理组织农业劳动力，大力发展农田水利建设。

---

① 《列宁全集》（第41卷），北京：人民出版社，2017年，第236页。
② 《列宁全集》（第41卷），北京：人民出版社，2017年，第303页。
③ 《毛泽东文集》（第1卷），北京：人民出版社，1993年，第37页。
④ 《毛泽东文集》（第7卷），北京：人民出版社，1999年，第199页。
⑤ 《毛泽东选集》（第1卷），北京：人民出版社，1991年，第130页。

抗日战争时期,毛泽东认为,必须减轻农民的负担,实行减租减息,精兵简政,发展公营经济、农业生产与副业生产,以提高农民的生活水平,提升他们的生活质量。[1]在革命根据地发展农业生产时,必须"实行春耕秋收的群众动员,解决贫苦农民耕牛、农具、肥料、种子的困难……奖励外来移民",强调要将发动农民的主观能动性与政府解决群众实际问题的自觉性有机结合起来。[2] 与此同时,要加强农民教育,提升农民文化素质。毛泽东指出,"边区的经济发展了,农民也要求有文化"[3]。

解放战争时期,毛泽东指出,要采取"彻底平分土地的方针",在数量上要"抽多补少",在质量上要"抽肥补瘦"[4]。在土地平分后,"要号召农民勤劳生产,改良农业技术,发展互助合作运动"[5]。这不仅可以改善农民生活,也会促进工农业产品交换。[6]

社会主义改造时期,毛泽东指出,要根据中国农业的实际情况,"有步骤地进行社会主义改造"[7]。在发展农业互助合作运动的过程中,必须坚持"自愿"原则。[8] 在社会主义改造方式上,他强调,无产阶级对农民和小资产阶级是用"改造"与"感化"的方法,而非"急躁的消灭"的方法,引导他们进入社会主义。他还指出,"必须强调注重合作社的质量,反对不顾质量、专门追求合作社和农户的数目字的那一种偏向"[9]。

社会主义建设时期,毛泽东认为,要从以下几个层面发展"三农"。

一是正确处理国家、合作社与农民的关系。《论十大关系》中,毛泽东指出,我们的农民政策同时"兼顾国家和农民的利益"[10],这与苏联大不相同,可以调动农民的生产积极性。一方面,我们的农业税较轻;另一方面,我们"采取缩小剪刀差"的方式,对工农业品进行"等价交换或者近乎等价交换"[11]。在农业总收入分配比例上,他提出,"百分之六十到七十应该归社员,百分之三十到四十归合作社和国家"。合作社与国家的收入分配中,包括"合作社的公益金、公积金、生产费、管理费和各种杂费",以及"国家的公粮和公粮附加"[12]。而今,建立怎样的长效机制有效协调国家、集体与农民之间的利益关系,仍是一个值得深入探讨的问题。在这个问题上,毛泽东的相关论述为我们指明了方向。

二是推进农业现代化。在1957年2月,毛泽东根据中国的实际情况,提出要"将我国建设成为一个具有现代工业、现代农业和现代科学文化的社会主义国家"[13],描绘了社会主义现代化的宏伟蓝图。1959年,现代国防成为社会主义现代化的重要目标。

---

[1] 《毛泽东文集》(第3卷),北京:人民出版社,1996年,第1~2页。
[2] 《毛泽东文集》(第2卷),北京:人民出版社,1993年,第335页。
[3] 《毛泽东文集》(第3卷),北京:人民出版社,1996年,第154页。
[4] 《毛泽东文集》(第4卷),北京:人民出版社,1996年,第300页。
[5] 《毛泽东文集》(第5卷),北京:人民出版社,1996年,第12页。
[6] 《毛泽东文集》(第5卷),北京:人民出版社,1996年,第12页。
[7] 《毛泽东文集》(第6卷),北京:人民出版社,1999年,第280页。
[8] 《毛泽东文集》(第6卷),北京:人民出版社,1999年,第280页。
[9] 《毛泽东文集》(第6卷),北京:人民出版社,1999年,第423页。
[10] 《毛泽东文集》(第7卷),北京:人民出版社,1999年,第30页。
[11] 《毛泽东文集》(第7卷),北京:人民出版社,1999年,第30页。
[12] 《毛泽东文集》(第7卷),北京:人民出版社,1999年,第52页。
[13] 《毛泽东文集》(第7卷),北京:人民出版社,1999年,第207页。

后来周恩来根据毛泽东的相关思想提出：完成国家现代化，要建立独立的完整的工业体系和国民经济体系，实现四个现代化，包括农业现代化。那么，农业现代化又指什么呢？其主要内容包括哪些呢？对这些问题，毛泽东进行了艰辛探索。1959年4月，毛泽东提出了"农业的根本出路在于机械化"①的著名论断，确立了机械化在农业现代化中的战略地位。他指出，机械化要循序渐进，"四年以内小解决，七年以内中解决，十年以内大解决"②。同时，在他看来，"用机械制造化学肥料"必须包括在机械化之内。1958年8月，毛泽东和党中央又将电气化、水利化与机械化一起，视作农业现代化的主要内容③。毛泽东关于农业现代化的相关思想，在中国社会现代化进程中起到了不可磨灭的作用，对新时代推进农业农村现代化仍有一定的理论指导意义。

三是农业内部协同发展。毛泽东高度强调要实现农业内部的协同发展。1957年，毛泽东在《发展商业和副食品生产》中指出："所谓农者，指的农林牧副渔五业综合平衡。"④他强调，"农业中，粮、棉、油、麻、丝、烟、茶、糖、菜、果、药、杂都要有"⑤，农、林、牧业相互依赖。同时，中国要学习美国，走种植业与畜牧业并重的农业发展道路。他将三者的关系进行拟人化，对之进行了形象生动的说明："农、林业是发展畜牧业的祖宗，畜牧业是农、林业的儿子。然后，畜牧业又是农、林业（主要是农业）的祖宗，农、林业又变为儿子了。"⑥毛泽东同志关于农业内部协同发展的思想虽然是着眼于中国20世纪50年代的农业发展，但对于新时代实现农业内部产业协同发展和融合发展，仍然具有重要的现实指导价值。推进农业内部协同发展和产业融合发展，既是实现中国特色社会主义"新三农"协同发展的逻辑必然，又是顺应新时代社会主要矛盾转化以及农业多功能拓展和市场化机遇的现实国情、农情决定的。

四是大力发展农村科教文卫事业。1955年12月21日，在《征询对农业十七条的意见》一文中，毛泽东提出，要根据农村实际情况，大力发展科教文卫事业。他指出，要在七年内，"基本上扫除文盲"，按规格修好"省、地、县、区、乡的各种必要的道路""建立有线广播网""完成乡和大型合作社的电话网"⑦。在农村教育问题上，毛泽东认为，在当时的情况下，"教育要强调普及，不要强调提高，不要过分强调质量"⑧。与此同时，他高度评价了"中学办在农村"的办法，将之视作"先进经验"。他指出，通过这种办法，"农民子弟可以就近上学，毕业后可以回家生产……这是要解决农民子女就近读中学的问题"⑨。新中国成立以来，国内农村科教文卫事业已取得了举世瞩目的成就。然而，城乡之间、地区之间的教育文化发展仍存在较明显差距。如今，中国共产党人不仅要汲取老一辈政治家、理论家关于中国农村科教文卫事业重要论述的

---

① 《毛泽东文集》（第8卷），北京：人民出版社，1999年，第49页。
② 《毛泽东文集》（第8卷），北京：人民出版社，1999年，第49页。
③ 《建国以来重要文献选编》（第11册），北京：中央文献出版社，1995年，第431页。
④ 《毛泽东文集》（第8卷），北京：人民出版社，1999年，第69页。
⑤ 《毛泽东文集》（第8卷），北京：人民出版社，1999年，第76页。
⑥ 《毛泽东文集》（第8卷），北京：人民出版社，1999年，第101页。
⑦ 《毛泽东文集》（第6卷），北京：人民出版社，1999年，第510页。
⑧ 《毛泽东文集》（第7卷），北京：人民出版社，1999年，第245页。
⑨ 《毛泽东文集》（第7卷），北京：人民出版社，1999年，第245页。

理论智慧，更要站在新时代新的历史方位上，从实现城乡基本公共服务均等化、城乡基础设施建设均衡化的高度出发，建立健全城乡融合发展的体制机制和政策体系，进一步推动城乡公共事业发展和公共服务均等化配置，缩小城乡差距和区域差距。

2. 中国特色社会主义"三农"思想及重要论述。

以邓小平、江泽民、胡锦涛、习近平为主要代表的中国共产党人，在中国特色社会主义建设过程中高度重视"三农"地位，努力探索"三农"发展路径，在科学回答"什么是社会主义、怎样建设社会主义"这一基本问题的基础上创造性地回答了"坚持和发展什么样的中国特色社会主义'三农'、怎样坚持和发展中国特色社会主义'三农'"这一重大问题，形成了独具中国特色的"三农"思想及论述，不仅继承了马克思主义经典作家"三农"理论，也丰富了中国化马克思主义"三农"理论宝库。概括起来，中国特色社会主义"三农"思想及重要论述的主要内容包括以下七个方面：

一是"三农"战略地位思想及论述。改革开放以来，历届中共中央领导人始终重视"三农"的战略地位，认为"三农"问题始终是关乎我国国计民生、社会稳定以及中国共产党长治久安、执政基础的根本性和战略性问题。在《建设有中国特色的社会主义》一文中，邓小平同志指出："从中国的实际出发，我们首先解决农村问题。"[1] 因为"中国有百分之八十的人口住在农村"，中国是否稳定首先要看农村稳定与否。[2] 如果农村地区不稳定，城市地区发展再迅速、建设再漂亮也将失去应有的意义，中国的经济社会发展也会面临重大挑战。邓小平对于这一问题的论述，进一步加深了人们对"三农"之于国家、民族和党的重要性认识。

在此基础上，江泽民同志立足于国家整体战略高度来看待"三农"问题。他强调，"农业是国民经济的基础，农村稳定是整个社会稳定的基础"，并认为"农民问题始终是我国革命、建设、改革的根本问题"[3]，充分肯定了农业、农村、农民对于国家发展的战略意义。在他看来，农业发展、农村稳定以及农民小康，对于国家自立、工业发展、社会进步、国民小康、经济现代化等具有不可忽视的重大意义，强调要采取积极的举措努力解决"三农"问题。[4]

胡锦涛同志敏锐洞察新时期"三农"问题的重要性、紧迫性和严峻性，在2003年1月召开的中央农村工作会议上指出，为了实现中国共产党制定的全面建设小康社会的宏伟目标，必须"把解决好农业、农村和农民问题作为全党工作的重中之重"[5]，从而将"三农"问题的解决与全面建设小康社会目标的实现紧密结合起来。2008年10月，他在中共十七届三中全会第二次全体会议上继续强调，"农村改革仍然是我国改革的关键环节，农业农村发展仍然是我国发展的战略基础。抓住推进农村改革发展这个重点，就能掌握整个改革开放的主动权，就能带动我国经济社会新一轮发展"[6]。可见，农村

---

[1] 《邓小平文选》（第3卷），北京：人民出版社，1993年，第65页。
[2] 《邓小平文选》（第3卷），北京：人民出版社，1993年，第65页。
[3] 《江泽民文选》（第1卷），北京：人民出版社，2006年，第258页。
[4] 《江泽民文选》（第1卷），北京：人民出版社，2006年，第258~259页。
[5] 《十六大以来重要文献选编》（上），北京：中央文献出版社，2005年，第397页。
[6] 《十七大以来重要文献选编》（上），北京：中央文献出版社，2009年，第694页。

改革在整个经济社会改革过程中具有基点作用和支点功能，既能稳住国家发展的社会基础，又能撬动国家发展的重点环节。因此，在党的十八大报告中，胡锦涛同志再次突出强调"解决好农业农村农民问题是全党工作重中之重"①，进一步凸显了"三农"问题的战略性和基础性地位。

早在主政浙江时，习近平同志就指出："农业是安天下、稳民心的基础产业，'三农'问题始终与我们党和国家的事业休戚相关。"② 在2013年年底召开的中央农村工作会议上，他强调，"农业基础稳固，农村和谐稳定，农民安居乐业，整个大局就有保障"③，从而将"三农"发展提升到国家发展大局高度。在党的十九大报告中，他指出，"农业农村农民问题是关系国计民生的根本性问题"④，又一次强调"三农"问题的同时，将之上升为关系国计民生的根本性问题，充分说明了党和国家对"三农"问题常抓不放已经成为中国共产党在革命、建设、改革进程中的一条重要历史经验。

二是农村农业现代化思想及论述。实现农业现代化是中国共产党一贯追求的战略目标，以邓小平、江泽民、胡锦涛等为主要代表的中国共产党人在继承马克思主义农业现代化思想的基础上，对这一问题进行了更为深入的阐述。而习近平同志则根据中国特色社会主义新时代的新任务、新要求、新矛盾、新思想，提出了新时代推进农村农业现代化的思想及论述，进一步推进了中国化马克思主义的理论创新与实践创新。邓小平指出，中国农业现代化绝对"不能照抄西方国家或苏联一类国家的办法"，而要寻找一条既符合社会主义制度又"合乎中国情况"的道路⑤。与此同时，邓小平认为，必须依靠科技推进农业现代化："农业的发展一靠政策，二靠科学。"⑥ 他还提出，中国农业问题"最终要由生物工程来解决，要靠尖端技术"⑦。与毛泽东同志强调依靠机械化推进农业现代化不同，邓小平同志更加强调通过大力发展科学技术尤其是生物技术推进农业现代化。由此可见，邓小平同志关于中国农业现代化的思考，主要突出了农业现代化的中国道路特殊性、农业现代化的科技助力、农业现代化的政策体系支撑等三个方面的内容。

随着中国特色社会主义市场经济体制的建立以及经济体制改革深入推进，江泽民同志认为，要逐渐通过市场化改革来激活"三农"发展活力和潜力，推动农业现代化。他指出，"必须坚持以市场为导向，充分利用农村人力、土地等各种资源"，以推进农业现代化。具体路径上，他提出，要确立市场形成价格的机制，注重农业结构调整，重视农业科技应用与发展，形成多渠道、少环节、开放式、高效率的商品流通网络，努力健全国家宏观调控体系。⑧

胡锦涛同志提出，要走中国特色农业现代化道路，提出要加强农村基础设施建设，健全农村市场和农业服务体系，加大支农惠农政策力度，促进农业科技进步，增强农业

---

① 《十八大以来重要文献选编》（上），北京：中央文献出版社，2014年，第18页。
② 习近平：《之江新语》，杭州：浙江人民出版社，2007年，第100页。
③ 《习近平关于"三农"工作论述摘编》，北京：中央文献出版社，2019年，第3页。
④ 《十九大以来重要文献选编》（上），北京：中央文献出版社，2019年，第22页。
⑤ 《邓小平文选》（第2卷），北京：人民出版社，1994年，第362页。
⑥ 《邓小平文选》（第3卷），北京：人民出版社，1993年，第17页。
⑦ 《邓小平文选》（第3卷），北京：人民出版社，1993年，第275页。
⑧ 《江泽民文选》（第1卷），北京：人民出版社，2006年，第268～271页。

综合生产能力,确保国家粮食安全,对农业现代化进行了进一步阐述。①

习近平同志在党的十九大报告中指出,要"加快推进农业农村现代化"②。"农业现代化"侧重于农业自身的发展,而"农村现代化"的提出则凸显了"农业现代化"的地域空间的现代化发展,实现了从城乡空间整合的高度来思考农业农村现代化的视野转换。显然,"农业农村现代化"命题的提出,实现乡村地域空间现代化的载体从农业"产业"到农村"空间"的拓展,标志着中国共产党人开始从农业农村农民发展的整体性和协同性来构建中国特色社会主义"三农"问题的解决方案。这不仅是中国共产党人对现代化规律的认识深化,更是对中国特色社会主义"三农"发展的理论创新。

三是农村土地制度与农业经营方式思想及论述。能否采取合理的农村土地制度与农业经营方式,关系到农业发展、农村繁荣、农民富裕。对于这两大问题,以邓小平、江泽民、胡锦涛、习近平为主要代表的中国共产党人,继承马克思列宁主义、毛泽东思想,并针对中国"三农"发展的现实状况,提出了"两个飞跃"理论,并强调要坚持和完善农村基本经营制度,构建农村土地"三权"分置制度,通过农村土地集体所有权、农户承包权和经营权的分置来激活农村土地资源要素,实现农业适度规模经营,推动农业现代化发展和乡村全面振兴。

邓小平同志不仅高度评价了家庭联产承包责任制,还提出了"两个飞跃"理论。1980年,邓小平指出,要因地制宜地推进农业生产,凤阳等地的大包干改变了农村面貌,有助于农业生产力的发展。③ 在《国际形势和经济问题》一文中,邓小平提出了"两个飞跃"理论,其中,"第一个飞跃,是废除人民公社,实行家庭联产承包为主的责任制",并指出,这一点要"长期坚持不变",强调了党的农村基本经营体制和政策的稳定性;"第二个飞跃,是适应科学种田和生产社会化的需要,发展适度规模经营,发展集体经济",强调要不断根据农业社会生产力发展、农村人口阶层结构变化推进农业生产关系的适应性调整。④"第一次飞跃"与"第二次飞跃"是紧密相关的,坚持家庭联产承包为主的责任制是发展适度规模经营与集体经济的制度前提和体制基础,只有坚持家庭联产承包为主的责任制,才能保证适度规模经营与集体经济不偏离社会主义发展方向;而发展适度规模经营与集体经济,又是现实所趋和问题倒逼的结果,归根结底是为了发展农村经济、提高农民收入水平,这与"第一次飞跃"的初衷是高度契合的。这一思想揭示了农村生产力和生产关系矛盾运动规律,对农业经营方式转变具有重大价值。

江泽民同志认为,要长期稳定以家庭承包经营为基础、统分结合的双层经营体制,并指出,要推动农村经营体制创新。在党的十四大报告中,他指出,要适应农业生产力发展要求,将"家庭联产承包为主的责任制,统分结合的双层经营体制"作为一项基本制度,还要大力发展不同形式的农业社会化服务体系。⑤ 在党的十五大报告中,他继续强调,为了发展农村经济,要"长期稳定以家庭联产承包为主的责任制,完善统分结合

---

① 《十七大以来重要文献选编》(上),北京:中央文献出版社,2009年,第18页。
② 《十九大以来重要文献选编》(上),北京:中央文献出版社,2019年,第23页。
③ 《邓小平文选》(第2卷),北京:人民出版社,1994年,第315~316页。
④ 《邓小平文选》(第3卷),北京:人民出版社,1993年,第355页。
⑤ 《十四大以来重要文献选编》(上),北京:人民出版社,1996年,第24页。

的双层经营体制"①。在党的十六大报告中，江泽民强调坚持这一体制的同时，还指出，"有条件的地方可按照依法、自愿、有偿的原则进行土地承包经营权流转，逐步发展规模经营"，并鲜明地提出，要"尊重农户的市场主体地位，推动农村经营体制创新"②。这些论述和认识，逐渐清晰地显现出对中国农村基本经营体制进行创新的取向，即通过放活经营权来实现农业适度规模经营的农村经济体制改革思路。

胡锦涛同志认为，要在坚持农村基本经营制度的基础上，发展多种形式规模经营。在党的十七大报告中，他指出，要根据"依法自愿有偿"原则，进一步完善"土地承包经营权流转市场"，号召具备相应条件的地区"发展多种形式的适度规模经营"，对于农村经营制度的未来发展方向进行了全新的说明。同时，他提出，要"发展农民专业合作组织"，对"农业产业化经营"与"龙头企业发展"给予政策支持③，强调通过农民专业合作组织、龙头企业促进农业发展。在党的十八大报告中，胡锦涛根据新的农业发展要求提出，要"依法维护农民土地承包经营权、宅基地使用权、集体收益分配权""发展多种形式规模经营，构建集约化、专业化、组织化、社会化相结合的新型农业经营体系"，并且要"改革征地制度，提高农民在土地增值收益中的分配比例"，在多种形式规模经营中有效维护农民的土地权益。④

习近平同志提出，在"巩固和完善农村基本经营制度"的基础上，要"完善承包地'三权'分置制度"，并要"构建现代农业产业体系、生产体系、经营体系"⑤。所谓承包地"三权"分置，是指在坚持农村土地集体所有的前提下，推动土地承包权和经营权的分离，推进农村土地的所有权、承包权以及经营权"三权"分置，形成稳定所有权、完善承包权、放活经营权的农村土地产权格局，为推动农业现代化、农业适度规模经营和发展壮大集体经济奠定制度基础。这是中国农村经济体制改革和农业经营制度改革的重大创新，实现了土地承包"变"与"不变"的格局，满足了同时坚持农村基本经营体制的社会主义性质、推动土地市场化流转和实现农业经营规模化发展的三重需要。而产业体系、生产体系和经营体系，是实现农业现代化发展的"三大支柱"。构建现代农业产业体系，要适应时代发展要求，促进种植业等农业相关产业转型升级，提高农业生产效率；构建现代农业生产体系，则要强化物质技术装备支撑，进一步提升农业科技与装备应用水平，大力推进农业生产经营机械化与信息化，增强农业综合生产能力与抗风险能力⑥；构建现代农业经营体系的重点是培育新型农业经营主体和新型职业农民，发展多种形式的适度规模经营。

四是农民扶贫脱贫思想及论述。消除贫困是中国人民的理想，而我国贫困人口主要集中于农村。针对农村贫困问题，改革开放以来，中国共产党人进行了艰辛的理论探索，取得了重要的理论成果。习近平同志提出的"精准扶贫、精准脱贫"思想，有效破

---

① 《十五大以来重要文献选编》（上），北京：人民出版社，2000年，第26页。
② 《十六大以来重要文献选编》（上），北京：中央文献出版社，2005年，第18页。
③ 《十七大以来重要文献选编》（上），北京：中央文献出版社，2009年，第18页。
④ 《十八大以来重要文献选编》（上），北京：中央文献出版社，2014年，第18~19页。
⑤ 《十九大以来重要文献选编》（上），北京：中央文献出版社，2019年，第23页。
⑥ 《党的十九大报告辅导读本》，北京：人民出版社，2017年，第213~214页。

解了"大水漫灌"式扶贫效率不足的难题，实现了重大的理论创新。

邓小平同志一再强调要消灭贫穷，实现共同富裕。他指出，"社会主义的特点不是穷，而是富，但这种富是人民共同富裕"①，充分彰显了社会主义实现共同富裕的本质要求。他深刻地总结道，"社会主义的本质，是解放生产力，发展生产力，消灭剥削，消除两极分化，最终达到共同富裕"②，将共同富裕提升到社会主义本质的高度。他还提出要通过先富带动后富，最终达到共同富裕，指明了中国实现共同富裕的前进路径。同时，他一再强调改革对于社会经济发展和消除农民贫困的重要性，主张通过改革促进反贫困工作的开展。

江泽民同志对于扶贫主体、扶贫方针、扶贫路径等做了深刻阐述，进一步发展了农民扶贫思想。在扶贫主体上，他强调，各级政府和社会各界参与的"他扶"与农村贫困人口"自扶"的有机统一。③ 在扶贫方针上，他指出，要坚持开发式扶贫，明确提出"由救济式扶贫转向开发式扶贫，是扶贫工作的重大改革，也是扶贫工作的一项基本方针"④。在扶贫策略上，他提出，要保障粮食安全，发展多种经营，改善生态环境，推动科技进步。⑤

胡锦涛同志早在担任中共贵州省委书记时就已萌生了"建立开发扶贫、生态建设试验区的设想"⑥。他在贵州省毕节地区开发扶贫、生态建设试验区工作会议上讲话明确指出，面对"一个贫困，一个生态恶化"两大突出问题，必须"牢牢把握开发扶贫、生态建设这个主题"，要"把生态建设和经济开发紧密结合起来"⑦。他还提出，"实现自然经济向商品经济转变""实现由救济扶贫向开发扶贫转变，必须改革扶贫方式和扶贫工作"⑧。进入21世纪以后，胡锦涛同志进一步将扶贫开发置于全面建设小康社会的大背景下，进一步继承和发展了中国特色社会主义农民扶贫脱贫思想。他主要从以下几个方面阐述农民扶贫脱贫思想：在扶贫开发阶段上，他指出，我国扶贫开发已经由解决温饱为主要任务的阶段转变为"巩固温饱成果、加快脱贫致富、改善生态环境、提高发展能力、缩小发展差距的新阶段"⑨；在目标定位上，他强调，到2020年，扶贫开发要以"稳定实现扶贫对象不愁吃、不愁穿，保障其义务教育、基本医疗和住房"⑩ 为总体目标；在基本途径上，要坚持开发式扶贫方针，并将之与农村最低生活保障制度相结合，"坚持统筹城乡发展""坚持突出重点、分类指导"，同时各级党委和政府要加强督促检查和考核评估，加强基层组织建设与扶贫干部队伍建设⑪；在参与主体上，既强调政府

---

① 《邓小平文选》(第3卷)，北京：人民出版社，1993年，第265页。
② 《邓小平文选》(第3卷)，北京：人民出版社，1993年，第373页。
③ 《十四大以来重要文献选编》(下)，北京：人民出版社，1999年，第2036~2038页。
④ 《十四大以来重要文献选编》(下)，北京：人民出版社，1999年，第2032页。
⑤ 《十四大以来重要文献选编》(下)，北京：人民出版社，1999年，第2033~2036页。
⑥ 《胡锦涛文选》(第1卷)，北京：人民出版社，2016年，第1页。
⑦ 《胡锦涛文选》(第1卷)，北京：人民出版社，2016年，第1~3页。
⑧ 《胡锦涛文选》(第1卷)，北京：人民出版社，2016年，第3页。
⑨ 《十七大以来重要文献选编》(下)，北京：中央文献出版社，2013年，第635~636页。
⑩ 《十七大以来重要文献选编》(下)，北京：中央文献出版社，2013年，第638页。
⑪ 《十七大以来重要文献选编》(下)，北京：中央文献出版社，2013年，第639~644页。

主导,也主张全社会参与,并认为必须"尊重扶贫对象主体地位、激发贫困地区内在活力"①。

党的十八大以来,习近平同志根据农民贫困的区域性、民族性、深度性等特征及动态趋势,提出了精准识别、精准扶贫、精准施策、精准脱贫等重要论述。习近平同志突出强调"贫穷不是社会主义",并认为,如果贫困地区的"面貌长期得不到改变""我国社会主义制度的优越性"就无从体现②,从而将消除贫困上升到体现中国社会主义制度优越性的政治高度。他清醒认识到中国扶贫脱贫"最艰巨最繁重的任务在农村,特别是在贫困地区,这是全面建成小康社会最大的'短板'"③。因此,党的十八大以来,习近平同志高度重视对区域性、民族性、深度性贫困问题的着力解决。在扶贫目标上,他强调,要"确保到二〇二〇年我国现行标准下农村贫困人口实现脱贫,贫困县全部摘帽,解决区域性整体贫困,做到脱真贫、真脱贫"④。在扶贫模式上,他指出,要实施精准扶贫、精准脱贫。那么,何谓"精准"呢?2015 年 6 月 18 日,他在贵州召开部分省区市党委主要负责同志座谈会时指出,精准扶贫包括"扶持对象精准、项目安排精准、资金使用精准、措施到户精准、因村派人精准、脱贫成效精准"⑤,对"精准"二字做了具体阐述。在扶贫主体上,他强调"扶贫开发是全党全社会的共同责任",并明确指出要形成"专项扶贫、行业扶贫、社会扶贫……有机结合和互为支撑的'三位一体'大扶贫格局"⑥。在责任机制上,他指出,"要强化扶贫开发工作领导责任制,把中央统筹、省负总责、市(地)县抓落实的管理体制,片为重点、工作到村、扶贫到户的工作机制,党政一把手负总责的扶贫开发工作责任制"⑦。同时,习近平同志又强调,不能仅仅依靠贫困地区自己脱贫致富,而是"要健全东西部协作、党政机关定点扶贫机制""推动东部地区人才、资金、技术向贫困地区流动,实现双方共赢"⑧。在党的十九大报告中他继续强调,"坚持中央统筹省负总责市县抓落实的工作机制,强化党政一把手负总责的责任制"⑨。在具体路径上,习近平同志提出,要实施"五个一批"工程,即发展生产脱贫一批、易地搬迁脱贫一批、生态补偿脱贫一批、生态补偿脱贫一批、社会保障兜底一批。习近平同志精准扶贫、精准脱贫的重要论述和指示是新时代推动中国农村贫困治理的指导思想,对中国农村反贫困起到思想引领作用。2020 年,我国脱贫攻坚战取得了全面胜利,现行标准下 9899 万农村贫困人口全部脱贫。在此背景下,《中华人民共和国国民经济和社会发展第十四个五年规划和 2035 年远景目标纲要》提出,要健全体制机制,增强脱贫地区内生产发展力,实现"巩固拓展脱贫攻坚成果同乡村振

---

① 《十七大以来重要文献选编》(下),北京:中央文献出版社,2013 年,第 640 页。
② 《习近平扶贫论述摘编》,北京:中央文献出版社,2018 年,第 5 页。
③ 《习近平扶贫论述摘编》,北京:中央文献出版社,2018 年,第 8 页。
④ 《十九大以来重要文献选编》(上),北京:中央文献出版社,2019 年,第 34 页。
⑤ 《习近平扶贫论述摘编》,北京:中央文献出版社,2018 年,第 58 页。
⑥ 《习近平扶贫论述摘编》,北京:中央文献出版社,2018 年,第 99 页。
⑦ 《习近平扶贫论述摘编》,北京:中央文献出版社,2018 年,第 35 页。
⑧ 《习近平扶贫论述摘编》,北京:中央文献出版社,2018 年,第 99~100 页。
⑨ 《十九大以来重要文献选编》(上),北京:中央文献出版社,2019 年,第 34 页。

兴有效衔接"①。

五是主要农业供给侧结构性改革思想及论述。随着长期不懈努力，我国农业的主要矛盾已逐渐从过去的总量不足转变为而今的结构性矛盾，其突出表现是阶段性供过于求与供给不足并存，矛盾的主要方面在供给侧，"推进农业供给侧结构性改革，提高农业综合效益和竞争力，是当前和今后一个时期我国农业政策改革和完善的主要方向"②。在此背景下，以习近平同志为核心的党中央提出要"深入推进农业供给侧结构性改革，加快培育农业农村发展新动能，开创农业现代化建设新局面"③。推进农业供给侧结构性改革，必须坚持以人民为中心的发展思想和新发展理念，将"增加农民收入""保障国家粮食安全和重要农产品有效供给"作为主要目标，以"提高农业供给质量"为主攻方向，以"体制改革"和"机制创新"为根本途径。总体上来看，"农业结构往哪个方向调？市场需求是导航灯，资源禀赋是定位器。要根据市场供求变化和区域比较优势，向市场紧缺产品调，向优质特色产品调，向种养加销全产业链调，拓展农业多功能和增值增效空间"④。在具体路径上，中共中央、国务院提出，要"优化产品产业结构，着力推进农业提质增效""推行绿色生产方式，增强农业可持续发展能力""壮大新产业新业态，拓展农业产业链价值链""强化科技创新驱动，引领现代农业加快发展""补齐农业农村短板，夯实农村共享发展基础""加大农村改革力度，激活农业农村内生发展动力"⑤，为我们指明了农业供给侧结构性改革的前进方向。

六是实施乡村振兴战略思想及论述。习近平同志继承马克思主义"三农"思想精髓，着眼中国特色社会主义新时代我国社会主要矛盾转化和"三农"发展短板的问题，在党的十九大报告上提出要实施乡村振兴战略。他指出，中国特色社会主义进入新时代，我国社会主要矛盾已经转化为"人民日益增长的美好生活需要和不平衡不充分的发展之间的矛盾"⑥。当前，我国发展不平衡、不充分在乡村最为突出，贫富分化、农村污染、乡村治理等问题层出不穷。为此，必须坚持农业农村优先发展，实施乡村振兴战略。乡村振兴战略包括总要求、目标任务以及具体路径等。这一战略的总要求是"产业兴旺、生态宜居、乡风文明、治理有效、生活富裕"⑦，分别从产业融合、生态治理、文化传承、社会治理、美好生活等层面进行了目标和路径设计，覆盖了农业、农村、农民等方面，集中体现了中国特色社会主义统筹推进"五位一体"总体布局和协调推进"四个全面"战略布局在"三农"发展上的具体展开，即"实施乡村振兴战略，就是要协调推进农村经济建设、政治建设、文化建设、社会建设、生态文明建设和党的建设，促进乡村全面发展"⑧。根据这一总要求，以及党中央提出的新时代坚持和发展中国特

---

① 《中华人民共和国国民经济和社会发展第十四个五年规划和2035年远景目标纲要》，北京：人民出版社，2021年，第75~76页。
② 《习近平关于"三农"工作论述摘编》，北京：中央文献出版社，2019年，第93页。
③ 《习近平关于"三农"工作论述摘编》，北京：中央文献出版社，2019年，第95页。
④ 《习近平关于"三农"工作论述摘编》，北京：中央文献出版社，2019年，第91~92页。
⑤ 《十八大以来重要文献选编》（下），北京：中央文献出版社，2018年，第529~546页。
⑥ 《十九大以来重要文献选编》（上），北京：中央文献出版社，2019年，第8页。
⑦ 《十九大以来重要文献选编》（上），北京：中央文献出版社，2019年，第22页。
⑧ 《习近平关于"三农"工作论述摘编》，北京：中央文献出版社，2019年，第9页。

色社会主义战略安排，2017年12月底召开的中央农村工作会议明确乡村振兴战略在不同时期的具体目标，强调"到2050年，乡村全面振兴，农业强、农村美、农民富全面实现"。在具体路径上，以习近平同志为核心的党中央指出，要"巩固和完善农村基本经营制度，深入推进农业供给侧结构性改革，把乡村建设摆在社会主义现代化建设的重要位置，全面推进乡村产业、人才、文化、生态、组织振兴，充分发挥农业产品供给、生态屏障、文化传承等功能，走中国特色社会主义乡村振兴道路"[①]。为了全面推进乡村振兴，还要进一步加强党对"三农"工作的全面领导，汇聚全社会力量，并积极推进体制机制创新，强化乡村振兴制度性供给。乡村振兴战略是党和国家的重大战略，为新时代"三农"发展明确了重点、指明了方向。

七是"三农"协同发展思想及论述。如何推进"三农"协同发展、科学发展、整体发展，是新时代亟须面对和亟待解决的一个重大问题。对这一问题，改革开放以来，以邓小平、江泽民、胡锦涛、习近平等为主要代表的中国共产党人进行了长期的理论和实践探索，形成了具有强大的解释力和实践性的理论体系。经过梳理，中国特色社会主义关于"三农"协同发展思想可以分为以下三类：农村内部、农业内部、农民内部的协同发展思想及论述，农村、农业、农民之间的相互协同发展思想及论述，以及"三农"与工业化、信息化、城镇化同步发展的外部协同发展思想及论述。

其一，农村内部、农业内部、农民内部的协同发展思想及论述。就农村内部的协同发展而言，改革开放以来，随着社会实践的发展，中国共产党深化理论认识，将农村内部协同发展的领域从"物质文明与精神文明两手抓"逐步拓展到"经济建设、政治建设、社会建设、文化建设、生态建设、党的建设协同推进"。1983年"中央一号文件"指出，农村工作要注意物质文明与精神文明两手抓，在使"整个农村物质生活不断改善"的同时，提高农民的思想政治素质和文化素质[②]。1984年"中央一号文件"指出，农村工作应"重视综合发展"，既要"关心国民经济各部门"，又要促进"文化、教育、科技、卫生、体育等事业的发展"[③]，对农村内部协同发展提出了更高要求。在此基础上，江泽民提出，在农村，"经济体制改革需要同政治体制改革相互配合、相互促进""要在农村基层实行民主选举、民主决策、民主管理、民主监督"[④]，从而将农村内部协同发展拓展到经济、政治、文化三个层面。党的十五届三中全会进一步强调，建设社会主义新农村，必须顺利推进农村经济工作、政治工作与文化工作。[⑤] 2006年"中央一号文件"指出，要按照"生产发展、生活宽裕、乡风文明、村容整洁、管理民主"的要

---

① 《中共中央国务院关于全面推进乡村振兴 加快农业农村现代化的意见》，北京：人民出版社，2021年版，第3页。
② 《中共中央国务院关于"三农"工作的一号文件汇编（1982—2014）》，北京：人民出版社，2014年，第35～36页。
③ 《中共中央国务院关于"三农"工作的一号文件汇编（1982—2014）》，北京：人民出版社，2014年，第52页。
④ 《江泽民文选》（第2卷），北京：人民出版社，2006年，第214～215页。
⑤ 《十五大以来重要文献选编》（上），北京：人民出版社，2000年，第558～559页。

求，协调推进"农村经济建设、政治建设、文化建设、社会建设和党的建设"①，进一步拓展了农村内部协同发展的领域。在党的十九大报告中，习近平指出，要实施乡村振兴战略。根据2018年"中央一号文件"，实施乡村振兴战略要求统筹推进"农村经济建设、政治建设、文化建设、社会建设、生态文明建设和党的建设"②，将生态文明建设纳入农村内部协同发展范畴，深化了对这一问题的认识。

就农业内部的协同发展而言，党的十一届三中全会以来，中国共产党主要提出"推进农林牧副渔全面发展""农业科研、生产、加工、销售有机结合与相互促进""农业产业链、价值链、利益链协同发展"等观点。党的十一届三中全会公报指出，要坚决执行"农林牧副渔并举"和"以粮为纲，全面发展，因地制宜、适当集中"的方针③，促进农业协同发展。1983年"中央一号文件"进一步强调，为了促进"农业生态的良性循环"和"提高经济效益"，必须走"农林牧副渔全面发展"和"农工商综合经营"的道路。④ 对此，邓小平同志表示赞同："农业翻番不能只靠粮食，主要靠多种经营"⑤。党的十四届三中全会指出，必须发展多种形式的"贸工农一体化经营"，紧密结合"生产、加工、销售"环节。⑥ 在此基础上，江泽民在党的十五大报告中提出，必须积极"发展农业产业化经营""形成生产、加工、销售有机结合和相互促进的机制"⑦。党的十六届三中全会进一步强调"积极推进农业产业化经营"，形成"科研、生产、加工、销售一体化的产业链"⑧，对于农业内部协同发展有了进一步的要求。2016年"中央一号文件"指出，推进农业现代化，必须"推动粮经饲统筹、农林牧渔结合、种养加一体、一二三产业融合发展"，该文件还指出，要"优化农业生产结构和区域布局""统筹用好国际国内两个市场、两种资源"，对于农村内部协同发展有了更高的要求。⑨ 2017年"中央一号文件"指出，要"壮大新产业新业态，拓展农业产业链价值链"。⑩ 2018年"中央一号文件"进一步强调，"构建农村一二三产业融合发展体系"，要求"大力开发农业多种功能，延长产业链、提升价值链、完善利益链"⑪，进一步深化了对农业内部协同发展的认识。

就农民内部的协同发展而言，改革开放以来，中国共产党主要提出"重视农民的物质利益与政治权利""改善经济地位与提高文化素质""培育有文化、懂技术、会经营的新型农民"等观点。党的十一届三中全会公报便指出，关注农民物质利益的同时，要

---

① 《中共中央国务院关于"三农"工作的一号文件汇编（1982—2014）》，北京：人民出版社，2014年，第116页。
② 《十九大以来重要文献选编》（上），北京：中央文献出版社，2019年，第159页。
③ 《十一届三中全会以来重要文献选读》（上），北京：人民出版社，1987年，第7页。
④ 《中共中央国务院关于"三农"工作的一号文件汇编（1982—2014）》，北京：人民出版社，2014年，第22页。
⑤ 《邓小平文选》（第3卷），北京：人民出版社，1993年，第23页。
⑥ 《十四大以来重要文献选编》（上），北京：人民出版社，1996年，第538页。
⑦ 《十五大以来重要文献选编》（上），北京：人民出版社，2000年，第26页。
⑧ 《十六大以来重要文献选编》（上），北京：中央文献出版社，2005年，第469页。
⑨ 《十八大以来重要文献选编》（下），北京：中央文献出版社，2018年，第104～108页。
⑩ 《十八大以来重要文献选编》（下），北京：中央文献出版社，2018年，第535页。
⑪ 《十九大以来重要文献选编》（上），北京：中央文献出版社，2019年，第162页。

第一章 中国特色社会主义"新三农"协同发展的理论建构

"切实保障他们的民主权利"①。1984年"中央一号文件"指出,"在不断改善农民经济地位的同时",要增强思想文化教育,增强他们对"资本主义、封建主义思想侵蚀的抵御能力"②。2007年"中央一号文件",强调要培育"有文化、懂技术、会经营的新型农民"③。此后,中国共产党的重要文件多次强调新型农民的培育,对于促进农民内部协同发展有理论指导意义。

其二,农村、农业、农民之间的相互协同发展思想及论述。改革开放四十多年来,中国共产党不仅对农村内部、农业内部、农民内部的协同发展有较深认识,在农村、农业、农民之间的相互协同发展上,也提出了诸多观点。1983年"中央一号文件"指出农业发展、人口增长与生态环境之间的相互关系:"实现农业发展目标,必须注意严格控制人口增长,合理利用自然资源,保持良好的生态环境。"④ 2004年"中央一号文件"清楚地指出农民收入增长会影响到粮食生产、粮食供给,农村经济发展以及农村社会进步,并提出要采取发展粮食产业,推进农业结构调整,发展农村二三产业等综合措施,促进农民收入增长。⑤ 2005年"中央一号文件"指出"加强农业基础设施建设,加快农业科技进步,提高农业综合生产能力"既关乎国家粮食安全、农业发展,也关系到农民增收、农村经济社会发展。⑥ 2007年"中央一号文件"明确指出,发展现代农业,是"促进农民增加收入的基本途径,是提高农业综合生产能力的重要举措,是建设社会主义新农村的产业基础"⑦,与此同时,发展现代农业也要依靠"有文化、懂技术、会经营的新型农民",也要依靠"深化农村改革"⑧。2015年"中央一号文件"指出,"富裕农民,必须充分挖掘农业内部增收潜力,开发农村二三产业增收空间",认为要将农民收入水平提高与农村一二三产业的发展有机融合,并提出"优先保证农业农村投入""提高农业补贴政策效能""完善农产品价格形成机制""强化农业社会化服务""拓宽农村外部增收渠道""大力推进农村扶贫开发"等具体举措。⑨ 2016年"中央一号文件"提出:"完善农业产业链与农民的利益联结机制。"⑩ 习近平同志在党的十九大报告中提出"乡村振兴战略"思想,而要实施乡村振兴战略,必须实现农业、农村、农民的协同

---

① 《十一届三中全会以来重要文献选读》(上),北京:人民出版社,1987年,第7页。
② 《中共中央国务院关于"三农"工作的一号文件汇编(1982—2014)》,北京:人民出版社,2014年,第53~54页。
③ 《中共中央国务院关于"三农"工作的一号文件汇编(1982—2014)》,北京:人民出版社,2014年,第149页。
④ 《中共中央国务院关于"三农"工作的一号文件汇编(1982—2014)》,北京:人民出版社,2014年,第21页。
⑤ 《中共中央国务院关于"三农"工作的一号文件汇编(1982—2014)》,北京:人民出版社,2014年,第79~86页。
⑥ 《中共中央国务院关于"三农"工作的一号文件汇编(1982—2014)》,北京:人民出版社,2014年,第96页。
⑦ 《中共中央国务院关于"三农"工作的一号文件汇编(1982—2014)》,北京:人民出版社,2014年,第136页。
⑧ 《中共中央国务院关于"三农"工作的一号文件汇编(1982—2014)》,北京:人民出版社,2014年,第149~151页。
⑨ 《十八大以来重要文献选编》(中),北京:中央文献出版社,2016年,第278~281页。
⑩ 《十八大以来重要文献选编》(下),北京:中央文献出版社,2018年,第113页。

发展。2018年，为了推进农业全面升级、农村全面进步、农民全面发展，加快实现农业农村现代化，中共中央决定整合中央农村工作领导小组办公室、农业部等部门的职责，组建农业农村部。从农业部到农业农村部，充分表明中国共产党深刻认识到推进农业、农村、农民协同发展的必要性。

其三，"三农"的外部协同发展思想及论述。对于"三农"的外部协同发展，改革开放以来，中国共产党提出"促进城乡经济联系""统筹城乡经济社会发展""构建城乡经济社会发展一体化新格局""中国特色新型工业化、信息化、城镇化、农业现代化道路同步发展"等观点，理论认识随着实践发展逐步深入。党的十二届三中全会强调要按照"扬长避短、形式多样、互利互惠、共同发展"的原则，促进城乡经济联系。[①] 1984年"中央一号文件"指出，为了不断改善农业生产条件，"国营经济各部门、各行业都要大力支援农业"[②]，与此同时，农村工业也"应充分利用当地资源，面向国内外市场，特别是广大农村市场，以发挥自己的优势，与城市工业协调发展"[③]，已蕴含着农业与其他经济部门协同发展的思想。1985年"中央一号文件"要求"进一步扩大城乡经济交往"。[④] 党的十五届三中全会指出："必须从全局出发，高度重视农业，使农村改革和城市改革相互配合、协调发展。"[⑤] 在此基础上，江泽民同志在党的十六大报告中提出要"统筹城乡经济社会发展"[⑥]。2006年"中央一号文件"指出，要"加快建立以工促农、以城带乡的长效机制"[⑦]。胡锦涛同志在党的十七大报告中提出，要"形成城乡经济社会发展一体化新格局"[⑧]，强调要将城市和乡村视作一个有机融合的整体，使城乡经济社会发展相互协同。2008年，党的十七届三中全会指出，要"始终把着力构建新型工农、城乡关系作为加快推进现代化的重大战略"，并要"统筹工业化、城镇化、农业现代化建设""实现城乡、区域协调发展"[⑨]，突出了城乡协调发展对于社会主义现代化的战略意义。在此基础上，胡锦涛同志在党的十八大报告中强调要实现四化同步发展，"坚持走中国特色新型工业化、信息化、城镇化、农业现代化道路"，并要求"促进工业化、信息化、城镇化、农业现代化同步发展"[⑩]。四化同步发展是中国共产党立足全局、着眼长远、与时俱进的重大战略决策，是建设中国特色社会主义现代化的重大理论创新，也是"三农"发展的重大理论创新。习近平同志深刻指出"城乡发展不平衡不

---

① 《十二大以来重要文献选编》（中），北京：人民出版社，1986年，第581页。
② 《中共中央国务院关于"三农"工作的一号文件汇编（1982—2014）》，北京：人民出版社，2014年，第44页。
③ 《中共中央国务院关于"三农"工作的一号文件汇编（1982—2014）》，北京：人民出版社，2014年，第50页。
④ 《中共中央国务院关于"三农"工作的一号文件汇编（1982—2014）》，北京：人民出版社，2014年，第62页。
⑤ 《十五大以来重要文献选编》（上），北京：人民出版社，2000年，第557页。
⑥ 《十六大以来重要文献选编》（上），北京：中央文献出版社，2005年，第17页。
⑦ 《中共中央国务院关于"三农"工作的一号文件汇编（1982—2014）》，北京：人民出版社，2014年，第117页。
⑧ 《十七大以来重要文献选编》（上），北京：中央文献出版社，2009年，第18页。
⑨ 《十七大以来重要文献选编》（上），北京：中央文献出版社，2009年，第673页。
⑩ 《十八大以来重要文献选编》（上），北京：中央文献出版社，2014年，第16页。

协调,是我国经济社会发展存在的突出矛盾",并认为我们要实现全面建成小康社会以及社会主义现代化两大战略目标要高度重视这一重大问题的解决。① 由他组织起草的《中共中央关于全面深化改革若干重大问题的决定》明确指出,要从"加快构建新型农业经营体系""完善城镇化健康发展体制机制"等层面"健全城乡发展一体化体制机制",以破解城乡二元结构,形成新型工农城乡关系。② 在党的十九大政治报告中,他进一步强调,要"建立健全城乡融合发展体制机制和政策体系"③。2018 年"中央一号文件"指出,要"坚持城乡融合发展""加快形成工农互促、城乡互补、全面融合、共同繁荣的新型工农城乡关系"④。2021 年"中央一号文件"提出,要"加快县域内城乡融合发展"⑤。中国共产党对于"三农"的外部协同发展的认识在逐渐深入。

长期以来,以毛泽东、邓小平、江泽民、胡锦涛、习近平等为代表的中国共产党人均高度关注"三农"发展。他们坚持马克思、恩格斯、列宁对于"三农"问题的科学理论观点,并根据中国"三农"发展面临的实际问题,提出了若干理论观点,形成了中国化的马克思主义"三农"理论体系。这一理论体系指出,为了促进中国经济社会发展,必须首先解决"三农"问题。为了正确解决"三农"问题,既要推进农业现代化,实施乡村振兴战略,引领农民脱贫致富,也要推进"三农"的协同发展,包括农村内部、农业内部、农民内部的协同发展,农村、农业、农民之间的相互协同发展,以及"三农"与工业化、信息化、城镇化同步发展的外部协同发展。这些理论观点为我们系统研究中国"三农"问题奠定了理论基础,为新时代中国特色社会主义"新三农"协同发展指明了前进方向。

二、横向理论的援引:与西方诸多思想资源的对话

杜能、舒尔茨、阿玛蒂亚·森等西方学者在长期的理论探索中,对于"三农"发展形成了自己独到的见解,主要包括农业现代化经营形式、技术模式和制度变迁,农村综合改革与基础建设,农村主体结构变迁和农民发展等三个方面。在此,本书将对这些理论进行概述,以期为中国特色社会主义"新三农"协同发展研究提供理论借鉴。

(一)农业现代化经营形式、技术模式和制度变迁研究

针对农业现代化经营形式、技术模式和制度变迁,约翰·冯·杜能、威廉·配第、克拉克、托达罗、舒尔茨、速水佑次郎、弗农·拉坦、胡勒等西方学者经过艰辛的理论探索,形成了各具特色的农业发展理论,对于推进中国特色社会主义新时代农业现代化发展、进而实现中国特色社会主义"新三农"协同发展具有一定的理论借鉴和实践指导意义。

---

① 《十八大以来重要文献选编》(上),北京:中央文献出版社,2014 年,第 503 页。
② 《十八大以来重要文献选编》(上),北京:中央文献出版社,2014 年,第 523~524 页。
③ 《十九大以来重要文献选编》(上),北京:中央文献出版社,2019 年,第 22~23 页。
④ 《十九大以来重要文献选编》(上),北京:中央文献出版社,2019 年,第 160 页。
⑤ 《中共中央国务院关于全面推进乡村振兴 加快农业农村现代化的意见》,2021 年版,第 17 页。

1. 约翰·冯·杜能的农业区位理论。

德国经济学家约翰·冯·杜能在《孤立国同农业和国民经济的关系》中系统阐述了农业区位理论。杜能认为成本和价格是农业布局的决定因素。在成本布局中，运输成本则是一个重要的构成部分。基于成本和价格因素，他将"理想空间"从内到外（距城市距离）划分为六个圈境：第一圈境为自由农作圈，种植蔬菜、果品，生产牛奶，出售干草和麦秸；第二圈境为林业圈，主要生产木材；第三圈境为轮栽作物圈，主要生产谷物；第四圈境为轮作休闲圈；第五圈境为三区农作圈；第六圈境为畜牧业圈，饲养牲畜，供应黄油。[①] 这一具有开创性意义的农业区位论，对推动现代农业发展的区位选择影响深远。

2. 配第－克拉克定理。

17世纪末，英国经济学家威廉·配第在深入研究欧洲经济状况的基础上提出：相比农业而言，工业的收益要高出很多；相比工业，商业的收益又要高出很多。[②] 由于这样一个原因，社会劳动力的流动呈现出由农业转向工业，随后由工业转向商业的趋势。20世纪中期，克拉克认真研究前人的学术成果，并运用统计学工具，对于不同国民收入水平下，劳动力在不同产业中的变动趋势进行了实证研究，进一步验证了威廉·配第的理论。[③] 后来，由威廉·配第提出、被克拉克进一步验证的理论被学界称为配第－克拉克定理。配第－克拉克定理将人类所有的经济行为大致划分为三大产业：第一产业是农业，第二产业包括制造业与建筑业，第三产业指广义的服务业。当一个国家或地区的人均国民收入水平提高时，劳动力人口便逐步由第一产业向第二产业转移，若是人均国民收入水平继续提高，劳动力人口则由第二产业向第三产业转移。这一定理充分展现了社会劳动力在不同产业中分布结构的演变趋势，对我们研究农业劳动力的历史演变有一定借鉴意义。

3. 托达罗的农业形态发展三阶段论。

按照生产力发展水平以及农业商品化程度，美国经济学家托达罗将人类社会历史上的农业发展形态具体化为三个不同的阶段。在他看来，农业发展的第一阶段为"维持生存的农业"阶段，生产力水平极为低下，农业人口的劳动所得仅够维持生存，几乎未能产生农业剩余。农业发展的第二阶段是"混合农业"阶段，随着社会生产力的发展，农业人口不仅可以生产出足以满足自己和家庭消费的农产品，还可以将其中的一部分作为商品进行出售，以增加自己的货币收入，购买其他商品。农业发展的第三阶段为"现代农业"阶段，在该阶段，由于社会生产力的飞跃式发展，农业逐步进化成一个面向市场的高效率部门，农产品主要用来商品交易而非供自己消费。在最后一个阶段，农民必须充分考虑市场需求，优化自己的农产品结构。[④] 托达罗的农业形态发展三阶段论在一定

---

① 约翰·冯·杜能著，吴衡康译：《孤立国同农业和国民经济的关系》，北京：商务印书馆，1986年，第20~192页。
② 威廉·配第著，陈冬野译：《政治算术》，北京：商务印书馆，1978年，第19~20页。
③ Clark C., *The Conditions of Economic Progress*, London: MacMillan & Co. Ltd., 1940.
④ 托达罗著，于同申，等译：《第三世界的经济发展》（上），北京：中国人民大学出版社，1988年，第413~422页。

程度上揭示了人类社会农业发展的趋势,对于我们推进农业现代化有一定的理论启示。

4. 舒尔茨的改造传统农业理论。

1964年,舒尔茨在《改造传统农业》一书中,从理论上阐明了农业和农民在经济发展中的重要地位和积极作用,对传统农业的性质提出了突破性的见解。他反对轻视农业的看法,认为"并不存在使任何一个国家的农业部门不能对经济增长做出重大贡献的基本原因"[1]。他对传统农业进行了系统研究,严厉批判了传统农业生产要素配置效率低下[2]与隐蔽失业(又称零值农业劳动学说)[3]两种传统观点。在此基础上,他分析了传统农业发展缓慢的原因。他认为,这并非因为农民自己的铺张浪费或者储蓄习惯差,也并非因为农民中没有可以把握投资机会的企业家,而是由于传统农业对已有的生产要素进一步扩大投资的收益率较低,这导致传统农业对于储蓄和投资缺乏足够的经济刺激。为了说明这一观点,他引入了收入流理论。他认为,发展中国家的经济成长,出路在于把传统农业改造为现代农业,即实现农业现代化。为此,他从以下几个方面提出了政策主张:第一,通过制度变迁促进传统农业改造,包括建立市场机制、构建可以适应市场变化的家庭农场经济体制等;第二,从供给与需求两方面创造充足条件,以从外部引入现代生产要素,发展现代农业;第三,加强农民人力资本投资,包括发展教育、提供在职培训以及提高健康水平[4]。舒尔茨的相关理论启示我们,为了改造传统农业,促进农业现代化,必须进行完善现代农业制度、提升农民综合素质。

5. 速水佑次郎与拉坦的诱致性技术创新理论。

速水佑次郎与弗农·拉坦在其著作《农业发展的国际分析》中,研究了日本和美国的农业现代化道路,提出了要素稀缺诱导的技术创新理论。这一理论认为,一个国家的资源禀赋状况,决定了该国农业发展所采用的技术进步道路。他们通过研究发现,为了节约稀缺农业劳动力,美国农业走的是农业机械技术的创新道路[5];而为了节约相对稀缺和缺乏供给弹性的土地资源,日本农业则走上了生物技术的创新道路。[6] 在经济的动态发展过程中,随着生产发展与农业技术的进步,较为稀缺的要素限制可能由于技术进步被缓解,较为充足的要素则可能由于大量使用而变得不太充足。诱致性技术创新理论对我国农业技术创新有较大的借鉴意义,启示我们在分析不同地区资源禀赋状况的基础上选择不同的技术创新道路。

6. 胡勒的可持续农业思想。

早在20世纪40年代,艾伯特·霍华德等农业领域的专家就提出了对现代农业的警告,他们猛烈批判了李比希以来的化学肥料主导的农业,号召人类回归有机农业。1972年,罗马俱乐部出版了《增长的极限》,深刻探讨了粮食安全、环境污染、生态破坏等

---

[1] 西奥多·W. 舒尔茨著,梁小民译:《改造传统农业》,北京:商务印书馆,1987年,第5页。
[2] 西奥多·W. 舒尔茨著,梁小民译:《改造传统农业》,北京:商务印书馆,1987年,第29~41页。
[3] 西奥多·W. 舒尔茨著,梁小民译:《改造传统农业》,北京:商务印书馆,1987年,第42~54页。
[4] 西奥多·W. 舒尔茨著,梁小民译:《改造传统农业》,北京:商务印书馆,1987年,第149~150页。
[5] 速水佑次郎、弗农·拉坦著,郭熙保、张进铭,等译:《农业发展的国际分析》,北京:中国社会科学出版社,2000年,第248页。
[6] 速水佑次郎、弗农·拉坦著,郭熙保、张进铭,等译:《农业发展的国际分析》,北京:中国社会科学出版社,2000年,第275~289页。

全球性问题,并提议要从单纯的增长过渡到全球均衡。① 在这一浪潮中,由胡勒担任主席的"关于现代农业中替代性农法的作用委员会"(Committee on the Role of Alternative Farming Methods in Modern Production Agriculture)发布报告《替代性农业》,阐发了可持续农业思想。这份报告指出,20世纪80年代以来,美国产生了严重的农业环境污染和食物安全问题。这些问题产生的主要原因在于,当地农民为了提高农产品产量,大量使用化肥、农药、添加剂等化学品,采用不合理的灌溉方式,等等。② 为了解决这些严峻的问题,促进农业生产的可持续发展,这一报告提出,要推广替代性农业。替代性农业的前提在于利用和增强生物交互作用,而非对之加以抑制,并谨慎使用化肥、农药等外部投入。它包括一系列的具体实践,包括采用作物轮作,使用有机材料提高土壤质量,采用多元化的耕作方法,以及在动物饲养中减少对于抗生素的依赖,等等。③ 替代性农业又被称为通过低投入而提高农业可持续性的LISA(Low Input Suscainable Agniculzure)模式,它已成为农业发展的新的理念,对于美国以及其他国家的农业政策转变产生了重大影响。

(二)农村综合改革与基础建设研究

对于农村综合改革与基础建设,霍华德、弗里奇、迪特里希、祖田修等学者从不同的角度出发,提出了田园城市理论、地域政策理论和"地域空间"理论,实现了理论上的突破与创新。这些理论对于推进我国城乡融合发展与新农村建设具有重要的借鉴意义。

1. 霍华德的田园城市理论。

工业革命兴起的城市化浪潮,引发了许多社会问题,如城乡对立、城市贫困窟、环境污染、传染病流行等。对此,以霍华德为代表的学者提出了田园城市理论。田园城市理论的基本立足点是通过城市与自然和农业的结合实现城市与农村的复兴。按照霍华德的设想,田园城市的中心是一块花园,花园的四周环绕着市政厅、音乐演讲大厅、图书馆、医院等市政设施,外围是农业用地,其上有森林、果园、农场等农业设施。在田园城市中,生活着3万余人,他们享受着健康和舒适的生活。④ 霍华德认为,他构想的田园城市是"作为一个整体来规划"的,"而且是以现代最新要求的观点来规划的"⑤,它可以将人们追求的现代工业与传统农业、城市与乡村的优点融合到一起,也即两者"成婚",以迸发出"新的希望、新的生活、新的文明"⑥,从而彻底解决人口向城市过度集中、农村走向衰竭的问题。田园城市理论对近代世界各国城市规划产生了重大影响,对于中国城乡融合发展以及社会主义新农村建设也有一定的借鉴意义。

---

① 丹尼斯·米都斯著,李宝恒译:《增长的极限——罗马俱乐部关于人类困境的研究报告》,成都:四川人民出版社,1983年,第209页。
② Committee on the Role of Alternative Farming Methods in Modern Production Agriculture, Board on Agriculture, and National Research council, *Alternative Agriculture*, National Academy Press, 1989, pp. 130.
③ Committee on the Role of Alternative Farming Methods in Modern Production Agriculture, Board on Agriculture, and National Research council, *Alternative Agriculture*, National Academy Press, 1989, pp. 188~189.
④ 埃比尼泽·霍华德著,金经元译:《明日的田园城市》,北京:商务印书馆,2000年,第13~17页。
⑤ 埃比尼泽·霍华德著,金经元译:《明日的田园城市》,北京:商务印书馆,2000年,第38页。
⑥ 埃比尼泽·霍华德著,金经元译:《明日的田园城市》,北京:商务印书馆,2000年,第9页。

2. 迪特里希的地域政策理论。

第二次世界大战后,德国经济学家迪特里希充分吸收前人研究成果,提出了地域政策理论。这一理论希望通过中小城市的分散配置以及城乡结合,促使一个国家的不同地域发展为具有同等价值的合乎人性的生活空间。他在《SARO 报告》中提出了三项原则,包括自由的原则、社会均衡的原则以及保护的原则等。其中,自由的原则是指要保障居民立地与居住、生产与消费、职业与职场选择等方面的自由;社会均衡的原则是指要逐渐消除不同地区间质的差距,以居民生活的充分均等化为基本目标;保护原则指要避免产业结构失衡给人们带来的诸多困难与风险,并保护居民免于由生产和生活带来的各种污染的伤害。[①] 迪特里希提出的三大原则,强调不同地域之间、城乡之间要融合发展,强调地域发展要与人的发展相协调。我们要充分吸收其中的合理之处,将之应用于中国特色社会主义新农村的现实实践中。

3. 祖田修的"地域空间"理论。

祖田修在借鉴德国地域有机体学说和美国"以便利为中心"地域理论的基础上,对"地域"做了明晰的界定,他认为"地域是从事生产和生活的人类活动的场所,是在经济、社会和自然方面都具有一定的自律性和个性的完整的地理空间"[②]。这是一个完整的集"生产空间、生态环境空间、生活空间"于一体的"生存"空间,与此前封闭的生命体不同的是其更具现代性、自律性和开放性。同时,他强调生产、生态和生活相互交织、互为影响,不仅界限很难划清,而且受其影响下的经济价值、生态环境价值、生活价值存在着互相背离和对立。因而,生产、生态和生活不仅不能被分割,还需要重建能够实现经济价值、生态环境价值和生活价值协调发展的具有综合价值的"地域空间"。"通过综合性价值的实现来追求最终的社会福利的最大化"也意味着从生活农学到空间农学的现代农学的目标转向。

(三) 农村主体结构变迁和农民发展研究

对于农村主体结构变迁和农民发展,瓦格纳、施莫勒、布伦塔诺、庇古、孟德拉斯、阿玛蒂亚·森等西方学者,依托不同的学术背景,提出了一系列具有重要学术影响力的理论观点,对于我国精准扶贫、新农民培育都具有突出的价值。

1. 瓦格纳等的农工均衡理论。

德国学者瓦格纳、施莫勒及布伦塔诺等于 1873 年成立了社会政策学会,提出了一系列政策主张,主要包括依托工会将工人组织起来,积极改善劳动条件以保护工人的身心健康,逐步建立健全社会保险制度,促进社会分配的公平化,等等。相关的政策主张在不同阶段虽有所差异,但是它们帮助德国逐步建立了失业保险、最低工资等制度,成为一种系统性的体系构建。瓦格纳在《农工国家》中进一步指出,"从国民的长远利益和德国国民经济的观点来看,应该判定单一的和过度的近代工业国家体制是不利的",

---

[①] 祖田修著,张玉林、钱红雨译:《近现代农业思想史——从工业革命到 21 世纪》,北京:清华大学出版社,2015 年,第 153 页。

[②] 祖田修著,张玉林,等译:《农学原论》,北京:中国人民大学出版社,2003 年,第 168~169 页。

应该坚持一种农业与工业均衡的经济发展理念。① 由此可见，瓦格纳充分意识到了农工均衡对于经济建设以及国家发展的突出意义，反对建立单一的工业国家，强调保护农民利益。

2. 庇古的福利经济学。

英国经济学家庇古的《福利经济学》将资产阶级福利经济学系统化，标志着其完整理论体系的建立。在这本著作中，庇古指出，所谓经济福利，指"能够直接或间接与货币这一测量尺度有关的那部分社会福利"②。庇古经过充分论证提出，一个国家或地区的经济福利状况主要受到两个因素影响，一是国民所得（即社会客观收入中，可以用货币加以度量的那一部分），二是国民所得分配的公平程度。其中，在他看来，假定分配的公平程度不变，"国民所得的增加……不仅立即会，而且最终也会增加经济福利"③，反过来说，为了增加经济福利，在不改变分配秩序的情况下，我们可以采取增加国民所得这一途径。与此同时，他提出，在一个国家或地区的国民所得没有缩减的状况下，"任何使穷人手中实际收入的绝对份额增加的因素……一般说来就增加经济福利"④。为什么这样说呢？这是因为，如果国民所得总量不变，受边际效用影响，那么，国民所得分配越公平，则国民福利越大。在此基础上，他认为，政府可以通过健全社会福利相关制度来提高国民福利。庇古的相关理论指明了社会福利事业发展的重要性，有利于促进中国农民社会福利改善。

3. 孟德拉斯"农民的终结"理论。

1964年，法国学者孟德拉斯在《农民的终结》一书中，以法国农村地区的现代化进程为基本背景，探讨了第二次世界大战后欧洲农村社会的发展历程，提出了"农民的终结"理论。他分析指出，在当时的法国农村，所谓的自给自足的农民业已不复存在，我们也不能再以传统的眼光看待他们。受市场的外在压力影响，"农业劳动者变成了企业家，使自己具备了某些成为企业家所需的物质能力"，他们进行"初步的簿记，参加农业组织，关心耕作系统的改进"，并且"根据自己的产品销路来管理企业"⑤。可见，孟德拉斯所谓"农民的终结"指的是自给自足的传统农民的终结。而传统农民的终结，意味着新农民的诞生。这种新农民有着更强的企业管理能力、市场适应能力以及技术革新能力，能够在激烈的市场经济中生存下来，并使自己的事业发展壮大。这一理论促使我们关注农民在市场经济中的角色转变，探索培育新农民的有效途径。

4. 阿玛蒂亚·森的能力贫困理论。

农民贫困是中国特色社会主义"新三农"协同发展面临的重大考验。对于什么是贫困、如何解决贫困，西方学界有诸多观点，其中，阿玛蒂亚·森的能力贫困理论具有代表性。阿玛蒂亚·森以前人对收入与福利差异性的认识为基础，拓展了"以能力看待贫

---

① 转引自祖田修著，张玉林、钱红雨译：《近现代农业思想史——从工业革命到21世纪》，北京：清华大学出版社，2015年，第95页。
② A. C. 庇古著，朱泱，等译：《福利经济学》（上），北京：商务印书馆，2006年，第16页。
③ A. C. 庇古著，朱泱，等译：《福利经济学》（上），北京：商务印书馆，2006年，第96页。
④ A. C. 庇古著，朱泱，等译：《福利经济学》（上），北京：商务印书馆，2006年，第101页。
⑤ H. 孟德拉斯著，李培林译：《农民的终结》，北京：中国社会科学出版社，1991年，第182页。

困"的理论视角,进一步深化了人类对于贫困的认识。在他看来,一个人的处境不能以收入,而应以他所具有的可行能力来进行辨别。根据他的观点,贫困应当被视为一种基本可行能力的剥夺,而不仅仅是收入低下。基本可行能力的剥夺,包括过高的死亡率、明显的营养不良、持续的发病率、识字率低下等能力或权利的缺失。[①] 阿玛蒂亚·森的能力贫困理论的落脚点在于试图通过重建个人能力来避免和消除贫困,体现了以人为本的反贫困理念,对于中国推进反贫困进程具有重大意义。

综上所述,西方学者对于"三农"发展的思想,集中于农业现代化经营形式、技术模式和制度变迁,农村综合改革与基础建设,农村主体结构变迁和农民发展等领域。这些思想在一定程度上涉及"三农"的协同发展,例如,杜能的农业区位理论基于成本和价格因素,"理想空间"从内到外(距城市距离)划分为自由农作圈、林业圈等六个圈境,有助于推进农业内部的协同发展;霍华德等的田园城市理论希望通过城市与自然和农业的结合实现城市与农村的协同发展;迪特里希的地域政策理论旨在通过中小城市的分散配置及其与农村的结合,使德国的各个地域整体上成为具有同等价值的合乎人性的生活空间,内含着城乡协同发展、农民与农村协同发展等意蕴;祖田修的"地域空间"理论强调农村生产、生态和生活之间相互交织、互为影响;瓦格纳等的农工均衡理论则强调农民与工人的协同发展。这些思想对于推进中国"三农"协同发展具有一定的借鉴意义。然而,由于他们并未直接将"三农"协同发展作为研究主题,因此,无论是农业、农村、农民内部的协同发展,还是农业、农村、农民之间的协同发展,抑或"三农"与外部的协同发展,其论点都有不及之处,需要研究者辩证看待。

第二节 中国特色社会主义"新三农"协同发展的框架建构

实施乡村振兴战略是新时代中国特色社会主义"三农"协同发展的总抓手。新时代中国特色社会主义"三农"协同发展所蕴含的"目标使命、战略转向、关系重构、结构优化、动力转换、策略改进"等时代新含义赋予了实施乡村振兴战略的新视域、新要求和新路径。基于新时代"三农"发展的"时代之蕴"找寻推进"新三农"协同发展的"时代之路",从根本上讲,就是要以实施乡村振兴战略为总抓手,把新农业、新农村、新农民作为一个不可分割的有机整体,在超越传统"产业结构转换"的单一经济视域的基础上建构城乡之间、乡村地域内部"空间结构共生"整合视域的理论框架,提出促进乡村全面振兴引领新时代"新三农"协同发展的集成路径。

一、"三农"发展研究:传统"产业结构转换"经济视域的局限[②]

农业产业与整个国民经济结构变化的关系问题是经济学领域长期受到关注的重要课题。进入 21 世纪以来,我国农业、农民、农民"三农"领域存在的公共性问题和治理

---

① 阿玛蒂亚·森著,任赜、于真译:《以自由看待发展》,北京:中国人民大学出版社,2002年,第85~103页。
② 翟坤周:《"三农"发展的时代意蕴与乡村振兴的集成路径》,《福建论坛(人文社会科学版)》2019年第6期,第51页。

危机日益凸显,"三农"问题作为一个整体被政策界、媒体界和学术界提了出来,促使党和国家重估"三农"领域存在的公共性问题和危机,重估"三农"发展具有的公共性价值和功能。与此同时,也正是党和国家看到了"三农"发展对于社会主义现代化具有的全局性、基础性和战略性意义,党和国家才始终强化"三农"工作的重中之重地位,从2004年至今已经连续印发十六个"中央一号文件"聚焦"三农"领域。但是,我们也要看到,各级地方党委政府在推动"三农"工作时,却存在强化农业产业发展、弱化农民培育和农村建设的现象,这不仅极化了"农业是国民经济的基础"这一产业定位,也强化了各级地方党委政府长期把社会主义新农村建设、新型农业经营主体培育等作为促进农业产业发展的辅助性支撑的片面认知。更需要引起重视的是,这种状况没有因为党中央国务院制定、颁布和实施一系列关于社会主义新农村建设、城乡统筹发展、新型农业经营主体培育、实施乡村振兴战略、坚持农业农村优先发展等主题的"中央一号文件"得到根本性改变。同时,从世界各国的实践经验来看,工业化和现代化,或者说"发展"问题的核心,在于实现传统农业的转变或对传统农业加以改造,伴随着对传统农业的转变和改造,一个国家的产业结构、人口结构、城乡结构、制度结构以及人们的生产和生活方式都将发生质的变化。因此,在这种西方现代化思维认知的影响下,我们长期将"三农"发展视界聚焦于农业产业化发展对工业和其他产业的影响、非农产业扩张对农业产业发展的影响上,关注国民经济三次产业结构转换带来的相互影响。

国内大多数学者都认为,中国是一个具有典型二元经济结构特征的国家,中国经济发展的主要目标是消除传统农业部门与现代工商业并存的"二元经济"状态,转变为现代化的"一元经济"。然而,"中国传统经济中的二元结构的特点,决定了我国不能走传统农业社会直接转变为现代工业社会的发展道路,而必须经历一个农业部门、农村工业化部门与城市工业部门并存的三元结构时期",这种"三元结构,并不意味着距离国民经济结构一元化的道路更漫长了,而是加快了结构转换的进程"[1]。对此,也有经济学家不同意"三元经济"论观点,他们认为由于农民只能在城市文明之外进行分散的工业化,乡镇工业毫无集聚效应,农村服务业的发展也严重滞后,已经使我国广大的中西部地区付出了沉重的代价;我们应当摒弃这种乡村工业化的道路,使分散的乡村工业向集中的方向发展,实现工业化和城镇化(或城市化)的同步进行。[2] 由此可见,从产业结构的经济视域来推动传统农业部门和农业产业的现代性改造和转变,无论是在政策层面还是在理论层面都具有明显的分歧和局限。一是"产业结构转换"的经济视域凸显了农业产业的生产性功能和经济价值,忽视了地球生态圈所构成的生命系统和社会关系网络所构成的生活世界对"三农"发展的生态环境价值和生活价值;二是"产业结构转换"的经济视域忽视了特定经济地理空间或地域空间对农业产业和非农产业结构转换的基础性和禀赋性影响,"产业结构转换"在一定程度上受制于地域空间的经济社会发展水平和自然资源状况,无论是"产业结构转换"的实现路径,还是促进"产业结构转换"的政策设计,都具有地理空间的差异性和针对性;三是"产业结构转换"的经济视域最大

---

[1] 李克强:《论我国经济的三元结构》,《中国社会科学》1991年第3期,第65页。
[2] 辜胜阻:《中国农村剩余劳动力向何处去?》,《改革》1994年第4期,第79页。

的缺陷在于忽视了产业结构转换的主体维度和城镇化、工业化引起的乡村社会阶层分化和复杂化的事实，未能完整地理解农业产业发展是农业经营主体合目的性与合规律性辩证统一的主体性营生活动，由城镇化和工业化引起的乡村社会人口减少、村落空心化、传统地域自然管理系统解体、农业从业者高龄化等一系列严重的社会问题，是难以用"产业结构转换"的经济视域进行全面解释的。总之，"当前，解决结构转换中工业乃至非农产业与农业之间的矛盾关系，推动农业发展，不能停留在既有资源配置制度和结构转换方式上进行修修补补，必须实现经济发展战略的彻底改变"[1]。党的十九大提出，中国特色社会主义新时代，加强社会主义经济建设，根本在于贯彻新发展理念、建设现代化的经济体系；就新时代"新三农"而言，则需要在贯彻新发展理念的基础上，实施乡村振兴战略，坚持农业农村优先发展，建立健全城乡融合发展的体制机制和政策体系，协同推动"新三农"协同发展和城乡融合。这就是新时代我国实现"三农"发展战略彻底改变的伟大尝试。

二、从"新农村建设"到"乡村全面振兴"：重构城乡空间新格局的决策共识[2]

"三农"问题虽是一个现实问题，但从根本上来说则是一个历史问题，在百年来的历史发展进程中，乡村社会变迁始终是中国历史变迁的主体内容。[3] 换言之，"三农"问题的凸显是一个由城镇化、工业化快速推进引起的乡村社会逐渐走向边缘化、空心化、失序化的历史过程。但随着各类"社会行为不断地经由时空两个维度再生产出来"[4] 时，"空间"便以前所未有的流动、变化和融合方式支配着乡村社会日常生活的建构。"三农"问题不仅体现为由工业化、城市化带来的"发展问题"，而且体现为由工业化、城市化引致的"空间问题"。因此，从"发展"到"空间"的转向，也就成为审视新时代城乡关系、工农关系和乡村振兴战略等重大决策不可或缺的新视角。党的十八大以来，党和国家把城乡融合发展作为解决"三农"问题的根本途径，预示着新时代超越"传统产业结构转换"的经济视域，以"空间"建构方式重塑城乡工农关系，推进城镇与乡村"空间生产"的整合已经达成决策共识。"三农"发展和乡村全面振兴也由此进入重构城乡地域空间新格局的阶段。可见，从"新农村建设"到"乡村全面振兴"，从"城乡统筹"到"城乡融合""乡村"政策话语的再现超越了长期以来"农村"政策话语的认识边界，形成了城市与乡村价值等值和功能互补的城乡关系全新定位。新时代"三农"发展的"乡村""城乡"的"空间"介入，超越了从"产业结构转换"的经济视域推动传统农业部门现代性改造的局限，冲破了我们长期对"城市"与"乡村"简单抽

---

[1] 马晓河：《结构转换与农业发展：一般理论和中国的实践》，北京：商务印书馆，2004年，第3页。
[2] 翟坤周：《"三农"发展的时代意蕴与乡村振兴的集成路径》，《福建论坛（人文社会科学版）》2019年第6期，第52页。
[3] 王先明：《乡路漫漫：20世纪之中国乡村（1901—1949）》（上），北京：社会科学文献出版社，2017年，第1页。
[4] 安东尼·吉登斯，李康、李猛译：《社会的构成：结构化理论大纲》，北京：生活·读书·新知三联书店，1998年，第40页。

象二分或绝对冲突对立的误区和迷茫，开始重新从城乡关系演化、工农关系演变以及新型城镇化、工业化、信息化、农业现代化、绿色化同步发展面临的复杂的"现代化陷阱"中去思考城乡融合发展趋势下的乡村衰败问题。为了解决这一"三农"发展中面临的最大问题，以习近平同志为核心的党中央领导集体除了清醒认识到农业、农村、农民之间的协同性和整体性，也达成了重构城乡地域空间新格局的决策共识。

三、"新三农"协同发展的"空间化"：城乡"空间结构共生"整合视域出场[①]

时间和空间是认识和改变世界、揭示事物之间结构性相互关系的两个基本维度，但"空间在以往被当作是僵死的、刻板的、非辩证的和静止的东西。相反，时间却是丰富的、有生命力的、辩证的"[②]。在传统学术视野中，我们往往将聚焦于重大公共性议题的镜头摇向历史，在历史发展的纵深中审视事物发展的时代方向、理论走向和实践趋向。显而易见，时间在很长一段时期的社会理论建构中处于优先地位，空间仅仅被看作社会活动的外在环境。对于"三农"而言，它就是"伴随着工业化、城市化与现代化进程而导致的传统城乡一体化发展模式破解后，乡村社会走向边缘化、贫困化、荒漠化和失序化的一个历史过程"[③]，历史维度确定了近代以来我国"三农"问题的演化是城乡背离化发展态势下生成的一个"发展问题"。"三农"问题的凸显，本身就是一个"发展问题"的历史再现过程。但随着"各种形式的社会行为不断地经由时空两个维度再生产出来……社会系统存在着结构性特征（structural properties）"[④]时，"空间"便以前所未有的流动、变化、加速和融合方式支配着人们对日常生活逻辑的建构，"空间化"便成为观察、分析和透视事物在历史发展过程中的一个新维度。在列斐伏尔看来，"空间是社会关系的产物，空间中的移动和位置关系也是社会关系的再现"[⑤]，空间"不仅被社会关系支持，也生产社会关系和被社会关系所生产"[⑥]。这一"空间"界定被赋空间予了长远的、确定的政治权力和利益策略属性，"空间"意味着权力主体对场域的占有，以及权利主体对空间的主张；权力主体和权利主体对地方性"空间"的占有、主张及发展策略，从根本上"决定于世界交往的发展，决定于他和他所生活的地区在这种交往中所处的地位"[⑦]。可见，"空间"在建构某种总体性关系、整体性系统的过程中越来越发挥着决定性作用。对于中国特色社会主义进入新时代的"三农"来讲，党和国家权力主体和城乡居民权利主体对"空间"的占有、主张和塑造，不仅仅体现的是工业化、城市化与现代化进程中呈现的"发展问题"，更深层

[①] 翟坤周：《"三农"发展的时代意蕴与乡村振兴的集成路径》，《福建论坛（人文社会科学版）》2019年第6期，第52~53页。
[②] 爱德华·W. 贾著，王文斌译：《后现代地理学》，北京：商务印书馆，2004年，第15页。
[③] 王先明：《乡路漫漫：20世纪之中国乡村（1901~1949）》（上），北京：社会科学文献出版社，2018年，第6页。
[④] 安东尼·吉登斯著，李康、李猛译：《社会的构成：结构化理论大纲》，北京：生活·读书·新知三联书店，1998年，第40页。
[⑤] 包亚明：《现代性与空间的生产》，上海：上海教育出版社，2002年，第23页。
[⑥] 包亚明：《现代性与空间的生产》，上海：上海教育出版社，2002年，第48页。
[⑦] 《马克思恩格斯全集》（第3卷），北京：人民出版社，1960年，第297页。

次体现的却是工业化、城市化和现代化进程引致的"空间问题"。由此，跳出"三农"推动"三农"发展、推进城乡发展一体化，就意味着党和国家"三农"发展认知思维超越了"农村"政治话语，力图构建城乡融合发展的"空间化"策略，即"空间"已经成为审视城市与乡村实现融合发展、实施乡村振兴战略、推进新型城镇化等当前国家重大公共性议题的一个新视角和新视野。也可以说，超越"农村"政治话语的城乡融合发展"空间化"策略将会给新时代城乡融合发展、实施乡村振兴战略、"三农"协同发展带来前所未有的机遇和前景。因此，新时代从城市到乡村纵向延展的城乡"连续体空间"和乡村地域内部横向多维结构共生的"整合型空间"来推进乡村振兴，以乡村振兴引领城乡融合发展、"三农"协同发展具有重大现实意义。

　　时代不断发展，空间频频变换。城市与乡村空间的变换，给我们的生存和发展带来了新的希望，城市、乡村、区域、空间、市场等紧密联系在一起，构成了这个时代的瑰丽画卷。令人欣慰的是，在对城乡、社会和空间的批判性研究中，我们开始尝试超越简单的"农村"政策边界而建构城乡融合视野下的"乡村"政策话语，开始打开和创造乡村空间，开始努力回归乡村本身、回归乡村社会，迈向乡村更加美好的生活。党的十八大以来，推进城乡发展一体化和城乡融合发展，成为破解"三农"问题和实现乡村全面振兴的根本途径，已成为党和国家决策层、实际工作部门和学术界的共识。城乡融合发展不仅是城乡居民权利空间细化和拓展的过程，也是一个城乡居民空间权利冲突和化解的过程。因此，伴随新型城乡工农关系构建的"空间"介入，我们亟须超越传统"产业结构转换"的经济视域局限，重新发现和挖掘"乡土空间"的社会文化价值和生态环境功能，实现现代化的城镇化"空间生产"与现代化的农业农村"空间生产"同步推进。从根本上讲，这既是由实现两个一百年奋斗目标"最艰巨的最繁重的任务在农村、最广泛最深厚的基础在农村、最大的潜力和后劲在农村"的基本国情和农情决定的，也是由中国特色社会主义新时代"三农"发展已经进入地域空间重构和综合价值重塑的全新阶段决定的。基于此，新时代推进乡村全面振兴的目标、步骤、原则、路径无不是城乡融合发展中的"时间化"和"空间化"的辩证统一，也正是对新时代"三农"发展"时代蕴涵"的历时态和共时态发展趋向和规律的揭示，才生成和确定了新时代实施乡村振兴战略的"地域空间"整合的构想及其策略。

　　在中国特色社会主义"三农"发展新时代定义农业、振兴乡村、发展"三农"，应将其放置在农业发展与城乡社会之间互动关系的框架下加以讨论，看到"三农"发展的市场逻辑、生态逻辑以及日常生活逻辑。正如日本学者祖田修界定农业那样，即"通过保护和活用地域资源，管理和培育有利于人类的生物来实现经济价值、生态环境价值和生活价值的均衡与和谐的人类的目的性社会活动"[①]，不仅赋予农业经济价值、生态环境价值和生活价值的均衡和谐等综合价值，也为农业发展引入"地域空间"概念，认为农业综合价值的实现需要一个"地域空间"场所。与此同时，"地域"也是超越农业生产空间、包含生态环境空间和生活空间在内的由"中小城市与农村的复合体"所构成的地域社会。因此，我们应该超越"空间的农业"产业视域而建构"空间的农业、农民和

---

① 祖田修著，张玉林，等译：《农学原论》，北京：中国人民大学出版社，2003年，第57页。

农村"整体视域，即实施乡村振兴的"地域空间"就是由生产（经济）空间、生态环境空间和生活空间相互交织和重叠而形成的在经济、社会和自然各方面都具有一定自律性、个性和开放性的综合地理空间，实施乡村振兴就是嵌入城乡之间的点、线、面"连续体空间"共生结构重塑的有机过程。从这个意义上，我们基于中国城乡、乡村、村镇、村域等多维地域系统呈现出日益紧密的"空间结构共生"现实逻辑，构建了新时代实施乡村振兴战略双重"空间结构共生"整合模型（如图1—1所示），为扎实推进我国乡村全面振兴提供了整体性框架。

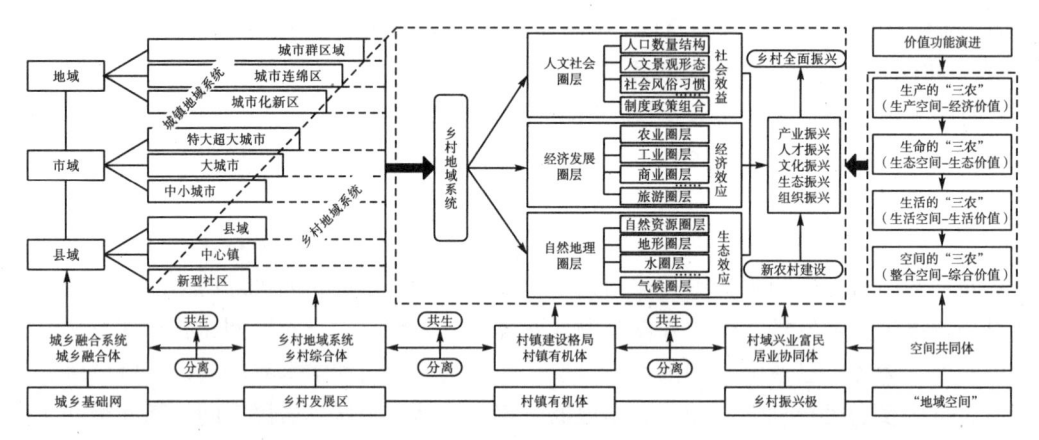

图1—1 基于"城乡融合体—乡村综合体—村镇有机体—村域协同体"多维地域系统"空间结构共生"整合模型

注：根据翟坤周（2014）和刘彦随（2018）修改完善。

一是从城乡融合系统纵向来看，新时代实施乡村振兴的"地域空间"是由城乡融合体空间、乡村综合体空间、村镇有机体空间、居业协同体空间构成的"空间结构共生的连续体空间"。城乡关系是反映一个国家或地区的城市和乡村经济社会结构的基本关系。关于城乡关系的认知，学术界既有城乡二分法基础上的城乡对立论观点，也有城乡共同体基础上的城乡结合论观点。自20世纪以来，我国对城乡关系的认知以及在处理城乡关系问题上，长期以城乡对立论和城乡结合论作为依据。城乡对立论把乡村单纯地理解为城市的边缘，将其看作土地、劳动、资本的供应地，反过来乡村这一方却把城市看作对农村进行剥夺的据点以及人性和文化上的落后之地，二者之间相互冲突和充满矛盾。城乡结合论则认为城市和乡村各有其存在的价值和功能，强调二者的相互结合、补充和支撑。同时，城乡关系的演变不是完全按经济发展规律进行的，而是可能受相关的社会制度、各种政策以及发展理念、规划水平、本土文化和制度资源等方面的影响。[①] 改革开放以来，我国社会制度、"三农"发展政策、发展规划等对城乡关系塑造产生了决定性影响。这种影响最直接的体现就是促使我国从"乡土中国"转向到"城乡中国"的发展新阶段。在这一新的历史阶段，一个重要的问题便是如何看待和塑造中国特色社会主义新时代新型城乡关系的问题。笔者以为，承认城市和乡村同时存在的差异性功能和价值是极其重要的，但仅仅强调二元化的城市和乡村的相互补充和支撑的"城乡结合论"

---

① 王春光：《超越城乡：资源、机会一体化配置》，北京：社会科学文献出版社，2016年，第7页。

第一章　中国特色社会主义"新三农"协同发展的理论建构

观点,仍然无法从特定地理空间单元的城乡融合发展具体实践中找准突破口和切入点。那么,在实施乡村振兴战略过程中,如何实现城市和乡村的相互结合、补充和支撑呢?我们不妨从农村一极向城市一极扩展的视角来定位新时代城乡关系,把城市与乡村看作"空间结构共生的连续体",即"从农村这一极向城市这一极是一个连续变化的过程,各种社区形态都可以被确认为这一轴线上的某个位置"①。"这一轴线上的某个位置"就是包括村域空间、乡村空间、村镇空间、城郊结合部空间、都市化空间等不同地域层级的"综合性空间",就是我们在构建新型城乡关系、实现城乡融合发展的实践中可以精准发力的关键性空间节点。可以说,城乡的原有封闭状态由于日益完善的生产方式、交往及因交往而自然形成的产业分工、城乡分异消灭得越是彻底,城乡关系越是会成为"空间连续体"。因而,随着传统城乡差异、对立逐渐模糊和消除,城乡之间已没有明晰的地域阻隔和断裂点,城市生活是乡村的,乡村生活也是城市的,诸如"住在村里、工作在城镇"的职住分离以及返乡创业者落脚点城镇化取向等现象开始普遍存在,以农业活动和非农业活动在城乡不同地域层级的"连续体空间"中趋向融合和共生,使乡村得以分享城镇集聚经济优势和降低对外交流成本,并迸发出新的希望、新的生活、新的文明。城乡之间不平衡发展规律决定了城乡关系是以"连续体空间"而客观存在的,我们既要避免那种自觉或不自觉地把乡村从城乡地域分工体系中割裂开来,孤立地、静止地看待乡村振兴的错误倾向,又要避免那种过度强调乡村振兴要以城镇为依托的片面认识。城乡关系作为从乡村地域到城市地域连续性扩展的"连续体空间",可以全面而真实地勾勒出中国城乡关系的地域层级、融合程度、市场距离以及社会联系、文化影响等现实图景。这一城乡关系的全新认知更能从城乡经济社会的空间镶嵌、结构互补、功能耦合、相互作用等互动逻辑上来找寻城乡融合发展、乡村全面振兴和"三农"协同发展的现实可行性和操作性路径。

具体来看,区域经济中心的形成和发展得益于特定地理空间单元的优势区位,并随着区域经济不断发展产生扩散效应,经济中心逐渐增加呈斑点状分布。这样,不同地域空间层级的经济中心的这种点与点之间便通过交通线等发展轴线连接贯通形成了多个点轴系统构成的城乡发展立体空间和网格。本质上,城乡融合发展的核心要义在于在强化城乡不同地域空间节点的极化作用的基础上要充分发挥扩散效应。这种扩散效应不断地由中心一极向边缘一极连续性扩展开来,把城乡变为命运共同体。因此,实施乡村振兴战略,就应从城乡"结构共生的连续体空间"出发,着眼于从城市到乡村、由外到内的城乡融合体、乡村综合体、村镇有机体、居业协同体等"四体共生"的系统建设和"从边缘到中心由城乡基础网、乡村发展区、村镇空间场、乡村振兴极所构成的'网—区—场—极'多级目标体系"②,把城乡融合系统作为乡村振兴的重要前提,把乡村综合体作为乡村振兴的根本基础,把村镇有机体作为乡村振兴的重要载体,把居业协同体作为乡村振兴"业态、形态、文态、生态"融合的高级形态和底层支点。同时,与城乡融合系统构成"连续体空间"的乡村地域系统和乡村空间体系,不仅包括城市建成区之外的

---

① 祖田修著,张玉林,等译:《农学原论》,北京:中国人民大学出版社,2003年,第184页。
② 刘彦随:《中国新时代城乡融合与乡村振兴》,《地理研究》2018年第4期,第639页。

广大乡土地域,也包含由城关镇、中心镇、集镇、中心村(社区)、行政村及自然村所构成的村镇空间集合,"乡"和"村"共同构成了乡村发展区、村镇有机体、乡村振兴极等"地域"空间。由此,破解乡村地域系统问题、实现乡村全面振兴、促进城乡融合发展,亟须转变城乡关系认知思维,把城乡不同地域层级空间之间的关系看作"空间结构共生的连续体空间",才能在城乡关系的宏观框架下找寻推进乡村全面振兴的科学路径。

二是从乡村地域空间横向来看,新时代实施乡村振兴的"地域空间"是由乡村地域日渐塑造的包括生产空间、生态空间、生活空间共同构成的"空间结构共生的整合型空间"。产业经济活动、生态系统圈、人情关系往来是维系社会联系的基本手段;同时,我们已经转换到重视"多元价值观"的时代。一方面,今天的乡村"地域空间"已然与其他更广阔的"地域空间"紧密联结在一起,在其自律性、封闭性、超稳定性的基础上开放性不断增强,并不断被赋予生产功能、生态价值和生活意义,生产空间、生态空间和生活空间作为整体日渐受到重视;另一方面,整个社会也开始从物质的发展转向知足的精神和生命的发展,从与自然的对立转向与自然的共生,从利己性的个人主义转向协调性的整体主义,等等,这种转向决定于"三农"发展价值目标在历史过程中越来越体现出多元化和多层次性。因此,实施乡村振兴战略,就需要统筹考量生产空间、生态空间、生活空间的整合与重塑。

具体来看,农业产业过去是乡村地域空间主导性产业,但随着农业产业占国民经济的比重不断下降以及城乡融合带来的多样化产业业态发展,乡村地域正在成为农业、林业、水产业以及工商业和旅游观光业构成的"地域产业复合体"的广义生产(经济)空间。但我们今天又必须看到的基本事实是:从中央到地方,我们已经认识到"三农"本身蕴含着多元化和多层次性的综合价值,在满足生存发展需求的基础上,中国特色社会主义新时代"三农"发展将会肩负起满足人民对美好生活需要的时代使命。显然,在"三农"发展实践中,单一化突出乡村地域"生产(经济)空间"的功能定位,割断了以地域的自然生态圈为基础的长期延续下来的人与自然的共生和循环体系的历史,经济效率和经济目标优先的现代农业发展以不同形式啃噬着作为"生态空间"的乡村地域;同时,在这个社会中,视极端的经济发展主义为圭臬的工业化和城市化极大地冲击了乡村地域系统中传统意义上的关系密切、守望相助、富于人情味的社会生活共同体,缺乏以文化表达自我生命意义和归依的生活空间的"空心化",加剧了传统乡土社会个人生活、家庭生活和社会生活逻辑的瓦解。这些种种现实趋势已经与"三农"发展的综合价值目标出现对立:重视经济价值时往往会忽视对生态环境和社会生活的考虑,重视生态环境价值又容易轻视生产效率和居民的社会生活,重视社会生活价值也容易淡忘经济发展的要求。"三农"发展蕴含的经济价值、生态环境价值和社会生活价值存在的这种相互对立,从根本上讲,是人们长期在实践中存在的生产逻辑、生态逻辑和生活逻辑的对立造成的,难以实现经济价值、生态环境价值和社会生活价值协调统一和有机整合。这种生产逻辑、生态逻辑和生活逻辑对立以及经济价值、生态环境价值和社会生活价值背离,进一步导致"三农"发展中存在工商资本下乡后的变异、新农村建设"重物质、轻文化"和"重视产业发展、忽视宜居建设"等突出问题和不良现象。因此,可以看到,各级地方在"三农"发展实践中面临的最大困难就是如何实现各种逻辑统一起来、实现各种价值协调起来、实现各种空间整合起来。我们认为,从乡村地域空间价值功能演进来看,我们已经走过了强调经济价值的生产性"三农"、突出生态价值的生命性"三农"和关注生活价值的生活性"三农"发展阶段,进而进入彰显"生产、生活、生态"有机统一的整合性空间的"三农"发展阶段,即"空间的农业、农民、农村"发展阶段,实施乡村振兴这个大战略给予了化解这个最大困难的"窗口期",通过乡村地域系统生产空间、生态空间和生活空间"空间共同体"的整合与营造,着力"三农"发展的综合价值目标实现,将成为贯穿乡村振兴战略的主线和指导思想。

四、以乡村振兴引领"新三农"协同发展:基于"空间结构共生"的理论框架[①]

党的十九大指出:中国特色社会主义新时代"要坚持农业农村优先发展,按照产业兴旺、生态宜居、乡风文明、治理有效、生活富裕的总要求"[②] 实施乡村振兴战略。相对于党的十五届三中全会提出的"建成富裕民主文明的社会主义新农村"[③] 目标和党的十六届五中全会提出的"生产发展、生活宽裕、乡风文明、村容整洁、管理民主"的社会主义新农村建设要求,实施乡村振兴总要求不仅赋予了乡村振兴新内涵和新路径,也明确了新时代推动"三农"协同发展的基本着力点。对此,我们应该看到"三农"发展新时代乡村振兴至少具有两个层面的科学内涵:一是乡村振兴的地域空间边界是城乡"空间结构共生的连续体"轴线上的"乡村"地域空间,在特定"乡村"地域空间内部,"乡村"又是包括生产空间、生态空间和生活空间在内的整体性地域空间;二是乡村振兴的实践内核和路径是"乡村"地域空间上的"全面振兴",是与"五位一体"总体布局和"四个全面"战略布局紧密联系在一起的,涉及农村经济、政治、文化、社会、生态文明以及党的建设等整体提升和全面振兴内容。因此,"三农"发展新时代实施乡村振兴战略,是一项复杂的系统工程,不仅需要从城乡"空间结构共生"的整合视域出发,重新发现"乡村"地域空间系统的多元价值,重新认识农业本体、农民主体、农村载体在新时代"三农"发展和乡村全面振兴的定位和角色,形成人才、土地、资金、产业、信息汇聚的良性循环体制机制和政策体系;更需要在坚持党管农村工作、坚持农业农村优先发展、坚持农民主体地位、坚持乡村全面振兴、坚持城乡融合发展、坚持人与自然和谐共生、坚持因地制宜与循序渐进等基本原则的基础上,构建基于城乡"空间结构共生"整合的"产业—主体—文化—生态—组织—制度"协同的乡村全面振兴集成路径(如图1-2所示)。以城乡"结构共生的连续体空间"为依托实施乡村振兴战略,有利于乡村与城市的市场、基础设施和公共服务实现互联互通;有利于乡村与城市的生产链、供应链、价值链实现互联互通;有利于乡村居民更好地分享城市机会、共享城市服务,满足高质量、多样化的美好生活需要;有利于乡村引进城市观念、技能、资金和人才,增强乡村社会的包容性。当然,落实乡村振兴不

---

① 翟坤周:《"三农"发展的时代意蕴与乡村振兴的集成路径》,《福建论坛(人文社会科学版)》2019年第6期,第53~55页。
② 《十九大以来重要文献选编》(上),北京:中央文献出版社,2019年,第22页。
③ 《改革开放以来历届三中全会文件汇编》,北京:人民出版社,2013年,第90页。

是"去小农化"、不是乡村过度产业化,不能盲目推进土地流转、不能消灭农民生活方式差异、不能轻视基层"三农"工作。具体来看,以城乡"结构共生的连续体空间"为依托的乡村振兴引领新时代"新三农"协同发展的集成路径应该包含六个方面的内容。

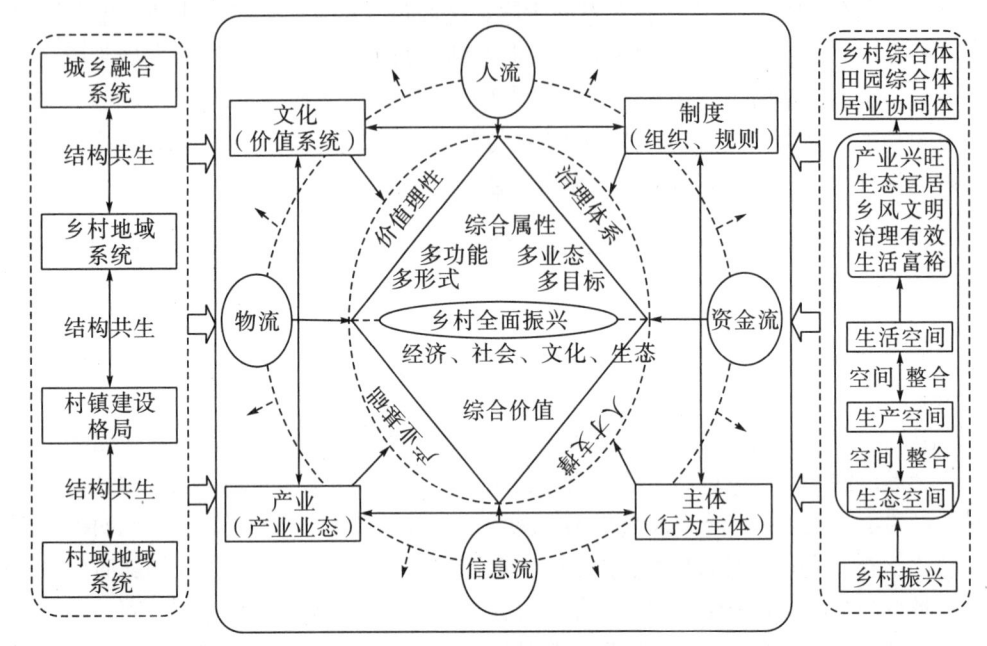

图1-2 基于城乡空间结构共生整合的"产业—主体—文化—生态—组织—制度"乡村振兴集成路径
注:根据翟坤周(2014)修改完善。

1. 促进乡村产业振兴,构建现代农业产业体系、生产体系、经营体系、质量体系和社会化服务体系,实现城乡之间产业生产链、供应链、价值链和利益链互联共享。

农业兴则产业兴,产业兴则百业旺。推动乡村产业振兴是做好乡村振兴这篇大文章的首要任务和第一要义。促进乡村产业振兴,全面提升乡村物质文明,要紧紧围绕构建现代农业产业体系、生产体系、经营体系、质量体系和社会化服务体系等重要内容,促进城乡一二三产业融合发展,不断夯实由农业大国向农业强国转变的基础地位、确保国家粮食安全和主要农产品有效供给,实现城市与乡村生产链、供应链、价值链和利益链互联共享。

一是打通城乡地域时空通道,挖掘现代农业产业多种功能,培育乡村振兴经济增长点。城乡时空通道是否畅通和联动决定了城乡"连续体空间"的距离长短;而城乡"连续体空间"能够实现从城镇到乡村的等级扩散和市场联通,除了地域空间中观和微观经济社会发展水平外,其关键性因素便是从乡村到城镇的交通通达度和通勤度。因此,以交通道路基础设施为内容的城乡联通网络建设将成为乡村振兴的一项重要任务。在缩短城乡"连续体"的空间距离、时间距离、市场距离、生活距离和社会距离的基础上,挖掘现代农业产业具有的多种功能和价值,培育乡村多样化经济增长点,在一定程度上才是符合经济社会发展基本规律的。党和政府要跳出"三农"来发展"三农"、跳出乡村振兴来推进乡村振兴,改变长久以来我们单向强调促进"产村相融""一二三产融合"等政策导向,应看到具有从城镇向乡村扩展的等级性城乡"连续体空间"的通勤度和通达度既是城镇人才、资金、物质、技术、管理等各类要素向乡村社会扩散和传导的关键性因素,又是乡村现代农业产业多元价值功能发挥、新的经济增长点培育以及现代经济发展的充分必要条件。同时,人类对农业价值的认识总体上经历了"农业的经济价值阶段、农业的生态价值阶段、农业的生活价值阶段、农业的综合价值阶段"[1]四个阶段,与之对应,我国农业的价值追求也已经从生产的农业(经济价值)转换到生活的农业(生活价值)、生命的农业(生态价值)、空间的农业(综合价值)并重的发展阶段。因此,在产业振兴实践中,坚持农业农村优先发展,关键的切入点就是拓展现代农业产业的价值功能。基于此,我们就应认识到"农业不仅具有食品保障功能,而且具有原料供给、就业增收、生态保护、观光休闲、文化传承等功能。建设现代农业,必须注重开发农业的多种功能,向农业的广度和深度进军,促进农业结构不断优化升级"[2],从农业的经济层面(农产品供给、产业发展)、政治层面(国家安全)、文化层面(休闲旅游、文化教育)、社会层面(社会稳定、社会保障)和生态层面(生态环境保护、物种多样性)着力找寻新的经济增长点,不断满足人民日益增长的美好生活需要。

二是促进城乡地域空间一二三产业融合发展,实现产业链延伸、价值链整合和利益链分享。构建一二三产业融合协同发展的产业体系既是新时代建设现代化经济体系的构成要素和题中之义,也是实施乡村振兴战略的重要支撑和基本内容。自2015年"中央一号文件"正式提出"推进乡村产业融合发展"以来,乡村产业发展正由三次产业分割走向一二三产业融合,这种产业层次上的融合需要空间层次上从乡村地域走向城乡地域的空间融合和功能层次上从放大农业经济功能走向农业产业政治、文化、社会和生态的功能融合来支撑。为此,党的十九大从国家战略高度立足于中国乡村发展的当地要素和外部动力,提出"建立健全城乡融合发展体制机制和政策体系""促进农村一二三产业融合发展,支持和鼓励农民就业创业,拓宽增收渠道"的实践方案,明确了产业融合的基础地位和农业产业功能融合、城乡地域空间融合对产业融合的支撑作用,这是实现城乡产业链延伸、价值链整合和利益链共享的关键着力点。因此,在产业融合实践中,要避免乡村地域空间的产业融合狭隘思路和过度放大农业产业经济功能的认识偏颇,正确处理好新时代乡村振兴与新型城镇化、乡村农业与非农产业、传统农业与特色农业之间的关系,建立基于城乡地域空间融合的产业融合发展路径和政策体系,把产业融合发展最终落到促进亿万农民增收上来。同时,新时代促进城乡地域空间的一二三产业融合,需要在农民耕作经营土地、农民城镇非农就业之外开拓农民就业和增收的"第三空间",超越第一产业本身。这就要求瞄准城乡地域空间的市场新需求,以农业产业为基础并基于农业多功能性的价值增值目标创造新供给,通过股份合作、保底分红、利润返还等多种形式,在科学把握乡村的差异性和发展趋势分化特征的基础上,培育包括乡村观光、民宿、休闲旅游、养老养生、教育体验、网购、电商、社区支持农业、共享农庄等农旅融合、"农业+""乡村+""互联网+"新业态新产业,让亿万农民合理分享全产业链

---

[1] 朱启臻:《生存的基础:农业的社会学特性与政府责任》,北京:社会科学文献出版社,2013年,第77页。
[2] 《中共中央国务院关于"三农"工作的一号文件汇编(1982—2014)》,北京:人民出版社,2014年,第144页。

增值收益。

　　三是推进要素整合和利益共享基础上的产业适度规模经营，实现传统小农户与现代农业发展的有机衔接。发展多种形式的适度规模经营是新时代乡村产业振兴的重要途径，而实现多种形式的适度规模经营则需要以多种资源要素的供给为基础条件。近年来，在以城镇化主导的"城市主义"发展模式下，乡村成为城镇发展的附庸，包括农村劳动力、土地、资金等大量资源要素纷纷逃离"没有希望"的乡村单向流入城镇，"作为一个有机整体的乡村就被任意切割成七零八落的碎片，丧失了其本身相对于城市的主体性和竞争力"①。正是基于此，各级地方政府在推进农业产业发展和工商资本下乡过程中，以各种产业项目或"公司+农户"的纵向一体化模式倡导"去小农化"、推进土地流转以及农业产业化，专于"产业园区"，乐于"项目示范"，试图通过城乡资源要素的整合实现规模经营效应。但是，我们看到的却是另一番景象：在农地方面，由权力和资本协力推动的土地流转以所谓"规模经济"、由政策文本和学术话语所构设的土地流转的农业产业规模效应并未出现，而结果却是大量土地"非农化"和"非粮化"。② 因此，发展多种形式的适度规模经营，就应坚持以农民为中心的"三农"发展思想和价值尺度，把实现农民的利益分享作为出发点和落脚点，超越简单的要素合作和要素整合思维，尤其是要避免工商资本企业下乡之后以"规模经济"为名加速推进农村土地流转，进而出现在农业生产和农产品流通环节资本化企业挤压小农户利用空间、土地流转无法完全吸纳原有土地流转劳动力后农民"失地又失业"等各类风险。这就要求通过对农民基于自身的劳动力、土地、资金、产品、技术服务等各项要素整合的引导，推动劳动力合作、土地合作、信用合作、产品销售合作、社会化服务合作等，实现各类要素整合与合作基础上的"规模经济"带来的利益共享。同时，乡村振兴不是"去小农化"，在今后相当长时期，小农户经营在"城乡中国"阶段将会长期存在，短期内不可能完全消灭。这就需要通过耕地托管、代耕、购买社会化服务，为小农户提供现代化农业技术装备和现代化生产要素供给服务，实现传统小农户与现代农业发展的有机衔接。

　　四是深化农业供给侧结构性改革，提升农业发展质量。乡村振兴被置于贯彻"创新、协调、绿色、开放、共享"五大新发展理念以及建设现代化经济体系的内容框架中，被赋予在产业发展上对质量、结构、效益、动力等方面的具体要求。因此，面对当前我国"农产品阶段性供过于求和供给不足并存，农业供给质量亟待提高"的突出问题以及"人民日益增长的美好生活需要"的迫切要求，我们可以判断我国农业的主要矛盾已经由总量不足转变为结构性矛盾，且矛盾的主要方面在供给侧。化解农业领域存在的供给侧结构性矛盾，就必须坚持"质量兴农、绿色兴农"，以农业供给侧结构性改革为主线，以提高农业供给质量为主攻方向，深入贯彻落实中共中央办公厅、国务院办公厅印发的《关于创新体制机制推进农业绿色发展的意见》实施方案，围绕农业产业短期目标、中期目标和长期目标，调整农业产业粮经饲种植结构、农业产业区域布局结构和农

---

① 吴重庆、陈奕山：《新时代乡村振兴战略下的农民合作路径探索》，《山东社会科学》2018年第5期，第20页。

② 叶敬忠：《乡村振兴战略：历史沿循、总体布局与路径省思》，《华南师范大学学报（社会科学版）》2018年第2期，第69页。

产品供给结构,优化农业产业体系、生产体系和经营体系,提高农业创新力、竞争力、全要素生产率,促进农业从增产导向转向提质导向、从数量导向转向效益导向、从要素投入导向转向创新驱动导向,建立基于农产品结构与农业生产要素投入并重的现代农业产业质量评估体系,即"促进农业农村发展由过度依赖资源消耗、主要满足量的需求,向追求绿色生态可持续、更加注重满足质的需求转变"[1],最终实现农业发展动能根本性变革。

五是构建城乡联动的产业发展社会化服务体系。在我国农村集体所有制框架下,居于主导地位的统一经营对居于基础地位的农户分散经营提供服务,降低分散经营农户的生产成本。但长期以来,家庭联产承包责任制在实践中,村庄集体的统一经营却被虚置、弱化或完全消失,农户分散经营被不断强化甚至"一分了之"。这样一来呈现出这样的乡村图景:村庄集体经济组织丧失了经营功能,服务于广大分散农户的产业发展社会化服务体系难以建立;许多偏远农村土地"一分了之",任凭分散小农户在自由市场竞争大潮中自生自灭、自然分化。可见,"有分无统"的家庭分散经营,单家独户的个体农民无力进行大规模农田水利建设、大规模土壤改良和农村环境整治,难以独立抵御自然风险、市场风险、政策风险、社会风险等,难以适应推广农业科技和先进机械的要求。[2] 同时,伴随着近年来家庭农场、专业大户、农民合作社、农业企业等组织化新型农业经营主体的培育和发展,这种小农户困境和新型农业经营主体发展趋势无不对建立健全农业生产全过程社会化服务体系提出了更高要求。因此,鉴于村庄集体统一经营被虚置、弱化或完全消失的后果,新时代促进乡村产业振兴则需要构建城乡联动的产业发展社会化服务体系,着力发挥城镇各类市场化或公益性农业经营主体对乡村地域空间各类农业生产主体的社会化服务功能。

2. 促进乡村人才振兴,培育新型农业经营主体,加强"三农"工作队伍建设,把调动亿万农民的主动性、积极性和创造性转化为推动乡村振兴的原生活力。

实施乡村振兴战略是建设现代化经济体系的重要任务,现代化经济体系需要现代化的人才支撑。换言之,现代化的本质是人的现代化。从这个意义上来看,乡村振兴的核心是人才的振兴。"农村经济社会发展,说到底,关键在人。没有人,没有劳动力,粮食安全谈不上,现代农业谈不上,新农村建设谈不上,还会影响传统农耕文化保护和传承。"[3] 实施乡村振兴战略亦是如此,必须注重乡村人力资本开发,汇聚全社会力量,促进各参与主体充分协作,发挥亿万农民的创造精神和勤劳精神,把优化城乡人才结构、挖掘乡土人才潜能、调动乡村人才积极性置于破解乡村人才瓶颈制约的重要地位。具体而言,促进乡村人才振兴的关键着力点在于"两类主体"的培育。

一是从农业生产经营主体来看,要着力加快城乡融合发展时代"以代际分工为基础的半工半耕的家计模式"下传统小农户现代化改造和新型农业经营主体培育。当前中国正处于从"乡土中国"进入"城乡中国"发展阶段,既呈现出传统乡土中国社会具有的

---

[1] 《十八大以来重要文献选编》(下),北京:中央文献出版社,2018年,第529~530页。
[2] 冯道杰、程恩富:《从"塘约经验"看乡村振兴战略的内生实施路径》,《中国社会科学院研究生院学报》2018年第1期,第23页。
[3] 《十八大以来重要文献选编》(上),北京:中央文献出版社,2014年,第678页。

稳定性和封闭性特征，也呈现出城乡中国社会具有的流动性和开放性特征，这使得当前中国农业生产经营形式出现了分工化和组织化并存的基本事实。因而，观察当前中国乡村社会，我们既可以看到以老年父母留守农村从事农事活动、青壮年子女外出务工为代际分工的家庭再生产结构，又可以看到随着农村土地承包权主体同经营权主体分离形成的家庭农场经营、专业大户经营、合作社经营、企业经营等农业生产经营实现形式。前者是传统农业地区的农业经营主导形式，后者是城郊结合区域和以现代农业发展为主体功能的平原地区的农业经济主导形式。因此，从农业生产经营主体维度来促进乡村人才振兴，归根结底是要回答城乡融合发展的新时代谁来种地以及农业生产经营主体愿不愿意种地、会不会种地、怎样种地的问题，其核心主要是解决好人的问题。就目前来看，"以代际分工为基础的半工半耕的家计模式"下传统小农户农业经营形式仍占有很大比重，还需要一个较长历史过程来实现生产经营方式的转换，对于传统小农户而言，就需要通过各类职业技能培训进行现代化要素的介入和改造。但是，我们必须看到，股份合作、家庭农场、专业合作、企业经营等多种农业经营形式将成为未来现代农业发展的大方向，新型农业经营主体将成为现代农业发展的主力军。这就需要加快以家庭农场、专业大户、农民合作社、农业企业等为主体结构的组织化、专业化、集约化、社会化的新型农业经营主体培育。对于新型农业经营主体培育，则需要"把确权赋能与农村土地权能结构优化作为首要前提、把生产方式和生活方式协同作为基本条件、把因地制宜与循序渐进相结合作为基本原则、把'严格准入—动态监管—规范退出'作为政策主线"[①]，解决好新型农业经营主体培育的土地权能结构问题、新型农业经营主体与生产生活方式转型先后次序问题、新型农业经营主体培育的区域差异化问题以及新型农业经营主体培育的经济社会效能问题。

二是从"三农"发展工作队伍主体来看，要全面改善轻视"三农"工作人员、贬低"三农"工作价值的总体风气，着力建设一支真正懂农业、爱农村、爱农民的"三农"工作队伍。长期以来，在我国社会上形成了"贱农主义"以及由此所形塑的政策话语和学术话语对"三农"价值产生了认识上的偏颇，导致在推动"三农"工作中与"农"相关的工作被视为低社会价值、低社会地位的工作，进而呈现出轻视从事"三农"工作人员的社会风气。因此，首先需要从思想认识上改变这种认识误区，不仅强化乡村振兴的顶层设计，也要关注基层"三农"工作的价值功能；既要从"三农"价值功能的媒体宣传、农业农村价值教育等措施着力，又要从"三农"工作队伍培养培训切入，为新时代乡村振兴开创"懂农""爱农"和"支农"新局面。具体来说，新时代建设一支懂农业、爱农村、爱农民的"三农"工作队伍，需要从四个方面进行强化：加强农村专业人才队伍建设，建立县域"三农"专业人才库，培养一批农业职业经理人、经纪人、乡村工匠、文化能人、非遗传承人等；发挥科技人才支撑作用，建立高等院校、科研院所等事业单位专业技术人员到乡村和企业挂职、兼职和离岗创新创业衔接机制；鼓励社会各界投入乡村振兴，支持和引导企业家、党政干部、专家学者、医生教师、规划师、建筑

[①] 王国敏、翟坤周：《确权赋能、结构优化与新型农业经营主体培育》，《改革》2014年第7期，第158~159页。

师、律师、技能人才等投身乡村振兴工作，加快制定鼓励引导工商资本参与乡村振兴的指导意见；创新乡村人才引育使用机制，通过学历教育、技能培训、实践锻炼等多种方式使"三农"工作队伍成为行家里手。

3. 促进乡村文化振兴，以社会主义核心价值观为引领涵育乡村社会公共精神和共同体意识，挖掘和利用传统优秀乡土文化资源，健全乡村公共文化服务体系，全面提升乡村社会文明程度。

文化兴则乡村兴，文化强则乡村强。全面建成小康社会，迫切需要补齐文化发展短板，实现文化小康，丰富人们的精神文化生活，提高国民素质和社会文明程度。[1] 乡风文明是乡村文化振兴的根与魂，是实现中华民族复兴和建设社会主义现代化强国的重要内容。文明通常指人类的进步开化状态，它是同"野蛮"相对立的一种人类文化范畴，属于人类文化中的那些积极正向、具有肯定性价值的部分。[2] 与乡村文明所强调的乡村地域系统在物质进步、文化发展、制度治理和道德改善层面达到的进步开化状态不同，乡风文明则特指乡村地域社会文化系统由思想道德、传统文化、公共文化、民风民俗等构成的"乡风"内容通过创造性、建构性、创新性努力达到"文明"内核要求的进步开化状态。与改革开放新时期我们对经济发展、收入增长、财富累积等的"物质幻想"不同，随着新时代国家和社会整体文明程度全面提升，我们越发感受到无论物质方面表现得多么具有吸引力，都无法取代家庭、社区、精神、道德、邻里和文化等持久的纽带作用。新时代全面提升乡风文明程度也不例外，需要从文明的高度、价值的深度和实践的标度搭建乡村新的价值体系，审视乡风文明承载的乡村社会公共精神、互助合作精神和村庄共同体意识，把握乡风文明和价值体系修复的"价值引领—传统建构—现代解构—新时代重构"的建构性路径。

一是以社会主义核心价值观为引领，加强农村思想道德建设。核心价值观是一个民族赖以维系的精神纽带，是一个国家共同的思想道德基础；没有共同的核心价值观，社会公众就会魂无定所、行无依归。促进乡村文化振兴，首先就要以社会主义核心价值观为引领，面向乡村社会回答好我们要建设什么样的国家、建设什么样的社会、培育什么样的公民等重大问题，明确乡村社会在国家、社会、公民三个层面上的价值要求。在此基础上，通过教育引导、实践养成、制度保障协力推进社会主义核心价值观融入乡村社会日常生活，提升农民精神风貌，弘扬主旋律和社会正气，培育文明乡风、良好家风、淳朴民风；深入推进包括社会公德、职业道德、家庭美德、个人品德在内的公民道德建设实践；加强乡村社会诚信建设和社会公共精神培育，强化农民的社会责任意识、规则意识、集体意识、合作意识、共同体意识和主人翁意识。

二是挖掘、传承、发展和提升乡村优秀传统文化。乡村优秀传统文化是乡村的灵魂，是乡村文化振兴的重要资源。因此，乡村文化振兴并非"优秀传统文化—现代创新文化"断代式文化振兴。相反，乡村文化振兴既要重视深度挖掘乡村传统优秀文化资源，划定乡村建设的历史文化保护线，做好乡村文物古迹、传统村落、民族村寨、传统

---

[1] 《国家"十三五"时期文化发展改革规划纲要》，《人民日报》2017年5月第1版。
[2] 王忠武：《乡村文明的价值结构与新时代重构》，《山东社会科学》2018年第5期，第43页。

建筑、农业遗迹、灌溉工程遗产以及农耕文化、民风民俗、戏曲曲艺、民族文化、民间文化的等文化遗产的传承和保护；又要注重在文化的创新性发展中融合乡村传统优秀文化元素，立足于农耕文化和乡土文明，吸收城市文明及外来文化优秀成果，不断赋予优秀传统文化资源新的时代内涵和丰富表现形式，充分发挥农耕文化蕴含的优秀思想观念、人文精神、道德规范在凝聚人心、教化群众、淳化民风中的重要作用。

三是按照有标准、有网络、有内容、有人才的要求健全乡村公共文化服务体系。乡村公共文化服务体系是促进乡村文化振兴的重要依托，同时也是城乡公共文化服务体系的主要内容。虽然城镇和乡村公共文化服务的标准和内容在地域空间上呈现出差异性，但以城乡空间结构共生的"连续体空间"来审视乡村文化振兴，就要看到无论是乡村还是城镇公共文化建设，都依赖公共文化服务网络体系和人才队伍的支撑，都要有在公共文化服务评估标准和建设内容上的城乡差异。因此，促进乡村文化振兴，就需要在城乡"连续体空间"的重要节点上推进乡镇基层综合性文化服务中心建设，发挥其公共文化机构的辐射功能；坚持政府主导，按照公益性、基本性、均等性、便利性的要求，深入实施乡村文化惠民工程，完善公共文化服务网络，促进文化资源向乡村倾斜，让亿万农民群众广泛享有免费或优惠的基本公共文化服务；培育挖掘乡土文化人才，引导社会各界投身乡村文化建设；活跃繁荣农村文化市场，丰富农村文化业态。

四是广泛开展群众性精神文明创建活动，开展移风易俗行动。示范引领和专项行动是促进乡村文化振兴的重要方式。通过广泛开展文明村镇、星级文明户、文明家庭等群众性精神文明示范引领性活动，对传统文化价值观进行修复和重塑，示范带动乡村社会形成崇尚精神文明的良好风气和氛围。通过开展移风易俗行动，遏制大操大办、厚葬薄养、人情攀比、迷信盛行等陈规陋习，开展各类精神文明活动，加强农村科普工作，提高农民科学文化素养，丰富农民群众的精神文化生活。

4. 生态环境不仅是关系党的使命宗旨的重大政治问题，也是关系人民美好生活实现的重大社会民生问题。

农业农村现代化是人与自然和谐共生的现代化，既要创造更多物质的和精神的财富满足亿万农民日益增长的乡村美好生活需要，也要提供更多优质乡村生态产品、形塑乡村生态空间以满足亿万农民日益增长的优美生态环境需要。生态环境问题不仅是关系党的使命宗旨的重大政治问题，也是关系百姓民生的重大社会问题。可见，促进乡村生态振兴，建设生态宜居美丽乡村，是实施乡村振兴战略的题中应有之义。当前，以工业化、城镇化主导的现代化带来的垃圾围村围城、工业污染"上山下乡"以及城镇化无度无序蔓延扩张，对城市和乡村人与自然生态环境之间构成的共生和循环体系造成了巨大破坏，生态文明建设正处于压力叠加、负重前行的关键期。因而，如何重构乡村人与自然生态环境之间的共生和循环系统，打好新时代提供更多优质生态产品以满足人民日益增长的优美生态环境需要的攻坚战，将成为乡村振兴面临的重大课题。党的十八大以来，我国把生态文明建设作为事关中华民族永续发展的根本大计，将其纳入"五位一体"总体布局，生态文明建设的地位从"附加题"到"必答题"，我们已经到了有条件、有能力解决生态环境突出问题的窗口期，迎来了从"+生态"到"生态+"的生态文明新时代。这些认识和思考为推进生态宜居美丽乡村建设提供了总体思路。具体而言，促进乡村生态振兴,自觉把乡村经济社会发展同生态文明建设统筹起来,形成节约资源和保护环境的产业结构、空间格局、生产方式和生活方式,亟须从规划引导、主体培育、产业升级、空间优化、制度完善等方面协同发力,才能还乡村自然以宁静、和谐、美丽,给自然生态留下休养生息的时间和空间。

一是从规划维度来看,贯彻新时代生态文明建设新理念和原则,树立"一张蓝图干到底"的战略定力,科学制定各层次乡村振兴战略实施规划。加强生态文明建设的关键和前提,说到底首先是思想认识上的问题,其次是技术方法和路径上的问题。促进乡村生态振兴就是要把贯彻理念、深化认识和规划先行结合起来,把坚持思想认识和技术方法、思维理念和技术路径、价值目标和工具手段统一起来。党的十八大以来,从"尊重自然、顺应自然、保护自然"的生态文明建设理念到树立"尊重自然、顺应自然、保护自然,发展和保护相统一,绿水青山就是金山银山,自然价值和自然资本,空间均衡、山水林田湖是一个生命共同体"①的生态文明体制改革"六大理念",再到新时代坚持"人与自然和谐共生、绿水青山就是金山银山、良好生态环境是最普惠的民生福祉、山水林田湖草是生命共同体、用最严格制度最严密法治保护生态环境、共谋全球生态文明建设"②的生态文明建设"六大原则",不仅深化和拓展了我们对生态文明建设的总体认识,也为新时代促进乡村生态振兴提供了思维导图和技术原则。循此理念和原则,各级地方政府,特别是一些领导干部,要改变过去把生态文明建设看作"软任务""以后的事"的片面认识,要从源头和过程出发,把新时代生态文明建设的理念和原则深刻融入和全面贯穿到地方经济社会各项发展规划中。总体上,就是要利用好从中央到地方各级政府拥有的"经济社会发展规划权"这个有形之手,设定各领域生态文明建设预期性和约束性指标。就实施乡村振兴战略而言,则需要统筹考虑战略规划的宏观、中观、微观层次,依据国家层面制定的《推进生态文明建设规划纲要(2014—2020年)》《全国主体功能区规划》和《国家新型城镇化发展规划(2014—2020年)》,制定实施《国家乡村振兴战略规划(2018—2022年)》;各级地方政府依据国家宏观规划,结合地方实际,整合地方现有土地利用规划、城乡建设规划,制定既符合地方乡村发展实际和预期、又全面体现新时代生态文明建设要求的乡村振兴战略规划,才能以"一张蓝图干到底"的规划精神落实地方乡村生态振兴的具体举措,才能最大地发挥好乡村良好生态环境的经济优势,推动乡村自然资本加速增值,实现百姓富、生态美的统一,打造人与自然和谐共生的乡村发展新格局。

二是从主体维度来看,健全以生态价值观念为准则的生态文化体系。生态文明反映的是人与自然和谐共生的关系。"人"就是生态文明建设的主体维度,"人"这一主体维度的生态价值观念形成与否、正确与否,直接决定了"人"对待和利用"自然"的行为方式及其产生的后果。马克思认为:"人的本质不是单个人所固有的抽象物,在其现实性上,它是一切社会关系的总和。"③对于现时代,"人"这一"社会关系的总和"的

---

① 《中共中央国务院印发生态文明体制改革总体方案》,北京:人民出版社,2015年,第2~3页。
② 《习近平出席全国生态环境保护大会上并发表重要讲话》,《人民日报》2018年5月20日第1版。
③ 《马克思恩格斯文集》(第1卷),北京:人民出版社,2009年,第501页。

"类"本质便呈现为超越"自然人"并把许多个人自然地联系起来的普遍性样态,即"人"这一主体维度还包括由各种经济的、政治的、社会的关系纽带联结而成的政府主体、市场主体、社会主体等"人格化"的政府组织和企事业法人。这类"人"对待和利用"自然"的认知思维和行为方式,应该成为我们今天全面理解和完整观照人与自然和谐共生关系中的"人"的认知重点。否则,我们既会有意或无意地割裂生态文明建设"人"的主体维度的完整性,又会把生态文明建设的责任和重担过度压在社会公众这"类"自然人身上,而忽视政府主体、市场主体在经济社会发展中因改造和利用"自然"而产生的资源消耗、环境污染、生态退化等负效应所承担的责任。政府组织、企事业单位等"人格化"主体是造成当前我国资源约束趋紧、环境污染严重、生态系统退化等问题的主导性因素。因此,准确厘清"人"的主体构成,是建设生态文明、促进人与自然和谐共生的关键。在此基础上,形成以生态文明价值观为准则的生态文化体系,并将生态文化体系融入和贯穿到"人"这一主体的思维方式和行为活动的各方面和全过程,才能为新时代生态文明建设做出积极贡献。生态文明价值观的形成是一个持久的过程,其形成之后的影响也是最深层次和最持久的。这就要求把生态文明价值观塑造作为政府、企业、社会组织、公众等行为主体的首要必修课。就乡村生态振兴主体而言,既要把《公民生态环境行为规范(试行)》落实到乡村生态振兴的规划和具体实践中,又要要求地方政府、村两委干部、新型农业经营主体加强学习生态环境科学、环境健康风险防范知识,树立良好的生态价值观,提升生态环境保护意识和生态文明素养,引导乡村振兴各类主体传播生态文明思想、践行绿色发展理念,自觉成为生态宜居美丽乡村建设的倡导者、行动者、参与者和示范者。

三是从产业维度来看,构建以产业生态化和生态产业化为方向的生态经济体系。产业既是国民经济的基础支撑,又是生态文明建设的重要载体。形成以产业生态化、生态产业化为基本特征的生态经济体系,将成为我国进入新发展阶段后建设现代经济体系的重要任务。党的十八大以来,我国正处于由农业社会向工业社会转变、由传统产业向创新产业转变的新阶段,围绕"经济发展新常态"这个经济发展大逻辑,着力推进新时代生态文明建设,就需要高度重视三次产业的绿色变革和联动升级。新时代促进乡村全面振兴,也需要在遵循"经济发展新常态"这一经济逻辑基础上构思乡村地域空间三次产业的绿色变革策略。由农、林、牧、渔业等构成的"大农业"本就是绿色产业,是农耕文明和生态文明共生的基础性经济部门,是关系大国生存和安全的战略性产业。工业是国民经济的主导,着力把生态文明的理念、原则、技术、目标等融入工业化进程中,构建城乡联动的生态化工业体系,才能巩固我国的工业文明基础。同时,随着城乡通勤度提高、市场化提升以及三次产业在乡村地域空间的融合增强,利用乡村良好生态环境这一最大优势和宝贵财富而发展起来的观光农业、民宿、健康养生、生态教育等第三产业也将成为乡村生态经济体系建设的重要内容。可以说,利用乡村地域良好生态环境和产业特色,促进乡村三次"产业生态化、生态产业化"的产业发展路径,打造绿色生态环保的乡村生态产业链,将会成为乡村生态振兴的常规选择。

四是从空间维度来看,塑造以生产空间、生活空间和生态空间整合为内容的空间格局。在乡土中国迈进城乡中国发展阶段,以城乡"连续体空间"作为主体构成的国土空间格局将成为我国促进乡村生态振兴的空间依托。长期以来,"我们一般比较注重产业结构调整,没有把空间结构调整摆在重要位置"①。但在实践中,国土空间不仅是国民经济规划的现实承载,更是各类行为主体进行活动的空间平台,空间格局对各级地方政府的规划制定、生产力布局无不具有重要意义。当然,"空间结构,有大尺度的国土空间结构,也有小尺度的城镇用地结构。要按照促进生产空间集约高效、生活空间宜居适度、生态空间山清水秀的总体要求,结合化解产能过剩、环境整治、存量土地再开发,形成生产、生活、生态空间的合理结构"②。因而,从基于城乡结构共生的"连续体空间"整合视域来促进乡村生态振兴,说到底,就是要以乡村环境生态化、生产生活方式绿色化为核心内容,实现乡村地域的生产空间、生活空间和生态空间的微更新、微布局和微整合。我们呼吁要超越单一的生态学立场存在的"恢复自然的权利、忘却人类的存在"的片面认识,将城乡"连续体空间"的乡村地域空间看作整个地球自然生态系统的一个生态单元加以考察,在实施乡村振兴战略过程中打造一批彰显自然风光特色、文化特色、产业特色的村庄农庄、农业主题公园和田园综合体,塑造兼具乡野韵味和人文底蕴的生产空间、生活空间和生态空间,实现生产系统、生活系统和生态系统的循环链接,提升乡村地域空间生态韧性,构建人类与自然和谐共生的公共性空间格局。

五是从制度维度来看,建立健全以治理体系和治理能力现代化为保障的生态文明制度体系。促进乡村生态振兴,除了从规划、主体、产业、空间维度协同发力,还需要从制度维度构建基于目标责任导向和过程治理导向的乡村生态文明治理体系,形成乡村生态振兴的"四梁八柱"制度体系,全面提升乡村生态文明治理能力。一方面,基于目标责任导向建立健全以改善乡村生态环境质量为核心的目标责任体系,以县域为基本单元,坚持生产者责任延伸和消费者责任延伸相结合,通过制定针对党政干部、企事业单位、社会公众、社会化组织(包括家庭农场、专业大户、农民合作社、农业企业)等不同行为主体改善乡村生态环境质量的目标责任清单,层层着眼目标、压实责任、传导任务,充分调动和发挥乡村振兴过程中政府、企业、家庭、个人以及非政府组织等相关行为主体的主动性和积极性,以便引导不同行为主体改善乡村生态环境质量时做到有所为和有所不为。另一方面,基于过程治理导向建立健全以生态系统良性循环和环境风险有效防控为重点的生态安全体系。过程治理,本质上就是把源头治理、过程治理和末端治理统一起来。在实施乡村振兴战略过程中,既不要进行大拆大建、破坏原有生态系统良性循环,也不能超载利用乡村地域自然资源、过度使用生物化学试剂,要将乡村振兴的源头、过程、末端以及不同阶段的各类行为活动完整地纳入生态文明建设的目标考量和风险评估。同时,政府、市场、社会也是构成国家治理现代化的基本维度。促进乡村生态振兴,也要突出政府责任主体、市场责任主体和社会责任主体在制度体系性质层面的要求。具体来看,政府治理以严格管理的刚性制度,如目标责任制度、目标导向制度、农业资源休养生息试点制度等,对政府、市场和公众等主体的行为形成强制性约束;市场治理以利益协调性制度为核心,如针对乡村退耕还林还草、企业环保技术攻关、农民

---

① 《十八大以来重要文献选编》(上),北京:中央文献出版社,2014年,第597页。
② 《十八大以来重要文献选编》(上),北京:中央文献出版社,2014年,第597页。

耕地休耕、"三废"排放等进行财税补贴或污染收费,对包括政府、企业、公众在内的市场主体的行为具有激励和约束的选择性;社会治理以行为主体生态文明价值观内化和生态环境监督参与为核心的引导性制度,也能对不同行为主体进行生态行为规范和引导。

5. 促进乡村组织振兴,适应新时代乡村社会"主体—空间"双重结构变迁,创新基层社会治理体制机制,推进乡村治理体系和治理能力的现代化。

毫无疑问,乡村是国家治理的基本单元,基层组织是国家治理的底层依托,乡村治理的现代化是国家治理现代化的中国根基。与传统农业文明时代中国乡村社会结构具有高度的分散性不同,当前中国乡村社会农业经营"主体"变迁逐渐呈现出从"个体化"到"组织化"、农民居住"空间"从"庭院式"到"社区化"的两个发展趋势,或者说呈现出从家族社会到阶级社会的"阶级化"、从个体社会到集体社会的"集体化"、从家庭社会到社区社会的"社区化"三大发展趋势。[①] 在这种乡村社会发展趋势下,促进乡村组织振兴、推进乡村治理现代化的一个重要任务就是通过国家对社会的整合,"将高度分散性的乡土社会聚合和组织起来,形成相互联系并对国家具有向心力的社会共同体。这种共同体是现代国家对乡村治理的社会基础"[②]。为了夯实和巩固党和国家对乡村治理的基层社会基础,就需要始终坚持党的农村基层组织领导地位不动摇,推动全面从严治党向基层延伸,推动乡村社会治理重心向基层下移,通过加强党的基层组织建设、创新乡村基层社会治理方式、促进基层治理现代转型,为新时代乡村全面振兴提供坚强政治和组织保证。

一是"乡村振兴,关键在党",以加强和改善党对"新三农"协同发展工作的组织领导提升乡村基层治理现代化水平和能力。党的十八大以来,中国特色社会主义进入了新时代,以习近平同志为核心的党中央领导集体新时代"三农"工作的定位、地位和作用都有十分明确的论述和规定,这对巩固和加强党在农村基层社会的执政基础具有重要价值和意义。因此,我们不仅要深刻认识到"办好农村的事情,关键在党""党管农村工作是我们的传统",而且要充分认识到"农村工作千头万绪,抓好农村基层组织建设是关键""要加强农村基层组织建设,把党组织建设成为推动科学发展、带领农民致富、密切联系群众、维护农村稳定的坚强战斗堡垒""要抓住健全乡村组织体系这个关键,发挥好农村基层党组织在宣传党的主张、贯彻党的决定、领导基层治理、团结动员群众、推动改革发展等方面的战斗堡垒作用。要加强农村基层党组织带头人队伍和党员队伍建设,整顿软弱涣散农村基层党组织,解决弱化、虚化、边缘化问题"[③]。归根结底,要推动新时代中国特色社会主义"新三农"协同发展、实施乡村振兴战略、实现城乡融合发展,就要按照新时代党和国家对"三农"工作的总体要求,把基层党组织建设工作与"新三农"协同发展、实施乡村振兴战略紧密结合起来,让基层党组织建设全面融入和贯穿新时代"新三农"协同发展、乡村全面振兴、城乡融合发展的各方面和全过程,

---

① 徐勇:《乡村治理的中国根基与变迁》,北京:中国社会科学出版社,2019年,第98~117页。
② 徐勇:《乡村治理的中国根基与变迁》,北京:中国社会科学出版社,2019年,第98页。
③ 《习近平关于"三农"工作论述摘编》,北京:中央文献出版社,2019年,第185~189页。

"建立和完善以党的基层组织为核心、村民自治和村务监督组织为基础、集体经济组织和农民合作组织为纽带、各种经济社会服务组织为补充的农村组织体系,使各类组织各有其位、各司其职"[①],让农村基层党组织建设"言之有物",才能避免基层党建工作的"空洞化"和"形式化",才能真正发挥党的基层组织建设成效全面带动乡村振兴战略实施、带动乡村社会治理现代化水平提升的政治功能和政治优势。

二是突破城乡基层社会分治传统模式,以新时代乡村社会"主体—空间"双重结构变迁创新基层社会治理体制机制。当前,随着我国城乡利益关系格局的深刻调整,乡村社会结构深刻变动,农民思想观念深刻变化,我国农村社会治理面临着突出矛盾和问题:"一是许多农村出现了村庄空心化、农民老龄化现象,据推算,农村留守儿童已超过六千万,留守妇女达四千七百万,留守老人约有五千万。维护好这些群众合法权益是一件大事。二是农村利益主体、社会阶层日趋多元化,各类组织活动和诉求明显增多。三是农村教育、文化、医疗卫生、社会保障等社会事业发展滞后,基础设施不完善,人居环境不适应,还有近一亿人属于扶贫对象。四是农村治安状况不容乐观,一些地方违法犯罪活动仍然不少,黑恶势力活动时有发生,邪教和利用宗教进行非法活动仍然较多存在。五是一些地方干群关系紧张,侵害农民合法权益的实践仍然时有发生。一些地方基层民主管理制度不健全,农村基层党组织软弱涣散,公共管理和社会服务能力不强"[②]。这些体现为基层社会管理和基层治理的突出矛盾和问题,是城乡基层社会分治传统模式难以解决的,对乡村基层社会治理提出了更高的要求。同时,这些乡村基层社会管理和治理面临的突出矛盾和问题,恰恰又是在快速城镇化、工业化和市场化发展过程中逐渐出现的,如"村庄空心化、农民老龄化""农村利益主体、社会阶层日趋多元化""公共基础设施和社会事业发展滞后""农村治安和犯罪""乡村贫困治理"等,这些看似没有相关关系的矛盾和问题,实际上就是快速城镇化、工业化和市场发展引起的"一连串事件"。显然,作为一个后发展型国家,关键是当面对上述系列乡村基层社会管理和治理矛盾和问题时,我们能否将这一系列问题置于城乡融合发展、实施乡村振兴的战略高度,突破城乡基层社会分治模式而构建一个基层党组织统领、多元利益主体民主参与、智慧治理与场景治理治理相结合的乡村基层社会治理体制机制,即一方面通过"扩大农村基层民主、保证农民直接行使民主权利,重点健全农村基层民主选举、民主决策、民主管理、民主监督的机制"[③],并"丰富基层民主协商的实现形式,发挥村民监督的作用,让农民自己'说事、议事、主事',做到村里的事村民商量着办"[④];另一方面通过"建立健全党委领导、政府负责、社会协同、公众参与、法治保障、科技支撑的现代乡村社会治理体制,以自治增活力、以法治强保障、以德治扬正气,健全党组织领导的自治、法治、德治相结合的乡村治理体系,构建共建共治共享的社会治理格局,走中国特色社会主义乡村善治之路,建设充满活力、和谐有序的乡村社会,不断增强广

---

① 《十八大以来重要文献选编》(上),北京:中央文献出版社,2014年,第685页。
② 《十八大以来重要文献选编》(上),北京:中央文献出版社,2014年,第680~681页。
③ 《十八大以来重要文献选编》(上),北京:中央文献出版社,2014年,第685页。
④ 习近平:《论坚持全面深化改革》,北京:中央文献出版社,2018年,第408~409页。

大农民的获得感、幸福感、安全感"[①],健全村民自治、依法治理、以德治理、技术治理"四治融合"的乡村社会治理体系,促进多元主体参与乡村基层治理的角色与行为协同,实现基层治理从行政主导的管控式治理向智能化驱动的技术治理转变、从科层化"属地治理"向"属地治理+平台治理+行为事件场景治理"相结合转变。总之,健全"四治融合"的乡村社会治理体系,则需要把治理体系和治理能力建设作为主攻方向,把保障和改善农村民生、促进农村和谐稳定作为根本目的,不断完善乡村基层群众自治组织建设,规范村民议事会、监事会、理事会等责权范围和边界;修订完善村规民约,强化道德教化作用,培育富有地方特色和时代精神的新乡贤文化,提升乡村德治水平;强化法治思维和法治方式在乡村振兴各项工作中的功能作用,构建农村立体化社会治安防控体系,深入开展法治宣传教育,引导广大农民增强守法用法意识,"对扰乱农村生产生活秩序、危害农民生命财产安全的犯罪活动要严厉打击,对邪教、外部势力干扰渗透活动要有效防范和打击"[②],不断提升乡村治理的法治化水平和能力;加快实施数字乡村振兴战略,运用现代信息技术,以技术治理提升乡村治理的智能化、数字化、信息化和精细化水平。

6. 促进乡村制度振兴,全面深化农村改革,以"解制、赋能、放活、有效"为内核推进"三农"制度创新和政策优化,为乡村振兴提供有效制度供给。

城乡融合发展新时代以乡村振兴引领中国特色社会主义"新三农"协同发展,要发挥好中国特色社会主义制度优势,必须把中国特色社会主义"新三农"协同发展的制度建设和政策创新贯穿其始终和各方面。总体上,在我国坚持以公有制为主体、多种所有制经济共同发展的基本经济制度和发展社会主义市场经济条件下,无论是增强中国特色社会主义"新三农"协同发展的制度供给,还是提升乡村振兴的制度供给,其根本着力点仍然是围绕经济体制改革的核心问题来展开,即通过正确处理好政府与市场的关系这一核心问题来全面深化农村经济体制改革,以坚持激励和约束并重、坚持责任与权利对等、坚持还权与赋能结合为基本原则,"以完善产权制度和要素市场化配置为重点,激活主体、激活要素、激活市场,着力增强改革的系统性、整体性和协同性"[③] 为主要目标的有效制度供给和政策创新。

一是明确乡村振兴制度有效供给目标与"新三农"协同发展制度有效供给目标之间的内在逻辑关系。改革开放以来,党和国家高度重视"三农"工作,与之对应也出台了一系列推动"三农"工作的制度安排和政策体系,且这些制度安排和政策体系随着城乡关系、工农关系以及乡村社会产业结构、阶层结构、空间结构的时代变迁而在不断调整优化。改革开放以来,中国特色社会主义"三农"发展的基本制度和政策体系始终坚持问题导向和实践指向,已逐渐趋于成熟、完善和定型。但如果要从制度经济学所强调制度供给和政策安排的绩效来看,党和国家尤其是基层党委和政府对"三农"问题的相应制度和政策安排的绩效评估、绩效管理还有很大空间可以提升。因此,在城乡融合发展

---

① 《中共中央办公厅、国务院办公厅〈关于加强和改进乡村治理的指导意见〉》,《农村工作通讯》2019年第14期,第5页。
② 习近平:《论坚持全面深化改革》,北京:中央文献出版社,2018年,第264页。
③ 《十九大以来重要文献选编》(上),北京:中央文献出版社,2019年,第173页。

的新时代,以实施乡村振兴战略来引领新时代"新三农"协同发展,除了要始终坚持问题导向和实践指向这一基本的制度、政策与实践互动原则还需要关注、聚焦和强化乡村振兴引领"新三农"协同发展的有效制度性供给和政策安排,突出制度和政策供给的效用性。这就进一步需要明确乡村振兴引领"新三农"协同发展的制度和政策供给目标,凸显制度和政策供给的效用性和目标性。具体来看,新时代乡村振兴引领"新三农"协同发展的制度和政策供给目标,是与新时代实施乡村振兴战略对实现产业兴旺、生态宜居、乡风文明、治理有效、生活富裕的总体要求是一致的,"新三农"协同发展的制度和政策有效供给目标与实现乡村全面振兴的制度和政策有效供给目标是统一的。换言之,在"中国特色社会主义进入新时代"和"社会主要矛盾已经转化"等党和国家宏观政治话语驱动下,"新三农"协同发展的制度供给目标也就是要实现乡村地域空间的产业兴旺、生态宜居、乡风文明、治理有效、生活富裕,从宏观上,"新三农"协同发展的制度供给和政策创新就要紧紧围绕乡村地域空间的产业、生态、文化、社会、主体等层面进行制度和政策创新,增强"三农"制度供给和政策创新的效用性和目标性。

二是统筹乡村振兴引领"新三农"协同发展制度供给的宏观、中观和微观层次。城乡融合时代以乡村振兴引领"新三农"协同发展需要有效制度供给和政策创新才能实现,从党和国家层面的决策共识来看,这与中共中央关于全面深化改革总目标是高度契合和一致的,即坚持和完善中国特色社会主义制度、推进国家治理体系和治理能力的现代化来统领乡村振兴引领"新三农"协同发展的有效制度供给和政策创新,这无疑是十分明确的。但我们也要进一步看到,不论是实施乡村振兴战略,促进"新三农"协同发展,还是乡村振兴引领"新三农"协同发展,都最终要落实到中观和微观层面,才能真正把党和国家关于乡村振兴、"三农"工作的宏观制度供给和政策创新落到"最后一公里",才能真正保证乡村振兴引领"新三农"协同发展制度供给和政策创新的效用性和目标性同步实现。因此,以乡村振兴引领"新三农"协同发展,在制度供给和政策创新上要充分考虑宏观层、中观层和微观层对制度和政策的需求性、针对性、适应性和层次性,突出乡村振兴引领"新三农"协同发展的一般性规律和特殊性差异的辩证统一。具体来看,在城乡融合时代《乡村振兴战略规划(2018—2022年)》《中共中央关于实施乡村振兴战略的意见》等政治文件蕴含的宏观层制度供给和政策创新指引下,要进一步"顺应村庄发展规律和演变趋势,根据不同村庄的发展现状、区位条件、资源禀赋等,按照集聚提升、融入城镇、特色保护、搬迁撤并的思路,分类推进乡村振兴,不搞一刀切"[①],不断加强乡村振兴引领"新三农"协同发展制度供给和政策创新的类型化和地方化,以"集聚提升类村庄""城郊融合类村庄""特色保护类村庄""搬迁撤并类村庄"等类型化和地方化乡村振兴引领"新三农"协同发展。与此同时,要进一步加强宏观层面的乡村振兴引领"新三农"协同发展的顶层设计,全面深化农村改革,巩固和完善农村基本经营制度,加快农村土地村集体所有权、家庭承包权、宅基地使用权、林业经营权等"多权同确",注重城乡融合时代推进农业农村优先发展的财政、税收、保险、金融制度和政策的总体设计,不断通过"调、减、投、补、改、转"等完善农业支持保护

---

① 《乡村振兴战略规划(2018—2022年)》,北京:人民出版社,2018年,第21~23页。

制度，解除农业农村发展体制机制约束，最大限度激发乡村各类资源要素活力；要进一步加强中观层面合理配置各级地方政府在推进乡村振兴引领"新三农"协同发展的财权和事权关系，不断强化地方政府及相关实际工作部门的责任落实机制、市场化激励机制、综合绩效考核机制的协同功能；要进一步强化微观层面突出实现乡村居民生活富裕的美好愿景，深化农村土地制度改革，"完善农民闲置宅基地和闲置农房政策，探索宅基地所有权、资格权、使用权'三权分置'，落实宅基地集体所有权，保障宅基地农户资格权和农民房屋财产权"[①]、"加快推进集体经营性资产股份合作制改革，推动资源变资产、资金变股金、农民变股民，探索农村集体经济新的实现形式和运行机制"[②] 等关系农民切身利益的制度供给和政策创新，不断拓宽农民多渠道就业和增收，增强新时代乡村振兴引领"新三农"协同发展的内生动力。

三是优化乡村振兴引领"新三农"协同发展制度供给绩效的评价原则和内容。如前所述，制度供给和政策创新的出发点是问题导向和实践指向，制度供给和政策创新的落脚点是最终解决乡村振兴引领"新三农"协同发展中出现的实践和现实问题。这一制度变迁过程是制度供给的动态性、目标性和效用性的辩证统一，而贯穿这一制度供给和政策创新过程的核心恰恰就是坚持以人民为中心的发展思想原则。换句话讲，对于制度供给和政策创新的有效性，最直接的衡量标尺就是亿万农民美好生活是否实现、"农业大国"能否走向"农业强国"并支撑起社会主义现代化强国、"乡村振兴"能否推动实现民族复兴，最集中的体现就是乡村振兴引领"新三农"协同发展是不是始终坚守着中国共产党人的初心和使命，是不是始终坚持着党管农村工作，是不是始终坚持着农民主体地位，是不是始终坚持着农业农村优先发展。因此，在城乡融合新时代以乡村振兴引领"新三农"协同发展的实践进程中，有效的制度供给和政策创新需要坚持正确的制度绩效评价原则、方法和内容。除了坚持以人民为中心的发展思想、坚持中国共产党人的初心使命、坚持党管"三农"工作、坚持农业农村优先发展、坚持农民主体地位等一系列根本性原则，以乡村振兴引领"新三农"协同发展制度供给和政策创新需要始终坚持因地制宜与循序渐进相结合的原则、坚持多元行为主体利益激励与约束规范相结合的原则、坚持人与自然和谐共生与城乡融合发展相结合的原则，并按照新时代乡村振兴战略总体要求，统筹推进"五位一体"总体布局和协调推进"四个全面"战略布局，把乡村振兴引领"新三农"协同发展的制度供给和政策创新根本着力点放在解决乡村地域空间"人"的问题上，以县（区）域为单位，围绕产业、人才、文化、生态、组织、制度等乡村振兴引领"新三农"协同发展的主要内容，建立健全各级党政主要责任人乡村振兴引领"新三农"协同发展的过程性和目标性考核评估机制，不断强化乡村振兴制度供给和政策创新的有效性、目标性、动态性，为推动中国特色社会主义"新三农"协同发展提供良好的政治和政策环境。

---

① 《十九大以来重要文献选编》（上），北京：中央文献出版社，2019年，第174页。
② 《十九大以来重要文献选编》（上），北京：中央文献出版社，2019年，第174~175页。

第二章 中国特色社会主义"三农"发展的历程、经验与特色

> 我们回顾历史,不是为了从成功中寻求慰藉,更不是为了躺在功劳簿上、为回避今天面临的困难和问题寻找借口,而是为了总结历史经验、把握历史规律。[①]
>
> ——习近平

改革开放初期,中国共产党人坚持以农业农村为突破口推进改革,从容应对"摸着石头过河"现代化建设进程中出现的各种困难与挑战,促进国民经济步入了高速发展的快车道。经过四十多年的对内改革与对外开放,我国现已成为世界第二大经济体,在中国特色社会主义进入新时代的当下,虽然社会主要矛盾已经转换升级,但是发展不平衡不充分的矛盾着重体现在广大乡村地区、分布于国际市场竞争力不强的农业。开启现代化建设的新征程,必须坚持以乡村振兴战略为促进"三农"全面协调发展的行动纲领,为更好地在新时代促进这一系统复杂的伟大事业,必须在充分了解我国"三农"发展的历史进程的基础上,科学梳理总结四十多年来"三农"基本经验,并揭示在发展演进中所体现的基本特征,真实做到"以史为鉴",从而促进更好地发展。

第一节 中国特色社会主义"三农"发展的历史进程

从中国共产党成立以来100年的风雨征程看,无论是在革命战争年代,还是和平建设时期,抑或改革发展新阶段,任何一次胜利的取得都与包括农业、农民与农村在内的"三农"问题密切关联。无论在全面建成小康社会的战略决胜阶段,还是全面建设社会主义现代化阶段,"三农"问题能否有效破解,会直接影响甚至决定着这一"百年目标"能否如期地按质保量实现。中国共产党历来高度重视"三农"问题,每个时期都进行了不同程度的实践探索,都严格以所处时代凸显出的社会背景、阶段任务为导向,体现了鲜明的时代特征。以史为鉴,方明得失。在中国特色社会主义前进道路上,研究中国特色社会主义"三农"发展的历史进程,把握其演进脉络,并在此基础上尝试总结其经

---

① 习近平:《在庆祝中国共产党成立95周年大会上的讲话》,北京:人民出版社,2016年,第7页。

验，对在历史新阶段更好地促进"三农"发展，具有重要的现实意义。

关于历史进程的分期标准，采取以不同时期"三农"领域所凸显的核心任务和主要矛盾为理据，对中国特色社会主义"三农"发展的历史进程进行阶段划分。简言之，1978—1984年，是通过实施家庭联产承包责任制以提高农民劳动积极性为核心；1985—2002年，因为非农产业的大量兴起，农业领域出现了增长停滞，而相应进行了政策调整；2002—2012年，在工业化城镇化大背景下，重点在于缩小农业与工业、乡村与城市、农民与市民之间的差距；2013年至今，坚持以城乡发展一体化作为破解"三农"难题的根本途径，并且实现了向乡村振兴的战略转换。

一、制度创新：生产责任制实行初期的生产关系变革（1979—1984）[①]

十一届三中全会以来，以农村为突破口的改革拉开了我国改革开放的序幕。在新的历史条件下，党和国家确立了"以经济建设为中心"的发展思路。在党的领导下，我国确立了社会主义市场经济体制，通过不断解放和发展农村生产力，不断调整工农城乡关系，健全农村基本经济制度和农业经营制度，加快发展现代农业等宏观战略与制度政策，以促进中国特色社会主义"三农"向前发展。

（一）以解放农村社会生产力为突破口的战略选择

在社会主义初步探索阶段，集体化、合作化的农业生产方式虽然在制度层面能够有效为"工业优先"发展提供物质支撑，然而在城乡分治的体制框架之下，"政社合一"的组织形式、"一大二公"的分配方式、工农产品价格"剪刀差"等制度或政策，使农民自主发展权限受到了较大束缚，生产主动性、积极性和创造性难以被激发，相应也就直接阻滞了"三农"发展。1978年，发轫于安徽小岗村的农村改革，较大地尊重了农民首创精神、自主权利和切身利益，有效激活了农业农村资源要素及其潜能，因而在很大程度上为农业农村经济社会发展注入了强大动力。

问题倒逼改革。时至20世纪70年代后期，虽经新中国成立以来进行了近三十载的现代化建设，我国农业现代化（在农技推广、水利建设、化肥电力使用等方面）也已取得了较大进步，但认识层面仍受到"文化大革命"的"左"倾思潮影响，在计划经济和城乡二元分隔的框架体制之下，农业农村资源要素的使用严重受限，农民的户籍仍被固定在所在乡村。在这样的背景下，农业生产发展趋近停滞，主要农产品产量增长幅度远不及人口增速，很多地区城乡居民仍然不能解决温饱。据统计，到1976年全国农村集体分配的额度仅为63.34元/（人·年），当时生活在贫困线下的农民群体达2.5亿人之

[①] 关于"家庭联产承包责任制"的表述，此处使用的是"生产责任制"，其依据如下：自"包产到户""包干到户"等农业生产组织形式被认可后，党和国家在1984年及其以前发布的关于"三农"工作的"中央一号文件"中，出现的都是"农业生产责任制"，并且明确指出"联产承包制"是"农业生产责任制"的主要实现形式。详见《中共中央国务院关于"三农"工作的一号文件汇编（1982—2014）》，北京：人民出版社，2014年，第20页。

多①，不少贫困地区的生产队甚至很难进行简单再生产，完全成为"三靠"社队②。概言之，整个国民经济处于严重停滞状态，其中尤以农业、农村和农民问题最为突出。

从农民首创"包干到户"到家庭联产承包责任制正式确立。在粉碎"四人帮"和结束"文化大革命"之后，全党全国、政策界、理论界乃至普通民众都纷纷针对如何加快农业生产发展进行了思考。在调研考察之后，邓小平同志针砭时弊地指出"政策问题是最大的问题，政策对不对头是个关键"③，经济学家薛暮桥也认为体制政策"管得过死"是根源，因为缺乏自主生产经营权的农民当然难以调动生产积极性。在全国上下联动的情势下，身处乡村基层的农民创造性地开始了"包干到户"的"冒险"尝试，农业农村改革自此肇始。实践证明，实行"包干到户"的生产单位，农村面貌在短短两三年内得到了显著改善。"包干到户""包产到户"相应地也成为农业农村改革发展中的主流趋势，经过非标准大讨论之后，党中央转批《全国农村工作会议纪要》时，首次明确肯定了"包干到户""包产到户"的社会主义性质④，标志着农业生产责任制的正式确立，而后党中央印发的《当前农村经济政策的若干问题》时又肯定并赞扬了农民的伟大创造，明确指出了家庭承包经营是集体经济的一个层次⑤。概言之，以家庭联产承包责任制为核心的农村改革，极大地解放和发展了农村社会生产力，找准了制约我国经济社会发展的症结所在，为国民经济的快速发展扎牢了基础，为农村非农产业兴起提供了条件，同时也将促进农业农村农民发展。

（二）调整工农关系与发展农业现代化的战略决策

新中国成立以来，在"工业优先"发展理念的引领下，导致工业农业发展水平出现严重失衡，为扭转这一不均衡状态，党的十一届三中全会表决通过的关于加快农业发展问题的草案，调整工农关系及加快农业发展是其核心议题⑥。

关于调整工农关系的战略决策，1979年中共中央召开的农村工作会议，制定了"调整、改革、整顿、提高"8字关于国民经济发展的基本方针，其中集中精力搞好农业和调整工农关系位列其首。主要从以下方面着手：其一，通过大幅提高农产品收购价格，以缓和工农产品价格剪刀差过大现象，既有利于激发广大农民的勤劳与智慧的潜能，也有助于增强农业内生发展能力；其二，通过调整农用物资价格政策，让农民获得更多实惠；其三，调整和减少粮食征购指标，对部分地区的农业税进行酌情减免；其四，调整农业投入政策，以农户为农业投入主体力量，同时加大国家财政与信贷支农投

---

① 武力、郑友贵：《中国共产党"三农"思想政策史（1921—2013年）》，北京：中国时代经济出版社，2013年，第421页。
② "三靠"是指队员或社员的日常口粮依靠返销，生活依靠政府救济或社会扶助，社队工农业生产资金完全依靠贷款。
③ 《邓小平年谱（1975—1997）》，北京：中央文献出版社，2004年，第238页。
④ 《中共中央国务院关于"三农"工作的一号文件汇编（1982—2014）》，北京：人民出版社，2014年，第1~3页。
⑤ 《中共中央国务院关于"三农"工作的一号文件汇编（1982—2014）》，北京：人民出版社，2014年，第20~23页。
⑥ 《中共中央关于加快农业发展若干问题的决定（草案）》，《新疆林业》1979年第S1期，第1~11页。

入、加大农用工业投入,优化贫困农区生产发展政策[①]。

关于加快现代农业发展的战略部署,在1978年全国科学大会的讲话中,邓小平强调"全面实现农业、工业、国防和科技的现代化,建设社会主义现代化强国,是我国人民肩负的伟大历史使命"[②],党的十一届三中全会通过了《中共中央关于加快农业发展若干问题的决定(草案)》,提出要在总结我国农业现代化过往实践及其经验的基础上,走出一条同我国基本国情社情农情民情相适应的农业现代化道路。该决定深刻全面地总结回顾了新中国成立以来我国农业发展的演进脉络、主要成效、成功经验及遭受曲折,明确要求农业农村政策制定的出发点和落脚点,必须以体现我国社会主义制度的优越性和充分调动广大农民的积极性能动性为基本遵循,坚持思想层面的社会主义教育、政治层面的民主权利保障、经济层面的物质利益兼顾,同时也强调要注重物质条件、技术支撑及农民综合素质和科技水平提升[③]。

二、市场化导向:非农产业兴起引发的政策调整(1985—2002)[④]

在改革开放初期,以农村土地包干到户为形式的家庭联产承包责任制的实施,极大地激发了广大农民的生产积极性与能动性,农业生产在短期内取得了长足发展。但是,随着农村市场化的不断推进,也就是在不断兴起的非农产业的冲击之下,农业生产效率出现了增长停滞的状态,为扭转这种态势,实现农业增产、农民增收和农村繁荣,缩小工与农、城与乡之间的差距,党和国家及时在顶层设计层面转换发展战略,在具体操作层面健全体制机制,以促进"三农"更好发展。

(一)从"城乡分隔"到"城乡兼顾"的战略政策转换

1978年以前,我国城镇化发展受制于城乡分隔的严格户籍制度,进度相对缓慢。至改革开放初期,计划经济时期的城乡二元政策仍在延续。政府行政仍是城镇化的动力主体,城镇运行机制仍呈现出明显的计划特征,对劳动力的吸纳能力和综合承载能力仍然不足。其结果必然是,城镇与乡村间"二元式"的分隔和封闭,城市居民由国家政府"兜底包揽",农村居民则由所在村社"统一管治"。1979年中央工作会议明确要求"今后不经国家劳动总局批准,不准招收农民进城做工"[⑤]。1981年党中央国务院在研究关于解决城镇就业问题时,发文规定"严格控制农村劳动力流入城镇……对迁入城镇的农

---

① 武力、郑友贵:《中国共产党"三农"思想政策史(1921—2013)》,北京:中国时代经济出版社,2013年,第433~434页。
② 《邓小平文选》(第2卷),北京:人民出版社,1994年,第85~86页。
③ 《中共中央关于加快农业发展若干问题的决定(草案)》,《新疆林业》1979年第S1期,第1~11页。
④ 此节标题之所以以"市场化导向"为题,是因为这是此阶段"三农"领域的突出特征或阶段任务,其直接的政策依据是:从党中央关于部署农村改革与农业发展的"中央一号文件"来看,1982—1984年连续三年的文件在谈及农业经济时,都明确要求"以计划经济为主,市场调节为辅";而1985年"中央一号文件"在阐述农村经济管理体制时则开始调转风向,明确指出应在"国家计划指导下,扩大市场调节,适应市场需求,搞活农村经济",这标志着农业农村改革在朝着市场化方向不断迈进。详见:《中共中央国务院关于"三农"工作的一号文件汇编(1982—2014)》,北京:人民出版社,2014年,第8、28、46、56页。
⑤ 《三中全会以来重要文献选编》(上),北京:人民出版社,1982年,第132页。

村人口和劳动力，应按政策从严掌握"①，加之彼时城市实行定量的粮油供应制度也在客观上阻止了农村人口迁向城镇，农民就地就近转向非农产业就业始终是20世纪80年代解决农民就业政策的基本途径。

20世纪90年代，随着社会主义市场经济步伐不断加快，由大批东进南下务工农民群体掀起了"民工潮"，这是经济社会转型过程中不可逆转的发展趋势，成为加速城乡关系调整的"引线"。工业化城镇化的日益发展，对劳动力的需求程度也不断加大。在如此情势下，国务院于1997年及时转批了关于小城镇与农村户籍管理制度的通知，提出可以适时推进户籍制度改革；允许为在城镇稳定就业居住且满足相应条件的农村人口办理城镇户口，以引导农村剩余劳动力有序就近向小城镇转移，以促进乡村与城镇共同发展②。此后，为了促进区域经济发展，不少小城市陆续取消了户籍限制，一些大中城市也相继降低了迁入条件。党的十五届三中全会明确将促进小城镇发展定位为带动农村经济社会发展的一个大战略，"立足农村，向生产的深度和广度进军，发展二、三产业，建设小城镇"③。2000年，党中央国务院认为已成熟具备步伐的时机与条件，并把城镇化"健康"发展作为当前今后加速农村改革发展的重要任务来落实。"十五"计划纲要明确写道"我国推进城市化条件已经逐渐成熟，要不失时机地实施城镇化战略"④。2001年，国务院将小城镇户籍管理制度改革的实施范围明确到县乡，凡在城镇内有固定住所、稳定职业或收入来源者及其直系亲属，均可按其意愿转为城镇户口⑤，标志着城乡分隔制度在小城镇已基本褪去。党的十六大则将城乡关系放置于全面建设小康社会战略新高度进行审视，明确写道"统筹城乡经济社会发展，建设现代农业、发展农村经济、增加农民收入，是全面建设小康社会的重大任务"⑥，鲜明指出要有效破解"三农"发展难题，统筹城乡经济社会发展是必然选择，这标志着从发展理念层面打破了"就农论农"的思维局限。

(二) 农村基本经济制度与农业基本经营制度完善

谈及农村基本经济制度，须从生产资料所有制和分配方式两个维度展开。其一是农村基本经济制度，坚持"以公有制为主体，多种所有制共同发展"。党的十三届八中全会对改革开放以来，中国共产党的农村基本政策与农村改革所取得的巨大成就进行了充分肯定和高度评价，要求继续稳定和完善以家庭承包经营为实现形式的责任制，进一步推进农村改革⑦，邓小平同志在南方谈话时也再度对农村家庭承包责任制进行了肯定，

---

① 《中共中央国务院关于广开门路，搞活经济，解决城镇就业问题的若干决定（摘要）》，《劳动工作》1981年第12期，第2页。
② 《国务院批转公安部关于推进小城镇户籍管理制度改革意见的通知》，《劳动保障通讯》2001年第5期，第47~48页。
③ 人民出版社：《改革开放以来历届三中全会文件汇编》，北京：人民出版社，2013年，第96页。
④ 《中华人民共和国国民经济和社会发展第十个五年计划纲要》，《新华每日电讯》2001年3月18日。
⑤ 《国务院批转公安部关于推进小城镇户籍管理制度改革意见的通知》，《劳动保障通讯》2001年第5期，第47~48页。
⑥ 《十六大以来重要文献选编》（上），北京：中央文献出版社，2005年，第17页。
⑦ 《中共中央关于进一步加强农业和农村工作的决定》，《党的建设》1992年第2期，第4~11页。

提出城乡改革基本政策应该保持长期稳定①。在此基础上，党的十五届三中全会进一步对农村基本经济制度进行了概括，明确提出了"以公有制为主体、多种所有制共同发展"的论断，相较于先前"允许并鼓励其他经济成分适当发展的政策"的提法，多种所有制的政策地位被空前提高。为了积极探寻农村公有制的有效实现，党的十五大报告明确提出"公有制实现形式可以而且应当多样化"②，党的十五届三中全会则进一步要求"必须大胆探索农村公有制的有效实现形式，不断完善农村所有制结构"③。以公有制为主体的农村基本经济制度与我国农业生产力水平相适应，积极探索多种所有制共同发展并重视其有效实现形式，既在客观上同农业生产特点相符，在主观层面又能够为农村经济发展注入无限动能和活力。其二是农村分配方式，坚持基本确立了"以按劳分配为主、多种分配方式并存"④的分配制度。分配方式由生产方式所决定。1978 年以前，在集体化的生产组织方式下，社员出工，社队以工分为衡量标准对社员进行产品分配，形成了以"统一出工→计量工分→按分分配"为内容的分配格局。这种平均主义式的分配方式，极大地挫败了劳动者的生产积极性和能动性。改革开放以来，确立了家庭联产承包责任制之后，农户成为农业生产经营和农产品自由分配的"双主体"，农民既可以自由安排农业生产，生产所获农产品也由农民自由安排，形成了以"自由劳动→收获产品→自由分配"为模式的分配新格局。这种分配方式之下，农民在扣除依法应向国家和集体上缴部分之后，其收入多少直接决定于其劳动成果的多寡，其实质也就是按劳分配。进一步而言，这种分配方式妥善地协调了"国家—集体—个人"三者间的利益关系，从起初的生产投入同劳动成果直接关联，明确了农户的"权利—义务—责任—利益"等事项，坚持的就是按劳分配原则；随着农业现代化水平的提高，农户在农业生产经营过程中会相应增加农药化肥、机械设备、品种劳力等要素投入，这也就体现出了按生产要素分配的意蕴；在新兴农业经营体系构建与创新的进程中，按土地要素、技术要素、资金要素等分配原则也陆续在农业分配中出现，这也就意味着按劳分配为主、多种分配方式并存的分配制度在农村基本经济制度中不断完善和发展。

关于农业基本经营制度，我国确立了"以家庭承包经营为基础、统分结合的双层经营体制"⑤。党的十一届三中全会以来，在"解放思想，实事求是"思想引导下，我国开启了以"包干到户""包产到户"等为实践形式的农村改革，这一"农民伟大创举"经实践检验和中央肯定之后，明确了其社会主义性质，标志着农村土地等生产资料实行以家庭为单位组织生产的承包经营制度正式确立，1984 年"中央一号文件"将土地承包期限从既定的 3 年延至 15 年⑥。经过近 20 年的实践检验，在此经营制度之下广大农民深得益处，渴望这种制度被长期固定。在这样的背景情势下，党和国家在尊重广大农

---

① 《邓小平文选》(第 3 卷)，北京：人民出版社，1993 年，第 371 页。
② 赵智奎：《改革开放 30 年思想史》(下)，北京：人民出版社，2008 年，第 582 页。
③ 《江泽民文选》(第 2 卷)，北京：人民出版社，2006 年，第 210 页。
④ 沈传亮、李庆刚：《三中全会——中共重大改革决策实录》，北京：人民出版社，2014 年，第 156 页。
⑤ 《十五大以来重要文献选编》(上)，北京：人民出版社，2000 年，第 561 页。
⑥ 《中共中央国务院关于"三农"工作的一号文件汇编（1982—2014）》，北京：人民出版社，2014 年，第 40 页。

民主体意愿的基础上，不断健全完善这一制度，并将之明确为党的农村政策的内核，且作为一项农村基本经济制度来抓实。第八届全国人大一次会议在审议宪法修正案决议时，明确将家庭联产承包责任制与统分结合双层经营体制规定为一项农村基本经济制度①，从国家根本大法的高度确保其稳定性，同年又将这一制度载入农业部门法②；至党的十五届三中全会又再度强调家庭承包与统分结合的双层经营体制必须长期坚持③；全国人大九届二次会议在修宪时则将农业基本经营制度增列其中④；党的十六大报告也对农业经本经营制度进行了论述，要求"长期稳定并不断完善"⑤。概言之，我国农业基本经营制度的形成与完善，肇始于"包产到户"的农民首创，经实践检验与中央肯定，随着实践演进，在发展中日趋健全完善。

家庭承包经营制度的确立，无论从理论层面抑或实践层面审视，都是我国农村经济体制改革的一次重大突破。就理论而言：其一，家庭联产承包责任制遵循了"统一经营"和"分散经营"相结合的推进原则，既能充分发挥社会主义的集体优越性，又可有效激发广大农民的积极性和能动性，这一制度主线下推进的社会主义农业道路与我国基本国情农情相契合，这种农民探索与中央肯定的伟大创举，推进了中国化马克思主义农业合作化理论，使马克思主义理论更为丰富和完善⑥。换言之，亦即是党的领导与农民尝试合力导出的伟大创举，一方面，昭然揭示了改革的动力源泉与价值取向；另一方面，以统分结合为内容的双层经营体制是促进我国社会主义集体经济渐进完善的实现进路。此外，由实践经验升华而成的中国化马克思主义农业合作化理论，既能丰富和发展马克思主义理论宝库，又能进一步指导我国社会主义农业合作化不断取得新进展。其二，家庭联产承包经营的生产组织形式是对所有制理论的创新和发展。关于农业生产的社会主义性质，传统的经济学理论阐释一般认为仅有通过集体统一经营的组织方式才能确保和实现。这种"唯集体"论，既从思维层面引致了经济理论陷入发展误区，也在实践层面局限了农业合作化改革创新。"唯集体"论的误区根源在于，混淆了农业双层经营同农民私有制经济之间的区别，前者是以土地等生产资料在集体所有的前提下或基础上，通过分拨土地要素的承包权、经营权和使用权并将之赋予农民，获得自主经营决策权的农民生产积极性和能动性被有效激发，农业综合生产能力相应大幅增强。一言以蔽之，我国社会主义农业生产组织方式由集体统一经营向以家庭为单位承包经营的转变，从理论和实践层面突破和创新了固有的社会主义经济理论。从实践层面来看，家庭承包经营制度的确立与完善，一方面使得农户真正占有了自家劳动力，并能够随意支配和使用，同时通过承包方式又能获得土地等生产资料的经营权和使用权，这种生产组织形式无疑是经营体制的一次重大创新；另一方面，在这样的情势下，部分人通过辛勤劳动与

---

① 《中华人民共和国宪法》，北京：人民出版社，1993年，第52~55页。
② 《中华人民共和国农业法》，《农村经营管理》1993年第9期，第4~7页。
③ 人民出版社：《改革开放以来历届三中全会文件汇编》，北京：人民出版社，2013年，第97~99页。
④ 《中华人民共和国宪法》，北京：人民出版社，1999年，第55~58页。
⑤ 《十六大以来重要文献选编》（中），北京：中央文献出版社，2006年，第929页。
⑥ 《中共中央国务院关于"三农"工作的一号文件汇编（1982—2014）》，北京：人民出版社，2014年，第20页。

合法经营，可以实现收入增加而先行富裕起来，再通过先富带动后富，最终实现共同富裕，也就是说家庭承包经营制度的确立为先富带后富以实现共同富裕提供了制度保障；此外，与计划经济时期国家对农业生产的指令性"计划"相比，获得自主经营决策权的农户在完成国家统购统派、集体提留的任务之后，能够以市场需求为导向安排农业生产，市场机制在农业生产中的作用和功能日益强化，这显然是对农业生产经营管理方式的创新和发展。

（三）农产品流通从部分放开到全松绑的体制改革

从整体上对我国农村改革进行审视，始终是沿着市场化的取向前行。早在农村改革初期，部分放开农产品流通及其价格管制就已成为党在农村工作中的重要政策内容，不断在农村领域引入市场机制是农村市场化改革的必然之举。从农产品价格与流通体制改革的进程来看，分别经历了"初步尝试—完全取消—分类推进—体系建设"等不同尝试。

在我国启动农村改革的初始时期，党和国家开始了农产品统购派购制度改革的初步尝试。其中，党的十一届三中全会审议通过的关于农业发展的草案，提出了恢复农贸市场的决定，一方面要求分别从品种结构和数量比重两个层面降低农产品统购派购程度，另一方面要求扩大市场议价收购的范围[①]，这标志着市场机制在农业领域的再出发。1982年，党中央在转批文件时提出，农业经济作为国民经济的重要构成"要以计划经济为主，市场调节为辅"[②]，针对实行派购的二类农副产品也一定合理确定其收购基数或收购比例；1983年中央发文指出有必要对重要农副产品实行统购派购，但需把品种和数量限制在一定范围内，而事关国计民生的少数重要农产品的统购派购则应继续实行[③]，这也就意味着国家正式开始了按步骤、分类别地缩减农产品统购派购计划。

进入市场化改革的探索时期，我国农村改革开始由启动阶段转向全面探索。党的十二届三中全会开启了以城市区域为重点的整个经济体制改革[④]，在新型的经济秩序、社会环境与城乡关系之下，原有的农产品购销制度暴露出与社会发展严重不协调的诸多弊端。在这样的情势下，党和国家审时度势地做出了关于全面推进农产品购销制度改革的重大决定，明确要求自当年（1985年）起，除个别少数品种外，国家不再向农民下达农产品统购任务，依据各区域、各品种间的具体实际酌情采取合同订购或市场收购方式，并且规定任何组织或单位不得以任何理由向农民布置指令性计划[⑤]。实施农产品统购制度改革的现实意义在于，农民同时获得了自主经营与自主交换二权，相应可以以独立主体身份参与到市场经济中去，利于促进农村经济的商品化转型。在取消统购派购制度改革初期，由于宏观经济运行的工业化倾向依旧存在，导致农业生产投入与产出的相应下降。在这样的情况下，党和国家又采取了分类推进的改革策略。具体而言，即是通

[①]《中共中央关于加快农业发展若干问题的决定（草案）》,《新疆林业》1979年第S1期，第1~11页。
[②]《三中全会以来重要文献选编》（下），北京：人民出版社，1982年，第1068页。
[③]《十二大以来重要文献选编》（上），北京：人民出版社，1986年，第260页。
[④] 人民出版社：《改革开放以来历届三中全会文件汇编》，北京：人民出版社，2013年，第17页。
[⑤]《中共中央国务院关于"三农"工作的一号文件汇编（1982—2014）》，北京：人民出版社，2014年，第56页。

过合同订购方式在农业耕种前与农民签订订购合同，统一采取"倒三七"比例标准，并且确保粮食收购单价不低于所在区域的市价，以有效保障粮食生产者与消费者切身利益。

在全面向市场经济过渡时期，我国进一步推进农产品流通体制改革，逐步搭建起了日益完善的农产品市场体系。其一是农产品流通体制改革，采取了"三步走"计划依次推进。具体而言，在第一阶段（20世纪90年代前期），确立了社会主义市场经济改革目标，各省市区相继放开粮食流通价格，积极推进市场化生产经营；在第二阶段（1998—2000年），国务院决定实行"四分开与一完善"和"三项政策与一项改革"的粮食流通改革策略[①]；在第三阶段（2001年以来），粮食流通制度改革由制度调适转入了以取消粮食主销区订购任务、完全放开市场、放开粮食价格及生产经营为内容的实质改革。其二是搭建了"开放、统一、竞争、有序"的农产品流通体系[②]，体现了市场经济以"效率、公平"为内容的价值取向，为农业发展迈入新阶段出现的农产品脱销、滞销等难题破解，顺应生产区域化与专业化等发展趋势，有效参与国内国际市场竞争做好了充分准备。

综上不难看出，在我国农产品流通体制改革实践中，市场机制从介入到农产品市场体系的形成，经历了从尝试引入充分运用再到逐步健全的历程，其具体经验性内容大致可归结为：一是将市场机制引入农产品流通领域，主张市场化的农产品流通方式；二是引导多方市场主体参与农产品营销，主张多元化的市场经营主体；三是鼓励市场主体积极展开自主经营，拓展和开辟多样化的农产品市场流通渠道。

（四）农村社会保障制度建设的初步探索与实践

伴随经济社会发展的日益深入，社会保障问题在我国农村社会中逐渐显现。针对此，国家明确要求在"七五"期间要"有步骤地建立起具有中国特色的社会主义的社会保障制度雏形"[③]。彼时，在东部经济发达地区部分农村已经自发展开了退休养老或老人补贴的制度尝试。1986年，国务院责成民政部探索构建农村基层社会养老保障制度试点，随即，民政部组织了以"农村基层社会保障"为主题的专题座谈会，提出各地社会保障工作应以当地农村居民的生活实况为据：对贫困地区而言，应以社会救济与扶贫工作为要务；对温饱无虞的中间地区而言，应以福利设施与福利单位兴办为重点，妥善解决"五保户"养老问题；对经济相对发达地区而言，则应积极探索构建社区养老模式。

关于社会养老保险制度，1990年国务院总理办公会议就此进行了专题研讨，决定由民政部牵头在具备条件的县级农村先行试点。在系统总结各区域实践经验的基础上，民政部形成了以基本目的、实施原则、组织方式、具体办法、法律保障等为内容的农村

[①] "四分开、一完善"，即政府与企业、储备与经营、中央与地方、新财务与旧账目等必须要分开和加快完善价格机制；"三项政策、一项改革"，即政府按照既定保护价大量收购农户余粮、粮食企业顺价销售、农业收购资金封闭运行和加快国有粮企改革。详细内容参见《国务院关于进一步深化粮食流通体制改革的决定》，《粮食问题研究》1998年第6期，第3~7页。

[②] 《十五大以来重要文献选编》（上），北京：人民出版社，2000年，第563页。

[③] 《十二大以来重要文献选编》（中），北京：人民出版社，1986年，第1031页。

养老保险方案。

关于农村合作医疗制度,最早发端于延安时期的"医药合作社"。但局限于医疗运行机制的时效性与适应性,加之政策引导与资金支持的相对缺乏,导致到了20世纪80年代末期,我国仅有不到5%的农村实行了合作医疗制度。在如此情势下,党和国家提出务必要"发展和完善农村合作医疗制度"[①],全国人大八届四次会议也提出了"因地制宜"和"不同形式"的工作要求[②]。

三、统筹城乡发展:工业化背景下的"三农"新举措(2003—2012)

21世纪初,党的十六大报告明确提出我国已进入全面建设小康社会历史新时期,农业农村农民问题也相应地成为全面建设小康社会与和谐社会构建征程中必须直面的焦点问题。党和国家也分别针对新时期"三农"发展提出了系列的宏观战略和具体政策。基于国情社情、民情农情的基本概况,党和国家从战略层面对"三农"发展进行了宏观布局,明确将促进"三农"发展定位为全党工作的"重中之重",确立了"统筹城乡"发展的引领思路,提出了"多予少取放活"的基本方针,规划了"建设社会主义新农村"的伟大任务。与此同时,党和国家对"三农"问题的重视程度更为提高,在将"三农"定位为党和国家工作"重中之重"之后,围绕农村基本经营制度、现代农业发展及支持保护、农村基础设施建设、农村社会保障、农村文化教育与农村基层组织建设等方面配套出台了系列促进"三农"发展的制度政策。

(一)"重中之重"战略定位与"统筹城乡"发展思路

1. "重中之重"战略定位。

长期以来,党和国家始终对农业农村和农民问题高度关注。在党的十六大之后的新时期,随着经济社会的跨越发展和国家综合国力的大幅提升,加之全球一体化的趋势日益强化以及我国的积极融入,我国"三农"总体面貌也随之发生了史无前例的巨大变化,既进入了加速发展的"黄金期",同时也遭遇了诸多叠加的阻滞因素。在全面建设小康社会的新情势下,党和国家审时度势地将"三农"问题放置于战略高度予以全域忖度和顶层设计。

要有效破解与应对"三农"发展中出现的各式问题,一方面既需要强调主体的功能,即激发和唤醒广大农民的积极性、主动性和创造性;另一方面也需要注重产业带动和区域改进,即继续加大对现代农业发展和农村建设的综合力度。正是在这样的逻辑理路指引之下,2003年初中央农村工作会议报告阐述了,在全面建设小康社会宏伟目标的战略部署之下,必须促进城市与乡村在经济社会等各方面综合发展,同时指出要对农业、农村和农民进行更多地"支持、关注和关心",并要求"把解决好农业、农村和农民问题作为全党工作的重中之重"[③],这是党和国家首次将"重中之重"冠之于农业、

---

① 《十四大以来重要文献选编》(上),北京:人民出版社,1996年,第536页。

② 《中华人民共和国国民经济和社会发展"九五"计划和2010年远景目标纲要》,《人民论坛》1996年第4期,第15~23页。

③ 《十六大以来重要文献选编》(上),北京:中央文献出版社,2005年,第682页。

农村和农民问题；同年12月召开的中央经济工作会议明确提出"把解决好'三农'问题作为全党工作的重中之重"①，并将之概括提升至我党所一以贯之的战略思想，应以长期坚持。继此之后，在十余年来的中央农村工作会议、"中央一号文件"、党的十七大和十八大报告等中央文件及相关政策中都反复阐发并突出"三农"是全党工作重中之重的战略定位，以此切入从而紧握"三农"工作全域的主动权。

就目前来看，党和国家多次在中央报告或政策文件中高频次重复使用"重中之重"一词来对某项具体工作进行定位，"三农"领域尚属首次，因此，有必要从理论与实践双向维度去综合审视"重中之重"战略定位的提出缘由及其现实意蕴。其一，从提出缘由来看，党和国家之所以在21世纪初将"三农"定位为党和国家工作的"重中之重"，这是因为，长期以来包括农业农民和农村在内的"三农"诸要素在我国现代化建设中做出了不可磨灭的历史性贡献，而在全面建设小康社会的历史新时期，农业农民和农村是经济社会发展中的落后板块，而全面建设小康社会宏伟目标的设定至少内涵了"全面"与"小康"两层意思，"全面"突出的是覆盖范围，在主体层面，农民是全面小康中不能忽略的重要成员；在产业层面，在小康社会中农业的产业基础属性仍然不能动摇；在空间层面，广大农村是国家长治久安与社会稳定安宁的重要构成，因此加速农业现代化、改善农村面貌及促进农民增收是全面建设小康社会征途中必须回应与直面的。其二，就其现实意蕴而言，将"三农"作为全党工作的"重中之重"这一战略定位，不仅从思想理论层面丰富了党领导"三农"工作的基本内涵，而且在实践层面为"三农"工作有序展开指明了方向。一方面，"重中之重"战略定位是针对"三农"整体全域而言，有利于从导向理路层面打破传统的"单一农业生产论"，更多的是强调将农业农村农民作为一个整体来进行通盘谋划；另一方面，在摒弃"就农论农"思维囿围的同时，更加侧重于倾向促进统筹城乡协调并进，这在理论上与马克思、恩格斯笔下关于城乡关系（"正—反—合"）所经历的由"城乡合一"经"城乡对立"再到"城乡融合"的演进趋势是相一致的②③。除此之外，在客观上也有利于摆脱以往"三农"实践中显现出的"重物轻人"的落后发展逻辑，重塑"人物并重"的发展理念以扭转纠正对农民权和利的漠视与忽略，既要在经济物质层面加速发展，也要注重结构调整和方式转变，以生态、绿色理念为引领导向；既要强调农业的战略基础地位，也要确保农民基本权益，让其在充分参与现代化建设的同时，也要同社会其他阶层一道均等共享改革成果。

2. "统筹城乡"发展思路。

进入21世纪以来，随着我国经济社会发展步入方式转变和结构升级的转型阶段，城市与乡村之间的发展差距日益悬殊，问题逐步呈现、矛盾不断突出，在"三农"领域表现得尤为严峻。在如此情势下，在总结过往改革历程与实践经验的基础上，党和国家创造性地拟定了"统筹城乡"的发展思路。

在党的十六大报告中明确了统筹城乡与全面建设小康社会的相互关系，认为"统筹

---

① 《十六大以来重要文献选编》（中），北京：中央文献出版社，2006年，第530页。
② 李邦铭：《论马克思、恩格斯的城乡关系思想》，《河北学刊》2012年第2期，第172~176页。
③ 蒋永穆、鲜荣生、张晓磊：《马克思恩格斯城乡经济关系思想刍论》，《政治经济学评论》2015年第4期，第102~117页。

城乡经济社会发展是全面建设小康社会的重大任务"[1]，并分别细化了农业现代化、发展农村经济和促进农民增收三大实现途径。从整体全域来看，统筹城乡显然是新阶段突破"三农"难题的新理念新思路。自提出"统筹城乡"之后，这一思路被不断重申和延展。在2003年的中央农村工作会议上，党和国家提出要统筹城乡发展，就必须充分有效发挥城市的带动功能和促进作用，从而实现城乡经济社会发展趋向一体化；紧接着，在党的十六届三中全会以城乡、区域、经济社会、人与自然、国内发展与对外开放为内容明确提出了"五个统筹"[2]，统筹城乡赫然位列其首；十六届四中全会在讨论如何加强党的执政能力建设时，也进一步提出了要健全"五个统筹"的体制机制；十六届五中全会审议通过的《中共中央关于制定国民经济和社会发展第十一个五年规划的建议》明确提出"要从社会主义现代化建设全局出发，统筹城乡区域发展"[3]，党的十七大报告则将之进一步具体表述为通过构建以工促农和以城带乡的长效机制以加速城乡经济社会发展一体化的新局面，这为统筹城乡发展指明了行进方向；十七届三中全会更是继续深化统筹城乡发展的意涵，并明确将构建新型工农和城乡关系视作加速现代化进程的重大战略[4]；2010年"中央一号文件"以加大统筹城乡发展力度为主题，从强农惠农、农业现代化、农村民生、农村活力与基层组织建设五大方面进行了全面部署[5]；十七届五中全会审议通过的《中共中央关于制定国民经济和社会发展第十二个五年规划的建议》又再度提及统筹城乡发展。

顾名思义，"统筹城乡发展"即是内在地要求突破"就农论农"的惯性思维，相应地将农业农民农村置于经济社会发展全域和现代化建设高度去审视把握，要求扭转并矫正"二元结构"下的城乡分治格局，而更多地对"三农"诸要素进行关注和倾斜。其中，必须予以引起重视的是，统筹城乡发展的发展战略是以城乡共荣共进为阶段目标，需要有效凭借现代科学技术武装农业，通过工业化城镇化有序引导农村剩余劳动力向城市工业转移，即应是在增进"三农"诸要素内生动力基础上的带动与促进，而绝非简单的"外援式"帮扶或帮助；其最终落脚点则是旨在开创城乡协调发展、和谐安宁的社会新局面，这也就在客观上需要健全关于工农城乡统筹协调的政策法规，需要在体制机制层面保障城乡居民能够均等共享改革发展新成果，这是统筹城乡的目标价值所在。

（二）"两个趋向"态势判断与"多予少取放活"方针

进入全面建设小康社会的历史阶段，党和国家严格以我国生产力发展水平与综合国力基本实况为依据，在参照发达国家先行经验的基础上，对经济社会发展做出了关于"两个趋向"基本的态势判断，相应配套了"多予少取放活"基本方针，从趋势把握与实施理念两个层面进行了系统谋划。

---

[1]《十六大以来重要文献选编》（上），北京：中央文献出版社，2005年，第17页。
[2]《十六大以来重要文献选编》（中），北京：中央文献出版社，2006年，第277页。
[3]《改革开放三十年重要文献选编》（下），北京：中央文献出版社，2008年，第1532页。
[4]《十七大以来重要文献选编》（上），北京：中央文献出版社，2009年，第673页。
[5]《中共中央国务院关于"三农"工作的一号文件汇编（1982—2014）》，北京：人民出版社，2014年，第201页。

1. "两个普遍趋向"态势判断。

通过总结工业化先行国家的发展历程,党的十六届四中全会报告对工农城乡之间的发展关系进行了概括凝练,认为在工业化初始阶段,农业通过提供剩余和积累以支持工业发展是一种普遍性趋向;而当工业化发展水平达到既定层阶,工业反哺农业、城市支持农村,实现工与农、城和乡间的协调发展也是带有普遍性的趋向①。"两个普遍趋向"论断的问世,既是对人类社会经济发展规律深刻探寻的结果,也是以我国经济社会发展的基本实况为依据,对我国"三农"问题的应对与破解具有极强的实践指导价值。在2004年底召开的中央经济工作会和中央农村工作会上,党和国家又明确到,我们国家应该顺应这一发展趋势,主动调适和优化城乡收入分配格局,积极稳妥地助推"三农"向前迈进。

"两个普遍趋向"提出的战略意义在于,其既是对人类经济社会发展的一般性规律的总结,也是基于我国国情社情、民情农情进行的个案描述。具体而言,从人类社会发展的普遍规律来看,"两个普遍趋向"是对全球经济发展经验的一般性总结,因为纵观世界工业化先行发达国家的实践经验,任何国家或地区在工业化起步之际,农业所占整个国民经济之比重不仅甚大而且也肩负着为工业发展提供剩余和积累的重任;只有当工业化发展水平达到相应层级之后,即工业产业体系已趋健全且具备较为强大的发展与续航能力,才能对农业农村进行反哺和支持,进而顺势推进重心转换,这是发达国家现代化建设征程中所遵循的普遍发展模式。从国内层面的具体个案来看,"两个普遍趋向"是对我国经济社会发展阶段及其演进态势进行的准确研判,表明我国已经迈过了农业农村支持工业城镇的工业化初始阶段,步入了工业反哺农业和城市支持乡村的发展新阶段,对态势的准确把握有利于科学合理地确定指导我国经济社会发展的战略思想,从而为制定行之有效的"三农"政策提供基本依据,以有力举措致力于促进工农城乡发展,对有效突破"三农"发展瓶颈和打破阻滞掣肘因素具有重大现实意义。

2. "多予少取放活"基本方针。

继党和国家确立了关于"三农"发展的"重中之重"战略定位、"统筹城乡"发展方略和"两个普遍趋向"态势判断之后,为有效贯彻落实系列关于"三农"的重要战略,党和国家不失时机地提出了"多予、少取、放活"基本方针,除了在党的全会报告中明确提出之外,也在2004年以来连续发布的关于"三农"的"中央一号文件"中都有直接提及或间接示意。

与其他思想一样,"多予少取放活"方针的成形也经历了从不成熟到成熟,从萌芽到壮大,从不完善到完善的渐进过程。早在党的十五届三中全会公布的《中共中央关于农业和农村工作若干重大问题的决定》中,就明确提出了"坚持多予少取,让农民得到更多的实惠"②。2000年,党中央国务院在关于农村税费改革的通报文件中明确提出"注意对农民多给予、少索取"③,注重国民收入分配在今后相当长时段内向农民分配,

---

① 《十六大以来重要文献选编》(中),北京:中央文献出版社,2006年,第311页。
② 《十五大以来重要文献选编》(上),北京:人民出版社,2000年,第560页。
③ 《十五大以来重要文献选编》(中),北京:人民出版社,2001年,第1145页。

以此减轻压在农民身上的负担,切实保护农村生产力和维系农村社会稳定。2003年,在治理"非典"疫情之际,国务院文件首次完整出现了"多予、少取、放活"字样,并且站在科学发展观的战略高度阐明了这一方针之于转换"城乡二元"和"统筹城乡"的重要意义[①]。2004年"中央一号文件"则提出在坚持十六大、十六届三中全会精神的前提下,把坚持"多予少取放活"作为当前和今后一段时期内做好农民增收工作总体要求的主要内容[②],并且在农业结构调整、农民就业与农村改革方面进行了配套部署,标志着这一农村工作方针走向成熟。2006年"中央一号文件"则明确提出,在坚持"多予少取放活"基本方针的前提下,重点应在"多予"上下功夫[③],从而加速构建工业带动农业、城市促进乡村的长效机制,紧接着党的十七届三中全会通过的《中共中央关于推进农村改革发展若干重大问题的决定》则将"多予少取放活"置于我国现代化进程进行审视,明确了科学发展观引领下的"战略任务""基本方向"和"根本要求"[④]。

顾名思义,"多予"即是要求在国民经济全域中,调整工农城乡之间原有的分配格局,使更多的财政拨款、社会资本与资源要素适度向"三农"倾斜;"少取"即是加速促进农村税费改革,通过诸如取消农业税等方式减轻农民负担,维护农民利益、增加农民收入和激发农村活力;"放活"则是侧重于强调在解放和发展农村生产力的基础上,打破禁锢在农业农村和农民身上的传统教条束缚,通过结构优化与方式调整等手段对"三农"领域各要素进行"解制赋能"和"松绑放开",进而更多地激发调动农民的生产积极性和主动创造性。就其之于"三农"的关系而言,"多予"是策略重点,"少取"是关键手段,"放活"是基础前提,三者相辅相成,相得益彰,共同构筑成了"多予少取放活"基本方针。

(三)"推进社会主义新农村建设"的伟大战略任务

全面建设小康社会宏伟目标的设定,发展相对落后的广大农村区域自然也内在地被包含于其中。自新中国成立以来,党和国家就将改变农村贫困落后旧貌作为改革发展的重要任务来落实。必须指出的是,经过数十年的发展,尽管我国农村整体状况已经实现了根本好转,但从国民经济发展宏观全域来看,农村农业与城市工业相比较仍然存在较大差距悬殊。然而,建设社会主义新农村理应是我国社会主义现代化伟大征程中不容忽视的重要构成,因此党和国家在全面建设小康社会的关键阶段,审时度势地提出了社会主义新农村建设的伟大任务。

党的十六届五中全会对关于国民经济发展的若干重大事项进行了审议,并通过了《中共中央关于制定国民经济和社会发展第十一个五年规划的建议》的建议,从"生产、生活、乡风、村容与管理"等五大方面,设定了"发展、宽裕、文明、整洁与民主"等

[①]《国务院关于克服非典型肺炎疫情影响促进农民增加收入的意见》,《中华人民共和国国务院公报》2003年第24期,第10~12页。

[②]《中共中央国务院关于"三农"工作的一号文件汇编(1982—2014)》,北京:人民出版社,2014年,第80页。

[③]《中共中央国务院关于"三农"工作的一号文件汇编(1982—2014)》,北京:人民出版社,2014年,第117页。

[④]《十六大以来重要文献选编》(下),北京:中央文献出版社,2008年,第642页。

预设目标，对建设社会主义新农村提出了总体要求①。紧接着，在2006年发布的"中央一号文件"专以推进社会主义新农村建设为主题，围绕建设社会主义新农村的战略意义、基本内涵、预期目标及实现措施等方面展开了详尽全面的阐述，认为在推进社会主义新农村建设的实践中，现代农业是产业支撑，农民增收是经济基础，基础设施建设是物质条件，培育新型农民是主体需求，深化农村改革是制度保障，同时必须坚持党的领导和动员广大社会力量积极参与②，既包含了理论阐述，也涉及了实践指向。历经几年的实践摸索，党和国家对关于社会主义新农村建设的认识更加深化和具体，在十七届三中全会明确从城乡经济社会发展体制机制、现代农业及其综合生产能力、国家粮食安全、村民自治制度、城乡基本公共服务均等化等方面提出了社会主义新农村建设的新要求和新目标③。

就社会主义新农村建设"二十字"总体要求的各项内容来看，其意蕴深刻、内容全面。具体而言，"生产发展"是物质前提，因为建设社会主义新农村，必须要有坚实的物质作为保障，这也就对生产能力和水平提出了新要求，否则其他方面就犹如空中楼阁；"生活宽裕"是目标诉求，体现的是"为了谁"的价值旨归，因为建设社会主义新农村的根本目的显然是让广大农民与市民一道共建共享改革发展新成果；"乡风文明"是思想基础，因为广大农民既是新农村的建设者，也是受益人，社会主义新农村内在地要求广大居民既要继承传统，也要适应现代，还需具备乐观心态、健康文明的生活方式，才能真正从内容和形式两个方面都与之相匹配；"村容整洁"是基本要求，村容村貌作为任何农村的外在形象，其优劣好坏不仅会影响到当地居民的生活质量，还会直接与当地乡村旅游或者招商引资等经济方面产生高度关联，因此，塑造整洁的村容村貌显得极其必要；"管理民主"则是制度保证，实践经验证明，只有坚持党的领导和充分尊重农民首创，才能有序激发和调动广大农民群体的积极性、主动性和创造性，通过民主方式让广大农民以主人翁的身份参与到村级事务的管理中来，其效果是显而易见的。概言之，此五方面虽从不同角度进行了阐述，也各有侧重，但其经有机联结，共同织构了社会主义新农村建设总体要求，缺一不可。

（四）健全农村基本经营制度与现代农业的支持政策

1. 进一步健全农村基本经营制度。

改革开放以来，我国农村逐步确立了"家庭承包经营+统分结合"双层经营体制，这是我国农村改革发展中取得的一项巨大突破，同时也被作为一项重要条款载入宪法之列，因而需要长期坚持，并要求在后续实践中不断健全完善。

2002年我国颁布的《农村土地承包法》，在从法律层面建构了农村土地制度总体框架的同时，既规定了农民承包经营权带有部分所有权的性质，也对承包经营权的转让、

---

① 《十六大以来重要文献选编》（下），北京：中央文献出版社，2008年，第280页。
② 《中共中央国务院关于"三农"工作的一号文件汇编（1982—2014）》，北京：人民出版社，2014年，第115~133页。
③ 《十七大以来重要文献选编》（上），北京：中央文献出版社，2008年，第672页。

转包、入股和继承等权能属性进行了具体细化,并允许在自愿合法的前提下进行流转①。党的十六届三中全会在讨论完善社会主义市场经济体制问题时,明确指出"土地家庭承包经营是农村基本经营制度的核心",必须在"家庭承包经营+统分结合"双层经营的基础之上,依法保障农民在土地承包经营中的基本权益②。《中华人民共和国宪法》(2004年版)明确将农村集体经济组织形式由"家庭承包为主的责任制"修订表述为"家庭承包经营为基础,统分结合的双层经营体制"③,从国家根本大法的全域高度正式确立了农村基本经营制度的法律地位,同时在实践中也开始试点发放农地经营权证。2004年"中央一号文件"明确提出了"落实最严格耕地保护制度"④的要求。2005年到2012年"中央一号文件"分别围绕农村基本经营制度这一主题进行不断细化和完善,都是以坚持这一制度为基础前提,不断健全完善农民承包经营中可能遇到的各式问题。其中,2008年"中央一号文件"再度指出"家庭承包经营+统分结合"的基本经营制度,既与社会主义市场经济相适应,也同农业生产特点相符合,其作为党在农村的政策基石,必须毫不动摇坚持且应长久不变⑤;2010年"中央一号文件"从稳定完善农村基本经营制度、有序推进农村土地制度改革个方面对将农业生产经营与农村土地流转提出了具体要求⑥;2012年"中央一号文件"则以完善法律和落实政策两个方面为基点,要求当年内基本完成农村集体土地所有权、宅基地和集体建设用地使用权、土地承包经营权的登记、确权和颁证事项⑦。

2. 现代农业支持保护政策。

农业作为国民经济的基础,推进其日益现代化业已成为中国共产党人长期的努力方向和奋斗目标。党和国家公布的2007年"中央一号文件"以"顺应趋势""符合规律""增收途径""综合举措"和"产业基础"等为主题词对推进农业现代化的现实性、必要性和紧迫性进行了高度概述,认为推进农业现代化是建设社会主义新农村的首要任务,是科学发展观统领农村工作的必然要求⑧。

关于农业现代化,党和国家的制度政策主要围绕以下方面展开。其一,积极推进产业化经营。产业化作为一种先进的经营模式,必定是未来农业发展的前进方向。基于这

---

① 《中华人民共和国农村土地承包法》,《中华人民共和国全国人民代表大会常务委员会公报》2002年第5期,第347~352页。
② 《十六大以来重要文献选编》(上),北京:中央文献出版社,2005年,第468页。
③ 《中华人民共和国宪法》,《中华人民共和国全国人民代表大会常务委员会公报》2004年第S1期,第2~27页。
④ 《中共中央国务院关于"三农"工作的一号文件汇编(1982—2014)》,北京:人民出版社,2014年,第89页。
⑤ 《中共中央国务院关于"三农"工作的一号文件汇编(1982—2014)》,北京:人民出版社,2014年,第171~175页。
⑥ 《中共中央国务院关于"三农"工作的一号文件汇编(1982—2014)》,北京:人民出版社,2014年,第212页。
⑦ 《中共中央国务院关于"三农"工作的一号文件汇编(1982—2014)》,北京:人民出版社,2014年,第240页。
⑧ 《中共中央国务院关于"三农"工作的一号文件汇编(1982—2014)》,北京:人民出版社,2014年,第135页。

样的基本判断，党和国家曾在相关报告或文件中提及产业化经营之余农业现代化的重要意义。其中，最为明显的就是2004—2012年"中央一号文件"中对加快发展农业产业化经营的"三令五申"，既要求国家财政拨付专项资金加大对龙头企业的投入力度，也提出充分现代物质条件、现代科学技术来装备和改造传统农业，还要重视提高农业生产经营的组织化程度①。其二，高度重视"科技兴农"。继党的十六大报告提出"信息化是我国加快实现工业化和现代化的必然选择"②之后，农业信息化和科技化成为了实现农业现代化的题中要义，其中，2005年和2006年"中央一号文件"明确以"稳步加强"和"积极推进"两词来突出农业信息化建设；2007年至今的"中央一号文件"则从农业科技体系建构、科技创新及推广、科技创新驱动等方面对现代农业发展指出了前进方向。此外，党的十七届三中全会、十八大、十八届三中全会等报告中也都明确对依靠科技促进农业现代化进行了制度安排和政策部署。其三，确保粮食产能。粮食之于国家发展和社会稳定的重要性是不言而喻的，党和国家也一直视之为重要任务来狠抓落实。自2003年以来，党和国家就加大力度稳定粮食生产，一方面全面放开粮食市场，同时又实行了最低收购价格制度和耕地保护制度，也出台了"综合性收入+生产专项"配套的粮食补贴政策。其中，2005年"中央一号文件"要求继续提高"两减免""三补贴"政策的落实力度；2006年"中央一号文件"强调继续对农业农民实行直接补贴政策的同时，要坚持和完善重点农产品最低收购价政策，2008年"中央一号文件"则进一步要求农业补贴和最低收购价政策要具体到重点区域和重点粮食品种③；2009年国务院发文要求我国粮食应在立足国内自给自足的基础上，构建确保粮食生产持续发展的长效机制，通过增强其综合生产能力与风险抵御能力，以从根本上确保国家粮食安全④；2012年"中央一号文件"则强调"切实落实'米袋子'省长负责制"⑤，党的十八大报告在此基础上补充了"菜篮子"市长负责制。

关于农业支持与保护，继党中央做出了"两个普遍趋向"和"多予少取放活"的判断与方针之后，相关制度与政策安排主要从以下方面展开。其一，农业税从逐步减少到完全取消。据考察，春秋时期鲁国的"初税亩"⑥是我国目前关于农业税的最早记录，这也意味着农业税在我国已经延续了2600余年历史。随着我国工业服务业的迅速发展，一方面农业税在国家财政收入中所占比重不断缩小。据统计，我国农业税收入所占国家财政收入的比重，1950年约为41%，至2004年则低于1%。另一方面也标志着我国取消农业税"具备了条件"。2004年两会期间，国务院政府工作报告中指出，自当年起国

---

① 《中共中央国务院关于"三农"工作的一号文件汇编（1982—2014）》，北京：人民出版社，2014年，第79~252页。
② 《江泽民文选》（第3卷），北京：人民出版社，2006年，第545页。
③ 《中共中央国务院关于"三农"工作的一号文件汇编（1982—2014）》，北京：人民出版社，2014年，第158页。
④ 《全国新增1000亿斤粮食生产能力规划（摘要）》，《人民日报》2009年11月3日第16版。
⑤ 《中共中央国务院关于"三农"工作的一号文件汇编（1982—2014）》，北京：人民出版社，2014年，第236页。
⑥ 杨伯峻：《春秋左传注》，北京：中华书局，2015年，第766页。

家将以1％/年的比例逐步降低农业税，并且要求在5年内完全取消[①]。紧接着，国家在黑龙江、吉林两个农业大省试点推行免征农业税，另有11个粮食主产区降税3％。至2005年初，我国26个省、市、区已完全取消农业税，当年的政府工作报告明确提及原计划五年内完全取消农业税的目标，在三年内就得以完成[②]；同年底，第十届全国人大常委会第九次会议通过了关于废除农业税的决定，宣告了农业税种的历史终结[③]。其二，农业补贴力度逐渐加大。随着社会主义市场经济发展的日益深入，国家开始了对一些粮食主产区进行农业补贴试点，自2004年起，先后实行了直接补贴、良种补贴、农机购置及综合补贴。在"十一五"开局之年，党和国家立足于完善和强化支农惠农这一政策基石，继续扩大农业补贴范围（新增农资综合直补），2009年"中央一号文件"要在"大幅度增加补贴的基础上，进一步增加补贴资金"，不断完善农业补贴政策[④]。国家统计数据显示，自2003年到2012年期间，国家财政"三农"投入资金额度达6万亿元，为加速"三农"发展注入了不竭动力。

关于农业基础设施建设，党和国家意识到完善农村基础设施是促进农村经济社会迈向前进的物质保障，因此格外重视。2004年"中央一号文件"明确要求国家投入农业农村的资金比例必须保持稳定，并应逐步提高，用以支持农业结构调整和完善农村中小基础设施建设[⑤]。2005年"中央一号文件"提出通过加大农村"六小工程"的投资规模，强化贫困农区基础设施建设，科学制定整村扶贫规划，健全农村扶贫开发机制[⑥]。2006年国务院政府工作报告阐明了以农村水利工程、乡村公路、饮水工程、能源建设、电网铺就为内容，从加强农村基建的重点任务与具体措施方面进行了详尽部署[⑦]。国家"'十二五'规划纲要"进一步对农村基础设施建设内容进行了细化，并要求逐步健全相关制度政策[⑧]。

四、从城乡一体化到乡村振兴："三农"发展的战略转换（2013年至今）

在全面建成小康社会的战略决胜阶段，"三农"问题仍是如期实现这一"百年目标"

[①] 温家宝：《政府工作报告——2004年3月5日在第十届全国人民代表大会第二次会议上》，《中华人民共和国国务院公报》2004年第13期，第19～29页。

[②] 温家宝：《政府工作报告——2005年3月5日在第十届全国人民代表大会第三次会议上》，《中华人民共和国全国人民代表大会常务委员会公报》2005年第3期，第175～188页。

[③] 《全国人民代表大会常务委员会关于废止〈中华人民共和国农业税条例〉的决定》，《中华人民共和国国务院公报》2006年第6期，第13页。

[④] 《中共中央国务院关于"三农"工作的一号文件汇编（1982—2014）》，北京：人民出版社，2014年，第182页。

[⑤] 《中共中央国务院关于"三农"工作的一号文件汇编（1982—2014）》，北京：人民出版社，2014年，第88页。

[⑥] 《中共中央国务院关于"三农"工作的一号文件汇编（1982—2014）》，北京：人民出版社，2014年，第103页。

[⑦] 温家宝：《政府工作报告——2006年3月5日在第十届全国人民代表大会第四次会议上》，《中华人民共和国全国人民代表大会常务委员会公报》2006年第3期，第163～177页。

[⑧] 《中华人民共和国国民经济和社会发展第十二个五年规划纲要》，《人民日报》2011年3月17日，第1版。

的掣肘，党和国家继续坚持"三农"是工作重中之重的战略定位，坚持以城乡发展一体化作为破解"三农"难题的根本途径。围绕"重中之重"和"根本途径"，结合新时期新阶段"三农"发展呈现的系列新情况、新问题和新矛盾，分别从宏观战略和制度层面推进"三农"发展。

（一）农民融入现代化与农业人口市民化的战略导向

党的十八大以来，以习近平同志为核心的党中央继续对"三农"问题进行高度关注，先后提出了"农民参与现代化进程与共享现代化成果""四化同步""城乡一体化""农业转移人口市民化"等宏观发展战略。进入全面建成小康社会阶段以来，党和国家对"三农"问题的重视程度更为提高，继续将"三农"定位为党和国家当前和今后工作的"重中之重"，围绕重要农产品供给保障机制和国家粮食安全保障体系、农业支持保护制度及农业供给侧结构性改革、农业生产经营体制及社会化服务机制、农村集体产权制度、乡村治理机制等方面配套出台了系列促进"三农"发展的制度政策。

1. 农民有机融入现代化的发展思路。

所谓农民群体有机融入现代化，是指在现代化的历史进程中，使农民能够获得与市民均等的参与机会，能够获得与市民共同分享现代化建设成果的机会。正如党的十八大明确讲到"加大强农惠农富农政策力度，让广大农民平等参与现代化进程、共同分享现代化成果"[1]，像这样在党代会报告中明确将农民置于现代化的战略高度进行论述尚属首次，这不仅在思想层面确立了农民在现代化进程中的主体地位，在实践层面也对全面建成小康社会和实现民族复兴是大有裨益。

纵观人类社会现代化进程的发展脉络，农民群体常被人为地放置在工业化城镇化之外，不能有机融入现代化的历史征程和成果共享，如此一来，相应也就引致了系列诸如"中等收入陷阱"等发展难题，从而阻滞现代化进程。就我国的现代化进程而言，在"工业优先"战略导向下，形成了"城乡二元"的发展格局，一方面需要尽可能多地将农业剩余转移到工业和城镇；另一方面在严格的户籍制度下，农民被牢牢固定在各自所在村社，自主流动性极大缺乏，显然也就不能平等参与现代化进程和共同分享现代化成果。发端于小岗村的农村改革，在客观上极大调动了农民群体的积极性与主动性，获得自由自主发展权限的农民有机会参与到现代化建设中来，为国家经济社会发展注入了强大动力；但同时必须指出的是，囿于制度体制、历史遗留及农民局限等诸多因素，农民虽然有机会参与但这并非等同于平等参与和共同分享（以农民工为例，他们进城后获得的就业机会、工资薪酬、社会福利、公共服务等均与城市居民存在一定差距）。

回溯农民有机融入现代化进程思路理念的提出与形成，也经历了相应的发展过程。具体而言，20世纪90年代以来，党和国家越发认识到"三农"问题之于国家社稷之根本性，21世纪初期发布的《中共中央关于制定国民经济和社会发展第十个五年计划纲要》明确提出"农业、农村和农民问题关系到改革开放和现代化建设全局"[2]，党的十

---

[1] 胡锦涛：《坚定不移沿着中国特色社会主义道路前进　为全面建成小康社会而奋斗——在中国共产党第十八次全国代表大会上的报告》，北京：人民出版社，2012年，第23页。

[2] 《中华人民共和国国民经济和社会发展第十个五年计划纲要》，《新华每日电讯》2001年3月18日。

六大则提纲挈领地为"三农"发展标明了方向,以"全面建设小康社会"为时代主线,以"统筹城乡"为基本要求,以"多与少取放活"为实施方针,全方位立体化推进农业提质、农民增收与农村发展。党的十七大更是提出了在城乡一体化格局下,突出以增加农民收入为核心任务,加大力度解决农村民生难题,致力于促进农民持续增收,这些举措的制定与实施,旨在增强农民群体参与现代化进程的基本能力。党的十八大报告则首次明确提出让广大农民群体平等参与到现代化进程的战略思想,并从全面建成小康社会的战略新高度提出了要加大强农富农惠农的政策力度,旨在推进城乡发展一体化,不仅能为中国特色社会主义现代化的尽早实现奠定坚实基础,也可以在实践中尽快突破"三农"发展难题。

2. 农业人口市民化的战略举措。

党的十八大报告在论述如何推进经济结构的战略性调整之时,明确要求"加快改革户籍制度,有序推进农业转移人口市民化"[1],因为推进户籍制度改革和有序推进农业转移人口市民化是在新形势下稳妥推进中国特色新型城镇化的重大战略举措。为什么呢?其一,在新的历史阶段,积极稳妥推进中国特色新型城镇化内在地要求推进农业人口市民化,因为城镇化是人类经济社会发展的相当水平的必然趋势,其内核或实质就是当工业化达到一定阶段后加速实现"人"的城镇化,这也就要求有序推进农业人口非农化和市民化。其二,城农业转移人口市民化的综合水平是衡量城镇化"质"与"效"的关键指标,一方面必须协调好人口城镇化与土地城镇化的推进速度,另一方面必须处理好户籍人口城镇化与常住人口城镇化二者间的相互关系;这也就在客观上要求加快户籍制度改革和推进农业转移人口有序市民化协同推进。

(二)"四化同步""城乡一体化"与"乡村振兴"战略部署

1. "四化同步"发展的战略部署。

党的十八大报告在以"深度融合""良性互动""相互协调"三词对信息化、工业化、城镇化与农业现代化"四化"间的关系进行界定与描述的基础上,明确提出了要"促进工业化、信息化、城镇化、农业现代化同步发展"[2],这标志着"四化同步"战略思想的正式提出。"四化同步"是新阶段破解"三农"难题的战略决策,是实现城乡发展一体化的内在要求。

围绕如何促进"三农"发展这一核心命题,党和国家的不懈探索从未止步。从党的十六大到党的十七大再到党的十八大,依次提出了"统筹城乡经济社会发展"的基本方略、"形成城乡经济社会一体化"的发展新格局、将城乡一体化作为破解"三农"难题的根本途径,显然发展思路日渐清晰且目标更为具体。立足于"城乡统筹"与"城乡一体"这一战略思路,历经不懈努力与试错探索,党的十八大创造性地提出了"四化同步"的发展战略。关于"四化同步"的内在机理,"四化"无疑是一个相互镶嵌的严密

---

[1] 胡锦涛:《坚定不移沿着中国特色社会主义道路前进 为全面建成小康社会而奋斗——在中国共产党第十八次全国代表大会上的报告》,北京:人民出版社,2012年,第22页。

[2] 胡锦涛:《坚定不移沿着中国特色社会主义道路前进 为全面建成小康社会而奋斗——在中国共产党第十八次全国代表大会上的报告》,北京:人民出版社,2012年,第20页。

整体，其中工业化是创造产品、技术等物质的供给部门，城镇化则能产生和创设无限的市场需求，工业化城镇化又能为农业集约节约化提供现实可能性，农业现代化则反过来为工业化城镇化提供基础的物质保障，信息化则如同网络枢纽般将其他工业化城镇化农业现代化串联起来；"同步"，则需要"四化"通过互动达成，即通过互动达成"同步"和"协调"，从而促进我国"三农"实现跨越式发展。

就"四化同步"发展理念的战略意义而言，其目标预设在于确保"三农"发展紧跟时代步伐，在城乡统筹彻底摒弃"城乡分隔"的基础上，步步为营地改善城乡间经济社会的二元结构，遵循"工农互促，城乡互带"基本方针，通过"四化同步"加快推进城乡发展一体化如期实现。

2."城乡发展一体化"战略思路。

基于"三农"问题的基础性与战略性，进入十八大以来的全面建成小康社会历史新阶段，党和国家一如既往地对"三农"发展进行了高度关注，一方面重点致力于缩减贫富差距，实现城乡居民共同富裕；另一方面则突出构建促进城乡发展一体化的相关体制机制，促进城乡资源要素的双向互动和均衡配置。就城乡发展一体化而言，继党的十七大报告提出通过"以工促农，以城带乡"长效机制，加快形成"城乡经济社会发展一体化新格局"[①]之后，党的十八大报告在此基础上进一步明确要求"推动城乡发展一体化"，再次强调"解决好'三农'问题是全党工作重中之重"，并将城乡发展一体化视作破解"三农"问题的根本途径，且要求通过促成城乡要素平等交换与公共资源均衡配置，以加速构建"工促农"与"工农互惠"的新型工农关系以及"城带乡"与"城乡一体"的新型城乡关系[②]。概言之，在全面建成小康社会历史新阶段，党和国家在关于加快形成"城乡一体化新格局"发展理路的基础上，在党的十八大报告中明确要求"推动城乡发展一体化"，并将这一战略举措定位为突破"三农"发展困境的根本途径。

3. 乡村振兴战略的提出。

党的十九大旗帜鲜明地指出，中国特色社会主义进入了新时代。在新的历史方位下，社会主要矛盾已经转化为对美好生活的需要同发展不平衡不充分之间的矛盾。一方面表明，人民需要的内涵拓展，层次提升；另一方面，发展的不平衡和不充分主要体现在农村地区和农业产业。在决胜全面建成小康社会的现代化征程中，必须通过实施乡村振兴战略，补齐农业农村发展"短板"。具体而言，实施乡村振兴战略必须以促进农业农村优先发展为总导向，以"产业兴旺、生态宜居、乡风文明、治理有效、生活富裕"[③]为总要求，以健全城乡融合发展的体制机制与政策体系为总举措，以加速推促农业农村现代化为总目标，通过深化农业农村制度改革和构建现代化的"产业—生产—经营"体系为总抓手，从而以综合策略多管齐下、多措并举，共同合力作用于农业农村的繁荣与发展，进而共同促进全面建成小康社会和社会主义现代化强国宏伟目标如期实现。

[①]《十七大以来重要文献选编》（上），北京：中央文献出版社，2009年，第23页。
[②] 胡锦涛：《坚定不移沿着中国特色社会主义道路前进 为全面建成小康社会而奋斗——在中国共产党第十八次全国代表大会上的报告》，北京：人民出版社，2012年，第23页。
[③] 习近平：《决胜全面建成小康社会 夺取新时代中国特色社会主义伟大胜利——在中国共产党第十九次全国代表大会上的报告》，北京：人民出版社，2017年，第32页。

（三）国家粮食安全保障体系与重要农产品供给改革

确保国家粮食安全和重要农产品有效供给，是我国必须常抓不懈的恒久话题。进入全面建设社会主义现代化的历史新阶段，党和国家围绕确保国家粮食安全和重要农产品有效供给，出台了系列制度政策和体制机制。

确保重要农产品有效供给，是保障国家粮食安全的题中之义。党的十八大以来的新阶段，关于确保农产品有效供给，党和国家的制度政策主要从稳定促进农业生产发展，农业物资装备强化、农产品流通效率优化、农产品市场调控完善、食品安全水平提升等方面展开[1]，旨在通过确保重要农产品有效供给，保障国家粮食安全和夯实现代农业发展的物质基础。

关于确保国家粮食安全，党和国家提出要不断健全国家粮食安全保障体系。主要包括以下方面：其一，从战略高度去认识和把握新阶段的粮食安全形势，必须以牢握饭碗主动权为基本前提，综合权衡国际国内实际状况，构建"以我为主、立足国内、确保产能、适度进口、科技支撑"[2]的战略格局，充分利用国内国际两个市场进行余缺调剂和资源互补，在可持续理念导向下坚持品质与数量并重，进一步加大"米袋子"省长负责制的落地力度，不断明晰"中央—地方""主产区—平衡区—主销区"间的权责及分工，同时加强全民节粮意识宣传，使节约粮食、爱惜粮食成为一种风尚。其二，在完善重要农产品市场调控制度的基础上，健全其价格形成机制。一方面，以确保市场稳定为基本前提，科学测度重要农产品的储备规模、区域分布和结构种类；另一方面，更加明确中央与地方，产销区域平衡区间的粮食储备管理体制，鼓励多元市场主体参与到政策性收储的序列。此外，在坚持农产品市场定价的前提下，积极探寻农产品价格形成机制如何同政府补贴脱嵌，以农产品市场实时价格浮动状况为依据，对销售者或购买者进行适宜补贴。

（四）农业支持保护制度及农业供给侧结构性改革

在全面建设社会主义现代化新阶段，农业也相应步入了"高投入—高成本—高风险"发展时期，党和国家审时度势地拟定了加强农业支持保护的制度政策；同时，农业的主要矛盾已由"总量不足"转向"结构性矛盾"，呈现出时而阶段性过剩时而又供不应求，矛盾主要面集中体现在供给侧[3]，因此，国家制度政策又及时精准指向农业供给侧结构性改革。

就农业支持保护制度而言，一方面既有利于现代农业发展，另一方面也有效促进农民增收。2013年、2014年"中央一号文件"分别以"健全"和"强化"为动词中鲜明阐述了农业支持保护制度。其一，农业补贴政策的"加大""完善"和"提效"，2013

---

[1]《中共中央国务院关于"三农"工作的一号文件汇编（1982—2014）》，北京：人民出版社，2014年，第255~257页。

[2]《中共中央国务院关于"三农"工作的一号文件汇编（1982—2014）》，北京：人民出版社，2014年，第275页。

[3]《中共中央国务院关于深入推进农业供给侧结构性改革 加快培育农业农村发展新动能的若干意见》，北京：人民出版社，2017年，第1页。

年"中央一号文件"以"总量—存量—增量—监管"为要求，提出逐步强化农业补贴政策①。2014年"中央一号文件"则以"存量—总量—方法—调整"为要求，推进农业补贴办法改进的改革试点，旨在提高补贴的精准性和指向性②。2015年"中央一号文件"在探讨转变农业发展方式与促进农民增收时，明确要求"提高农业补贴政策效能"③。其二，是鼓励和稳定农业农村的资金投入。2013年"中央一号文件"明确提出"鼓励社会资本投向新农村建设"④，尽可能引导社会各行各业的项目、规划及投资都向农村倾斜。2014年"中央一号文件"则明确要求通过健全财政支农政策，将"三农"支出列为支出重点，中央基建向之倾斜并确保其优先性⑤。2015"中央一号文件"明确要求"优先保证农业农村投入"。此外，在后续的政策文件中还围绕粮食主产区利益补偿机制、涉农资金去向的统筹与整合、农田水利建设管护、农业科技创新等相关方面进行了详尽阐述。

进入历史新阶段，我国农业农村发展迈进了新境界，就农业领域来看，其主要矛盾已从"数量"悄然变换为"结构"，农产品供给存在阶段性过剩或不足，这也就意味着矛盾的基本面集中在供给侧。尽管近年来，我国关于农业农村发展的政策方针已在积极探索转变农业发展方式、调整农业结构、推进农业综合改革，但是发展中长期面临着积压已久的结构比例失衡、配置次序欠佳、生态压力上升等严重问题，另外农产品的"品质"与"数量""成本"与"市价""库存"与"销路"等诸多矛盾也日渐积蓄，这也就在客观上要求推进农业供给侧结构性改革，并以此为加快农业农村发展增添新动能。在这样的情势下，2017年"中央一号文件"应景地以"农业供给侧结构改革"为主题，围绕产品产业结构优化、生产方式绿色化、产业业态新式化等方面进行详尽阐述，旨在促进农业"提质增效"、增强"可持续发展能力"、延伸"产业价值链"⑥，以期通过结构性改革，确保农业综合产能、稳住农民增收趋势和抓牢农村稳定基线。

（五）农业生产经营体制健全及其社会化服务机制

推进现代农业发展，其核心和基础在于创新农业生产经营体系，既可以有效激发农村各项要素潜能，也有助于尊重农户的主体地位和促进农业生产经营组织壮大，而多元化、专业化、市场化的农业社会化服务则是促进中国特色现代农业的必要条件。

2013年"中央一号文件"从农村土地承包关系、农户集约经营水平、新型农民合

---

① 《中共中央国务院关于"三农"工作的一号文件汇编（1982—2014）》，北京：人民出版社，2014年，第258页。
② 《中共中央国务院关于"三农"工作的一号文件汇编（1982—2014）》，北京：人民出版社，2014年，第277页。
③ 《中共中央国务院关于加大改革创新力度 加快农业现代化建设的若干意见》，北京：人民出版社，2015年，第9页。
④ 《中共中央国务院关于"三农"工作的一号文件汇编（1982—2014）》，北京：人民出版社，2014年，第260页。
⑤ 《中共中央国务院关于"三农"工作的一号文件汇编（1982—2014）》，北京：人民出版社，2014年，第277页。
⑥ 《中共中央国务院关于深入推进农业供给侧结构性改革 加快培育农业农村发展新动能的若干意见》，北京：人民出版社，2017年，第3~11页。

作组织、农业龙头企业培育等方面对农业生产经营体制创新进行了论述[①];2014年"中央一号文件"从规模经营形式多元化、新型农业经营主体扶持、农业社会化服务体系健全、供销合作社改革等方面对新型农业经营体系构建进行了阐发[②];2015年"中央一号文件"继续要求"必须强化和完善农业服务体系"[③],以帮助农民切实降低生产成本和控制经营风险;2016年"中央一号文件"则从高标准农田建设、水利设施建设、农业科技推广、现代种业发展、职业农民培育等方面对现代农业经营体制及其社会化服务进行了具体阐述[④]。上述中央文件中关于农业生产经营体制及社会化服务机制的阐发,其根本目标是期望通过创新完善农业生产经营体制和构建齐备的农业社会化服务机制,在保障农民生产经营主体地位的基础上,有效利用各类社会资源和充分激发农村要素潜能,从而更好地促进现代农业发展和帮助农民实现增收。

(六) 农村集体产权制度改革与乡村基层治理机制

构建归属明晰、权能规整、秩序井然、体系健全的农村集体产权制度,不仅是农业农村发展活力得以有效激发的必然选择,也是农民财产权利得以切实保障的内在要求。围绕农村集体产权制度这一关乎农民切身利益的现实问题,2013年"中央一号文件"从农村土地"登记—确权—赋能—颁证"、农村征地制度改革、农村"三资(固定资产、公益设施、其他资产)"等方面进行了政策引导,以加速农村集体资金、资产与资源管理制度不断完善,从而促进农民享有的土地"三权"、宅基地使用权及集体收益权得以实现[⑤]。2014年"中央一号文件"则从农村土地承包政策、农村集体经营性建设用地入市、农村宅基地管理制度、征地制度改革等方面切入,着重阐发了如何进一步深化农村土地制度改革[⑥]。2015年"中央一号文件"明确提出要"探索农村集体所有制有效实现形式,创新农村集体经济运行机制"[⑦],2016年"中央一号文件"更是对深化农村集体产权制度改革进行了细化并且明确了具体的时间表,要求到"2020年基本完成土地等农村集体资源性资产"的"登记—确权—赋能—颁证"等程序,经营性资产应该折算为股份量化到集体组织成员[⑧]。2017年"中央一号文件"虽是以"农业供给侧改革"为主

[①] 《中共中央国务院关于"三农"工作的一号文件汇编 (1982—2014)》,北京:人民出版社,2014年,第260~262页。

[②] 《中共中央国务院关于"三农"工作的一号文件汇编 (1982—2014)》,北京:人民出版社,2014年,第283~285页。

[③] 《中共中央国务院关于加大改革创新力度 加快农业现代化建设的若干意见》,北京:人民出版社,2015年,第10页。

[④] 《中共中央国务院关于落实发展新理念 加快农业现代化实现全面小康目标的若干意见》,北京:人民出版社,2016年,第5~10页。

[⑤] 《中共中央国务院关于"三农"工作的一号文件汇编 (1982—2014)》,北京:人民出版社,2014年,第265页。

[⑥] 《中共中央国务院关于"三农"工作的一号文件汇编 (1982—2014)》,北京:人民出版社,2014年,第282~283页。

[⑦] 《中共中央国务院关于加大改革创新力度 加快农业现代化建设的若干意见》,北京:人民出版社,2015年,第18页。

[⑧] 《中共中央国务院关于落实发展新理念 加快农业现代化实现全面小康目标的若干意见》,北京:人民出版社,2016年,第30页。

题，但仍强调要"落实农村土地集体所有权、农户承包权、土地经营权'三权分置'办法"①，以更好地促进农村集体产权制度的深化改革，为农村土地流转、农业适度规模化经营、增加农民财产性收益奠定产权和制度基础。

在历史新阶段，广大农村地区仍是制约实现全面建设社会主义现代化"百年目标"的短板。如此情势下，必须积极顺应乡村经济社会差序结构，遵从城乡间的利益整体格局，在尊重农民群体日益变迁的思维观念的基础之上，通过基层民主方式促进农村社会管理科学化，构建与我国基本国情社情农情民情相适应的乡村治理机制。乡村基层治理机制的健全与完善，必须强化党组织在农村基层组织的领导核心。围绕这一主线，2013年"中央一号文件"明确提出要不断完善农村基层党组织建设以夯实扎牢党在农村的执政基石，在基层党组织的领导下健全村民自治机制以促进农村基层管理更趋民主化，并且依法切实维护广大农民利益和保障农村社会公共安全，同时也从"劲头""力度"和"力量"三个层面对党委政府在领导"三农"工作提出了新要求②；2014年"中央一号文件"再度从加强农村党建、健全民主制度、创新管理服务三个方面对乡村治理机制改善进行了规定③；2015年"中央一号文件"则强调要提高农村基层法治水平，引导村民民主协商在乡村治理中发挥功效④；2016年"中央一号文件"从增强党对农村工作的领导水平、加强农村基层党组织建设、创新乡村治理机制和深化乡村精神文明建设等方面对改善党对"三农"工作的领导进行了阐发⑤；2017年"中央一号文件"切合时宜地要求将"全面从严治党"贯彻到广大乡村基层，明确要严格执行基层党建工作责任制，在健全基层党组织的基础上进一步规范组织生活，农村基层党组织带头人要选贤任能，在新形势下的扶贫攻坚实践中，要充分发挥村支部第一书记的领头羊作用⑥。党的十九大更是明确提出了要进一步强化农村基层治理工作，健全完善"自治、法治、德治相结合的乡村治理体系"⑦。党中央国务院在关于实施乡村振兴战略的意见中明确指出，要通过"建立健全党委领导、政府负责、社会协同、公众参与、法治保障的现代乡村社会治理体制，坚持自治、法治、德治相结合，确保乡村社会充满活力、和谐有序"。⑧党的十九届五中全会公报和《中共中央关于制定国民经济和社会发展第十四个五年规划和

---

① 《中共中央国务院关于深入推进农业供给侧结构性改革　加快培育农业农村发展新动能的若干意见》，北京：人民出版社，2017年，第25页。

② 《中共中央国务院关于"三农"工作的一号文件汇编（1982—2014）》，北京：人民出版社，2014年，第269~271页。

③ 《中共中央国务院关于"三农"工作的一号文件汇编（1982—2014）》，北京：人民出版社，2014年，第288~290页。

④ 《中共中央国务院印发关于加大改革创新力度　加快农业现代化建设的若干意见》，北京：人民出版社，2015年，第24页。

⑤ 《中共中央国务院关于落实发展新理念　加快农业现代化实现全面小康目标的若干意见》，北京：人民出版社，2016年，第32~35页。

⑥ 《中共中央国务院关于深入推进农业供给侧结构性改革　加快培育农业农村发展新动能的若干意见》，北京：人民出版社，2017年，第28~29页。

⑦ 习近平：《决胜全面建成小康社会　夺取新时代中国特色社会主义伟大胜利——在中国共产党第十九次全国代表大会上的报告》，北京：人民出版社，2017年，第32页。

⑧ 《中共中央国务院关于实施乡村振兴战略的意见》，北京：人民出版社，2018年，第19页。

2035年远景目标的建议》中都明确要求通过"提高农业质量效益和竞争力、实施乡村建设行动、深化农村改革、实现脱贫攻坚成果同乡村振兴有效衔接"等举措来全面推进乡村振兴。①

第二节 中国特色社会主义"三农"发展的基本经验

"三农"问题是中国的根本性、全域性、基础性、战略性重大现实问题。无论在革命战争年代、和平建设时期，还是改革发展新阶段，"三农"问题都始终与党的执政合法性、国家繁荣、民族复兴密切关联。新中国成立以来，党领导和团结全国各族人民在社会主义"三农"实践的历史新征程中，不断把马克思主义普遍真理同我国发展中的具体实际相结合，开辟了一条独具中国特色的社会主义"三农"发展道路。相应地，在发展过程中，也积累和形成了基于"理论＋实践"的特色经验。所谓中国特色社会主义"三农"，其最大的特色在于毫不动摇地坚持了党在"三农"发展中的领导核心地位，也就是在党的领导下有条不紊地推进"三农"事业不断发展。

一、坚持以全面加强党的领导作为引领"三农"发展的本质遵循

邓小平同志曾多次讲到"办好中国的事情，关键在党"。始终毫不动摇地坚持中国共产党对"三农"工作的领导，是中国特色社会主义"三农"发展的最大"特色"和关键"内核"，坚持党的领导是推进中国特色社会主义"三农"发展的根本经验。具体而言，包括了在主体层面要坚持党的领导与尊重农民首创，在导向层面要坚持解放思想与实事求是，在动力层面要坚持解放和发展农村社会生产力，在方式层面要坚持政府引导与市场调节，在要素层面要坚持制度变革与技术创新，而党的领导是贯穿于全过程的基本主线。正如邓小平同志所言，在我国社会主义现代化建设中，必须坚持四项基本原则，而"坚持四项基本原则的核心，就是坚持党的领导"②，因为"没有党的领导，就没有安定团结的政治局面"③，对于推进"三农"发展而言亦是如此。同样地，关于尊重农民首创，邓小平同志讲到"农村搞家庭联产承包，这个发明权是农民的。农村改革中的好多东西，都是基层创造出来，我们把它拿来加工提高作为全国的指导"④，并且主张通过总结农民的实践模式与具体经验，创造性地将其升华为指导实践推广普及的思想理论和政策方针，这在很大程度上有利于鼓励、激发和调动农民群众的积极性与能动性，并内化到自觉自发的实践行动之中。

坚持中国共产党对农业、农村和农民工作的全域性统领，是维系农村社会稳定、促进农业发展和改善农民状况的根本前提和关键环节，这也是中国特色社会主义"三农"

---

① 《中国共产党第十九届中央委员会第五次全体会议文件汇编》，北京：人民出版社，2020年，第13页//《中共中央关于制定国民经济和社会发展第十四个五年规划和2035年远景目标的建议》，北京：人民出版社，2020年，第20—22页。

② 《邓小平文选》（第2卷），北京：人民出版社，1994年，第342页。

③ 《邓小平文选》（第2卷），北京：人民出版社，1994年，第266页。

④ 《邓小平文选》（第3卷），北京：人民出版社，1993年，第382页。

发展最为"特色"的经验主线。从我国经济社会发展全域整体考察，"三农"是一个复杂系统，涵盖了经济、政治、文化、社会与生态等各方面事项，与社会主义现代化建设的兴衰成败高度关联，因此必须由作为执政主体的中国共产党进行统一领导与合理协调，以充分发挥社会主义集中力量办大事的制度优越性，上下齐心举全国之力共同促进农业发展、农村繁荣与农民富足。2003年召开的中央农村工作会议，明确将"三农"定位为全党工作的重中之重，自2004年以来党中央国务院已连续发布18个"中央一号文件"聚焦"三农"发展。从区域实践来看，地方各级党委始终遵照党中央关于"三农"发展的指导精神与实施意见，将"三农"发展作为重要事务进行决策部署和具体执行，并配备专门的农村工作领导小组，通过采取科学合理的工作方法，全面贯彻落实党中央国务院关于"三农"发展的顶层设计与制度安排，这在县乡两级的"三农"工作中体现得尤为明显。从农村基层情况来看，当代国家长期致力于实现党对农村基层的领导与村民自治有机结合，既要突出党对农村基层的绝对领导，也要协调好农村居民民主自治，在摆脱基层宗族（家族）势力对乡村的纠缠与控制的同时，进一步强化农村基层党组织的领导能力、凝聚能力与号召能力，从而树立基层党组织在农村发展中的崇高威信、为民形象与领导地位。从政策文件来看，党中央历代领导集体始终对农业、农村和农民问题进行高度关注，改革开放以来陆续发布了近20个关于农业、农民和农村的"中央一号文件"，以引导解决"三农"发展中面临的诸多问题；此外，关于"三农"是全党工作"重中之重"的论断表述，是党中央基于对过往在领导农村实践工作中的经验总结与理论深化；关于统筹协调工农与城乡、构建体制机制促进城乡发展一体、帮助农民增收和维护农民权益、健全基层党组织建设、强化和巩固党对农村改革、建设与发展的领导等具体的制度安排，一方面显著突出了党对"三农"发展秉持的基本态度和政策措施的持续连贯；另一方面关于"三农"的顶层设计、决策部署与制度安排也表明，党中央始终高度重视农业、农村与农民事务，并且坚持党在"三农"发展中的领导地位始终从未动摇，因为"落实党在农村的各项政策，搞好农业和农村工作，关键是要全面加强和改进党对农村工作的领导"[①]。

  作为现代农业发展与新农村建设的直接主体，广大农民群体是极其具备并富有创造性的生动力量。改革开放以来的实践雄辩地证明了，国家关于农业农村工作的决策部署与规划执行，都有农民群体试验性的实践在先，很大程度上也是得益于广大农民的不懈探索与积极尝试。从家庭联产承包责任的确立来看，在新中国成立初期，土地资料等生产要素的"包产到户"就曾被尝试，到20世纪70年度末期，安徽省小岗村村民冒着风险，秘密地策划并实施了"大包干"，初次尝试就使当地农民"一夜跨过温饱线"，后经中央批准，家庭联产承包责任制逐步在全国范围内得以确立。从农业产业化的发展模式来看，其雏形最初也是源于东部沿海区域农民、企业等主体创造性地将对外贸易、工业、商业与农业相联系，将生产、加工与销售有机结合，后因为成效明显而逐步被党和国家认可并实施。从农业经营组织创新来看，国家层面对利益一致的农民自发成立农民专业合作社、家庭农场、专业大户等新型组织的法律与行政认可，也是源于农民的率先

[①] 《江泽民文选》（第2卷），北京：人民出版社，2005年，第273页。

实践。在今后推进"三农"发展的进程中，应在充分尊重农民首创的基础上，进一步相信和依靠农民群众，以有效调动其生产积极性，激发其主动创造，在全面深化改革新阶段，继续鼓励、引导和支持农民围绕农业农村事务勇于"涉险滩""攀峭峰"，及时凝练总结和推广普及农民的有益经验，这将在很大程度上影响我国"三农"事业发展的速度与质量。概言之，在我国农业农村事业的发展中，广大农民的不懈努力与艰辛探索，并且党和国家也尊重农民在实践中的首创精神，使之最终在国家法律层面被允许并建立起相关的长效机制，这是我国"三农"发展中的一大经验。

二、坚持以解放思想与实事求是作为厘清"三农"误区的思想前提

坚持解放思想与实事求是相结合，是中国共产党在领导中国特色社会主义现代化建设中长期秉承的思想和坚守的理念，这是在实践中澄清认识发展误区和达成发展共识的经验前提。

就解放思想而言，其内在地要求在遇到新情况、新矛盾与新问题时，要敢于跳出传统的惯性思维方式和突破守旧的主观因素掣肘。从我国农村改革发展所经历的发展阶段可以看出，无论农村生产经营方式的革新，抑或农业劳动力在城乡之间的自由流动，还是社会主义新农村建设和城乡发展一体化，党和国家都倾力于营造宽松的政策环境和稳定的体制机制保障，从形式与内容两个维度出发，旨在彻底从传统的城乡利益格局中突围。而贯穿系列举措始终的，则必须以党不断解放发展思想，打破发展中的传统思维园囿与模式禁锢，政策导向与具体方针因时而异，这是在全面深化改革中厘清"三农"发展误区的思想前提。在改革开放初期，当全国上下围绕农村土地"包产到户"这一实践尝试展开激烈讨论时，党及时对农村政策走向进行研讨，认为在农村政策稍许放宽后，一些地方大胆尝试的包产到户实践取得了不错的成效，但是部分领导同志担心集体经济发展因此受损，邓小平同志认为"这种担心是不必要的"，并且概括地指出"总的说来，现在农村工作中的主要问题还是思想不够解放"[①]，在讨论1982年"中央一号文件"关于放宽农业政策环境时，明确指出"农村改革，包产到户，并未动摇农村集体经济"[②]，当改革走向出现意见分歧时，党关于农村改革观点的阐发，在实践层面不仅科学区分了农村土地所有权与经营权，而且也对土地下放到户的"家庭经营"模式进行了肯定，更为深层的是，在认识误区与思想导向层面，在根本上打破了因循守旧的传统思想禁锢，从而促进了思想进一步解放。而且，自此以来党中央关于"三农"问题的"中央一号文件"、政策措施的制定、出台与实施，也皆是思想解放的必然产物，尤其是当面临做出改革向何处去的选择时，党和国家总是将解放思想作为跳出传统思维惯性园囿的利器。

就实事求是而言，其内在地要求坚持一切应立足于事物或对象的基本实际，以科学探寻事物或对象的内部关联及运行规律，揭示和把握事物或对象的本质，进而促使其迈向发展。实事求是运用在"三农"的发展中，顶层设计、发展策略与体制机制等的拟定都要以我国的基本国情、社情与农情为现实依据，坚持走中国特色社会主义的"三农"

---

① 《邓小平文选》(第2卷)，北京：人民出版社，1994年，第316页。
② 《中华人民共和国大事记(1949—2009)》，北京：人民出版社，2009年，第326页。

发展道路，这也是我国长期以来推促"三农"行进所总结的一条经验。在社会主义探索时期，我国创造性地在广大农村实行了"政社合一""一大二公"的人民公社制度，但由于严重脱离了当时农业、农村和农民的发展实际，违背了事物发展的客观规律，相应地导致了失败。改革开放以来，立足于全域经济社会发展整体水平、农业农村农民的现实状况，党和国家将源于群众尝试的典型实践转化为了政策、法律所允许的框架中，陆续确立了以"包产到户"为主要形式的土地家庭承包经营制度、以活跃乡村经济为目的的乡镇企业发展、新型农业经营主体培育、现代农业经营体系创新、乡村基层民主自治、农村土地（宅基地、林地）权益规范等改革举措，从计划经济向市场经济的转型，从解决温饱问题到全面建成小康，从工业优先发展到"以工促农，以城带乡"再到"城乡一体化""三农"政策理念及预设目标的变迁，无一不是基于"三农"在不同发展阶段所突显出的客观实际，都是基于对主要问题与特殊矛盾所进行的因势利导和有效应对。党的十八大以来，党中央和国务院更是明确对农村基本经营制度、农村土地权益改革、农业经营体系、城乡基本公共服务、城乡资源要素均衡配置等方面进行了导向性规定[1]。概言之，党和国家在不同时期关于"三农"发展的政策方针、体制机制与行进方向，都是以农业农村农民所处的阶段实况为依据，正如邓小平同志所言"我们改革开放的成功，不是靠本本，而是靠实践，靠实事求是"[2]，实事求是也当然地成为厘清"三农"发展误区必须继续坚持的前提性经验。

三、坚持以解放发展农村生产力作为破解"三农"问题的根本要求

马克思主义唯物史观与辩证法雄辩地昭示着，生产力对生产关系总是起着决定性作用，生产力发展的水平决定了生产关系[3]，生产关系又会反作用于生产力，在二者相匹配时无疑会促进生产力发展，反之则阻碍。透视新中国成立以来的"三农"理论与实践的演进轨迹，其实质上是农业农村社会生产关系与国家经济社会生产力不断调适转换的过程。

为什么在总结经验时提出了将解放和发展农村生产力作为破解"三农"问题的根本方法呢？因为，解放和发展社会生产力不仅是人类社会谋求发展的一般规律性经验，而且若将之置于中国特色社会主义"三农"发展的历史视域中进行察看，我们可以从实践历程中清晰窥测：在新中国成立初期，党和国家领导人民大刀阔斧地进行了土地改革，广大农民群体在政治上翻身做主，在经济上获得了以土地为主要要素的农业生产资料，其生产积极性与能动性空前高涨，短期内极大地改善了农业农村整体面貌。从本质来看，是因为党和国家对生产资料所有制与分配形式进行了调整，并且与当时的经济社会生产力发展水平相适应的必然结果。随后，在"赶英超美"与快速进入共产主义的思想导向下，农村经营形式从互助组到初级社再到高级社，再由高级社过渡到人民公社，这种"大锅饭"式的生产组织方式严重脱离了社会生产力的实际，生产关系跨越式的变革

---

[1] 胡锦涛：《坚定不移沿着中国特色社会主义道路前进 为全面建成小康社会而奋斗——在中国共产党第十八次全国代表大会上的报告》，北京：人民出版社，2012年，第23页。
[2] 《邓小平文选》（第3卷），北京：人民出版社，1993年，第382页。
[3] 许涤新：《政治经济学辞典》（上册），北京：人民出版社，1980年，第69页。

违背了发展规律,最终严重阻碍了国家经济社会向前发展。十一届三中全会以后,党和国家及时将工作重心从阶级斗争调整到以经济建设为中心,通过以农村土地制度为突破点对农村基本经营制度进行改革,通过下放承包权与经营权确立了以"包产到户"为要义的家庭联产承包责任制,通过变革农产品流通体制,疏通理顺了政府与农民之间的利益关系,通过引导鼓励发展乡镇企业,在盘活了乡村经济的同时,也对公有制经济进行了有效补充;通过减免税负到全面取消农业税再到农业补贴,协调好了中央与地方、政府与农民之间的利益关联;通过确立"以工促农,以城带乡"到"城乡一体化"发展方略,协调了城乡工农之间的发展势位,从而在整体上解放和发展了农村社会生产力,进而从根本上促进了"三农"整体水平的提升。概言之,从历史与现实的眼观进行审视,不管农业农村与农民发展到任何阶段或处于任何水平,"三农"政策导向、体制机制与具体措施的制定与施行,都必须基于基本的国家概况、社会实际,也就是要必须以社会生产力发展的客观规律为基本遵循,始终毫不动摇地以坚持和发展社会生产力为根本方法,这是破解"三农"难题和促进"三农"发展的经验主线之一。

四、坚持以政府引导与市场调节作为发展"三农"事业的重要手段

自新中国成立到改革开放之前,在"计划经济"的发展框架下,国家对经济社会运转采取了强有力的严格管控,虽然取得了一些成效,积累了一些经验,但过度的国家政令式调控在客观上阻碍了经济社会的良性有序发展。从当时确立的城市领导农村、城乡互助政策、解放区土改运动、统购统销的农副产品流通体制、工业化优先发展、农业社会主义改造、人民公社运动等宏观方略与实践举措中可清晰的知悉,国家政令式的宏观调控强势贯穿其中,这样一来,在计划经济体制下,国家宏观调控与政府政令对经济社会发展的全方位囊括,虽然是基于当时的经济社会发展的基本实际和预设的战略目标而为之,在一定程度上也有利于维护社会稳定,促进国民经济恢复,能够举全国之力促进工业化发展,但是国家宏观调控的日益集中与市场调节功能的逐渐式微,也就是政府调控与市场调控之间关系失衡,相应地必然阻隔社会资源要素按照正常的步骤或程序参与到市场经济活动之中,也就是这些资源要素在宏观调控下运转而与隐藏着的市场机制及其运行规律相背离,其结果显然是不利于资源要素的合理流动与均衡配置,也就不利于经济社会的健康有序发展。在计划经济体制下,农业、农村与农民作为资源要素或实践主体,也服从于国家"城乡二元"关于优先发展工业、农村支持城市、农民支持市民的宏观战略布局,并通过工农产品价格"剪刀差"的形式,将农业、农村剩余转移到城市与工业中去。因此,也就导致了"三农"问题的愈演愈烈。这是在计划经济体制下,国家高度集中的宏观调控与强势的政府政令对"三农"及其资源要素进行了"计划"与"安排",而相应地缺失了应有的市场机制调节下的"配置"与"分流",在客观上为"三农"发展埋下了"区域城乡非平衡""工农产业不协调"与"城乡居民收入差距悬殊"等隐忧。虽然,这期间"三农"发展遭遇了挫折,但正如邓小平同志所言"历史上成功的经验是宝贵财富,错误的经验、失败的经验也是宝贵财富"[①]。

[①] 《邓小平文选》(第3卷),北京:人民出版社,1993年,第234页。

党的十一届三中全会以来，党和国家及时调整国家发展方略，围绕建设社会主义市场经济这一预设目标，先后将农村基本经营制度由"大锅饭"改革为"包产到户"、农产品流通体制由"统购统销"变革为"放开搞活"再到"深化改革"，政府与市场的关系由"高度集中的国家宏观调控"变革为"市场在国家宏观调控下对资源配置中起基础性作用"①，再到"市场在资源配置中起决定性作用和更好发挥政府作用"②。在农村土地制度与经营形式方面，实行所有制归属集体，农户享有承包经营权和使用权，使用权与所有权的首次分离在客观上促成了"统分结合"双层经营体制的建构，这样一来，对农村生产关系与利益分配进行了调适，获得土地承包经营权的广大农民能够以微观经济主体的身份自由地参与到市场经济活动之中，农民群体的生产经营积极性、能动性被唤醒和激发，相应地促进农业生产发展和农村市场活跃。从农产品流通体制改革来看，国家逐步由"统购统销"转向"双轨制"，再由"双轨制"转向"全面放开"，如此一来，使得市场机制及隐藏的价值规律能够在国家宏观政策行政调控之下的资源要素配置中发挥基础性作用。从农业结构的优化升级来看，也是坚持以市场需求为导向，在遵循市场机制与价值规律的基础上引导资源要素在农业生产部门之间自由流通和均衡配置，大幅提升了农业产业效率，以更为优质的农副产品、更为丰富的农产品类别、更为合理的产出结构向社会需求提供有效供给。概言之，党和国家关于农业、农民和农村的系列改革举措，都是被纳入社会主义市场经济的框架体系之中而进行，这种市场化的改革趋向为激发和活跃"三农"资源要素增添了新动能，同时强调继续坚持更好地发挥政府职能，协调好政府引导与市场调节的相互关系，从而加速推促"三农"迈向新发展。在社会主义探索时期国家高度集中式的宏观调控下，"三农"发展总体上是在曲折中前行，而进入改革开放以来，坚持市场化的改革趋向，正确处理了政府引导与市场调节的相互关系，坚持二者有机结合相得益彰，从而促进了我国"三农"步入了正常的前进轨道。坚持政府引导与市场调节相结合是发展"三农"事业的重要手段或方法，是中国特色社会主义"三农"理论与实践中形成的又一经验。

五、坚持以制度变革与技术创新作为突破"三农"困境的基础保障

早在改革开放初期，论及我国农村经济体制改革与生产经营方式创新时，邓小平同志就提出了"两次飞跃"的观点③，第一次飞跃是将人民公社的生产组织形式变革为家庭联产承包责任制，第二次飞跃是通过科学种田和社会化生产推行适度规模经营和壮大集体经济。而后，在不同场合探讨农业发展问题时，邓小平同志又多次强调"农业的发展一靠政策，二靠科学"，因为"科学技术的发展和作用是无穷无尽的"④。从中可以看出，党和国家高度重视变革制度和创新技术，并将之贯彻落实到我国"三农"实践中去。

就制度变革而言，纵观我国关于农业、农民和农村的系列政策制度、体制机制，其

---

① 《江泽民文选》（第1卷），北京：人民出版社，2006年，第355页。
② 《习近平谈治国理政》（第1卷），北京：外文出版社，2018年，第117页。
③ 《邓小平文选》（第3卷），北京：人民出版社，1993年，第355页。
④ 《邓小平文选》（第3卷），北京：人民出版社，1993年，第17页。

本身是一个在实践探索中不断发展完善的渐进过程。细察其演进轨迹与变迁特征不难发现，始终是在遵循系统性、联动性、协调性等基本原则的前提下，以促进农业产业发展、农村社会繁荣与农民生活富足为现实导向，在兼顾效率与公平发展理念的基础上，以维护和实现最广大农民群体的根本利益为目标追求。回溯改革开放以来我国"三农"改革发展的实践历程可以知悉，从"包产到户"的农村基本经营制度确立到培育新型农业经营主体和创新农业经营体系，从建设社会主义新农村到推进特色新型城镇化，从引导鼓励发展乡镇企业到农业产业化、多元化合作经营，从活跃农村市场到农村经济结构调整等制度变革与政策更新，都充分体现了党和国家锐意进取的理论品格与勇于创新的探索精神。进入 21 世纪以来，党和国家制定了了"统筹城乡""重中之重""两个普遍性趋向""建设社会主义新农村""城乡基本公共服务均等化""健全城乡一体化体制机制""推进新型城镇化"等发展理念，以期通过新型战略理念引领制度变更与体制机制创新，通过统筹协调、一体化、内源发展与外力推拉相结合的方式提振"三农"迈向前进。在"三农"发展中，为什么党和国家高度重视制度变革与政策创新？因为，经长期实践证明，只有坚持适时优化制度、调整发展策略、完善体制机制，使制度、政策与体制机制能够随实践发展而与时俱进，才能更好地发挥其应有效能，这是在实践中总结出的一条基本经验。

就技术创新而言，在"三农"领域中，农业发展是关键问题，技术创新更多的是运用于农业生产中。发展现代农业，科学技术创新是根本出路和关键环节，因为只有通过科学技术创新，才能有效突破资源环境要素的硬性约束从而更好地为农业现代化提供重要支撑和保障国家粮食安全。新中国成立以来，党和国家长期对科学技术创新高度重视，其中最为明显的是，邓小平同志曾讲到农业发展要依靠科学，"科学技术的发展和作用是无穷无尽的"[1]，并提出了"对科学技术的重要性要充分认识"[2] 的具体要求。2012 年公布的"中央一号文件"更是专以农业科技创新为主题，分别以"基础支撑""必然选择"与"决定力量"作为关键词[3]，对农业科技创新的重要性、推广普及紧的迫性和具体运用的现实性指明了方向。在"三农"发展新阶段，党和国家关于农业科技的政策导向进一步拓展，一方面不再拘泥于技术创新本身，在倡导农业科技推广普及的同时，也强调科技创新应融入农业社会化服务体系，坚持"产学研"相互镶嵌，要求打通"最后一公里"，实现科研与推广应用的无缝衔接；另一方面，通过健全完善农业科技创新的体制机制，以促进其提质增效，并加大财政经费投入力度，重视农业科技的教育与培训，旨在打造一批专业化年轻化、数量充足、结构合理的新型农业农村科技人才队伍。创新农业科学技术并转化到生产实践中，为促进农业现代化增添了极大动力，将技术创新与制度变革相结合，既与国家关于"三农"工作定位相呼应，也在实现方式或手段方面进行了优化，这也是破解"三农"问题的"金钥匙"，是经过长期总结形成的有益经验。

---

[1] 《邓小平文选》（第 3 卷），北京：人民出版社，1993 年，第 17 页。
[2] 《邓小平文选》（第 3 卷），北京：人民出版社，1993 年，第 275 页。
[3] 《中共中央国务院关于"三农"工作的一号文件汇编（1982—2014）》，北京：人民出版社，2014 年，第 236 页。

第三节　中国特色社会主义"三农"发展的特色表征

中国共产党在领导社会主义"三农"工作的进程中，始终坚持以各发展阶段的基本实际为立足点，在把握时代背景与阶段特征的基础上，根据既定的发展战略、政策体系与体制机制，将"三农"置于经济社会发展全域与社会主义现代化建设高度进行综合研判。虽然在不同阶段不同的战略导向之下，"三农"领域的政策方针各有差异，呈现出具有特殊性的阶段表征，但在理论依据、价值取向、目标任务与具体内容方面也具有普遍性的连续特征，这些特征贯穿于中国特色社会主义"三农"发展的全过程。

一、"三农"理论依据的本源性与科学性

马克思主义理论是我国革命、建设、改革与发展中一以贯之的指导思想。党领导和带领全国各族人民在推进我国"三农"改革与发展的历史征程中，始终坚持以马克思主义理论为指导，并且不断与不同发展阶段的具体实际相结合，形成了独具特色的中国化马克思主义"三农"理论，对马克思主义理论体系宝库进行了丰富和发展。在中国特色社会主义"三农"的理论完善与实践探索的征程中，马克思主义的指导地位始终毫不动摇，始终忠实于马克思主义关于农业、农民与农村的相关论述，但这种坚持并非"教条式""本本化"的照搬照抬，而是坚持马克思主义关于"三农"问题的基本理论、基本观点与基本方法，并且不断同时刻变化的具体国情、社情与民情高度结合，坚持实事求是和与时俱进，这集中体现出了我国"三农"理论依据的本源性与科学性。

就理论依据的本源性而言，在我国"三农"发展进程中，始终坚持以马克思主义"三农"理论为指导，同时结合具体实际，不断推进中国化马克思主义"三农"思想的发展与完善。回顾中国共产党近100年来的奋斗历程，取得系列伟大成就的根本因素在于毫不动摇地坚持了马克思列宁主义、毛泽东思想、中国特色社会主义理论体系为指导，并且在实践的基础上不断推进理论创新，围绕中国特色社会主义事业提出了"四个全面""五大理念"等新论断。自新中国成立以来，党和国家关于"三农"的理论创新与实践探索，无一不是将马克思主义的普遍性真理与不同时期各个历史阶段农业、农民与农村的具体实际概况相结合，在理论层面以中国化马克思主义对马克思主义"三农"理论进行丰富和发展，进而在实践层面对"三农"各项工作的具体展开进行有效指导。中国特色社会主义"三农"理论依据的科学性，究其本质是在于充分坚持和灵活运用马克思主义的理论范畴、基本立场、核心观点与科学方法。具体而言，无论是毛泽东思想，还是中国特色社会主义理论体系关于农业问题、农民问题与农村问题的重要阐述，其理论遵循、立场坚守、观点秉承与方法运用，皆是源于马克思主义理论，并且在实践中的灵活运用与不断发展完善，进而成为党和国家在新时期新阶段成功解决"三农"难题的重要法宝和制胜武器。总之，中国特色社会主义"三农"的向前推进，是一个理论创新与实践探索相互交织的历史进程。从发展的观点来看，理论创新与实践探索都是永无止境的，述及"三农"事业同样如此。在新时期，党在领导全国各族人民推进"三农"事业向前发展的伟大历史征程中，不可避免地会遭遇到新问题、新矛盾与新挑战，

这也就在客观上要求我们党在新阶段继续坚持马克思主义关于农业、农民与农村问题的基本原理、核心观点与科学方法，在实践探索中进一步完善和发展中国化马克思主义关于"三农"问题的理论思想，从而以科学的、创新的、实际的理论作为基石，更好地推动中国特色社会主义"三农"大步向前迈进。

就理论依据的科学性而言，在我国"三农"发展进程中，除科学坚持和完善发展了马克思主义关于农业、农民与农村问题的理论立场、核心观点与基本方法等本源性的理论体系之外，更为显著的是，在"三农"理论创新与实践探索中，灵活运用了马克思主义"因时而变""与时俱进"的宝贵品格。在论述《共产党宣言》的时效性与适应性时，针对25年来运动情势的变化，马克思曾直言"这个《宣言》中所阐述的一般原理整个说来直到现在还是完全正确的，……这些原理的运用，随时随地都要以当时的历史条件为转移"[①]，由此可知，"因时而变""与时俱进"是马克思主义经典作家所秉持的基本理念，同时也是唯物史观与辩证法中内含的核心要义。梳理与回溯中国共产党近100年来的奋斗历程，我们清晰知悉，"因时而变""与时俱进"作为一条逻辑主线，始终贯穿于我党理论创新与实践探索的全过程，这也是中国化马克思主义理论与实践得以发展的成功密码。理论依据的科学性，不仅要求忠实于科学理论本身，而是要科学地将理论与时代实际相嵌合，正如毛泽东同志曾明确道"马克思这些老祖宗的书，必须读，基本原理必须遵守"，但是在新的时代出现了新的问题，因此必须"适应新需要，写出新著作和形成新理论"[②]；改革开放以来，党的也洞察到"因时而变""与时俱进"理论品格的科学性，并要求全党全国必须高度重视，将之运用到变幻多端的国际国内实践中去，而不能圄囿于传统的条款局限和思维惯性，立足于这一核心要义的理论品格，从而更好地继承、丰富和发展马克思主义"三农"理论与实践。就中国化马克思主义"三农"理论与实践来看，无论是毛泽东思想关于"三农"的观点，抑或是中国特色社会主义理论体系的"三农"论述，还是习近平同志关于"三农"工作的最新表达，都是在坚持马克思主义的理论范畴、核心观点、基本立场与科学方法的基础上，不断与我国不同发展阶段的具体国情、社情、农情与民情相嵌合，将"因时而变""与时俱进"的精神要义融入各时期的"三农"实践中，以更好地去把握"三农"的时代特征和揭示一般性发展规律，从而在有序推进"三农"实践探索的同时，也在理论层面不断丰富和发展马克思主义关于"三农"的理论创新。从"重中之重"的战略定位、"两个普遍性趋向"的趋势把握、"建设社会主义新农村"的重点突破、"城乡一体化"的根本途径等系列新论断中可以窥测，党在领导"三农"发展的进程中，始终都是根据不同时期各个阶段的具体实情为依据，时时处处坚持"因时而变""与时俱进"这一科学的品格要义，不断谱写推进中国特色社会主义"三农"理论创新与实践探索的辉煌华章。

二、"三农"价值取向的人民性与时代性

在中国特色社会主义"三农"发展历程中，无论是理论创新、政策制定，还是实践

---

① 《马克思恩格斯文集》（第2卷），北京：人民出版社，2009年，第5页。
② 逄先知、金冲及：《毛泽东传（1949—1976）》（下），北京：中央文献出版社，2003年，第1047页。

探索，党和国家始终站在广大人民的政治立场，时刻围绕全心全意为人民服务这一立党宗旨，坚持以人民利益为根本出发点，充分体现了价值取向的人民性特征。此外，中国特色社会主义"三农"理论的发展创新与实践的递次推进，须臾不能脱离所处时代背景、基本国情与阶段概况，是在中国化马克思主义"三农"理论与实践高度融合的前提下，随时代变迁而进行不断调适和矫正的必然产物。概言之，在不同历史时期"三农"发展的基本内容都体现出了浓厚的时代气息与阶段特征。

从理论层面切入审视价值取向的人民性与时代特征可知，马克思、恩格斯曾明确道"无产阶级的运动是绝大多数人的、为绝大多数人谋利益的独立的运动"[①]，中国共产党是以马克思主义为指导思想的无产阶级政党，自成立初期就确定了为了人民、依靠人民的政治立场和全心全意为人民服务的根本宗旨。在不同发展阶段，党和国家领导人对"为人民服务"这一宗旨进行了阐述，毛泽东同志认为"全心全意地为人民服务，一切从人民的利益出发，这就是我们的出发点"[②]，邓小平同志明确指出"全心全意为人民服务，一切以人民利益作为每一个党员的最高准绳"[③]，江泽民同志讲到"我们党是工人阶级的先锋队，代表工人阶级和最广大人民群众的根本利益，除了工人阶级和人民群众的根本利益以外，没有自己的任何私利"[④]，胡锦涛同志指出应坚持"权为民所用、情为民所系、利为民所谋"[⑤]，习近平同志讲到"检验我们一切工作的成效，最终都要看人民是否真正得到了实惠，人民生活是否真正得到了改善"[⑥]，可见，党始终坚持依靠人民谋发展，一切发展为人民，并且这一主线始终贯穿于社会主义现代化建设各领域。此外，任何理论的萌芽、成形、发展与成熟，都是以所处时代为基本背景，是对时代特征与发展需求的现实关照与思想回应。马克思曾提及"每一个时代的理论思维，包括我们这个时代的理论思维，都是一种历史的产物，它在不同的时代具有完全不同的形式，同时具有完全不同的内容"[⑦]，中国化马克思主义"三农"理论与实践的整体推进，在不同历史时期制定了不同的发展方略和政策方针，但无一不是基于各个阶段我国经济社会发展所处的时代背景、基本国情与阶段概况，集中体现了明显的时代性特征。

从实践层面对价值取向的人民性特征进行考察，不难发现，"三农"发展作为社会主义现代化建设中的重要构件，自然也相应遵循了价值取向的人民性。具体而言，党在领导"三农"工作开展的实践探索中，坚持以农民群众为实践主体，充分尊重农民的首创精神，切实保障农民的权能与利益。毛泽东同志曾用"工人的前身""工业市场的主体""军队的来源""民主政治的主要力量"与"文化运动的主要对象"等话语对农民的主体地位进行了诠释，认为只有依靠这个伟大的同盟军，充分调动其积极性与创造性，才能获取胜利[⑧]。众所周知，我国改革肇始于农村，一方面，党和国家充分尊重农民首

---

① 《马克思恩格斯文集》（第2卷），北京：人民出版社，2009年，第42页。
② 《毛泽东选集》（第3卷），北京：人民出版社，1991年，第1094页。
③ 《邓小平文选》（第1卷），北京：人民出版社，1994年，第257页。
④ 《十三大以来重要文献选编》（中），北京：中央文献出版社，1991年，第770页。
⑤ 《十六大以来重要文献选编》（中），北京：中央文献出版社，2006年，第326页。
⑥ 习近平：《全面贯彻落实党的十八大精神要突出抓好六个方面工作》，《求是》2013年第1期，第3～7页。
⑦ 《马克思恩格斯文集》（第9卷），北京：人民出版社，2009年，第436页。
⑧ 《建国以来重要文献选编》（第11册），北京：中央文献出版社，1995年，第308页。

创，在全国范围内推行了家庭联产承包责任制，极大地促进了农业生产发展、农村面貌改善和农民生活水平提高；另一方面，在"三农"发展中，党和国家切实把确保农民利益作为政策制定与实施的出发基点，明确要求将"发展成果由人民共享，必须实现好、维护好、发展好占我国人口大多数的农民群众的根本利益"[①]作为价值追求；此外，"打铁还需自身硬"，在推进"三农"发展的实践中，党和国家始终将"以人为本""全面发展"融入提升农民群体的综合素质与从业技能层面。概言之，无论是家庭联产承包责任制的确立、农产品流通制度改革，还是农业产业结构优化、新型农业经营体系构建等方面，农民的不懈探索、开创精神与主体地位都得到了充分尊重和切实保障，突出体现了"发展靠人民，发展为人民"的人民性价值取向与目标追求。

从实践层面对价值取向的时代性特征进行考察，不难发现，在不同历史阶段，党和国家关于的"三农"发展战略、政策方针与具体落实均各有侧重，集中体现了时代背景与阶段特征。在新中国成立初期实现了向社会主义平稳过渡之后，我国确立了"重工业优先"的发展战略，在计划经济体制下，国家实行了城乡分治的"二元结构"，以农业支持工业、农民支持市民，农村支持城市的方式，旨在推进国家工业化战略的顺利实现，可见，这一时期，"三农"发展服从于国家战略布局；改革开放以来，"三农"发展在社会主义市场经济大潮之下快速推进，从土地制度改革出发，国家确立了"统分结合、双层经营"的家庭联产承包责任制，以此调动农民生产积极性和促进农业生产发展；进入21世纪以来，党和国家对"三农"发展进行了重新定位，首先在全党工作部署中明确了"三农"是重中之重的定位，根据工业化发展阶段提出了"两个普遍性趋向"的阶段特征，再提出建设社会主义新农村，以"外部推动"与"内源发展"相结合共同助力于"三农"发展。自党的十七大以来，更是明确提出了建立"以工促农，以城带乡"的长效机制和形成一体化发展新格局，党的十八大将"城乡发展一体化"表述为破解"三农"问题的根本途径，并强调要不断健全完善一体化的体制机制。此外，在推进"三农"发展的进程中，始终密切结合世界经济社会发展大趋势，尤其是在我国加入世界贸易组织（WTO）以来，置身于激烈的世界市场竞争中，党和国家不断从种粮补贴、农机具补贴、农村基础设施建设等方面着手调整促进农业发展、农民增收和农村繁荣的政策措施，以促进农业产业结构优化、帮助农民增收和农村社会发展，以综合提升我国"三农"各组件或各要素在激烈的世界市场中的竞争势能。总之，在各个发展阶段，面对不同的国内国际形势，党和国家关于"三农"的发展规划、施行方略与政策措施的适时转换，都是基于所处时代的阶段性综合概况，亦即是中国化马克思主义"三农"理论同各阶段"三农"的具体实践不断结合的过程，在发展历程、涉及内容与价值取向方面，都充分体现了"三农"发展的时代性特征。

三、"三农"目标任务的求实性与协调性

不骄不躁与求真务实、统筹兼顾与协调发展是我们党领导在革命斗争年代、和平建设时期与深化改革阶段等不同时期秉持与坚守的执政风格和宝贵经验。众所周知，中国

[①] 《改革开放三十年重要文献选编》（下），北京：中央文献出版社，2008年，第1564页。

化马克思主义"三农"理论与实践的快速发展凝结了全党和全国人民的集体智慧①，"实事求是""求真务实""统筹协调"是中国特色社会主义"三农"理论创新与实践探索中突显出的基本特征，因为"我们改革开放的成功，不是靠本本，而是靠实践，靠实事求是"②。

就目标任务的求实性而言，党和国家始终在"实事求是""实干兴邦"理念的导向下，将"三农"置于国民经济发展全局的新高度加以审视和解决。改革开放后尤其是进入21世纪以来，针对我国农业、农村发展中面临的突出问题与尖锐矛盾，党和国家意识到如何实现农民增收是症结所在，明确指出"全国农民人均纯收入连续多年增长放缓，粮食主产区农民收入增长幅度低于全国平均水平，许多农户的收入持续徘徊甚至下降，城乡差距仍在不断扩大"③，因此，及时提出了"多予、少取和放活"的应对策略，通过不断优化农业产业结构，加快农村改革步伐，增加对农业的支持力度，以控制城乡居民收入差距的扩大态势。针对农业产业基础薄弱、投入欠缺与地位式微，农民增收机制缺位，农村发展矛盾聚集等现实性问题，中共中央和国务院自2004年以来连续发布18个"中央一号文件"聚焦"三农"发展中的系列难题，旨在"促进农业稳定发展、农民持续增收与社会主义新农村建设"，并且规定了"丝毫不能放松、丝毫不能减弱与丝毫不能松懈"④。党的十八大以来，更是明确指出要在准确判断战略机遇期的前提下，沉着应对矛盾与挑战，再次重述"三农"工作的"重中之重"定位，明确提出以城乡发展一体化作为破解"三农"难题的根本途径⑤。"三农"思想理论与政策方针的"实事求是"，在本质上也决定了实践内容与效果的"求真务实"，纵观21世纪以来党和国家关于"三农"工作的展开，一如既往地坚持立足实际、侧重实效、分类指导与具体实施，从税费减免、农业补贴、农村医保等具体实践中，无一不是时刻将农村农民与农业的现实问题放在突出位置，从中可窥测出"三农"工作的现实针对性与成效回应性。综上所论，党领导下的"三农"理论与实践综合发展进程中体现出了"实事求是"的理论风格和"求真务实"的工作作风。

就目标任务的协调性而言，在"三农"理论与实践发展新阶段，党和国家调转了"就农论农""工业城镇优先"的单兵突进模式，创造性地确立了统筹城乡、协调工农的发展新理念。自提出"五个统筹"发展理念，统筹城乡位列其首以来，党和国家关于"重中之重""工业反哺农业，城市支持农村""形成城乡一体化新格局""两个普遍性趋向"等论断，皆是为促进资源要素在城乡之间双向互动，以优势互补方式加快城乡共同繁荣。自党的十六大以来，进一步加大了城乡统筹协调发展力度，工业与农业、城市与农村和市民与农民之间的联系日趋密切，党和国家为突破城乡之间的发展差距约束，拟

---

① 武力、郑有贵：《解决"三农"问题之路——中国共产党"三农"思想政策史》，北京：中国经济出版社，2004年，第39页。
② 《邓小平文选》（第3卷），北京：人民出版社，1993年，第382页。
③ 《十六大以来重要文献选编》（上），北京：中央文献出版社，2005年，第671页。
④ 《十六大以来重要文献选编》（下），北京：中央文献出版社，2008年，第835页。
⑤ 《中共中央国务院关于"三农"工作的一号文件汇编（1982—2014）》，北京：人民出版社，2014年，第253页。

定了关于调整和统筹城乡利益关系的发展方略。具体而言,一是从税负减免、取消农业税、乡镇机构改革、农村义务教育经费等方面着手,调适城乡利益分配和促进农民增收;二是从农村基础设施建设与社会保障事业切入,加大对农村基本公共服务的投入力度,促进城乡基本公共服务均等化;三是通过完善农村征地制度、产权制度与农民权益保护,使农民获得与城市居民同质化的权益和机会。此外,在目标任务取向上,坚持全面协调可持续发展,从"经济—政治—文化—社会"四大建设拓展到"经济—政治—文化—社会—生态"五位一体。党的十八大明确提出"要加大统筹城乡发展力度,增强农村发展活力,逐步缩小城乡差距,促进城乡共同繁荣"①。以习近平同志为核心的党中央进一步提出"五大发展理念",协调发展赫然其中,内在地要求协调城市与乡村、工业与农业,经济与生态等诸要素之间的关系。综上可见,在新阶段,推进中国特色社会主义"三农"发展,党和国家更加重视和强调目标任务的协调性。

四、"三农"具体内容的实践性与开放性

在中国特色社会主义"三农"的理论创新与实践探索征程中,始终坚持理论与实践相结合,历史与现实相对照,国际与国内相比较。一方面,一以贯之地把实践作为检验与测度理论的唯一尺度,体现了"三农"发展的实践性特质;另一方面,中国特色社会主义"三农"的理论创新与实践探索,纵向维度既尊重历史过往的成功经验,横向维度也注重参考借鉴国际典型实践,体现出了明显的开放性特征。

就"三农"具体内容的实践性而言,中国化马克思主义"三农"思想理论的创新发展始终是植根于当代中国农业、农民与农村事业综合改革发展的实践土壤,是对数十年来党领导全国各族人民开展的"三农"实践探索进行的高度凝练与深刻概述。从中国特色社会主义"三农"思想理论的初期确立、阶段发展与系列创新,我们可以清晰地洞察到农业产业实况、农村基本社情与农民生活现状等客观"农情"始终是全方位贯穿于"三农"思想理论的整个演进历程;同时,在中国特色社会主义"三农"思想理论的指引下,党和国家制定和出台了关于促进农业、农村与农民发展的系列政策措施与体制机制,这些政策措施、体制机制既源自实践又指导实践,在实践的检验中相辅相成,不断发展完善。新中国成立以来,在中国共产党的坚强领导下,立足于我国基本国情、社情与农情(农业产业弱质、农村基础薄弱、农民收入弱势),通过广泛的调查研究与小范围试点,在不断总结农民实践经验的基础上,循序逐个化解"三农"发展中存在的系列阻滞因素,进而切合适宜地制定相关政策措施和完善关于农业、农村与农民的理论体系,无论是关于"重中之重""两个普遍性趋向""多予、少取、放活"的论断或方针,还是关于破除城乡二元,健全城乡一体化、推进城镇化的体制机制等思想理论的提出,概不能例外。总之,在中国特色社会主义"三农"理论与实践推进的具体内容中,充分体现了理论基础上的实践性,反过来在实践的基础上不断推进"三农"思想理论的丰富与发展,从理论与实践两个层面突显出了中国共产党领导下"三农"伟大事业的实践性

---

① 胡锦涛:《坚定不移沿着中国特色社会主义道路前进 为全面建成小康社会而奋斗——在中国共产党第十八次全国代表大会上的报告》,北京:人民出版社,2012年,第23页。

特质。

就"三农"具体内容的开放性而言,中国特色社会主义"三农"的演进与发展,内在地涵盖了理论创新与实践探索,是一个循序递进的兼容开放性系统。从纵向维度审视,当代中国"三农"的理论演进与实践发展既注重总结历史的过往经验,也注重关照现实的具体概况;既注重考察农业、农村与农民的内部要素,也强调跳出"三农"看"三农",坚持考察历史与观照现实相结合,立足现实与面向未来相交织。面对计划经济时期的"统购统销""工业优先""城乡分隔"等在实践中暴露出的诸多弊端,改革开放以来,党和国家及时进行比照并调适,不断从历史的教训中汲取经验。从横向维度勘查,注重总结世界上一些先行先试的国家或地区在农业现代化、农村城镇化与农民市民化方面的典型模式、不足之处及成功经验,特别是针对各国或地区在工业化城镇化进程中的不同阶段所采取的不同推进策略与实现模式,是如何将现代化科学技术与管理理念融入并运用到解决农业、农村与农民问题的实践中去,既注重参考其解决实际问题的基础理论,也注重有效借鉴其成功经验,将之与中国特色社会主义农业、农村与农民问题的具体实际相联系,以兼容并包、豁达开放的胸怀将"他者"模式与经验"引进来"并"中国化"。无论是发达国家的工业化城镇化推进模式,还是现代农业发展、农民市民化与新农村建设,都在实践中不断借鉴国际经验,同时也注重参考和引入西方关于农业、农民与农村方面的相关理论(乡村治理理论、现代化理论等)。总之,从根本上摒弃"固步自封""因循守旧"的封闭式"夜郎自大",而是在党的领导下始终坚持谦虚的态度与开放的胸怀,不断从理论与实践两个维度将国际实践经验与理论阐述引入,结合本国的综合概况,不断推进农业、农村与农民事业向前发展,这体现出了中国特色社会主义"三农"理论与实践内容的开放性。

第三章 中国特色社会主义"新三农"协同发展的矛盾挑战

问题是事物矛盾的表现形式,我们强调增强问题意识、坚持问题导向,就是承认矛盾的普遍性、客观性,就是要善于把认识和化解矛盾作为打开工作局面的突破口。……对待矛盾的正确态度,应该是直面矛盾,并运用矛盾相辅相成的特性,在解决矛盾的过程中推动事物发展。①

——习近平

众所周知,"三农"问题所包含的农业、农村和农民三个问题并非孤立存在,这是一个集产业、居住地和身份"三位一体"的问题。它是一个事物的不同侧面,因此,必须从整体上对"三农"问题加以思考。从历史角度来看,"三农"问题是农业文明向工业文明转型的必然产物,客观上旧的"三农"问题要向新的"三农"关系协同发展迈进。20世纪90年代温铁军提出"三农"问题的时候,恰好是我国向工业文明转型最快的时期,各种矛盾汇聚,使"三农"之间不匹配、不协调、不平衡的问题十分突出。党的十九大报告指出:"我国社会主要矛盾已经转化为人民日益增长的美好生活需要和不平衡不充分的发展中之间的矛盾。"破解我国发展不平衡不充分的关键在于农业农村。正如陈锡文(2017)所说,农业是一条短腿,农村是一块短板,不平衡和不充分最突出的体现是在农村。② 尽管一些问题随着党和国家出台的相关方针政策在某种程度上得到改善,但"新三农"内部存在的各种矛盾仍然持续存在,"新三农"与工业化、城镇化和信息化的"三化"之间存在的不协同问题亟待破解。事实上,阻碍"新三农"协同发展各种原因的形成并非一日之功,只有找到了这些因素,才能更好地理解"新三农"面临的内外部矛盾,从而对症下药。同时,随着我国国际化水平提升,一些从未遇到的国际挑战也迎面而来,是促进"新三农"协同发展无法忽视的问题。

---

① 习近平:《辩证唯物主义是中国共产党人的世界观和方法论》,《奋斗》2019年第1期,第3页。
② 陈锡文:《乡村振兴是关系中国全面发展,并最终建成现代化强国的大事》《中国农业文摘·农业工程》2018年第1期,第5页。

第一节 "新三农"协同发展面临的五大矛盾

毛泽东说:"事物发展的根本原因,不是在事物的外部而是在事物的内部,在于事物内部的矛盾性。"① 旧的"三农"问题向新的"三农"关系协同发展迈进的过程,也是新的矛盾不断产生的过程;"新三农"要协同发展,必须正视存在的各种矛盾。当前,"新三农"面临着六大矛盾:一是农产品质量安全与农业生态环境恶化之间的矛盾,二是农业现代化与新型农业经营主体发育不良的矛盾,三是"物的新农村"与"人的新农村"建设的矛盾,四是农业增产与农民不增收的矛盾,五是农地规模化经营与农民利益保护的矛盾。

一、农产品质量安全与农业生态环境恶化的矛盾

近年来,我国社会农产品安全问题时有发生,恶性农产品安全事件引起全国人民高度关注。与此同时,我国农业生态环境面临着来自工业污染、生活污染、农业污染和生态破坏等方面的压力。高速的经济增长使得我国的农业生态环境持续恶化,保障农产品质量安全的难度急剧增加。然而,过去国内外关于农产品质量安全的相关研究,往往忽视对农业生态环境的分析,对农业生态环境与农产品质量安全的关系讨论并不多见。大多集中在讨论农产品供应链上各主体行为模式和供需互动关系上,如生产者对供应安全农产品的能力与意愿,消费者对安全农产品的认知和消费能力,以及农产品供应链的组织模式和效率的讨论。如何看待农产品质量安全与农业生态环境之间的关系,切实有效保障农产品质量安全,已经成为我国必须应对的一个重大挑战。

(一)农产品质量安全与农业生态环境的高耦合性

农业生产是自然再生产与经济再生产相交织的过程,农产品的生长离不开所处的农业生态环境。可以说,要保障农产品质量安全,必须保护农业生态环境,农产品质量安全与农业生态环境之间存在高度耦合性。

农产品质量安全与农业生态环境之间主要通过四种方式进行着交互(interaction)。

第一种是物质转化。农产品质量安全被动地接受着农业生态环境中诸如土壤、大气、水、地质等因素的直接流入,使自然资源向农业经济资源转化。与此同时,农业经济物通过诸如翻耕土地、改良土壤质量、人工施肥、引水灌溉等方式,将农业经济物化进行物理转化、生物转化和大气转化,使其重新回流到农业生态环境之中。

第二种是能量转化。一方面,农业生态环境中的各种绿色植物通过光合作用,将吸收的太阳能转化为化学能贮存在生物的有机体之中,使得农作物苗壮成长,最终成为满足人们各类需求的农产品。另一方面,在农产品生产过程中,会将大量化石燃料用于支持农业机械和电力系统运转,用于生产化肥、农药等农用物资,使得化石能源流入农业生态环境中。

---

① 《毛泽东选集》(第1卷),北京:人民出版社,1991年,第301页。

第三种是信息转化。农业生态环境每时每刻都在向人们提供关于农业生产所需的基本信息,如气象信息影响着农业耕作和灌溉,农产品产地信息影响着人们对该农产品的认知,等等。农业生产提供的信息又使人们控制所处地区的农业生态环境开发强度,如退耕休耕、休渔等。因此,人们通过对农业生态环境和农业生产信息的换取、存储、加工、传递和转化,进行着对农业资源开发的决策。

第四种是价值转化。在农业生产过程中,人们通过有目的的劳动,从农业生态环境汲取各类自然资源,将其转化为经济资源,从而使价值沿着农业产业链不断增长,最后通过市场交易,由交换价值反映出来。而农业生产中对劳动对象的资本投入,以及对环境保护投入的成本,又将价值转化为自然资源,为再生产中更高的价值转化做准备。

农产品质量安全与农业生态环境的四种交互,实质上也是物质、能量、信息和价值在二者之间的四种循环。这四种循环可能朝着良性结果发展,也可能向着恶性结果发展。

(二)农产品质量安全与农业生态环境恶化的原因

目前我国农产品质量安全问题频发、农业生态环境持续恶化,主要成因在以下四个方面:

第一,市场经济条件下经济人的自由选择与农业生态环境的公共品属性冲突。农产品质量安全需要数以亿计的农业生产者、农产品经销商、农产品消费者等各相关微观主体的共同努力。但在市场条件下,这些主体符合利己的经济人假设,都根据自身的预算约束、生产可能性边界、消费偏好等条件进行利益最大化的选择。在这样的逻辑下,人们往往会对农业资源进行掠夺式的开发,任意向环境排污,造成严重的"负外部性"。与此同时,农业生态环境在很大程度上具有公共产品的属性,从自身利益最大化考量的市场行为无法达到农业生态环境的最优化,这使得政府的监管不可或缺。然而,市场条件下要对数亿计的相关者进行规制的成本非常高,这为保护农业生态环境带来极大困难。

第二,农业生产外源技术的大规模使用对农业生态环境造成持续破坏。所谓农业生产的外源技术,是指通过非自然的手段造成环境难以消解或带来污染的农业生产技术。外源技术主要采用石化农业技术、转基因技术和其他化学污染技术,它改变了动植物生长规律、污染食品产业链条,对生态系统造成严重危害。[①] 长期以来,我国大规模应用相关技术:化肥、农药等化学品投入量严重过剩,造成了不可逆转的土壤污染、水污染;转基因技术不断应用,可能造成不可估量的生态环境危害。

第三,农产品质量的信息不对称造成"劣币驱逐良币"现象,加剧了农业生态环境恶化。农产品质量识别成本高、难度大,是长期以来困扰我国农产品消费市场的难题。相关研究表明,现阶段我国居民对农产品的质量安全有强烈的需求,但由于相关监管措施和基础设施建设不到位,许多农产品打着绿色食品和有机食品的幌子在市场上以次充好。而真正高质量的农产品却因为成本高等原因而不被消费者青睐,出现了"劣币驱逐良币"现象。许多农产品生产者都不愿意应用内源技术[②]为消费者提供真正的绿色食品

---

① 杜龙政、汪延明:《基于生态生产方式的大食品安全研究》,《中国工业经济》2010年第11期,第36~46页。
② 所谓农业生产的内源技术,是指可以增强生态系统铲除能力且无污染的技术,它以糖(碳水化合物)代谢为中心,可再生、无污染,利用而非取代自然生产能力。

和有机食品，进一步加剧了生态环境的恶化。

第四，农业生态环境影响因素众多，并非在农业生产领域即可解决。农业生态环境保护是一项系统化、规模化、持久化、综合化的系统工程。这项工程的顺利推进，不仅有赖于政府合理监管和规则制定，还有赖于社会各相关主体的自身素质提高和生产技术、工艺流程等技术化手段进步。同时，更为重要的是，工业污染、生活污染这些农业生态环境的污染源已经在某种程度上超出了农业生产领域可以把控的范围，时时刻刻威胁着农产品质量安全。

（三）矛盾的两难冲突

根据上述分析，可以发现，我国农产品质量安全与农业生态环境持续恶化已经陷入矛盾的境地：一方面，大规模的外源技术应用，使得农业生态环境持续恶化。中国的农产品是以高强度的化学品投入换来的高产量：据中国统计年鉴的数据，从1978年到2019年，我国农业化肥施用量逐年攀升，由884万吨剧增至5403.6万吨[①]。以2011年为例，2012年中国化肥施用量为5838.8万吨，约占世界化肥总施用量的三分之一；同时，2013年中国稻谷、小麦的单产分别为6776.9千克/公顷和4986.9千克/公顷，分别高于同期世界平均水平的53.7%和60.2%。这一方式对我国农业生态环境带来了巨大危害——我国耕地土壤点位超标率到19.4%，其中轻微、轻度、中度和重度污染点位比例分别为13.7%、2.8%、1.8%、1.1%[②]。东北黑土层变薄、南方土壤酸化、华北平原耕层变浅等问题日益严峻。另一方面，农业生态环境的持续恶化，又进一步对农产品质量安全产生危害。我国农产品因农药残留、兽药残留和其他有毒有害物质超标造成的餐桌污染和由此引发的中毒事件每年都有发生，由于农药残留及重金属等有害物质超过国际标准，许多传统大宗出口创汇农产品被迫退出国际市场，对外贸易损失惨重。

"农业供给侧结构性改革"首先要解决的就是人民群众日益关注的农产品质量问题。过去国家已经采取了诸如"化肥农药使用量零增长行动"、《"十二五"农作物综合利用实施方案》等一系列的政策措施改善农业生态环境；在农产品质量安全方面，"十三五"规划要求全面提升农产品质量安全五大能力，同时狠抓监管工作。但是，农产品质量安全的保障和农业生态环境的改善是一个系统工程，仅仅用行政命令的方式、"头疼医头"并不能解决这一矛盾。我们应当深入理解这一矛盾的内在逻辑和运行机理，才能"对症下药"，构建农产品质量安全保障和农业生态环境改善相得益彰的体制机制。

二、农业现代化与新型农业经营主体发育不良的矛盾

2016年中央农村经济工作会议提出"持续夯实现代农业基础，提高农业质量效益和竞争力"，并要求"加快形成培育新型农业经营主体的政策体系"。同年发布的《全国农业现代化规划（2016—2020年）》，也把新型农业经营主体培育放在突出位置。目前，我国农业经营主体已经从传统同质统一的家庭经营形式向新型的异质性、多元化经营主体转型，这既是农业现代化发展的客观要求，又是农业产业结构升级的必然结果。农业

---

① 数据来源于《中国统计年鉴（1979—2020）》。
② 环境保护部、国土资源部：《全国土壤污染状况调查公报》，2014年4月17日。

现代化不仅仅是技术、装备手段的现代化,更是组织形式的现代化。不过,现阶段我国新型农业经营主体发育不良,在一定程度上阻碍了农业现代化的发展。

(一)新型农业经营主体是推进农业现代化的核心力量

根据官方文件的定义,新型农业经营主体是指"在家庭承包经营制度下,经营规模大、集约化程度高、市场竞争力强的农业经营组织和有文化、懂技术、会经营的职业农民"[①]。许多学者都从不同角度对新型农业经营主体下了定义,总体说来主要有四个特征:从劳动力角度来说,主要是具有较高素质,能运用生产技术、经营管理等知识进行专业化劳动的劳动力;从生产资料来说,要能够体现适度规模经营且专门从事农业生产,取得较好的规模效应;从服务来说,其市场化程度比较高,专业化分工细致深入,能对农业劳动效率提升起到作用;从技术应用来说,现代化物质装备条件水平高,技术适应性较好。

从上述定义和特征可以发现,新型农业经营主体与农业现代化的要求是基本一致的。对新型农业经营主体的培育,实质就是在推动农业现代化发展。结合当前的情况,课题组认为,新型农业经营主体是推进农业现代化的核心力量。[②] 传统的家庭经营呈现出规模细碎、经营分散、方式粗放、劳动力老弱、服务不配套、组织能力欠缺等问题。在激烈的市场竞争中,分散的弱势农户通过单打独斗难以泰然立足,而农业的组织化可以有效衔接整个农业链条的产前、产中与产后各环节,推行农业产业化经营,使外部利益内在化。与此同时,正视相对短缺的农业资源、时常频发的自然灾害,需将现代科学技术广泛融入农业生产的各环节,推行全方位科技化的生产过程,这正是传统农户分散经营所缺乏的要素。

目前,新型农业经营主体发育严重不足,制约着农业现代化水平提升。统计表明,2015年中国农村居民共有60346万人,占总人口的43.90%,农村居住户26607万户,耕地面积20.25亿亩,平均每户7.6亩。中部省份农户经营土地耕地面积更小,土地细碎化问题也十分严重,据抽样调查的结果显示,河南省一般农户人均耕地仅为0.93亩,平均经营地块面积为1.93块。2012年中央提出发展新型农业经营主体以后,一些地方鼓励发展家庭农场、专业大户,但这些农业经营主体仍然十分分散,数量和质量都比较堪忧。在数量上,新型农业经营主体数量较少,且主要是以小户为主的家庭经营。例如,有学者调研表明,在全国3993个有效样本中,新型农业经营主体仅占3.66%。[③] 在质量上,现有的新型农业经营主体质量不高,且主要是由要素市场发展不充分导致的。土地流转规模十分有限,农村金融无法对其产生有力支撑,而户均农业补贴金额只占生产资金的8.17%。再加之农产品价格遭遇"天花板",从事农业的收益低等,都阻碍了新型农业经营主体的发育。要解决这些问题除了积极完善各类要素市场外,还要有

---

① 该定义来自2012年的《浙江省人民政府办公厅关于大力培育新型农业经营主体的意见》,其他官方文件都没有给出明确的界定,仅仅只罗列主要类型。

② 王国敏、杨永清、王元聪:《新型农业经营主体培育:战略审视、逻辑辨识与制度保障》,《西南民族大学学报(人文社会科学版)》2014年第10期,第203~208页。

③ 邓大才:《粮食安全:亟需重构新型供给格局》,《江西农业》2015年第2期,第18页。

针对性地增强新型农业经营主体的自生能力,包括建立相应的业主经营能力培训机制、风险防范机制、技术创新推广机制等。

(二) 农业现代化与新型农业经营主体发育不良的矛盾分析

从目前的发展状况来看,新型农业经营主体发育还处于比较初级的阶段,其运行规模普遍偏小,治理结构不完善,对周边农业农村的辐射带动作用小。一些地区甚至存在为了获得国家政策扶持而"空壳""冒牌"等现象。[①] 过去的研究通常认为,新型农业经营主体发育不良,严重制约了农业现代化水平,但没有意识到农业现代化水平不高可能反过来制约新型农业经营主体的培育。

1. 农业劳动生产率偏低难以留住高素质的农业劳动力。

农业劳动生产率是衡量农业现代化的一个重要指标,它是指平均每个农业劳动者在单位时间内生产的农产品量或产值,或生产单位农产品消耗的劳动时间。农业劳动生产率是与农业劳动力所获得的报酬成正比的。因此,农业劳动生产率越高,就越能吸引更多的劳动力从事农业。目前,我国农村劳动力"兼业化""老龄化""空心化"的现象十分突出,"谁来种地"的问题已经迫在眉睫,这在很大程度上是农业劳动生产率偏低,无法为从事农业劳动力带来合理回报的结果。新型农业经营主体不仅需要劳动力,还需要高素质的劳动力才足以推动农业现代化。研究表明,教育对于经济增长具有实质性的巨大贡献,人均受教育年限每增加 1 年,经济增长率将提升 0.183。[②] 然而,现阶段我国农业劳动力平均受教育年限仅为 7.8 年,比美国、欧洲 10 国和俄罗斯均低(如图 3-1 所示)。农业现代化事业需要高素质的农业劳动力,但低水平的农业现代化却无法吸引高素质的农业劳动力,如何破解这一矛盾值得我们深思。

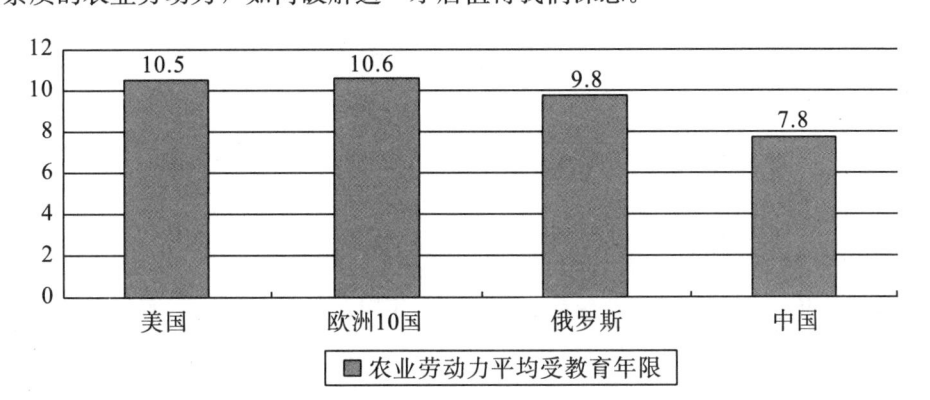

国家	农业劳动力平均受教育年限
美国	10.5
欧洲10国	10.6
俄罗斯	9.8
中国	7.8

图 3-1 农业劳动力平均受教育年限

所谓欧洲 10 国,是指英国、法国、德国、意大利、荷兰、比利时、瑞士、西班牙、挪威和瑞典 10 个国家。**数据来源**:美国 2012 年综合社会调查(GSS 2012),2012 年欧洲社会调查(ESS, Round 6),《中国统计年鉴(2013)》。

---

① 陈晓华:《大力培育新型农业经营主体——在中国农业经济学会年会上的致辞》,《农业经济问题》2014 年第 1 期,第 4~7 页。

② 赖明勇、张新、彭水军:《经济增长的源泉:人力资本、研究开发与技术外溢》,《中国社会科学》2005 年第 2 期,第 32~46 页。

2. 农业投资回报率低无法吸引足够的资本投入农业领域。

研究表明,农业资本深化是农业现代化的必由之路。[①] 没有资本的介入,农业无法装备更高水平的生产资料,农用土地无法得到整治,高素质的劳动力不愿意进入农业,换言之,没有资本的介入新型农业经营主体无法得到有效生长。但是,由于资本具有逐利性,要使其流向农业,前提是农业投资回报率要足够高。农业现代化的特质之一,就是农业资本的高回报率,否则农业现代化就仅仅浮于表面。当前,我国农业资本投资回报率每况愈下,对资本的吸引力不仅没有增加,反而减少了。新型农业经营主体的培育遇到"钱从哪里来"的现实瓶颈。

农业投资回报率通常用增量资本产出率(ICOR)来衡量,该指标是部门或地区资本增量与该部门或地区增加值的比值,它表示单位产出增长所需的资本量。ICOR 的高低直接体现着资本边际效率。当 ICOR 高企的时候,意味着资本边际效率持续走低,当 ICOR 呈下降趋势时,它说明资本边际效率在不断提高。图 3-2 显示,1981 年到 2016 年,我国农业部门的 ICOR 不断上升,且上升势头迅猛。特别是自 2008 年以后,该指标一路飙升,2016 年已经达到 0.65 的高位。这说明,1 元的农业资本仅能带动 1.53 元增加值,如果除去劳动要素的投入,农业部门利润率已经非常低了。

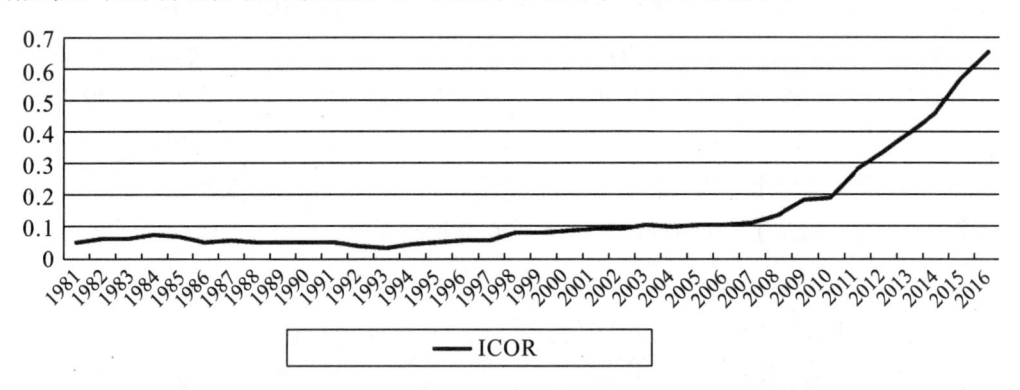

图 3-2 1981—2016 年中国农业 ICOR(以 1990 年价格为基期)

3. 制度供给不足使农业社会化服务体系构建存在较大阻力。

农业社会化服务体系是农业商品化发展到一定阶段的必然产物,实质上是农业分工体系和市场体系。发达国家的经验表明,农业现代化的表征,就是有完备的农业社会化服务体系。

当前,我国农业社会化服务体系存在农业服务项目供给不足、服务质量和数量跟不上农业发展需求,产前产中产后的机制与现实状况脱节等诸多问题。一些学者认为关键在于培育新型农业经营主体,但其实质上没有找到问题根结,甚至没有厘清农业社会化服务体系与新型农业经营主体的关系。事实上,构建农业社会化服务体系与新型农业经营主体培育是一个过程,专业大户、农业服务组织等农业社会化服务主体都是新型农业经营主体的应有之义。没有农业社会化服务体系的完善,新型农业经营主体找不到发挥

---

① 罗浩轩:《中国农业资本深化对农业经济影响的实证研究》,《农业经济问题》2013 年第 9 期,第 4~14 页。

推动农业现代化的支点。诺思认为："制度是一个社会的博弈规则，或者更规范地说，它们是一些人为设计的、型（形）塑人们互动关系的约束。"[①] 推动农业社会化服务体系构建，关键是要有有效的制度供给，否则农业现代化进程只能裹足不前。

首先，农村各类经营主体资金需求得不到满足的情况仍然十分突出。由于缺少抵押物、坏账呆账频发等问题，农村金融机构缺乏将资金引向农村中小微企业、各类农业经营主体的意愿。据统计，截至2013年5月底，现代农业和小微企业融资总额仅占债务融资工具的10%，上市融资的产业化龙头企业和农村企业的数量占交易所上市公司的比重也不高。[②] 其次，由于当前农村土地产权制度仍然有待进一步完善，土地流转市场尚无法有效运转，农户仅有的土地资产性功能未能有效激活，新型农业经营主体缺少资金来源。目前，农户林权证、土地经营权抵押仅限于试点地区，而且报告显示，即使在这些地区，农村金融机构也仅按照预期收益的20%~50%放贷。一份来自农业部农产品加工局的调研报告显示，四川省9县30万亩土地抵押仅获得2亿元贷款额度，而各种评估费、担保费、公证费等费用占到融资总额的15%~18%，而贷款利率大多上浮30%~40%，实际利率在10%以上。46%的涉农企业和组织认为融资成本上涨[③]。最后，由于受到WTO制度限制，以及土地细碎化的农业生产经营格局制约，我国现有的农业补贴工具难有作为。目前我国许多农业生产补贴额度已达到加入世贸时所承诺的上限额度，因此基本不可能再通过增加生产补贴额度的方式来刺激农民的生产积极性。未来要在成本上升而价格不提、补贴不增的局面下调动农民生产积极性，从而保障高粮食自给率是非常艰难的。

（三）亟待破局的矛盾——"谁来实现农业现代化"

新型农业经营主体肩负着"谁来实现农业现代化"的历史重任。然而，我国农业现代化发展水平相对滞后，成为"四化"中的短板，本身又制约着新型农业经营主体的发展，它无法提供足够的工资、利润、地租以及合理的制度来哺育新型农业经营主体，从而吸引高素质的劳动力、资本进入农业。这意味着，要回答"谁来实现农业现代化"，新型农业经营主体的培育可能仅仅只是一个重要抓手，真正地突破困局还要有赖于外部力量和合理的工农互动的机制设计。

三、"物的新农村"与"人的新农村"建设的矛盾

（一）"人的新农村"的提出

党的十六届五中全会上通过了《中共中央关于制定国民经济和社会发展第十一个五年规划的建设》，首次提出"社会主义新农村建设"，并提出"生产发展，生活富裕，乡风文明，村容整洁，管理民主"的要求。自此以后，广大农村开展了如火如荼的社会主

---

① 道格拉斯·C. 诺思：《制度、制度变迁与经济绩效》，上海：上海人民出版社，2008年，第5页。
② 中国社会科学院农村发展研究所、国家统计局农村经济社会调查司：《中国农村经济形势分析与预测2013—2014》，北京：社会科学文献出版社，2014年，第134页。
③ 农业部农产品加工局：《关于我国农产品加工业发展情况的调研报告》《农产品市场周刊》2015年第23期，第41—43页。

义新农村建设。社会主义新农村建设实质是在农村进行社会主义现代化建设，在农业上运用现代科学技术，让农民过上现代生活，在农村共享现代社会文明成果。然而，2005年以后的新农村建设尽管取得了高速发展，但主要侧重于道路硬化、通水通电等农村基础设施建设，精神层面上建设相对滞后。为此，2014年底的中央农村工作会议，李克强强调，要积极稳妥推进新农村建设，加快人均环境改善，提高农民素质，实现"物的新农村"要与"人的新农村"建设齐头并进。"人的新农村"的提出，丰富了社会主义新农村建设的内涵，具有很强的现实针对性和战略指向性。

所谓"人的新农村"，是相较于过去过多强调新农村建设中"物"的建设而言的，它在发展理念上与"物的新农村"是一致的，即"十三五"规划中提到的"创新、协调、绿色、开放、共享"的发展理念。但从具体内容上来说，"物的新农村"主要侧重经济层面，而"人的新农村"更加突出强调农村在文化、社会和生态等方面的建设。党的十九大更进一步提出了在农村实施"乡村振兴战略"，提出了"产业兴旺、生态宜居、乡风文明、治理有效、生态富裕"的总体要求，是对十六届五中全会以来社会主义新农村建设认识的深化和政策的延续，同时也更为全面地贯穿了"人的新农村"建设理念。

（二）"物的新农村"与"人的新农村"建设对比

毋庸置疑，过去十几年的社会主义新农村建设取得了突出的成就。

一是推动了现代农业的快速发展。在国家对农田水利等基础设施投入和农业保护政策下，农业生产条件大幅度改善，并推动粮食、棉油糖、肉蛋奶等农产品全面增产，逐步实现了传统农业向现代农业的转型。二是农民收入的快速增长。2019年全国农村居民可支配收入为16020.7元，连续多年增速超过城镇居民，城乡居民收入差距逐年缩小[①]。农村居民恩格尔系数也呈现下降态势，2019年为30%，比2015年下降了3个百分点[②]。值得一提的是，党的十八大以来的农村精准扶贫工作，使得我国的绝对贫困实现了历史性消除，有力地促进了全面建设小康社会[③]。三是农村基础设施的改善，农村面貌发生了较大变化。这些建设包括农村交通条件、农村供水质量、电力基础设施、农村住房和农村环境的改善。约有99.7%的建制村通了公路，89%的建制村通了沥青水泥路；4.7亿农民饮用水安全得到解决；农村电网改造升级工程成效显著，上千万农牧户已逐步告别危房、土坯房、毡房，住上了结构牢靠的安全房。

然而，在这一系列突出成就的背后，"人的新农村"建设却孕育着挑战。一是农村生态环境持续恶化。尽管城镇化进程方兴未艾，但是目前仍然有6.5亿人常驻农村，每年产生的生活垃圾约有1.1亿吨。基本公共服务是"人的新农村"建设重要组成部分，由于这一部分未受到重视，导致每年农村有0.7亿吨垃圾未做任何处理，露天堆放，形成恶臭熏天、蚊蝇乱飞的"垃圾山"。除了农村垃圾污染外，另一个比较突出的问题是农村的生态破坏。在部分农村地区，人们对林木乱砍滥伐，导致植被减少，环境自净能力差，泥石流、塌方和地陷频发；在高原牧区，过度放牧导致沙漠化、草地荒漠化。这

[①] 数据来源于：《中国统计年鉴（2020）》。
[②] 宁吉喆：《以经济发展新成效确保开好局起好步》，《人民日报》2021年1月4日第9版。
[③] 国家统计局：《中华人民共和国2020年国民经济和社会发展统计公报》，2021年。

些现象在很大程度上还是由于村民缺乏生态环境保护的意识造成的。

二是传统乡村文化的消失。部分传统村落被拆除,如传统工艺、舞蹈等文化载体逐渐失传,乡村标识消失了。课题组调研的成都平原,过去农村居民主要是围绕林盘进行散居,形成了极具特点的川西林盘散居模式。但在新农村建设过程中,由于过分重视"物的新农村"建设的倾向,在村庄合并、土地整理和集中居住等政策实施方面常常忽视这一特点,村民原有的生活发生急剧变化,川西林盘散居的生活形态逐渐成为历史。除此以外,课题组成员在四川省阿坝藏族羌族自治州也看到,一些比较好的传统文化艺术形式也缺少传承人而面临断代的危机,当地具有历史价值和文化价值的方言也慢慢在新一代年轻人中寻不见踪影。

三是农村存在的精神危机。由于强调物质层面的建设,物质利益和商品崇拜现象逐渐放大,传统农村文化面临挑战。调研发现,有超过一半的村庄已经没有了过去的村约、族规和家训,一些传统的婚丧嫁娶等乡村习俗逐渐简化。在外地打工的年轻人回乡后不再对这些传统习俗抱有朴素的情感,失去了敬畏感。

四是互联网大潮下村民信息素养培育未能得到重视。所谓信息素养(Information Literacy)是一种了解、搜集、评估和利用信息的知识结构,是对信息社会的适应能力。互联网的飞速发展,凸显了信息素养的重要性。然而,尽管目前互联网已经覆盖了我国大多数村庄,但是了解并掌握互联网相关实用技能并用于生产生活实践的村民比较少。一些大型的企业如阿里巴巴投入了大量财力物力致力于农村电商的发展,但发展仍然很缓慢。

(三)"物的新农村"建设过程中忽视"人的新农村"的矛盾所在

经济基础决定上层建筑。翻看过去的文献,可以看到,十六届五中全会提到的社会主义新农村建设的"生产发展,生活富裕,乡风文明,村容整洁,管理民主"要求中,"生产发展"处于中心地位。但随着经济的发展,农村在文化、社会和生态等方面的"上层建筑"问题逐渐暴露,而新农村建设者的意识与发展态势存在一定的鸿沟,这是"物的新农村"建设过程中忽视"人的新农村"的矛盾所在。

第一,一些地区把新农村与传统农村对立起来,认为新农村建设要"消灭传统农村",内涵丰富的新农村建设变成了以基础设施建设为内容的"新村建设"。过去的一段时期,农村大拆大建、撤村并居等做法大行其道,一座座高楼拔地而起。这种做法不仅忽略农村生活方式转变必须与农业生产方式相一致的基本规律,还把过去承载着"浓浓乡愁"的乡土风貌、田园风光给消灭了,由此带来了许多遗留问题。

第二,受市场经济的影响,一些地区在新农村建设时只见"物"不见"人",只强调基础设施等"硬件"而忽视了公共服务等"软件"。过去新农村的建设者常常以城市为模板,将便利的生产生活设施从城市延展到农村,这在客观上为村民们带来了生产生活的便利。但是,现代化的生产生活设施的出现,同样要求相应的公共服务软件。例如村改社区以后,村民集中居住,要求相应的物业配套服务。但是部分地区在将村民集中居住后便不再投入资源进行配套公共服务,造成村民生产生活的极大不便。课题组在四川省成都市郫都区调研一个由村改的社区时,当地居民向课题组诉说"上楼"后的不便利,这些问题包括卫生、防盗、农具堆放等。同时,当地镇政府在村改社区时曾对村民承诺将社区外围公路沿线的门面交由村集体使用,村民可以获得分红,但在村改社区完成后便未经村集体讨论转租给了社区以外的人。只见"物"不见"人"的思路,不仅使得基层容易产生冲突,还削弱了建成项目的预期,降低了群众的幸福感和获得感。

第三,在互联网大潮下,一些新农村建设者自身未认识到互联网为"三农"带来的巨大正效应,因此只注重互联网的安装率,却忽视对村民信息素养的培养。农村居民素质相对滞后,自我发展能力往往跟不上信息时代日新月异的技术发展,很难主动去掌握相应的信息技术并为生产生活服务。而一些地区在建设过程中对这个问题缺乏意识,只关注上级考核指标的硬性完成,也在很大程度上削弱了乡村建设的成效性。

四、农业增产与农民不增收的矛盾

(一)近年来农民增收的动力并不来自农业增产

"小康不小康,关键看老乡。"全面建成小康社会,重点在农业农村,核心在农民收入的提高。改革开放以来,党和国家始终把解决"三农"问题放在全党工作的重中之重,农业增产、农民增收长期以来都是中央农村工作的主要目标。在党和国家的持续关注和投入下,取得了粮食产量逐年上升、农民收入增速连续几年超过城镇居民的可喜成就。从某个角度来看,农业增产农民增收似乎是同步的,但是仔细研究发现,近几年农民收入增长的源泉并非来自农业。更为严峻的是,农业在增产还可能对农民收入增长起到阻碍作用,出现农业增产与农民不增收的矛盾。

从2013年以后,国家改变了原来分城镇和农村住户调查的方式确定农村居民可支配收入及其构成。2013年以来,农村居民可支配收入持续增长,增幅都在10%左右,明显快于城镇居民。然而,在工资性收入、经营净收入、财产净收入和转移金收入四大板块中,增长源泉主要来自工资性收入,其占可支配收入的比例,由2013年的38.7%提高到2020年的40.7%,而经营净收入却从41.7%下降到35.4%[①]。其中,经营净收入中第一产业净收入比例还在持续下降,所谓"种地不赚钱"在很多农村地区成为当地农民的普遍认识。

(二)农业增产与农民不增收矛盾的原因

用马克思主义政治经济学解释农业增产与农民不增收矛盾现象,即是农民生产的产品使用价值量虽然在不断增加,但产品的价值量尤其是利润量没有相应提高甚至还可能减少。这是农业经济学中的一个经典命题,联系到中国自身的情况,其原因如下:

第一,农产品始终既缺乏需求弹性,又缺乏供给弹性,丰收的时候往往"谷贱伤农"。农产品价格上涨,农产品的需求不会有太大的减少,而农产品价格下降需求也不会有明显的增长。与此同时,农业生产具有明显的季节性和周期性,其生产必须依附于土地这种特殊的生产要素,一旦投入生产便无法改变其用途,生产规模难以随着市场调整。这些状况意味着农产品如果增产一般都会导致农产品价格下降,所以丰收的时候会出现"谷贱伤农"的现象。从中国自身国情考虑,由于粮食是消费价格指数中权重最大

---

① 数据来源于国家统计局。

的衡量物之一，与市场上其他商品价格有非常密切的关系，确保粮食安全始终是国家的战略目标，国家也通过各种方式控制市场价格。

第二，农民面临国际粮价的"天花板"和农业生产成本这个"地板"的双重挤压。我国"人多地少"，农业资源匮乏，农业在国际上缺乏比较优势。因此，中国农业遇到的第一块"天花板"就是国内主要农产品价格高于进口价格，以至于提价促收的可行性很小。由于生物能源的发展，国际粮价与原油价格挂上了钩。当国际原油价格上涨时，粮食的需求就会大幅增长，从而推动粮价走高，反之亦然。

从图3-3我们可以看到，国际玉米价格从2009年以来走势可以分为4个阶段，而这4个阶段无一例外地都与原油价格有密切联系。2013年以后，由于美国、巴西、阿根廷等玉米主产国增产，原油价格回落，玉米价格出现大幅度下降。这一状况无疑对作为玉米主产国之一的中国的种玉米农民带来了巨大冲击。2013—2015年，我国玉米进口量从326.6万吨增加到了2015年的473万吨。中国的农产品进口数量的不断增长，是粮食自给率下降的直接原因，其中大豆产业的"沦陷"最为典型。随着2015年中澳自由贸易协定的签署，也将波及小麦、菜籽油等其他谷物。

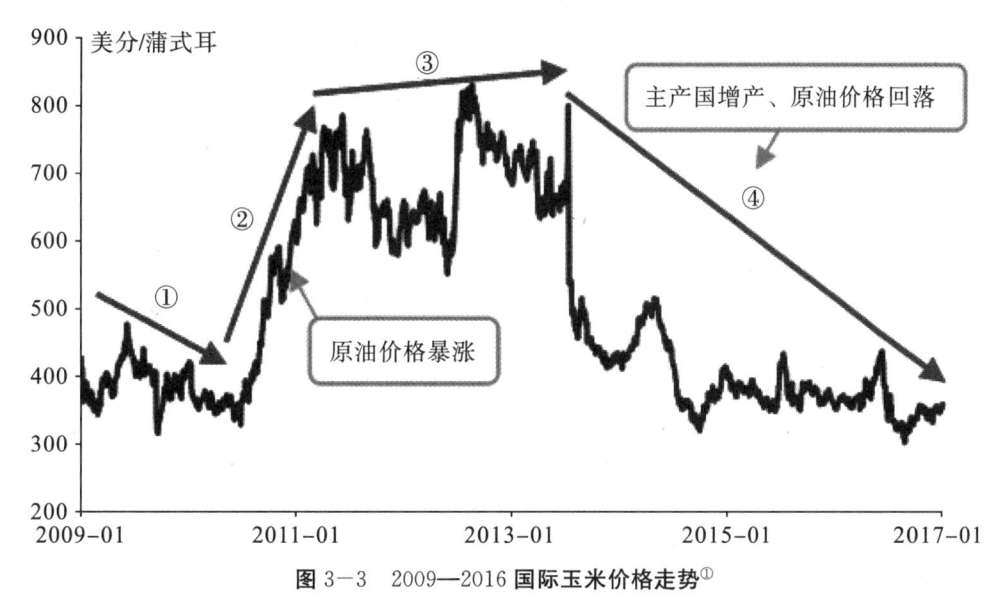

图 3-3 2009—2016 国际玉米价格走势①

与此同时，中国农业还面临一块"地板"，即农业生产的成本不断上升。以稻谷、小麦、玉米三种粮食为例，2015—2018年，三种粮食平均每亩总成本从1090.04元上升到1093.77元，年均增幅在3%左右。尽管增幅不大，但却严重压缩了本来就很少的种粮净利润，种粮的一点点利润已不复存在。

第三，面对农业增产与农民不增收这对矛盾，国外往往采用农产品价格支持、直接补贴等多种方式，但是现阶段无法用这种方式解决这对矛盾。我国之所以现阶段不能这么做，主要原因有两点：一是由于我国农业生产经营规模小，这种补贴方式成本过大；

---

① 图片来源：《2017年国际玉米市场供需预测及价格走势分析》，中国产业信息网，http://www.chyxx.com/industry/201702/495143.html。

二是目前我国对许多农业产品的补贴额度已经达到了中国加入世贸组织时所承诺的上限额度,因此无法通过继续增加农产品生产补贴的方式来刺激农民的生产积极性。

五、农地规模化经营与农民利益保护的矛盾

采用高水平无机化学农业投入品进行大规模单一品种连续耕种的工厂式、规模化的农业生产方式,是现代农业的基本特征。农地规模化经营有利于先进农业生产技术应用,有利于提高农业劳动效率,有利于农村经济的繁荣。可以说,农地规模化经营是中国农业实现现代化的一个重要途径。基于这样的认识,在中央的历年农村经济工作会议中,以及一系列诸如《关于引导农村土地经营权有序流转发展农业适度规模经营的意见》的政策中,都可以看到实现农地规模化经营已经上升到国家意志层面。

据统计,1999 年我国耕地流转面积仅占家庭承包耕地总面积的 2.53%,但到了 2008 年以后,流转速度明显加快。2019 年,全国家庭承包经营耕地流转面积已经达到 5.5 亿亩,占家庭总承包耕地面积的 41.6%,是 2008 年的 4.3 倍[1]。有学者指出,各地的农地规模化经营速度如此迅速,与政府对土地规模化的干预密不可分。[2] 然而,在国家意志推动农地规模化经营时,许多关涉农民利益保护的问题又浮出水面。

(一)农地规模化经营所涉及的农民利益问题

正如德姆塞茨(1988)所说的那样,在所有权制度安排中,最重要的是经济资源的排他性收益权和转让权。[3] 在市场经济条件下,农地规模化经营主要是农民个体对土地排他性收益权和转让权转让的自主选择,这种自主选择是由农民自身的偏好、预算约束、生产函数所决定的,市场会在价格机制下达到供需均衡,实现帕累托最优。如果是这样,农地规模流转中的农民利益问题就不复存在了。但在国家意志面前,源于集体所有制的土地这种排他性的收益权和转让权是不完整的,其结果往往是农民利益受到损害,主要体现在以下四个方面。

1. 流转收益的分配无法达成共识。

在课题组调研中发现,大量农村家庭的土地流转是在农户之间自发进行的。由于法律意识淡薄,许多流转的合同往往不够规范,甚至存在许多口头协议,在土地使用、收益分享方面也没有明晰的规定,存在一些大户将外出务工农户的土地转用的状况,如果一旦出现征地补偿项目,就会产生许多纠纷。

由于收益分配无法达成共识,在土地流转中,村民与村干部的"委托—代理"问题就十分突出。一种情况是为了完成农地规模化经营的任务,村干部凭借土地所有权代理人的身份,动用行政权力强行开展土地流转。另一种情况是一些村干部绕过农户,不按照规定公开招标发包,私下与外来资本达成协议;更有甚者,与外来资本通过假招标等

---

[1] 数据来源:中华人民共和国农业农村部数据库,http://zdscxx.moa.gov.ch:8080/nyb/pc/search.jsp。

[2] 孙新华:《再造农业》,武汉:华中科技大学博士学位论文,2015 年。

[3] Demsetz, H,. "The Theory of the Firm Revisited". *Journal of Law Economics and Organization*,1988,4(1):141-161.

方式，蒙骗群众获取土地承包权。基层干部对农户的意见往往是：一是认为点对点的商谈方式交易成本太高，还是行政命令方式效率高；二是认为农户对土地流转是漫天要价，达不成协议宁肯撂荒也不流转。事实上，无论如何，农户面对的都是自己的效用函数，本身就具有主观性，这一切都通过价格做出反应，"强买强卖"的强制性变迁对农户都是损失。

2. 地方政府通过策略性行为攫取土地收益。

城镇化的快速推进，为农村土地转用带来了极大的增值空间，而我国税制的不合理造成地方财政在为公共服务提供支持时捉襟见肘，在这样背景下，土地财政逐渐走上舞台。

一些地方为了引进农业企业促进财政增收，发展规模化种植、养殖，为农地带来了严重的环境污染问题，一些诸如土壤污染、水污染不仅对土地造成不可逆的损害，对农村居民的个人身心健康也有极大危害。课题组在被称为"柠檬之乡"的四川省A县调研时发现，当地政府为鼓励种植柠檬，通过诸多手段引导农民流转土地向工商业企业、种植大户集中。尽管这些农民将土地流转了，但仍居住在土地旁。然而，外来资本根本不顾当地农民的身心健康和生态环境，大量使用农药、化肥，土壤、水源金属含量严重超标，一些农民叫苦不迭。

近几年休闲农业发展方兴未艾，一些地方鼓励发展农家乐、休闲旅游、采摘农业，因而引进外来资本将原本的农田集中起来，并在上面建设了经营性休闲农庄等永久性的农业管理及生活设施。这种做法一方面影响了正常的农业生产，对生态环境可能造成破坏；另一方面如果经营一旦不及预期，当地农民将无地可种。课题组在四川省资阳市Y村调研时，看到一个由外来资本打造的、总投资3.64亿元、规划面积约1500亩的农业观光产业园。该项目2017年完工，然而课题组2016年8月份调研时发现该项目已经闲置了大半年，大片大片裸露的土地抛荒，而相当一部分当地村民在一段时间内都未能拿到土地租金。

3. 农业产业化过程中农民处于弱势地位。

农地规模化经营过程中，对于一些"反租倒包""公司+农户"等农业产业化模式，大户或者龙头企业往往占据有利地位。他们利用股权或者管理优势，可能压榨、剥削农户的经营成果，或者将经营风险最大化的转移给农户。一是利用农户信息滞后、不准确等信息不对称特征，拟定可能对农户不利的合同，最大限度转移风险。一旦出现销路不畅等问题，最先受到损失的是农户，他们甚至血本无归。二是利用资产专用性将农户锁定，从而压榨、剥削农户。农户为了获得供货合同，只能将更多地物质资本和人力资本投入到生产中而形成专用性的资本积累，但由于生产标准、生产工艺、生产流程是由大户或龙头企业等业主制定，农户在加大投入时也越来越依赖于业主。

（二）农地规模化经营与农民利益保护的矛盾分析

理论上而言，在一个开放、自由和竞争的市场环境下，农地规模化经营与农民利益保护之间并不存在必然冲突，甚至在某种程度上二者还能相得益彰。但是，我国作为一个正处在向市场经济深度转型的大经济体，许多机制体制仍然有待完善，国民自身也转型中在不断培养法律意识、学习市场规则、适应市场环境。上述的几点在农地规模化过

程中农民利益受损的问题,其深刻原因可能来自以下三个方面:

1. 组织力量:农民在土地流转收益分配中的话语权缺失。

改革开放以来,农村土地的权利束出现了分离。最早的分离是土地所有权和承包经营权的分离,农村集体经济组织保留土地所有权,而农民获得承包经营权。随着市场化的推进,大量农业劳动力向城镇转移,承包经营权又发生了进一步的变化,出现了承包权和经营权的分离。2014年底,《关于农村土地征收、集体经营性建设用地入市、宅基地制度改革试点工作的意见》出台,这一状况得到了法理上的认可,进一步深化了土地流转的速度和质量。然而,不容忽视的问题是,土地权利结构意味着收益结构,承包权和经营权的分离,意味着农民由耕种者变成了收租者,农民的身份悄然发生转变。而能否顺利地获得地租,主要依赖于协议、合同等契约,但是外来业主是否履约、履约的程度如何,现阶段缺乏相关的强制力量对其进行制衡,分散的个体农民往往无法与外来工商业主或农村大户进行博弈,因而产生了第一部分所分析的诸多问题。

将农民组织起来,不仅是一个老生常谈的经济问题,还是一个严肃的政治问题。农会又称农协或农民协会,是维护农民权益、发展农业生产的社团组织。新中国成立以后,农会组织逐渐被取消。但以市场为取向的改革,又使重建农会成为内在的需要。杜润生曾经回忆道,20世纪80年代曾向邓小平提出尽快恢复农会,但是因为种种原因最后并没有成行[①]。农民组织的缺失使得我国人口最多的农民群体成为一个弱势集团,其意愿和要求往往得不到应有的保护。在土地规模化进程中,农民的利益一旦受到损害,常常无法保护自己的利益;而在轰轰烈烈的城镇化大潮中,不远万里迁徙到城市打工的农民工往往留下了宏伟的建筑,却无法留下渺小的"脚步"。

2. 体制力量:农地流转市场机制建立仍然有待完善。

深层的市场结构包括明确的、单元利益独立化的所有权,以及完备的商业法规。脱离这两点大谈市场机制是"文不对题"。目前,由于我国农村土地产权制度仍然不够完善,许多制度供给仍然在探索之中,能够正确反映农用地供需的价格信号往往被扭曲,农户与业主间的契约订立和履行也在一定程度上无法得到根本保障。

第一,现阶段的农村土地流转市场往往建立在非制度化的农村社群中,农地规模化目标在政府的强力推动下,流转价格的确定往往也带有明显的行政色彩。课题组调研发现,公开的询价、议价平台往往流于形式,更多的是农村社群中的非正式交易,信息不对称的问题十分突出。[②]

第二,目前关于农村土地流转的法律,除《土地管理法》《农村土地承包法》规定了农村集体土地承包给农户经营的程序、期限、形式以及义务外,对农村土地流转的一系列政策仅限于部分地区实施的单行条例,缺乏具有可操作性的法律文件。这虽然给依靠市场力量生长的土地流转模式一定的空间,但无法保障农民的利益。

---

① 余展:《应当恢复农民协会——从杜润生同志在病塌的题字说起》,《村委主任》2013年第1期,第38—39页。

② 课题组到四川省成都市高新区的成都农村产权交易所调研时看到,整个大厅里门可罗雀,大屏幕上显示的信息寥寥无几,许多办公室都处于闲置状态,对产权交易有直接关联的基本信息都难以获得。总体而言是形式大于内容,进一步说来,成都作为全国城乡统筹改革"先试先行"的地区尚且如此,其他地区也可想而知。

3. 知识力量：农民整体素质不高、法律意识淡薄。

农民土地流转的意愿、土地流转的决策和土地流转后的维权行为，往往与农民的文化、见识等素养密切相关。新古典经济学关于理性人的假设，是市场机制能够实现帕累托最优的基础。然而，事实上并不存在这样的理性人，人们总是在有限理性下和信息不充分的约束条件下做出决策的。在大量青壮年劳动力向城镇转移后，留下的"386199"[①]的农业劳动力有限理性选择表现得更为突出，主要体现为下面两点：

一是在流转时对流转价格的评价问题上。一些农民未能对自己的承包地进行充分估计，以至定价时价格定得过低，最终在业主取得良好经营业绩后发生纠纷。这种状况一方面由于农民违约无端产生了许多社会成本；另一方面步步涨租使得业主经营状况变差，无法承担过高地租。有学者研究发现，"无文化的老农民"在土地流转时非常保守，而这种保守需要更高的地租溢价来予以补偿。[②]这使得土地流转价格高企，甚至出现漫天要价的现象，不利于土地规模化。而这种市场非出清的情况让农民丧失很多机会（包括从土地解放出来的机会成本），最终使农民利益受损。

二是农民在有纠纷和权益受到损害时不倾向于采取法律手段。由于缺乏明确法律依据、诉讼成本高，以及农民自身法律意识淡薄，相应组织机构缺失等原因，农民在土地流转存在纠纷时不倾向于采取法律手段，而是以在农村社区中以非正式形式加以解决。

第二节　"三农"发展现状与工业化、城镇化和信息化不协同

在"十二五"规划中，第十一届全国人大四次会议首次提出了"在工业化、城镇化深入发展中同步推进农业现代化"的要求；随后，在党的十八大报告中，又在"三化"同步推进的提法上加入了"信息化"，并变同步推进为"四化"同步发展，而党的十九大则将"四化同步"作为新时代中国特色社会主义思想的基本方略内容再次加以强调。但是，学界普遍共识是，"四化"同步中，农业始终是一块短板。这主要体现在农业问题、农村问题和农民问题分别与工业化、城镇化、信息化的不协同，而进入新时代，协调农业、农村和农民与另外的"三化"同步任务更加迫切。

一、农业现代化水平与工业化发展阶段不协同

农业发展对推进工业化有着重要作用，过去我们通过工农业剪刀差从农业榨取剩余向工业输血，造成了目前农业现代化水平与工业化发展阶段不协同的巨大问题。

（一）农业发展对工业化的重要作用

"夫农，天下之本也"，中国的古训突出显示了农业在人类生存和发展中的重要作用。工业革命以来，农业部门在推动国民经济发展过程中起到不可替代的功能。发展经

---

① 386199部队是指广大农村留守妇女、儿童和老人群体。
② 吴萌等：《分布式认知理论框架下农户土地转出意愿影响因素研究——基于SEM模型的武汉城市圈典型地区实证分析》，《中国人口·资源与环境》2016年第9期，第62~71页。

济学之父张培刚把农业对经济的贡献归纳为产品贡献、市场贡献、要素贡献和外汇贡献。[①]

在工业化初期，农业要为工业化和城市化提供粮食剩余、工业原料、劳动力、资本和工业品的消费，可以说，农业在此时此刻是发展的"第一推动力"。速水佑次郎将农业发展分为三个阶段，这是第一个阶段，即为了解决粮食问题的阶段。在蒂默（Timmer）的农业转型四阶段论中[②]，这一时刻处于已经发展的农业经济增长贡献阶段，工业需要大量的资本来促进其发展，因此农业的资本积累和廉价劳动力供给就显得非常重要。在工业化中期，工商业部门逐渐孕育出了自我积累、自我消费的能力，农业产值在国民经济中的比重迅速下降，农业劳动力大量向城市转移。这一时期，工农劳动效率将会拉开一定的距离，但农民收入会持续上升。蒂默提出这一阶段工业部门资本回报和工资率持续上升，持续吸引资本和农业劳动力向城市工商业部门转移，最终迎来"刘易斯拐点"。在工业化后期，工业部门资本积累已经完成，工业开始反哺农业、城市开始反哺农村。这一时期进入速水佑次郎"三阶段论"的第二阶段，他将这一阶段的问题表述为农民贫困问题，整个农业现代化就是专注解决农民收入差距。这一时期对应蒂默的"四阶段论"的第四个阶段，资本开始离开工业，向农业或者第三产业、投机领域迈进。他认为，劳动力减少将诱导出代替劳动的机械技术，农业资本深化、农业现代化水平大幅提升。

相较于蒂默而言，速水佑次郎视野更长远。在速水佑次郎的"三阶段理论"的第三阶段是农业国际竞争力阶段。他预见到，经济发展到更高的阶段，必定是以拥抱全球市场为条件的，此时门户大开，农业面临很强的国际竞争，如何提高本国农业的国际竞争力成为重要命题。这一视野对于发展中国家来说非常重要：WTO规则、农业补贴政策、国际农产品价格、国际期货市场、跨国农业企业等等关键词都是新命题。然而，值得指出的是，许多国内学者埋头于"三农"问题、苦心孤诣研究的同时却对农业国际问题视而不见，这一倾向应该警惕。

（二）我国农业现代化水平与工业化发展阶段不协调

2019年末，我国国内生产总值达到99.08万亿，其中第一、二、三产业分别占比7.1%、38.9%和54%。根据经典的工业发展阶段划分，我国从产值结构上来看呈现出明显的工业化后期特征。但是，从三次产业的就业结构来看，第一、二、三产业分别占比为25.1%、27.5%、47.4%，仍然有大量劳动力滞留在第一产业中。根据陈佳贵、黄群慧等（2013）测算的工业化不同阶段标志值，我国第一产业就业人员和人口城镇化率的指标刚刚进入后工业化阶段，而产值结构已经步入了后工业化阶段了。这说明，自新中国成立以来的三次产业产值结构与就业结构严重扭曲的情况并未得到改善。究其原因，在于农业发展现状并不令人乐观，在更好的释放劳动力、提高农业劳动效率、实现农民收入持续增长方面未能跟上工业化发展进程。毋庸讳言，工业化、信息化、城镇化和农业现代化的"四化"中，农业现代化一直以来都是"四化同步"的尾巴。

---

① 张培刚：《农业与工业化》，武汉：华中工学院出版社，1984年，第14～22页。
② Timmer, C. peter. "The agricultural transformation." *Handbook of Development Economics* 1 (1988): 275-331.

时至今日，我们到中国农村，仍然能看到大量使用人力和畜力的传统农作方式和运输方式。"农工相对生产率"是衡量农业部门和工业部门劳动生产效率差距的一个简单可行的评价指标。它的资料不仅易于查找，还由于能够消除量纲，可以横向比较。从表3-1可以看到，我国自改革开放以来农工相对生产率的变化。

表3-1 中国经济发展过程中农工相对生产率

年份	农业劳动力比重（%）	农业GDP比重（%）	工业劳动力比重（%）	工业GDP比重（%）	农工相对生产率
1980	68.7	30.2	18.2	48.2	0.166
1985	62.4	28.4	20.8	42.9	0.221
1990	60.1	27.1	21.4	41.3	0.234
1995	52.2	20.0	23.0	47.2	0.186
2000	50.0	15.1	22.5	45.9	0.148
2005	44.8	12.1	23.8	47.4	0.136
2006	42.6	11.1	25.2	47.9	0.137
2007	40.8	10.8	26.8	47.3	0.149
2008	39.6	10.7	27.2	47.4	0.155
2009	38.1	10.3	27.2	46.2	0.163
2010	36.7	10.1	28.7	46.7	0.169
2011	34.8	10.0	29.5	46.6	0.183
2012	33.6	10.1	30.3	45.3	0.201
2013	31.4	10.0	30.1	43.9	0.219
2014	29.5%	9.1%	29.9%	43.1%	0.213
2015	28.3%	8.8%	29.3%	40.9%	0.223
2016	27.7%	8.6%	28.8%	39.8%	0.225
2017	27.0%	7.5%	28.1%	39.9%	0.195
2018	26.1%	7.0%	27.6%	39.7%	0.186
2019	25.1%	7.1%	27.5%	38.9%	0.199

数据来源：《中国统计年鉴2020》。

我国的农工相对生产率长期在0.13～0.24之间徘徊，即使在仍处于工业化初期的改革开放之初也是如此。这很可能是因为长期的城乡二元结构对要素配置的扭曲，这一问题与日本相比尤为明显。根据速水佑次郎的统计，日本农工相对劳动生产率从1920年后下滑至0.5以下，二战后的1955年又回到0.5，此后迅速下降，但其数值直到1970年日本完成工业化以后都始终保持在0.25以上的水平。而我国自改革开放以来却从未达到0.25的高度。这一状况不仅说明着我国农业生产力水平低下，与工业化发展不协调，还意味着在相当长的一段时期内将仍然处于速水佑次郎所说的农业现代化的

"农业贫困问题"阶段。

二、农村发展状况与城镇化进程不协同

如何协调城乡关系是一个国家或地区在现代化进程中都会面对的棘手问题,特别是像中国这样的后发型发展中国家就更为突出。过去,我们通过统购统销、户籍制度和土地制度,造成了城乡二元分割的局面。改革开放以后,这一情况有所好转,但一些根本性的问题没有解决,农村发展状况和城镇化进程一直未能协调好。党的十九大提出乡村振兴战略,目的就是要扭转这一现状。

(一)乡村振兴战略的提出

改革开放以来,农业部门的国民生产总值占比持续下降,农业就业比重也不断下滑。从发达国家的经验来看,伴随着工业化的实现,农业占GDP的比重有可能下降到1%~2%的水平,就业比重也将降至3%~5%。一些人根据当前的发展状况和未来的前景,认为"三农"问题已经不重要了,但其现实状况恰恰相反。尽管农业产值比重不断下降,但农村创造和拉动的GDP远远不止2016年的8.6%。同时,目前我国城镇化快速推进,2017年人口城镇化率提高了1.17个百分点,达到58.52%的水平;而户籍城镇化率则达到42.35%,提高了1.35个百分点。但是,如前所述,与当前我国工业化发展阶段相对应的问题是,仍然有相当一部分人口滞留在农村。党的十九大上,习近平总书记提出了"乡村振兴战略",并以此为主题,对"三农"问题进行了新的部署。习近平总书记再次强调了"三农"问题依旧是全党工作的重中之重,其原因恰恰在于快速的现代化进程遗留了许多在农业农村尚未得到很好解决的问题。可以预期的是,未来15年左右我国如果进入发达国家行列,城镇化率达到70%,一方面是将有1.6亿农民转移问题,另一方面是还有4亿人口在农村如何实现乡村振兴的问题。

党的十九大提出,我国社会目前的主要矛盾已经转化为人民日益增长的美好生活需要和不平衡不充分的发展之间的矛盾。而党的十九大报告中,围绕这一矛盾提出了"七大战略",乡村振兴战略摆在了非常醒目的位置,但这"七大战略"却没有关于城镇化的战略。这一状况凸显了乡村发展与城镇化发展的不协同,是目前亟待解决的现实问题。

(二)乡村发展与城镇化进程不协同

城乡发展不平衡即城乡发展失衡,是指一个国家或地区的城乡关系在经济社会发展过程中出现了不协调、不匹配和不和谐的状态。城乡发展不平衡主要源于城乡分割,同时它又以城乡差距为结果。衡量城乡差距可以观察到城乡发展不平衡的水平。王德文、何宇鹏(2005)提出,可以从收入水平、消费支出和消费水平衡量城乡差距,其中消费水平最为理想。他们通过测算认为,目前城乡差距并没有随着经济增长而缩小,城乡差距的本质是资源配置扭曲、收入分配倾斜与部门间技术进步不平衡三者共同作用的结果。[①] 周云波(2009)用基尼系数衡量了我国城乡差距。[②] 一个共同结论是,改革开放

[①] 王德文、何宇鹏:《城乡差距的本质、多面性与政策含义》,《中国农村观察》2005年第3期,第25~37页。
[②] 周云波:《城市化、城乡差距以及全国居民总体收入差距的变动——收入差距倒U型假说的实证检验》,《经济学》(季刊)2009年第4期,第1239~1256页。

以来，我国城乡差距的总体趋势并未缩小，甚至还略有拉大。以收入差距为计量指标，1978年按当年价格计算的收入之比为2.6，而到了2012年，该数据变为了3.1。如果分省进行观察，越是发达的地方其收入差距越大。2012年上海、北京和浙江的收入比都在3.8以上。城乡差距的背后，是由于长期以来的城乡分割造成的城乡发展不平衡。根据库兹涅茨的假说，经济发展水平与收入差距的关系呈现倒U型变动。① 这个理论意味着，经济发展到了一定阶段，收入差距是其必然现象。但是，该理论又暗示，要实现倒U型的变动，必须以解决城乡发展不平衡问题为前提。毛泽东说得好："扫帚不到，灰尘照例不会自己跑掉。"② 任何国家或地区都应该采取强有力的措施，打破经济发展过程中的城乡发展不平衡。

生产要素主要包括劳动力、资本和土地等生产性资源，生产要素市场则是由劳动力供求市场、资本供求市场和土地供求市场组成。改革开放之前，我国实行的是城乡二元管理体制，生产要素的流动受到严格的控制。改革开放以来，生产要素流动在城乡之间的壁垒逐渐被打破，包括允许农民自带口粮进城务工，土地由传统的划拨改为由国家征收并实施"招、拍、挂"进行公开出让，发展村镇银行、农业小额信贷等。但是，要进一步解放生产力，推进生产要素市场改革，仍然有不小的困难。近几年城乡差距有所拉大，很大程度上仍然是生产要素市场分割的结果。

改革开放以来，我国通过工农业剪刀差不断从农业农村获取劳动剩余，发展重工业。但是这种状况随着农产品市场的逐渐开放而式微。目前，我国城乡发展不平衡主要体现在生产要素市场在城乡之间发展不平衡和国家政策在城乡之间的供给不平衡。城乡发展不平衡极大地制约了我国农村发展，它通过资源配置的扭曲、国家政策的倾斜汲取着投入到农村的各类资源。

三、农民信息素养与信息化突飞猛进的步调不协同

党的十八大将"信息化"提出后，一些人并不理解信息化对于另外"三化"的重要性。这几年信息化带来了生产生活的质变，人们逐渐意识到这一提法的高瞻远瞩。不过，农民信息素养与信息化突飞猛进的步调不协同问题凸现出来。大而言之，当前信息社会，欲破除城乡二元结构，提升农民信息素养是其应有之义。

（一）提升农民信息素养的重要意义

诺贝尔奖得主赫伯特·西蒙曾经说过："信息失联会导致农民行为的非理性。"信息，是当今所有行业得以生存和发展的基础。信息畅通往往能够赢得先机，而信息闭塞则可能导致停滞不前。毋庸置疑，21世纪是信息时代。然而，由于长期的城乡二元结构迟迟未能破解，城乡之间存在巨大的"信息鸿沟"，这一鸿沟更直观地体现在市民和农民的信息素养上。换而言之，城乡居民的信息素养差距是城乡二元结构的重要特征，提升农民的信息素养是破解城乡二元结构的应有之义。

"信息素养"最早是由美国信息产业协会主席保罗·泽考斯基在1974年提出的。它

---

① Kuznets, S. Economic Growth and Income Inequality, *American Economic Review*, 1955, 45 (1).
② 《毛泽东选集》（第4卷），北京：人民出版社，1991年，第1131页。

是指信息化背景下人们应该具备的基本能力。这一概念内涵丰富，分类方法也比较多。提出者泽考斯基将其划分为信息意识、文化素养、信息技能和信息伦理四个层面。对农民而言，信息意识是指农民是否有通过信息化手段获取信息的意识；文化素养是搜集处理信息的基础知识水平；信息技能则是掌握信息化设备的相关技术；信息伦理是信息素养的高级维度，是建立在前面三个层面基础上的，它包含了信息安全和信息道德水平。

当今世界，信息技术突飞猛进，公民是否具备基本的信息素养，已经关系到个人劳动效率能否提升，个人生活质量层面上了。这也是党的十八大将"信息化"纳入过去的工业化、城镇化和农业现代化之中，将"三化同步"转变为"四化同步"的深远意义之一。就农民而言，在农村建设完善的基础设施和美丽的田园风光，只是"硬件"，不能解决全部问题，最关键的任务还是要提升农民自身的"软件"。这就是说，乡村振兴关键是农民自身的发展。

（二）信息化突飞猛进，农民信息素养与之不协同

近二十年来，我国信息化突飞猛进地发展，到 2016 年，我国的网民数量、网络零售交易额、电子信息产品制造规模已经位居全球第一，以阿里巴巴、腾讯为代表的一批信息技术企业和互联网企业进入世界前列，同时形成了较为完善的信息产业体系。从农业信息化来看，改革开放以来，我国已经经历了运用计算机进行农业信息分析、开发农业专家技术系统以及精准农业和信息农业研究三个阶段，粮食作物和主要温室作物模拟模型和生产管理决策系统、主要农产品质量跟踪系统、复杂条件下温室环境智能化管理、个性化智能农业搜索引擎开发等技术纷纷取得突破性进展。2009 年中国进入了以农业物联网技术为关键的全面开发应用阶段，被称为农业信息技术 4.0。[①]

在农业信息化突飞猛进的同时，农民信息素养问题又浮出了水面，成为制约农业信息化发展的瓶颈问题，即"最后一公里"问题。农业信息化最终应用者是广大农民。在信息化硬件设施建设相对完善的同时，广大农民的信息意识、文化素养、信息技能都相对落后（更不用说信息伦理）。李克强总理曾经意味深长地说道，目前中国教育在技术层面已经取得了很大成就，但走得太快，"灵魂"却跟不上了。这一句话同样适用于农民信息素养。目前服务于"三农"的信息技术、信息平台等信息资源非常丰富，但农民们无法进行有效衔接。一方面，是农机推广、生活服务、农信服务、农业政策等诸多服务并没有送到田间地头；另一方面，强大的搜索引擎、农业信息数据库和各类 B2B、B2C、C2C 的电子商务平台都未能得到有效利用。课题组曾在成都市农村产权交易中心调研时发现，信息量丰富的交易中心基本处于半停滞状态。

有学者对吉林省农民信息素养进行了系统调研，在抽样的 500 多份问卷中，只有 24.73％的人会通过媒体设备主动了解一些农业和生活信息，有 38.29％的人从不去获取或查找信息，他们缺乏获取信息的意识，被动地接收信息化带来的海量信息。就信息技术而言，能够比较熟练地使用手机、电脑及其相关软件的农民仅为 30％左右，近 80％的农民对农业信息站、农业特派员不了解；在信息安全和信息道德方面，接受过这

[①] 赵春江、杨信廷、李斌、李明、闫华：《中国农业信息技术发展回顾及展望》，《农学学报》2018 年第 1 期，第 172~178 页。

方面知识的农民更少，仅为 11.79%。[①] 农民能否成功接受信息化洗礼的关键，在于其文化水平，也即是信息素养中的文化素养维度。不过，据统计，现阶段我国农业劳动力平均受教育年限仅为 7.8 年，低于美国、欧洲 10 国和俄罗斯。尽管农业剩余劳动力大量转移，但是转移的农业劳动力大多是农村优质劳动力，在农村留守的都是老弱妇孺，其素质更难承担起农业信息化的重任。

第三节　阻碍"新三农"协同发展的原因分析

要成功实现旧的"三农"问题向新的"三农"关系转变，必须要找到阻碍"新三农"协同发展的根源，只有这样才能"对症下药"，做到"药到病除"。不过，"三农"问题形成的历史由来已久，其原因有多种多样，主要可以从禀赋原因、历史原因、阶段原因和体制原因四个方面来分析。

一、禀赋原因：农业要素禀赋缺乏比较优势

在经济学中，"要素"是指能用于创造财富的资源，禀赋则体现要素的丰裕度。农业的生产要素主要包括自然资源、资本和劳动力三大类。从供给侧来看，这些生产要素与"三农"的联系十分紧密（农村供给土地等自然资源、工农业供给资本、农民供给劳动力），其投入多寡和投入结构对"新三农"协同发展有着直接影响。然而，目前我国农业要素禀赋的数量、分布和使用效率都遇到许多约束和瓶颈，与国外农业生产相比，又明显缺乏比较优势。

从时间上来看，我国农业要素禀赋随着时间推移而变化：就土地资源而言，改革开放以来耕地资源持续减少，根据官方数据显示，2015 年、2016 年、2017 年全国耕地净减少 89.2 万亩、115.3 万亩、91.35 万亩[②]；就资本存量而言，虽然全国农业资本存量不断增长，但投资回报率却在不断下滑；就劳动力而言，随着大量农村劳动力向城镇转移，农村出现"未富先老""未优先空"等现象。从地域上来看，我国各地区农业要素禀赋分布十分不均。研究表明，改革开放以来，东部地区是资本密集、东北地区是土地密集、中西部地区是劳动力密集的农业要素禀赋分布特征并没有发生实质性变化，出现了农业要素禀赋固化的现象。[③] 各地区的土地、资本、劳动力等要素在区域土地使用制度、经济管理体制和经济发展水平的影响下更具空间性差异。

（一）农业自然资源环境刚性约束

农业资源是农业自然资源和经济资源的合称，在此主要讨论农业自然资源。农业自然资源是农业生产可以利用的自然环境要素，主要有土地资源、水资源、气候资源以及

[①] 张煜锟：《城镇化进程中农民信息化服务模式研究——以吉林省为例》，长春：东北师范大学博士学位论文，2016 年。

[②] 数据来源：《中国国土资源统计年鉴（2018）》。

[③] 罗浩轩：《中国区域农业要素禀赋结构变迁的逻辑和趋势分析》，《中国农村经济》2017 年第 3 期，第 46~59 页。

生物资源等。

1. 农业耕地资源不足。

改革开放以来，我国粮食生产发生了飞跃性的变化，40余年间粮食总产量从3亿吨增长到6亿吨；1995年到2018年粮食单产量从4239公斤/公顷增长到5621公斤/公顷；1978年到2019年人均粮食产量从318.74公斤/人增长到474.95公斤/人[1]。自2015年来，我国粮食产量就在世界上排名第一，超过了美国等国家的水平[2]。但是近年来，我国面临耕地面积不足，耕地资源下降的情况：就2015年到2017年的三年间，全国耕地面积减少近20万公顷，随着人口增多、社会经济高速发展，我国耕地面积有逐年下降的趋势，耕地资源的压力越来越大，所以提高农业生产效率是一个不得不深入探讨的问题。

2. 农业水资源不足。

我国水资源总量为27962亿立方米，占全球水资源总量的6%，位列全球第四；但是我国人均淡水资源仅有2039立方米/人，只达到世界平均水平的1/4。而我国长期以来的农业耕种方式决定了我国农业用水占了我国水资源用水量的很大一部分，而且随着我国经济增长，对水资源的刚性需求也会同比增长，如果没有有效的农业节水措施，我国日渐匮乏的水资源将不能支持我国农业的发展，势必会影响我国的粮食安全。

3. 气候资源变化大。

新中国成立以来，我国农业就饱受气候因素的摧残。例如，1954年的大洪水，农作物受灾1080公顷，绝收251万公顷。近年来，随着气候变暖，全球气候大变化，气温降水等因素极不稳定，而我国农业对气候具有强大的依赖性，从而导致我国农业生产也不稳定。

4. 土地质量下降。

自改革开放以来，过度使用化肥、农药等化学产品以及我国土地修复技术缺乏，导致我国部分土地质量下降、退化、严重污染等。耕地耕作层变浅、土地板结、土壤营养不足、盐渍化等现象比比皆是。加之我国生物技术发展较晚，技术相对落后，土地得不到更好的保护和重生，所以土地质量下降也是一大约束。正是因为我国农业资源的刚性约束，2017年的"中央一号文件"中指出要优化农业产业体系、生产体系、经营体系，提高土地产出率、资源利用率、劳动生产率。

我国农业要素禀赋缺乏不仅仅存在于资源环境约束，农业资本要素约束也存在很大问题。

（二）农业资本要素分布不均

农业资本是推动农业生产力发展、农业技术进步、农村致富的重要基础。但改革开放以来，我国农业资本全社会总量呈波动趋势，而且在我国投资领域来看，农业固定资产投资占比下降；在地域上来看，我国各地农业固定资产分布不均。

---

[1] 数据来源：《中国统计年鉴（2020）》。

[2] 数据来源：联合国粮食组织。

1. 我国农业固定资产投资占比下降。

投资带来的是资本的积累,同时也拉动了需求和消费。农业的稳定持续增长是国民经济持续稳定的重要保证,而农业固定资产投资对发展农业具有重要作用。

从图3-4可以看出,2003年以来,我国农林牧渔业固定投资占比相对于制造业和房地产业的固定投资占比一直处于较低的位置。尽管自2010年"中央一号文件"《关于加大统筹城乡发展力度 进一步夯实农业农村发展基础的若干意见》提出后,财政用于"三农"的支出持续加大,在2010年后农林牧渔业的固定投资占比有所上升,但是较之于制造业和房地产业占比仍然微不足道。

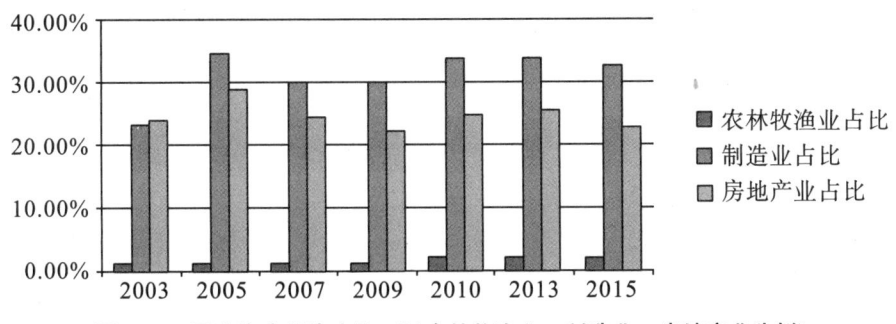

图3-4 固定资产投资占比(以农林牧渔业、制造业、房地产业为例)

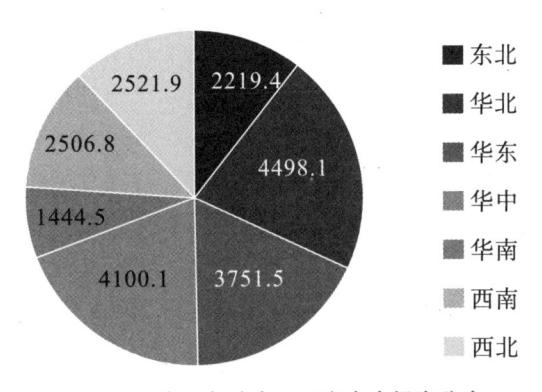

2. 全国各地农业固定资产投资分布不均。

不仅农业在全国各行业的固定投资中占比不高,从区域来看,全国各地区的农业固定资产投资分布也不均,体现出了强烈的地域差别。① 从图3-5来看,2015年,全国七大区域中,华北地区农业固定资产投资最大,高达4498.1亿元,华中地区、华东地区紧随其后,而占国土面积60%以上的西南、西北两大地区总投资加起来共约5000亿元,投资分布不均可见一斑。

图3-5 全国各地农业固定资产投资分布

---

① 我们将全国分为除港澳台以外的七大地区,东北地区(包括辽宁、吉林、黑龙江)、华北地区(包括北京、天津、河北、山西、内蒙古)、华东地区(包括山东、江苏、安徽、浙江、福建、上海)、华南地区(包括广东、广西、海南)、华中地区(包括湖北、湖南、河南、江西)、西北地区(包括宁夏、新疆、青海、陕西、甘肃)、西南地区(包括四川、云南、贵州、西藏、重庆)。

（三）人口红利减少导致农村"空心化"

农村青壮年劳动力外出务工已成为我国社会经济发展的一大重要特征之一。改革开放以来，我国现代化、经济市场化促进了社会流动，城市化导致农村劳动力外流；人口老龄化导致农村适龄劳动力不足。

1. 农村人口比重大幅下降。

自改革开放以来，中国人口大量涌入城市，农村人口所占比重大幅减少，城镇人口占比大幅上涨。数据表明，1978年我国城镇人口占17.92%，农村人口占82.08%，此时城镇人口约1.7亿，而农村人口却约有7.9亿人；可是到了2019年，城镇人口约有8.4亿人，农村人口只有约5.5亿人，城镇人口数占60%，农村人口只占40%了①。

从增长数来看，城镇人口陡增，农村人口数反而下降，但是农村人口数的减少却并不能仅仅只用7.9亿和5.5亿之差来概括。从改革开放四十年来看，农村人口与城镇人口相比减少的不仅仅是这2.4亿人，而是14亿人口中的42.7%。

2. 未来农村劳动力将会进一步锐减。

随着我国经济发展，医疗技术的不断进步，近年来，我国出生率大幅提高，死亡率大幅度减小，加之计划生育的影响，我国人口呈现老龄化趋势。农村大量青壮年不愿种田，外出务工，农村仅剩小孩和老人，农村劳动力大量流失，农村人口结构成沙漏型发展，未来农村劳动力还将进一步锐减。数据显示，我国目前15岁以下人口仅有2.27亿人，15~65岁人口约有10亿人，也就是说未来几十年，我国将面临严重的人口老龄化和青壮年不足的问题。

二、历史原因：城乡二元结构仍有待破解

城乡二元结构一般指城乡二元经济结构，是指以社会化生产为主要特点的城市经济和以小农生产为主要特点的农村经济并存的经济结构。我国城乡二元经济结构主要表现为：现代化大工业为主的城市经济和以小农经济为主的农村经济的差别；发达的道路、通信、卫生和教育等城市基础设施和落后的农村基础设施的差别；城市居民消费水平高于农村居民，城市人口少于乡村人口；等等。

我国现存的城乡二元结构问题对如今"新三农"协同发展起着较大的阻碍作用，城乡二元结构仍有待破解。阻碍主要表现在农民自由选择的权力受限制、城乡要素市场发育不对称、农业产业发展的政策供给不足三个方面。

（一）农民自由选择的权力受限制

新中国成立初期，全国人民都希望新中国能够迅速地强大起来。西方资本主义国家的封锁以及苏联模式成功的影响等，基于这些复杂的国际国内形势，我国制定了优先发展重工业的赶超型战略。由于新中国当时的经济基础十分薄弱，因此就需要将更多的资源与精力放在发展工业上。于是通过牺牲农业来使工业能够得到快速的发展成了必然的选择，所以工业化发展所需的原始积累就只能从榨取农业剩余来获得一定的保障。为了

---

① 数据来源：《中国统计年鉴（2020）》。

保证农村对城市、农业对工业的巨大贡献，国家实施了统购统销、农业合作化和二元户籍管理制度从农业农村汲取剩余。

第一，政府通过工农业产品价格的"剪刀差"方式来汲取剩余。所谓工农业农产品"剪刀差"，即国家干预市场交易，在压低农产品的价格的同时抬高工业品的价格，从而改变农工贸易条件，营造有利于工业发展的环境。工农业产品价格剪刀差实质上等于国家以隐形税收的方式从农业部门汲取剩余。据统计，从1952到1990年，中国工业部门通过各种方式从农业汲取了大约11594亿元的剩余。农民为国家工业化做出了巨大牺牲。例如，数据显示1982年农业部门税收收入总额为29.4亿元，仅占当年财政总收入的2.4%，但是当年农民因为工农业产品不等价交换而承受的负担达到288亿元，是税收的9.8倍。

第二，农业合作化。为了更好地支持我国工业化的发展，农村地区开展了大规模的合作化运动，即土地革命完成之后全国性的农业的社会主义改造。其主要表现为人民公社化运动，广大的农民兄弟为了支持国家的优先发展工业的赶超性战略，以极大的热情投入到由政府牵头的公社化运动中去。

第三，统购统销制度。统购统销是新中国成立初期的一项控制粮食资源的计划经济政策。由于已经实施了工农业产品的不等价交换，所以国家对农产品的去处也采取了强制性的措施。1953年，中共中央发出了《关于实行粮食的计划收购与计划供应的决议》，所谓"计划收购"被简称为"统购"，"计划供应"被简称为"统销"；1954年，《统购统销命令》规定，"一切有关粮食经营和粮食加工的国营、地方国营、公私合营、合作社经营的粮店和工厂，统一归当地粮食部门领导"，"所有私营粮商一律不许私自经营粮食"。统购统销是国家通过强制手段用计划经济取代市场交易，农民只能把粮食卖给国家，国家统一配给粮食，即使农民的口粮和种粮也必须经过国家批准。这一政策为工农业产品"剪刀差"政策实施提供了外部条件。

第四，二元户籍管理制度。国家于1958年1月正式出台了《中华人民共和国户口登记条例》，从法律的层面上建立了二元户籍管理制度。根据这一制度，我国公民的户口被分为农村户口与非农村户口两种类型，并严格限制农村人口转为非农人口，人为地将社会分为农村和城市两大板块，从而形成了城乡分治的二元社会结构。通过此项制度，国家将农民牢牢地限制在了农村地区，从而保证了农业对工业贡献的顺利进行。

总的来看，到现如今为止，虽然国家相继取消了统购统销、人民公社等制度，工农业产品交换的贸易环境也有很大的改善。但是二元户籍管理制度却没有得到较大程度的改变，依然对农民自由选择的权力构成极大的阻碍作用。所以，党的十八届三中全会提出，"加快户籍制度改革""把进城落户农民完全纳入城镇住房和社会保障体系，在农村参加的养老保险和医疗保险规范接入城镇社保体系"。2013年，中央城镇化工作会议为着力解决农业专业人口市民化问题，将城市分为四类，采取了不同类型城市不同落户办法的策略，但现有政策仍在探索之中，问题依然较为严峻。

（二）城乡要素市场发育不对称

在城乡二元结构的基础上，城乡要素配置就自然地出现了不合理的现象，从而使得城乡要素市场也因此发育得不对称。

首先，在土地要素市场中，由于我国是社会主义性质的国家，因此我国的土地属于公有性质：城镇土地归国家所有，农村土地属集体所有。所以在我国，各级政府自然而然地成了各级土地市场的主导者。按照《中华人民共和国土地管理法》的相关规定，农村土地与城镇建设用地之间是不可以自由转化的，城镇的土地使用权市场与农村的土地承包权转让市场是分割的，并且收回城镇已被占用的土地要比征用农民集体所有的土地的成本大得多。土地要素在城乡之间的单向和不平等流动，通过行政手段实现集体土地成为城市用地，农村集体获得的征地收益较低；农民承包的耕地、宅基地不能通过有效方式进行流转以获得财产性收入，等等，土地要素在城乡之间的不平等交换，土地要素价格的扭曲，成为土地要素市场发育和完善的障碍，使城乡之间的土地要素市场发育不对称。

其次，在资本要素市场中，资本要素被国家行政控制的资本市场重点配置到工业领域，社会资本也被带动集中于城市，严重缺乏对农业、农村和农民的资本投入。一方面，农业风险大、收益低，是具有弱质性的产业。另一方面，资本的逐利性特征导致大多资本不愿进入农村和农业。由此导致我国农村地区在资本要素市场中出现了大量的问题，如农村资金多数外流到城市，农村地区不具备金融市场竞争等。城市在资本要素市场中占有绝对的优势，使得城乡之间的资本要素发育极为不对称。

最后，在劳动力要素市场中，城乡之间的劳动力市场是处于分割状态的，长时间地被划为农业和非农业户籍劳动力市场。与城市地区相比较，农村地区的经济增长速度缓慢，因此农村大量的剩余劳动力不得不向城市转移。由于城市地区存在的一系列排他性制度与政策，如社会保障制度、教育倾向性政策等都是偏向于城市户籍人口，使得农村的劳动力在流动的时候受到极大的阻力，在就业时遭遇到一定的歧视，得到不公平的待遇。所以，城乡之间的劳动力要素市场发育也是不对称的。

针对城乡要素市场配置不合理的现象，国家主席习近平于中央财经领导小组第十二次会议提出供给侧结构性改革，深入落实以人民为中心的发展思想，强调通过经济结构调整，实现要素优化配置，提升经济增长质量和梳理。需求侧改革主要有投资、消费、出口三驾马车，供给侧则有劳动力、土地、资本、制度创造、创新等要素。供给侧结构性改革，就是从提高供给质量出发，用改革的办法推进结构调整，矫正要素配置扭曲，扩大有效供给，提高供给结构对需求变化的适应性和灵活性，提高全要素生产率，更好满足广大人民群众的需要，促进经济社会持续健康发展。

（三）农业产业发展的政策供给不足

农业产业是指以农产品生产、加工和经销为主要内容，具有一定规模效益和生命力的产业组合。农业产业政策则是一个体系，其内容涉及农业产业的各个方面，包括农业产业结构、农业产业组织、农业产业区域、农业产业技术、本国农业产业与国际农业产业关系等政策。在如今我国城乡二元结构的环境下，要想使农业产业能有较大发展，就必须继续破解现有的城乡二元结构，制定出符合当下的农业产业政策，打破农业产业政策供给不足的现状。农业产业政策供给不足主要表现为以下四点：

第一，农业产业结构政策供给不足。我国农业生产水平的提高带来了农产品在供求上向买方市场的转变，从而导致"需求"成为除"资源"外制约农业发展的另一主要因素。农产品的结构和质量问题成为当前农业发展的突出矛盾。随着全面小康的推进，居民的消费结构发生了很大变化，人们对农产品的需求明显呈优质化和多样化的特点。这一现状迫切要求农业生产提供更多优质且多样的农产品，从追求数量为主向数量、质量并重转变。相关现存制度以及市场供求关系的变化，导致现如今农业产业结构政策的供给不足，这要求政府尽可能改善农业产业结构政策，以适应当前市场经济的发展。

第二，农业产业技术政策供给不足。当前农村地区存在着技术人才流失较为严重，在农业科技方面投入的资金较少以及农民的科学文化知识较低等问题，都体现了政府对农村地区的农业科技等方面的政策供给不足，农业产业技术政策体系的不健全。

第三，农业产业组织政策供给不足。目前我国农业组织程度仍然比较低，突出表现为：土地流转机制不健全、土地规模经营不完善、销售市场以及产后渠道缺乏、产业分配机制不合理等。

第四，农业产业区域政策供给不足。当前我国的农业产业区域分布趋于合理，但是还没达到合理的程度，各地区区域间的产业和产品结构仍存在趋同现象。随着市场经济体制的建立和经济全球化的发展，为了降低农产品生产成本，提高市场竞争力，必须进一步扩大农业区域分工，实行优势互补。要在发挥区域比较优势的基础上，逐步发展不同类型的专业生产区，从而调整优化农业结构。每个地区要以资源为基础，因地制宜，发挥本地资源、经济、市场、技术等方面的优势，发展具有本地特色的优势农产品，逐步形成具有区域特色的农业主导产品和支柱产业，全面提高农业经济效益。因此当前农业产业区域政策供给略显不足，仍有待改善。

三、阶段原因：社会主义初级阶段生产力水平制约

2004 年至 2021 年中央连续十八年发布的"中央一号文件"均以"三农"为主题，强调了"三农"问题在中国的社会主义现代化进程中的重要地位。我国的农业发展也取得了诸多成效，但是我国仍处于并将长期处于社会主义初级阶段，这是我国的最基本国情。因此，我们要清楚地认识到，我国的农业发展依旧受到社会主义初级阶段的生产力水平制约。具体而言，我们可以从以下三个方面来探讨：一是农业生产技术整体水平不高，二是农村农业社会化服务体系尚在演化，三是农村劳动力创新能力较差。

（一）农业生产技术整体水平不高

中国是一个农业大国，从规模上说，没有任何问题。据联合国粮食组织统计，近五年来我国棉花、油料、肉类、禽蛋、水产品、蔬菜、水果等主要农产品产量均居世界前茅。

但是，中国的农业生产技术与世界先进国家农业生产技术水平仍有差距。要想实现农业现代化，首先面临的问题是土地的规模化，农业现代化必须是规模化经营。然而，当前我国无论是在经营规模还是在农场数量上都和美国有较大差距。据统计，截至 2017 年末，全国耕地面积为 20.23 亿亩[①]。而截至 2017 年，中国人口数为 139008 万

---

① 数据来源：《中国国土资源统计年鉴（2018）》。

人，人均耕地面积只有0.045公顷。而美国2009年的人均耕地面积是0.53公顷。在农场经营方面，据农业部统计，全国已有超过87万户各类家庭农场，其中经农业部门认定的家庭农场超过34万户，平均经营规模达到10公顷左右[①]。而美国，在2011年约有220万个农场，每个农场平均面积约170公顷[②]。

在物质技术防备方面，我国农业生产技术水平距先进国家的发展水平仍有较大差距，我国的农业生产技术发展潜力还十分巨大。据统计，2020年我国农业科技进步贡献率、农作物耕种收综合机械化率分别突破60%和70%，但距西方先进国家生产技术水平仍有一定差距。为此我国多次强调要发展农业创新技术，促进农业机械化进程。[③]在《中华人民共和国国民经济和社会发展第十四个五规划和2035年远景目标纲要》中指出：完善农业科技创新体系，创新农技推广服务，建设智慧农业。

在农业现代化发展持续性方面，农业资源环境问题日益严重，部分地区耕地基础地力下降明显、面源污染加重。据统计，中国的农用化肥使用量连年增长，2015年，全国农业化肥使用量达到6022.6万吨。大部分地区氮肥平均施用量超过了国际公认的上限225千克/公顷。然而，尽管中国的农用化肥量超过世界发达国家，中国的化肥利用率却只有30%，而西方发达国家的化肥使用率大多在40%以上，大部分化肥流失造成了环境污染。与此同时，农药滥用也极为严重，据统计我国的农药使用量是世界平均水准的2.5倍[④]。农用化肥和农药的滥用严重制约了我国绿色农业和农业可持续化发展。为此，在《中华人民共和国经济和社会发展第十四个五年规划和2035年远景目标纲要》中，特别指出要推进农业绿色转型，加强产地环境保护治理，发展节水农业和旱作农业，深入实施农药化肥减量行动。

现代农业的基本特征是农业生产的专业化、标准化、规模化、机械化、集约化和产业化。[⑤]中国当前的农业生产技术水平与西方先进国家相比，仍有巨大的发展潜力和空间。因此，我国农业发展不仅要做到产量高，也要提高竞争力，发展绿色农业，增强农业可持续性发展的能力，走产出高效、产品安全、资源节约，环境友好的农业现代化道路。

（二）农村农业社会化服务体系尚在演化

农业社会化服务体系指的是在家庭承包经营的基础上，为农业产前、产中、产后各个环节提供服务的各类机构和个人所形成的网络与组织系统。[⑥]改革开放以来，我国高度重视农业社会化服务体系的建设。自1993年的"中央一号文件"《当前农村经济政策

---

① 农业部经管总站体系与信息处：《2016年家庭农场发展情况》，《农村经营管理》2017年第8期，第41~42页。

② 数据来源于：USDA数据库：https://www.usda.gov/.

③ 缪翼、韩超：《守卫大国粮仓——代表委员热议"十四五"规划和2035年远景目标纳要草案》，《农民日报》2021年3月8日第1版。

④ 数据来源：联合国粮农组织。

⑤ 盛子强：《中国特色新型农业现代化与农村职业教育发展策略》，《中国职业技术教育》2015年第24期，第40~46页。

⑥ 高强、孔祥智：《我国农业社会化服务体系演进轨迹与政策匹配：1978—2013年》，《改革》2013年第4期，第5~18页。

的若干问题》首次提出了"社会化服务"的概念后，推进农业社会化服务体系建设一直是我国农业发展的重要工作之一。

在政府的支持和全社会的共同努力下，全国已初步形成了以公益性服务体系为基础，经营性服务主体快速发展的多元化竞争格局，并且在服务领域和服务手段上面也基本实现多层次服务与多形式服务。截止2020年底，全国农业社会化服务组织数量已经超过90万个，向农民提供全链条、多环节的农业生产服务，为农业现代化提供有力支撑。同时，全国90多万家农业社会化服务组织已服务带动小农户7000万户，2020年农业生产托管服务面积超16亿亩次，其中服务粮食作物面积超9亿亩次。2020年全国累计补贴购置农用植保无人飞机1.3万架，支持安装农业用北斗终端近2.3万台套，农机装备结构进一步优化[1]。

我国的农业社会化服务体系在不断地支持和努力下，有了长足的进步和发展。但是在总体水平上仍然不高，在一些方面存在问题，农业社会化服务体系尚在演化之中。

首先，制度保障不完善，具体制度供给不足。当前建设社会化服务体系的政策多是宏观性的，依托"中央一号文件"等公布。但是涉及具体领域和措施，中央和各级政府相关立法不多、力度不够，导致各地方体制不灵活，农业社会化服务组织定位模糊不清。比如，县级不同的农业技术推广机构不同领域由不同的部门领导，降低了工作效率。乡镇农业服务中心实行县、乡双重管理，县级农业部门指导工作，而工资、经费等有基层财政负责，财政的限制让专业从事农业科技服务工作的时间、经费等难以保证。基层农业服务组织与上级部门联系脱节，限制了农业公共服务能力的提高，制约了农业社会服务体系的有序发展。

第二，人员结构不合理，技术人员不足。在基层农业社会化服务机构中，由于体制和财政的影响，普遍出现了人员结构问题，技术人员占服务人员比重太小。2014年，在重庆市南川区农业服务中心，高级技术职称人员和青年技术人员严重不足，本科及以上学历的工作人员只占到总人数的23.53%。[2] 而在更加偏远的地区，人员配置和结构问题更加突出。

第三，供需结构不合理，服务内容难以满足农民的多元化需求。随着农业的现代化发展，农民对农业社会化服务的需求不再局限于生产环节。过去，农民对农业社会化服务的需求主要在种子、农药化肥和耕种收等方面，而如今扩展到资金、信息、技术、金融、保险、销售等综合服务方面。目前，我国的农业社会化服务组织提供的服务还比较单一，注重产前、产中环节，而忽视了产后环节。就拿销售来说，粮食蔬菜滞销现象时有发生，2017年云南昆明嵩明县大批蔬菜滞销，大约有上千吨的蔬菜被种植户砍掉，烂在菜地无人购买。表面上看，这是由于供过于求，市价低迷导致收购商不愿收购大量蔬菜造成的，实际上也暴露了地方市场预警机制、销售应急机制不健全等问题。农民多是依赖市场需求的变化而选择农作物的种植，但是这种模式的弊端在于滞后性，极有可

---

[1] 郁静娴：《有了"田保姆"种地更划算》，《人民日报》2014年2月8日第11版。

[2] 林小莉、邓雪霜、骆东奇、朱莉芬：《重庆农业社会化服务体系建设的现实困境与对策》，《农业现代化研究》2016年第2期，第360～366页。

能造成农作物供大于求而导致滞销，造成农户的巨大损失。因此，需要地方农业社会化服务组织及时指导农民种植，疏通销售渠道。

第四，金融信贷支持力度不够，难以有效支撑现代农业发展。现有的金融机构不管在数量还是在服务内容上，尚不能满足现代农业发展需求。在数量和规模上，村中小金融机构数量不足，竞争仍不够充分，影响了农村金融服务供给。在服务内容上，一方面，其金融服务需求已不再局限于"小额、短期、分散"的周转式需求，也包括"长期、大额、集中"的规模化需求；另一方面，在对于金融服务的需求上已不单纯是融资需求，而是扩展到对保险、期货、证券等方面的服务。此外，现代农业发展要求金融服务方式需更多利用互联网等电子信息平台，要求信息化、网络化的金融服务，向现代农业经营主体提供全方位、网络化的信息服务。

农业社会化服务体系是农业现代化发展的重要保障。我们在积极看待农业社会化服务体系建设工作取得成绩的同时，更要重视现阶段农业社会化服务体系建设存在的问题，健全覆盖全程、综合配套、便捷高效的农业社会化服务体系，为我国的农业现代化提供有力的支持。

（三）农村劳动力创新能力较差

农民是农业生产一线的中坚力量。随着农业现代化发展，对农民的综合素质要求也越来越高，培育现代化农民也越来越具有紧迫性。2012年"中央一号文件"首次提出要"大力培育新型职业农民"。2017年，"中央一号文件"《中共中央、国务院关于深入推进农业供给侧结构性改革加快培育农业农村发展新动能的若干意见》指出：开发农村人力资源，重点围绕新型职业农民培育、农民工职业技能提升。而随着信息化的发展，农业也要加强信息化建设。《全国农村经济发展"十三五"规划》指出要实现"互联网＋"现代农业行动，推进现代信息技术应用于农业生产、经营、管理和服务，发展网络化、智能化、精细化的现代农业种养加模式。这也为农村劳动力的科技创新能力提出的进一步的要求。

当前，我国农村劳动力的综合素质不够，受教育程度偏低，制约了农业现代化的发展。具体来看，有以下原因：

第一，农村劳动力大量转移，人员结构不合理。自改革开放以来，大量农村青壮年劳动力转移，并离开传统农业生产，留下的以老人、妇女和小孩为主，"老人农业"和"妇女农业"成为常态，劳动素质和效率不高，造成对农业的积极性不高，种田即将面临无人接班的尴尬境况。同时，由于"老年农业"带来的劳动力素质低，让农业生产的新技术推广困难，从而影响了农业科技进步，制约了农业现代化的发展。

第二，区域发展不平衡，基础教育薄弱。农业劳动力的文化水平是衡量农业现代化的一个重要尺度，没有保障农业现代化的人力资源，就不可能实现农业现代化。当前，我国农村教育面临诸多问题，农村基础教育经费不足，办学条件差，师资力量薄弱且专业水平参差不齐。这些问题严重影响了农村基础教育的发展，造成农民的综合素质水平不高，对农业科技知识的接受能力也不强，严重制约了农业技术的推广和现代化农业发展。

第三，职业教育缺失，知识农民培育不足。农业同样需要技术，需要知识，尤其是在农业现代化和信息化的背景下,农业经营人员的素质要求被进一步提升,要求从传统的以经验为主向机械化、科技化、信息化发展。大部分世界发达国家都非常重视农村职业技术教育和农民科技素质培养:德国专门设置有"农艺技术博士"学位;在丹麦,只有接受过农业基础教育、具备务农经验和获得"绿色证书"的人才有资格当农民。[①] 我国在农民的职业教育方面仍然任重而道远。目前,我国的农民教育培训工作缺乏针对性、实效性和规范性。我国的农业大学农业专科学校大多以培养农业科研技术人才为目标,忽视了对农民——以经营农业为职业的人员的培养。近年来,政府也高度重视农民的职业教育。2014 年教育部和农业部联合出台了《中等职业学校新型职业农民培训方案》,目的是大力培养有文化、有技术、懂技术、会经营的新型职业农民。

农业现代化则是整个经济社会发展的根本基础和重要支撑。为此,我们应该理性认识农业现代化发展的现状,积极解决农业现代化过程中出现的问题。在工业化、信息化、城镇化、农业现代化"四化"背景下,为促进"新三农"协同发展和实现中国现代化提供有力支持。

四、体制原因:政府与市场定位不清

党的十八大明确提出要让市场起决定性作用,这是政府选择的明确的改革方向。但是,到现在为止,如何让市场发挥决定性作用这一点仍在探索中,目前政府干预经济方面有所加强,阻碍"新三农"协同发展的体制原因逐渐突显,是政府及学界非常应该引起重视和进行相关研究的。

由此,在"新三农"协同发展问题上,对于因体制原因而导致的政府与市场定位不清的症结,课题组将从地方政府竞争和农业结构失衡、政府基础设施建设投资对农村的冲击、农业政策供给与保护体系构建中的市场机制扭曲这几个方面来进行分析。

(一)地方政府竞争和农业结构失衡

快速的城市化导致了地方政府之间决策竞争的产生(Wang,2016)。地方政府决策竞争严重影响了企业在本区域的投资行为,特别是对农村基础设施建设的投资(王栋等,2016)。农村基础设施建设的缺失会导致农民的"短期行为"和"土地抛荒"问题,阻碍农村经济的发展(Lyytikinen,2012),而且还会产生"内卷化"行为影响新农村建设的质量(Rupayan, et al.,2013),必须引起学者的高度重视。[②]

进入 21 世纪特别是 2004 年后,国家一系列强农惠农政策的实施和农业科技进步,推动了主要农产品产量持续稳步增长,但也使结构性矛盾上升为农业发展的主要矛盾,突出表现为库存高企、种植结构和品种结构失衡。以典型的农作物玉米和大豆产量为例,据国家统计局数据显示,我国 2019 年玉米产量为 26067 万吨,出口量为 2.61 万吨,只占总产量的两万分之一不到;而 2019 年我国大豆进口数量 8851.12 万吨,国内

[①] 罗迈钦:《现代农业发展背景下的经验农民向知识农民转型研究》,《农业现代化研究》2014 年第 3 期,第 322~325 页。

[②] 戴炜倬、王栋:《政府对农村公共基础设施建设投资的作用机制:短期激励与长期合作——基于地方政府之间晋升博弈视角的分析》,《农业经济问题》2016 年第 12 期,第 55~62 页。

豆类产量为2132万吨，自给率只有19.41%[①]。

由此可见，地方政府竞争对农业结构的失衡产生了严重的影响。地方政府除了在粮食安全省长负责制的约束下确保玉米等粮食作物生产稳定外，不愿意大规模投资对GDP产出贡献较低的农业部门，特别是没有比较优势的大豆作物。

（二）政府基础设施建设投资对农村的冲击

过去一段时间，"经营城市"的理念大行其道。地方政府为了招商引资，往往会对生产者开出一系列优惠条件。比如基础设施建设方面，在土地定向批租后为开发商买单"三通一平""七通一平"甚至"九通一平"[②]；在税收优惠上对引入企业返点，或以各种方式要求地方银行为引入企业配套贷款等。这些地方政府行为实质上都是对市场的干预，使其从传统意义上的公共产品供给者转变为了市场主体，"服务型政府"转型为了"生产型政府"。

"生产型政府"的一个重要表现，就是政府财政收入和支出的增速长期超过经济总量增速。国家统计局数据显示，1994年到2020年，中央和地方的财政总收入从1994年的0.52万亿元上升到2020年的18.28万亿，总支出从0.58万亿元上升到2020年的24.55万亿元，年均增速为15.28%和16.16%。与此同时，名义国内生产总值从4.86万亿元上升至82.71万亿元，年均增速仅为12.92%。第二个重要表现是财政支出结构的变化，基础设施建设方面支出持续走高。数据显示，在全国财政支出增速超过GDP增速3.6个百分点的基础之上，全国各地政府用于基础设施建设财政支出的增速还快于财政总支出增速约2个百分点，与此相对应的是农业支出占财政支出的比例长期稳定在9%左右。此外，据统计，全国农民人均可支配收入，2014年增长11.2%，2019年增长9.6%，2020年增长6.9%，由此可见，农民收入增速有下滑趋势。

（三）农业政策供给与保护体系构建中的市场机制扭曲

当前的农业政策供给和保护体系，使市场机制在相当程度上发生扭曲现象，推进企业供给侧结构性改革应是今后"三农"工作的主线。

从政府宏观调控看，强农惠农政策有效地促进了农业增产、农民增收，但一些临时措施常态化、短期举措长期化，干扰了正常的市场信号，造成供需脱节，长期累积形成较大的结构性矛盾。例如，国家鼓励玉米发展出台的临时收储制度，逐步演变成按高于市价的固定价格收储。近几年随着国际能源价格回落挤压玉米转化需求，玉米替代品进口增加挤压国产玉米市场，2017年我国木薯（包括木薯干和木薯淀粉）进口753.4万吨，玉米酒糟进口38.4万吨，国内市场上玉米供大于求的压力倍增，但国家仍按原来节奏以较高价格收储，农民感受不到需求萎缩的信号，照常生产，导致产大于销，造成库存大量积压，带来巨额的库存利息和保管费用负担，也抬高了养殖业饲料成本和加工

[①] 数据来源：国家统计局。
[②] "三通一平"是指基本建设项目开工的前提条件，具体指水通、电通、路通和场地平整；"七通一平"指的是土地（生地）在通过一级开发后，使其达到具备给水、排水、通电、通路、通信、通暖气、通天然气或煤气以及场地平整的条件，使二级开发商可以进场后迅速开发建设。"九通一平"指的是通市政道路、雨水、污水、自来水、天然气、电力、电信、热力及有线电视管线"九通"和土地自然地貌平整"一平"。

业原料成本，影响了养殖和加工业的竞争力。我国农业供给侧多重矛盾交织，严重削弱了农业市场竞争力，影响了农业的可持续发展，因此，不推进供给侧结构性改革，农业就没有出路。此外，推进农业供给侧结构性改革还具有一定的衍生风险，主要包括粮食产量大幅波动甚至滑坡的风险和农民收入陷入增长徘徊的风险。[①]

由此可见，农业政策供给和保护体系的构建在一定程度上在某些方面已经不合时宜，由此造成的市场机制扭曲和紊乱对粮食生产安全及农民增收具有严重影响。与此同时，一方面要有力推动农业政策和保护体系改革，一方面要考虑风险。

农业保护体系的特征呈现为长期性、必然性、复制性和紧迫性几个方面[②]，其包括但不限于农业社会化服务体系、农业技术推广机制、农业保险等。关于上述三个方面，笔者通过文献查阅到以下典型观点：①关于新型农业社会化服务体系建设中的政府角色定位的问题，宁波大学商学院蔡宇玲等人的观点认为：政府角色定位应是支持政策的提供者、信息平台的构建者、技术人才的培育者、资源整合的中介者，以促进现代农业和家庭农场又好又快发展。[③] ②对于公益性农业技术推广机制中的政府与市场应起的作用，华中农业大学吴春梅认为：公益性农技推广主体应多元化，实行政府与市场并重，通过政府强化公益性农技推广的市场机制作用。[④] ③对于国内农业保险市场的政府定位问题，许梦博等人认为：政府在农业保险市场中的功能定位应由主导作用向引导作用转型，更多的通过完善财税支持、全面加强监管、鼓励保险公司创新和提高农户农业保险认识等措施来引导农业保险市场发展。[⑤]

综上所述，农业政策供给与保护体系的构建之所以会造成市场机制的扭曲，进而阻碍"新三农"协同发展的原因，一方面在于农业政策供给与保护体系自身具有的长期性、复杂性等特征；另一方面在于政府的功能定位不准确，应当不断推动由主导作用向引导作用转型。

第四节 "新三农"协同发展面临的国际挑战

从历史层面看，过去四十年我国经济之所以能保持较快的增长速度，在一定程度上与分享经济全球化带来的增长红利分不开。不过，经济全球化也是一把双刃剑，特别是农业这个对自然资源高度依赖的产业，我国在国际市场上明显缺乏比较优势。随着我国参与国际分工的程度加深，农产品市场在诸多互惠互利的贸易规则约束下也必然走向开放，随之而来的是更多不容易应对的国际挑战。

2018年中美贸易摩擦就为我国"新三农"协同发展带来了不小的挑战。我国对美

---

① 涂圣伟：《我国农业供给结构失衡的根源与改革着力点》，《经济纵横》2016年第11期，第108~113页。
② 张柏齐：《农业保护体系的特征与落实措施》，《农业信息探索》1995年第4期，第2页。
③ 蔡宇玲、黄纯、王清云：《新型农业社会化服务体系建设中的政府角色定位——基于宁波家庭农场初步实践的调查分析》，《经营与管理》2016年第1期，第115~118页。
④ 吴春梅：《公益性农业技术推广机制中的政府与市场作用》，《经济问题》2003年第1期，第43~45页。
⑤ 许梦博、李新光、王明赫：《国内农业保险市场的政府定位：守夜人还是主导者?》，《农村经济》2016年第3期，第78~82页。

国反复加税的行为采取的反制措施之一,就是对进口农产品进行加税。但目前我国以大豆为主的农产品供应十分依赖美国,而替代国农产品的品质、数量和价格往往无法得到保障,因此这一困境传导到消费终端市场,导致2019年CPI持续上涨,并产生了一系列的连锁反应。可以说,中美贸易摩擦暴露了我国农业产业安全在农产品进口、农产品价格、农业补贴和国际市场开放等方面的结构化问题。[①]

一、国际农产品价格波动对我国农业产业安全的冲击

农业产业安全是指,一个国家的农业在经受各种外部冲击时,能够基本不受威胁、干扰和破坏而正常运行的状态。农业产业安全是国家经济安全的重要组成部分,保障国家粮食安全和主要农产品有效供给是其重中之重。然而,自2005年以来,国际农产品价格持续波动,并通过纵向的产业链垂直传导和横向的市场间空间传导辐射到我国国内市场,对我国农业产业安全产生了较大冲击。2005—2012年这段时间,矿产品、能源等大宗产品价格上扬,生物燃料被广泛采用,国际农产品价格高企。这一波行情传导至我国后,衍生出农业生产资料价格上涨,从而引发农产品价格上涨和通货膨胀。2012年以后,矿产品、能源价格大跌,国际市场上大量农产品回归消费市场,加上人民币升值等因素,致使国际农产品价格大跌。这一波行情使我国主要农产品目前面临"高产量""高进口""高库存"的"三高"局面,农业产业安全面临挑战。

基于此,我们有必要探究国际农产品价格波动传导机制,直面国际农产品价格波动背景下我国农业产业面临的现实压力,剖析主导经济全球化与我国农业产业安全的两难抉择。这对于我国重塑世界经济秩序,具有重要意义。

(一)国际农产品价格波动对我国农产品市场的传导机制

国际农产品价格波动传导机制,主要是指国际市场上,农产品的价格波动如何沿着市场渠道对东道国产生溢出效应的过程。这一过程可以分解为两种传导机制:一种是垂直价格传导,即农产品价格波动通过农业产业链传导到各个环节;一种是空间价格传导,即农产品价格波动在不同的行政区之间进行传导。有学者认为,国际农产品价格波动传导是两种传导机制叠加的结果,而国内农产品价格波动传导主要是垂直的产业链价格传导。[②]

上述两种传导机制,又各自包含三种传导路径:一是价格直接传导,即通过农产品价格波动直接对东道国国内农产品市场价格发生作用。二是产品成本传导,即因农产品成本波动,一方面造成国际市场上农产品价格波动,从而间接影响东道国国内农产品市场价格;另一方面通过影响东道国的农产品生产的相对成本从而对东道国农产品生产投入产生直接影响。三是贸易替代路径,即国际市场上某种农产品价格波动,使东道国农

[①] 罗浩轩、郑晔:《中美贸易摩擦下我国农业产业安全深层次困境及破解思路》,《西部论坛》2019年第1期,第11~20页。

[②] 方晨靓、顾国达:《农产品价格波动国际传导机制研究——一个非对称性视角的文献综述》,《华中农业大学学报(社会科学版)》2012年第6期,第6~14页。

业比较优势发生变化，从而发生国际贸易对本国的生产替代效应。①

我国人口众多、经济体量巨大，农产品市场需求旺盛。近几年随着我国经济的高速增长，农产品进出口总额也在不断攀升。许多研究者认为，我国存在事实上的"大国效应"。与小经济体不同，"大国效应"突出表现为，一个大经济体对某类产品的进出口量变化，以及关税等贸易政策将会对国际市场价格产生影响，从而使价格波动传导到该经济体自身。上述的"价格直接传导"和"产品成本传导"两种路径，就是通过"大国效应"对我国产生影响的。自2011年起，我国农产品进口总额就超过了美国，成为全球最大的农产品进口国。于是就产生了这样的现象，当我国对某一农产品需求量增加，国际市场上该农产品价格就会大幅上涨；反之，当我国向国际市场出口某一农产品时，该农产品的国际市场价格则大幅度下降。例如，我国在棉花贸易中经常出现反常的"贱卖贵买"的特征。②

贸易替代路径的实质，就是东道国在融入国际市场时由于比较优势原理而出现与他国的国际分工，使自己专注于具有比较优势的产品生产而进口缺乏比较优势的产品。从经济学角度而言，在一般情况下③，贸易替代有助于产业分工的国家整体福利改进。然而，粮食等农产品不仅具有商品的属性，还具有保障国家安全的公共品属性。贸易替代路径往往会使这一公共品属性得不到保护。我国人多地少，土地资源稀缺，在很多农产品生产上都不具备比较优势。因而在开放市场条件下，没有比较优势的农产品都选择了大量进口，从而造成该农产品生产急剧萎缩。例如，我国本来是大豆的原产地，但现在大豆进口数量激增，进口总量超过了世界的60%，目前我国国内大豆生产已经完全萎缩了，高度依赖进口，严重威胁农业产业安全。

（二）国际农产品价格大幅下降背景下我国农业产业面临的现实压力

国际金融危机、欧洲债务危机阴云仍然没有散去，目前全球经济增长仍然乏力，始于2012年以来的国际油价大跌带动了与之相关的农产品价格大幅下调：一是燃油价格下跌使农业生产成本下降；二是油价下跌导致国际海运价格暴跌，从而降低国际农产品运输价格；三是生物燃料对化石燃料替代的热潮也逐渐褪去，用于生物燃料制作的原材料玉米、油菜籽等大量农产品回到农产品市场。此外，俄罗斯等国家加强了农产品出口，进一步拉低了国际市场上的农产品价格。更为严重的是人民币价格波动，使我国农产品进出口价格动荡。

美国作为世界上最大的农产品出口国，国际农产品市场价格也深受其影响。由于生产成本、农业补贴等因素，美国农产品价格长期都保持在较低水平，是国际农产品价格低廉的主要推手。图3-6是2009—2014年中美主要粮食作物生产成本与出售价格对比。就平均售价而言，我国除水稻这一劳动密集型作物以外，其他作物的平均售价都大

---

① 方晨靓、顾国达：《农产品价格波动国际传导机制研究——一个非对称性视角的文献综述》，《华中农业大学学报（社会科学版）》2012年第6期，第6~14页。
② 杨燕、刘渝琳：《中国粮食进口贸易中的"大国效应"的扭曲及实证分析》，《国际商务·对外经济贸易大学学报》2006年第4期，第27~31页。
③ 除非参与国际分工各国都对某一产品有强烈需求偏好，才会使分工中没有生产该产品的国家获利较少或遭受损失。

大高于美国。图3-6显示，2012年以后，美国三大粮食作物（小麦、玉米、大豆）的销售价格都出现了较大幅度下降。其中，小麦、玉米的出售价格跌至生产成本以下，大豆接近生产成本。这一售价和成本的"倒挂"现象无疑与该国高额的农业补贴政策有关。

与国际农产品价格大幅下降形成鲜明对比的，是我国农业生产成本节节攀升。随着我国经济的持续增长，土地、劳动力、资本等各类农业生产要素价格都发生了显著变化。工业化、城镇化的推进，使得土地要素在城乡之间出现快速的此消彼长，耕地资源日益稀缺。我们在调研中发现，外来业主在农业规模化生产过程中，感到地租年年增加，有些偏远山区土地流转租金都能高达每亩千元，种地收益被严重挤压；农村劳动力大量转移，使得许多地方出现村庄"空心化"，高素质的农业劳动力要求与不断提高的外出务工收入相匹配；农业资本边际回报率出现下降，单位土地上投入的资本数量显著增加。农业生产要素价格的变化在现实中体现在，种子、农膜、农药、人工费都在上涨。除此以外，我国农业单位土地产出率已经处于世界较高水平，而与之相对应的环境承载力却岌岌可危。

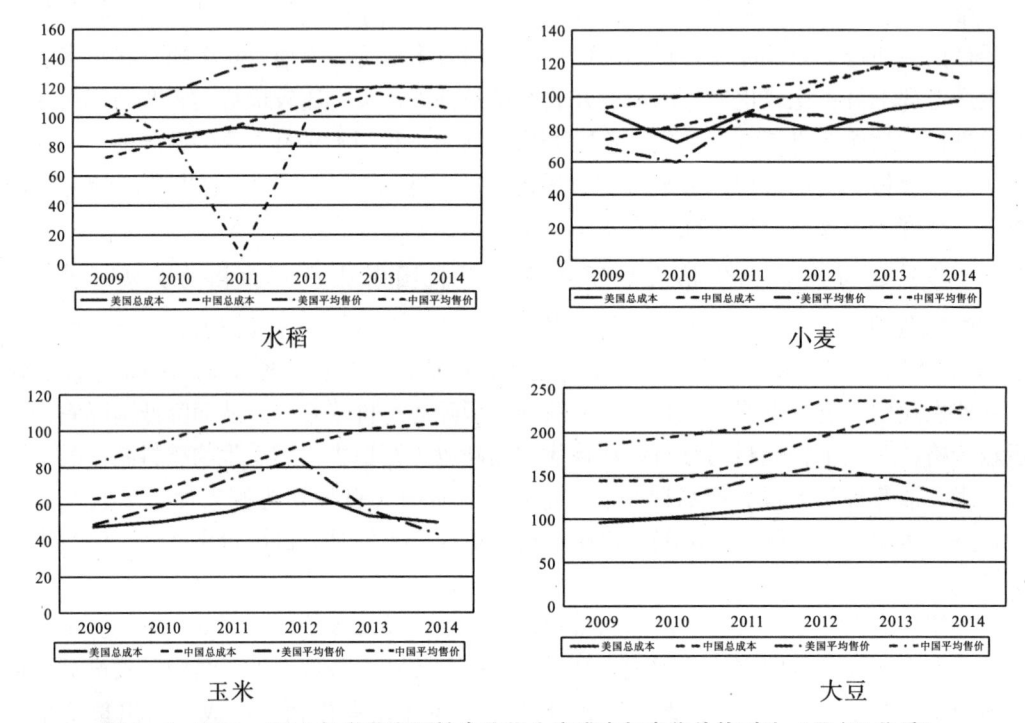

水稻

小麦

玉米

大豆

图3-6 2009—2014年中美主要粮食作物生产成本与出售价格对比（元/50公斤）

资料来源：中国农产品成本收益数据来自《全国农产品成本收益资料汇编（2016）》，美国农产品成本收益数据来源于美国农业部（USDA）数据，https：//www.usda.gov/topics/data。

农业生产成本的高企直接沿着农业产业链拉高了国内农产品价格，因而出现了一个尴尬的局面：例如粮食等国内部分农产品价格高于国际水平30%。由于我国粮食已经实现了市场购销体制改革，除国家临时收储价格托底外，粮价基本随行就市。2015年，粮食价格开始出现断崖式下跌，接近20%的跌幅使农民可支配收入减少了近千亿元，而国家的收储政策又让库存爆棚,财政压力陡增,以至于国家粮食局使用了"前所未有"来形容当前的粮食储存形势。尽管粮价大跌,国际国内农产品价格差仍然没有弥合。① 与此同时,大豆等农产品的进口势头没有停止,粮食走私现象猖獗。

(三)各国农业的高额补贴与我国农业支持政策的现实困境

粮食是具有战略意义的物资,农业却是弱质产业。为了避免农业弱质性给国民经济带来的负面影响,确保国家粮食安全,各国都采取了一系列农业支持政策,既能促进农民增收,还能提高粮食产量,使粮食价格维持较低水平。

各国大规模的农业支持政策给国际市场上的农产品价格带来影响,进而波及我国国内市场。而当前我国的发展阶段和基本国情决定了我们无法实施与发达国家同等力度的农业支持政策。

首先,我国整体处于工业化中后期,产业结构仍在梯度演进中,国家财力有限。欧美发达国家财政资金充足,并且农业人口比例很低,因此对农业进行大规模补贴具有可行性;同时,完善的市场机制和健全的法律法规增加了补贴政策的有效性,从而促进了农产品增产,实现了农民增收。自2004年起,我国开始实行粮食直补政策,并取得了一定效果,但其作用的持续发挥,受到了农业人口比例大、土地碎片化程度高和国家财力有限等阶段性特征的阻碍。

其次,我国人多地少、土地细碎化的状况仍然未能改变,各种补贴现在无法形成规模效应。我国耕地地力保护补贴大都在200元每亩以下,由于绝大多数农户的土地规模过小(大都在10亩以下),补贴总额就非常的少,无法与发达国家大规模农场相比较。例如,山东省种粮大户补贴标准为60元/亩(补贴范围是50~200亩),与美国(每亩61元人民币)相差不多。② 但是,美国家庭农场经营耕地的平均规模约为2900亩,一个美国家庭农场一年可获得直接补贴高达14万~17万元人民币;法国家庭农场直接补贴水平也能达到11万元人民币左右。与此相比,2016年山东省种粮大户一年最多获得国家1.2万元的补贴。

第三,当前我国农业支持中"黄箱政策"使用较多,受到WTO规则限制,而可以免除限制的"蓝箱政策"实施效果不佳。生产者补贴等值(PES)是WTO仲裁的重要依据,它是一个用来反映政府通过政策性措施对农业进行干预程度的数量指标,其内容涵盖财政支出、税收和补贴等方面。根据《农业协议》将那些对生产和贸易产生扭曲作用的政策称为"黄箱政策",要求成员方必须进行削减。就目前而言,我国在实施属于"蓝箱政策"的粮食直补政策成效不佳。一些学者认为,农业补贴政策的效应有限,农民"有好感"但是"不敏感",原因其一是没有带来农作物播种面积的明显增加,其二是对提高农产品产量的贡献很小,其三是农民撂荒的问题也未得到解决。③ 许多地方更

---

① 我国坚持对农产品采取进口配额政策导致农产品价格没有完全与国际市场接轨。
② 徐元明:《发达国家粮食补贴政策及其对我国的启示》,《世界经济与政治论坛》2008年第6期,第112~116页。
③ 罗浩轩、郑晔:《中美贸易摩擦下我国农业产业安全深层次困境及破解思路》,《西部论坛》2019年第1期,第11~20页。

愿意采用被WTO认定可能扭曲市场的直接补贴产量和价格的"黄箱政策",为国际舆论留下了口实。

总之,中美贸易摩擦下,提高农业补贴水平是确保我国农业产业安全的必由之路。但我国的农业补贴政策受到国内外两方面条件的制约:从内部看,由于财力有限、农户经营规模过小,农业补贴无法形成规模效应;从外部看,受到WTO规则的限制,对农业产量有促进作用、按照实际种植面积进行补贴的政策已经遭遇"天花板",而不违背WTO规则的粮食直补效果又差强人意。更令人担忧的是,"补贴困境"助推了农产品"高产量""高进口""高库存"的"三量齐增"局面。

(四)经济全球化与我国农业产业安全的两难抉择

经济全球化是世界经济发展不可逆转的趋势。改革开放以来,中国打开国门,不断融入国际分工体系,并成为经济全球化的最大受益者之一。近几年来,美国次贷金融危机、欧洲债务危机,使得全球经济疲软,各国贸易保护主义抬头。2017年达沃斯世界经济论坛会议上,中国国家主席习近平纵论"经济全球化",意味着中国这个最大受益者将成为经济全球化最大的捍卫者。

经济全球化是一个目标也是一个过程。作为目标,最终要实现资本、劳动力、技术等生产要素在全世界范围内自由流动,以及商品、服务市场的全面开放;而作为过程,则要求各国不断减少关税等贸易壁垒,以及各类阻碍人才、技术、资本自由流动的限制性政策。农业是具有弱质性的产业,经济全球化对各国农业的影响有好有坏。但是,我们也可以充分利用WTO等组织的规则,保障以粮食安全为主要内容的农业产业安全。目前中国要做经济全球化最大捍卫者,引领经济全球化,客观上要求在市场大门打开的情况下确保农业产业安全,这为我国农业产业带来了三个方面的挑战:一是要面对来自外部具有强大竞争力的国际农业企业的挑战,二是要面对波谲云诡的国际市场变化和自然灾害,三是要有促进农业可持续发展的能力。然而,目前我国三个方面的能力都比较薄弱。就农业国际竞争力而言,除鱼及鱼制品外,我国农产品基本都缺乏竞争优势。[①]就应对市场变化和自然灾害能力而言,我国农业经营者缺乏投保意识,投保率低,较为重视大江大河等大型水利设施治理,但却忽视了农田水利等基础设施的完善,再加之农场老龄化、空心化问题,农民缺乏及时有效地应对现代农业市场风险和自然灾害的能力。就农业可持续发展而言,目前我国通过高投入、高污染、高能耗带来的较高的农业单产水平,是以过度消耗土地承载力为代价的,农业要实现可持续发展并非一日之功。

尽管我国要开放农产品市场面临诸多困难,但我国信守了加入WTO时在规则范围内逐步放开农产品市场的承诺。伴随着市场开放程度加深,我国粮食自给率逐年下滑,诸如大豆这类我国缺乏比较优势的农产品几乎全面沦陷,前述的"三高"症状迟迟得不到改善。目前,为了削弱国际农产品价格波动对我国粮食等农产品影响,我国坚持采取粮食进口配额制,这使得价格传导机制更多的是传递信息,降低了粮食安全面临的风险。新的问题是,由于国际粮价与国内粮价存在价差,致使我国重大粮食走私案频发,

---

① 何敏、张宁宁、黄泽群:《中国与"一带一路"国家农产品贸易竞争性和互补性分析》,《农业经济问题》2016年第11期,第51~60页。

与此同时，一些粮食出口大国利用 WTO 规则指控中国"通过设定最低收购价的形式非法补贴水稻、玉米和小麦种植户"，声称这些补贴行为违反了中国 2001 年加入 WTO 时的承诺，导致生产过剩，扭曲了国际市场。

在未来，我国在缺乏三大能力的条件下，应该采取何种策略来实现既能保护农业产业安全，又能为经济全球化发挥表率作用的双重目标呢？农产品价格市场化之路究竟是该与国际农产品价格接轨，从而反过来影响国际农业市场价格，还是继续削弱国际农产品价格波动对我国国内市场影响，来保护不具备竞争力的农业呢？

二、跨国农业垄断公司对我国农业产业链的渗透

亨利·基辛格曾经说过："谁控制了石油，谁就控制了所有国家；谁控制了粮食，谁就控制了人类；谁控制了货币，谁就控制了整个世界[①]。"从全球贸易的格局来看，被称为全球顶级粮商的"ABCD"四大农业贸易公司——美国企业 ADM、邦吉（Bunge）、嘉吉（Cargill）和法国企业路易-达孚（Louis-Dreyfus）实际上控制了全球 80% 的粮食贸易。它们通过对农业产业链的垂直整合和价值链管理，逐步实现对国际农产品市场的控制。除"ABCD"外，农药、种子、化肥和农机等农业投入品行业也高度整合，一批如孟山都、杜邦-巴斯夫等知名农资公司依托自身优势纷纷布局农业产业链。

中国作为世界农业大国，自然离不开追逐利润的跨国农业垄断公司的视线。这些公司通过投资控股和参股、要素供应、技术合作、咨询服务、农产品仓储、采购包销等方式，向我国农业产业链进行渗透。相较而言，我国农业产业化进程比较滞后，整体上相关农业企业规模小、集中度低、管理水平不高，在业内很难与跨国农业垄断公司相抗衡，这一现实状况使得内资和外资在农业产业上出现竞争失衡的局面。

（一）跨国农业垄断公司控制农业产业链的方式

农业产业化水平不断提升的一个重要特点，就是农业产业链的不断延伸。过去单一的农业生产环节被更加迂回的生产方式取代，随之而来的是农产品附加值的增加和农业规模报酬的递增。农业产业链上的各个环节分工合作，都担负着创造价值的功能。随着生产力的日新月异的进步，农业产业链经营成为大势所趋。

农业是自然风险和市场风险交织的产业——它不仅面临各类自然灾害、病虫害的威胁，还要面对市场交易过程中可能的道德风险和逆向选择问题。与此同时，它生产经营的各个环节自身具有很强的外部性，用于农业的各类资产专用性也很高。这使得该行业各个环节行业内部交易时会产生很高的交易成本。对产业链进行系统整合，从而最小化交易成本、使正外部性内部化，是农业经营的重要模式。

在 19 世纪，"ABCD"四大粮商仅仅是具有专业化地理知识的粮食贸易商，但在科技革命的背景下，不断进化为日益复杂的集团公司，从单纯的产品链、物流链走向了价值链和信息链。除此以外，美国的杜邦公司、荷兰的花卉公司、瑞士的先正达公司等跨

---

① [美] 威廉·恩道尔，赵刚，等译：《粮食危机》，北京：知识产权出版社，2008 年，第 62 页。

国经营的农业龙头企业,也都通过带动整条产业链高水平运作获取高额利润。表面上来看,美国、巴西、阿根廷是农产品输出大国,而欧盟、中国是农产品输入大国,但实际上的农产品贸易乃至农业产业链,是由这些跨国农业垄断公司把持的,这些公司通过对生产、加工、仓储、物流和销售等环节的垂直整合来掌握全球农业产业链。

近年来,随着国际市场对农产品需求的迅猛增长,以"ABCD"和孟山都等为主要代表的跨国农业垄断公司,加速了对农业全产业链的垂直整合。在生产环节,它们通过专利保护制度,技术转移内部化等方式,将动植物遗传资源据为己有,抑制技术溢出效应。同时,加大对转基因技术的研发利用,从产业链最顶端控制整个产业。在加工等环节,跨国农业垄断公司以其雄厚的资本和先进的加工技术,以入股、兼并等方式迅速扩大在东道国的产能,并充分利用规模经济以降低生产成本和市场价格,再辅之以自身优势的销售渠道,迅速占领市场。在仓储环节,"ABCD"四大粮商的仓储能力本身非常强大,这一特点主要基于其自身仓储设施建设和布局的合理。同时,它们与政府合作、企业间共建等多元化的经营方式让其立于不败之地。在物流环节,"ABCD"特别注重利用低成本的水运,并不断完善自己所拥有的仓储设施和船队;同时,一些公司还自己控股、参股、自建物流公司,扩展物流网络。在销售环节,它们拥有遍布全球的分公司、子公司和关联公司,基本上掌控了国际农产品贸易的进出口,同时能够筹集海量资金,轻易地将中小竞争对手打垮。除此之外,这些公司还通过合谋等方式,来共同垄断国际农产品贸易。

(二)我国农业产业链遭遇资本、技术和服务的三重渗透

1997年,我国发布了《外商投资产业指导目录》,并在实践中经过多次修订。该目录将产业分为鼓励、允许、限制以及禁止等几大类,其中农、林、牧、副、渔属于鼓励类。对此,控制全球农业产业链的各大跨国农业垄断公司纷纷将目光投向我国这个庞大的市场,希望分享中国崛起过程中巨大的红利。2001年,我国加入WTO以后,跨国农业垄断公司加速了对我国农业产业链的布局。目前,我国农业产业链面临资本、技术和服务的三重渗透。

在资本方面,跨国农业垄断公司几乎对我国农业产业链进行了全面渗透。早在2002年和2006年,美国著名的农业企业杜邦先锋先后入股山东海登种业股份有限公司和甘肃敦煌种业股份有限公司,并借此将自己研发的玉米等农作物种子向我国全面推广。2008年,国际著名投行高盛联合德意志银行,斥资2~3亿美元在我国生猪养殖重点地区湖南、福建全资收购十几家养猪场。2010年,国际私募财团黑石联合多家银行注资山东寿光农产品物流园,力求控制农产品物流环节。同年,凯雷集团投资1.75亿美元收购卜蜂国际,该公司曾是我国最大的禽畜及水产饲料生产商,而水产饲料又是农业产业链中利润最高的部分。2013年,长期布局我国种业的孟山都与中国种子集团合作,成立中种迪卡种子公司,并向其注入研发力量,调整研发体系。如图3-7所示,2000—2016年,外商直接投资我国农林牧渔业的实际资金总额不断上升,并于2012年达到峰值,约为2.06亿美元,此后出现了一定程度的回落,但都在1.5亿美元以上。

上述案例都只是外资渗透我国农业产业链的冰山一角,新加坡丰益国际、泰国正大集团早就已经在我国深耕,目前开始进入更多的细分市场,从油和饲料,向米面和玉米

深加工等方向延伸。在食品加工、啤酒酿造、包装食品与肉类等行业，我们能看到法国达能集团、美国安海斯－布希公司、德国 DEG、意大利伊洛瓦等一系列熟悉的公司名称。

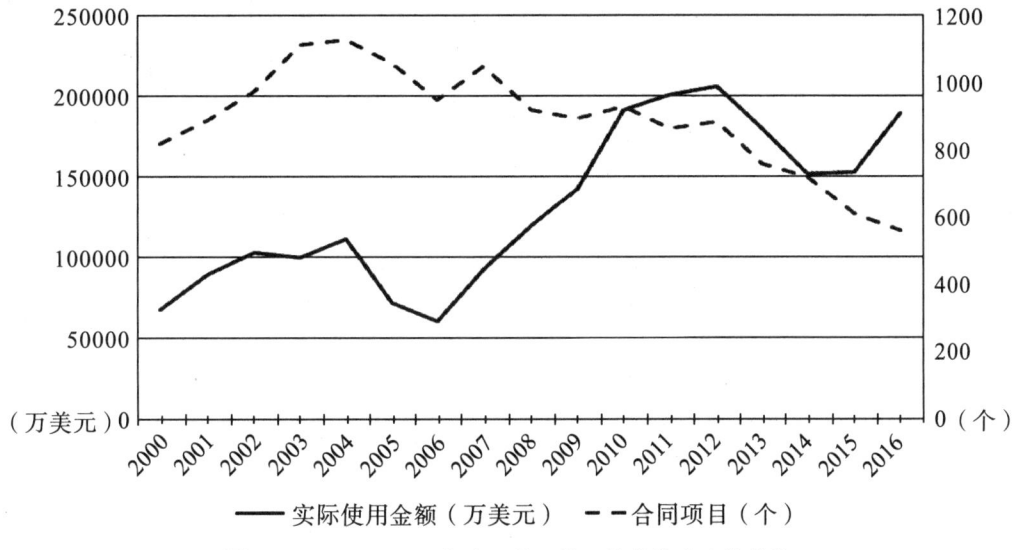

图 3-7　2000—2016 年农、林、牧、渔业外商直接投资

资料来源：2001—2016 年的《中国统计年鉴》

跨国农业产业链垄断巨头的资本渗透，一方面有利于我国农产品生产技术和管理水平的提升，加速农业资本化，为我国实现农业现代化提供动力；另一方面使我国农业产业面临被外部资本控制的巨大的风险，同时民族品牌自我生长受到极大冲击。

在技术方面，许多跨国农业垄断公司都在我国建立研发中心，依靠长期的技术积累和管理经验从技术上对我国农业产业链进行控制。生物知识产权是控制农业产业链的技术制高点，动植物遗传资源是自主实现农业产业链可持续循环和发展的重要战略资源。然而，统计表明，美国农业生物企业通过各种途径获取的生物遗传资源占总量的 90%，日本占 85%，而我国生物遗传资源却流失惊人，引入和输出比为 1：10。一些发达国家的农业生物技术公司将我国的生物遗传资源抢注为专利，并在向我国进行渗透时索取巨大的经济利益。[①]

许多跨国农业垄断公司为了获得我国生物遗传资源，同时为了对我国农业产业链进行渗透，在我国各地建立了各类研发中心。例如，孟山都在中国就有 3 个独资子公司以及 1 个研发中心，研发内容包括玉米、棉花、蔬菜和除草剂。2009 年，丰益国际专门将其全球研发中心从新加坡迁到了上海高东园区，该研发中心有百科粮油产品研发、农业科技研发、农业新产品服务、农业科技交流和粮油食品专业人才培养 5 个中心。这些研发中心的设立和技术的推广，一方面有利于我国由粮油消费大国向粮油科技大国转变，另一方面却加大了我国农户对跨国公司的技术依赖。

与此同时，即使一些国际资本与中方合作进行产品研发，中方也没有多少话语权。

---

① 孙继斌：《中国遗传资源保护将与专利制度挂钩》，《法制日报》2008 年 8 月 31 日，第 5 版。

美国杜邦先锋分别与山东登海种业和甘肃敦煌种业合作建立研发中心后,并未让中方企业过多涉足产品研发,而是让其更多地拓展销售渠道。2006—2014年,美国杜邦先锋的先玉335玉米种子种植面积从25.95万亩扩展到6000万亩,成为我国种植面积最大的玉米品种。这一结果与杜邦先锋的研发推广策略不无关系。

如果说对我国农业产业链的资本渗透是获得控制权、技术渗透是占领制高点的话,那么对贸易、加工、仓储等的服务渗透就是实现利润的关键环节。从粮食贸易来看,2014年跨国农业公司占中国粮食市场份额的39.56%,分别高于国有企业和民营企业的26.83%和32.22%。法国的路易达孚公司控制了巴西、阿根廷的大豆种业,因而参与了我国20%的大豆进口。同时,该公司还控制了全球的大麦、高粱和酒糟市场,并从越南、泰国等地进口大米,出口中国。而美国的ADM和嘉吉是我国玉米、油籽、饲料等原料的主要供应商和加工商。日本的一些企业也不可小觑,丸红公司2013年向我国出口了1200万吨的大豆。

在加工方面,早在1994年ADM就与中粮集团、丰益国际在张家港建立了东海粮油工业公司,专门经营菜籽油压榨业务,嘉吉则从最早的大宗农产品采购业务,逐步拓展到加工、运输、销售业务,品种也开始涉及大豆、玉米、豆粕等多种产品。丰益国际于2009年在黑龙江建立了大米加工厂,通过订单农业等多种方式,从加工产业渗透到种植领域。

跨国农业垄断企业具有先进的投资理念和管理理念,善于把握机遇和使用相应策略来对农业产业链进行有效控制。2004年,我国出现了大豆危机,使得国内油脂压榨企业70%面临停产,"ABCD"四大粮商和丰益国际抓住机会,低价抄底收购了这70%即将倒闭的油脂压榨企业。同时迅速利用先进技术扩大产能,几乎将国内油脂压榨企业"赶尽杀绝"。对加工环节的操控,使其形成了对原料供给具有决定性影响的所谓"市场势力"。我国自2008年实施大豆临时收储制度以来,政府多次拍卖临储大豆的价格低于进口大豆港口分销价。然而,即使出现如2012年4月24日的拍卖价格低于进口转基因大豆400多元的情况,其成交比例仍然很低。究其原因,在于跨国农业垄断企业为了控制原料,采用了偏向使用进口大豆而不是国产大豆的策略。一些企业甚至别有用心采取高价收购大豆,低价卖油脂的策略,其目的就是不希望国产油脂市场占有率提高。

(三)我国农业企业竞争力羸弱与产业竞争失衡

跨国农业垄断公司之所以能对我国农业产业链进行渗透,一个重要原因在于我国农业企业自身的竞争能力羸弱,以及由此造成本国涉农资本与国外涉农资本出现了竞争失衡的局面。关于企业竞争力的研究可谓汗牛充栋(Porter,1990;Hanel & Heene,1994;Amit & Schoemake,1993;Teece等,1997;Coombs,1996),比较常用的分析模型有波特钻石模型、能力素质模型、麦肯锡7S模型等。许多学者在企业竞争力的基础上,纷纷对构成农业企业竞争力的因素簇提出自己的观点。总体来说,这些观点大致将农业企业竞争力分为能力因素簇和资源因素簇。能力因素簇一般包括组织创新能力、组织学习能力、市场能力、组织管理能力等;资源因素簇一般包括企业规模、外部环境、政府资源等。[1] 不过，无论怎样的模型，最终衡量企业竞争力的仍然是企业的农业比较生产率。[2]

表3-2向我们展示了2014年"ABCD"四大粮商和我国农业龙头企业中粮集团、新加坡丰益国际集团的营业额、员工人数和员工劳动效率。中粮集团是中国最大的粮油食品进出口公司和实力雄厚的食品生产商，是世界500强之一，可以作为我国农业企业的典型代表。从表3-1我们可以看到，"ABCD"四大粮商的营业额均在500亿美元以上，且劳均产值都相当高。营业额是体现企业规模的重要指标，但是，作为农业大国的中国，其代表企业中粮集团2014年的营业额仅为320亿美元，还不到嘉吉的零头，不到ADM营业额的50%，约为邦吉和路易达孚营业额的一半，并且小于新加坡丰益国际集团。然而，从员工人数来看，中粮集团员工人数却为嘉吉员工人数的84.5%，远远高于其他三大粮商。

表3-2 2014年跨国农业垄断公司的营业额、员工人数和劳动效率

公司名称	营业额（亿美元）	员工人数（人）	员工劳动效率（万美元/人）
ADM	890	31000	287.10
邦吉	610	35000	174.29
嘉吉	1360	142000	95.77
路易达孚	636	22000	289.09
中粮集团	320	120000	26.67
丰益国际	440	90000	48.89

资料来源：Clapp. J. . ABCD and beyond：From grain merchants to agricultural value chain managers. Canadian Food Studies, 2（2），Sep, 2015.

这一状况最终导致员工劳动效率十分低下，是表3-1中所列企业最低的，其效率不到路易达孚和ADM的10%。这一状况十分突出地表现了我国农业企业竞争力的羸弱。

三、农业"走出去"战略背景下我国农业企业自生能力严重不足

在经济全球化背景下，由于缺乏比较优势，要确保粮食安全、满足国内日益增长的农产品需求，中国农业要进行全球化布局。中国农业全球战略主要是站在农业产业链高度进行全球化布局：一是中国要有农业产业链的控制权（确保农业安全）；二是农业产业链的价值创造要高效可行（具备市场竞争力）。全球化布局主要有几个战略目标：一是海外屯田，国内则休养生息，藏粮于地；二是粮道畅通，确保农产品输入中国的通道安全；三是大权在握，在国际农产品市场上具有影响市场能力（如定价权）的大型农企和交易中心。

---

[1] 李大胜、李胜文：《农业企业核心竞争力构成要素的实证研究》，《农业经济问题》2008年第5期，第31～38页。

[2] 陈卫平：《农业国际竞争力：一个理论分析框架》，《上海经济研究》2002年第6期，第18～22页。

（一）我国农业企业竞争力羸弱

如前所述，无论是国企还是民企，我国农业企业竞争力羸弱，不仅在国际市场上无法与农业巨头抗衡，甚至在国内市场也在被步步蚕食，更难说撑起上述的进行全球化布局的重任。我国农业企业竞争力羸弱主要表现在以下三个方面：

第一，许多农业企业不愿意深耕自己的本业，"背农"现象突出。农业是自然风险和市场风险相交织的弱质性产业，其投资回收期长、创新速度慢、不确定因素多等因素，常常迫使许多农业企业发展到一定程度以后（特别是上市以后），开始走向多元化经营。多元化经营能在一定程度上分散农业企业的风险，使其在短期内实现利润最大化。但显而易见的是，多元化经营无疑会削弱农业企业本领域的专业性和竞争力（徐洲红，2003；刘钰辰、刘骥，2008；王莹、施锐敏，2009）。更为严峻的是，多元化通常被分为垂直多元化、水平多元化和无关多元化。而中国农业企业往往选择无关多元化，资金主要流向金融、房地产、医药等能在短期内迅速变现的行业。而相关研究表明，进行多元化经营的农业企业占比达到70%，"背农"现象十分突出（范黎波、马聪聪等，2012）。

第二，一些农业企业，特别是国有企业，长期依赖政府补贴。由于农业的弱质性以及农产品具有半公共产品的属性，我国政府常常给予农业企业各种政策补贴，包括税收减免、财政补助、价格补贴和出口贴息等（彭熠，2009）。这些政策性补贴实质上等同于农业风险对价，在一定程度上降低了农业企业的经营风险，为它们发展创造了良好的环境。但是，在调研中我们了解到，一部分农业企业主营业务已经急剧萎缩，只是想通过各种非常规手段套取政府农业企业补贴；一些农业企业在没有形成自身核心竞争力的情况下为了补贴盲目跟风，最终得不偿失；还有一些企业特别是国有企业，长期依赖政府补贴，连年巨亏，缺乏"自生能力"[①]。

第三，国有农业企业获得大量低息贷款，盈利能力差，对民营企业产生了较大的挤出效应。农业企业常常获得补贴，实质上都是对市场价格机制的扭曲。由于国有企业往往有政府兜底，银行有向国有企业低息贷款的倾向，而民营企业却拿不到这样的贷款。这样的情况同样在农业企业中发生。例如，农业发展银行是我国唯一一家政策性银行，与其总行营业部建立业务联系的客户全是央企大客户。但根据农业发展银行总行营业部课题组的数据显示，2016年农业发展银行贷款平均利率4.59%，低于全国金融机构平均水平109个基点。相较之下，非国有农业面临的金融环境要恶劣得多：不仅利率比较高，其贷款程序也比较复杂，还比较难获得贷款。从经济学角度而言，国有农业获得的低息贷款对民营企业贷款的数量和服务产生的挤出效应是毋庸置疑的。事实上，大多数研究表明，目前我国针对农业企业的财税补贴政策是缺乏效率的（彩芬等，2006；杨瑾淑，2008；彭熠，2009；林万龙等，2009）。

[①] 以中粮集团为例，2016年1至9月，中粮集团营业利润为6.235亿元，营业外收入为44.258亿元，其中政府补助达40.74亿元。这也意味着如果脱离政府补助，中粮集团利润总额将大幅缩水。新浪财经网，http://finance.sina.com.cn/stock/hkstock/ggsyd/2017-01-21/doc-ifxzuswr9901755.shtml。

（二）造成我国农业企业竞争力羸弱的原因分析

造成中国农业企业竞争力羸弱的原因较多，主要可以从宏观和微观两个层面来进行分析。从宏观上来说，一是市场化时间不长。我国1992年才确立了建设社会主义市场经济体制目标，全面的市场化仅仅走过短短25个年头。许多企业仍然在"交学费"的过程中。就投资力度而言，目前"走出去"的企业主要是农垦企业，但投资规模很小。2015年农林牧渔业对外直接投资净额仅为25.7亿美元。就在产业链的地位而言，"走出去"的农业企业还处于直接从事农业生产的初级阶段，农业仓储、加工等更高层次的经营活动十分有限。从经营形式来看，目前主要是以租种或者购地等方式进行诸如大豆、玉米、小麦、水稻、木薯等粮食作物生产。从盈利状况来看，"走出去"的农业企业总体上还处于亏损状态。综上所述，可以说目前我国"走出去"的农企仍然处于"交学费"的阶段。

二是没有相应的资本、技术、人力和企业家积累。①虽然国家给予了农业企业大量补贴，但资金短缺仍是"走出去"企业的巨大瓶颈。同时，由于我国在国际市场上话语权比较弱，在土地购买、租赁、仓储等环节还存在运营成本高的问题。②涉外农业投资是个综合性很强的行业，需要既懂管理又有技术，既懂国际贸易规则又有了解东道国国情的综合性人才，但是，长期以来我国这方面人才十分匮乏，即使有这样的人才也因为农业产业的弱质性而流向其他行业，限制了农业企业"走出去"的步伐。③企业家精神是一种特殊而无形的生产要素，在企业经营中具有强大的力量。农业企业"走出去"面临的是波谲云诡的国际市场环境，必须是能够创新且敢于挑战的企业家才能游刃有余。但是由于长期的计划经济体制和市场的扭曲，具有"企业家精神"的企业家比较匮乏，而农业领域尤甚。

从微观上来说，一是最核心的国有企业与市场经济相匹配问题始终未能解决。这些问题积弊已久，公认的主要有国有农企存在代理人问题、财政软约束问题和激励不相容问题。二是由于农产品安全特别是粮食安全属国家战略性问题，国家对这一部分管控严格，民营农企面临扭曲的市场环境，无法培育"自生能力"。

我国农业企业要全球化布局的重任，归根到底要依靠农业企业竞争力的提升。新结构经济学认为，在自由、开放和竞争的市场中，一个企业如果能够通过正常的经营管理获得正常的利润，这个企业就具有"自生能力"（viability）[1]，这一概念同样适用于农业企业。农业企业竞争力的提升不能依靠政府政策扶持，需要自身在波谲云诡的市场环境中历练，最终在激烈的国际竞争中占得一席之地。

---

[1] 林毅夫：《发展战略、自生能力和经济收敛》，《经济学（季刊）》2002年第1期，第269~300页。

第四章　中国特色社会主义"新三农"协同发展的战略选择

> 我们要从历史、现实、未来的走势中判断我国经济所处的方位、发生的变化,这样才能保持坚定自信和战略定力,朝着正确方向稳步前行。①
>
> ——习近平

战略,一种从全局考虑谋划实现事物发展目标的规划。面对"新三农"协同发展的主要矛盾与国际挑战,中国特色社会主义"新三农"协同发展的战略选择,始终坚持以习近平新时代中国特色社会主义思想为指导,特别是"四个全面"战略思想和"五大发展理念"为战略引领,坚持党领导"新三农"协同发展原则、农民主体地位原则、农业农村优先发展原则、人与自然和谐共生原则、因地制宜循序渐进原则等,立足于新时代中国农村经济社会发展的现实,准确定位和规划"新三农"协同发展的主攻方向,从平衡的生长点、发展的着力点、协同的关键点和向外的延伸点四个方面发力,坚持走中国特色社会主义"新三农"协同发展道路,推动实现农业农村现代化,最终把我国建设成为中国特色社会主义农业农村现代化强国。

第一节　中国特色社会主义"新三农"协同发展的指导思想

习近平新时代中国特色社会主义思想是马克思主义中国化的最新理论成果,是具有丰富理论内容的科学体系,其中"四个全面"战略思想和"五大发展"理念是习近平新时代中国特色社会主义思想中重要的核心思想,党的全部工作重心就是围绕"四个全面"战略思想和"五大发展"理念的逻辑展开、具体落实和深入推进。因此,"四个全面"战略思想和"五大发展"理念是中国特色社会主义"新三农"协同发展的重要指导思想。"四个全面"战略作为引领"新三农"协同发展的根本指针,它本身是一个有机联系的整体,全面建成小康社会是战略目标,全面深化改革、全面依法治国、全面从严

---

① 《习近平关于社会主义经济建设论述摘编》,北京:中央文献出版社,2017年,第13页。

治党是不可或缺的战略举措,为全面建成小康社会提供动力源泉、法治保障和政治保证。① 同时,用"五大发展"理念破解"新三农"的新难题,就是要深刻领会"创新"是"新三农"协同发展的第一动力、"协调"是"新三农"协同发展的内在支撑、"绿色"是增强"新三农"可持续发展的关键能力、"开放"是提高"新三农"对外开放水平的必然选择、"共享"是"新三农"协同发展的价值取向的理论意蕴,从而推进农业供给侧结构性改革,加快培育农业农村发展新动能,实现中国特色社会主义"新三农"协同发展。

一、"四个全面"战略:引领"新三农"协同发展的根本指针

随着中国特色社会主义农业现代化的发展,在新时代下"四个全面"战略思想对"新三农"协同发展提出了新的要求,在广大农村地区实现经济、政治、文化、社会和生态文明建设的全面小康,在贫穷地区落实 2020 年如期脱贫;改革与新时代下农村生产力发展不相适应的生产关系,使各方面制度更加成熟更加定型;建立健全农村法治建设的相关法律体系,实现兴农、护农、治农有法可依,都有法律保驾护航;强化村级党组织建设来夯实农村经济社会发展的根基。

(一)全面建成小康社会对"新三农"协同发展的引领

"四个全面"战略思想,确定了中国共产党在新时代治国理政的新理念、新思想、新战略,其主题就是在新的历史条件下坚持和发展中国特色社会主义。其中,"全面建成小康社会"彰显了中国特色社会主义的时代主题,在"四个全面"战略思想中发挥着明确的目标导向作用,并居于引领地位,是实现民族复兴的"关键一步"。"全面建成小康社会",是指经济、政治、文化、社会、生态文明建设"五位一体"的我国社会主义现代化总体布局的全面建成,是使改革发展成果真正惠及十几亿人口的小康社会,是为实现中国梦奠定坚实基础的小康社会。党的十八大提出了到 2020 年实现全面建成小康社会宏伟目标的时间表和新的具体要求,党的十九大明确指出,到建党一百年时建成经济更加发展、民主更加健全、科教更加进步、文化更加繁荣、社会更加和谐、人民生活更加殷实的小康社会;到新中国成立一百年时,基本实现现代化,把我国建成社会主义现代化国家。② 一方面中国作为农业大国,农村人口仍然占了大多数,农业劳动生产力水平地区差异大,发展不平衡,农业依旧是国民经济的薄弱领域;另一方面进入新时代"新三农"问题凸显,成为我国经济社会发展的重中之重。因此,全面建成小康社会对"新三农"协同发展的引领,核心在"全面",体现在覆盖所有农村居民的全面性、涉及"三农"领域的全面性;根本在"发展",体现在农村社会生产力不断发展的基础上,更加注重并不断满足农民群众多方面发展的需要,特别是贫困地区农民的需要,逐步实现全体农民的全面发展。这充分彰显了中国共产党坚持以农民利益为根本、把农民群众全部带入全面小康的坚定决心,彰显了党的最高纲领和最低纲领在现阶段高度统一的理想

---

① 黄坤明:《深刻理解"四个全面"的重要意义》,《求是》2015 年第 13 期,第 10 页。
② 习近平:《决胜全面建成小康社会 夺取新时代中国特色社会主义伟大胜利——在中国共产党第十九次全国代表大会上的报告》,《思想政治工作研究》2017 年 11 月 1 日,第 22 页。

追求。① 因此,要实现小康农村,就要统筹农村的经济、政治、文化、社会、生态五位一体的可持续发展,统筹新农业、新农村、新农民的协同发展。在这两个统筹发展中,"农民"是关键中的关键,是解决"新三农"问题的主体。"小康不小康,关键看老乡;老乡富不富,关键看收入"②,"把维护农民群众根本利益、促进农民共同富裕作为出发点和落脚点,促进农民持续增收,不断提升农民的获得感、幸福感、安全感"③。这充分彰显了中国共产党让广大农民群众和城镇居民平等共享改革发展成果的执政理念。其中,农民的收入问题是"新三农"的核心问题,也是衡量农村是否步入全面小康的重要标准。解决好农民富的问题,实际上就是完成农村小康建设的根本性任务,也是做好农村工作的关键。

2017年国家统计局的统计显示,我国农民居民人均可支配收入为12363元④,相对于2010年农村居民人均纯收入的5919元而言⑤,已实现2020年农村居民收入比2010年翻一番。但是截至2018年末中国还有1660万现行标准下的贫困人口,其中包括一大批完全或部分丧失劳动能力的贫困人口,需要全部纳入低保覆盖范围。由此可见,我国虽然进入了中国特色社会主义新时代,农村社会生产力水平总体上得到提高,农村从整体上实现了小康,但这里的小康还是不全面、发展不平衡的小康,农村面临着新的社会主要矛盾的转化,即人民日益增长的美好生活需要和不平衡不充分的发展之间的矛盾。因此,要实现农村高水平、全面的、发展平衡的小康,实现贫困地区的如期脱贫,对于我国来说仍有很大的压力。当前我国正处于经济转型期,"经济新常态"背景下农业农村经济的发展、农民人均收入的持续增长将面临更大的挑战。但是,经济转型期既是挑战也是机遇,随着"大众创业、万众创新"时代的到来,金融机构贷款利率管制的放开,以及强农惠农富农等政策的不断跟进,我国农民的增收致富也即将步入广阔的新空间,迎来新的机遇。因此这就要求我们要认准当前农村经济发展的总体趋势,挖掘农业内部和外部增收潜力。

一是推进农业农村经济结构战略性调整。农业农村经济发展是农村全面小康和农民增收的基础,调整农业农村经济结构,是加快农业农村经济发展,实现农村全面小康的战略性措施。要把握住新时代主要矛盾的变化,在农产品的品种质量结构、农业产业结构、区域布局等方面进行结构性调整。在科学规划的基础上集中连片地发展具有比较优势的农产品;突出发展设施农业、精品农业、生态农业、创意农业、休闲农业"五大农业";促进各类生产要素向优势区域聚集,逐步使各种重要农产品全面实现区域布局,所有主要农业区域都建成农产品优势产业带⑥,不断增加农民的农业内收入。二是延伸农产品产业链,提高农产品的附加值,增强农业的综合效益。以农业的产业化、工业化

---

① 秦宣:《"四个全面":形成发展、科学内涵和战略意义》,《思想理论教育导刊》2015年第6期,第6页。
② 《习近平关于"三农"工作论述摘编》,北京:中央文献出版社,2019年,第3页。
③ 《十九大以来重要文献选编》(上),北京:中央文献出版社,2019年,第157~181页。
④ 中华人民共和国国家统计局:《中国统计年鉴(2017)》,中国统计出版社,2017年,第163页。
⑤ 中华人民共和国国家统计局:《中国统计年鉴(2010)》,中国统计出版社,2010年,第342页。
⑥ 谭钧泽:《解决"三农"问题是建成全面小康社会的重中之重》,《农村发展与金融》2017年第8期,第23页。

为目标，因地制宜推动农业适度规模经营，通过培育家庭农场、专业大户、合作社等新的经营主体，依托龙头企业建立原料生产加工基地，通过生产加工基地把分散的农户有效地联结起来，依据市场需求的变化大规模地发展订单农业，实现农产品不同环节、不同层次的转化增值，促进农村种植业、畜牧业、林业、渔业等和其他相关产业的发展，提高农产品及其加工品特别是食品的质量安全标准，满足小康社会对农产品质量安全的消费要求。积极开拓农产品国际市场，提升我国农产品参与国际竞争的产品档次和市场竞争力，进一步增强农业的综合效益。三是大力拓展农村非农产业增收渠道。以乡村振兴为契机，进一步提高农村城镇化水平，释放农村劳动力红利，增加农民的农业外收入。加强农村劳动力技能培训，引导富余劳动力向非农产业和城镇有序转移，带动乡村经济和小城镇发展，促进农村一、二、三产业协同发展，加快发展以农产品加工业、环保绿色食品等新技术产业为重点的农村第二产业，以现代服务业、物流业为重点的农村第三产业；统筹城乡发展，加快小城镇规划和建设，在城镇化过程中，要注重城市对农村转移人口的包容和融合，多形式、多层次、多领域扩大农民就业，在就业、教育、医疗、社保、住房等方面提供和城市居民平等的公共服务和权益，逐步形成城乡一体化的就业制度和劳动力市场等；把发展小城镇同合理布局乡村经济、健全农村市场体系、发展农村服务业以及做强县域经济结合起来，增强县域经济发展活力，积极开辟农民就业增收新空间。

（二）全面深化改革是"新三农"协同发展的动力源泉

改革是一个国家、一个民族的生存发展之道。改革只有进行时，没有完成时。以习近平同志为核心的党中央坚持马克思主义的立场、观点和方法，从社会主义实践的历史经验和中国特色社会主义发展的现实需要出发，把全面深化改革作为"四个全面"战略布局中具有先导性和突破性的关键环节、作为新时代下伟大斗争的重要方面，坚定不移地全面深化改革，是解决当前中国现实问题的根本途径，是推动中国特色社会主义不断发展进步的动力源泉。"全面深化改革"，即从改革的系统性、整体性、协同性出发，紧紧围绕经济、政治、文化、社会、生态文明、党建六大改革主线统筹推进，将改革贯穿于经济社会发展全过程。党的十八届三中全会明确指出："全面深化改革的总目标是完善和发展中国特色社会主义制度，推进国家治理体系和治理能力现代化。"[①] 其中完善和发展中国特色社会主义制度是改革的根本方向，推进国家治理体系和治理能力现代化是改革的根本路径。这标志着我们党在新的历史条件下坚定不移地推进改革开放，我国进入全面深化改革的新时期，彰显了中国共产党对改革开放的决心、信心和新的自觉。在"四个全面"战略思想中全面建成小康社会是目标，全面深化改革是实现目标的动力，是实现民族复兴的"关键一招"。作为"新三农"发展的引领指针，"全面深化改革"是一项系统性的工程，即要贯彻落实"新三农"领域内的全面深化改革，就是要坚决破除一切妨碍新常态下农村生产力发展的生产关系，极力清除城乡二元结构的体制壁垒，突破利益固化的藩篱，消除农业领域阻碍实现可持续发展的固有观念和体制机制障

---

① 《三中全会以来重要文献选编》，北京：中央文献出版社，2011年，第1~13页。

碍，建立健全运行有效、科学规范的制度体系，激发亿万农民创新创业活力，释放农村体制机制改革新活力，推进乡村治理体系和治理能力现代化。

从总体上看，新中国成立以来农村已经经历了三个黄金发展时期，我们正处在新时代第四个黄金发展时期。

第一个农村黄金发展时期（1949—1955年）通过土地改革，消灭了封建剥削制度，实现了耕者有其田，充分调动了农民生产的热情。

第二个农村黄金发展时期（1978—1984年）通过对农村高度集中的计划经济体制改革，农村开始实行家庭联产承包责任制，在坚持土地公有制的前提下，实行土地的分户经营、自负盈亏，极大地调动了农民的生产积极性。[①]

第三个农村黄金发展时期（2004—2017年）连续出台的十四个"中央一号文件"重新聚焦"三农"，以多予、少取、放活为方针，以工业反哺农业、城市支持农村为战略，以统筹城乡发展、推进农业科技创新、加快发展现代农业和推进农业供给侧结构性改革为主线，激发了农业农村发展的内在活力，促进四化同步发展。

新时代第四个农村黄金发展时期（2017年以来），即从2017年10月党的十九大提出大力实施乡村振兴战略开始，通过巩固和完善农村基本经营制度、重塑城乡关系、坚持人与自然和谐共生、传承发展提升农耕文明等，以希冀推动"新三农"协同发展，走中国特色社会主义乡村振兴道路。究其前两个黄金发展时期，农业连年丰收，农民收入增加的原因，都是通过对土地制度的体制性改革而取得的。究其第三个黄金发展时期，之所以能够扭转20世纪末21世纪初我国粮食产量连年减产、城乡矛盾、工农矛盾凸显等局面，实现从2004年开始我国粮食产量"十二连增"、农民收入持续增长，其根本原因就在于通过不断地推动农业农村改革的一系列举措，来解决"三农"发展中的新矛盾、新问题。尽管这一时期政府强农惠农富农政策不断，但是无论是税费改革，还是财政政策的补贴等并不能够解决根本性的问题。所谓授之以鱼不如授之以渔，结构性、体制性的障碍才是农业发展的根本障碍，如城乡之间差距不断拉大，其根源就在于计划经济时期形成的城乡分割体制。随着改革开放的深入，如何解决好农业供求失衡问题、城乡资源要素配置问题、农业农村资源环境问题、"三农"发展后劲问题等，一系列问题的显现，使党和国家认识到进一步全面深化农业农村改革的重要性、紧迫性。新时代第四个农村黄金发展时期乡村振兴战略的实施，其中以农村土地"三权分置"改革为重要支撑，既保证了农村土地集体所有制底线，又赋予农民更多的财产权利；呈现出农村基本经营制度的持续活力，有利于明晰土地产权关系，更好地维护农民集体、承包农户、经营主体的权益，是我国农地产权制度又一次重大创新。因此，新时代以实施乡村振兴战略引领"新三农"协调发展，全面深化农业农村改革，必须强化制度供给，推进体制机制创新，始终"把制度建设贯穿其中"，"以完善产权制度和要素市场配置为重点，激活主体、激活要素、激活市场，着力增加改革的系统性、整体性、协同性"[②]。

[①] 陆学艺：《解决好三农问题亟需农村第二步改革》，《中共福建省委党校学报》2008年第7期，第4页。
[②] 《十九大以来重要文献选编》（上），北京：中央文献出版社，2019年，第157~181页。

第四章 中国特色社会主义"新三农"协同发展的战略选择

改革由问题倒逼而产生，又在不断解决问题中得以深化。[①] 纵观我国农业发展的起起落落，无论是全面改革，抑或是深化改革，在取得成就的同时也在不断出现着新矛盾和问题，这更加印证了要解决"三农"问题，要统筹城乡经济社会协调发展，就必须在农村全面深化改革。习近平曾指出："中国改革经过30多年，已进入深水区，可以说，容易的、皆大欢喜的改革已经完成了，好吃的肉都吃掉了，剩下的都是难啃的硬骨头。"[②] 现阶段，我国经济社会发展正处在全面深化改革的深水期和攻坚期，如何在农村落实全面深化改革是关键。全面深化农村改革是一项繁杂的系统工程，从宏观上分析就是要推进农业供给侧结构性改革，充分发挥市场在农村生产要素配置上的决定性作用，充分利用国内国外两个市场、两种资源，通过市场化手段，使农村的生产要素活跃起来，实现农村生产要素有序流动和合理配置；从微观上分析涉及农民的权益、农业支持保护、农村产权、乡村治理等多个层面的改革。如深入推进种植业领域科研成果权益分配制度改革，探索成果权益分配分享机制；改革改善粮食等重要的农产品价格形成机制和收储制度；健全农业农村投入持续增长机制；推动金融体制改革，使金融资源更多地倾向农村；完善农业保险制度，转移农民的风险，减少农民的损失；深化农村集体产权制度改革；改革现行的农村公共服务和基层设施建设的体制等多方面的改革，为全面实现小康农村提供宽松活跃的发展环境和制度的支持。

（三）全面依法治国是"新三农"协同发展的法治保障

法律是治国之重器，良法是善治之前提。全面依法治国是国家治理的一场深刻革命，是坚持和发展中国特色社会主义的本质要求和重要保障。"全面依法治国"，即坚持走中国特色社会主义法治道路、建设中国特色社会主义法治体系、建设社会主义法治国家，实现科学立法、严格执法、公正司法、全民守法。建设中国特色社会主义法治体系和法治国家，必须坚持依法治国、依法执政、依法行政共同推进，坚持法治国家、法治政府、法治社会一体建设。[③] 因此，全面依法治国不仅是"四个全面"战略布局的重要组成部分，而且是协调推进"四个全面"的制度基础和法治保障，也是解决我们在发展中面临的一系列重大问题，促进社会公平正义、维护社会和谐稳定的根本要求，是实现民族复兴的"关键一环"。2014年10月党的十八届四中全会对全面推进依法治国做出全面的战略部署，这是关系我们党执政兴国、人民幸福安康、党和国家长治久安的重大战略问题，是完善和发展中国特色社会主义制度、推进国家治理体系和治理能力现代化的重要方面。[④] 其中，农业农村农民问题是关系国计民生的根本性问题，没有农业农村农民的现代化，就没有国家的现代化。[⑤] 从一定意义上讲，社会主义现代化的过程就是社会主义法治化的过程，实现社会主义现代化的关键环节是实现农业的现代化。因此，农村、农业、农民的法治化进程关系着社会主义法治化的实现。作为"新三农"协同发

[①] 《习近平谈治国理政》（第1卷），北京：外文出版社，2018年，第74页。
[②] 《习近平谈治国理政》（第1卷），北京：外文出版社，2018年，第101页。
[③] 习近平：《决胜全面建成小康社会 夺取新时代中国特色社会主义伟大胜利——在中国共产党第十九次全国代表大会上的报告》，《党的十九大报告辅导读本》，北京：人民出版社，2017年，第22页。
[④] 《习近平关于协调推进"四个全面"战略布局论述摘编》，北京：中央文献出版社，2015年，第92页。
[⑤] 《十九大以来重要文献选编》（上），北京：中央文献出版社，2019年，第157~181页。

展的引领指针,"全面依法治国"就是实行全面依法治农,从宏观上讲就是要求运用法治思维、创新法治方式解决"新三农"问题,实现"新三农"协同发展的法治化和制度化;从微观看就是要使法律切实成为维护农村社会秩序、保障农民权利、促进农业发展的有力工具。其关键是要将法治观念根植于农民的意识之中,让广大农民学法、知法、懂法、用法,提高农民法制观念和依法维权的意识,实现兴农、护农、治农都有法可依。

我国农村的法治建设进程缓慢,农村法治建设相对薄弱,一直是依法治国的"短板"。推进法治乡村建设,必然会成为社会主义法治化进程的重要突破口。在全面深化改革的背景下,乡村经济体制的改革,乡村社会自治制度的完善,以及现代文明对于乡村社会"熟人"文化的冲击[1],为乡村法治化发展提供了经济、政治、社会和文化基础。但是从根本上讲农村法治建设相对薄弱是由农村相对落后的生产力所决定的。我国的许多农村或者是处于传统的农业时期,或者是处于由传统的农业向现代农业过渡的转折时期,由传统农业固有的生产力发展所决定的人与人之间的浓厚的乡土民情依旧存在。因此,这从根本上决定了我国广大农村一直在"熟人社会"和"半熟人社会"徘徊,农村的发展治理、人与人之间的行为准则更多的是糅合了感性的传统的道德情感、风俗习惯的村规民约,而不是现代相对理性的法律观念。

所以,发挥"全面依法治国"对"新三农"协同发展的引领,在农村全面贯彻落实依法治国,首先是农业农村法律体系的构建,"明智的创制者也并不从制定良好的法律本身着手,而是要事先考察一下,他要为之而立法的那些人民是否适于接受那些法律"[2]。因此,在构建农村法律体系时要注重尊重和挖掘已经存在于广大农村的那些实际起着预期作用的习惯和惯例。正如习近平所讲,国家的治理必须"坚持依法治国和以德治国相结合,把法治建设和道德建设紧密结合起来,把他律和自律紧密结合起来,做到法治和德治相辅相成、相互促进"[3]。同时,"完善农村集体产权确权和保护制度,分类建立健全集体资产清产核资、登记、保管、使用、处置制度和财务管理监督制度,规范农村产权流转交易,切实防止集体经济组织内部少数人侵占、非法处置集体资产,防止外部资本侵吞、非法控制集体资产"[4];健全农业市场规范运行法律制度;健全"新三农"支持保护法律制度等,以确保"新三农"的发展有法可依。其次是"送法下乡",但并不是单纯的"送法下乡",将法律制度简单直接地嫁接在农村的治理上,在这里要特别注意两个方面:其一,重视推进法律融入地方的风土民情,使广大村民学习知晓的法律是"接地气"的法律,这样既可以防止乡村法治建设形式化,也有利于避免法律制度与地方文化习俗的冲突与对立;其二,法律的实施要切实保障人民群众的根本利益,切实解决农民的需求,尤其是要满足诸如农民工这样的弱势群体保护自身权利的需求,保障农民工的权益,提高农民工知法、用法、守法的意识,充分发挥农民工在农村法治建设的道路上发挥主体作用,使"全面依法治国"在农村得到坚实的群众基础和有效的

---

[1] 张学亮、王瑞华:《乡村法治建设的路径依赖与范式转换》,《理论探索》2006 年第 5 期,第 147 页。
[2] 卢梭著,何兆武译:《社会契约论》,北京:商务印书馆,1985 年,第 59 页。
[3] 《习近平谈治国理政》(第 1 卷),北京:外文出版社,2018 年,第 145~146 页。
[4] 《十八大以来重要文献选编》(下),北京:中央文献出版社,2018 年,第 469 页。

落实。只有建构在上述两个基础上，才可能调动农村法治主体的积极性，充分发挥广大农民对"新三农"行政执法的监督，提高法律的实施效率，才能够切实实现法律为"新三农"的发展保驾护航。

（四）全面从严治党是"新三农"协同发展的政治保证

中国共产党领导是中国特色社会主义最本质的特征，是中国特色社会主义制度的最大优势。党的领导地位不是自封的，是历史和人民选择的，是由我国国体性质决定的，是由我国宪法明文规定的。[①]"全面从严治党"，即坚持和加强党的全面领导，坚持党要管党，以加强党的长期执政能力建设、先进性和纯洁性建设为主线，以党的政治建设为统领，以坚定理想信念宗旨为根基，以调动全党积极性、主动性、创造性为着力点，"把党建设成为始终走在时代前列、人民衷心拥护、勇于自我革命、经得起各种风浪考验、朝气蓬勃的马克思主义执政党"[②]。这是实现中华民族伟大复兴的关键所在。习近平在党的群众路线教育实践活动总结大会上进一步指出，深化全面从严治党规律性认识，"注重把继承传统和改革创新结合起来，把总结自身经验和借鉴世界其他政党经验结合起来，增强从严治党的系统性、预见性、创造性、实效性"[③]。党要管党，从严治党，是党的建设的一贯要求和根本方针。[④] 全面从严治党需要全党上下的努力才能形成"大气候"，更需要农村党的建设主动跟党走，听党指挥，通过"小气候"之间的良性互动促成党建的"大气候"。因此，要发挥"四个全面"对"新三农"协同发展的引领，就要求着力把全面从严管党治党贯穿到农村基层党组织建设全过程，按照新时代党的建设总要求，不断强化农村党组织的政治建设、思想建设、组织建设、作风建设、纪律建设，把制度建设贯穿其中，深入推进反腐败斗争，不断提高农村党建质量，锻造"新三农"协同发展需要的更加坚强的领导核心。

自中国共产党成立以来，党就非常重视基层组织建设，尤其重视党在农村基层组织的建设。基础不牢，地动山摇，形象地比喻了农村基层组织建设关乎中国共产党长期执政的重要性。可以说，农村工作千头万绪，抓好农村基层组织建设是关键，不管农村社会结构怎样变化，无论各类经济社会组织如何发展，农村基层党组织的领导地位不能动摇、战斗堡垒作用不能削弱。[⑤] 同时，习近平总书记始终强调，"村看村、户看户、农民看支部""给钱给物，还要建个好支部"，农村党支部在农村各项工作中居于领导核心地位。[⑥] 新时代农村基层党组织在党中央的领导下不断完善，以"三级联创"为主线，农村基层党组织工作能力不断得到加强。但是农村基层党组织的发展依然有其无法克服的局限性，主要表现在以下几个方面：党的农村基层党组织队伍带头人在文化素养、工作能力、党性等方面不足，使其在决策的过程中频频出现主客观意识的"短期行为"，这在不同程度上损害了农村基层党组织在群众中的公信力；农村基层党组织依旧存在党

---

① 《习近平新时代中国特色社会主义思想三十讲》，北京：学习出版社，2018年，第74页。
② 《十九大以来重要文献选编》（上），北京：中央文献出版社，2019年，第1~50。
③ 《十八大以来重要文献选编》（中），北京：中央文献出版社，2016年，第102页。
④ 习近平：《在十八届中央纪律检查委员会六次全体会议上的讲话》，北京：人民出版社，2016年，第15页。
⑤ 《十八大以来重要文献选编》（上），北京：中央文献出版社，2014年，第684页。
⑥ 《习近平关于"三农"工作论述摘编》，北京：中央文献出版社，2019年，第185页。

支部与村委会的权力边界不清晰；党建责任落实不明确；村支部的选举、评价体系不健全等问题。

全面从严治党，基础在全面，关键在严，要害在治，这是我们一切事业取得成功的根本保障，也是解决农村所有问题的核心。因此要发挥"全面从严治党"对"新三农"的引领，只有始终坚持党对农村一切工作的全面领导，才能在更高水平上实现全党全社会思想上的统一、政治上的团结、行动上的一致，才能为决胜全面建成小康社会提供根本的政治保证。在农村基层党组织贯彻落实全面从严治党，其中"治"的要害就在于如何提升农村基层党组织的公信力，而提升公信力的关键在"严"：一是从严基层党组织队伍的建设，健全干部选拔制度、干部激励机制，鼓励吸收党性修养好、理想信念坚定、文化水平高的大学生到基层服务，实现"大学生村官"群体的"本土化"；认真抓好选派懂得三农问题、了解地方实情的"第一书记"工作，实现"村官"群体的"大学生化"，使其与基层党组织共呼吸共发展，总之就是要选拔出广大农民群众信服、崇拜的基层党组织队伍。二是从严基层党委的主体责任和监督责任。充分发挥基层党委在"新三农"协同发展工作中的总揽全局的作用，积极探索带领农民走向全面小康的道路，对"短期行为"要找准原因，给予应有的教育批评，将农民的利益作为工作的出发点和落脚点，真正让老百姓得实惠；推动基层党委（党组）认真履行管党治党的责任，明确和落实"农村基层党委党建工作的问题清单、任务清单、责任清单""对责任不落实和不履行监管职责的要严肃问责"①，从而全面提升基层党建工作水平。三是从严党性的培养，将思想建党和制度治党紧密结合起来。强化农村基层党组织党章学习，严格党内纪律，深刻领悟"两学一做"的精神实质，在思想上不断纯洁党性；健全农村基层党务公开制度，发挥群众监督作用，加大对农民群众身边腐败问题的监督审查力度，通过推进"双培双带"工程、通过内外合力共同作用培养出一批党性觉悟高、领导能力强的农村基层党组织和党员干部队伍。扎实推进抓党建促乡村振兴，突出政治领导功能，提升组织能力，"毫不动摇地坚持和加强党对农村工作的领导，健全党管农村工作领导体制机制和党内法规，确保党在农村工作中始终统揽全局、协调各方，为乡村振兴提供强有力的政治保障"②。

二、"五大发展理念"：贯穿"新三农"协同发展的基本思路

推进中国特色社会主义"三农"协同发展，"首先要把应该树立什么样的发展理念搞清楚，发展理念是战略性、纲领性、引领性的东西，是发展思路、发展方向、发展着力点的集中体现。发展理念搞对了，目标任务就好定了，政策举措跟着也就好定了"③。五大发展理念作为习近平新时代中国特色社会主义思想的重要组成部分，是新时代坚持和发展中国特色社会主义的基本方略之一，对"新三农"协同发展发挥着重大引领作用。党的十九大阐明十八大以来"经济建设取得重大成就"原因之一，就是"坚定不移

---

① 《中共中央国务院关于落实发展新理念加快农业现代化实现全面小康目标的若干意见》，北京：人民出版社，2016年，第34页。
② 《十九大以来重要文献选编》（上），北京：中央文献出版社，2019年，第157~181页。
③ 《习近平关于社会主义经济建设论述摘编》，北京：中央文献出版社，2017年，第21页。

贯彻新发展理念",并再次强调"发展是解决我国一切问题的基础和关键,发展必须是科学发展,必须坚定不移贯彻创新、协调、绿色、开放、共享的发展理念"①。

肇始于党的十八届五中全会的"创新、协调、绿色、开放、共享"的五大发展理念,是以习近平同志为核心的党中央,在深刻总结国内外发展经验教训基础上主动认识、把握和引领经济发展新常态这一经济工作大逻辑而提出来的,是对中国特色社会主义发展规律的新认识和新概括,是对今后更长时期我国的发展思路、发展方向、发展着力点的展望。党的十九届五中全会再一次强调五大新发展理念,是全面建设社会主义现代化国家的指挥棒,全党要把思想和行动统一到新发展理念上来。随着我国社会主要矛盾的转换,新时代实现"新三农"协同发展的意义重大,这要求我们必须将五大发展理念贯穿始终,用新发展理念引领"新三农"协同发展,深刻认识到:"创新"是"新三农"协同发展的第一动力,"协调"是"新三农"协同发展的内在支撑,"绿色"是增强"新三农"可持续发展的关键能力,"开放"是提高"新三农"对外开放水平的必然选择,"共享"是"新三农"协同发展的价值取向。

(一)创新是"新三农"协同发展的第一动力

"五大发展理念"是一个相互联系的有机整体,具有内在的逻辑关系,每一发展理念具有不同的地位和作用。创新发展,就是根据事物发展的内在规律,针对发展中出现的新问题,提出新观点、新理论、新方法,制定新战略,以推动事物的发展。在"五大发展理念"中,创新发展居于核心地位,位于"五大发展理念"之首,具有本体论的意蕴。因此,从发展动力的角度,创新是引领"新三农"协同发展的第一动力。要发挥创新发展的第一动力作用,必须"厚植农业农村发展优势,加大创新驱动力度,推进农业供给侧结构性改革,加快转变农业发展方式",激发农村发展内生动力。

自20世纪80年代初农村实施家庭联产承包责任制以来,我国农业现代化水平突飞猛进,不仅解决了困扰中国人几千年的温饱问题,还为方兴未艾的工业化、城镇化提供了强大支持。进入21世纪,农业农村发展又上了新的台阶,从2004年到2020年,我国粮食生产实现了前所未有的"十七连丰",实现了农业综合生产能力质的飞跃。然而,我国农业综合生产能力提升的同时,却伴随着"高产量、高库存、高进口"的"三量齐增"的结构性矛盾。以2016年为例,全国粮食总产量61623.9万吨,比2015年减少0.8%,但是粮食进口仍然保持了11668.1万吨的高位。② "三量齐增"的直接原因在于,市场开放条件下国内粮食产品缺乏竞争力,导致"国内粮食进仓库,进口粮食进市场"的尴尬局面;而更深层次的原因是消费者日益优化的消费结构同农产品供给结构和低水平供给体系之间的矛盾所造成的。

抓创新就是抓发展,谋创新就是谋未来。③ 要解决这个矛盾,必须实施农业供给侧结构性改革,而改革首要理念就是创新。必须通过培育创新驱动能力,使人力资源、科学技术等高级生产要素有效植入农业产业链,提高农业资源配置效率和全要素生产率,

---

① 《党的十九大报告辅导读本》,北京:人民出版社,2017年,第10页。
② 中华人民共和国国家统计局:《中国统计年鉴(2017)》,北京:中国统计出版社,2017年,第395页。
③ 人民日报评论:《抓创新就是抓发展 谋创新就是谋未来》,《人民日报》2015年3月6日第13版。

即通过推进农业供给侧结构性改革,从农产品供给端的角度,实施改革创新的举措,优化要素配置,化解农业方面的过剩产能,提高农产品供给的质量和效益。

一是通过创新"农业经营方式",培育新的农业经营主体,发挥家庭农场、专业大户、龙头企业等新的经营主体对农业发展的示范带动作用;同时鼓励、引导各类人力资源回乡下乡创业创新,培育一批"职业农民""农业创客"等农业发展的新生力量,扶持一批乡村工匠。

二是通过制度创新为农业农村发展提供有效的制度保障。改革完善粮食等重要农产品价格形成机制和收储制度,发挥好市场与政府两只手,保护农民的切身利益;健全农业农村投入持续增长机制,使市场在资源配置中起决定性作用,实现农村生产要素优化配置;推进农地产权制度创新,即"推进土地经营权有序流转、推进房地一体的农村集体建设用地和宅基地使用权确权登记颁证、推进农村土地征收、集体经营性建设用地入市、宅基地制度改革试点"[①]。

三是强化科技创新驱动,引领现代农业加快发展。不断提升农业科技在农业生产中的贡献率,目前农业科技进步贡献率已由2012年的53.5%提高到2017年的57.5%。[②]通过"整合科技创新资源,完善国家农业科技创新体系和现代农业产业技术体系,建立一批现代农业产业科技创新中心和农业科技创新联盟,推进资源开放共享与服务平台基地建设。加强农业科技基础前沿研究,提升原始创新能力。建设国家农业高新技术产业开发区。加大实施种业自主创新重大工程和主要农作物良种联合攻关力度,加快适宜机械化生产、优质高产多抗广适新品种选育"[③]。

四是,壮大新产业新业态,拓展农业产业链、价值链。利用好"互联网+"平台,推进农村电商发展。促进新型农业经营主体、加工流通企业与电商企业全面对接融合,推动线上线下互动发展,扩大农产品的销售渠道和品牌推广。通过在农产品的生产、加工、销售环节的创新,生产出在数量上更充足,在品种上更丰富,在质量上更上一层楼的农产品,真正形成结构合理、保障有力的农产品有效供给。利用"旅游+""生态+"等模式,推进农业、林业与旅游、教育、文化、康养等产业深度融合。围绕有基础、有特色、有潜力的产业,建设一批农业文化旅游"三位一体"、生产生活生态同步改善、一二三产深度融合的特色村镇。支持各地加强特色村镇产业支撑、基础设施、公共服务、环境风貌等建设。打造"一村一品"升级版,发展各具特色的专业村。支持有条件的乡村建设以农民合作社为主要载体、让农民充分参与和受益,集循环农业、创意农业、农事体验于一体的田园综合体,通过农业综合开发、农村综合改革转移支付等渠道开展试点示范。深入实施农村产业融合发展试点示范工程,支持建设一批农村产业融合发展示范园。[④]

[①] 《十八大以来重要文献选编(下)》,北京:中央文献出版社,2018年,第102页。
[②] 朱文:《我国农业科技进步贡献率已达57.5%》,《四川农业科技》2018年第4期,第9页。
[③] 《中共中央国务院关于深入推进农业供给侧结构性改革加快培育农业农村发展新动能的若干意见》,北京:人民出版社,2017年,第14~15页。
[④] 《中共中央国务院关于深入推进农业供给侧结构性改革加快培育农业农村发展新动能的若干意见》,北京:人民出版社,2017年,第13~14页。

（二）协调是"新三农"协同发展的内在支撑

协调发展是持续健康发展的内在要求，它要解决的是"怎样发展"的问题。所谓"协调发展"，是指以实现人民的全面发展为系统演进的总目标，在遵循客观规律的基础上，通过子系统与总系统，以及子系统相互间及其内部组成要素间的协调，使系统及其内部构成要素之间的关系不断朝着理想状态演进的过程。协调发展最显著的特征就是以人民为本，尊重客观规律的综合发展。

我国发展不平衡、不协调、不可持续是过去一个时期内诸多原因造成的"顽疾"，特别是城乡之间的不协调，更是制约长期可持续发展的重要因素。现阶段，不平衡不充分发展最突出体现在农村。贯彻"协调发展"理念必然是"新三农"协同发展的应有之义，也是促进"新三农"协同发展的内在支撑。将"协调发展"理念贯彻到"新三农"协同发展之中，实质上是推动"新三农"子系统内部各要素之间的协调发展，发力点是要推动城乡社会总系统协调发展，最终带动新型工业化、信息化、城镇化、农业现代化同步发展。

党的十九大提出了旨在解决"三农"问题一揽子的"乡村振兴战略"，其中提出"建立健全城乡融合发展体制机制和政策体系"来"加快推进农业农村现代化"。从党的十六大明确提出"统筹城乡经济社会发展"，到十八大提出"城乡发展一体化"，再到"十三五"规划、党的十九大提出"城乡融合发展"，是党中央对解决城乡社会总系统协调发展问题的认识深化。

"城乡融合是城乡协调发展的核心"，是解决"新三农"协同发展的内在要求。经过多年努力，我国城乡协调发展取得了一些成绩，新农村建设步伐加快，农村基础设施有所改善，社会事业和社会保险制度基本建立。但城乡发展不平衡问题仍然突出。国家统计局公布数据显示，2017年全国居民收入基尼系数为0.452，虽然这是继2008年达到0.491之后的第9年下降，也是2001年以来的最低点，但是国际上通常把0.4作为贫富差距的警戒线，大于0.4表明收入差距过大。2018年城镇居民人均可支配收入39251元，农村居民人均可支配收入14617元，城乡居民收入依旧存在很大的差距。除此之外，城乡教育水平、城乡基础设施建设等之间的差距虽然在国家的惠农支农政策下逐步缩小，但是差距仍然很大。特别是经过笔者测算发现，对农业农村快速发展有直接影响的区域农业要素禀赋结构，已经出现了固化现象，这将会加剧农业农村发展的不平衡。[1]

为了解决这一问题，中共中央国务院连续十六年聚焦"三农"，多次提出旨在弥合城乡发展差距的政策。例如，2016年"中央一号文件"指出要"加快补齐农业农村短板，必须坚持工业反哺农业、城市支持农村，促进城乡公共资源均衡配置、城乡要素平等交换，稳步提高城乡基本公共服务均等化水平"[2]。补齐农业农村这一"短板"，关键

---

[1] 罗浩轩：《中国区域农业要素禀赋结构变迁的逻辑和趋势分析》，《中国农村经济》2017年第3期，第55~56页。

[2] 《中共中央国务院关于落实发展新理念加快农业现代化实现全面小康目标的若干意见》，北京：人民出版社，2016年，第20~21页。

在于加大农村的基础设施和公共服务领域的建设。党的十九大之所以提出"实施乡村振兴战略",就是把解决好"三农"问题作为全党工作重中之重,并通过有力举措,切实改变农业农村落后面貌,补齐农村这块全面小康社会的短板。

因此,在"十四五"时期,我们要继续坚持工业反哺农业、城市支持农村的战略方针,推动城乡协调发展,建立健全城乡融合发展体制机制和政策体系。在农村基础设施和公共服务领域建设方面,要着力发挥国家财政的扶持作用,从整体上来看可以从两个方向入手,一是加强农村的基础设施和公共领域建设方面的建设,建设的主体是国家,如发挥财政作用巩固农村饮水安全、加快实施农村电网改造升级工程、加快农村道路建设以及危房改造等基础设施建设;不断完善相关制度,健全农村基础设施投入长效机制,推动城镇公共基础设施向农村延伸,并研究出台创新农村基础设施投融资体制机制的政策意见。二是一定程度上减轻农村现有的公共设施和公共领域的压力,充分发挥接纳农业转移人口较多的建制镇的主体作用,通过深化户籍制度改革,完善农村社会保险和社会保障制度,促进城乡劳动力良性互动;在有条件的地方大力推进城镇化,发展城镇服务业,加快推动城镇公共服务向农村延伸,推动新型城镇化与新农村建设双轮驱动、互促共进,提高社会主义新农村建设水平。

(三)绿色是增强"新三农"可持续发展的关键能力

"绿色发展"从人与自然和谐发展的角度出发,是传统发展基础上的一种理念创新,是建立在生态环境容量和资源承载力的约束条件下,将环境保护作为实现可持续发展重要支柱的一种新型发展理念。绿色发展强调以人民为本和以生态为本的内在统一,是坚持人民主体地位的具体体现,良好的生态环境本身就是最公平的公共产品,是最普惠的民生。显然,"绿色发展偏重于发展理念的建构和对传统经济发展方式的反思,但在解释如何实现绿色发展的技术路径上存在根本缺陷。从'绿色发展'到'绿色治理',更能在实践层面和技术层面凸显经济行为主体践行绿色发展理念、实现绿色发展目标的方法论和技术性,体现绿色发展的认识论和方法论、价值性和技术性的统一"[①],增强"新三农"协同发展实现绿色治理和可持续发展的能力。

习近平在党的十九大报告中指出:"我们要建设的现代化是人与自然和谐共生的现代化,既要创造更多物质财富和精神财富以满足人民日益增长的美好生活需要,也要提供更多优质生态产品以满足人民日益增长的优美生态环境需要。"[②] 优美生态环境是绿色发展理念的基本目标。要增强"新三农"可持续发展的能力,必须把绿色发展理念贯穿始终。推行绿色生产方式,建设生态新农村,倡导农民的绿色生活方式和绿色生态意识,是广大农民群众主体地位的具体体现,也是中国特色社会主义生态文明建设的重要组成部分。这就要求我们既要有效地利用资源,保持和增强农业生产力,又要兼顾农业农村的生态安全建设、农产品安全生产,加强资源保护和生态修复,大规模实施农业节水工程,推动农业绿色发展,走出一条生产高效、产品安全、资源节约、环境友好的农

---

① 翟坤周:《经济绿色治理:框架、载体及实施路径》,《福建论坛》(人文社会科学版)2016年第9期,第191页。

② 《十九大以来重要文献选编》(上),北京:中央文献出版社,2019年,第1~50页。

业现代化道路。

一是要确保耕地安全,保障耕地数量。"绿水青山就是金山银山",笔者研究发现,资源环境的刚性约束已经严重阻碍了我国农业的发展。耕地是农业发展最核心的资源,然而长期以来工业化、城镇化的快速推进,使城乡争地矛盾加剧,耕地资源日趋紧张。第二次全国土地调查数据显示,2009年以来,我国耕地保有面积逐渐减少,尤其是高质量的耕地(如有灌溉设施的耕地),2012年比2009年下降了0.2个百分点。[①] 不过,为了保障粮食安全,确保耕地安全,党和政府采取许多坚决的措施维持耕地保有量:一方面实施最严格的土地管理制度,出台了《基本农田保护条例》等规章制度,从法律法规上加以保护;另一方面又实施农村土地综合整治、城乡建设用地增减挂钩的办法,阻止耕地的流失。实证分析表明,城乡一体化进程中我国农村土地节约集约利用发展态势良好,18亿亩耕地红线基本能得以维持。[②]

二是推进农业清洁化生产,保证农产品安全。目前在种植业方面主要是农产品的农药残留、三剂、重金属等问题;在畜牧业方面主要是瘦肉精、人药兽用等问题;在水产业方面曾出现过孔雀石绿、人药鱼用等现象。随着国家推进农业清洁生产以及对农产品安全的重视,农产品质量问题有所遏制,整体水平有所提升,但仍亟须"深入推进化肥农药零增长行动,开展有机肥替代化肥试点,促进农业节本增效。建立健全化肥农药行业生产监管及产品追溯系统,严格行业准入管理。继续开展重金属污染耕地修复及种植结构调整试点,扩大农业面源污染综合治理试点范围。大力推行高效生态循环的种养模式,加快畜禽粪便集中处理,推动规模化大型沼气健康发展。以县为单位推进农业废弃物资源化利用试点,探索建立可持续运营管理机制。鼓励各地加大农作物秸秆综合利用支持力度,健全秸秆多元化利用补贴机制。继续开展地膜清洁生产试点示范。推进国家农业可持续发展试验示范区创建"[③]。

三是增强农业投入品安全的主体责任。党的十九大报告指出:"着力解决突出环境问题。坚持全民共治、源头防治。"[④] 在经济发展新常态下,我国"新三农"协同发展的环境、条件、要求都发生着新的变化。我国农业发展正逐步走向绿色化、生态化的现代农业,这既要求解决已有的问题,同时也要求解决现代农业发展中的新问题,围绕从农业投入品入手。由于农业投入品是农业生产的物质基础,同时也是攸关农产品质量安全的重要因素,因此要从源头上保障农产品质量以及农业生态环境安全,就必须落实农业投入品安全的主体责任,重视对农药、肥料等农业投入的监管。这里主要涉及两个主体参与者:农业经营主体和政府。一方面农民要树立安全责任意识,尤其是集社会化生产与市场化于一身的新型农业经营主体,更要树立其责任安全意识;另一方面,政府相

---

① 罗浩轩:《新常态下中国农业经济增长的三重冲击及其治理路径——基于1981—2013年中国农业全要素生产率的测算》,《上海经济研究》2017年第3期,第27页。

② 罗浩轩:《城乡一体化进程中的中国农村土地节约集约利用研究——基于改进的PSR模型》,《经济问题探索》2017年第7期,第44~45页。

③ 《中共中央国务院关于深入推进农业供给侧结构性改革加快培育农业农村发展新动能的若干意见》,北京:人民出版社,2017年,第9页。

④ 《十九大以来重要文献选编》(上),北京:中央文献出版社,2019年,第41页。

关部门有责任和义务加强对农民的指导，提高其对化肥、农药的性质及作用的认知度，使农民在一定程度上懂得科学地使用农药和化肥等。同时，政府要加强对农业投入品安全的监督力度，要避免城市发展过程中走"先污染后治理"的弯路，坚持用铁腕出击来整治现有的农业生态环境方面的污染，不再欠"新账"，并且要多还"老账"。

四是加强农业生态环境的保护，做到保护与治理并重。统计数据表明，我国粮食单产水平居世界前列，但是，这一状况是以高强度化学品投入换来的，其代价也是巨大的——东北黑土层变薄、南方土壤酸化、华北平原耕作层变浅，约有70.6%的农田受到了不同程度的污染。[①] 实施耕地、草原、河湖休养生息规划，推进耕地轮作休耕制度试点，合理设定补助标准；加大对东北黑土地保护支持力度；加快新一轮退耕还林还草工程实施进度；上一轮退耕还林补助政策期满后，将符合条件的退耕还生态林分别纳入中央和地方森林生态效益补偿范围；继续实施退牧还草工程；推进北方农牧交错带已垦草原治理；实施湿地保护修复工程。加强重大生态工程建设；推进山水林田湖整体保护、系统修复、综合治理，加快构建国家生态安全屏障。[②]

（四）开放是提高"新三农"对外开放水平的必然选择

"开放发展"指在经济全球化的背景下，各个国家的社会系统在相互交往、相互合作中实现互利共赢、共创共享，拓展世界经济发展空间，加快经济社会发展速度的理念。开放发展理念是中国共产党在深入把握国际国内发展大势的基础上提出来的，通过不断提升我国在全球经济治理中的制度性话语权，积极参与全球经济治理和公共产品供给，引领着我国对外开放领域的深刻变革，体现了我们党对经济社会发展规律认识的深化。

习近平总书记在党的十九大报告中提出要"推动形成全面开放新格局""拓展对外贸易，培育贸易新业态新模式""优化区域开放布局""促进国际产能合作，形成面向全球的贸易、投融资、生产、服务网络"。[③] 这是开放发展理念的一次运用，也为提高"新三农"协同发展对外开放的质量和发展的内外联动性提供了基本思路。可以说，开放是提高"新三农"对外开放水平的必然选择。"新三农"协同发展必须立足于国内国外市场的需求，坚持"走出去和引进来"并重，统筹用好国际国内两个市场、两种资源，形成农产品在国内国外两个市场的良性互动，提升我国农业竞争力，赢得参与国际市场竞争的主动权。

从改革开放到加入WTO之前的二十多年里，伴随着家庭承包经营制改革的实施和社会主义市场经济体制的建立，我国农业部门在生产环节上主要以发展小规模、分散家庭经营为主，在交换环节上逐步由自然经济状态向商品经济状态转变，这一阶段农业部门主要矛盾是落后的社会小生产与国内大市场之间的矛盾。2001年我国加入WTO，农

---

① 罗浩轩：《新常态下中国农业经济增长的三重冲击及其治理路径——基于1981—2013年中国农业全要素生产率的测算》，《上海经济研究》2017年第3期，第27页。
② 《中共中央国务院关于深入推进农业供给侧结构性改革加快培育农业农村发展新动能的若干意见》，北京：人民出版社，2017年，第9页。
③ 《十九大以来重要文献选编》（上），北京：中央文献出版社，2019年，第1~50页。

业发展进入了一个新阶段。一方面,为了增强农业国际竞争力,党和政府的政策开始指向以家庭经营为基础的适度规模生产;另一方面,国门大开后,国内农业直面国际市场激烈竞争的冲击。因此,这一阶段农业部门主要矛盾升级为农业小生产的现实与农业大生产的要求、农业竞争力羸弱与国外大市场激烈竞争的双重矛盾。

随着全球经济一体化的发展,我国农业已经处于全面开放的国际大环境、大市场中,因此,开放发展是我国农业"走出去"和"引进来"的必然要求。但是,我国农业"走出去"的企业,无论是国有企业,还是股份制企业或民营企业,大多自身实力不强、整体规模较少、资金缺乏、抵御风险能力较弱,这使得企业"走出去"的投资规模小、国际竞争力薄弱、盈利能力有限,一旦遇到困难就出现畏缩不前的现象。从总体上讲,近年来我国农业"走出去"整体投资规模快速增长,我国农林牧渔对外投资呈现快速增长趋势。2015年农林牧渔业对外投资流量为25.7亿美元,同比增长26.3%。投资地域分布较为集中,亚洲和非洲是我国农业境外投资最集中的区域,其次是北美洲、欧洲和南美洲。但实力相对较强的国有企业在"走出去"的过程中,尚未形成与国际四大粮商抗衡的实力,对小麦、大豆、玉米等主要农产品的影响力和控制力较弱,进而致使在我国粮食安全体系中所起的作用不够明显。同时出口商品结构不合理,出口农产品单一,科技含量和加工附加值低,开发程度不够。在"引进来"的过程中存在对引进的对象风险防范意识较弱,对高层次农业相关人才引进的重视力度相对不够,对农业技术引进消化吸收创新力度不够,对农业方面引进系统性的认识不到位等情况。

"十三五"时期,在经济新常态背景下我们要坚持"引进来"与"走出去"有机结合,不断提高"新三农"对外开放水平,当下"一带一路"倡议为"新三农"发展再上台阶提供了新契机。在"走出去"方面,要立足于国内农业发展的现状,借助"一带一路"建设的重大战略机遇,加强农业国际交流与合作,特别是加强与"一带一路"沿线国家的农业合作,提高合作利用国际农业资源能力;鼓励有条件的企业在沿线国家和重点区域开展农业综合合作开发,采取承包租赁、兴办农场等形式,发展农产品仓储物流,支持有比较优势的农产品出口,建立农产品生产加工园区、农产品产销加工储运基地。实施农业"走出去"战略,我国农业企业在平等互惠原则下,采取资本、劳务和技术输出等方式的农业发展战略选择,一方面能够提高农业企业的实力,培育一批大型跨国农业企业,占据粮食产业链条的重要节点,在国际粮食市场赢得话语权;另一方面能够推动农业优势产能和技术转移,带动农业装备、生产资料等"走出去",能够缓解国内的资源压力,提高我国抵御世界粮食危机的能力,促进农业的可持续发展。

在"引进来"方面,要积极引进、吸收和消化国外先进技术,充分运用世界现代科技成果,提升我国农业科技创新能力,同时引进国外资金、种质资源、高层人才、管理经验,优化粮棉油糖等大宗农产品进口调控政策,科学确定主要农产品进口优先顺序,适度进口国内紧缺农产品,做到既保障供给,又保护民族产业、保障广大农民的利益,"进一步加大对农业技术引进的资金投入;不断优化农业技术引进的技术结构,在重视硬性技术引进的同时，不断提高软性技术引进的比重；强化农业技术引进的风险管理工作"[1]。推动农产品加工业转型升级，促进农产品初加工、精深加工及综合利用加工协调发展，提高农产品加工转化率和附加值；充分发掘农业专利技术资源潜力，开发拥有自主知识产权的技术装备；培育一批农产品精深加工领军企业和国内外知名品牌等措施，提高我国农产品走出去的水平，进而赢得国际竞争的主动权。

（五）共享是"新三农"协同发展的价值取向

"共享"是"五大发展理念"的出发点和落脚点，为"新三农"协同发展指明了价值取向。实现"人人共建、人人共享"，是经济社会发展的理想状态，也是中国特色社会主义本质的要求。马克思主义关于社会主义社会的本质规定和发展目标是共享和共富。马克思明确指出，在社会主义制度中，"生产将以所有的人富裕为目的"[2]。恩格斯也提出，应当"结束牺牲一些人的利益来满足另一些人的需要的情况"，使"所有人共同享受大家创造出来的福利""使社会全体成员的才能得到全面发展"[3]。邓小平同志在谈到"什么是社会主义"时指出："社会主义财富属于人民，社会主义的致富是全民共同致富。社会主义原则，第一是发展生产，第二是共同致富……我们的政策是不使社会导致两极分化。"[4]

习近平总书记在党的十九大报告指出："保障和改善民生要抓住人民最关心最直接最现实的利益问题。"在新时代，共享发展就是要维护社会公平正义，保障发展为了人民、发展依靠人民、发展成果由人民共享。"共享"为"新三农"协同发展提供了价值取向，回答了"发展为谁"的问题。以"共享发展"引领"新三农"协同发展，就是发展为了农民群众、发展依靠农民群众、发展成果由农民群众共享。共享发展的核心在于，通过有效的制度安排使农民群众在共建共享发展中有更多的获得感，从而增强"新三农"协同发展的驱动力。同时，把"共享"作为"新三农"协同发展的落脚点和归宿点，就必须从解决农民群众最关心最现实最迫切的利益问题入手，让农民群众共同解决"三农"新难题，以平等的身份参与现代化进程，共享"新三农"协同发展带来的福祉，从而更多更公平地享受改革开放的成果。这种共享，不仅惠及东中部地区的农村农民，更惠及西部地区特别是连片特困地区的农村和农民，不断满足他们的物质需求、精神需求和对美好生活的向往。

"十三五"时期是我国全面建成小康社会的关键阶段，"新三农"能否协同发展，广大农村和农民能否真正共享改革发展的成果，关系着能否为全面建成小康社会凝聚起强大动力，关系着中国特色社会主义现代化事业发展和人民群众根本利益能否实现高度的统一。因此，党的十九大提出"乡村振兴战略"，强调要坚持农业农村优先发展，补齐农业农村这块发展的短板。从"乡村振兴战略"的部署来看，"共享发展"就是实施这

---

[1] 魏锴、杨礼胜、张昭：《我国农业技术引进问题的政策思考》，《农业经济问题》2013年第6期，第39～41页。
[2] 《马克思恩格斯全集》（第46卷），北京：人民出版社，1980年，第222页。
[3] 《马克思恩格斯选集》（第1卷），北京：人民出版社，1995年，第243页。
[4] 《邓小平文选》（第3卷），北京：人民出版社，1993年，第172页。

一战略必须一以贯之的理念。

与此同时，区域间发展的短板仍然存在，特别是与东中部发达地区比较，西部地区"新三农"协同发展水平相当滞后，要实现共享发展、共同富裕目标，要保持西部农业稳定发展和西部农民持续增收，需要国家进一步加大对西部地区强农惠农支农政策的支持力度。一是让西部农民的生活质量上台阶。加快普及农村义务教育，提高农民群众的文化素质；优化农村的公共资源，建立健全西部农村的社会保障体系，真正在农村实现"老有所养、病有所医"；增加对西部农村公共设施的财政投入，农民用水、用电等有保障，实现教育、医疗等公共服务均等化。二是推动西部特色农业的发展。建立特色农业示范区，发挥专业大户、农业合作社、家庭农场对农业发展的带动作用，打造"一村一品"；加快建立"新三农"协同发展融资担保体系，引导金融体系向"新三农"倾斜。三是建设西部美丽乡村，改善西部农村生态环境，发挥乡村文化的独特性，丰富农村的人文气息。

第二节 中国特色社会主义"新三农"协同发展的基本原则

在中国特色社会主义"新三农"协同发展的指导思想指引下，实施乡村振兴战略、推进农业农村现代化必须坚持党领导"新三农"协同发展的原则、农民主体地位的原则、农业农村优先发展的原则、人与自然和谐共生的原则以及因地制宜、循序渐进的原则。

一、坚持党领导"新三农"协同发展的原则

党政军民学，东西南北中，党是领导一切的。[1] 习近平在党的十九大报告中，把"坚持党对一切工作的领导"作为新时代坚持和发展中国特色社会主义基本方略中的第一条。"三农"工作在中国特色社会主义事业中地位突出，是一切工作的重中之重。坚持党对"三农"工作的领导，是坚持农业农村优先发展，加快推进农业农村现代化的根本政治保证，具有重要现实意义和针对性。首先，这是由"三农"在全党工作大局中的地位所决定的。党的十九大提出，"农业农村农民问题是关系国计民生的根本性问题，必须始终把解决好'三农'问题作为全党工作重中之重"[2]。目前，现代化建设需要大力发展农业，全面建成小康社会也离不开农村的发展。农业、农村作为薄弱环节，这就要求全党必须始终高度重视农业、农村、农民问题。并且要将党管农村的传统践行下去。第二，这是由农业农村工作的特点决定的。中国特色社会主义"新三农"协同发展涉及方方面面，乡村振兴既是经济振兴，也是人才振兴、文化振兴、生态振兴、组织振兴。新时代农业农村工作涉及方方面面，既要逐个突破，也要把握整体，形成整体合力。第三，这是由新时代农村工作的复杂性艰巨性决定的。当前，我国农业正处于供给侧结构性改革攻坚克难的关键阶段，农村经济社会正处于深刻转型的关键阶段，农民正

---

[1] 《十九大以来重要文献选编》（上），北京：中央文献出版社，2019年，第1~41页。
[2] 《十九大以来重要文献选编》（上），北京：中央文献出版社，2019年，第1~41页。

处于群体分化、观念转变、诉求多元的关键阶段,"三农"发展形势更加复杂、任务更加艰巨,在这个关键时期,党对"三农"工作的领导只能加强,不能削弱。

实现中国特色社会主义"新三农"协同发展,推进乡村振兴,需要党坚强有力、统揽全局的领导。发挥党的领导的政治优势,压实责任,完善机制,强化考核,把党中央关于乡村振兴的部署要求落实下去。各级党委和政府要加大学习乡村振兴战略要求,深入领会乡村振兴战略意义,大力贯彻农业农村优先发展原则,努力形成全党统一合力,发挥党对发展"三农"的政治优势。将全党合力渗透到"三农"工作各个方面,在干部配备、要素配置、资金投入以及公共服务上做到优先满足、优先保障,确保党在农村工作中始终总揽全局、协调各方,把党管农村工作的要求落到实处,为乡村振兴提供坚强有力的政治保障。第一,进一步健全党领导农村工作的体制机制。健全党委统一领导、政府负责、党委农村工作部门统筹协调的农村工作领导体制,压茬推进中国特色社会主义"新三农"协同发展,而当前的重点就是也明确落实好实施乡村振兴战略领导责任制。进一步明确党的农村工作领导体制机制,理清思路,制定明确的措施和方案把农业农村工作摆在重要议事日程,真正体现出、落实好把解决好"三农"问题作为全党工作重中之重的战略思想。第二,进一步建好抓"新三农"协同发展的工作机制。实行中央统筹、省负总责、市县抓落实的工作机制;各部门要根据职责要求,在做好个体工作同时,加强部门间协调配合,完善要素支持、信息分享和制度供给等工作,发挥合作合力,以便更好实施乡村振兴战略;各省(区、市)党委和政府统筹做好域内"新三农"协同发展工作,当前,尤其是做好乡村振兴工作,并每年向中央报告推进实施乡村振兴战略进展情况;建立推进"新三农"协同发展和推进乡村振兴战略的实绩考核制度,并将考核结果作为领导干部选拔任用晋升等的重要依据。党委农村工作部门是推进"新三农"协同发展、实施乡村振兴战略的"参谋部",党委农村工作部门要充分发挥好决策参谋、统筹协调、政策指导、推动落实、督导检查等职能。县级党委政府是"新三农"协同发展、乡村振兴战略的具体组织实施者,县委书记是推进"新三农"协同发展、乡村振兴的"一线总指挥"。第三,进一步加强"三农"工作干部队伍建设。各级领导干部尤其是"三农"工作者,要进一步增强责任感、使命感。要懂农业,了解农业农村经济发展的实际,善于学习农业经济、技术和管理,不断提高引领市场和依法行政的能力;要爱农村、爱农民,尊重农村发展规律,尊重农民的首创精神,对"三农"工作带着深厚的感情,深深地扎根于农民群众之中,善于倾听了解农民群众的诉求和期盼,切实维护好农民群众的利益。"三农"工作干部队伍建设,一是要配强农业农村部门领导干部和工作人员。把熟悉"三农"工作、有基层工作经验、组织协调能力强的干部选拔到领导岗位。注意选拔优秀年轻干部充实到队伍中来。二是重视农村基层工作队伍建设。在培养锻炼优秀干部和选拔任用优秀干部时重视到基层从事"三农"工作的经历和经验,重视对基层"三农"工作优秀干部的提拔、交流,形成人才向农村基层一线流动的良好导向。要选好、用好、培训好农村党支部书记,充分发挥农村党支部书记的模范带头作用。①

---

① 《十九大以来重要文献选编》(上),北京:中央文献出版社,2019年,第157~181页。

坚持党领导"新三农"协同发展，推进乡村振兴，当务之急，要根据坚持党对一切工作的领导的要求和新时代"三农"工作新的形势、任务、要求，落实中国共产党领导农村基层组织工作的指导思想、组织设置、职责任务、经济建设、精神文明建设、乡村治理、领导班子和干部队伍建设、党员队伍建设、领导和保障等方面的要求，全面提升新时代党的农村基层组织建设质量，夯实党在农村的执政基础，深入推进脱贫攻坚与乡村振兴的有效衔接，增强实施乡村振兴战略的定力和韧性。

二、坚持农民主体地位的原则

党的十九大报告将"坚持以人民为中心"确立为新时代坚持和发展中国特色社会主义的基本方略之一，体现了马克思主义唯物史观的必然要求，更是中国共产党人不忘初心、牢记使命的鲜明表达，是不断丰富与发展着的中国共产党人民观在新时代的理论集成创新。中国特色社会主义"新三农"协同发展，必须坚持"以人民为中心"的发展思想，具体体现就是以最广大农民的根本利益为本，坚持农民的主体地位。我国作为一个农业大国，目前农村经济社会发展不平衡不充分的局面尚未根本改变，城乡分割的格局尚未打破，制约农业农村发展的体制性机制性障碍尚未消除，破解城乡二元体制任务艰巨。因此，始终把实现好、维护好、发展好最广大农民的根本利益作为党和国家一切农村工作的出发点和落脚点，体现了全心全意为人民服务的根本宗旨和我们推动农村经济社会发展的根本要求。尊重农民主体地位，发挥农民首创精神，充分调动和发挥广大农民的主观能动性和创造性，保障农民各项权益，更多地关心和解决与农民直接利益密切相关的实际问题，不仅要提高其生活水平、保护其既得利益，而且应注重建立健全农民增收的长效机制和医疗、养老等保障制度，使农民能够和城市居民一样共享改革开放的成果，最终打破城乡二元结构，缩小地区差距、城乡差距，促进农村社会经济发展，走共同富裕之路。

首先，深化农村土地制度改革，完善承包地"三权"分置制度，着力提升农民的农地产权主体地位。承包地"三权"分置，是指在坚持农地集体所有的基础上，将土地承包经营权分为承包权和经营权，坚持农地集体所有，稳定农地承包权，放活农地经营权，这是我国农村土地制度改革的一项重大创新。"三权"分置实现村组集体、承包农户、新型农业经营主体对土地权利的共享，土地所有者、承包者和经营者各有所得，为合理配置土地资源提供了制度保障；"三权"分置使得经营权放活，为多元主体投资农业、在农业农村领域创业创新开辟了空间，技术、资金、人才等生产要素加快向农业农村集聚，"三权"分置为增加农业农村发展活力创新了制度供给；"三权"分置优化农村资源要素的配置，多种形式的适度规模经营不断发展起来，家庭农场、合作社、农业龙头企业等多种类型的新型农业经营主体也蓬勃发展，"三权"分置为推进中国特色农业现代化带来了制度绩效。

农地"三权分置"制度改革在理论、政策、法律以及实践操作上还面临着许多难题，农民的农地产权主体地位还没有得到充分体现。理论方面，对于承包权，存在"成员权"（刘俊，2007）和"物权"（张毅，张江，毕宝德，2016）两种观点；对于经营权，也存在"债权说"（李伟伟，2014）和"物权说"（郜永昌，2013；蔡立东、姜楠，

2015）两种观点。"三权分置"下农地承包权和经营权权属定位的困难和矛盾，带来农民对于相应权利主张的不清晰，这就会导致农民的权利得不到充分的尊重和保障；政策方面，政府关于农村土地改革的政策取向，要兼顾我国农地的社会保障和生产要素双重功能，一方面发挥土地最大的要素配置和财产功能，另一方面又重视土地对农民的就业和生活保障功能，试图在二者间做到平衡和兼顾。在"三权分置"下，农地双重功能的关系处理实质上就演化为农地承包权人和农地经营权人利益关系的处理，这一关系处理不好，既直接影响"三权分置"的实施效果，又伤害农地承包权人和经营权人的积极性。如，在"三权分置"情况下，国家农业补贴制度（包括粮食直补制度、农资综合补贴制度等）是继续瞄准农地承包权人，还是把政策支持对象调整为实际农地经营权人，这就需要做出统筹安排，平衡二者的利益；法律方面，目前，我国已存在的《中华人民共和国物权法》《中华人民共和国农村土地承包法》《中华人民共和国担保法》《中华人民共和国土地管理法》等相关法律法规均没有针对承包权、经营权的性质、权利、流转、抵押、保护等做出相应的解释和体现，这又将进一步影响"三权分置"制度改革的实践，尤其是经营权流转和抵押相关权利的实现面临缺乏法律依据的困境。实践操作方面，土地经营权抵押权属复杂、价值评估难、处置变现难，工商资本、外来业主进入农村流转土地的现象越来越多，农地非农化和非粮化乃至不开发闲置、"圈地"，利用土地经营权证投机、骗贷、套利等行为时有发生。[①] 因此，要进一步深化农村土地制度改革，按时完成农村土地承包经营权确权登记颁证工作，探索"三权分置"多种实现形式，真正让农户的承包权稳下去、经营权活起来，最大限度地保证农民主体地位和利益的实现。

其次，创新培训教育体制机制，增强农民的农业生产组织经营能力，着力提升农民的现代农业经营主体地位。农民在农业农村现代化、乡村振兴中的主体地位，要求具备与之相适应的能力和素质。农民的思想理念、技术水平和管理方式等素质和能力是推进农业农村现代化、乡村振兴的关键因素。"各国农业对经济增长的作用的巨大差别首先取决于农民能力的差别，其次才是物质资本的差别，而土地的差别实际是最不重要的"[②]。因此，立足我国农业农村发展和农民素质的现状，加大支农惠农强农力度，进一步完善各级农民教育培训体系，不断提升农民的农业生产组织经营能力。第一，加大政府对农民公益教育培训的投入力度。中央和省级财政加大对农村义务教育的投资比例，建立稳定的经费投入保障机制，不断缩小城乡、地区教育差距。加大对农业农村职业教育的投入力度，为农业农村现代化培育高质量的主体力量。第二，不断改进新型职业农民培训的方式。培训方式上，以提高农民的职业技能为核心，强化农民的职业理想和信念，提升农民适应土地适度规模经营、集约化和机械化经营的能力，采取分类型、分专业、分阶段、重实训、强服务的培训方式，做到系统知识培训与跟踪指导服务相结合、理论教学与实践教学相结合、传统培训方法与现代手段相结合。第三，不断完善新

---

① 张克俊：《农村土地"三权分置"制度的实施难题与破解路径》，《中州学刊》2016年第11期，第39～45页。

② 西奥多·W. 舒尔茨著，梁小民译：《改造传统农业》，北京：商务印书馆，1987年，第26页。

型职业农民培训的机制。以提升新型职业农民就业能力为主要目标，提高新型职业农民的生产经营管理能力、农业生产效率及增收能力，着力构建政策激励机制、自主提升机制（自主学习、职业规划和目标管理）、创业培植机制和创新培养机制（典型示范＋集中培训）。①

再次，加快农民组织化建设，增强农民抵御市场风险的能力，着力提升农民的市场主体地位。我国是小农户为主要农业经营主体的国家，第三次农业普查显示，我国现有农户2.07亿户，其中规模经营农户仅有398万户，71.4%的耕地由小农户经营，主要农产品由小农户来提供。一方面，农户家庭经营是适合农业生产的有效方式，农户家庭经营效率高于企业化经营主体的效率，也更能适应动植物生命周期规律，农户家庭经营也克服了农业劳动监督困难，保持着内在激励、合理分工、精耕细作的优势，因而农户家庭经营方式具有旺盛的生命力。另一方面，全世界的小农户都存在经营规模狭小、抗风险能力弱、科技推广成本高、兼业经营普遍的趋势。我国现状是超小规模的农户经营，这样就更加放大了小农户的经营缺陷，如小农户必然竞争不过产销大户和涉农企业，成为利益盘剥和风险转嫁的对象；小农户难以实现标准化生产、品牌化经营、批量性供应，很难满足城市对食品安全的需要、参与现代农业发展；小农户被挤压在收益低的种植业环节，导致农业比较收入低，农户兼业趋向普遍；小农户引进科学技术的动力不足，既没有引进的实力，也没有掌握的能力。因此，着力构建现代农业产业体系、生产体系、经营体系，健全农业社会化服务体系，不断提高小农户适应大市场的能力。第一，明确在今后相当长的时期内，小农户仍然是我国的主要农业经营主体。通过改善小农户发展的条件和环境，提升小农户抵御风险的能力。同时，通过政策支持、体制机制构建等措施，将小农户与现代农业发展、与大市场有机衔接，引导、扶持小农户以现代理念经营农业、以现代技术从事农业、以利益共同体获利农业。第二，提升小农户的组织化程度，推动多种形式合作与联合。在目前以农业生产经营或服务为主的农民专业合作社发展的基础上，主要着力解决农民专业合作社"空壳化"、作用小、带动弱的问题，不断提高农民合作水平和合作程度，使农户通过合作、联合获得更高经济收益、更强的竞争能力。第三，推进农业社会化服务全程化，帮助小农户节约成本、增加效益。大力扶持各种农业社会化服务组织的发展，把小农户不想办、难办到、办不了的事情办好，解除小农户"后顾之忧"，让小农户专心发展农业生产，发挥其经营优势。尤其是要支持供销社、邮储银行发挥特有的系统优势、规模优势和人才优势，为农户发展现代农业提供全方位的服务，成为服务"三农"的主力军，还要支持各种专业服务组织的协同服务，搭建合作服务、利益共赢的服务共同体。第四，创新惠农利益分享机制，激发小农户内生活力。要让小农户在现代农业产业体系、生产体系和经营体系中有获得感、幸福感、安全感，激发小农户发展现代农业的内生动力，就必须完善小农户分享现代农业发展红利的利益联结机制，通过保底分红、股份合作、利润返还等多种形式，让小农户合

---

① 徐辉：《新常态下新型职业农民培育机理：一个理论分析框架》，《农业经济问题》2016年第8期，第9～15页。

理分享全农业产业链增值收益。①

三、坚持农业农村优先发展的原则

党的十九大报告从全局和战略高度,明确提出坚持农业农村优先发展,这是一个重大战略思想,是党中央着眼"两个一百年"奋斗目标导向和农业农村短板问题导向做出的战略安排,表明在全面建设社会主义现代化国家新征程中,要始终坚持把解决好"三农"问题作为全党工作重中之重,真正摆在优先位置。第一,坚持农业农村优先发展是中国特色社会主义现代化建设的必然要求。非均衡发展战略导致的城乡发展失衡,近年来总体有所改善但至今尚未根本扭转。坚持农业农村优先发展,是在兼顾城乡发展、城乡利益的基础上,根据现实需要做出的适当侧重,是城乡融合发展两点论和重点论的统一,不会造成工农、城乡关系新的不平衡。第二,坚持农业农村优先发展是国家现代化的战略要求。习近平指出,没有农业现代化,没有农村繁荣富强,没有农民安居乐业,国家现代化是不完整、不全面、不牢固的。在全面建设社会主义现代化强国的新征程中,"三农"协同发展至关重要。农业现代化不能缺位,农村绝不能成为荒芜的农村、留守的农村、破败的农村,农民决不能成为现代化的旁观者、局外人。在新型工业化、城镇化的快速进程中,尽管我国第一产业的比重不断下降,城镇化率不断提升,农村人口不断减少,但农业在国民经济中的战略性基础地位依然不可替代,大量人口依然生活在农村的基本国情没有改变。党的十九大确立了把农村现代化纳入社会主义现代化强国建设体系的新安排,这一思想的创新性在于,在强调农业现代化的基础上,明确提出农村现代化的建设内容和发展目标要求。农业现代化,是产业现代化的概念,属于经济现代化的范畴。农村现代化是一个区域现代化的概念,包含经济建设、政治建设、社会建设、文化建设和生态文明建设方方面面的内容,具有综合现代化的特征。把农村现代化纳入社会主义现代化强国建设体系当中,使中国特色社会主义现代化建设的内涵更全面、更科学、更丰富。第三,坚持农业农村优先发展是解决"三农"问题的现实需要。改革开放特别是21世纪以来,我国农业农村发展取得巨大成就,粮食生产能力不断上升,农民收入实现历史性连增,农村社会更加和谐稳定,但农业结构性矛盾突出,农业现代化依然是现代化建设最薄弱的环节,农村依然是全面建成小康社会的突出短板。坚持农业农村优先发展的原则,创新对农业农村的支持方式,加快构建城乡融合发展体制机制和政策体系,才能尽快补齐农业农村短板短腿,从而为整个国家的现代化提供强有力支撑。

坚持农业农村优先发展,实质上是一种战略原则和政策导向。坚持这一原则,要求各级政府在领导精力摆布、财政资金分配、重大项目安排、支持政策制定等方面,真正把农业农村放在优先位置,实行向农业农村倾斜。②坚持农业农村优先发展,要把握以下重点:第一,树立农业农村优先发展的理念。坚持农业农村优先发展,这是针对我国

---

① 石霞、芦千文:《如何理解"实现小农户和现代农业发展有机衔接"》,《学习时报》2018年3月30日第1版。
② 魏后凯:《农业农村优先发展的内涵、依据、方法》,《农村工作通讯》2017年第24期,第18~20页。

现实经济社会发展中存在的农业农村发展严重滞后、政策取向上更加注重工业和城市等问题提出来的。在过去一个相当长的时期内，由于传统城乡二元体制的束缚和影响，一些地方在经济发展过程中把主要精力放在城市和工业上，存在明显的重工轻农、重城轻乡思想，而对农业农村发展无论是精力投入还是人财物的投入都明显缺乏。在新时期，要从根本上改变这种重工轻农、重城轻乡的观念，牢固树立农业农村优先发展的理念，把"三农"工作放在重中之重的位置，促进政府政策从城市偏向转向农村偏向。第二，推动公共资源向农业农村优先配置。加大公共资源向农业农村倾斜的力度，这既是消除城乡之间由于非均衡发展造成的基本公共服务存量差距的迫切需要，也是防止城乡之间基本公共服务继续出现增量差距的必然要求。经过多年发展和推动，目前我国农村基本公共服务体系的框架已经构建起来，实现了农村基本公共服务体系从"无"到"有"的历史性变革，在保障农村民生方面做出了较大的贡献。但是，目前的农村基本公共服务体系保障水平较低，与城市基本公共服务体系的差距较大。改变这种状况，要推进农村基本公共服务体系建设从"有"到"好"发展，尤其是在推动城乡义务教育一体化发展、完善城乡居民基本养老保险制度、完善统一的城乡居民基本医疗保险制度和大病保险制度、统筹城乡社会救助体系以及加大农村基础设施建设的投入等方面下足功夫。第三，完善农业支持保护政策并提高效能。农业支持保护制度是现代化国家农业政策的核心，建立完善的农业支持保护制度也是我国发展现代农业的必然要求。这些年来，农业补贴涵盖的范围越来越宽，已初步构建了一套适合我国国情的比较完整的农业支持保护体系。随着我国农业发展面临的新情况，农业支持保护力度应进一步加大，并调整政策的着力点。在新时代，我国农业支持保护政策的着力点应突出两个指向：一是竞争力指向，加大对农田水利、土地整治、农业科技、职业农民培训等的投入，不断增强农业内涵式发展能力，促进农业降成本、提效率。二是绿色生态指向，加大对退耕还林还草、退耕还湿和退养还滩、限牧限渔、节水灌溉、耕地地力保护、化肥和农药减量、农业废弃物回收、地下水超采和重金属污染地区治理等的投入，促进农业可持续发展和绿色生态发展。[①] 第四，引导全社会资源投向农业农村。消除政策障碍，加速社会资本投资农业农村。要全面深化农村改革，从政策环境、信用环境、科技投入、劳动要素、土地要素等方面入手，制定相应促进农业农村发展的配套政策，全面激活农村要素、市场和主体，全力激发农业农村发展的内生活力和新动能。要建立对口帮扶和多形式、宽领域、深层次的帮扶机制，加快推动城市和发达地区的资本、技术、服务、项目和人才下乡进程，积极引导形成全社会参与和支持农业农村发展的良好氛围，为实现城乡共建共享共荣奠定坚实的基础。

四、坚持人与自然和谐共生的原则

党的十九大报告将"坚持人与自然和谐共生"作为新时代坚持和发展中国特色社会主义的基本方略，报告指出，"人与自然是生命共同体""人类只有遵循自然规律才能有效防止在开发利用自然上走弯路""我们要建设的现代化是人与自然和谐共生的现代化，

---

① 叶兴庆：《新时代中国乡村振兴战略论纲》，《改革》2018年第1期，第65~73页。

既要创造更多物质财富和精神财富以满足人民日益增长的美好生活需要,也要提供更多优质生态产品以满足人民日益增长的优美生态环境需要"①。人与自然和谐共生深刻把握了生态文明的核心和本质,是一种人因自然而生,人与自然和谐发展、共生共荣的存在状态,人对自然的伤害最终会伤及人类自身。人类必须尊重自然、顺应自然、保护自然,否则就会遭到大自然的报复。这深刻总结了人与自然关系的一般规律,充分体现了我们党对新时代经济社会与自然生态和谐发展规律的深刻认识和准确把握。

中国特色社会主义"新三农"协同发展,要坚持人与自然和谐共生的原则。第一,坚持人与自然和谐共生,建设社会主义生态文明是中华民族永续发展的千年大计。"万物各得其和以生,各得其养以成。"中华文明历来强调天人合一、尊重自然。人与自然和谐共生,是中华民族生命之根,是中华文明发展之源。到了近代,伴随着工业化的浪潮,在快速形成现代化发展物质基础的同时,我们也开始了向自然界进军、改造自然、征服自然的历史进程,这带给了自然生态系统极大的破坏,森林消失、土地沙化、湿地退化、水土流失、干旱缺水等严重生态问题和水、土、空气遭到污染等严重环境问题不断出现。可见,"人类对大自然的伤害最终会伤及人类自身,这是无法抗拒的规律"②。面对资源约束趋紧、环境污染严重、生态系统退化的严峻形势,中国共产党及时转变发展理念和发展战略,明确绝不能以牺牲生态环境为代价换取经济发展,坚决摒弃损害甚至破坏生态环境的发展模式和做法。人与自然是生命共同体,人类只有遵循自然规律才能有效防止在开发利用自然上走弯路。坚持人与自然和谐共生的基本方略,对我们坚持和发展中国特色社会主义具有重要现实意义和深远历史意义。第二,坚持人与自然和谐共生是抓住我国社会主要矛盾转化满足人民日益增长的美好生态环境需要的迫切要求。在我国社会主要矛盾已经转化为人民日益增长的美好生活需要和不平衡不充分的发展之间的矛盾的背景下,人民群众的需求结构也发生深刻变化,良好的生态环境成为人民美好生活的重要内涵之一。人民日益增长的优美生态环境需要与更多优质生态产品的供给不足之间的矛盾突出,成为社会主要矛盾新变化的一个重要方面。③ 只有坚持人与自然和谐共生,在经济社会发展的同时还自然以宁静、和谐、美丽,才能以更多优质的生态产品满足人民日益增长的优美生态环境需要。第三,坚持人与自然和谐共生是中华民族实现永续发展的必然选择。生态环境是人类生存最为基础的条件,是持续发展最为重要的基石。生态兴则文明兴,生态衰则文明衰。人与自然和谐共生,是解决人与自然关系的最佳方案,关系人民的根本利益和民族发展的长远利益。人与自然和谐共生,客观要求倡导绿色发展理念,绿色发展理念是正确处理经济社会发展与生态环境保护之间关系的思想基础,在经济社会发展的各方面融入绿色发展理念,推动形成绿色发展的生产方式和生活方式,这是实现中华民族永续发展的根本保障。

坚持人与自然和谐共生,建设社会主义生态文明,第一,要尊重自然、顺应自然、保护自然。保护自然生态系统,维护人与自然之间形成的生命共同体。习近平指出:

---

① 《十九大以来重要文献选编》(上),北京:中央文献出版社,2019年,第1~41页。
② 《十九大以来重要文献选编》(上),北京:中央文献出版社,2019年,第1~41页。
③ 李干杰:《坚持人与自然和谐共生》,《求是》2017年第24期。

"山水林田湖草是一个生命共同体,人的命脉在田,田的命脉在水,水的命脉在山,山的命脉在土,土的命脉在树"。① 所以,我们要像对待生命一样对待生态环境,统筹山水林田湖草系统治理。第二,树立和践行绿水青山就是金山银山的理念。绿水青山就是金山银山,深刻揭示了发展与保护的本质关系,发展和保护是内在统一的,发展是在保护基础上的永续发展,而保护则是维持发展的潜力和后劲,二者相互促进和协调共生。"绿水青山"代表生态环境所构成的"自然资本","金山银山"代表人类经济活动所形成的"人造资本"。② 保护生态就是保护自然价值并且使自然资本不断得到增值,保护环境就是保护经济社会发展的后劲和潜力。厚植发展的自然资本,不断增强经济社会发展的后劲和潜力,把生态环境优势转化成经济社会发展的优势,人造资本就会源源不断地创造出来,同时,经济社会发展的基础也越来越扎实。第三,坚定不移推动形成绿色发展的生产方式和生活方式,坚持节约资源和保护环境的基本国策,实行最严格的生态环境保护制度,以新发展理念为指导,创新生产方式,改变生活方式,坚定走生产发展、生活富裕、生态良好的文明发展道路。第四,要把生态文明建设融入经济建设、政治建设、文化建设、社会建设各方面和全过程,着力树立生态文明理念、完善生态文明制度体系,形成节约资源和保护环境的空间格局、产业结构、生产方式、生活方式,建设美丽中国。

五、坚持因地制宜、循序渐进的原则

因地制宜,是指遵循客观自然规律和经济社会发展规律,从我国农业农村发展的实际出发,因事制宜,因时制宜,先突出抓好一些典型,以点带面,逐步推进中国特色社会主义"新三农"协同发展的原则。我国农村地域广阔,各地自然条件、资源禀赋、发展历史、文化背景和地理位置不同,而且经济社会发展水平差异较大,建设现代农业的起点高低不一,同时,各地的科学技术水平、农业生产者素质和经营管理水平也不尽相同,所以在实现农业现代化道路上切忌简单地搞一种模式和实行一刀切。需要从最有利于农民、最有条件解决和最需要解决的问题入手,有针对性地选择各具特色的"新三农"协同发展模式。循序渐进,是指在我国"新三农"协同发展的实现过程中,一般以情况比较清楚、条件比较好、阻力及风险比较小的地区为突破口,让那些现实可行的改革方案优先出台,然后逐步推进,逐步解决更为困难和复杂的问题。通过不断地实践又不断地总结经验,修正错误,稳步前进,避免改革出现大的曲折和反复。

坚持因地制宜、循序渐进的原则。第一,"新三农"协同发展需要在不断实践中积累经验。要通过发掘典型经验,全面推动"新三农"协同发展。在实践中,各个地方的资源禀赋不同、社会经济文化背景不同,在发展中会形成不同的经验,这些多样性的经验为"新三农"协同发展提供了多种可能。第二,由于各地的差异较大,没有统一的模式可供模仿,因此需要有最大的包容性,允许各种形式的实验。比如乡村振兴并不排斥乡村的工业化发展,在一些条件允许的地方可以采取分散工业化的模式,通过工业的发

---

① 《十八大以来重要文献选编》(上),北京:中央文献出版社,2014年,第507页。
② 钟茂初:《"人与自然和谐共生"的学理内涵与发展准则》,《学习与实践》2018年第3期,第5~13页。

展提振乡村的经济；乡村振兴也不排斥城市的发展，乡村要拥抱城市，既可以为城市提供多功能服务，也可以吸纳城市人口和城市经济，实现与城市的有机融合；乡村振兴既可以通过发展集体经济，实现农民的共同富裕，也可以实现农业的企业化经营，通过企业管理的方式，实现乡村的有效治理。总之，在"新三农"协同发展过程中需要大胆实践，谨慎地总结经验，审慎地推广相关模式。第三，将中央的顶层设计与地方的主动实验结合起来。地方的主动实验就是坚持边实践边总结，积累经验后逐步推开，出现问题及时应对，发现错误马上纠正，从实践中获得真知。同时，必须加强中央的顶层设计和总体规划，提高决策的科学性，增强措施的协调性。中央的顶层设计与地方的主动实验是辩证统一的。第四，既尽力而为又量力而行。"量力"，表现为实事求是的态度；"尽力"，表现为恪尽职守的实干。"量力"，核心是客观全面认识事物，提出切实可行的对策；"尽力"，重点是把力用好、用足，实现效果最大、最优。量力而行是基础，尽力而为是保障；量力而行是科学精神，尽力而为是负责态度。两者相辅相成、缺一不可。既尊重规律、实事求是，又解放思想、开拓创新，才能实现二者的有机统一。在"新三农"协同发展过程中，既尽力而为又量力而行，要求各级党委政府和领导干部更加注重改进作风、科学指导。既要有一年干好几件事的决心干劲，又要有几年干好一件事的恒心韧劲；既要注重把握"三农"工作的客观规律，又要有迎难而上、认真负责的态度和精神。

第三节　中国特色社会主义"新三农"协同发展的主攻方向

在中国特色社会主义进入新时代的背景下，农业、农村、农民协同发展面临新形势，对接新思想，适逢新战略，要把"四点"作为"新三农"协同发展的主攻方向：一是把协同推进农业供给侧与需求侧的结构性改革作为"新三农"协同发展变革的切入点，二是把适度规模经营与新型农业经营主体培育相结合作为"新三农"协同发展的着力点，三是把推进乡村全面振兴作为"新三农"协同发展的关键点，四是把构建新型城乡工农关系作为"新三农"协同发展作为向外的延伸点。

一、变革的切入点：协同推进农业供给侧与需求侧结构性改革

党的十九大报告指出，我国社会主要矛盾已经转变为人民日益增长的美好生活需要同不平衡不充分的发展之间的矛盾。这表明，目前人民的需求已经超过发展所提供的产品、环境或者一种生存状态。在农业上体现在供给的农产品在数量和质量上同人的需求的不协调。农业的供给侧结构性改革旨在从微观层面，以农产品供给为切入点，通过对生产要素的调整、重组和优化，使农产品在质量和效益上得到提高。《农业部关于推进农业供给侧结构性改革的实施意见》中指出，"推进农业供给侧结构性改革，是当前的紧迫任务，是农业农村经济工作的主线，要围绕这一主线稳定粮食生产、推进结构调整、推进绿色发展、推进创新驱动，推进农村改革"[①]。

---

① 《农业部关于推进农业供给侧结构性改革的实施意见》，《农村工作通讯》2017年第4期，第8~14页。

农业供给侧结构性改革作为我国供给侧结构性改革的主要方面，面临着复杂的形势。2004年以来，我国农业农村发展连年持续好势头、粮食连年增产、农业生产能力迈上大台阶。农民收入持续较快增长，城乡居民收入差距连年缩小。农村公共建设和社会保障加快改善，乡村发展建设进入快车道，农村生产生活条件有了明显改观。可以说，这一时期是农业发展最好、农村变化最大、农民受益最多的"黄金时期"。但农业在连续多年增产丰收以后，也遇到了一系列前所未遇的问题挑战。一是农产品供求结构错位。从大宗农产品看，突出的是大豆缺、玉米多。20世纪90年代中后期以来，我国大豆需求快速增长但国内大豆产量低、成本高，导致进口大豆急剧增加。与此同时，玉米却出现库存积压、价格走低，许多地方库存爆满，存不下、销不动，成为农业供给侧矛盾的突出表现。从品质结构看，农产品大路货多、优质高端品牌缺，虽然当前农产品市场总体平淡，但优质品牌的销路好、价格高。二是生产成本过高。我国农业生产成本持续攀升，前些年是物质投入成本上涨，近些年是人工费用和土地租金的上升。2006年以来我国粮棉油生产成本年均增长10%以上，导致我国农业原有的低生产成本优势在"十二五"时期发生逆转，大宗农产品生产成本比许多主产国高出一大截，高成本导致在国际竞争中不具优势。三是资源透支利用。我国土地超垦过度、地下水超采、土地重金属污染、水土流失加剧、面源污染严重。

我国农业不仅在供给侧方面面临严峻形势，在需求侧上也面临诸多问题。主要指国内部分农产品内需严重不足。尽管2018年我国粮食总产量达6.57亿吨，但需要进口还有1亿吨左右的粮食。实际上2018年我国进口粮食1.08亿吨，其中大豆进口8806万吨，占了进口粮食总量的81.5%。由于亩产不高导致在相同面积下进行农作物生产，大豆的收益就会比其余农作物少，因此，农民都更倾向于种植玉米等收益较高的农作物。国内大豆供应远小于需求，国内大豆供应严重依赖进口。究其原因，第一，我国农产品价格在短期内难以拥有竞争优势。由于我国劳动力价格、土地资源局限以及人民币汇率的影响，我国农产品价格在与国际市场竞争时难以形成优势；第二，尽管我国农产品质量较好，但仍难以占据市场，在某种情况下，优质的产品也并不意味着它的市场占有率高，这是由时机、营销、认知等诸多因素造成的。我国大豆是天然大豆，进口大豆多为转基因大豆，消费者对国产大豆和转基因大豆的认识程度不高，大都认为进口的大豆优于国产大豆，实际上现在对长期食用转基因大豆是否健康还没有一个定论，再加上进口大豆油垄断了国内的油脂市场，这造成国产大豆市场受到限制。从实际的竞争中来看，国产大豆销售困难，这就说明我国在面对国际农产品时，不具备竞争优势。

协同推进供给侧和需求侧结构性改革都是解决经济问题的方法，不可相互否定。在经济学上，供给侧是指生产要素的供给和有效利用，而需求侧主要与带动经济增长的"三驾马车"——投资、消费和出口相对应。从理论上来看，需求侧对应凯恩斯主义，20世纪二三十年代资本主义全球经济危机爆发以后，凯恩斯认为危机爆发的根源是有效需求不足，他强调社会总需求对生产和就业水平的影响，主张通过政府干预和扩大财政预算为主要内容应对经济危机，在凯恩斯主义的应用下，经济发展出现良好态势，凯恩斯主义由此盛行。但到了20世纪70年代，人为地扩大需求致使经济滞胀问题产生，凯恩斯主义失灵，供给学派应运而生。该学派主张通过刺激供给来促进生产增长，并强调在自由市场的环境下,自动调节生产要素的供给和利用,并且认为1929—1933年的世界经济危机不是由于需求不足造成的,而是西方各国政府政策失误后造成的。20世纪90年代以后,在供给主义基础上形成了新供给主义,新供给主义主张通过放松供给约束,用供给自动创造需求来促进经济增长。由此可见,供给侧和需求侧都是在不同历史发展阶段下解决经济问题的方法,具有现实性和针对性,不存在谁优谁劣的问题。

供给侧和需求侧都是经济增长的两翼,二者功能互补,缺一不可。习近平指出:"目前,在'三期叠加'的大背景下,影响经济增长的突出问题有总量问题,但结构性更为突出。在有效供给不能适应需求总量和结构变化的情况下,稳增长必须在适度扩大总需求和调整需求结构的同时,着力加强供给侧结构性改革,实现由低水平供需平衡想高水平供需平衡的跃升"。① 也就是说,在适度扩大需求侧改革的同时,不能忽视供给侧对经济发展质量和效益的突出作用,这是符合当今中国发展阶段的正确选择。供给和需求的功能互补,主要指供给和需求相互统一但又具有差异性。二者的统一在于供给满足需求,新的供给刺激新的需求,而需求又引导供给,促进供给;二者的差异性表现在一是供给着眼于经济运行的起点,注重发展的质量与动力,需求侧着眼于经济环节的结果,注重经济发展的成效;二是供给侧主要通过结构转型、增加供给产品的质量来促进经济增长,过程较长,是一个长期不断调整且不断完善的过程。而需求侧主要通过政府扩大内需,刺激消费的方式来促进经济增长,耗时较短,在短期内即可见成效,当前的农业结构性改革在着重抓供给侧的同时,也要使供给侧与需求侧相协调、共发展。

供给和需求是一对基本的经济结构关系,造成我国农业发展结构失衡问题的,不仅仅是供给侧一方面的问题,需求侧也存在问题。此外,供给侧和需求侧之间存在密切的经济联系,需求侧存在的困境既可以通过政府需求的调控得到解决,也需要借助于供给上的改善加以优化。比如,玉米在供给侧上存在供过于求的问题,而大豆在需求侧上面临国内消费需求不足的困境,这便是目前农产品面临的"多了"和"少了"并存的局面。大豆单亩产量较低引发的农民生产积极性不高,造成大豆自给程度非常低,使我国大豆内需严重不足,究其根源,还是在于我国大豆培育技术和科技水平不足。这就说明农业供给侧和需求侧改革不能单独进行一方,二者存在密切联系,需要在着重抓供给侧结构性改革的同时,推进需求侧结构性改革。总之,农业发展结构问题,既有本身生产效率、产品质量的原因,也有内在需求本身不足的原因,因此需要将农业供给侧和需求侧结合起来,使二者相协调,充分发挥彼此间的相互作用。

二、发展的着力点:同步推进适度规模经营与新型经营主体培育

1986年《中共中央国务院关于一九八六年农村工作的部署》的"中央一号文件"首次从党和国家层面以正式文件明确了"要充分利用统一经营、统一分配的条件,加强农业的基本建设和技术改造,适当调整经营规模,促使农工商各业协调发展"②,蕴含

---

① 《十八大以来重要文献选编》(下),北京:人民出版社,2018年,第75页。
② 《中共中央国务院关于"三农"工作的一号文件汇编(1982—2014)》,北京:人民出版社,2014年,第74页。

了明确的"农业适度规模经营"意味。此后,历次关于"三农"的决定、意见和"中央一号文件"中强调发展农业适度规模。党的十八大报告强调:"坚持和完善农村基本经营制度,依法维护农民土地承包经营权、宅基地使用权、集体收益分配权,壮大集体经济实力,发展农民专业合作和股份合作,培育新型经营主体,发展多种形式规模经营,构建集约化、专业化、组织化、社会化相结合的新型农业经营体系。"[1] 这为党的十八大以来推进新时代中国特色社会主义"新三农"协同发展指明了方向、原则和任务,培育新型经营主体成为中国特色社会主义"新三农"协同发展的重要内容。党的十八届三中全会通过的《中共中央关于全面深化改革若干重大问题的决定》指出,"要加快构建新型农业经营体系。坚持家庭经营在农业中的基础性地位,推进家庭经营、集体经营、合作经营、企业经营等共同发展的农业经营方式创新",并"鼓励承包经营权在公开市场上向专业大户、家庭农场、农民合作社、农业企业流转,发展多种形式规模经营"[2]。明确了新型农业经营主体的发展方向,并鼓励土地承包经营权向新型经营主体流转的方针。2017年党的十九大报告提出:"构建现代农业产业体系、生产体系、经营体系,完善农业支持保护制度,发展多种形式适度规模经营,培育新型农业经营主体,健全农业社会化服务体系,实现小农户和现代农业发展有机衔接"。[3] 再次强调了发展多种形式适度规模经营和培育新型农业经营主体的重要性。农村适度规模经营与新型经营主体培育在实现"新三农"协同发展和实施乡村振兴战略过程中具有重要意义和地位。

"适当调整经营规模"自1986年首次提出,再到2018年"中央一号文件"再次强调开展适度规模经营,足见其在农业发展中的重要性。其实早在1984年和1986年两个"中央一号文件"中就出现了与适度规模经营内涵相同的表述:"鼓励土地逐步向种田能手集中"和"发展适度规模的种植专业户"。在1981年家庭联产承包责任制推行以后,党中央既看到了家庭联产承包责任制带来的成果,也意识到家庭联产承包责任制的制约。一方面,家庭联产承包责任制,解决了大多数农民的温饱问题促进了农业内部产业结构的调整,改善了人民生活;另一方面,一家一户的承包经营,不利于发挥机械化大生产大作业的优势,也不能很好的驾驭市场,抵御风险,再加上劳动力素质较低,推行科学技术水平的难度很。正是由于家庭联产承包责任制存在这些问题,在1984年,规模经营的思想就已经有所体现。直到党的十九大召开以后,其重要性也愈来愈大。邓小平曾提出我国农业改革与发展两个飞跃的思想,第一个飞跃是废除人民公社,第二个飞跃是发展适度规模经营。适度规模经营,指在一定环境和社会经济条件下,土地、劳动力等各生产要素的自由组合和有效运行,并取得最佳经济效益。具体而言,将小规模的分散的土地、资金等调整为大规模的生产要素的集合。而在这个概念中"适度"一词尤为重要,规模调整应把握好这个度,规模过大不行,规模过小也不行,并且每个地区状况差异较大,规模也要适度扩大或缩小。检验是否达到"适度"的因素,便是在规模调整后,农业的经济效益、生态效益和社会效益情况,其中经济效益是主要的衡量指

---

[1] 《十八大以来重要文献选编》(上),北京:人民出版社,2014年,第18页。
[2] 《十八大以来重要文献选编》(上),北京:人民出版社,2014年,第523页。
[3] 《十九大以来重要文献选编》(上),北京:中央文献出版社,2019年,第1~41页。

标，在顾及经济效益时也要兼顾社会和生态效益。

新型农业经营主体，是在坚持家庭承包经营基础上创新我国农业经营体制机制、构建新型农业经营体系的骨干力量，是建设现代农业、保障国家粮食安全和主要农产品有效供给的重要主体。从制度层面看，培育壮大新型农业经营主体是对我国以家庭承包经营为基础成分结合双层经营体制的完善。新型农业经营主体在家庭承包经营基础上，通过土地流转，将分散的土地资源整合，进行适度规模化生产，从而提高农业比较效益。新型农业经营主体，通过对产前、产中、产后等环节服务的优化，提高传统农户的专业化和集约化水平，实现传统农户与现代市场的对接，推动了农业生产的组织化、社会化，巩固了以家庭承包经营为基础的农村基本经营制度。从产业发展层面看，新型农业经营主体是现代农业发展的依靠力量，对于构建现代农业产业体系有着不可替代的作用。龙头企业、农民合作社等新型农业经营主体，作为优化农业生产链条的主要力量，将资金、技术和管理等要素引入农业，在产前、产中发挥重要指导作用的同时，大力发展产后加工和流通，从而延长产业链条，增加农产品附加值，提升了农业的比较效益，推动了现代农业产业体系的构建，增强了农业的市场竞争力和抗风险能力。

不同新型农业经营主体在现代农业中发挥的功能不同。专业大户、家庭农场作为规模生产主体，在农产品生产方面既承担基础的生产功能，也作为生产榜样对小型农业经营主体发挥巨大示范作用，影响小型农业经营主体的生产方式，逐步带动小型农业经营主体向依靠先进科技和先进生产手段提高劳动生产率的方向转变，增加技术、资本、管理等生产要素投入，着力提高集约化水平。农民专业合作社是提高农民组织化程度的重要力量，能够很好地把农民与市场联结起来，是农民进入国内外市场的主要经营组织。一方面，农民专业合作社把农民组织起来，增强了农民应对市场风险、与企业进行谈判的能力，降低了交易费用与成本；另一方面，农民专业合作社可以推进农产品标准化生产，加快农业科技成果的转化和先进农业科学技术的推广，为农产品在市场竞争中确立应有地位打下坚实基础。龙头企业集聚人才、资金、技术、管理以及设备等资源方面的优势，是先进生产要素的集成，是新时代农业现代化发展和农业结构调整的引领力量。在整个产业链中，龙头企业在农产品加工和市场营销等方面的作用更加突出，并为农户提供产前、产中、产后的各类生产性服务。但龙头企业不宜长时间、大面积租种农民土地直接耕种和经营。随着我国农业现代化建设的不断推进，各类新型农业经营主体不断发展，不同新型农业经营主体的作用也会得到充分体现。不同新型农业经营主体和组织共同协作、相互融合，形成具有中国特色的新型农业经营体系，推动传统农业向现代农业转变。①

农村适度规模经营是解决农村发展中分散效率低，生产要素利用率不高的问题的重要方式，适度规模经营作为一种经营方式，它的运行离不开运营主体，并且在当今农业发展新态势面前新型经营主体会成为适度规模经营的运营主体之一，未来可能会占据更大比重，二者共同存在且相互促进，共同致力于乡村振兴。二者相互关系表现在适度规

---

① 张照新、赵海：《新型农业经营主体的困境摆脱及其体制机制创新》，《改革》2013 年第 2 期，第 78~87 页。

模经营能提高新型经营主体的农业生产活动的效率,发挥最大人力物力作用,产生最大效益;而新型主体由于组织管理更具现代化,主体思维更为灵活先进,更能将适度规模经营的风险降低,正确把握好适度规模经营的度。

三、协同的关键点:加快实施乡村全面振兴战略

中国特色社会主义"新三农"协同发展的关键在于全面推进乡村振兴发展。党的十九大提出的乡村振兴战略,不是对农村改革初始目标的简单的提高,也不仅仅是新农村建设规划的升级版,而是新时代"五位一体"总体布局和"四个全面"战略布局在农业农村的全面贯彻落实,也是整个新时代推动"新三农"协同发展的总抓手。首先,全面推进乡村振兴发展是化解新时代主要矛盾、解决发展不平衡不充分问题的必然选择。新时代我国社会发展的主要矛盾已经转变为人民日益增长的美好生活需要和不平衡不充分的发展之间的矛盾。而最大的不平衡是城乡发展的不平衡,最大的不充分是农村和农业发展不充分。从城乡居民收入和消费看,2018 年我国城镇居民人均收入和消费支出分别是农村居民的 2.79 倍和 2.15 倍。从基础设施看,根据第三次全国农业普查,2016 年全国农村还有 46.2% 的家庭使用普通旱厕,甚至还有 2% 的家庭没有厕所;26.1% 的村生活垃圾、82.6% 的村生活污水未得到集中处理或部分集中处理;38.1% 的农村主要道路没有路灯。从基本公共服务来看,2016 年 67.7% 的村没有幼儿园、托儿所,18.1% 的村没有卫生室,45.1% 的村没有执业(助理)医师。① 城乡之间的这些差距还仅仅是数量上的差距,如果看质量,城乡差距就更大。其次,全面推进乡村振兴发展是打破现代化进程中乡村衰落铁律的重大举措。总结其他国家和地区的现代化经验教训,伴随着现代化的进程,乡村走向衰落似乎是一条"铁律"。例如,西方发达国家走向现代化,带来的结果是乡村人口稀少且老龄化严重,乡村缺乏活力,乡村衰落凋敝的情况较为普遍;同时,许多发展中国家在走向现代化过程中,大量乡村人口流向了城市贫民窟。其他国家的现代化经验教训表明,国家现代化进程中,必须高度重视"三农"问题。在我国现代化的实际进程中,也出现了一定程度的"乡村病"或者说乡村衰落的现象:一是村庄空心化。② 村庄空心化主要表现在以下几个方面:农业劳动力空心化,青壮年劳动力基本都已外出务工,造成了农业劳动力的老龄化和女性化;村级管理主体空心化,农村精英外流,导致乡村治理能力下降;村落住房空心化,房屋季节性闲置越来越普遍。③ 二是农村污染日益严重。农村污染主要是农业面源污染和农村生活污染,同时,还有城市和工业污染日益向乡村渗透。三是乡村文化空虚。村庄文化生活贫乏④,村庄公共文化服务和空间萎缩,村庄公共文化活动缺乏。面对现代化进程中出现的"乡村病"或者说乡村衰落的现象,乡村振兴最直接的目标就是治理"乡村病",打破乡村

---

① 叶兴庆:《新时代中国乡村振兴战略论纲》,《改革》2018 年第 1 期,第 65~73 页。
② 项继权、周长友:《"新三农"问题的演变与政策选择》,《中国农村经济》2017 年第 10 期,第 13~25 页。
③ 陈龙:《新时代中国特色乡村振兴战略探究》,《西北农林科技大学学报(社会科学版)》2018 年第 3 期,第 55~62 页。
④ 沈费伟、刘祖云:《村庄重建的实践逻辑与运作模式——以湖州市荻港村为例》,《南京农业大学学报(社会科学版)》2017 年第 2 期,第 19~29 页。

衰败这一"铁律",实现乡村的现代化。

实施乡村振兴战略,要从战略和全局的高度统筹谋划,科学推进。具体而言,乡村振兴包括了乡村产业振兴、乡村人才振兴、乡村文化振兴、乡村生态振兴和乡村组织振兴等方面。"五个振兴"是对乡村振兴战略总要求的具体展开,相互支撑,相辅相成,为解决"新三农"协同发展提供了新思路、新方法。

产业振兴为实现乡村振兴奠定坚实的物质基础。在乡村振兴过程中,产业振兴不仅指农业主业兴旺发展,也指包括了农村一二三产业在内的百业兴旺发展。产业振兴发展是支撑乡村振兴的源头,也是解决其他问题的前提。"农业强"基本目标的落实、"农村美"物质基础的夯实、"农民富"根本目标的实现,都依赖于产业振兴。近年来,我国乡村产业发展取得了积极成效,新产业新业态大量涌现,农村创新创业的环境不断优化。但整体上而言,我国乡村产业发展存在产业门类不齐全,产业体系与生产体系均不完整,产业链较短,产业增值能力低,就业容量小,要素活力不足和质量效益不高等问题。这些都是在乡村振兴过程中要注意解决的问题。培育壮大乡村产业,优化乡村产业空间结构,有利于培育多元融合主体,推进质量兴农、绿色兴农。

人才振兴为实现乡村振兴提供可靠的人才保障。人力资本是乡村振兴发展的关键因素。我国要实现乡村振兴,必须加强乡村人力资源开发。"在传统农业中充其量也只能有很小的增长机会,因为农民已用尽了自己所支配的技术状态的有利生产可能性。仅限于对他们使用的生产要素做出更好的资源配置以及进行更多的储蓄和无助于增长。"[①]舒尔茨认为,对发展中国家来说,向农民进行中小学教育以及文化投资是最有利的人力资本投资。开发和利用农村人力资源,实现乡村人才振兴,可以从以下几个方面着手:一是加强基础教育,提高农业后备劳动力资源的素质。农村后备劳动力资源的素质状况直接影响到乡村振兴,乃至整个社会经济的持续、协调发展。因此,统筹城乡教育资源,努力增加农村教育投资,改善教学设施和教师待遇,提高师资水平,推动城乡义务教育一体化发展,普及高中阶段教育。二是调整和完善现有农村教育结构,增加对农民职业教育、业余教育、短期技术培训等方面的投资,改革教育结构和培训制度,推进教育培训政策与就业政策的紧密衔接,并以此建立教育培训方面和教育培训投资的决定机制。三是促进优秀人才向农村流动。农村大部分从业劳动人口文化素质的高低,在很大程度上影响了乡村振兴的实现。因此,促进优秀人才向农村流动十分必要,需要国家的政策引导和鼓励,以及配套工作的完善。同时,乡村要加强自身的发展,增强自身的吸引力,因地制宜引进各类人才。

文化振兴为实现乡村振兴提供有力的精神支撑。乡村文化在长期的农业生产生活过程中形成,具有强烈的地域色彩,乡村文化经过长期的积淀成为共同的文化记忆。乡村文化中所蕴含的思想观念、人文精神、道德规范是维护乡村社会秩序的重要内生动力,对整个中国社会的发展起着重要的涵养作用。要实现乡村振兴,乡风文明是保障,乡村文化振兴提供强有力的精神支撑,同时,繁荣乡村文化,焕发乡风文明也是乡村振兴应有的题中之意。然而,乡村文化振兴面临着乡村国家意识形态建设式微、乡村公共文化

---

① 西奥多·W. 舒尔茨著,梁小民译:《改造传统农业》,北京:商务印书馆,1987年,第99页。

短缺、乡土文化被边缘化以及宗教文化对乡村文化侵蚀严重等问题。① 这些问题反映了乡村文化内容亟待充实，乡村文化阵地亟待巩固，乡村振兴主体——农民的主体精神和文化素养亟待塑造。因此，乡村文化振兴应包括以下内容：重视乡村文化的价值，不能把乡村文化与落后画上等号，充分挖掘乡村文化的内涵，并赋予其崭新的时代气息，让其在新时代焕发出魅力和风采；以社会主义核心价值观引领乡村文化建设，充分挖掘优秀传统农耕文化并发挥其凝心聚力、教化民众、淳朴民风的作用，积极引导宗教与社会主义相适应，严厉打击邪教等在乡村地区的传播；重视乡村文化基础设施建设以及公共文化产品和服务的供给，让丰富多彩的健康的公共文化生活充盈乡村群众的闲暇时间，使得乡村群众的文化生活不断丰富起来；重视乡村文化人才的培育和挖掘，充分发挥村"两委"人员、非物质文化传承人、乡村文化艺人、大学生村官、乡村草根文化队伍以及其他社会力量等不同力量在乡村文化振兴中的作用。

生态振兴为实现乡村振兴提供良好的生态保障。推进绿色发展是我国经济社会发展的一场深刻革命。从生产到生活，离开了绿色，乡村就失去了本色。在乡村振兴过程中，生态振兴要围绕建设美丽宜居乡村这一核心目标，着力实现乡村绿色可持续发展。在改善农村人居环境方面，治理乡村污染，全面开展农村人居环境整治，提升农村人居环境质量。在推进农业绿色发展方面，以生态环境友好和资源永续利用为导向，推动形成农业绿色生产方式，提高农业绿色可持续发展能力，基本形成与资源环境承载力相匹配、与生产生活生态相协调的农业发展格局。在乡村生态保护与修复方面，优先实施乡村生态系统保护和修复重大工程，健全完善重要生态系统保护制度，健全生态保护补偿机制，发挥自然资源多重效益，促进乡村生产生活环境稳步改善，进一步增强生态产品供给能力。

组织振兴为实现乡村振兴提供坚强的组织保障。在乡村振兴过程中，"组织振兴"主要指基层党组织的振兴。基层党组织是乡村经济社会发展的领导核心，是贯彻落实党和国家各项方针政策的主体，是实施乡村振兴战略的"主心骨"。党的十九大政治报告指出，"加强基层党组织建设，要以提升组织力为重点，突出政治功能"②。因此，在乡村振兴过程中，乡村基层党组织建设要围绕提升组织力这个重点展开。优化乡村基层党组织的组织体系，强化组织覆盖，探索有利于加强党的领导、发挥党组织优势的组织体系设置方式；加强党对乡村人才工作的领导，将乡村人才振兴纳入党委人才工作总体部署③；密切乡村基层党组织与农民群众的联系，建立起与农民群众的沟通机制；提升乡村基层党组织的服务能力，深入了解农民群众的不同诉求，建立服务农民的长效机制；提高乡村基层党员干部的能力和素质，把乡村的优秀人员吸纳进党组织，加强对乡村基层党员干部的培养和使用。

---

① 欧阳雪梅：《振兴乡村文化面临的挑战及实践路径》，《毛泽东邓小平理论研究》2018年第5期，第30~36页。
② 《中国共产党第十九次全国代表大会文件汇编》，北京，人民出版社，2017年，第52页。
③ 《中共中央国务院关于全面推进乡村振兴加快农业农村现代化的意见》，《人民日报》2021年2月22日第1版。

四、向外的延伸点：重构新时代新型工农城乡关系

正确认识和处理工农关系、城乡关系，始终是我国现代化进程中具有全局性和战略意义的重大课题。正确认识和处理工农城乡关系，有利于国民经济发展、政治稳定和社会和谐，在国家发展不同阶段，基于当时经济情况、政治要求和发展目标，制定特定时期的发展战略，进而在发展战略的框架指导下，形成对工农城乡关系状况认识和要求。对工农关系、城乡关系状况的认识，以及对工农关系、城乡关系处理得好坏，直接影响到我国社会主义现代化的历史进程。

新中国成立70年来，从工农城乡政策来看，我国工农城乡关系的演变主要经历四个阶段。第一阶段：1949—1978年。新中国成立后，为了迅速改变我国"一穷二白"的状况，为实现国家工业化提供急需的资金、人力等资源要素，基于农业大国的基础，我国确立了"农村支持城市、农业养育工业"的方针，对农业农村"多取少予"，实行城乡分割的体制和政策。第二阶段：1979—2004年。改革开放后，我国及时梳理总结工农城乡状况，对工农、城乡政策不合理之处进行修改和调整，城乡发展态势得到一定改善。进入21世纪，党的十六大把"三农"问题和统筹城乡发展作为全党工作的重中之重，将其置于经济社会发展的全局来考虑。总体而言，这一时期国家增加了对农业的投入，在国民收入分配等方面对农业农村政策上进行了一定程度的调整，但"农村支持城市、农业养育工业"的政策框架没有根本改变，城乡二元结构矛盾突出。第三阶段：2005—2012年。进入新世纪新阶段，我国经济社会发展呈现新的阶段性特征。在把握工农城乡关系深刻转变的基础上，党的十六届四中全会提出"两个趋向"的重要论断，并提出我国已经进入"工业反哺农业、城市支持农村"的发展阶段。在这些重大判断的基础上，我国工农城乡关系政策发生转变，其标志就是"多予少取放活"。党的十七大提出建立以工补农、以城带乡的长效机制，形成城乡经济社会发展一体化的格局，为"工业反哺农业、城市支持农村"明确了方向和目标。这一阶段，我国城乡二元结构矛盾缓解，但没有从根本上得到解决。第四阶段，2013年至今。党的十八大强调"解决好农业农村农民是全党工作重中之重，城乡发展一体化是解决'三农'问题的根本途径"[①]。党的十九大在深刻把握我国城乡关系、工农关系发展新特征的基础上，明确提出"建立健全城乡融合发展体制机制和政策体系"[②]。城乡统筹发展强调政府的统筹作用，城乡发展一体化强调一体化目标，而城乡融合发展强调共生共荣、融合互动和共建共享，是实现城乡共荣和一体化的重要途径，其表述更加符合现阶段的发展特征。改革开放以来，我们党对工农城乡的政策从统筹城乡发展到城乡发展一体化，再到城乡融合发展，体现了党中央对我国工农关系、城乡关系变化的深刻把握，体现出党中央对城乡发展失衡问题重视程度不断提高，反映了我们党在处理工农关系、城乡关系的政策方面，既一脉相承又与时俱进，并对构建新型工农城乡关系的思路不断深化。

新时代处理好工农关系、城乡关系，重要的是推动城乡融合发展。城乡融合发展是

---

① 《十八大以来重要文献选编》（上），北京：中央文献出版社，2014年，第18页。
② 《十九大以来重要文献选编》（上），北京：中央文献出版社，2019年，第1~41页。

农业农村优先发展思想的重要体现,目的是实现农业农村现代化。

第一,树立城乡一盘棋的理念。城市与乡村作为两种不同发展状态,在国家发展中有不同的定位和功能,二者在发展上相互依存、相互融合,在结果上是互促共荣的生命共同体。城市的发展和繁荣绝不能建立在乡村凋敝和衰败的基础上,乡村的振兴也离不开城市的带动和支持,城市和乡村的发展谁也离不开谁,城乡共同繁荣是全面建成小康社会和实现社会主义现代化的重要前提。就现实来看,城乡发展不平衡不充分的问题突出。农村居民的人均可支配收入、消费水平远落后于城镇居民,农业全员劳动生产率远低于非农产业,农村基础设施和公共服务也落后于城镇。因此,树立城乡一盘棋的理念,推动城乡互为依托,实现城乡共建共荣共享,是破解不平衡不充分的发展难题的根本途径,也是确保实现高质量发展的前提条件。

第二,大力促进城乡要素融合互动。城乡开放是城乡融合发展的基础和前提。长期以来,受城乡二元体制的影响和束缚,城镇集聚了农村人口、资金和人才等大部分资源,总体形成乡村资源要素流向城镇的单向格局,而城镇资源要素向农村流动则处于较低水平。近年来,随着各地破解城乡二元结构的政策力度加大,城镇公共资源和公共服务逐渐向农村延伸并加快步伐,城镇资源要素流向农村也取得较大进展,城乡要素正从过去的乡村资源要素流向城镇的单向格局逐步转变为城乡之间的双向互动。在新时代,积极引导资源要素在城乡之间合理流动,必须按照平等、开放、融合、共享的原则,抓住土地、人才和资本等关键要素。

第三,建立健全城乡融合的体制机制和政策体系。城乡二元结构是制约城乡融合发展的主要障碍。重塑新时代城乡关系,加快推进农业农村现代化进程和实现乡村振兴,必须从根本上打破城乡分割的传统体制机制障碍,必须把城市与农村看成一个平等的有机整体,建立健全城乡融合发展的体制机制和政策体系。在农业农村优先发展的原则下,把公共资源优先投向农业农村,逐步实现城乡公共资源配置适度均衡和基本公共服务均等化,在进一步增加农村基础设施和公共服务供给数量的基础上,不断改善和提高农村基础设施和公共服务的供给结构以及供给效率和质量。当前,重点是全面深化城乡综合配套改革,构建城乡统一的户籍登记制度、人才流动激励制度、土地管理制度、就业管理制度、金融支持制度、社会保障制度以及基本公共服务普惠共享制度,促进城乡要素自由流动、平等交换和公共资源均衡配置,使城乡居民能够平等享受等值的生活水准和生活品质。不断深化农村产权制度改革,激活农村的资源要素,尽快打通"资源变资产、资产变资本"的渠道,实现农村资源的资产化、资本化、财富化,拓宽农民持续稳定增收的渠道。

第五章　中国特色社会主义"新三农"协同发展的动力机制

> 注重从体制机制创新上推进供给侧结构性改革,着力解决制约经济社会发展的体制机制问题。[1]
>
> ——习近平

通常说来,"机制"可大致分为运行机制和实现机制,运行机制是指是以一定的运作方式把事物的各个部分联系起来,使它们协调运行而发挥作用。实现机制则是保证事物按照所设定的方式进行运行的规则制度,同时也可以通过改革相关制度,达到转换机制的目的。根据本书基于城乡"空间结构共生"理论建构的党领导实施乡村全面振兴战略引领的"新三农"协同发展分析框架,我国"三农"运行机制可以看作为政府、市场与社会在"三农"领域的协同互动关系,"三农"的发展总是离不开党总揽全局、规定战略走向的顶层设计,落实于由各层级、各部门结合而成的纵横交错的政府体系运用公共权力和权威的执行,渗透于"三农"生产、交换、积累、消费活动的市场体系,体现于作为农民主体联合而成的社会组织积极有序参与。可以说,政府、市场和社会的协同互动关系直接反映了"三农"领域的运行、发展,以及相应的组织和规则制度的建设逻辑。[2]

中国特色社会主义"新三农"协同发展的核心动力是改革开放,而内生动力则是全面深化改革,因此,现阶段我国全面深化改革仍要从农村突破,形成强大改革动力和发展合力。当然,新型城乡工农互动关系决定了不能仅从农业农村内部解决"三农"问题,必须跳出"三农"发展"三农"。因此,"新三农"协同发展需要在中国共产党领导下按照"政府—市场—社会"三维理路,构建以政府"牵引力"、市场"源动力"、社会"驱动力"为核心内容的动力体系,为推进中国特色社会主义"新三农"协同发展注入强大动力。具体而言,政府"牵引力"属于外源力、市场"源动力"属于内生力,社会

---

[1] 《习近平谈治国理政（第2卷）》,北京：外文出版社,2017年,第103页。
[2] 胡宁生：《国家治理现代化：政府、市场和社会新型协同互动》,《南京社会科学》2014年第1期,第80~86页。

"驱动力"属于辅助力。外源力、内生力、辅助力又各自形成子动力系统——政府"牵引力"子动力系统、市场"源动力"子动力系统、社会"驱动力"子动力系统。三大子动力系统又各自包含三大核心动力，内容丰富、且相互助力，有机整合形成拥有强大合力的动力体系，有效有序推动中国特色社会主义"新三农"协同发展。

第一节 构建党领导"新三农"协同发展的工作机制

"办好农村的事情，关键在党。党管农村工作是我们的传统。这个传统不能丢。"[①] 党的领导是推进"新三农"协同发展的根本政治保证和政治优势。党的十九大提出，必须始终把解决好"三农"问题作为全党工作重中之重。同时习近平总书记多次强调，办好农村的事情，关键在党。必须加强和改善党对"三农"工作的领导，切实提高党把方向、谋大局、定政策、促改革的能力和定力，确保党始终总揽全局、协调各方，提高新时代党领导农村工作的能力和水平。进入新时代，农村工作更加复杂更加艰巨，农业农村工作千头万绪，关系农村产业、人才、文化、生态、组织，既需要分兵把口，更要统筹协调，摆布好力量，形成整体协同力，所以探索完善党的农村工作机制具有重要现实意义。

一、加强党对新时代"三农"工作的顶层设计是首要任务

"不畏浮云遮望眼，只缘身在最高层。"在我国，农村千差万别，农民高度分化，农业分工日益复杂，推进"新三农"协同发展是久久为功的战略难题。破解难题的首要任务是要研究绘制顶层设计，科学良好的顶层设计有利于把握三农工作的全局性、关键性、方向性和阶段性，推动三农工作部署的整体性、系统性与协同性。加强党对新时代"三农"工作的顶层设计要以习近平新时代中国特色社会主义思想为指导，按照统筹推进"五位一体"总体布局要求，以"管长远""管全面"的战略眼光，全面部署未来"新三农"的开展工作，绘制"新三农"协同发展的"一张蓝图"。

第一，加强顶层设计的首要是强化党内法规保障，确保党领导农村"走乡村善治之路"。党政军民学，东西南北中，党是领导一切的。进入新时代，党领导的乡村治理体系面临一系列的新形势新任务以及新要求，要确保党精准有效实施乡村振兴战略，推进"新三农"协同发展，就要制定和实施《中国共产党农村工作条例》。2019年中共中央首次出台了《中国共产党农村工作条例》，该条例的出台强化了党对农村工作的领导，把党领导农村工作的传统、要求、政策等以党内法规形式确定下来，通过加强思想指导、明确原则要求范围对象、划定明晰机构职责以及完善队伍建设等内容创新，建立了党委领导、政府负责、社会协同、公众参与、法治保障的现代乡村社会治理体制，健全了自治、法治、德治相结合的乡村治理体系。

第二，强化国家战略规划引领，落实地方战略规划对接，形成顶层设计的"国家—地方"体系，有序推动"新三农"协同发展。2018年9月中共中央、国务院出台了

[①]《习近平关于"三农"工作论述摘编》，北京：中央文献出版社，2019年，第188页。

《国家乡村振兴战略规划（2018—2022 年）》，这是党领导三农工作的重要顶层设计。规划的设计在深入学习与领会习近平新时代中国特色社会主义思想和党的十九大精神的基础上，与中国农村的具体实践相结合，总结了农民农业农村的发展成就与历史变革，正确的研判了农村的发展态势，形成国家顶层设计的正式制度与农民实践的非正式约束之间的良性互动；地方要抓紧时间研究编制地方乡村振兴的战略规划，在贯彻国家战略意图和政策精神的基础上，立足禀赋结合实际，编制地方规划和专项规划或方案，细化实化工作重点和政策措施，推动地方对接国家战略导向，衔接国家重大工程、重大计划与重大行动。在编制地方乡村振兴战略规划的过程中，不仅要处理好"尽力而为"与"量力而行"之间的关系，做到"科学规划、注重质量和从容建设"，还要处理好"面向未来、吸收外来与扬弃以来"之间的关系，体现"辩证思维、远景眼光和战略前瞻"。[①]

第三，科学谋划重大战略、行动和工程，部署一系列重大改革举措和制度建设，系统化地加强顶层设计。比如部署实施国家质量兴农战略规划，建立健全质量兴农评价体系、政策体系、工作体系和考核体系等重大战略，开展农村人居环境整治三年行动、打好精准脱贫攻坚战三年行动、产业兴村等重大行动以及大规模推进农村土地整治和高标准农田建设、建设一批重大高效节水灌溉工程、发展现代农作物畜禽水产林木种业等重大工程，形成重大战略—行动—工程的立体多维体系；围绕巩固和完善农村基本经营制度、深化农村土地制度改革、深入推进农村集体产权制度改革、完善农业支持保护制度、全面建立职业农民制度、建立市场化多元化生态补偿机制、自治法治德治相结合的乡村治理体系、乡村人才培育引进使用机制、鼓励引导工商资本参与乡村振兴等方面，部署一系列重大改革举措和制度建设。[②]

二、完善党对新时代"三农"工作领导体制是根本保证

中国共产党的领导是中国特色社会主义最本质的特征。在乡村振兴战略的框架下推进"新三农"协同发展的根本保证是完善党的农村工作领导体制机制，发挥好党总揽全局、协调各方的作用。进入新时代，"新三农"面临新矛盾和新挑战，对党的领导提出新要求，而当前我国"三农"工作领导体制机制还不完善，存在诸多问题，比如"三农"工作机构设置不健全、干部队伍素质难适应、基层党委组织软弱涣散等，甚至一些地方还出现了党管"三农"的原则放松、力度削弱、认识淡漠等现象。这些都问题和现象必须得到重视和解决，才能为"新三农"的协同发展提供坚实的政治保障。

首先，要健全党委统一领导、政府负责、党委农村工作部门统筹协调的农村工作领导体制机制。领导体制是指对组织系统进行决策、指挥和监督等领导活动的具体制度，是实施领导的组织方式和组织结构，高效的领导体制有利于各组织结构分工明确、责任明晰、协同配合，从而形成推动"新三农"协同发展的工作合力。[③] 对此，2018 年"中央一号文件"明确提出，我们要健全党委统一领导、政府负责、党委农村工作部门统筹

[①]《乡村振兴战略规划（2018—2022 年）》，北京：人民出版社，2018 年，第 2 页。
[②] 施维、刘振远：《实施乡村振兴的顶层设计》，《农民日报》2018 年 2 月 5 日第 1 版。
[③] 杨尚勤、何予平、王茂林：《加强和改善党对"三农"工作的领导》，《中国农民合作社》2018 年第 5 期，第 15~16 页。

协调的农村工作领导体制机制。该体制机制有效地解决了一些地方对"三农"工作不重视、不抓紧的问题，同时保证了党委、政府以及地方党委农村工作部门在协同推进"三农"工作时各司其职，又相互合作，充分发挥决策参谋、统筹协调、政策指导、推动落实、督导检查等多项职能。[①]

其次，健全党的农村工作机制。工作机制是指组织系统为完成共同的目标而设计的工作程序、规则以及运转方式，是一个相互联系着的体系，贯穿于工作的各个环节。新时代，构建农村工作机制要压实责任、加强指导、形成反馈、及时通报，落实考核，各部门协同配合为"新三农"协同发展提供资源要素支持和制度供给。具体来说，要健全党的农村工作机制，一是要建立健全"三农"工作领导责任制。2018年"中央一号文件"明确提出，我们要建立省负总责、市县抓落实的工作机制，明确党政一把手为推进乡村振兴的第一责任人，五级书记抓"三农"工作，特别是县委书记作为乡村振兴的"一线总指挥"要把"三农"工作紧紧抓在手上。二是要建立"三农"工作报告制度。各省（自治区、直辖市）党委、政府每年要向中央报告推进乡村振兴战略的实施情况。省（自治区、直辖市）政府每年向同级人大报告乡村振兴计划的进展情况。三是建立通报制度。省（自治区、直辖市）政府每年向同级政协通报乡村振兴计划的进展。四是完善机构设置。按照《中国共产党工作机关条例（试行）》有关规定和机构改革的统一要求，做好"三农"工作机构设置和职能优化配置。五是加强各级党委农村工作部门建设。积极推行县级党委分管负责同志兼任同级党委农村工作部门负责人制度。六是建立考核制度。建立市（州）、县（市、区）党政领导班子和领导干部推进乡村振兴战略的实绩考核制度，将考核结果作为选拔任用领导干部的重要依据。

三、加强"三农"工作干部队伍建设是重要支撑

致天下之治者在人才，成天下之才者在教化。习近平同志在党的十九大报告中明确提出，要加快推进农业农村现代化建设，就要努力培养造就一支懂农业、爱农村、爱农民的"三农"工作队伍。可以说乡村振兴的前提是人才振兴，"新三农"协同发展的前提是"新三农"人才的发展，而"新三农"人才的领头羊无疑是我党干部队伍。但是，当前我国"三农"工作干部队伍还面临诸多问题，一是部分干部知识匮乏、能力不足，服务"三农"工作的能力和水平不高。二是干部队伍不稳定、年龄老化，农村留人难，留年轻人更难。三是部分干部工作热情不高，对农村没有归属感、没有乡土情结，在推进"三农"工作时"脚上既无泥巴，手上更无力气"。对此，我们要加快落实十九大报告精神，把"懂农业、爱农村、爱农民"作为基本要求，加强"新三农"工作干部队伍建设。

首先，要加强干部队伍专业素质培养。一是构建理论学习机制，提高干部队伍的理论素养。可以通过多种形式，比如党委理论学习小组、党员大会、十九大巡讲培训会议等，组织党员干部深入学习习近平总书记报告、学习十九大精神，领会乡村振兴战略的深刻含义，把握党的农业农村战略部署、悟透农业农村政策，切实使各个基层干部在工

---

① 韩俊：《新时代做好"三农"工作的新旗帜和总抓手》，《求是》2018年第5期，第13~16页。

作中自觉贯彻十九大精神，形成工作自觉和行动自觉。二是构建专业学习机制，提高干部队伍的"三农"工作专业素养。有针对性地为"三农"干部培训农牧、科技、生态、扶贫等农村迫切需要的理论知识，弥补知识空白；有针对性地带领"三农"干部参观先进典型农村的发展模式，填充经验盲区；有针对性地实施"一对一"结对帮教，老手带新手，改善能力弱项，促进"三农"工作者成为行家里手。努力造就一支精通现代产业发展、农村公共服务、新农村建设、生态文明建设、精准扶贫精准脱贫等重点知识的领导干部队伍。三是构建多渠道干部人才培训机制。要充分发挥社会力量，利用好高校、职业技术院校、农业技术推广站等学习培训平台，采取网络培训、现场指导、集中学习等多种培训方式，"请进来"与"走出去"相结合，丰富干部队伍的学习渠道。

其次，拓宽农村选拔吸纳干部人才渠道，注重储备年轻干部。一是要以农业特色产业或主导产业为依托，以各类经济合作组织为桥梁，"建立有效激励机制，以乡情乡愁为纽带，吸引支持企业家、党政干部、专家学者、医生教师、规划师、建筑师、律师、技能人才等"[①]，对接"新三农"协同发展的人才需求，投身于和服务于现代农业和乡村振兴事业。二是要注重储备和培养年轻干部，建立人才资源库。一方面要通过定向选调将一流高校的优秀毕业生吸纳到农村干部队伍中来。另一方面，要通过定向培养，与高校联合、与学生签订合同的形式，培养与农业技术相关专业的大学生、研究生，待其完成学业后吸收进农村工作队伍，服务于农业农村。

最后，构建良好的"三农"干部队伍管理机制。队伍管理机制由选人用人制度、职称制度、激励制度和考核制度等一系列制度构成，良好的队伍管理机制有利于新人成长、有利于队伍稳定。一是要完善选人用人机制。必须要有坚定的政治立场，热爱农村工作、热爱农民。将熟悉农村工作的骨干人才选派到一线农村，坚持"好中选优、优中选强"的原则，将农村岗位需求和促进干部成长有机集合起来，把到农村一线锻炼作为培养干部的重要途径，完善选人用人机制，形成人才向农村基层一线流动的用人导向。二是改革职称评价制度。深化改革职称评价制度要以能力和成果为导向，对不同类型和不同层次人才进行分类分级评价，并匹配相应的聘用、晋升、奖惩和工资待遇制度，从而激发干部人才在"三农"工作中的积极性和主动性。[②]

四、优化农村基层党组织的治理机制是必然要求

农村基层党组织作为中国共产党农村工作的基础，是农业发展、农村进步、农民富裕的领导者、推动者和实践者，是乡村治理的根本力量和治理体系的中心。优化农村基层组织的治理机制，实现治理现代化是在乡村振兴战略框架下推进"新三农"的协同发展的根本保障和必然要求。

第一，要优化农村基层党组织的乡村治理体系。《关于实施乡村振兴战略的意见》明确指出："必须把夯实基层基础作为固本之策，建立健全党委领导、政府负责、社会

---

① 《十九大以来重要文献选编》（上），北京：中央文献出版社，2019年，第157~181页。
② 夏红莉：《党的十九大关于懂农业、爱农村、爱农民的"三农"工作队伍建设研究》，《沈阳干部学刊》2018年第1期，第10~12页。

协同、公众参与、法治保障的现代乡村社会治理体制,坚持自治、法治、德治相结合。"优化农村基层组织的乡村治理体系,要始终以党的领导为核心,发挥好乡村基层党组织领导和协调的作用,形成多元协作互动的基层治理新格局。第二,提升农村基层党组织的乡村治理能力。提升治理能力关键要提升党员干部的治理能力,一方面要不断地吸收优秀青年、致富能人、返乡工人加入党组织队伍中来;另一方面要重视对村级党员干部的培训,包括党性教育、法治教育、公仆意识教育,以及治理综合能力培训。第三,创新农村基层党组织的乡村治理方式。比如,充分运用"互联网+"等手段创新乡村党员干部服务联系群众工作机制,以及构建互联网平台创新群众利益表达、利益保护、利益诉求化解机制。第四,营造农村基层党组织的乡村治理环境。一要健全和完善现有的基层党组织治理网络。通过完善以村民会议、村民代表大会为主体,村民议事、监事、理事会为补充的多层次治理网络,建立民事民议、民事民办、共建共享的多层次良性互动的基层协商格局。二是要健全乡村监督机制,村务监督应进入常态化、规范化的制度轨道,尽快实施小微权力清单制度,约束基层权力腐败,特别是要严厉惩治土地征收、惠农补贴或集体资产管理过程中的小微权力腐败。[①]

五、加强党对脱贫攻坚工作的领导是底线任务

小康不小康,关键看老乡。[②] 脱贫攻坚是"新三农"协同发展的底线,是乡村振兴的重点,是我国决胜全面建成小康社会的必要条件。根据《中共中央国务院关于打赢脱贫攻坚战三年行动的指导意见》,未来三年,还有 3000 万左右农村贫困人口需要脱贫,平均每年需要减贫 1000 万人以上。特别是广大西部地区,致贫原因复杂,经济发展滞后,公共服务严重缺乏,客观上要求我们党必须加强领导,积极发挥政府的作用,充分发挥我国的政治优势和制度优势,才能攻克"脱贫"难关,确保"到二〇二〇年稳定实现扶贫对象不愁吃、不愁穿,保障其义务教育、基本医疗、住房"[③] 这一党中央确定的"两不愁、三保障"目标。

第一,加强党对脱贫攻坚工作的领导,根据该意见,要进一步落实脱贫攻坚的责任制。包括压实中央部门的扶贫责任、强化中央统筹、省负总责、市县抓落实的工作机制等,在此基础上强调实施五级书记遍访贫困对象行动,通过实地遍访贫困对象切实了解贫困群体实际需求,掌握第一手资料,发现贫困群众的突出矛盾,解决其突出问题。第二,要完善脱贫攻坚考核监督评估机制和监督机制,在考核机制中充分体现省负总责原则,重点评估"两不愁、三保障"实现情况,同时对省级领导开展常态化约谈以随时发现问题。在监督机制中要充分发挥人大、政协、民主党派监督作用,同时强调国务院扶贫开发领导小组要每年组织脱贫攻坚督查巡查。第三,统筹协调脱贫攻坚宣传工作,营造全社会关心、支持与参与的良好舆论氛围。各级政府要积极组织借助各类媒体,形成主流媒体、新型媒体全面覆盖的宣传格局,深入宣传习近平关于扶贫工作的重要论述和

---

① 蔡文成:《基层党组织与乡村治理现代化:基于乡村振兴战略的分析》,《理论与改革》2018 年第 3 期,第 68~77 页。
② 《十八大以来重要文献选编》(上),北京:中央文献出版社,2014 年,第 658 页。
③ 《习近平扶贫论述摘编》,北京:中央文献出版社,2018 年,第 4 页。

重大部署。总结脱贫攻坚典型经验,讲好扶贫攻坚故事、传递扶贫攻坚的声音,坚持以正确的舆论引导群众。同时也要对接国际媒体,宣传中国为全球建减贫事业做出的重大贡献。第四,开展扶贫领域的腐败和作风问题专项治理。脱贫工作是硬仗中的硬仗,必须真刀真枪、脚踏实地地服务困难群众,要把干部的时间都用在帮助困难群众解决问题、帮助贫困地区谋发展上面去,坚决杜绝脱贫攻坚中的形式主义和官僚主义。第五,统筹衔接好脱贫攻坚与乡村振兴工作,脱贫攻坚是解决贫苦群众的温饱问题,是关于基本需求的满足问题,乡村振兴是解决农村中贫困群众的发展道路问题,是关于"脱贫致富"的美好愿望满足问题。统筹脱贫攻坚与乡村振兴工作,要使相关支持政策优先向贫困地区倾斜,补齐公共服务短板,培育优势产业,以乡村振兴巩固脱贫成果,共同促进全面小康社会的建成。

第二节 优化"新三农"协同发展的政府"牵引力"

在中国共产党领导下,按照"政府—市场—社会"三维理路构建的以政府"牵引力"、市场"源动力"、社会"驱动力"为核心内容的动力体系中,政府"牵引力"属于外源力,主要从外部以牵引的方式推进中国特色社会主义"新三农"协同发展。而在政府"牵引力"子动力体系内部,又包含了三大核心要素,分别是农村土地产权制度改革、新型工农城乡协同发展体制机制改革及农业农村支撑制度体系改革。三大核心要素在中国共产党的领导下相互助力,有机构成政府"牵引力"子动力系统,彰显农业农村改革外源力,推进中国特色社会主义"新三农"协同发展。

一、农村土地产权制度改革

我国现行的农村土地产权是以"家庭承包经营"为基础的土地产权归属和管理制度。通过承包经营,既保证了农民对农村土地的实际承包权和经营自主权,又调动了农民从事农业生产的积极性、主动性和创造性,实现了农民合法收益的最大化。这一制度的实行,促进了农民收入的提高、农业的发展和农村的进步。但随着市场经济的较快发展和城镇化的快速推进,家庭联产承包责任制也遇到了新的挑战:城镇化进程中农村劳动力进一步自由流动受限、土地承包者迫切要求实现主业转换受限。基于现实要求,在农村土地集体共有产权不变的前提下,承包土地的经营权是否允许流转被提到议事日程。为适应现实需要,2014年我国印发了《关于引导农村土地使用权有序流转发展农业适度规模经营的意见》,明确指出:在坚持农村土地产权集体归属的前提下,"实现所有权、承包权、经营权三权分置,引导土地经营权有序流转",以积极培育农业新型经营主体,发展多种形式的适度规模经营。

然而,这一改革模式又遭遇系列挑战。其中,最大的挑战是如何保证农民通过土地流转把他们所拥有的土地承包权、经营权和宅基地的经营自主权转变为确实的财产收益权;同时,如何确保经土地流转而获得新的土地规模经营权的土地经营者能获取更加灵活、有效的实际支配权。这些问题的彻底解决需要按照土地性质细分农村土地,进一步明晰农村土地产权,以此推动农地产权制度改革,助推"新三农"协同发展。

（一）农村土地产权制度与城镇化发展阶段的非适应性

新中国成立以来，我国城镇化快速推进，城镇化水平不断提升，呈现出了明显的阶段性，致使我国农村一直沿用的"家庭联产承包责任制"呈现出与城镇化发展阶段的非适应性。

1. 1949至1957年，我国城镇化处于初步发展阶段，农村土地产权制度与城镇化发展基本适应。

经过第一次土地改革的胜利，农民成为土地真正的主人，农民生产的积极性极大提升，在一定程度上释放了被束缚的农业生产力。1953年以前，新中国实行的土地制度改革对于助力乡村经济发展具有重要的推动作用，不仅实现了农民增收，还促进了农村社会的和谐、稳定。而这一阶段提出的恢复国民经济、医治战争创伤等阶段性任务，恢复了城乡的生产发展，推进了我国第一次城镇化浪潮。之后，经过始于1953年的土地入股政策，我国土地农民个人所有制变成了集体所有制，但过度地强调公平使一些人产生了懒惰的情绪和行为，农民农业生产的积极性大大降低。不过总体上看，这两次农村土地产权制度改革，还是具有一定优势，它不仅促进了农村经济的发展，促进了农村人口向城市流动，还加速了城镇化进程，实现了社会的相对稳定。

1949—1957年，我国对城市进行了扩建，一大批城市建立起来。截至1957年我国的城市扩建达到了176个，增长速度非常快；城市不断扩建的同时，人口数量也迅速增长。截至1957年，我国城镇人口数由1949年的5770万增加到了9950万，与此同时，城镇化水平达到了15.39%。[①] 城镇人口数量的增加也表明我国在促进城市经济发展、增加就业、促进社会稳定方面做出的系列举措取得了重大成果。

2. 1958至1966年，我国城镇化处于发展阶段，农村土地产权制度与城镇化发展并不适应，导致城镇化建设道路并非平坦。

受1958年"左"倾思想影响，我国城镇化建设进入了一个盲目发展阶段，极大地影响了农民生产积极性，损害了农民利益。当时农村土地实行的是单一产权制度，由于是集体统一耕种，组织成本和监督成本都很高，而且农民生产积极性受挫，农业生产效率极为低下。之后的"文化大革命"时期，农业生产的增长速度十分有限，导致在改革开放之初，全国未能解决温饱问题的人口仍高达2.5亿左右。

土地制度调整自身具有的滞后性，导致农村经济发展并不稳定，大起大落现象突出。在整个人民公社时期，农村经济发展几乎陷入误区。1958—1960年，城镇有2352万人口属于净增人口，每年有8座城市是新开发的，城市化速度年均上升1.46%。[②] 但这是行政化的结果，而并非农村经济发展所致。在此期间，国家还出台了一些诸如户籍制度、粮油供给制度等政策，将城市人口与农村人口相分离，导致大量的农村人口向城市转移困难，严重阻碍了城镇化进程。

[①] 张郁达：《中国城镇化进程中的农村土地制度改革》，北京：知识产权出版社，2015年，第87页。
[②] 张郁达：《中国城镇化进程中的农村土地制度改革》，北京：知识产权出版社，2015年，第88页。

3. 1978年以后，我国城镇化步入恢复发展时期，农村土地产权制度与城镇化发展呈现出显著的非适应性。

十一届三中全会之后，我国农村经济的改革，促使我国城镇化进入了一个全新发展阶段。特别是家庭联产承包责任制的实施，为农业生产带来了巨大的活力，极大地调动了农民生产的积极性、主动性和创造性，农业劳动生产率迅速提高，农民温饱问题基本解决。但随着农业劳动生产力的不断提高，家庭联产承包责任制的弊端开始显现：土地产权制度不明晰，农民只享有土地使用权，而不具备土地处置权。这不仅限制了农民生产投入的积极性，还限制了农田的规模化经营；由于单个农户生产规模小，技术革新带来的效益并不明显，因而农民较为抵制技术创新，农业生产技术进步缓慢，平均地力产量难于实现大幅度提升；由于缺乏组织性，单个农户进入市场谈判，势单力薄，极易成为市场交易的弱势群体，难于通过平等交易获取自身利益。

特别是2002年以来，我国城镇化发展进入了城乡统筹的新阶段，农业也迎来了崭新的发展机遇，与此同时，我国农村土地制度也面临着全新的挑战。此时，农村土地产权制度表现出了与城镇化发展阶段的非适应性，亟须完善。

（二）现行农村土地产权制度暴露的巨大风险

目前，农村土地产权制度存在突出问题，暴露出巨大风险，主要包括由于产权制度不清晰导致的征地收益不均衡、由于众多阻碍因素导致的土地流转不顺畅、由于农村宅基地转换机制不健全导致的财产权难实现等。

1. 产权制度不清晰，征地收益不均衡。

产权是农村土地的核心和关键，产权是否明晰在一定程度上决定了由此产生的收益是否能在相关利益主体间均衡分配的问题。新中国成立以来，农村土地产权由"土地改革"至今已有70多年的历程，虽然从国家层面已经赋予了农民有保障的土地承包经营权，但在城镇化快速推进的当下，农民的土地权益仍然屡遭侵害，产权不明晰的问题仍未得到有效解决。一是农地产权制度不明晰，农地集体所有权主体虚置，导致征地收益难均衡。具体而言，虽然我国《宪法》和《土地管理法》都明确规定农村的土地属于村集体所有，但"村集体"具体指什么，并未做出明确规定。在征地补偿款的发放中，乡镇政府、村级委员会，甚至一些村干部均声称自己拥有土地所有权，应得到相应补偿，使得补偿费用被多方主体"瓜分"，真正到农民手上的补偿少之又少。二是政府以公共利益为由，扩大征地范围，且补偿制度不合理。根据我国《宪法》和《土地管理法》的相关规定，因为公共需求，政府可以依据有关法律对农村土地实施征收或征用，并给予一定补偿。但现实困境是何为公共利益？法律并未给出明确界定。这使得政府不断扩大公共利益的范围，并以此为由征收大量农村土地，且用于商业性质，仅给农民较少补偿，农民基本无法获取土地的增值收益，这便是普遍存在的政府"土地财政"。三是土地产权不明晰导致资本下乡阻力大。从理论上看，社会资本下乡可以在一定程度上促进农业的规模化和农业的现代化。但现实是一方面要警惕工商资本借机圈地，改变土地用途；另一方面是农户产权意识淡薄，导致在土地承包合同期内要求企业加租等问题频现，阻碍了土地经营权流转，钳制了土地规模经营。

2. 众多阻碍因素存在，土地流转不顺畅。

土地流转是城镇化进程中农村经济体制改革不断深化必然产生的新事物。城镇化进程中，农业潜在剩余劳动力向城镇转移，农村土地出现闲置状态，这使得以土地流转为重点的新一轮农村土地制度改革具有极端紧迫性和重要的现实意义。从 20 世纪 90 年代，我国便开始尝试农村土地制度改革，随后又开启了以成都、重庆等为试验区的土地确权颁证改革，目的是进一步推进土地确权，为农村土地顺利流转奠定坚实的基础。但现实情况是，目前农村众多阻碍因素存在，致使土地流转并不顺畅。一是农民的土地情节阻碍土地流转。对于农民而言，土地收入不仅仅是当下家庭收入的重要组成部分，而且被农民认定为老年养老的支撑，起着社会保障的功能。加之农业税的取消和众多的惠农政策，使得农民认定土地仍有较大的升值空间，即使外出打工时撂荒，也不愿轻易转让土地使用权。二是土地流转机制不健全阻碍了土地流转。目前，我国土地流转的相关技术并不完善，标准化规范化的土地流转市场贸易体系和相关技术平台、信息平台并未建立或足够完善，土地使用权仅在农户间进行流转，且现实流转并不顺畅。这也与政府相关审核部门、评估部门管理能力欠佳和无法有效评估有关。当然，土地流转各地区呈现出不同的状况，总体而言，城市郊区的土地流转比边远农村好，经济发达地区的土地流转比经济落后地区好。

3. 宅基地转换机制不健全，财产权益难彰显。

我国物权法明确规定，农民须严格按照国家的法律法规规定，获取宅基地的使用权、转让权等。对于已经获取的宅基地使用权，不允许用于抵押，且农民将自己已获取的宅基地出租或出售后，不得再次申请。同时，《国务院关于深化改革严格土地管理的决定》和《关于加强农村宅基地管理的意见》明确规定：不允许城市居民在农村购买宅基地，且对于违法的宅基地，国家应不予发放房产证和土地使用证。因此，依据现有的法律规定，我国对农村宅基地的使用权采取的是有限制的流转制度，且流转主体必须是村集体组织内部人员。现行宅基地转换机制的不健全导致农民的财产权益难彰显，暴露出不少问题：一是现行宅基地使用权流转制度难以保障农民财产权益。随着城镇化的快速推进和农民兼业化程度的不断提升，农民本有意愿进入城镇务工甚至定居，但为了"看守"自己的房屋，一些农民会放弃向城市转移，导致农村生产力不能充分利用，城镇化进程放缓；即使农民向城镇转移，其农村房屋及其宅基地不能转让，只能闲置，降低了宅基地的使用价值。二是现行宅基地使用权流转制度不利于农民融资。针对以上问题，中央做出了改革尝试，即在 2021 年"中央一号文件"中明确提出"加强宅基地管理，稳慎推进农村宅基地制度改革试点，探索宅基地所有权、资格权、使用权分置有效实现形式"[①]。这是一个良好的开端，也是一个漫长的探索过程。

（三）土地性质细分与明晰是破解农村土地产权问题的关键

解决农村土地产权问题的核心是细分农村土地性质并明晰不同性质土地的产权，这需要着重从以下三方面入手，推进农地产权制度改革：

[①] 《中共中央国务院关于全面推进乡村振兴加快农业农村现代化的意见》，北京：人民出版社，2021 年，第 21 页。

1. 完善农村土地产权制度，均衡分配征地补偿。

推进农村土地产权制度改革的重点是完善农村土地产权，均衡分配征地补偿，使农民获得应有的土地权益。这就要求逐步推进以下工作：一是继续推进土地确权颁证工作，重新划分农村土地。农村土地确权主要包括农村集体土地、村组织尚未分配的土地、城镇郊区非经营性用地和农民宅基地的确权颁证，这不仅有利于农民切身利益的保障，有利于土地流转的顺利推进，更有利于城镇化和农业现代化的推进。同时，在农村，土地已基本形成"生不增、死不减"的不成文规定，这样的土地分配严重缺乏公平性，也不利于土地资源的更优化配置。因此，需要改进土地确权方式，按实际人口重新划分土地，并给予确权。二是规范政府征地行为，改革补偿安置制度，提高征地补偿基准，均衡分配征地补偿资金。这就需要从法律视角明确界定"公共利益"，防止因不当行使国家权力而损害农民利益；同时，要扩大征地补偿范围，政府必须承认土地征用后价值增加的部分，并让农民享受到这一发展收益，这就需要形成客观地、全方位地体现土地市值、资产价值与社保替代价值的合理的科学的土地价格评估机制。三是补偿安置方式应多样化。政府除了给予农民一定的货币补偿外，还应对失地农民进行职业技能培训，帮助其就业或创业；同时，还应把失地农民纳入城镇社保范围，替代土地的社保功能。

2. 健全农村土地流转市场，促使农业规模经营。

农村承包地流转是推进农业适度规模经营，发展现代农业的重要条件。而推进农村承包地有序流转，必须着手完成以下重要工作：一是分中央和地方两级建立土地流转交易市场。这就需要首先顺利推进土地确权工作，重点解决如何确权，哪些土地确权的问题；同时，建立中央和地方两级土地流转交易市场，即由国家直接控制的中央土地流转市场和由县乡管理的地方土地流转交易市场，使得土地在不改变使用性质的前提下，可跨区域自由流转，这必将优化土地资源配置，提升农地资源使用效率。二是从程序上进一步规范，助推土地有序流转。这不仅要求政府相关部门提供土地流转服务，集中搜集、发布土地流转各类资讯，为流转的两端主体牵线搭桥，提供评估、协调等服务；还需要政府部门制定统一规范的流转合同，形成高效的申报、审批、登记等各环节机制，使得土地流转有法可依，有规可循。当然，也需要不断强化我国城镇化建设力度，为农地有效流转提供外界支持。

3. 建立宅基地转换机制，推进农民"市民化"进程。

随着城镇化的深入推进，农村宅基地使用权流转制度必须革新，以优化农地资源配置，提高使用效率，并保障农民的宅基地权益。一是确认宅基地的特殊性，保障宅基地的社保性。当农村社保机制不够成熟时，现行的宅基地使用权制度可以实现农民生活需求的目的，但统一的硬性规定却不利于有意愿流转宅基地的农民进行自由流转，以获取相应经济收益。二是放宽宅基地使用权流转规定。在城镇化加速推进，农民兼业化程度不断提升的当下，应放宽宅基地使用权，让其能够在村集体组织内外进行自由出租；同时，在宅基地抵押和转让方面也需进一步放权，在转让中，如果接收方不属于村集体组织范围内，那就需要村集体代表表决通过。在同等条件下，优先考虑村集体组织内部人员接收他人的宅基地转让。当然，一旦转让完成，原有村民不再享有重新分配宅基地的权利。三是逐步建立宅基地使用权有偿使用制度。目前，农民基本是无偿拥有宅基地使用权，基于此，一些农民外迁进入城镇后，由于缺乏宅基地流转或退出机制，使得宅基地闲置问题突出。因此，需要制定相关政策，对处于闲置状态的宅基地征收一定的费用，以提高宅基地的流转率，进而优化宅基地配置。

二、新型工农城乡协同发展体制机制改革

当前，我国经济发展处于全面转型期、全面深化改革进入攻坚期和深水期、全面建设社会主义现代化国家进入起步期及实现中华民族伟大复兴处于关键期，破解"三农"难题，转换城乡二元结构，积极推进城乡协同、努力实现城乡一体化具有重要的战略意义和突出的现实意义。首先，城乡协同发展是我国经济处于新常态下，新的经济增长点得以凸显的重要战略性举措。全世界所有国家的发展均表明，追求经济增长和发展是一国发展的首要目的，而对中国而言，经济新常态意味着经济增速从高速转为中高速、人口及土地的旧有增长红利释放殆尽，若要继续实现经济的高质量稳速发展，就必须寻找新的经济增长点，而我国广大农村及伴随而来的快速城镇化必将是潜力所在。其次，城乡协同发展是我国解决"三农"问题的根本出路。长期以来，我国"三农"问题突出，不仅制约着农业、农村、农民问题的解决，甚至影响着我国经济社会长期、稳定和健康发展，俨然已成为整个社会发展的瓶颈。而"三农"问题的关键在于农民，农民的关键问题是持续、稳定增收，这就需要城乡协同发展的产业支撑及农业现代化的快速推进。最后，城乡协同发展是巩固脱贫成果、推进乡村振兴的重要途径。随着脱贫攻坚战役的全面胜利，我国完成了消除绝对贫困的艰巨任务，小康社会已全面建成，但要实现乡村全面振兴还存在缺陷：由于我国城乡二元结构的长期存在，农民无法享受与城镇居民同等的公共服务和社会福利，农村相对贫困人口大量存在。因此，只有积极推进城乡协同发展，才能从根本上助力乡村全面振兴。

而我国的城乡关系具有特殊性，发展经济学中典型的二元结构理论虽从一般意义上给予中国研究城乡关系一定启示，但越来越不能用其简单划一的理论来解释中国复杂的城乡二元结构。因此，我们需要在深入研究中国城乡关系特殊发展历程的基础上，寻找到新型城乡协同发展关系的培育点，基于新型工农城乡协同发展体制机制改革，打造政府"牵引力"子动力系统中的关键要素，加速推进城乡融合发展。

（一）我国城乡关系的演进与思考

学界历来高度关注我国城乡关系，党和国家对于城乡关系的界定也经历了"城乡未分隔"到"城乡分离"，再到"城乡统筹"三个阶段，而"城乡统筹"又可细分为"城乡一体"与"城乡融合"。本书将从经济体制视角，重点研究新中国成立以来，中国城乡关系演变的两大阶段——计划经济时期和市场经济时期及其呈现的新特点。

1. 计划经济形态下的城乡关系演进与思考。

我国由半殖民地半封建社会直接进入社会主义社会，是一个生产力水平极端落后的农业大国。从新中国成立到1956年社会主义制度在中国确定期间，我国工业化和城镇化推进速度较快，主要是因为劳动力可以在城乡之间自由流动，但这一时期由于主要任务是恢复国民经济，因此，劳动力仍主要集中在农村，城镇化处于极低水平。之后，仿

效苏联走工业甚至是重工业发展道路，我国开始全力推进工业化进程，在城乡之间开启了一场影响深远的社会变革，即利用行政手段，强制建立了计划经济体制，将城市与农村人为分割：国家制定并实施了严格的工农业产品交换剪刀差，农产品统购统销、农业合作化及控制农村人口向城市流动。这些刚性的制度变革在经济困难时期通过农业、农村、农民对工业和城市的贡献而带动了整个国家工业化进程，但这也导致农业发展严重滞后于工业、农村发展远远落后于城市、农民收入远远低于城镇居民，城乡二元结构问题及其导致的"三农问题"就此开启。这一时期，城乡关系呈现出崭新特点，值得我们深思[①]：一是城乡基本经济制度开始出现异化迹象。在城市，我国以计划经济为主、市场经济为辅；而在农村，本是以延续了几千年的自然经济制度和自给自足的小农经济为主，但主要农产品的统购统销制度人为打破了这一现状，将农民、农村、农业也置于计划经济之下。二是城乡产业仅实现单项支持，而非双向互动。计划经济时期，仅要求农业对工业的支持，而并未要求工业对农业的反哺，长期来看，阻碍了农业的发展，也削弱了我国的工业基础。三是城乡二元结构和二元体制开始固化。计划经济时期，以统购统销、农村集体化、户籍制度为核心的支持重工业和城市发展的经济体制固化了城乡二元体制，而伴随着城乡二元户籍制度所产生的不平等的制度安排和城乡居民福利的巨大差异又加固并扩展了城乡二元结构。

2. 市场经济形态下的城乡关系演进与思考。

计划经济时期，牺牲农业、农村、农民的做法导致了城乡发展差距巨大，城乡间要素流动基本处于停滞状态，城乡经济发展动力不足。面对这一状况，我国果断开启了改革开放伟大进程。改革开放以来，我国实行以市场化为导向的改革，从根本上改变了城乡面貌，缓和了城乡矛盾，但并未从根本上解决城乡发展难协调的问题。具体呈现出三大阶段：一是农村改革开启时期。始于1978年的改革开放是以市场化取向为主的改革，把提高经济效率放在了极端重要的位置，目的是要解决全国贫困性问题。而1978年的改革开放是以农村改革为开端，以安徽省凤阳县小岗村的改革为原点，迅速在全国范围内开启了以家庭联产承包责任制为主的双层经营体制改革，并逐步放开了一些挤压农业发展的政策，允许大部分农产品进入市场进行自由交易，粮食价格开始逐步放开，非农业收入也开始有所增加。这一时期，农业潜在劳动生产率极大释放，绝大多数农民解决了温饱问题，农民农业收入开始稳定提升，城乡差距有所缩小。二是农村改革陷于停滞阶段。从1984年开始，我国改革开放的重心转移到城市，城市开启了一系列包括城镇居民收入分配体制、国企改革等在内的市场化改革，使得城市获得良好的发展，城市居民收入水平和生活水平显著提升。而与之相对应的农村，市场化改革基本处于停滞状态，具体表现为：农产品价格相对工业品价格明显下降、农民负担逐步加重，农民的农业收入及非农业收入的增长均开始放缓，城乡发展差距又重新被拉大。三是农村改革重启阶段。以2002年党的十六大为契机，统筹城乡经济社会发展被提上议事日程。之后，在科学发展观的指导下，国家采取了一系列措施加大对农业农村的投入和补贴，特别是

---

① 白永秀、吴丰华：《中国城乡发展一体化：历史考察、理论演进与战略推进》，北京：人民出版社，2015年，第144页。

2006年取消了在中国延续了2000多年的农业税,农民收入呈现稳步增长态势。但这一阶段的城乡关系仅仅得到了少许的缓和,城乡二元结构和二元体制固化的负面影响依然存在,城乡居民收入差距仍呈现扩大态势,城乡基本公共服务水平差距不断拉大,城乡居民文化教育水平差距也加剧扩大,城乡融合发展难度加大。

（二）新型城乡协同发展关系的培育

推进城乡协同发展,进而实现城乡发展一体化或城乡融合是全面深化改革的重要举措,它能够有助于缩小工农业差距,有助于缩小城镇居民与农村居民的收入差距,有助于扩大内需、维护社会稳定、促进农民市民化,进而为全面建成小康社会,实现中华民族伟大复兴贡献力量。而推进城乡协同发展的关键点是通过培育新型城乡协同发展的载体、突破新型城乡协同发展的难点、提供新型城乡协同发展的保障核心举措,培育新型城乡协同发展关系,推进城乡融合。

1. 培育新型城乡协同发展的载体。

中国城乡协同发展滞后的主要原因是农村生产要素过度分散难于实现生产经营的规模效益,导致"三农"发展严重滞后。党的十七届三中全会明确指出:农业基础仍然薄弱,最需要加强;农村发展仍然滞后,最需要扶持;农民增收仍然困难,最需要加快。而要顺利解决"三农"问题,必须推进农村一、二、三产业协同发展,从而为城乡融合发展奠定坚实的基础。因而,产业是培育新型城乡关系协同发展的载体,要通过促进农村一、二、三产业的快速、协同发展来缩小城乡之间经济、社会、文化等方面差距。一是促进农业现代化进程,大力发展现代农业。各地应根据自身特点和优势,发展特色产业,同时,还应通过土地流转,扩大生产规模,实现规模效益。当然,新型农业生产经营主体的培育也是当务之急,这是农业现代化的智力支撑。二是大力发展农村二、三产业。在发展现代农业的同时,配套的二、三产业也必须迅速发展起来,这样可以通过构建完整的产业链条,降低经营成本,增加流通领域农产品附加值,实现城乡生产要素自由流动和高效配置,从而促进农村经济发展。

2. 突破新型城乡协同发展的难点。

城乡二元结构和二元体制是制度和政策在城乡设置偏颇的结果,因而突破新型城乡协同发展的难点是制度创新和政策优化。在城乡二元结构及二元体制下,城乡要素自由流动受限,资源配置效率偏低,因而必须要通过制度创新和政策优化逐步消除城乡人为差别,实现城乡协同发展。当然,其中以户籍制度为代表的城乡二元制度是城乡协同发展中最主要的制度障碍和政策难点。因此,要以户籍制度为核心推进一系列制度变革和政策优化,使城乡各主体均能享受到制度绩效和政策福利,这主要包括:统一的生产力布局和产业发展规划、统一的要素市场、统一的基础设施网络系统、统一的自然资源开发与利用机制,以及在户籍、住房、就业、医疗、教育等方面构建的一体化制度和政策安排。当然,在制度变革和政策优化中,需要按照推进国家治理体系和治理能力现代化的要求,明确政府职责,使政府逐步从竞争性市场经济领域退出来,专心做好市场服务,为城乡构建统一的大市场,为市场创造公平的竞争环境。

3. 提供新型城乡协同发展的保障。

党的十七届三中全会明确提出要着力破除城乡二元结构,形成城乡经济社会发展一体化新格局的目标。其中,最为重要的一项工作就是到2020年基本实现城乡基本公共服务均等化。公共服务职能是政府最为基本的职能之一,其功能是为城乡居民提供均等化的基本公共服务,为缩小城乡经济社会差距,维护社会公平正义提供最基本的保障,这也是促进新型城乡协同发展最基本的支撑条件。受城乡二元结构历史及现实因素的制约,目前我国城乡基本公共服务的差距仍然较大,形成城乡基本公共服务均等化的新格局任重而道远,主要表现为在基础教育、医疗卫生服务、基本社会保障等方面的巨大差异。因此,为推进城乡协同发展,必须着力推进城乡基本公共服务均等化,具体为:一是制定清晰明确的城乡基本公共服务均等化发展战略,包括阶段性战略、阶段性战略目标和战略举措,完善基本公共服务均等化的法律体系、明确政府间的智能分工,还应实施以农村为重点的倾斜政策,着重加大对农村基本公共服务的供给能力。二是转变政府职能,尽快建立服务型政府,推进政府治理体系及治理能力现代化。各级政府要从"经济管理型"政府转变为"公共服务型"政府,并逐步构建一整套对地方政府进行公共服务均等化推进工作进行科学考评的体制机制,引导地方政府以需求为导向为各地农村提供有针对性的公共服务。

三、农业农村支撑制度体系改革

加大农业支持力度,构建完善的农业支撑制度体系,打造政府"牵引力"子动力系统中的核心要素,是我国逐步解决"三农"问题的重要基础,也是我国农业农村农民改革发展部署的重大举措。在借鉴发达国家农业支持经验及结合我国农业发展现实的基础上,应着力从财政投入、农业补贴、粮食价格、农业生态补偿等方面着手构建农业支持制度体系。

(一)农业支持制度的回顾与目标再确定

农业支持与农业保护不同:农业支持源于农业的基础性和战略性地位,而非贸易保护主义;农业支持着重改善农业生产条件、重视农业科技的开发与利用、提高农业劳动生产率等,而非通过价格控制、补贴等支持手段。

1. 农业支持制度的回顾。

新中国成立之初,为快速恢复国民经济,国家实施了一系列支持农业的制度和政策。1950年,七届三中全会颁布了《中华人民共和国土地改革法》,第一次明确指出了土地改革要实现"耕者有其田"的目标,并依托农村生产力的发展,为工业化奠定基础。1956年,《农业发展纲要》获得通过,国家不仅开始组建农业科技工作体系,还积极推行农村优惠税收政策、推进农田水利设施建设等,这些举措推进了农业的快速发展。改革开放至入世前,随着市场化改革的全面推进,农业的弱势地位不断凸显,农业支持制度改革的主要目的是支持和促进农业发展,在此期间,国家加大了对农业的支持力度。从1982至1986年,中央连续出台了五个"中央一号文件",包括正式承认包产到户的合法性、放活农村工商业、疏通流通渠道以开展竞争、调整产业结构以取消统购统销、增加农业投入以调整工农城乡关系。在政策引导下,粮食流通体制改革顺利推进,1998年,国务院提出了按保护价敞开收购农民余粮,粮食收购企业实行顺价销售;而在市场需求和政府引导双重导向下,农业产业结构开始积极调整,农业生产更具有商品化、专业化、区域化的特点。加入世界贸易组织后，从 2004 年开始，连续出台的 10 余份"中央一号文件"涉及农业支持制度的方方面面：2006 年，农业税收制度被正式取消，仅 2013 年中央财政安排的粮食直补、农资综合补贴、良种补贴及农机具购置补贴就达 1700 亿。[①] 同时，从 2004 年开始，我国暂停了耕地占用审批，开始清理各种乱占滥用耕地行为，坚守基本农田"红线"。最后，农业投入增长长效机制逐步建立，为完善强农惠农富农政策、支持农业发展、提高农民收入奠定了坚实的基础。

2. 农业支持政策目标的再确定。

农业是"安天下、稳民心"的基础性产业，同时，农业又是自然再生产与经济再生产相互作用的过程，它对于自然资源有着极高的要求。但我国的现实国情是人均耕地极为有限，且在城镇化的进程中，侵占耕地的现象仍有发生，导致有限的耕地资源进一步被侵蚀，加剧了人地矛盾，即使城镇化也转移了一些农村剩余劳动力，但中国人多地少的矛盾依然存在。基于此，我国农业支持政策的首要目标应是保护耕地、稳定农业生产，确保国家粮食安全和重要农产品的有效供给。同时，发达国家针对不同的资源禀赋，农业发展道路也有所区别，主要有通过技术创新支持来达到劳动节约或土地节约的目的。适应我国农业耕地资源紧张的现状，应走"土地节约型"的农业技术创新道路，即主要通过技术创新，提高劳动生产率和土地产出率。基于此，我国农业支持的目标应是通过技术创新，提高土地产出率，并注重劳动密集型产品生产，以实现"土地节约型"农业技术创新发展的需求。最后，中国的小农经济具有自身的特点，其利益诉求较为被动、抵御市场风险的能力较弱、公共品的投资意愿极低、融资极为困难。基于此，我国农业支持的目标应是健全农业保险制度以抵制自然风险，提高农民的组织性和农业生产规模以提升市场竞争力，加大农村金融、公共产品等投入力度以促进农业稳定发展，深化农业生态化发展理念以促进农业可持续发展。

（二）农业支持目标体系的构建

随着农业生产力的不断发展及农业资源条件的改变，农业支持目标也呈现出多元化发展态势。根据以上分析，现阶段基于农业自然资源、技术发展及生产组织形式的特征，农业支持目标应该主要包括确保农业市场稳定发展、农民收入持续增长和农业农村可持续发展三大层面。

1. 确保农业市场稳定发展。

确保农业市场稳定发展应是农业支持目标体系中的主体，能够在耕地资源减少和农村劳动力外流的双重压力下，按照"土地节约型"农业技术发展要求，实现农业的稳步发展。而确保农业市场稳定发展的核心则是确保国家粮食安全和重要农产品的有效供给。这需要从提升农业综合生产能力、优化农业产业结构及稳定农产品价格等方面入手。截至 2020 年末，我国粮食生产已实现"十七连丰"，农业支持的终点应从追求粮食产量增长向质量提升、综合生产能力提升转变。这就需要在农村基础设施、农田水利等方面加大支持力度。

---

① 陈池波、郑家喜：《加强农业支持力度的制度创新和政策调整对策研究》，武汉：湖北人民出版社，2014 年，第 21 页。

2. 确保农民收入持续增长。

农民是农业生产经营的主体,农业支持的重要目标之一便是确保农民收入持续稳定增长。这既可激发农民生产的积极性、主动性,又能够缩小城乡居民收入差距,推进全面建成小康社会战略目标的实现。而确保农民收入持续增长需要从提升农产品竞争力、提高农业收益率、加大反哺力度、实现城乡基本公共服务均等化等方面入手。首先,在追求农产品由量到质的重大导向下,农产品竞争力的提升、农民收入的增长必须通过依靠科技进步等手段提升农产品质量,真正做到绿色提质、有特色。同时,基于农业的高自然风险和市场风险,提高农业收益率需要完善农产品价格形成机制、完善农业政策性保险制度,积极推进农业产业化发展,提升农业生产经营的组织性,进而提高农户获取农产品深精加工收益份额。其次,加大城镇和工业反哺农村和农业的力度,不仅需要有序推进区域援助计划、加强农户职业技能培训、拓宽农民增收渠道,还需要大力发展农村二、三产业,改善农业金融服务等。最后,实现城乡基本公共服务均等化,这需要从提升农村义务教育水平、增强农村基本医疗服务能力、繁荣农村文化事业、健全农村社会保障及改善农村生活环境等方面积极推进。

3. 确保农业农村可持续发展。

目前在我国一些地区,农业增长仍以传统增长方式为主,农业发展仍以传统农业技术维系,农业所面临的环境污染、生态破坏、资源耗竭的问题日益凸显。确保农业可持续发展既是缓解资源环境压力的有效举措,又是提高土地利用率的有益补充,更是践行科学发展观、实现经济绿色发展的客观要求。确保农业可持续发展意义重大,需要从合理高效利用自然资源、保护农业生态环境等方面从手。合理高效利用农业自然资源需要逐步改善农业生产条件、改进农业生产手段、增强农业防灾抗灾能力,同时还需要加大农业技术的研发、投入和普及,通过节约灌溉、小流域治理、复种技术及测土施肥技术的利用等提高土地产出率。当然,保护农业生态环境也至关重要,这需要按照生态文明建设要求,发展循环农业和生态农业,促进农业绿色发展。必要的条件是完善现有的退耕还林、退耕还草等政策,推进自然资源的市场化改革,尽快完善自然资源有偿使用制度,充分发挥价格杠杆抑制不合理资源消耗和污染物排放的作用。

(三) 农业支持制度体系建设

世界发达国家农业发展的实践表明,农业发展离不开农业政策的引导和支持制度的保障。农业支持制度体系主要包括了财政投入支持制度、农业补贴支持制度、粮食价格支持制度、农业生态补偿支持制度等。

1. 财政投入支持制度。

政府的投入是实现农业持续稳定发展的重要保障。然而,通过剖析农业投入支持制度的历史演进便一目了然,政府农业投入在不同时期呈现出不同的特点。具体而言,改革开放之前,政府农业投入经过了"一五"计划时期的大幅增长阶段,"大跃进"和"文化大革命"时期波动和缓慢增长三大阶段;改革开放后,以1994年为分界点,前后经历了农业投入曲折增长和平稳增长两大阶段。但值得注意的是,在肯定政府农业投入力度不断增长的同时,也需警惕暴露出的一些问题,诸如:政府农业投入的依据应是基于农业产业的特性,即兼具基础性和战略性的弱质产业,而非工业及城市对农业和农村的反哺；政府农业投入的方向是对农业发展的支持，而非保护；政府农业投入的法制化建设滞后、政策导向性不明确；政府农业投入效率不高、监督不灵等。因此，政府财政投入支持制度应是长期性、系统性的工作，难度极大，既要求制定科学、完整的内容体系，又要求在执行环节做到因地制宜、有效推行。

2. 农业补贴支持制度。

农业是极具外部性的产业，同时又承受着市场和自然双重风险，因此，世界各国通行的做法是对农业提供补贴支持。目前，我国经济已迈入新常态时期，农业供给侧结构性改革已成为"三农"工作的重心，加快改造传统农业，走中国特色农业现代化道路已到关键时刻，这对农业补贴支持提出了新的要求。剖析农业补贴支持的历史演进便一目了然，2002年我国启动大豆良种补贴试点，目前水稻、小麦、玉米和棉花的良种补贴已实现全覆盖；2004年我国开始粮食直补；2006年我国实施农资综合直补政策，目前符合我国国情和农情的农业补贴政策体系需要尽快构建并不断完善。在此过程中，现行农业补贴支持制度仍存在一些问题，比如补贴目标不明确、补贴方式错位（即补土地还是补种粮户）、补贴范围不精准、补贴面积难核准、补贴存在多头管理、补贴执行成本高效率低、补贴效果不明显等。因此，农业补贴支持首要要完善补贴思路，继而提高补贴效率，具体而言，农业补贴的政策目标是促进农业发展而非农民增收，补贴的重点应以生产性专项补贴为主，补贴的范围应高度重视农产品质量安全和生态安全，补贴的对象应更多地向家庭农场、专业大户、农民专业合作社倾斜；同时，通过进一步核实补贴面积、整合补贴资金、调整补贴对象等方式不断提高农业补贴效率。

3. 粮食价格支持制度。

"民以食为天，国以粮为本"，我国自新中国成立之日起，就重视粮食价格支持制度。改革开放前，我国通过土地改革实现分田到户，调动了农民生产的积极性，粮食生产得以快速恢复；1953年我国实行第一个五年计划，粮食生产得到充分发展，与此同时，为打击私营粮商操纵市场，稳定粮价，1953年年底全国开始实行粮食的统购统销。改革开放之后，在粮食生产出现的三次增长高峰期，即1979至1984年、1989至1993年、1995至1998年，由于供大于求，市场粮价大幅度下跌，由此产生三次粮食价格支持政策，用于划定市场粮价下跌的底线，保护农民种粮收益和种粮积极性。[1] 而我国粮食流通体制改革是粮食价格支持制度改革的核心内容，其政策目标是国家粮食安全和农民收入持续稳定增长。当然，政府虽对粮食价格支持具有重大责任，但单靠政府力量必然是有限的，需要包括政府、农业企业、农民专业合作社、村集体经济组织及粮食生产者的相互协作、共同努力才能真正实现；同时，完善粮食价格支持还需要采取夯实农业基础、优化粮食生产结构、完善粮食价格形成机制、动态调整粮食供求等有效举措。

4. 农业生态补偿支持制度。

日本在1999年颁布的《食物·农业·农村基本法》中就已明确提出农业多功能性的概念，即农业除了提供农产品外，还具有经济、生态、文化、社会等多重功能，这就需要重视农业的全面可持续发展，巩固农业在经济社会中的基础性作用和战略性地位。

---

[1] 叶兴庆：《改革以来我国粮食保护价政策的回顾与思考》，《调研世界》1998年第12期，第3~6页。

在绿色发展理念深入人心的今天，农业的生态功能日益凸显，农业的生态补偿是农业生态发展的重要手段。当然，农业生态补偿支持的政策目标是确保农产品质量安全、农业资源环境安全及农业生态安全。为顺利实现以上政策目标，应积极构建政府—市场—社会—生产者四维协同支持路径，强化农业生态环境保护，以农业生态补偿的方式支持农业产业快速、健康发展。

第三节 激活"新三农"协同发展的市场"源动力"

在中国共产党领导下，按照"政府—市场—社会"三维理路构建的以政府"牵引力"、市场"源动力"、社会"驱动力"为核心内容的动力体系中，市场"源动力"属于内生力，主要从内部以强有力的作用推进中国特色社会主义"新三农"协同发展。而在市场"源动力"子动力体系内部，又包含了三大核心要素，分别是农村土地流转市场化改革、乡村空间生态利益补偿机制改革及农村金融供给侧结构性改革。三大核心要素在中国共产党的领导下相互助力，有机构成市场"源动力"子动力系统，彰显农业农村改革内生力，推进中国特色社会主义"新三农"协同发展。

一、农村土地流转市场化改革

随着城镇化和市场化进程的加速，为适应农业现代化规模经营和产业化经营，放活经营权，推进农村土地流转市场化改革，实现土地资源由静态配置向动态优化、规模集中趋势迈进，是农地流转制度创新的现实要求，也是培育市场"源动力"子动力系统中核心要素的关键举措。农村土地流转市场化改革实质是在农村土地资源配置过程中，逐步将市场的基础性作用跃升为决定性作用，提高土地配置效率，促进农业现代化持续发展。

（一）农村土地使用权制度变迁及流转的内在机理

农村土地使用权制度变迁试图展现中国农村20多年土地使用权流转的大致图景，并剖析农村土地使用权流转的内生机理。

1. 农村土地使用权制度变迁。

从1950年6月30日我国第一部土地法《中华人民共和国土地改革法》颁布实施以来，我国农村土地制度经历了多次变迁和调整。而关于土地使用权，最早涉及是为了适应劳动力要素转移到非农产业的现实需求，1988年修改的《宪法》和《土地管理法》均放松了对土地管理的限制，在1993年中央又强调"在坚持土地集体所有和不改变土地用途的前提下，经发包方同意，允许土地使用权有偿流转"。而后，1998年的"中央一号文件"指出，农民拥有30年土地使用权。之后，2003年生效的《土地承包法》将土地的流转权界定给了农民，农民有权流转自己的土地。2008年，党的十七届三中全会通过的《中共中央关于推进农村改革发展若干重大问题的决定》提出了"依法自愿流转土地承包经营权，发展多种形式的适度规模经营和规模经营主体"的农村土地流转改革的新基调。

2. 农村土地使用权流转的内生机理。

农村土地使用权流转具体是指农村土地的承包经营权流转，即农户将农村土地承包经营权（使用权）转让给其他农户或经济组织。从农村土地流转的一般规律看，会经历两个阶段，第一个阶段是以改革土地制度为手段，通过平均地权，最终实现"耕者有其田"的目标。其具体内容是由于农业生产力不高，且尚未建立在社会化大生产之上，也未突破封建社会生产关系的束缚，此时农村土地制度的改革只能是废除封建生产关系，改变农民与土地的关系，使其真正成为土地的主人，实现"耕者有其田"，进而建立广泛的小农经济，逐步发展商品经济。而第二个阶段则是适应农业现代化、产业化发展的要求，以扩大单一农户土地耕种面积为手段，以实现规模收益为目标。具体而言，随着农业生产力的不断提高，尤其是运用现代化的工业装备改造传统农业，农业生产力获得前所未有的提升，农业经济效益也不断提高。目前，我国农村土地使用权流转孕育的正是这一特点的变革。因为随着农业生产力的迅速发展和农业生产社会化程度的不断提高，经济效益已成为农业发展追求的重要目标，而农村土地使用权流转便成为实现这个目标的内生需求。[1]

（二）农村土地使用权流转的影响因素及现实状况

在剖析农村土地使用权流转影响因素的基础上，试图揭示目前农村土地使用权流转不顺畅的现实状况，为深挖其内在的制度性缺失奠定坚实的基础。

1. 农村土地使用权流转的影响因素。

农村土地使用权流转受多种因素综合影响，其一，土地流转是土地资源优化配置的选择。土地，不仅仅是一种自然资源，是农业生产必不可少的生产要素，更是一种特殊的商品。因为只要土地能够实现自愿、有序、有偿流转，就能够实现土地资源的高效利用，在流转中实现其价值并增值，一方面为"土地流出方"带来租金收益；另一方面又为"土地流入方"实现农业规模生产，获取规模收益奠定基础。其二，土地流转是农村剩余劳动力大量转移的必然选择。随着城镇化的快速推进，劳动分工的专业化和社会化水平日益提高，农户作为"理性经济人"必然会做出合理的选择，即由初步的兼业经营慢慢发展为完全抽离土地耕种，导致土地闲置、土地抛荒问题相当严重。在此背景下，将农户手中细碎化的土地流转给有需要耕种的人，既可解决土地撂荒问题，又可为农业现代化发展提供必不可少的条件，实为一举两得。其三，土地流转是农业现代化发展的必要手段。农业现代化要求农业规模经营以降低单位面积的投入成本，提高经济效益。因而对土地的需求就是打破小面积的分散耕种，经过土地综合整治，将土地流转起来形成连片土地，为规模经营提供条件。

2. 农村土地使用权流转不顺畅。

伴随着城镇化的快速推进，农业劳动力向城镇转移，农业人口转型为非农业人口，从事非农产业的趋势将不可逆转，土地闲置和宅基地闲置情况变得越来越普遍。因此，农村土地所有权流转是农业生产力不断提高进程中、农村经济体制改革不断深化中出现

---

[1] 胡亦琴：《农村土地市场化进程中的政府规制研究》（第2版），北京：经济管理出版社，2013年，第100页。

的新生事物,是农业现代化发展的基础条件。土地流转早已开始试点,最初的土地流转大多是村集体内部农民之间的交换和租赁。随着农村土地流转逐步推广,土地流转暴露出诸多问题:农民几乎没有对等的市场地位,没有议价的权利,大量的土地交易存在徇私舞弊,农民不满情绪暴涨。为此,中央政府也制定了相关政策,但由于政府土地财政问题的存在,地方政府与农民具有不同的利益立场,导致政策执行力低下,效果不佳。与此同时,中央政府也制定了新型的征收土地的补偿标准,让农民获取了一定的经济收益,但由于执行成本依然非常高,土地使用权流转并不顺畅。而要从根本上规约地方政府在征地过程中侵占农民土地收益的行为,就必须让市场在土地资源的流转中起决定性作用,让资源获得更高效的配置,实现更高的资源收益。

(三)农村土地使用权流转市场的制度性缺失

目前,我国农村土地使用权流转市场仍处于发展初期,农业市场化程度仍不高。在我国现存的土地制度框架下,农村土地使用权流转在市场化进程中,存在着外生和内生的制度性障碍,无疑提高了农村土地使用权流转的制度成本、经济成本和社会成本,降低了土地资源的利用效益和农民的经济收益。

1. 农村土地使用权流转主体缺失、客体价值难量化。

从理论层面分析,土地作为农业生产重要的生产要素在农户间的市场交易可以提高土地利用效率。一方面,农村土地资源使用权的自由转让可以提高市场交易收益,进而提升农户土地使用权流转的积极性;另一方面,农村土地资源使用权自由流转后可扩大转入方的生产经营规模,降低单位面积投入成本,获取规模收益。但目前的市场交易仍受到产权制度的制约,致使交易主体缺失:我国现存的农村土地产权制度模糊了土地所有者与使用者之间的关系,也模糊了产权行为主体、责任主体与利益主体之间的关系。具体表现为:各级政府可以划拨或低价征地。而与国有土地相比,农村集体建设用地的使用主体和市场交易的限制过多。换句话说,农村土地经营的权益仍受到各级政府和集体的诸多干预,农户并未成为真正独立的市场主体。与此同时,从农村土地的价值看,也并未得到真正的实现。土地作为最基本的生产要素,只有在国家进行征用后才能进入二级市场进行交易,这一制度安排,无疑割裂了土地资源的供给方和需求方,加上农村土地市场基准地价的缺乏和科学农地价值评估制度的不健全,使得价值规律无法发挥作用,土地本身的价值和发展价值均难于实现。

2. 农村土地使用权流转规则不健全、中介服务匮乏。

农村土地使用权流转应遵循有偿、自愿、有序的方式进行,但现实交易中,市场规范缺乏、规章制度欠缺,监督机构缺位,致使市场交易缺乏透明性、公平性,难于有效进行。一是对于农村集体土地经营权流转,至今尚未有全国性法规的出台。虽在《宪法》中有明确规定,"土地的使用权可以依照法律的规定转让",但与此同时,在《土地管理法》中却做出了与之相反的规定,"农民集体所有的土地的使用权不得出让、转让,或者出租用于非农业建设"。1990年颁布的《中华人民共和国城镇国有土地使用权出让和转让暂行条例》规定了国有土地使用权出让和转让的有关程序,但对集体土地使用权的流转,至今尚未有全国性的统一规定。二是农村土地登记制度尚需完善,以降低过高的市场交易费用。土地登记的重要功能是确保市场交易的安全性,维护农户的合法权益。而土地登记须严格按照法定程序，运用科学手段和技术对土地权属、位置、用途、面积等进行精确测定并登记在册。目前，全国大多地方已推进了农村土地的确权颁证工作，这对于土地流转至关重要，是一次有效的推动。但目前这一全国性的工作正在进行中，登记明细尚需完善。三是农村土地交易中介服务组织缺乏。农村土地交易涉及多方利益主体且交易手续繁复，需要专业的中介组织提供服务，以保证市场交易的有序推进。但目前农村土地使用权流转中介组织虽有一定程度的发展，但仍相对匮乏，存在规模小、市场意识不强、职业素质不高、经营管理较差等问题。

3. 农村土地使用权流转中市场与政府内生冲突严重。

农村土地使用权市场化流转，在坚持市场在资源配置中起决定性作用的同时，也需要加强政府的宏观调控，政府与市场的双重作用才能确保农村土地实现优化配置，保障农户土地流转权益。其主要原因是单靠市场机制难以达到土地流转优化配置的目标，土地流转市场机制对土地资源的优化配置是以完全竞争为前提的，但这个前提条件在我国大多数地区尚不具备。但现实并非如此理想化，基于此的政府介入，却致使农地使用权流转中市场与政府内生冲突严重。具体而言，我国农村土地制度客观上造成了产权的不明晰，集体经济组织对于土地的所有权不具有完全的排他性，政府实质掌握了农村集体土地的最终处分权，这就给政府介入市场创造了机会。而政府介入市场，必然扭曲市场的自然发展轨迹，市场的决定性作用难于发挥，导致市场机制紊乱并产生严重的后遗症，即当土地需求出现并进行土地供给时，一般会造成两种结果：其一是农民与土地需求者之间的交易，也即土地流转；其二是各级政府与土地需求者之间的交易。在以上交易过程中，各级政府扮演着双重角色，对于土地需求方而言，政府是土地供给者，而对于村集体和农民而言，政府又成为土地需求者。于是，政府可以借助土地产权的虚置获取大部分的土地租金。

（四）农村土地流转市场化改革的制度安排

农村土地流转市场化改革需要强有力的制度支撑，而目前农地制度供给的相对滞后影响着农地市场健康稳步发展，致使农村土地使用权交易成本的高支付和低效率。因此，需要对症下药，明晰农村土地的产权边界以提高土地制度绩效，明确农村土地价值以提升市场配置要素效率，强化政府相关职能以减少行政障碍、提高行政效率。

1. 明晰产权边界，提高制度绩效。

根据产权经济学理论，明晰的土地产权能够激励交易主体参与市场竞争，有利于保障交易双方的合法权益。因而，农村土地产权明晰便可保障农民转让土地获取合适租金的权益及保障土地转入方顺利转入土地并在合同期内正常进行农业生产经营活动的权益。针对现行土地制度存在的诸多弊端，如产权不明晰、集体所有界线模糊不清、权力约束机制不健全、操作过程不透明、地方政府在征地过程中占据绝对主导地位致使农民利益无法得到应有保障等问题，党的十八届三中全会明确提出，建立城乡统一的建设用地市场，为新时期城乡土地要素市场制度改革指明了方向。其一，进一步明晰农村土地产权，承包土地经营权应享有完整的地权，包括转包、转让、出租、入股、赠予、继承等，拓展承包经营权的权利与权能。其二，实行宅基地市场化改革，逐步赋予农民基于其宅基地的修建、拆除、转让、出租、抵押等权利，但需要明确，宅基地一经转让后，不能再次申领宅基地。其三，原则上取消行政划拨土地，逐步实现政府公益性征地农民议价机制，仅允许有关军事类强制征地，但须按市场交易价进行补偿。其四，鼓励社会资本下乡，鼓励村集体、农民以地招商、以地入股等形式发展农民专业合作社等。

2. 明确农地价值，提升要素效益。

农村土地，作为特殊的商品，兼具商品的属性和资本的属性。明确农村土地的价值，是建立市场化交易机制、降低土地交易成本，实现市场在土地资源配置中起决定性作用的关键环节。因此，明确农村土地价值，提升土地资源要素市场化配置效率需从以下几个方面入手：其一，矫正农村土地价格，完善市场化价格体系。微观经济学表明，土地市场价格是土地资源市场化配置的信号，它反映了土地资源的市场稀缺程度，这也是市场经济的核心内容。土地作为特殊商品，其市场运行也应遵循商品经济的价值规律、供求规律和竞争规律等。也就是说，我国农村土地价格的确定应遵循基本的原则：分等级评估价格、依据市场确定价格及同地同价原则。具体而言，分等级评估价格是指由专业化组织对农村土地按照距离市场远近等因素进行等级划分，再按照不同的等级进行估价；依据市场确定价格是指在科学估价的基础上，引入市场竞争，最终由市场成交来确定最终的土地价格，并真实反映土地资源的稀缺程度；同地同价是指严格按照《中共中央关于推进农村改革发展若干重大问题的决定》的精神，逐步建立城乡统一的建设用地市场，实现农村集体用地享有与国有土地同等权益。其二，推进土地使用权证券化，提升土地要素效益。土地作为一种特殊商品，其流动性受限，但可创新其流转方式，即可将土地作为融资载体，将土地的承包权作为融资抵押，以获取农业生产经营所需的资金，增加农业投入，减少融资成本。

3. 强化政府职能，提高行政效率。

作为特殊商品的农村土地，其市场交易涉及诸多利益主体，极具复杂性，因而需建立一个开放、竞争、公平、有序、规范化的农村土地交易市场。当然，市场交易的规范化不仅仅指市场行为的规范，还包括整个政府决策管理的规范，而政府则应为农地市场交易提供防护性与透明性的保障。具体而言，其一，科学界定政府和市场作用的边界。有效的土地市场必然要求政府与市场建立合理分工的资源配置机制，市场提供平台调节土地的供给与需求，引入竞争机制，让市场在农村土地资源的配置中起决定性作用；同时，政府作为社会管理者，不直接干预市场，仅行使市场监督权和宏观调控权。其二，积极培育市场主体，并严格审查入市资质。农村土地市场化改革，最终目标是确立农民所拥有的土地使用权的产权地位和市场主体地位，即通过培育农民利益团体，提高农民组织化程度，使其成为真正的市场主体，平等参与市场交易，保护自己合法权益。当然，为保证土地市场交易的有序性、公平性，需要设定统一标准对市场交易主体进行资质审查。其三，培育市场交易中介组织，提高市场交易效率。农村土地市场交易的中介组织，是连接土地流转双方的媒介，也是连接市场与政府的桥梁，而且中介组织的成熟程度也反映了市场的成熟程度。要着力培育包括土地投资经营公司、土地评估公司、土地融资公司、土地保险公司、土地证券公司等在内的中介组织，以提高市场交易效率。当然，中介组织必须成长为自主经营、自我约束、自担风险的独立市场主体。

二、乡村空间生态利益补偿机制改革

生态利益补偿主要分为两种：一种是人类对自然生态系统实行补偿，即人类对被破坏的生态进行修复、对被污染的环境进行治理、对被滥用的资源进行救治的全部努力；另一种是为了保护生态环境而引发的人与人之间的利益补偿。而生态利益补偿机制则是以保护生态环境、促进人与自然和谐发展为出发点，根据生态系统服务价值、生态保护成本、发展机会成本，以市场为决定机制、以宏观调控为主要内容，协调生态环境保护和建设相关各方之间利益关系的机制。生态利益补偿机制是一项具有经济激励作用、与"污染者付费"原则并存、基于"受益者付费和破坏者付费"原则的环境经济机制。因此，推进乡村空间生态利益补偿机制改革，培育市场"源动力"子动力系统的核心要素，是推进中国特色社会主义"新三农"协同发展的重要举措。

（一）我国生态补偿机制的历史演进

生态补偿机制是一种新型的生态环境管理机制，从20世纪50年代开始，美国、英国、德国等发达国家开始尝试用生态补偿机制来解决经济发展过程中"先污染—后治理"工业化道路产生的严重环境问题，试图破解经济发展与资源耗竭、环境污染、生态破坏相矛盾的问题，取得了明显效果。近年来，我国也采取了系列举措，切实推进生态补偿机制构建，形成了一些基本做法，并取得了显著成效。

1. 我国实施生态补偿机制的基本做法。

我国生态补偿机制的建设以1998年为界点，分为了前后两个截然不同的历史时期，特别在实施生态补偿机制的基本思路、推进路径等方面区别显著。其一，1998年以前是我国生态补偿机制建立的缓慢发展时期。由于长期受计划经济影响，加上以追求GDP为主要目标的经济发展计划，致使我国采取以牺牲资源环境为代价的经济增长模式，在这一模式下，自然资源被看作是没有价值的，可随意使用，甚至将破坏生态环境的成本转嫁给整个社会。20世纪80年代以来，我国一些地方开始开征资源开发及环境破坏修复费，但整体情况并不乐观。之后，云南省开始对磷矿开采征收生态环境恢复费，1993年国家开始对内蒙古在内的14个省的18个市县推进征收包括矿产开发、土地开发、自然资源开发、旅游开发、电力资源开发、自然资源开发、药用植物开发六大领域的生态环境补偿费的试点。而在1996年，国务院又颁布了《关于环境保护若干问题的决定》，在环境质量行政领导负责制、禁止转嫁废物污染、合理开发自然资源等方面做了较具体的安排。其二，1998年之后是我国生态补偿机制建设快速发展时期。这一时期，我国在构建"政府统筹、多层次、多渠道"的生态补偿机制方面步伐较快。从1998年开始我国陆续在全国范围内启动了"天然林资源保护工程""退耕还林工程""长江中下游地区重点防护林体系建设工程""退牧还草工程"等项目，开始进行国家层面生态补偿政策的尝试。之后，从2005年开始，国务院每年都将生态利益补偿机制建设列为年度工作重点，党的十八大报告明确指出构建"反映市场供求和资源稀缺程度、体现生态价值和代际补偿的资源有偿使用制度和生态补偿制度"，这为我国生态利益补偿机制的构建指明了方向。

2. 我国实施生态补偿机制的主要模式与成效。

在实施生态补偿机制进程中，我国主要形成了政府主导模式、政府与市场互为补充型生态补偿模式两大类。其一，政府主导模式。长期以来，我国生态利益补偿多是由政府买单，市场化和社会化的利益补偿相对滞后。政府主导的生态利益补偿机制与我国经济发展的阶段性不无关系，特别在补偿理念、补偿方式上区别于其他模式。在我国市场经济改革还未深入发展阶段，政企不分现象广泛存在，政府主管各项社会经济事务，生态补偿当然由政府通过财政转移支付设立专项基金、重大生态工程支持等方式进行，如众所周知的退耕还林国家补偿。其二，政府与市场互为补充型生态补偿模式。随着我国市场经济体制的广泛确定和由基础性作用向决定性作用的跨越，加上建立生态利益补偿机制经验的不断丰富，我国生态补偿理念不断更新，形成了同时发挥政府与市场优势的双驱动补偿模式。其理念的核心是引入市场化交易机制对重点领域进行补偿，重视生态补偿的长效机制。在此模式下，政府与市场分工明确、各司其职，政府除了必要的资金支持外，主要任务是进行宏观调控，让资源通过市场机制得到更高效的配置。在生态利益补偿模式推进下，我国生态补偿取得了一些成效，主要包括：其一，生态环境得到了显著改善。我国大气环境、淡水环境、草原生态环境均不断改善，呈显著转好态势。其二，促进了生态经济发展和生态文化建设。我国生态补偿机制的实施促进了生态农业、生态旅游、休闲养生等特色生态产业的发展，例如，鄱阳湖生态经济区的建立、南水北调工程中线生态文化旅游产业带的兴起等。伴随而来的是，生态文明理念、科学发展观、绿色发展理念深入人心。

（二）我国生态补偿机制存在的问题及根源

近年来，随着我国生态补偿机制的逐步建立，具有中国特色的生态补偿机制实现模式逐渐形成，并取得了显著的成效。但毕竟我国生态补偿机制构建的时间有限，整个机制还不够协调，还存在一些较为突出的问题。

1. 我国生态补偿机制存在的突出问题。

我国生态补偿机制存在以下突出问题。一是科学合理的生态补偿标准尚未建立。就理论层面而言，生态补偿标准应是买卖双方基于市场分析和评价而达成的自愿支付和接受的补偿价格。而现实是我国生态补偿标准在制定时就缺乏了促使科学合理价格形成的两个必备条件，即生态利益补偿相关主体的广泛参与和发挥市场在自然资源配置中的决定性作用。这两大关键因素的缺失导致我国现行的生态补偿标准缺乏科学性与合理性：生态利益补偿标准单一，未体现区域差异性；补偿水平过低、范围过小、市场机制并未发挥决定性作用；诸如森林、草原等资源利用的利益补偿机制还处于起步阶段，尚未正式纳入补偿范围。二是"谁受益、谁付费"的利益补偿原则尚未施用。由于我国一些自然资源还存在补偿主客体不明确的情况，加之生态受益者与生态保护者存在利益关系脱节问题，导致市场机制发挥不了应有作用，生态受益者与生态保护者的责任与权益难于真正落实。三是生态补偿模式单一、资金来源单一，市场参与严重不足。国际通用的生态补偿一般是政府补偿、市场补偿与社会补偿的有机统一，以市场补偿为主，政府和社会补偿为辅，其中，政府补偿主要是各种财政转移支付，社会补偿主要是非政府组织、企业、个人等的捐赠。而我国的生态补偿以政府补偿为主，市场化补偿严重不足，社会化补偿也相当欠缺,当然随之而来的便是资金来源大多限于政府,极为单一。

2. 我国生态补偿机制存在问题的主要根源。

我国生态补偿机制存在突出问题,究其背后主要有以下几个方面的深层原因:一是设立科学、合理的补偿标准较为困难,存在技术障碍。科学合理的补偿标准是构建生态利益补偿机制的核心和关键,直接影响到生态补偿政策是否能顺利实施,但现实中设立这一补偿标准相当困难。发达国家一般是依据生态系统服务价值来确定补偿标准,我国大多地方是按照直接成本,即生态保护成本来核算的,这一核算标准显然低于以生态系统服务价值或生态发展机会成本来确定的补偿标准。不仅如此,生态补偿标准的确立还需要考虑到区域差异性,不同区位、不同资源种类应制定差别化的补偿标准,而且在补偿标准制定上应坚持市场机制的决定性作用。二是生态补偿中的利益调整存在制度性障碍。根据福利经济学,人类对自然资源管理的改进分为帕累托改进和卡尔多-希克斯改进,前一种改进可至少使一人的境况变好,而无人受损;而后者是通过受益人对受损者的补偿,达到双方均满意的结果,这是利益重新配置的过程。生态利益补偿机制就属于后一种,但现实改革中的各利益相关主体对利益的重新分配都存在较大争议,对谁受益、谁补偿、补偿范围、补偿力度、补偿时限等均存在争议,难于推行。这些利益调整障碍的存在主要是由于我国资源产权制度不健全、中央与地方政府生态补偿责权利模糊、相应配套政策不完善等障碍产生的。此外,构建市场化补偿机制、建立多元化资金补偿渠道等均存在障碍。

(三) 我国乡村空间生态利益补偿机制改革

针对我国生态利益补偿机制中存在的问题,应及时采取相应对策,就补偿主体、补偿客体、补偿时限、补偿方式等基本问题提供解决思路和具体路径,以切实推进乡村空间生态利益补偿的市场化改革,坚持市场在自然资源配置中起决定性作用的基础上,逐渐形成政府—市场—社会全方位生态利益补偿格局。

1. 厘清生态补偿主体的补偿边界,推进市场化补偿。

长期以来,我国政府始终是建立和完善生态利益补偿机制的主导者,因为政府既是生态补偿的主要出资者,又是生态利益补偿市场机制形成的主要推进者。党的十八届三中全会明确提出:要确保市场在资源配置中起决定性作用,当然,这里面包括了自然资源。自然资源的市场化补偿是指自然资源的使用者或生态服务受益者通过市场机制对生态保护者进行补偿的一种重要方式,也应是生态利益补偿机制的重要创新。自然资源市场化补偿机制遵从"谁开发、谁保护;谁使用,谁补偿"的原则,利用价格机制和竞争机制,实现生态资源的最优化配置。明确政府在生态资源利益补偿中的边界,即推进资源环境领域立法工作、明确政府补偿优先领域等基础上,着力推进生态资源的市场化补偿:一是征收生态补偿费。政府可通过市场机制对开发利用生态资源的生产者征收生态环境税,倒逼企业提高自然资源利用率,减少污染排放,实现自然资源应有价值。二是建立环境产权交易机制。通过这一机制,市场主体可按照市场交易原则,进行排污权、水权、碳权等环境产权交易,实现节约资源、减少污染物排放,提高生态环境质量的目的。三是探索生态环境污染责任保险制度。这是通过市场机制实现生态环境治理的一大创新,其目的是通过政府立法、保费补贴等方式,提高企业环境风险意识,鼓励企业投保，通过完善保险公司优化保险条款和提升服务质量来推进这一举措的顺利实施。此外，可创新第三方补偿机制，即企业、个人及第三方对生态环境的补偿，可借鉴第三方NGO参与补偿模式。

2. 探究生态价值精准评估方法，推进科学化补偿。

自然资源生态价值补偿金额与补偿期限的确定是一项复杂的系统工程，是顺利推进生态补偿的重要环节，关系到补偿效果、补偿方案的可行性与持续性。目前学界通常采用机会成本法、影戏价格法、补偿损失法、意愿调查法、重置成本法等评估生态。而在以上常用的自然资源生态价值确定方法中，由于操作简便等原因，运用最多的方法是机会成本法和意愿调查法；同样由于操作困难，需要大量数据做支撑，生态系统服务功能价值法运用较少。但就我国现阶段而言，由于各种测算方法有利有弊，并未形成公认的自然资源生态价值补偿标准的测算方法。因而，只能通过实践经验来大致确定每种测算方法更优的适用范围，从而推进准确测算与科学化补偿。具体而言，"直接成本法"适用于"能直接衡量出具体投入与损失的生态功能区"；"意愿调查法"适用于"补偿客体为较小范围的生态区"；"机会成本法"适用于"水资源、矿产资源等资源开发生态区"；而"市场定价法"适用于"生态服务系统或生态资源可直接通过市场定价的类型"。同时，对于补偿期限的确定如果根据生态功能的要求，补偿期限越长越好；而按照市场经济原则，补偿期限则越短越好。因此，生态补偿期限需要协调自然与市场，寻求二者均适用，又可接受的补偿范围。

3. 遵循自然经济、区域经济发展规律，推进差异化补偿。

根据2006年中国生态补偿机制与政策研究课题组在《中国生态补偿机制与政策研究》报告中确定的生态补偿责任原则，即破坏者付费原则、使用者付费原则、受益者付费原则、保护着受偿原则等，生态补偿的客体应包括自然生态系统、保护自然生态系统者以及由于保护自然生态系统而利益受损的人。一是自然资源生态利益补偿要遵循自然经济发展规律，尊重补偿客体的多样性，实现不同资源的差异化补偿。自然资源种类繁多，补偿客体存在显著差异，在尊重自然经济规律的前提下区分生态补偿客体的多样化，是推进差异化补偿的重要基础。具体而言，生态补偿的客体主要包括人和自然两类，即对提供生态服务的自然进行补偿或对在自然资源利用中利益受损主体进行补偿。而遵循自然经济发展规律，尊重补偿客体的多样性，可针对森林生态、矿产生态、水资源生态等利用中的受损主体进行利益补偿。二是自然资源生态利益补偿要遵循区域经济发展规律，尊重补偿客体的区域化特征，实现不同区域的差异化补偿。

在区域市场分割下，需要准确界定区域内一致的补偿客体，寻求区域内一体化的生态补偿，而对不同区域则实现差异化补偿。当然，可创建区域间、区域内协商合作机制以实现区域内统一补偿和区域间差异化补偿。

三、农村金融供给侧结构性改革

建立健全适应我国新农村建设的金融体系，有利于农村金融的有效供给，有利于农村金融的健康稳定可持续发展，有利于稳步推进农业现代化进程，有利于促进农村经济社会的和谐发展。早在2010年"中央一号文件"就着重要求，加快推进农村金融改革和创新，推动金融类资源要素更多更好地向农村配置，提高农村金融服务质量和水平，健全强农惠农政策体系。因此，深化农村金融体制改革，培育市场"源动力"子动力系统的核心要素，就需要首先厘清农村金融供给的历史进程、主要特点，在此基础上剖析我国农村金融供给面临的主要困境，深挖农村金融主体的多样化需求与金融供给的组织、结构、制度等之间的矛盾，并探寻我国农村供给性金融抑制存在的主要原因。最后，设计我国农村金融体制改革的总体思路、整体目标与重要举措。

（一）我国农村金融供给的历史演进

改革开放前，为配合国家工业化发展战略，实现以重工业为核心的经济增长，国家控制了经济资源，金融制度的安排也只是为国有企业服务，因而，真正意义上的农村金融机构的建立和农村金融供给是从改革开放之后开始的。

1978年，改革开放拉开了帷幕，为配合整个国家的经济体制改革，推动农村经济和农村金融的市场化发展，我国开启了农村金融体制改革，大致经历了三个主要阶段[①]：

1. 1979—1993年，农村金融体制改革开启阶段。

这一阶段，主要是成立新的金融机构，逐渐形成农村金融市场供给的多元化状态。这主要包括在1979年恢复了中国农业银行，明确要求其大力支持农村商品经济发展；农村信用合作社也恢复了名义上的合作金融组织地位，它受中国人民银行的管理；开始允许民间借贷，允许成立民间合作金融组织，企业集资开始活跃起来。

2. 1994—2004年，农村金融体制改革完善阶段。

在前期金融体制改革的基础上，这一阶段明确了改革的目标——建立一个行之有效的农村金融体系，并在1996年确立了农村金融体系的"三甲马车"——农村信用社、非正规金融系统和中国农业发展银行。后经过亚洲金融危机，我国开始深化农村金融体制改革：中国农业银行收缩战线开始从农村地区撤离，农村信用社只支持粮棉油收购信贷，开始打击各种非正规金融机构、规范民间借贷。这一系列改革客观上开启了农村信用社对农村金融市场的垄断。

3. 2005年至今，农村金融体制改革进入全新阶段。

为缓解农村经济发展资金约束难题，国家高度重视农村金融创新，努力探索农业现代化发展新型融资渠道。主要有以下表现：其一是在2004年7月，国务院做出批示，由中国人民银行、财政部、劳动保障部和银监会四部委联合开会，落实小额贷款政策；在2008至2009年间，由中国银监会和中国人民银行制定了一系列文件，用于规范信贷公司，之后又专门召开中央经济工作会议，提出培育农村新型金融组织；2005年，我国第一家小额贷款公司和村镇银行相继成立，2010年又召开人民银行会议，提出推动小额贷款公司发展，促进了农村新型金融组织快速成长。经过多年发展，目前我国已基本构建了由政策性、合作性和商业性所组成的"三元"农村金融供给体系。

（二）我国农村金融供给的特点与困境

农村金融供给主要包括供给主体和供给服务，经过改革开放40多年的发展，我国

---

① 高晓燕：《基于供给视角的农村金融改革研究》，北京：中国金融出版社，2012年，第24~25页。

农村金融供给主体的类型及其所提供金融服务的种类有了显著增加。

1. 农村金融供给主体和供给服务。

从农村金融供给主体上看，主要有四大类金融机构，即政策性的农业发展银行，商业性的农业银行和邮政储蓄银行，合作性的农村信用社、农村商业银行和农村合作银行，以及由村镇银行、资金互助社、贷款公司与小额贷款公司所构成的新型农村金融机构，而民间金融、资本市场和保险市场基本属于刚刚起步阶段，对农村农业发展贡献有限。从农村金融供给服务上看，存、贷、汇等基本金融服务已初步得到满足。随着农村金融供给体系不断建立完善，政府也开始研发抵押担保等新服务，为农村地区提供金融便利。同时，农村交通通信设施建设的快速发展更为农村金融服务创新提供了有利的条件：一方面，积极探索有效扩大抵押担保范围，推行土地承包经营权、林权等多种形式的抵（质）押贷款品种，推动建立包括"合作社＋农户""公司＋农户""农户联保"等多种征信模式；另一方面，各农村金融机构又加快农村金融电子化建设，推广网上银行、电话银行、手机银行等现代金融服务平台，方便农户就地领取涉农资金。

2. 农村金融供给的主要特点。

目前，我国虽已基本建立了由政策性、合作性和商业性所组成的"三元"农村金融体系，但仍处于发展初期，呈现出形式与实质不相符的诸多特点：其一，我国农村金融供给是政府强制性制度变迁的结果。改革开放以来，我国农村金融供给改革首先围绕的是构建机构、调整职能和完善体制机制，紧接着开始着眼于农村金融的内在需求，逐步放开农村金融市场，引导民间资本参与农村金融体系的重构，不断完善农村金融供给主体结构和提升供给质量。但从整体上看，我国农村金融供给改革是一个由政府主导的强制性制度变迁过程，走的是一条"自上而下"的以正规金融机构市场化发展为主线的路径，占据垄断地位正规借贷的主体主要是农村信用社，因而农村融资需求与融资供给之间的结构性错位是我国农村金融供给改革的重点，目标是形成一个外置性与内生性协同共生的农村金融体系。其二，我国农村金融供给存在严重的同质化。一方面，近些年随着国有商业银行的市场化运作，伴随而来的是大规模的机构收缩，使得农村信用社开始成为正式金融体系的主体，逐渐垄断了农村信贷市场，对于不是真正合作性质的农村信用社而言，商业化改革本就是其必然趋势；另一方面，农村金融供给服务也存在高度"同质化"问题。由于农村信用社高度垄断农村金融市场，再加上农村金融机构高度商业化、整体素质偏低等因素，农村各类商业性金融供给主体为降低成本、增加收益，基本无动力也无能力推进供给服务创新，其结果必然是供给服务高度趋同，难于满足农村社会多样化的金融需求。

3. 农村金融供给面临的主要困境。

经过40多年的改革开放，我国农村经济快速发展，农村金融供给在政府强制性制度变迁下取得了一定发展，但呈现出的严重同质化现状难以满足农村经济发展旺盛的、多样化的金融需求，特别是农村金融供给与需求之间的矛盾突出。同时，现有金融体系"服务三农"的色彩越来越淡，金融资源并不能够在农村进行合理、有效的配置，农村金融供给与农村金融需求间并不能实现有效对接。目前，我国农村金融供给面临的主要困境如下：一是农村金融供给数量不足与质量不优并存。农村短期贷款在涉农金融机构短期贷款总额中的比重不仅处于较低的水平,且呈现不稳定态势。数据显示,其虽从1997年的15.07%上升到2005年的22.22%,而到2006年该比重又下降到了19.20%。①当农村正规型金融机构存在供给不足时,农村非正规型金融乘机发展,补充资金不足,但又因其不具有合法性,存在较多潜在风险。而农村金融供给质量不佳主要体现在农村金融供给服务存在的高度"同质化"问题,其原因是农村金融机构数量缩减,竞争不充分,金融机构的服务功能不断弱化,致使服务方式落后、服务质量不佳。二是农村金融生态内生发育畸形与外生发展不良并存。农村金融生态内生畸形主要表现在由于农村金融产品经营收益率低、信贷成本高、风险大,导致银行资产保全困难,从而不敢也不愿开展农村金融服务;而农村金融外生发展不良的主要表现为农户和涉农企业申请贷款的有效抵押凭证欠缺、抵押能力不足,抵押评估中介机构资质不一、中介费用较高,同时,国家对于涉农企业和农户贷款的优惠政策并未得到有效落实,无疑增加了农户和涉农企业借款的成本和困难程度等。当然,由于农村金融生态内生发育畸形与外生发展不良的并存,再加上金融知识宣传不到位,农户防范金融风险的能力不强,促使农村民间融资广泛存在,且范围广、影响深,融资纠纷和债务纠纷也呈上升态势。

(三)我国农村金融供给侧结构性改革举措

面对日益衰弱的农村金融市场,我国需要切实推进农村金融供给侧结构性改革:在借鉴国外农村金融供给经验启示的基础上,厘清我国农村金融供给侧结构性改革的思路,并基于我国国情和农村金融发展面临的困境,从科学性、整体性、特殊性出发构建我国农村金融供给侧结构性改革的举措。

1. 国外农村金融供给的具体路径。

世界各国均一致认为,在农村金融改革中需要正视各自矛盾,坚持农村合作金融的改革方向,由于农业发展的特性,政府需要给予具体的政策支持和财税补贴。根据金融供给路径的差异,选取美国、法国和日本等发达国家进行分析,借鉴经验,更好地推进我国农村金融供给侧结构性改革。一是美国农村金融供给路径。美国有着全世界最为发达的农业,这与其农村金融供给体系密切相关。美国在1916年以创设联邦土地银行为基点,经过长期探索与改革,到1953年基本形成了完善的农村金融供给体系:以个人及私营机构的信贷为主要经营内容的农村商业金融为基础,以农村合作金融的农业信贷系统为主导,以政府农贷机构等政策性金融机构为补充,形成了包括农村商业性金融体系、农村合作金融体系和农村政府主导型政策性金融体系为载体的金融体系格局。二是法国农村金融供给路径。早在19世纪,法国就颁布了《土地银行法》,开始建立农村信贷机构,逐步形成了由法国土地信贷银行、法国农业信贷银行、互助联合信贷银行和大众银行组成的农村金融供给体系。与美国"三位一体"的农村金融供给路径不同,法国的这一农村金融体系是在政府主导下建立的,并接受政府的管理。三是日本农村金融供给路径。日本农村金融供给组织依附于日本农协,虽是农协的构成部分,但又拥有独立的融资能力。具体路径是农户入股参加农协,农协入股参加"信农联","信农联"又入

---

① 王文乐:《农村金融供给短缺的现状及对策》,《企业经济》2008年第10期,第183~186页。

股组成农林中央金库,各组织间不存在上下级关系,仅提供金融服务,各组织自主经营并独立核算。

2. 国外农村金融供给的经验与启示。

国外农村金融供给具体路径虽有不同,但也具有一些普遍性做法,这些先进经验给我国农村金融改革带来重要启示:一是政府须对农村金融发展给予资金扶持。各国政府都制定了一整套支持农村金融发展的政策体系和较发达的金融体系,并通过税收、补贴、担保、信贷等政策扶持其发展。其共同的做法是建立合理的利益补偿机制,保证农业生产所需资金,调动投资主体的积极性,确保农业投入的连续性;建立贷款保障机制,国家对积极支持农业发展而致使经济效益受到影响的农业金融部门给予奖励,鼓励金融部门增加农业信贷投入;建立农业贷款配套机制,中央和地方两级财政部门协同安排专项资金用于农业项目贷款的贴息和资金配套。二是政府须制定适时撤出机制。在农村金融体系建立之初,各国都采取了系统性举措扶持农村金融稳步发展,但随着农村金融机构的不断发展和日渐成熟,其资金积累也逐渐增多,各国的基本做法是政府产权适时退出了农村基层金融体系。可以看出,发达国家都在农村金融资金瓶颈消失后,从基层金融机构中撤出了国家产权,当然,国家退出产权并不是指国家不提供资金扶持,恰恰相反,在国家产权退出后,国家的重要工作是为基层的资金融通提供服务。三是农村金融合作组织需推行强制性存款保险制度。美国、法国和日本均对农村金融合作机构推行了强制性存款保险制度,这主要是对农业合作金融系统性风险的防范。众所周知,农业自身的自然风险及市场风险具有不可预测性,不能通过农村金融组织内部或商业保险机构为其提高有效的风险保障,需要国家提供足量的风险抵充资本建立强制性存款保险制度,弥补农村金融合作机构由于自然风险和市场风险所造成的损失。

3. 外置金融与内置金融共进,推进农村金融供给侧结构性改革。

适应社会主义新农村建设和中国特色社会主义农业现代化发展的现实要求,必须深化农村金融体系改革,其核心是推进农村金融供给侧结构性改革,构建现代农村金融体系新框架,为对接农村主体的多样化金融需求与金融供给奠定坚实的基础。我国农村金融供给侧结构性改革应在遵循以下基本思路——构建与新农村建设、农业现代化发展相适应的金融支持制度,建立一个开放、充分竞争的农村金融市场机制,建立一个政策持续支持、商业化运营的农村金融市场化导向机制及建立一个产权明晰治理结构合理的农村合作金融机制。在此基础上,逐步实现农村金融改革的整体性目标,即构建一个外置金融与内置金融协同发展的多样化的持续稳定发展的现代农村金融体系。而现代农村金融体系应主要包括以下内容:一是培育多元化的农村金融组织,既包括正规和非正规金融组织,又包括小型、中型和大型呈梯度规模的金融组织,从而构建其较为完整的金融组织结构,有效满足不同层次的金融需求。二是不同金融组织间公平竞争,由市场在金融资源配置中起决定性作用,而不是政府;当然也需要设立中央和地方两级监管机制,积极发挥政府的宏观调控职能。三是构建政策支持型金融中介组织,提供风险抵充资本,建立强制性存款保险制度,分散农村金融组织风险。农村现代金融体系应努力实现政策型、商业型、合作型三种金融组织并存局面,确保农业银行、农业发展银行及国家开发银行重点为乡镇企业提供金融服务;确保邮政储蓄银行、农村信用社重点为中、小、微企业提供金融服务；确保小额贷款组织、贷款互助组织甚至规范化的民间借贷组合重点为种养殖业农户、家庭农场、农民专业合作社提供金融服务；而农业保险和担保等中介机构为所有涉农企业和农业经营主体服务。

第四节 塑造"新三农"协同发展的社会"驱动力"

在中国共产党领导下，按照"政府—市场—社会"三维理路构建的以政府"牵引力"、市场"源动力"、社会"驱动力"为核心内容的动力体系中，社会"驱动力"属于辅助力，主要从外部以辅助的作用推进中国特色社会主义"新三农"协同发展。而在社会"辅助力"子动力体系内部，又包含了三大核心要素，分别是新型农业经营主体培育、农村基本公共产品供给模式转型和农村社区治理方式变革。三大核心要素在中国共产党的领导下相互助力，有机构成社会"驱动力"子动力系统，彰显农业农村改革辅助力，推进中国特色社会主义"新三农"协同发展。

一、新型农业经营主体内生发展能力培育[①]

为激发农业生产要素潜力，释放农村基本经营制度活力，调动农民生产积极性，党的十八大报告明确提出"培育新型农业经营主体，发展多种形式规模经营"的新论断。因此，需要在厘清制约新型农业经营主体培育的外部因素与内在短板基础上，内外结合，推进新型农业经营主体培育不断发展，着力形成社会"驱动力"子动力系统的核心要素。

（一）新型农业经营主体培育的现实必然性、制度逻辑与实践归因

新型农业经营主体培育不仅具有现实必然性、制度逻辑，还能从实践层面解析原因。

1. 新型农业经营主体培育的现实必然性。

随着工业化、信息化、城镇化的快速推进，大量农村劳动力在比较收益驱使下，加快了向城镇转移的步伐。而农村青壮年劳动力的过度转移，致使农业生产主体出现结构性短缺，"谁来种地、如何种地"等现实问题不断凸显。因此，培育新型农业经营主体具有现实必然性。在农业现代化进程中，新型农业经营主体有助于推进农业从分散细碎单一的小农经营向形式多元的适度规模经营转变，既可巩固家庭经营的基础性地位，又可充分有效配置农业生产资源，促进农业现代化发展。其一，培育新型农业经营主体是创新和完善农村基本经营制度的必然选择。改革开放之初，我国确立了以家庭承包经营为基础、统分结合的双层经营体制，调动了农民生产的积极性和创造性，促进了农业飞跃式发展。而经过城镇化工业化、信息化的推拉，农村社会经济结构发生了深刻变化，农村青壮年劳动力的过度转移致使"谁来种地"问题凸显，传统双层经营制度绩效微

[①] 王国敏、王元聪、杨永清：《新型农业经营主体培育：战略审视、逻辑辨识与制度保障》，《西南民族大学学报（人文社会科学版）》2014年第10期，第203~208页。

弱，农业发展困难重重。到了邓小平提出的科学种田和农业适度规模经营的阶段[①]，培育新型农业经营主体有助于创新和完善农村基本经营制度，推动农业现代化进程。其二，培育新型农业经营主体是现阶段转变农业发展方式的必然选择。改革开放以来，虽然我国农业获得了飞速发展，但却是以高投入、高消耗的资源利用和环境破坏为代价的，在资源环境预警的当下，必须转变农业发展方式，以集约经营替代粗放增长，促进传统农业向现代农业转变。实现这一转变的关键是农业经营主体从传统分散型成长为现代组织型。其三，培育新型农业经营主体是提高农产品品质，增强市场竞争力的必然选择。我国传统分散型农户由于生产经营规模小、组织能力小、信息不对称等，致使市场竞争力弱。这就急需培育拥有较高组织化程度与较完善社会化组织体系且具有较强市场适应性的新型农业经营主体。

2. 新型农业经营主体培育的制度逻辑。

从制度的发展逻辑看，以户为单位的家庭承包经营始终是培育新型农业经营主体的制度基础。新型农业经营主体的培育属于典型的制度变迁，即通过农业的外部规模经济优势来弥补家庭经营内部规模不经济的缺陷。新中国成立初期，经济萧条、民生凋敝、工业弱化，急需发展国民经济壮大国家整体实力，此背景下集体化的农业产权结构和组织化的农村生产模式在全国范围内应运而生，以实现农业对工业的支持。虽取得一定效果，但农民生产积极性严重受挫，农业发展后劲不足。改革开放初期，我国仍处于传统农业发展阶段，但家庭承包经营模式极大地调动了农民生产的积极性、主动性和创造性，农业生产获得了前所未有的发展。但随着农业生产力水平的不断提升，小规模的家庭经营不仅难于克服频发的自然灾害，更难于在激烈的市场竞争中拥有立足之地，因而需要在坚持家庭承包经营制框架下，培育新型农业经营主体，提高农业生产经营的组织化程度，以实现传统农业向现代农业的成功转变。可见，我国农村家庭经营能通过调适来适应不同发展水平的生产力状况，使之在农业生产中的基础地位得到不断巩固。培育新型农业经营主体不仅是农业实现"两个飞跃"的必然选择，也是新时期家庭承包经营体制不断完善的重要举措。二是从制度的理论逻辑看，土地"三权分置"为培育新型农业经营主体提供了制度保障。改革开放初，家庭承包经营制的确立使得土地承包经营权首先从农村土地权属中分离出来，形成了所有权归集体、承包经营权归农户的"两权分离"格局，使得农户从农业集体生产经营中分离出来，劳动的积极性和创造性不断提升，释放了农业潜在劳动生产力。随着改革开放的推进和城镇化步伐的加快，农村劳动力不断向城镇转移，不仅农民兼业化程度不断提高，而且一部分转移后的农村劳动力因农业耕种收益低等原因并不愿意回乡务农，土地抛荒问题严重。因此，我国在全面取消农业税后，出台了"明确所有权、稳定承包权、放活经营权"的土地政策，不但承认其合法性也鼓励流转实行规模经营。自此，农村土地的经营权与承包权再度分离，形成了农村土地所有权、承包权与经营权"三权分置"的新格局，为新型农业经营主体培育奠

---

① 邓小平认为，中国社会主义农业的改革和发展要有两个飞跃，第一个飞跃是废除人民公社，实行家庭联产承包责任制，第二个飞跃是适应科学种田和生产社会化的需要，发展适度规模经营，发展集体经济。参见：《邓小平文选（第二卷）》，北京：人民出版社，1994年，第315页。

定了制度基础。

3. 新型农业经营主体培育的实践归因。

从实践的经济行为视角看，农业收益与务工收益的比较是诱使农村劳动力向城镇转移的关键性因素。在家庭承包经营框架下，传统分散化的小规模家庭经营由于较高的自然风险与市场风险致使收益难于提高。农业现代化的过程，一方面是将农业潜在劳动力转移到城镇；另一方面则是培育新型农业经营主体，并通过土地流转扩大经营规模，提高农业生产经营的抗风险能力和比较收益，以破解"谁来种地""种什么地""怎么种地"的现实困境。当然，新型农业经营主体可结合专业化的产前、产中、产后服务，组织化、社会化式的农业生产，推进农业资源整合，既可增强农业生产经营的集约化水平，又可显著提升农业绩效，增加农户收益。从实践的社会行为视角看，农民对于职业的选择，大多是基于经济收益考虑，但除经济利益驱使外，很大程度上还受社会习俗的影响和制约。比如，传统观点认为城市比农村好，工人比农民不仅挣得多，还具有较高的社会地位。在这一观念影响下，农民为获取更多的经济收益，更高的社会地位必然做出合乎理性的选择——进城务工。与此同时，工业化城镇化的快速发展，一方面为农村劳动力提供了大量就业岗位、较高的比较收益与现代化的生活方式，吸引农民涌入城镇，实现非农就业。而随着农村劳动力的不断外迁，农村土地闲置或抛荒问题日益呈现，这又为土地流转、适度规模经营提供了现实可能。另一方面，工业化的巨大发展又为农业生产提供了现代化的技术和机械装备，为培育新型农业经营主体，实现适度规模经营提供了坚实的物质基础。

（二）新型农业经营主体培育的内外部制约因素

新型农业经营主体的培育既受到国家政策、社会环境、市场机制的影响，又受到自身发展所需内部条件的制约，可谓困难重重。

1. 新型农业经营主体培育的外部环境制约因素。

新型农业经营主体培育的外部环境制约因素主要包括我国农村土地制度不健全、农业补贴政策不精准，农村金融准入难、农业保险不健全，城乡社保制度非均衡发展三方面。

一是我国农村土地制度不健全、农业补贴政策不精准。具体而言，其一，农村土地制度不健全，农民土地流转意愿不高，适度规模经营缺乏必备的条件。我国法律明确规定，农村土地归村集体所有，农民拥有土地的承包经营权。调研中发现，部分进城务工的农民在"确权颁证"后，宁愿土地撂荒也不愿意长期流转自己的土地以换取租金，这给农村土地流转的租赁期限带来极大的不确定性，增加了社会资本农业生产性投资的风险，阻碍了新型农业经营主体的发展。当然，其中原因既包括了农民对土地的依赖性、农民对拥有的土地不耕种的无成本性，还包括了土地流转之初，一些企业企图通过流转土地而趁机侵占农民土地所带来的恶劣影响等。此外，由于农业生产建设性用地管制严苛，申请指标难于获批，导致规模化生产经营后农户用于耕作的机器设备等不能就近放置于田边修建的设备房内，给农业生产带来极大不便。其二，农业补贴政策不精准，补贴效果难于突显。近年来，在"城市支持农村、工业反哺农业"的方针下，我国不断加大支农惠农力度，制定了一系列农业补贴政策，取得了一定成效，但并不显著。原因在于大部分农业补贴政策主要针对的是农业基础设施建设和对传统农户的支持。一方面，当农村土地承包权与经营权分离后，补贴的对象也发生了改变，应补贴经营者而非承包者；另一方面，我国对农业的支持力度虽不断加大，但思维方式仍是撒胡椒面式的普惠性，对新型农业经营主体补贴的针对性不够。

二是农村金融准入难、农业保险不健全。其一，近些年，虽然国家允许发展为农业、农村服务的银行或投资公司，但由于监管难度大，地方政府为防止系统性风险而设置了严苛的准入标准。此状况下，农村金融平台发展滞后，新型农业经营主体贷款难度大、手续费用高，难于满足规模化生产对资金的需求。其二，近年来，虽然在国家的大力推动和支持下，农业保险开始供给。但由于供给侧的结构不合理，供给产品针对性不强，加之农民参保意识薄弱，农业保险难于发挥应有功能。

三是城乡社保制度非均衡发展。在我国，由于长期的城乡分治与"双二元"结构，致使我国社保制度长期处于非均衡状态——城镇居民享有相对完善的社会保障，而农民的社会保障则长期由农村土地的承包经营权承担。换言之，农村土地不仅承载着农民的经济收入，承载着农民的土地情结，更承载着农民的社会保障，这给土地资源赋予了额外的功能。即使城镇化推进的速度不断提升，农民的兼业收入越来越高，只要没彻底转变为城镇居民享有城镇社保，农民依然不愿放弃自己的土地。而且在农业补贴普惠制下，即使农民并未耕种土地，也有可能获取一定的补贴性收益。综合作用下，一部分农民即使撂荒土地，也不愿意放弃土地或长时期流转土地，这严重阻碍了新型农业经营主体实现规模经营的要求。

2. 新型农业经营主体培育的内部发展条件短板。

新型农业经营主体培育的内部发展条件短板主要包括专业人才缺乏、内部运行不规范，经营规模小、收益不高两方面。

一是专业人才缺乏、内部运行不规范。其一，新型农业经营主体的培育缺乏专业技术人才。目前农村劳动力普遍呈现出"老龄化""妇女化"的状况，这类人群普遍受教育年限低，很难接受并学习先进的耕作技术和现代化的管理，因而很难在其中培育起新型农业经营主体。即使是在已经成立并初具规模的家庭农场、农民专业合作社等新型农业经营主体中，仍然缺乏接受过专业培训的农业技术人才，而农业的工作性质、工作环境、工作收入也很难吸引专业技术人才，这使得新型农业经营主体的发展智力条件不足。其二，新型农业经营主体内部运行不规范。调研中发现，绝大部分家庭农场、专业合作社没有设定明晰的管理机制、监督机制等，一些农业龙头企业也没有真正引入现代企业管理制度，在注重与市场对接的同时，并未很好重视与源头农户的合作，这严重影响了新型农业经营主体发展的持续性。

二是经营规模小，收益不高。新型农业经营主体的经营规模受土地资源禀赋、农民土地流转意愿、经营规模认证标准等多重因素影响。调研发现，目前的专业大户、家庭农场一般规模较小、实力不强，受自然风险与市场风险影响较大；而农民专业合作社虽较前者规模大些、实力强些，但因信任度不高而与农户的合作性不强，带动的农户数量有限。而农业的小规模经营一方面不利于现代化机器设备的使用；另一方面又必然导致农业耕作的单位成本高，收益低下。此外，由于大部分新型农业经营主体发展欠佳，经济收益并不显著,并未起到明显的引领与带动作用,因此,吸引青壮年农民工自愿将其承包地流转或自愿返乡进行农业创业的吸引力明显不足,这又进一步加大了新型农业经营主体培育的难度。

(三) 内外结合,培育新型农业经营主体

新型农业经营主体是新生事物,其培育需要不断积累经验,是一个涉及多方面的复杂的系统工程,不仅需要清除外部环境的制约因素,而且需要补齐内部条件短板。

1. 清除外部环境制约因素,助力新型农业经营主体培育。

培育新型农业经营主体,首先需要清除外部环境制约因素,需主要着眼于建立健全农村土地管理制度、精准农业补贴政策,创新农村金融体制、完善农业保险机制,统筹城乡协调发展,建立均等化的社保制度等。

一是健全农村土地管理制度、精准农业补贴政策。其一,需要建立更为严格的征地制度,有效遏制乱占乱征耕地的恶劣行为,确保18亿亩耕地红线不动摇;同时,制定规范、完善的征地程序,制定合理、科学的征地补偿标准,使被征地农民既能享受到土地的原有价值,又能享受到土地的发展权益。其二,完善土地流转程序,按照"有序、自愿、有偿"的原则切实推进土地流转;在确保土地流转双方收益方面,需要更好地发挥村两委"中间人"的职能,设立公正公开合理的土地流转价格形成机制。其三,为方便新型农业经营主体更好地从事规模生产与经营,应适当有针对性地放宽农业生产性建设用地指标,通过现场勘察,允许新型农业经营主体在规模经营地修建一定占比的简易房,用于储放农业生产必需的机械设备、物资原料等。其四,完善农业补贴方式、调适农业补贴结构,改变过去"撒胡椒面"式的普惠型补贴,重点突出农业补贴政策对规模经营的新型农业经营主体的导向性和针对性。

二是创新农村金融体制、完善农业保险机制。[①] 其一,创新农村金融体制,让生产经营有资金需求的新型农业经营主体"贷得到款、贷得起款"。其二,还需监管金融机构的业务开展,引导金融机构适当提高抵押物的抵押率,支持新型农业经营主体健康发展。

三是统筹城乡协调发展,建立均等化的社保制度。其一,努力构建"城乡互动、工农互促"的协调发展机制,并通过行之有效的配套政策,逐步改变城乡分割的格局。其二,完善农业支持和保护机制,提高政策对于农业生产经营的支持力度,增强农业抵御自然风险与市场风险的能力,提高农业市场竞争力,走出传统农业"低收益"的困境,真正做到农业的基础性、战略性与收益性协调统一。其三,深化城镇户籍制度改革,建立有效机制引导愿意并有能力在城镇生活的农民工落户城镇;同时,建立科学规范的承包地、宅基地用益物权退出机制,通过市场机制,确保农户应有收益。其四,建立均等化的城乡社会保障制度,使城乡居民逐步获取均等化的社会保障,以缓减土地所承载的农村社会保障功能,重新赋予其应有的作为重要的、稀缺的生产要素的市场价值,促进农村土地有效流转,为新型农业经营主体的适度规模经营提供重要的条件。

---

① 王国敏、王元聪、杨永清:《新型农业经营主体培育:战略审视、逻辑辨识与制度保障》,《西南民族大学学报(人文社会科学版)》2014年第10期,第203~208页。

2. 补齐内部发展条件短板，推进新型农业经营主体培育。

培育新型农业经营主体，必须要着重创造条件、创建机制，培育、引进、留住农业专业人才，规范新型农业经营主体内部运行，并扩大经营规模，提高经营收益，实现新型农业经营主体的示范引领作用。

一是创造软硬条件，培育、引进、留住农业专业技术人才。我国新型农业经营主体培育，首先应解决的是专业人才缺乏的问题，这关系到整个体系构建的智力支撑。其一，培养职业农民。国家应从战略高度制定新型农业经营主体培育纲要，各级政府应从可操作视角构建与各自省情、市情、县情、农情相适应的新型农业经营主体培育机制与流程，重点以返乡农民工、农村能人、未能升学且长期留在农村务农的初高中毕业生为培育对象，组织内容丰富、形式多样的农业技能培训与农业经营管理培训，设立相应的考核机制与职业农民从业资格认定机制，并进行定期的后续培训，壮大职业农民队伍。其二，引进并留住农业专业技术人才。通过提高待遇、解决城镇社保、解决住房等，吸引农业专业技术人才扎根农村，为推进农业现代化服务。

二是创建科学机制，规范新型农业经营主体内部运行。面对调研中新型农业经营主体展现出的绝大部分家庭农场、专业合作社没有设定明晰的管理机制、监督机制等，一些农业龙头企业也没有真正引入现代企业管理制度，并未很好重视与源头农户的合作等问题，必须在加快促进新型农业经营主体数量增长的同时，创建科学机制，规范新型农业经营主体内部运行。

三是扩大经营规模，提高经营收益，实现示范引领。农业是具有基础性和战略性的产业，同时又具有先天的弱质性，即农业比较收益较低。要助力新型农业经营主体健康稳定发展，就必须要扩大其生产经营规模，降低单位耕种面积或单位农产品的生产成本，提升产品品质，提高产品市场竞争力，从而实现示范引领作用。具体包括：进一步明晰土地产权，推进所有权、承包权和经营权实现"三权分置"，经营权流转提高前提条件；加快农村土地使用权流转市场建设，规范土地流转合同，制定市场化的科学的土地经营权流转双方权益，强化土地流转合同的执行，稳定经营权流转关系。

二、农村基本公共产品供给模式的转型

至今，学界对公共产品供给模式的理解仍没有达成一致认知。有学者认为公共产品的供给模式是为资金提供来源，这是从公共产品供给事权、财权、管理的视角出发的；也有学者认为农村公共产品的供给模式应从公共产品生产成本回收的视角来理解。这里我们借用李燕凌的理解，公共产品供给模式是指公共产品供给的资金来源和具体生产的典型的较为固定的方式或方法的总称。它既包含供给所需资金的提供方式，也包含公共产品的具体生产方式。[①] 在不同的阶段，农村公共产品供给模式具有不同的特点，厘清改革开放初期与分税制改革背景下农村公共产品供给模式的特点与差异，是研究农村公共产品供给模式转型的基础，也是形成社会"驱动力"子动力系统中核心要素的有效举措。

---

① 李燕凌：《农村公共产品供给问题论——基于新供给经济学的效率问题再认识》，北京：中国社会科学出版社，2016年，第94页。

（一）改革开放初期与分税制改革背景下农村公共产品供给模式

改革开放以来，我国农村公共产品供给模式创新有两个重要内容：一是农村公共产品多元供给主体的制度变迁，二是农村公共产品生产方式的多样化。本书将基于这些重要内容，分改革开放初期与分税制背景两大阶段来研究农村公共产品供给模式。

1. 改革开放初期农村公共产品供给模式。

改革开放以来，我国农村普遍实行了家庭联产承包责任制试点，并迅速在全国范围内实施起来。这个阶段我国农村公共产品的供给制度属于诱制性制度变迁模式，多种形式的公共产品民间供给模式在农村自发产生，以满足农民生活生产需要，许多农村公共产品甚至已经完全私人产品化。[1] 1983年"中央一号文件"提出要实施生产责任制，特别是联产承包责任制以及政社分设的体制改革，这为私人产品的供给开辟了新道路。然而，公共产品的供给在农村集体力量削弱的大背景下，面临巨大的挑战。为解决农村经济政策运行中的若干问题，必须坚持党中央基本方针的指导，如"逐步增加对农业的投资""广辟资金来源、解决资金问题"等政策的指导下，逐步实现农村公共产品多渠道供给制度，其主体大致为农业发展基金、农业承包上交制度和劳动积累义务工制度。[2] 在当时，这种独特的农村公共产品供给模式，也发挥了一定的作用，最突出表现为：一是政府和社区组织直接对农村公共产品提供资金支持，以实现农业适度规模化，克服了农村许多公共产品小型化、缺乏科学性、效率不高等缺陷。二是随着家庭联产承包责任制的实施以及农民的收入水平不断提升，继而不但农村公共产品的需求增加，而且出现了多样化的趋势，从而要求市场提供多样化公共产品以满足多样化的需求。这不仅有利于降低供给产品的决策成本，还能使供给者获取外溢收益。三是农村农业和非农业的发展导致农民对农村公共产品的需求结构的变化，市场也必须做出调整，进而提供多样化的公共产品。需要注意的是，市场化导向也增加了农业市场风险，为了减少自然风险与市场风险，农民开始团结起来，形成合作服务组织，为组织内的成员提供服务。

2. 分税制改革背景下农村公共产品供给模式。

20世纪末和21世纪初，我国相继实行分税制改革和农村税费改革试点，中央与地方开始分权，大多数公共产品供给均由县乡政府提供，国家直接供给的仅有大型水利设施、农村电网改造。由于地方政府财政实力差距悬殊，使得公共产品的供给数量、质量以及多样性呈现出巨大差异。那些经济发展比较落后的地方政府，农村公共产品供给的数量和质量就比较低下，难以满足农民的需求，难以担当供给主体角色。分税制背景下农村公共产品供给模式存在的三大主要问题：一是在供给资金来源渠道上，许多政府供给不足，致使农村不得不采取体制外筹资的方式。二是分税制背景下，公共产品供给责任模糊不清，县乡级地方政府供给负担过重。三是中国农村实行政府主导的自上而下的供给方式，对于农民对公共产品需求的结构性变化不能及时调整，具有很大的盲目性，

---

[1] 林万龙：《家庭承包制后中国农村公共产品供给制度诱致性变迁模式及影响因素研究》，《农业技术经济》2001年第7期，第49~53页。

[2] 李燕凌：《农村公共产品供给侧结构性改革：模式选择与绩效提升——基于5省93个样本村调查的实证分析》，《管理世界》2016年第11期，第81~95页。

供给效率低下。① 随着分税制改革的进行，在 2004—2008 年五年间的"中央一号文件"都主要集中关注的是投资基础设施、取消农业税、推广农业技术等关键点，逐渐形成了"多予少取"政策走势，也极大地推动了农村公共产品供给模式的改革，注入了新的特征：一是通过落实中央政府"新增财政主要用于农村"的基本政策，推动农村公共产品的供给规模迅速扩大。二是农村公共产品供给的国家责任基本确立，从生产性公共产品供给向消费性公共产品供给转型。但这一时期也忽略了利用市场与社会的力量来提高农村公共产品供给效率。当然，分税制下农村公共产品供给模式有所创新，但由于地方事权与财权的不匹配，地区间农村公共产品的供给存在巨大差距。

（二）城乡统筹发展阶段农村公共产品供给模式遭遇挑战

针对农村公共产品和服务体系支撑能力不断弱化的现状，2009 年"中央一号文件"明确提出"城乡基本公共服务均等化明显推进，农村文化进一步繁荣，农民基本文化权益得到更好落实"等基本内容，清晰地列入 2020 年我国农村改革发展的基本目标任务之中，强调政府对农村公共服务的基本财政职能，促进农村基本公共服务的公共性回归。② 2011 年"中央一号文件"是唯一一个就具体的农业公共产品的改革发展问题而发布的文件，也是首个关注基层政府公共产品供给效率的文件，该文件进一步明确指出："扩大小城镇对农村基本公共服务供给的有效覆盖，统筹推进农村基层公共服务资源有效整合和设施共享共建"，完善农村公共产品供给模式，提高供给效率，进而实现城乡基本公共服务均等化。但这一阶段，农村公共产品供给存着诸多制约因素，如政府缺位问题明显、公共产品供给后期养护问题严重、多元主体供给模式尚未发挥主导作用等。正是由于这些问题的存在，党中央不断深化改革，发布"中央一号文件"，优化农村公共产品供给。

1. 农村公共产品供给的政府缺位问题明显。

县乡政府在自上而下的管理体制下，在以 GDP 为核心的政绩观的指导下，更多关注的是经济的增长，而不是为农民提供多少或者提供怎样的公共产品，这严重偏离了"服务型政府"建设的目标。在农村公共产品供给上，县乡政府越位、缺位问题严重。③ 一是从越位来看，在部分能由市场参与提供的准公共产品中，政府不仅对其设置了较高的准入标准，还参与供给和参与直接生产，供给效率不高。二是从缺位看，政府投入总量不足与结构不合理是问题的核心，即农村公共产品供给与需求不相匹配，且二者错位现象严重。长期以来，我国都是政府作为主体通过行政指令自上而下推进农村公共产品的供给，并不都满足农民的真正需要。供给主体为了在一定任期内追求更多更好的政绩，大多数时候表现得较为急功近利，更愿意为农民提供"硬型"公共产品，即那些看得见摸得着的、能够有立竿见影效果的产品，而不是"软型"公共产品，即那些潜移默化的，短期效果不太明显的产品。这种公共产品供给机制表现为自上而下的强制性供

---

① 李雄斌：《农村公共产品供给模式创新探讨》，《陕西日报》2004 年 4 月 7 日。
② 李燕凌：《县乡政府农村公共产品供给政策演变及其效果——基于"中央一号文件"的政策回顾》，《农业经济问题》2014 第 11 期，第 43~50 页。
③ 尹恒、朱虹：《县级财政生产性支出偏向研究》，《中国社会科学》2011 年第 1 期，第 80~101+222 页。

给，很难反映农民的真实需求，从而易导致供需错位，供给效率低下。

2. 农村公共产品供给后期管护问题严重。

无论是在农村公共产品供给模式转型期间，还是城乡统筹的新阶段，都存在着后期管护问题。在转型期间，许多原有的农村社会化服务体系遭受严重破坏，恢复成本高且较为困难；在城乡统筹阶段，新增的农村公共产品供给，无论是投资建设，还是后期管护也存在严重问题。县乡政府大多数只关注农村公共产品的前期供给，而后期管护并未引起高度重视。要么公共产品供给一段时间坏掉后，政府由于缺乏资金无人管理或者维修，便置之不理；要么交由市场管护，市场趋利性且公共产品的天然垄断性而导致收取高额费用。曲延春（2014）明确指出，农村公共产品供给在一定程度上满足了农民的需求，但在市场化供给中，公共性流失严重，远离了公益性目标，而且存在起点不公平，过程不公开等问题，难以实现真正的市场化，阻碍了农业和农民的发展。① 造成出现上述这些现象的原因有很多，诸如市场的盲目性、农村社会组织的作用有限等。然而，其最根本原因是政府对农村公共产品供给的公共性管理能力不足，甚至缺乏。

3. 多元主体供给模式尚未发挥主导作用。

多中心供给公共产品理论认为，公共产品的供给主体可以是政府、市场及社会组织，三者共同推进公共产品供给的市场化和社会化。李武、胡振鹏曾指出，政府不应该也不可能成为唯一的供给主体，要培育包括政府、企业（个人）和非营利组织在内的农村公共物品多元供给主体。② 实际上，在公共产品的供给大多数是政府主导，市场经营的模式下，农村公共产品供给时常出现"政府失灵"与"市场失灵"现象。以社区为依托自愿性的公共产品供给模式对于农村贫困地区教育类、医疗类公共产品更为有效。这种供给模式可以有效避免政府干预过多与市场营利过度的行为。当然，这种供给模式自身存在许多弊端，诸如市场化融资能力不足、提供公共产品的实力不足、供给的持续性有待考证等。③ 总之，目前我国农村公共产品供给大多数实行政府垄断供给模式，而由政府、市场、社会多元主体供给模式尚未发挥主导作用，需要创造条件、更新机制，尽快构建"政府—市场—社会"多元主体协同驱动创新供给模式，推进农业发展，加快城乡基本公共服务均等化进程。

（三）"政府—市场—社会"多元主体协同驱动创新供给模式

只有处理好农村公共产品供给的资金来源、具体的生产经营活动和后期管护问题，才能真正地扩大农村公共产品供给，提高供给效率。目前实行的政府垄断式的供给模式问题重重，如问责机制不健全、农民真实需求表达不畅，后期管护问题严重等，致使农村公共产品供给有效性低下。因此，必须深化农村公共产品供给侧结构性改革，改变政府垄断格局，创新体制机制，创建"政府—市场—社会"多元主体协同驱动创新供给模

---

① 曲延春：《农村公共产品市场化供给中的公共性流失及其治理——基于农村水利市场化的分析》，《中国行政管理》2014年第5期，第73~76页。
② 李武、胡振鹏：《农村公共物品供给模式及对策研究》，《江西社会科学》2012年第3期，第58~61页。
③ 赵曼丽：《从协同到共生：农村公共服务供给的理论建构与超越》，《江海学刊》2013年第5期，第213~218+239页。

式。多元主体供给模式,三者的作用并非平等的,而是应该以政府为主导,市场协同,社会为补充的模式。

1. 明确政府供给模式的主导作用,保障基本公共产品供给。

党的十八届三中全会通过的《中共中央关于全面深化改革若干重大问题的决定》明确指出:政府的职责和作用主要是保持宏观经济稳定,加强和优化公共服务。这里进一步明确和强调了政府是农村基本公共产品和基本公共服务的主要供给者,必须进一步明晰中央与地方的财权和事权,使县乡政府事权与财权匹配,切实保障农村公共产品供给。同时,"十二五"规划纲要明确提出:围绕推进基本公共服务均等化和主体功能区建设,完善转移支付制度,增加一般性特别是均衡性转移支付规模和比例。① 从侧面反映了中央政府的财政转移支付和专项资金政策会向财力较弱的县乡地方政府倾斜,以保障其对农村公共产品的供给。同时,县乡政府在财力得到保障之后,应加强公共产品供给部门与农民的交流沟通,建立信息互通的渠道,了解和认识农民的真正需求和真实意愿,以提高供给效率;此外,县乡政府还应对提供的公共产品定期维护和修理,以解决后期管护问题,保障农村公共产品能够长期有效地使用。

2. 发挥市场供给模式的协同作用,丰富农村公共产品供给。

市场供给又称私人资本供给,一般是指在非基本公共服务领域通过市场化的方式提供公共产品的方式。而在公共产品的供给模式上,应充分发挥政府与市场作用,发挥二者良好的协同功能,各司其职、取长补短,共同提高农村公共产品供给的有效性。"十二五"规划纲要明确指出了市场在农村公共产品供给中的重要作用,即"引入竞争机制,扩大购买服务,推进非基本公共服务市场化改革,放宽市场准入,鼓励社会资本以多种方式参与,增强多层次供给能力"②。紧接着,十八届三中全会强调市场在资源配置中的决定性作用,指出政府也需要适应市场经济的发展需要提高农村公共产品。农村的基本公共产品主要由政府供给,但非基本公共产品更多应由市场供给。目前的非基本公共产品供给中,仍存在许多问题:一是由于政府在供给农村基本公共产品的越位,导致市场的缺位。本应由市场去供给的非基本性公共产品,政府却大包大揽,没有满足农民的需求。二是农村公共产品供给的市场失灵问题依然存在,致使供给低效率问题频发。③ 因此,首先要清晰界定政府和市场在农村公共产品供给、生产和管护的职责定位,使其各司其职,充分发挥二者在供给模式上的优势,克服"政府失灵"与"市场失灵";其次,政府要积极鼓励市场投资主体以多种形式、分阶段、分批次逐步进入农村非基本公共产品供给市场,并给予市场主体一定的补偿和政策倾斜,以调动市场主体的积极性。

3. 发挥社会组织供给模式的补充作用,吸纳更多供给资源。

社会组织主要是以服务公众为目标,主要特征是其公益性,与公共产品的公益性十分契合。党的十八届三中全会通过的《中共中央关于全面深化改革若干重大问题的决

---

① 《中华人民共和国国民经济和社会发展第十二个五年规划纲要》,《人民日报》2011年3月17日。
② 《中华人民共和国国民经济和社会发展第十二个五年规划纲要》,《人民日报》2011年3月17日。
③ 曲延春:《四维框架下的"多元协作供给":农村公共产品供给模式创新研究》,《理论探讨》2014年第4期,第164~167页。

定》在明确界定政府和市场职责的基础上,又明确指出:正确处理政府和社会关系,加快实施政社分开,推进社会组织明确权责、依法自治、发挥作用。适合由社会组织提供的公共服务和解决的事项,交由社会组织承担。这就以文件的形式确立了社会组织在农村公共产品和服务供给中的地位和作用。目前,我国农村的非营利性社会组织主要包括农村社会团体、民办非企业组织,如各类协会和农民专业合作社、群众性文艺团体等。而这些社会组织主要集中在我国农村的"软公共产品"领域供给,如义务教育、扶贫等。社会组织自愿提供农村准公共产品有不可替代的优势,无论是政府垄断供给所导致的"政府失灵",还是完全由市场供给可能产生的"市场失灵"都可以克服,再加上这些社会组织与农民有着天然联系,农民对公共产品的真实需求能够第一时间获知,因而供给有效性较高。因此,可以说农村非营利性社会组织弥补了政府与市场供给的缺陷,搭建了政府与市场沟通的桥梁,不仅可以避免政府对农村准公共产品的过度干预,而且可以广泛吸纳社会闲散力量参与农村社会管理,提高农民的组织化水平,以聚集更多的供给资源、拓宽资金渠道,完善对农村准公共产品的生产、经营和管理。因此,从政府的角度讲,在坚持组织的自愿性和非营利性的基础上,建立健全相关法律法规,出台支持农村社会组织供给农村准公共产品的政策;在此基础上,县乡政府制定激励措施,积极鼓励支持引导农民创新社会组织形式,参与农村准公共产品的供给,使得农村公共产品供给结构更加完善,有效性更高。

三、新型农村社区治理方式的全新变革

推进新型农村社区治理方式的全新变革,形成社会"驱动力"子动力系统中的核心动力,首先需要搞清楚何为新型农村社区,在此基础上去挖掘新型农村社区的现状和面临的挑战,并积极探寻推动新型农村社区治理方式变革的举措。

(一)新型农村社区的理论阐释[①]

在工业化、城镇化与农业现代化的发展推动下,城乡一体化发展总体趋势下,传统分散"单体结构"式村落逐渐向新型农村社区的发展。因此,新型农村社区是推进城乡发展一体化进程中建设的"农民集中居住区"或"农民集中聚居区",它改变了乡村社会农村居民的居住场景、生活方式和生产方式。这种乡村社会居住场景和生活方式的转变,亟须乡村社会治理体系的协同性重构、治理方式的革命性变革和治理能力的全面性提升。

1. 内涵界定与理论基础。

一是新型农村社区的科学内涵。在城市化、工业化和信息化的浪潮下,传统的农村社区治理方式正在进行着巨大的变革。传统小农户不再完全务农,而是在工农业收益的比较中"兼农""离农""弃农",大量农民工涌入城市或者"候鸟式"流动,致使乡村社会形成了"由人口空心化逐渐转换为农村人口、基建、宅基地、基层组织空心化的农

[①] 翟坤周:《新农村综合体的内涵特征、体系框架与建设策略》,《现代经济探讨》2014年第4期,第47~52页。本部分内容主要依据课题组成员翟坤周教授已刊发文章核心观点撰写。

村地域空心化"[1]基本态势。在农村碎片化、空心化的现实背景下,政府提出建设"产村相融、成片推进"社会主义新农村的目标,以促进农村社会转型、转变生产方式、提升农民生活质量和改善农村生态环境,同时提出建设"就地、就近、就业"城镇化的主导模式。新型农村社区是在"四化"同步的背景下,通过政府统一规划和建设,在这一区域组建新的社会生活共同体[2],在这个共同体内部,由经济、社会、生态和文化等综合价值构成核心层,提供物质基础、价值理性、技术支持以及制度保障。

二是新型农村社区建设的理论基础。人类社会总体上是一个包括"社会—经济—自然"的复合生态系统。这个系统,主要是人作为主体,在依托于自然环境和资源流动中的一种社会形态。据此,新型农村社区也是一个新型农村生产生活空间的组织形态和社会结构形式,实现了复合生态系统的具象化。在这个系统中,包含着丰富的内容,如社会关系和结构、乡村社会经济以及乡村地域自然空间,是一个综合的复杂的系统。建设新型农村社区,要运用分层解构的方法,确定目标体系和技术路线,实现"社会—经济—自然"复合生态系统的耦合协同可持续发展。

2. 目标体系与技术路线。

一是新型农村社区建设的目标体系。新型农村社区建设应以"社会效应—经济效应—生态效应"三位一体的实现为主要目标,这是建立在"社会—经济—自然"复合型生态系统与农村居民集中居住区人文社会、经济发展以及自然地理的圈层构造的特殊性的基础之上。新型农村社区建设的先导目标是实现社会目标和生态目标,其经济目标要以实现社会目标和生态目标为导向。[3] 社会目标主要是发展科教文卫、传承优秀文化、促进社会关系和谐等;生态目标主要是建设环境优美、布局合理的社区;经济目标主要是产业结构的升级、农村生活的改善等。当前,农业发展依旧占据新型农村社区产业建设的主导地位,在保障农产品供给前提下,则应促进农业可持续循环发展,实现农业社会效益与生态效益的统一,在发掘农业多向功能的同时,切实维护环境系统的动态平衡。这无疑决定了新型农村社区建设"三位一体"目标实现的基本逻辑即自然逻辑位列第一,社会逻辑其次,市场或经济逻辑最后。由此可见,加快形成与新形势要求相适应的农村社区治理体系和治理能力是推动新型农村社区建设社会目标实现的重要前提。

二是新型农村社区建设的技术路线。新型农村社区建设以"社会—经济—生态"三维效应为价值判准,而实现目标的技术手段则是通过构建新型农村社区建设的地方性"示范"机制或"示范"试验。这也是我国"自下而上",从"底层实践"到"顶层设计"的中国特色社会主义实践创新的经验总结和路径步骤。当前新型农村建设的技术路线主要是以"项目进村"为依托的"示范"机制,在试点之后再逐步推开,体现了改革过程中的"行政过程"和"社会过程"的统一。该机制的运作系统主要包括:"示范"框架、选点、执行、效果和推广等步骤。其中,最重要的是框架的制定,关系着其他要

---

[1] LIU Yansui, Liu Yu, Chen Yangfen, Long Hualou, The Process and Driving Forces of Rural Hollowing in China under Rapid Urbanization, *Journal of Geographical Sciences*, Vol. 6, 2010, p876—888.

[2] 曹立前、尹吉东:《治理转型:从传统乡村到新型农村社区》,《农村经济》2016年11期,第27~33页。

[3] 翟坤周:《新农村综合体的内涵特征、体系框架与建设策略》,《现代经济探讨》2014年第4期,第47~52页。

件的顺利推进。

(二) 新型农村社区治理的现状与挑战

以"农民集中居住"或"农民集中聚居"方式加快推进新农村建设或乡村振兴，顺应了城镇化、工业化、信息化、农业现代化、绿色化同步发展的客观形势和需要，这项政策的推出有其必然性和合理性。成都作为全国统筹城乡综合配套改革试验区之一，在推进以"农民集中居住"为主导模式的新型农村社区建设实践中得了积极成效，城镇化水平达到为70.24%，并在成都市"三大圈层"的城郊接合部、中小镇地区、中心村地区和地震灾后重建地区形成了具有"全域—点状"特征的新型农村社区。但在新型农村社区建设起来后的社区综合治理上，仍面临诸多挑战。

1. 相关部门重视程度有待提升。

一是个别镇（街道）未理解新型农村社区群众自治的内涵和精髓，仍然对新型社区管理实行大包大揽；部分镇（街）自身不愿投入小区管理，导致新型社区星级达标奖补政策和硬件配套投入机制未建立。二是部分村（社区）主要领导认为开展新型社区自治管理剥夺了自己的权力，影响了自身的利益，工作消极懈怠，不学习文件，不协调小区，应付了事。三是由于配套设施和相关激励机制不够，部分新型社区参与星级评定的意愿不强烈，致使要基本实现新型社区硬软件均达标的目标还存在一定差距。

2. 社区管理能力与规范化程度亟须提升。

一是社区"三会"[①]成员年龄结构偏高、文化程度偏低、相关专业背景缺乏，影响了自治组织管理服务的整体水平，导致自治组织服务能力不强、主动性不高。二是规范化制度建设不足，如选举程序不规范、财务开支手续不全、票据使用不规范、公开形式单一且内容缺乏明细等。三是多元化筹资渠道亟待加强。调研发现，成都市新型农村社区物业管理费用仍以政府补贴为主，政府大包大揽的格局尚未改变，同时社区居民物业缴费机制尚不健全。

3. 党组织关系动态管理体制机制有待形成。

新型农村社区建设打破了原有村党支部党员组织关系，尤其是对于跨村组和城郊异地安置形成的社区，党员组织关系更为复杂，存在原有村党支部与新型社区党总支、党小组等多重管理关系。从调研来看，存在将主要精力放在新型农村社区建设、业主委员会筹建等方面，对党员还未真正建立和形成有效的动态管理体制机制，使得部分流动性党员既找不到"组织"，也难以参加党组织学习和选举。

4. 社区居民市民化进程有待加快。

一是宣传、教育、培训等活动效果还不够明显。小区内破坏绿化、乱放杂物、乱停车辆、乱丢垃圾等行为仍然屡禁不止。二是居民对社区的归属感和认可度较低。如对社区事务的关心与参与度较低，对社区自治组织的认可度和支持力不够等。三是居民对政府的依赖度还较高。如普遍将物业服务、设施维修、硬件配套视为政府的责任，而对自身物业费用缴纳、公共设施维护等义务认识不到位，新型社区居民市民化素质亟待进一

[①] 社区"三会"指评议会、听证会、协调会。

步提升。

(三)"空间—主体"结构变迁:新型农村社区治理方式的变革

有效推进新型农村社区治理首先需要坚持三项基本原则:一是系统性、整体性与协同性相结合。新型农村社区治理的首要原则是坚持系统性、整体性与协同性相结合。具体而言:转变定式单向思维和社区管制方式,重视分析相关问题产生的关联性和根源性,由单项改革转变为综合改革,由"人治型"管制向"法治型"治理转变;将新型农村社区内部"人"的全面发展与"物"的配套建设统一起来,把内部建设与外部关联经济产业园区发展统一起来;突出新型社区经济、政治、文化、社会、生态"五位一体"总布局内容。二是政府引导、市场引入与社区居民自主参与相结合。新型农村社区建设涉及多元利益关系主体,包括政府、村委会、社区居委会、社区居民以及市场主体等,需要有机整合多方力量加以稳步推进。三是内生能力与外部推力相结合。农民自身能力和就业能力培养是新型农村社区农民稳定收入来源的持续保障,政府"科学引导""规划先行""服务供给"以及"产业支撑"是新型农村社区健康发展的关键。在坚持基本原则的前提下,构建综合对策:

1. 大力发展多种业态,壮大社区集体经济,以产业支撑和集体经济推动新型农村社区持续健康发展。一是"住"与"业"有机结合。把新型农村社区建设的"住""业"结合起来,既要以新型多样化的产业支撑农民因生活方式、居住场景改变所增加的生活成本,又要确保农民集中居住农户产业活动和生活出行的便利,实现"宜居""宜业"。二是加快"两区"同步建设。针对城郊接合部地区,应加快和加强"经济产业园区"和"农民集中居住区"的"两区同步建设",对转移到新型社区的居民进行对接式产业技术培训,以经济产业园区建设为新型农村社区居民提供"就近、就地、就业"保障,解决集中"上楼"农民生活生计问题;远郊农村地区,根据区域自然资源条件和经济社会发展水平,以农村土地综合整治为抓手,以新型农业经营主体培育为重点,实现农业适度规模经营,探索新型农村社区"一区一主导产业"和"一区一特色产品"的特色产业发展路子,配齐配全公共基础服务设施,打造具有浓郁乡土特色、文化特色和具有经济产业特色的新型农村社区。

2. 建立健全物业费用、配套设施的资金分摊机制,逐步实现政府退出。新型农村社区日常管理运行的基本保障,总体上要从"政府兜底"向通过社区自平衡为主、政府适当补贴以及业主向社会购买服务的方向转变。一是在建成新型农村社区过渡期内(2~3年)以政府投入为主,各区(县)要加快新型农村社区集体资产清资核产工作,依托村级集体经济,建立健全社区集体资产"要素—赋权—市场—分享"的利益共享机制。二是政府应对"低价征收、高价售卖"所得的农民土地增殖收益,按照一定比例返还社区集体和社区居民,让他们共享土地增殖带来的效应,为政府逐步退出提供准备。三是城郊接合部社区底层铺面由区(县)辖区镇(乡)国有资产管理局代管逐渐转为新型农村社区业主委员会、居民自治委员会管理,其铺面相关增长收益作为社区集体资产,以股份化的实现形式使全体业主共享增殖收益。

3. 整合社区党员、社区居民、业委会等组织形式,创新社区综合治理体系。一是建议设立"1+4"农民集中居住区社区组织架构:"1"为社区党组织,"4"即为社区居委会、业主委员会、党员议事会、居民议事会，这样既可以让流动性党员找到组织归属，履行相关义务，又可以让党员发挥相应作用，行使党员权利。二是建议在社区党总支和居委会下设置"一办三中心"，即综合办公室（社区管理常设办公室）、服务中心（政府职能下沉和延伸）、活动中心（社区各项文娱体育活动）、物业中心（社区物业管理），全面整合现有部分农民集中居住区办公机构庞杂、办公设施闲置浪费的情况。

4. 多渠道提升居民素质修养，促进村民市民化进程。社区文化是促进居民互动合作、加强居民感情交流的重要载体，是营造社区凝聚力的重要途径；而居民的广泛参与则是提升居民素养、增进社区归属感的重要渠道。一是发展社区文化队伍，提升社区凝聚力与向心力。通过以社区文化队伍、老年协会、妇女协会等社区社会组织为载体，大力开展丰富多样的文化娱乐活动，多渠道整合文化资源，做到"月月有主题、周周有活动"，营造新型社区富有生机、充满活力的文化生活氛围。二是创新文化服务供给方式。加大政府投入力度，积极开展"公益电影进社区"等活动，引导居民自我丰富娱乐生活；同时，可通过购买部分公共文化产品方式，提升居民和谐共处、共建家园的良好氛围。三是通过实施党员"结对帮扶服务"等形式，带动居民广泛参与小区文明劝导与管理服务工作。同时，按照"以服务换服务"的原则，建立和完善志愿服务积分兑换机制，激发社区居民参与社区服务的意识与热情。四是发展典型模范队伍，带动居民积极转变生活方式。可以通过开展楼栋间、小区间的争先创优以及"三新家园""美好家庭""平安社区"等先进称号的创评，培养一批生活方式健康、思想积极向上、行为文明守法的典型个人、家庭和集体，逐步带动其他居民思想及生活方式的转变；同时，给予典型个人、家庭和集体公开表扬、宣传、奖励等激励措施，不断激发群众积极性，共同营造良好生活方式新氛围。

5. 坚持以县镇村三级统筹协调机制为保障，加大"两个力度"，促进新型社区自治工作顺利开展。一是加大重视力度，建立县镇村三级联动推进机制。包括定期召开由县委领导亲自组织、各镇（街）党（工）委书记和分管领导参加的县级工作推进会，及时通报新型社区抽查与督查情况，对全面推进自治管理工作进行再动员再部署；落实县、镇、村各自职责，通过每月督查和不定期抽查及时收集和解决新型社区遇到的新问题；在县级层面将对口联系部门帮扶成效纳入对部门的目标考核中，在镇（街）和村（社区）层面将新型社区自治管理与主要领导干部政绩或奖金相挂钩。二是加大支持力度，建立新型农村社区可持续发展资金保障体系。具体为，落实镇（街道）对成功创评为先进的新型社区给予配套资金奖励；加大镇（街道）对公共配套设施的投入，着力解决新型社区公厕、群宴场所、金融自助设施、停车位等配套设施不足的问题；通过建立和完善县镇两级物业维修基金，以统筹解决新型社区物业管理经费的不足；加大政府购买社会服务力度，吸引专业化社会组织入驻社区；加大对新型社区自身社会组织的支持力度，对积极活跃的社会组织给予资金支持，以激励和推动社区服务与管理能力的整体提升。

第五节　重构"新三农"协同发展的内外联动机制

"三农"不是一个孤立的体系，它的协同的发展依赖于不断与外部世界产生信息、物质交换，并及时做出反应以适应外部世界，优化内在结构。"新三农"协同发展的内外联动机制构建可以看作是"三农"内外体系信息交换渠道建设，主要是包括三农内部与外部的要素交流、资源共享与服务输送，这些流动着的要素、资源、服务携带信息、传递需求、重塑"新三农"的内部与外部环境以及不断使其自我迭代以优化三农内部结构，从而达到协同发展。因而，本节主要讨论的问题是"新三农"协同发展的内外联动机制包含的哪些具体机制？构建这些机制的思路是什么？这些机制是怎么运行的？以及这些机制所要达到的目的。本书认为："新三农"协同发展的内外联动机制的构建思路，一是疏通渠道、二是均衡配置，具体机制主要包括生产要素的双向流动机制和公共资源的均衡配置机制。

一、生产要素的双向流动机制

实现"新三农"协同发展的根本路径是走城乡融合发展的道路。其中，构建城乡资源要素双向流动机制是实现城乡融合的重要手段。党的十六大以来，党始终致力于推动破除城乡二元体制的历史进程，重构城乡良性互动关系，在城乡统筹、城乡一体化的基础上，将城乡关系进一步推向深度融合。进入新时代，城乡要素在社会主义市场经济高质量发展的背景下联系更加紧密，农村要素资源单向流入向城市的趋势开始转变，职业农民、社会资本也开始流入农村农业，为现代农业注入活力。2016年农业投资较上年年增长21.9%，其中民间投资占农业总投资的79.8%。但同时也要看到，由于城乡资源要素流动的藩篱仍未完全拆除，城乡资源要素供给结构不平衡、供给质量不高，仍然是城乡融合的主要矛盾[1]。本书认为：应该构建土地、劳动力及资本等资源要素的双向流动机制促进城乡融合，最终实现"新三农"的协同发展。

（一）土地要素双向流动机制

构建土地要素的双向流动机制的目的在于提高土地资源在城乡之间有效配置，防止土地资源的浪费和闲置，同时更好的保障农民公平分享土地财产价值。目前，构建土地要素双向流动机制的主要障碍依然在于我国现行农村土地制度的计划性质，不能充分利用市场机制来配置土地资源和实现农村土地的资产价值，农村土地浪费和闲置的问题日益突出。比如，农村退出人口留下的承包地、宅基地如何再配置？农村集体建设用地如何再配置？[2] 构建城乡土地要素双向流动机制，就是要针对以上问题，推进"三块地"的土地制度改革，进一步探索"三权分置"促进承包地的流动与整合，进一步探索"集体经营性建设用地入市"促进农村经营性建设用地与国有土地同等入市、同权同价。进

---

[1] 甘家武、龚旻：《城镇化过程中政府职能转变研究——基于生产要素优化配置视角》，《经济问题》2017年第6期，第9~14页。

[2] 朱道林、李瑶瑶：《农村土地制度改革的经济学考察》，《中国土地科学》2018年第3期，第3~7页。

一步探索"宅基地三权分置"落实宅基地用益物权，构建农村宅基地取得、使用和退出机制。

1. 建立农村集体经营性建设用地制度，形成城乡统一的建设用地市场。

集体经营性建设用地主要是指存量农村集体建设用地中，土地利用总体规划和城乡规划确定为工矿仓储、商户等经营性用途的土地。建立农村集体经营性建设用地制度，其基本目标是实现农村建设用地与城市建设用地同地同权同价，促进城乡统一的建设用地市场的形成。这是构建土地要素双向流动机制的重要组成部分，不仅能提高土地要素的配置效率，为乡村振兴中的新产业新业态发展提供土地支撑，更能为农民带来巨大的财产收益。目前，建立农村集体经营性建设用地制度尚在试点阶段，但是也形成了一些相对成熟和完善的规则体制。主要包括三个方面的探索。一是充分还权赋能，完善产权制度。对农村集体建设用地使用权进行确权颁证并建立不动产统一登记制度。允许农村集体经营性建设用地的使用权与国有土地同等入市，同权同价。二是明确入市范围和探索多种入市途径。在严格遵循规划和用途管制的前提下，根据集体经营性建设用地的现实集中或分散情况，探索就地入市、调整入市、整治入市和配套入市等多种途径；三是建立健全市场交易规则和服务监管制度。以"建规则、建制度、建平台"和"组织化、民主化、市场化"为指导，探索建立健全交易规则、交易程序、监管规则等方面制度，加快研究入市主体、调节金收取、收益分配等配套办法，探索建立城乡统一的基准地价和土地税收制度。同时要完善健全集体土地资产处置决策程序，完善规划、投资、金融、税收等相关服务和监管制度。根据以上三个方面的改革探索，各个试点区都取得了明显的成效，以成都市郫都区为例，截至 2018 年 6 月，全区已入市 43 宗、面积 553 亩，获土地出让收益 3.9 亿元，相关农民集体及个人获得 3.13 亿元土地收入。同时根据清产核资，郫都区共有存量集体建设用地规模 11.3 万亩符合入市条件，预计未来将有力促进土地要素的流动。[①]

2. 改革完善农村宅基地制度，构建宅基地使用权流转机制。

农村宅基地制度改革主要是指探索宅基地所有权、资格权、使用权"三权分置"改革，即落实宅基地集体所有权，保障宅基地农户资格权和农民房屋财产权以及放活宅基地和农民房屋使用权。充分利用市场的力量，构建宅基地使用权流转机制，盘活农村空闲住房，促进宅基地流转和增加农民财产性收益。关键是要完善宅基地产权权能体系，包括显化所有权、固化资格权、活化使用权、强化财产权以及深化发展权。具体来说，一是要还权赋能，显化所有权。宅基地所有权属集体经济组织所有，在宅基地转让、出租时，必须明确资格权人须向所有权人一次性缴纳宅基地有偿使用收益金。二是确权颁证，固化资格权。宅基地农户资格权是农户基于集体经济组织成员身份，对农村集体所有的宅基地享有的无偿占有、使用、收益的权利。应该按照"符合规划、用途管制、依法取得"的原则，以农村资产"多权同确"为基础，对农户自用的院坝、林盘和宅基地房屋等权属确权颁证。三是要规范流转，活化使用权。宅基地使用权是宅基地作为农村

---

① 案例数据来源于作者的调研资料，包括《郫都区农村土地制度改革工作经验交流材料》《郫都区土改三项试点工作报告》。

住房建设用地的一般使用权,具有在一定条件下可以流转的功能权利和使受让人可通过有偿方式取得,在一定期限内对宅基地的占有、使用和适当收益的权利。可以通过农村住房及其宅基地使用权的转让、出租、抵押三种方式来实现宅基地"三权分置";四是要搭建平台,强化财产权。要搭建统一规范的农村产权交易平台,为农村住房和宅基地提供信息发布、交易鉴证、政策咨询、组织交易等中介服务。根据改革试点地区统计,以江西省余江县为例,全县农村宅基地共有 9.24 万宗,其中"一户多宅"占近 40%,空闲农房达 2.3 万宗,改革试点两年间,全县退出宅基地达 2.8 万宗,释放宅基地 3800 亩。[1]

3. 统筹推进缩小征地范围与农村集体经营建设用地入市制度改革。

长期以来,我国城乡要素流动状况典型地表现为农村向城市单向流动,起支撑性作用的制度安排是"转—征—供"体系,即乡村土地变为城市建设用地只能通过政府征收转为国有。集体失去了土地的发展权,农村发展丧失了内生动力,导致土地不得不廉价单向配置给城市。[2] 要构建土地要素的双向流动机制,就要必须改革征地制度,缩小征地范围和规模,允许农村集体经营开发或直接入市。改革举措包括:一是界定公共利益用地范围,理清公益性和非公益的边界,建设项目不属于公共利益的,不得动用土地征收权。二是要探索制度土地征收目录,考虑城市灵活多元发展的可能性,尽管定义征地范围是必要的,笔者还是认为开放且具有灵活性的清单胜于封闭式清单。三是要探索公共利益认定争议解决机制。由于公共利益的认定随着经济社会的发展以及各方利益的博弈,存在异议是不可避免的,所以实施征地的县(市、区)政府在面临争议时应组织召开听证会,确定是否属于公共利益。

(二)劳动力要素的双向流动机制

构建劳动力要素的双向流动机制的关键就是要破除劳动力在城乡流动时所遭遇的制约或障碍。一方面随着城乡融合的进一步推进,农民进城的主要障碍已由传统的福利制度壁垒,比如基本养老保险与医疗保险,转变为城市高房价等经济障碍。另一方面,城市各类人才下乡的主要制约已由农村盈利机会的缺乏转变为农村一、二、三产业专业人才的缺乏。所以破除城乡劳动力在城乡流动时所遭遇的障碍,就要一方面为进城的农民工提供以保障房为重点的市民化服务,尽量消除农民进城的经济壁垒;另一方面要为农村发展引进人才,尽量为各类城市各类人才下乡返乡创业创造条件。

1. 推进农民工向市民转变。

推进农民向市民化转变需要一系列的制度改革,除了户籍制度、失业保险、基本养老保险、基本医疗保险及随迁子女教育等基本福利制度,最为关键是保障房制度。高房价已经成为阻碍农民进城的最为重要的原因之一。更为严重的是,城市中的有房者与无房者在分享社会进步所产生的财富方面具有巨大差别,有房者随着资产价格上涨,自动分享社会财富,而无房者,所有累积随房价上升而缩水。也就是说社会进步引致的财富

---

[1] 沈立宏:《国新办举行十八大以来农业农村工作进展情况发布会》,《农村工作通讯》2017 年第 19 期,第 10 页。

[2] 刘守英:《中国土地制度改革:上半程及下半程》,《国际经济评论》2017 年第 5 期,第 29~56 页。

增长在"有产"与"无产"者之间产生非均衡分配，社会进步越快，两者财富差距也就越大。所以"农民工"市民化的重点和难点都在"保障房"制度建设上。在各国的"保障房"制度实践中，深圳的"先租后售"模式具有重大参考价值。这种模式可以在帮助农民工"居住"和"原始资本积累"两方面起到良好作用。具体做法是农民工将现在的租金作为按揭，经过若干年后补足余款，以成本价获得房屋的完整产权。①

2. 为农村发展引进人才。

为农村发展引进人才，要从人才的培训、教育和引进三个方面协同发力。一是要建立健全人才培训机制。农业部可联合财政部、团中央、教育部等部门建立农村实用人才培训基地，在全国范围内形成人才培训网络，通过多种形式对家庭农场主、种养大户以及合作社带头人进行培训。启动实施现代青年农场主培养计划、农村实用人才带头人培训计划和新型农业经营主体带头人轮训计划，围绕农业及全产业链发展的需要对人才进行培训，提高其生产经营能力和专业技能。二是要建立健全人才教育机制。加大财政支持各类相关机构开展职业农民教育，鼓励新型农业经营主体通过"半工半读""线上线下"相结合的方式就地就近参与农业职业培训以及技能鉴定。三是建立健全人才引进机制。鼓励有条件的地方通过补奖的方式引进职业经理人和科技人员到农民合作社、龙头企业兼职任职，提高农业经营管理科技水平。由国家财政出资设立就业补助资金，包括职业培训职业鉴定补助、社会保险补贴、一次性产业补贴以及高校毕业生就业产业基金，鼓励农民工、大中专退伍军人、科技人员返乡下乡投身农村。同时通过设立高校毕业生就业产业基金、开展"三支一扶"计划和大学生村官计划服务岗位等引进有志投身农村创业创新创意事业的大学生加入"三农"队伍。②

（三）资金要素的双向流动机制

目前，资金双向流动的主要障碍在于资金下乡。长期以来，资金单向大量流向城市，而资金下乡却困难重重。构建资金要素的双向流动机制的关键是为资金下乡打通渠道和提供保障，建立健全农村金融体系，保障"新三农"协同发展的重点领域和薄弱环节的资金配置，满足农民、新型农业经营主体以及返乡下乡创业人员多样化的资金需求。比如，农村内部金融存量增量不足使资本流动成为无源之水；对农村外部工商资本的偏见造成认识制约。引导资本要素的双向流动，需要由内至外的构建以农村内部金融的盘活为基础，以农村外部金融引导为核心的系统性机制。

1. 构建农村内部资金盘活机制。

构建农村内部的金融盘活机制主要从两方面着手，即扩大农村金融增量以及盘活农村金融存量。扩大农村金融增量就要建立健全普惠金融体系，鼓励、支持各类金融机构在农村地区铺设服务网点开展专业化、多样化的金融服务。完善中国农业银行、中国邮政储蓄银行"三农"金融事业部运营体系，明确国家开发银行、中国农业银行促进农村发展的职责，加大对农村发展的信贷支持。③鼓励引导新型农村合作金融组织在农村有

---

① 赵燕菁：《土地财政：历史、逻辑与抉择》，《城市发展研究》2014年第1期，第1~13页。
② 杨璐璐：《乡村振兴视野的新型职业农民培育：浙省个案》，《改革》2018第2期，第132~1145页。
③ 《乡村振兴战略规划（2018—2022年）》，北京：人民出版社，2018年，第7页。

序发展。鼓励小型金融机构优化农村网点渠道,下沉服务重心等方式来弥补传统金融机构在农村地区的不足。拓宽金融服务渠道,允许互联网金融、证券、保险以及基金等金融资源服务于乡村。① 盘活金融存量,一是盘活农民自有资金存量,鼓励和规范民间借贷,设立合法化、透明化的民间借贷中心,规范民间借贷行为,及时掌握民间借贷信息,引导其在满足部分农村资金需求同时有序发展。同时坚决打击非法集资、高利贷投放等扰乱农村金融秩序的行为。② 二是探索"三权抵押"改革,实现农村资源变资金。即探索农村承包土地经营权、农民住房财产权以及集体经营性建设用地使用权抵押贷款。通过专项奖励和信贷激励鼓励金融机构抵押放贷,将农村集体经营性建设用地使用权纳入政府农村产权抵押融资风险基金保障范围,同时探索由农村集体经济组织或其经营实体作为农村村民住房财产权抵押担保人,完善抵押贷款到期后债权和抵押资产处置办法。

2. 构建农村外部资金引入机制。

工商资本进入农业并不全然是"洪水猛兽",虽然社会工商资本下乡是基于逐利的本性并存在挤占部分农民就业空间的客观事实。但当前农民问题的主要矛盾不在于缺乏农业就业空间,而是传统农业转型缓慢,相关产业链发育迟缓,农村经济社会分工粗放,使得在村农民就业机会缺乏。所以我们必须要充分认识到社会工商资本对"新三农"协同发展的积极作用,并加以制度化的规范与监督,工商资本将会成为带动农业转型发展、农民就业增收、乡村振兴的重要力量。构建农村外部资金的引入机制的关键是优化乡村营商环境。一是营造良好的村容环境,包括进一步加强乡村水、电、道路、通信等各项农村基础设施建设和加大农村公用事业投入。二是配套乡村振兴战略政策,继续深化改革"放管服"鼓励社会工商资本进入乡村。"放"要做到放权到位、削权到位以及限权到位,为乡村振兴助力,为乡村发展松绑。包括进一步下放行政审批权到基层以方便群众办事和企业创业、进一步取消农村营商歧视性准入条件以降低市场门槛为返乡回乡下乡创业人员拓展兴业空间、进一步梳理行政村微小权力清单以指导基层政权组织用好用活法律赋予的权力,防止滥用③;"管"要做到管关键、管公平以及管效率,为乡村振兴营造公平环境。包括聚焦农村环境、金融、文化市场等关键领域明确监管内容、运用现代化信息技术和现代网格化管理手段加强执法改革、控制各类不必要的检查考评给基层减负提高重点的工作效率;"服"要做到服务方便、服务快捷以及服务高效,促进基层政府完成由重"管理"到重服务的转变,为乡村振兴创造条件。包括打造一站式服务平台、坚强覆盖各方面的服务体系等。三是鼓励外资参与乡村建设,包括现代化农业、乡村产业融合、生态修复等领域。

---

① 李淑峰、李永平、冯海红:《新型农村金融机构市场进入与区域金融体系功能改善——基于山东省17地市面板数据的分析》,《东岳论丛》2017第2期,第144~152页。
② 国家统计局浙江调查总队课题组、刘小宁:《农村金融问题:凸显信贷资金难以流向农村——基于浙江两百家种植和养殖大户问卷调查》,《浙江经济》2012年第22期,第34~35页。
③ 张立学、祝明新:《实施乡村振兴战略需做好"放管服"三篇文章》,《机构与行政》2018年第3期,第17~18页。

二、公共服务的均衡供给机制

推进城乡基本公共服务均等化是促进"新三农"协同发展重要机制，是乡村振兴的必然要求，是城乡融合发展的基本体现。在乡村振兴战略框架下，要将农村基本公共服务建设放在国家社会事业发展的重中之重，将更多的资源向农民群众最关心、最直接、最现实的公共服务领域倾斜，推动农村基础设施提档升级，提高农村美好生活保障水平，建立一套全民覆盖、普惠共享、城乡一体的公共基本服务体系，从而补齐民生短板，让农民群众切实共享社会发展成果，有更多获得感、幸福感和安全感。

（一）建立健全农村基本公共服务体系

按照乡村振兴战略规划的要求，"把国家社会事业发展的重点放在农村，促进公共教育、医疗卫生、社会保障等资源向农村倾斜，逐步建立健全全民覆盖、普惠共享、城乡一体的基本公共服务体系，推进城乡基本公共服务均等化"[1]。一是推进农村教育优先发展。聚焦办学条件改善、教学质量提高以及新兴职业教育布局三个环节。改善办学条件，将更多的资金用于县乡村学前教育建设、农村义务教育公办学校标准化建设、高中普及攻坚计划以及乡村学校信息化建设。提高教学质量，加强培训乡村紧缺学科教师和民族双语教学教师，建立常态化城乡教师轮岗机制。布局乡村新兴职业教育学校，针对性满足乡村振兴过程中新兴产业新兴业态发展的需要。二是推进乡村公共医疗卫生建设。加强基层医疗卫生服务体系建设，基本医疗单位全面覆盖到乡镇、行政村，落实国家基本公共服务项目补助政策支持基层医疗机构标准化建设和设备提档升级。三是加强农村社会保障体系建设。重点是要做好"城乡统筹""提升保底"和"持续关爱"。城乡统筹包括统筹完善城乡居民基本养老保险、基本医疗保险以及大病保险制度，统筹衔接农民特大病医疗救助与基本、大病保险制度，统筹巩固城乡医疗保险全国结算。同时做好提升乡村托底保障服务和持续为农村留守儿童、妇女、老人、残疾人提供关爱服务；四是提升农村养老服务能力。以居家养老为基础，着力提高乡村卫生服务机构为老年人提供医疗保健服务能力和鼓励社会资源对农村留守老年人提供入户关爱服务。以社区养老为依托支持社区互助型养老服务发展和社区养老服务基础设施建设。以机构养老为补充，探索农村康养、医养结合的养老项目发展。

（二）完善供给主体多元化协同供给机制

完善供给主体的多元化协同供给机制，旨在打破基层政府现行的行政壁垒和垄断，有效寻求多元供给主体的协同合作和发挥协同优势，助力农村公共服务提档升级。[2] 一是积极发挥政府的主导性。农村公共服务体系中有很大一部分公共服务是纯公共性质，属于市场机制失灵的领域，比如农村基础教育、农村医疗卫生以及农村养老社会保障等，具有集聚的社会效应且明显的正向溢出效应，不能以投资的方式获得回报，所以这一部分公共服务供给要积极发挥政府的作用。目前，我国农村公共服务政府供给者以县

---

[1] 《乡村振兴战略规划（2018—2022年）》，北京：人民出版社，2018年，第10页。
[2] 刘传俊、刘祖云：《基于协同治理视角下农村公共服务主体博弈与有效供给》，《湖北社会科学》2018年第3期，第59~67页。

级为主,实行"分级管理"。但是由于县级资金有限,难以维持农村公共服务的长效性,因此,应积极探索"中央财政拨款、省级政府具体经费划分"的多级政府经费管理模式,为保障基础性公共服务供给提供支持。二是引导工商资本参与经营性服务供给。农村公共服务体系有一部分服务是政府无力直接参与供给的,比如交通设施、农田水利以及技术推广,具有半公益性半经营性质,政府可通过政府购买、合同外包以及特许经营等手段与社会企业、农村合作社等组织合作。三是鼓励公益性辅助供给。公共服务中有一部分则可以鼓励社会志愿者力量或者村民自身提供服务,比如,农村环境卫生整治、文化法律宣传等。政府在这个过程中做好资金动员、活动调度与宣传,志愿者或者村民自身可以采取成本分担等形式为乡村提供服务。

(三)基本公共服务的经费投入机制

总体上要建立一个财政保障与社会参与相结合的多元投入机制。一是继续坚持财政优先保障机制,"明确和强化各级政府'三农'投入责任,公共财政更大力度向'三农'倾斜"[1],确保财政投入与"新三农"协同发展目标任务相适应。明确各级政府责任落实资金,支持各级政府公共财政更大力度向"农村基本公共服务领域"倾斜,优先保障建设基本公共服务中的重点领域和薄弱环节。同时,支持鼓励地方政府通过一般债券、专项债券等多元化举债融资手段支持乡村基本公共服务供给。二是提高土地出让收益用于农村基本公共服务供给。创新思路,在坚持土地取之于农,用之于农的原则下,结合土地制度改革(征地制度改革、集体建设用地入市改革、宅基地制度改革),调整土地出让收入使用范围,使所得资金按一定比例支持农村公共服务供给。同时,进一步改进耕地占补平衡、增减挂钩管理办法,使建设用地指标实现跨省调剂,扩宽农村集体组织收入渠道,所得收益按一定比例通过支出预算的方式支持农村公共服务供给。三是引导和撬动社会资本参与农村公共服务供给。具有一定收益的公共服务,比如生态修复、人居环境整治、交通设施、技术推广等可以鼓励社会工商资本以及外资参与投入,为保障公共服务经费支持提供综合性解决方案。另外,部分使农民直接受益的公共服务,也可以采取"以奖代补""成本自我分担"的方式鼓励农民投工投劳,参与农村公共服务供给。

(四)基本公共服务的需求表达机制

基本公共服务的需求表达机制是为了使农民公共需求与政府公共供给实现有效耦合,避免公共服务供给"错位"与"缺位"的重要机制。[2] 一是依托村委会构建村民需求表达机制。尽管众多学者强调以农民个体为主的需求表达具有重要意义,但目前来说,最具有操作性的需求表达机制是依托村委会采取"一事一议"的方式,在村域范围内有效吸纳民意形成集体对公共服务的偏好。因此,提高农民村民自治,改革基层民主机制,赋予农村合法话语权,是依托村委会保障需求表达权利的重要方法。二是为积极培育农村民间组织构建需求表达机制。根据世界银行研究报告表明:群体行动的正规化

---

[1] 《乡村振兴战略规划(2018—2022年)》,北京:人民出版社,2018年,第11页。
[2] 王蔚、彭庆军:《论农村公共服务需求表达机制的构建》,《湖南社会科学》2011年第5期,第98~100页。

是表达需求改善公共服务的重要动力。目前，我国农村的各类社会组织蓬勃发展，包括以农业合作社为代表的专业经济组织，以老年协会、红白喜事协会为代表的自发社会团体，以民办学校、卫生所为代表的民办非企业单位在农村已经有一定的规模。以农村合作社为例，截至2017年7月底，在工商部门登记的小农户专业合作社共有193.3万家。因此，要培养和引导农村各类组织形成机制表达需求，将农民个体意愿汇聚为集体意志从而转化为集体行动。同时，我国东南沿海地区的实践经验也表明农民自发组织所表达的需求意见更为客观也更受重视。所以，积极培育农村民间组织构建需求表达机制，是表达机制的丰富和发展，在新的历史时期具有更强的适应性。三是运用现代化需求信息分析处理手段。鼓励有条件的地区更多地运用现代科技成果，比如数据分析、信息挖掘以及网络民意调查等精准分析农村农民需求偏好，从而使决策更具科学性。

总之，中国特色社会主义"新三农"协同发展的内生动力是全面深化改革，而与农业农村相关联的内外部改革是解决"三农"问题的关键。基于此，"新三农"协同发展需要在中国共产党领导下按照"政府—市场—社会"三维理路，构建以政府"牵引力"、市场"源动力"、社会"驱动力"为核心内容的动力体系，为推进中国特色社会主义"新三农"协同发展注入强大动力。具体而言，一是作为外源力的政府"牵引力"，拥有相互助力、协同有效的子动力系统。即以农村土地产权制度改革为核心要素、以新型工农城乡协同发展体制机制改革为关键要素，以农业农村支撑制度体系改革为保障要素，三者在中国共产党的领导下相互助力，有机构成政府"牵引力"子动力系统，彰显农业农村改革外源力，助推中国特色社会主义"新三农"协同发展。二是作为内生力的市场"源动力"也拥有相互助力、协同有效的子动力系统。即以农村土地流转市场化改革为核心要素，以乡村空间生态利益补偿机制改革为关键要素，以农村金融供给侧结构性改革为支柱要素，三者在中国共产党的领导下相互助力，有机构成市场"源动力"子动力系统，彰显农业农村改革内生力，助推中国特色社会主义"新三农"协同发展。三是作为辅助力的社会"驱动力"也拥有相互助力、协同有效的子动力系统。即以新型农业经营主体培育为核心要素，以农村公共产品供给模式转型为关键要素，以农村社区治理方式的全新变革为支撑要素，三者在中国共产党的领导下相互助力，有机构成社会"驱动力"子动力系统，彰显农业农村改革辅助力，助推中国特色社会主义"新三农"协同发展。

综上所述，在中国共产党领导下，按照"政府—市场—社会"三维理路，构建起的政府"牵引力"、市场"源动力"、社会"驱动力"三大子动力体系，在每个子动力体系内部又包含三大核心要素。子动力体系内部各要素相互协同，子动力体系间相互助力，形成了推进中国特色社会主义"新三农"协同发展的外源力、内生力与辅助力，三大力量相互交织，形成合力，共同提升"新三农"协同发展的程度和水平。

第六章　中国特色社会主义"新三农"协同发展的支撑体系

  全面深化改革，全面者，就是要统筹推进各领域改革。这项工程极为宏大，零敲碎打调整不行，碎片化修补也不行，必须是全面的系统的改革和改进，是各领域改革和改进的联动和集成，在国家治理体系和治理能力现代化上形成总体效应、取得总体效果。①

——习近平

  党的十九大报告从全局和战略高度，提出实施乡村振兴战略，并再次明确将"三农"工作定位为"重中之重"和必须坚持优先发展农业农村基本方略。② 这是党中央着眼"两个一百年"奋斗目标和农业农村农民发展短板做出的重大战略安排。这表明在新时代决胜全面建成小康社会、开启全面建设社会主义现代化国家新征程中，要真正把解决"三农"工作摆上优先位置，实现从"乡土中国"到"城乡中国"的转换。"新三农"协同发展是社会变迁的有机构成，遵循社会发展的内在规律，这不仅要求我们充分认识"新三农"协同发展的重要性，更要求我们坚持理性分析，从根本途径、制度调适和政策保障三个层面同时发力，完善"新三农"协同发展的支撑体系。

第一节　"新三农"协同发展的根本途径

  科学认识和妥善处理城乡关系是实现现代化国家必须面对的具有全局性和战略意义的重大课题，也是农业农村农民协同发展和高质量发展的重要前提。城市和农村是命运共同体，两者互相联系、互相促进。坚持农业农村优先发展，核心是要进一步调整理顺工农城乡关系。

---

  ① 习近平：《论坚持全面深化改革》，北京：中央文献出版社，2018年，第88、94页。
  ② 这既说明了农业、农村和农民在我国现代化进程中的特殊地位和重要意义，也表明了以习近平同志为核心的党中央着眼全局、顺应民意的态度与决心。

一、跳出"三农"抓"三农"：城乡融合发展的实践归途

中国特色社会主义"新三农"协同发展要从厘清、认识和重构城乡关系上找寻实践路径和达成行动共识。新时代"新三农"协同发展，应以跳出"三农"抓"三农"的城乡共同体视野，从新型城镇化、工业化、信息化中为"新三农"协同发展带来空间上的整合、产业上的融合、技术上的支撑以及人力资本上的变革。因此，"城乡融合发展"这一基本概念范畴的理解是推进"新三农"协同发展的认知和行动基础。

（一）城乡融合发展

关于"城乡融合发展"这一概念，在传统意义的经济学领域，无论是政治经济学、西方经济学，还是发展经济学、产业经济学，都没有现成的公认概念。当前中国经济社会发展过程中的一个重要特点就是，不论是在学术界还是在政策界，新的词汇不断被创造，具有典型的中国特色。但问题的研究又离不开概念。[①] 因为从研究问题的方法来讲，概念的界定是研究、分析问题的前提。所以要研究一个问题，首先要对这个概念进行分析和界定。

党的十八大报告正式提出"城乡发展一体化是解决三农问题的根本途径"，党的十九大政治报告进一步明确"建立健全城乡融合发展的体制机制和政策体系"。由此我们可以判断，这一概念有其预设前提，也就是说城乡发展一体化和城乡融合是针对"三农"问题而提出的，而"三农"问题又是一个相比较而存在的问题。在今天的语境下，"三农"问题聚焦于城乡发展严重失衡问题。这是我们确定概念的一个基础。城乡发展一体化是针对"三农"问题而提出的，"三农"问题聚焦于城乡发展严重失衡问题。"三农"问题本身不是一个问题，是相比较下产生的一个问题，是和工业、城市、城镇居民比较起来而存在问题，聚焦在城乡发展严重失衡问题。这是明确概念的第一个前提。第二，从现实来看，改革开放以来，实际上党和国家的公共决策与学术研究越来越紧密，并相互诱导。因此党和国家的重要论述实际上也反映了公共决策与学术研究相结合的过程，政策背后往往具有深刻的理论背景和发展机理。第三，放在城乡关系调整中来谈城乡发展一体化和城乡融合，那可以知道，关于城乡关系的协调、调整和实践，实际上从新中国成立以来，我们从未放弃过这方面的理论研究与实践探索。但是围绕"三农"问题系统性地提出指导思想以及一系列的政策措施是在改革开放以来，尤其是党的十六大以来，因此我们概念的形成就以党的十六大以来我们党关于"三农"问题的一系列重要论述为基础。

基于党的十六大以来中共中央关于"三农"问题的一系列重要论述，可以对城乡融合做一个描述性的界定。这种界定既属于一种历史的分析方法，同时也符合概念形成的逻辑。

城乡融合就是通过统筹城乡发展，逐步缩小城乡差距，促进与实现城乡工农互促、功能互补、共同发展、共同繁荣。显然，这是一个描述性的界定。尽管这是一个描述性

---

① 很多问题之所以存在争议，部分原因就在于争议各方对于概念的认识存在差异。

的界定，但是通过以上的分析和中央关于"三农"问题的一系列重要论述，至少这个概念里面包括三个基本假定和固有特质。

第一，城乡融合是一个客观规律，是一种历史发展的趋势。根据马克思主义的基本观点，我们知道马克思、恩格斯在考察城乡关系的时候，是从历史唯物主义的角度去分析的，马克思、恩格斯指出，城乡关系的发展趋势大致会经历这么三个基本阶段，由城乡合一到城乡对立再到城乡融合的正反合过程。他们讲的城乡融合已经非常接近我们今天讲到的城乡发展一体化，所以马克思、恩格斯关于城乡、城乡协调、城乡关系发展趋势所做的三个阶段的论述，由城乡合一到城乡对立再到城乡融合，被他们理解为是一种历史发展的趋势。这种历史发展的趋势和对立统一的运动，背后的原因是社会生产力和生产关系发展的一种客观规律，因此可以得出城乡融合是一个客观规律，是一种历史发展的必然趋势。由此，可以得出两个推论：一是城乡融合是一个历史的发展的范畴；二是城乡融合是一个过程，又是一个结果，而且这个结果只能通过这么一个过程实现。

第二，城乡融合内在地要求城和乡共同发展，最终走向一体化和融合发展。在发展路径和政策选择上，我国走过工业化带动、城镇化促进的道路，但是现实告诉我们，在这个带动、促进的过程中，城乡之间的差距并没有得到根本变化。事实告诉我们，城乡融合确实是需要城和乡共同发展，也就意味着不管是工业化带动，还是城镇化促进，如果农村本身没有发展，这种带动、促进是很微弱的，这种带动、促进很有可能形成一种新的工业对农业、城市对农村的剥削。事实上，马克思、恩格斯在如何实现城乡融合方面有着很经典的分析。马克思、恩格斯认为，大工业以及大工业在全国范围内的布局，导致的人口的布局，通过这样的一个途径才能够实现城乡的融合发展，消除城乡差别。这里马克思、恩格斯特别提到发展大工业，通过大工业来带动农业的工业化，这意味着农村本身要发展。另外，从发展经济学的角度来看，我们知道发展经济学实际上是从二元结构理论或者二元经济结构这个背景来研究城乡关系的变迁问题，特别提出来城乡从二元经济走向一元经济，这种转换及这种转换的过程，特别强调城和乡共同发展。因此，城乡融合一定是城和乡共同发展的融合。有了这样一个基本事实，我们就可以得到一个推论。我们今天讲到的工业化、城镇化、农业现代化，这些应该是包含在城乡融合之中，或者说，是城乡融合的策略和途径。

第三，要健全城乡融合的体制机制。体制机制是容易变化的，是与一定的生产力发展水平、一定的社会历史条件变化相联系的，特别是体制机制将随着生产力发展水平的提升而改变。因此，站在这么一个角度，我们看体制机制和生产力相适应的问题，实际上是把体制机制放在生产关系这个范畴来讨论。因此，体制机制和生产力的匹配实际上反映了生产力和生产关系匹配的问题。另外，从制度经济学的角度来看，任何的体制机制都要服务于发展战略。目前我们已经达到了以工促农、以城带乡的发展阶段，那就意味着当前的生产力发展水平已经达到一定程度了，所以需要相应的体制机制保障。城乡共同发展，那就是矫正了过去长期以来的工业化城镇化优先发展的战略，战略目标转变，也就要求体制机制的转变。一是城乡要素要平等交换。要素不能平等交换，就无法实现城乡一体、共同发展。二是公共资源要均衡配置。这实际上是对我们过去以来的城乡分割的体制机制以及城乡要素不平等交换体制机制（农产品价格剪刀差、农民工工资、土地财政）的一种矫正。需要强调的是，城乡要素平等交换和公共资源均衡配置这两种机制实际上反映了政府和市场的关系。这就是说，在推动城乡融合的进程中，要有效地处理政府和市场的关系。那么放在这样一个背景下，政府在城乡融合的进程中，主要需要做些什么呢？最主要的是三个方面的一体化与融合。一是城乡规划，二是基础设施，三是公共服务。其他的方面，则需要市场按照要素平等交换的原则来实现。

（二）城乡融合发展是解决"三农"问题的根本途径

从理论上来看，这是由工农关系、城乡关系的内在联系所决定的必然选择。工业和农业之间、城市和农村之间存在着有机、必然和内在的关联，两者之间呈现相互依赖、补充和促进的态势。城乡融合，就是把工业与农业、城市与农村作为一个系统，充分发挥彼此关联的内在作用机制，特别是充分发挥工业与城市对农业与农村发展的辐射及促进功能，实现工业和农业、城市和农村融合发展。

从实践上来看，这是由制约我国农业农村发展的深层次矛盾决定的必然结果。由于多重因素的制约，我国城乡二元结构长期存在，加之长期实际推行的非均衡发展战略，引发城乡公共资源配置严重失衡、城乡基本公共服务供给严重失衡。根据统计数据，2016年农村居民人均可支配收入为12363元，城镇居民人均可支配收入为33616元，农村居民人均可支配收入只相当于城镇居民人均可支配收入的36.78%，这还未包含城镇居民享受的各种公共服务和隐形福利。[1] 此外，农村人均可支配收入低于2300元的扶贫对象仍有4335万人，另外还有1亿多进城务工人员长期游走于城乡之间，无法真正融入城市社会。

从现实来看，农民群体是推进现代化建设人数最多的基本依靠力量。当前，全国各族人民正在为实现中华民族伟大复兴的中国梦而奋斗。中国梦的宏伟目标激发了每一个中国人投身现代化建设的热情。从根本上讲，中国梦的实现，必须依靠中华民族的每一个人的聪明智慧和勤劳付出，其中就包括人口众多的广大农民。农民群体是淳朴厚道的普通劳动者，是改革开放的排头兵，是实现中华民族伟大复兴的重要力量，是实现乡村振兴的主力军。要充分发挥广大农民在实现国家富强、民族复兴、人民幸福的中国梦的重要作用，就要在乡村振兴中充分保障农民的自主权及合法权益，同时不断提高农民的思想道德素质、民主法制意识、科技文化素养、经营管理能力。

从战略管理的角度来看，一个问题被作为战略提出来，其背后至少包括两个导向。其一是问题导向，也就是说这个问题非常严峻，是一个很大的瓶颈问题；其二是解决这个问题能够产生很多的溢出效应，用经济学的语言来说就是有很大的正外部性，这就是利益导向。城乡融合战略主要是针对"三农"问题提出的，而"三农"问题目前聚焦于城乡发展失衡的问题，这是我们当前经济社会结构中最大的结构性失衡问题，是我国当前经济社会发展中不充分、不平衡最主要的表现。解决城乡发展失衡问题，需要一系列体制机制的改进和改革，包括经济体制、社会体制、政治体制、文化体制、生态体制等等，需要一揽子全方位的系统性改革。因此，实际上当前城乡融合所面临的矛盾与挑

---

[1] 中华人民共和国国家统计局：《中国统计年鉴（2017）》，北京：中国统计出版社，2017年，第3页。

战，基本涵盖了我们当前经济社会发展过程中的一系列重大问题。解决这一问题，将推动各个方面各个领域的改革的推进。

首先，这是全面建成小康社会的重要任务。在关于全面深化改革决定的说明中，习近平总书记指出，我国经济社会发展中显现的突出矛盾主要体现为城市与农村之间发展的不平衡和不协调，这也就是全面小康和社会主义现代化亟须直面破解的重大现实问题；同时需要认识到，尽管通过改革开放40余年的发展，我国农村早已旧貌换新颜，但是城乡二元的固化结构还未彻底改变，城乡之间差距扩大趋势仍未彻底遏制，而加速推进城乡一体化发展便是必然选择。① 这实际上凸显了当前我国城乡改革发展问题的严峻性，以及加快推进城乡发展一体化与城乡融合发展的重要性与紧迫性。从全面建成小康社会的这个角度来看，我们可以梳理改革开放以来我国一、二产业的产业结构和就业结构，显然产业结构和就业结构严重不匹配。如果放在发展经济学的视野中来看，可以发现这是由于工业和农业之间劳动生产率巨大的差距而决定的城乡二元结构的基本特性。劳动生产率的差距直接导致城乡居民收入的差距。虽然近年来，我国城乡居民相对收入的差距在逐渐地缩小，但是绝对差距仍然在拉大。因此，推动城乡一体化和城乡融合发展是全面建成小康社会的应有之义和重要任务。

其次，这是新常态下动力转换的必然选择。经济发展新常态实质上指的是经济发展进入了一个新的阶段，发展的速度要转换、质量要提高、动力要转变，本质上就是要用质量效益来替代过去的高速度。经济学原理告诉我们，质量和效益是和一定的结构相对应的，所以这种转换的本质要求就是要通过结构调整，推动经济增长的质量和效益的提升，即结构调整是新常态下的一个动力来源。在经济结构中，收入结构是一个重要的结构，而当前收入结构的失衡是一个很大的失衡，所以收入结构的调整也是新常态动力转换的一个要求。从现实来看，在整个收入结构中，城乡之间的收入差距，是整个社会中收入差距最大的贡献者。基尼系数的变动趋势和城乡居民收入差距的变动趋势基本保持一致，这说明造成当前的收入差距问题的很大一部分原因来自城乡居民收入差距。因此这个结构必须调整。收入决定了消费，收入的结构和规模决定了消费的结构和规模。所以，扩大内需实际上也是要调结构，不仅仅是消费结构的问题，还有消费规模和消费质量的问题。因此，城乡融合所要解决的城和乡之间的收入结构、消费结构的问题，本身是新常态下调结构的应有之义，也是新常态下动力转换的一个必然要求。

最后，这是促进全面深化改革的重要途径。当前，体制机制改革已经步入了深水区和攻坚期，涉及面更广、情况更加复杂，必须顺应中国特色社会主义进入新时代的发展新特征和新要求，把改革创新精神贯穿其中，加强顶层设计和系统谋划。城乡发展一体化在推进的过程中，会带来一系列联动的效应。一方面，推进城乡融合，由于其涉及的问题非常复杂，必然要求经济、政治、社会、文化、生态等各方面的改革。另一方面，也只有在这些方面改革达到一定程度以后，才能够使得城乡发展有一个实质性的改变和改善。因此，从这个意义上来看，城乡融合的推动的确是促进全面深化改革的一个重要的抓手与途径。

---

① 习近平：《论坚持全面深化改革》，北京：中央文献出版社，2018年，第35页。

（三）跳出"三农"抓"三农"：城乡融合发展的实践归途

积极稳妥推进城乡融合发展，是党的十九大提出的战略任务，也是落实统筹推进"五位一体"总体布局和协调推进"四个全面"战略布局的题中之义。广大农村特别是贫困农村是决胜小康过程中任务最艰巨、最严峻、最繁重的区域。在此背景下，必须以破解城乡二元结构、加速城乡要素平等交换和均衡城乡公共资源配置为重点任务，进一步优化地域空间布局和调整产业结构升级，为农业农村发展输送新动能，让越来越多的农民群体既能够均等参与改革过程，也能够共享发展成果。

构建和谐融洽的工农城乡关系是推动城乡融合发展的内在需求。农业和农村的发展进步离不开工业和城市的辐射与带动，工业和城市的可持续发展同样离不开农业和农村的支持与促进。实践中必须坚持系统化思维，真正将工业与农业、城市与农村作为一个社会系统，积极稳妥推进城乡融合发展。当前，我国工农、城乡发展不协调，主要表现为：一是农业现代化明显滞后于工业发展水平，农业基础设施薄弱；二是农村发展依然滞后于城市发展，农村公共服务供给不足；三是农民与城镇居民收入差距依然较大。因此，必须坚持积极稳妥推动城乡融合，从根本上解决"三农"问题。

推动城乡融合发展是解决制约我国农业和农村发展深层次矛盾的必由之路。我国城乡二元结构包括城市现代工业和农村传统农业并存的二元经济形态、城市社会和农村社会相互分割的二元社会形态及含户籍制度在内的政策安排形成的二元制度结构。资源要素在城乡之间的流动与交换在很大程度上仍受制于城乡二元结构，这是对公共资源均衡配置的扭曲和异化，集中表现：一是导致土地资源配置扭曲，城乡土地同地不同价、同地不同权问题突出；二是导致劳动力市场分割，大量进城务工农民与城镇居民同工不同酬；三是导致城乡公共资源配置不均等，城市公共资源和公共服务的供给水平远远超过农村。城乡二元结构带来的新矛盾、新问题不断凸显。因此，要着力破除城乡二元结构，统筹城乡发展，解决制约"三农"的深层次矛盾。

推动城乡融合发展是我们党解决"三农"问题的经验总结。党的十八大以来，中央出台了一系列强农惠农富农政策措施，以推动城乡一体化为核心的"三农"政策框架逐渐形成，促进农业农村发展和农民增收的政策体系不断健全。随着这些政策措施的逐步落实，农业综合生产能力明显增强。农村生产生活条件明显改善，农民人均纯收入连续多年较快增长。这些经验总结为破除城乡二元结构，从根本上为解决"三农"问题指明了方向，明确了路径选择。

从发展趋势看，推进城乡融合发展是城镇、工业、信息、农业和生态的现代化进程中的必然要求和显著标志。随着改革开放的日益深入和农村经济体制改革不断细化，我国农村面貌已经极大改善。党的十八大以来，"三农"工作被作为党领导工作的"重中之重"被继续强调和坚持，对农业农民和农村的政策倾斜力度不断强化，城乡关系正向着良好的趋势发展。但必须客观承认，囿于过多的历史欠账和乡村基础薄弱等客观因素，城乡间的发展水平仍然存在欠平衡和协调的突出问题，因此加快城乡融合紧迫而必要。

在实践中，推进城乡融合必须立足国情从实际出发，基于城乡二元结构及其衍生的不平衡不协调，结合自然环境、资源禀赋、文化传统和社会制度，坚持尊重规律与突破创新相结合，坚持引进借鉴与选择吸收相结合，切实将工农城乡作为一个整体进行通盘谋划，通过制定和设计高效可行的体制机制与政策体系，加速空间、要素、产业、服务和生态等方面融合发展，集成工农城乡互动、互惠和一体化的新型关系，渐进实现城乡居民在基本权益、公共服务、收入水平、要素配置和产业发展等方面均等化、均衡化和合理化。

时至今日，随着我国综合国力与经济实力日渐增强，能为城乡融合提供坚实的物质基础与技术支撑，能为工业城市反哺农业农村提供可靠保障。顺应历史新阶段所体现的新特征与新诉求，仍需强调坚持和强化中国共产党对"三农"工作核心领导的最大制度优势，持续推进完善体制机制，始终将工农城乡之间既定的支持与反哺方针，继续深入践行既定的惠农强农政策，积极调动社会力量加大对农业农村农民发展的扶持力度，加快助推城乡融合和新时代"三农"协同发展的良性格局。

加速农业农村现代化，从根本上讲，要坚持全面深化农村改革，依靠亿万农民的主动性、积极性和创造性。坚持不懈推进农村经济体制改革、制度创新和政策调适，说到底，就是不断验证通过改革方式能否持续激增农民的主体性和创新性，能否促进农业农村分散的生产力持续解放，能否进一步激发和提增农业农村发展潜能和活力，能否从根本上破解和化解城乡二元结构，进而助推城乡融合发展。因此，基于城乡融合整体架构，持续强化农业的基础性与战略性地位，加速促进农业农村现代化，在保障国家粮食安全与农产品供给时，以帮助农民增收为首要任务。同时，要利用好新时代城乡融合发展带来的市场机遇和技术便利，立足于现代农业综合体系构建，以乡村地域空间与产业融合为切入点，挖掘和延展现代农业显现的产业链和潜在的价值链。要提高对农村社会治理的重视度，通过基层党建与政权建设提升集体经济组织应有的功能，在"三治"背景下促进基层组织的凝聚力与牵引力。要高站位通盘健全规划与体制，促进城乡发展规划编制更趋完善，系统设计、多措并举，从实处着力化解城乡规划脱节、城乡偏废其一等现实问题。要通过完善机制推进农村基础设施建设，促进城乡之间的基础设施相互连通与共享，不断推进农村基础设施和公共服务在决策、投建与运行方面的管理、维护机制，吸纳更多优质社会资本广泛参与到农村公益性基础设施的投建序列之中。要加快健全完善城乡基本公共服务方面的系列体制机制，尤其是针对农村留守儿童、空巢老人等弱势群体的服务体系。要深入推进户籍制度改革，不断优化城乡劳动者平等化选择就业的体制机制，切实助推进城务工人员能够顺利进来、留下并取得发展，从实处为进城务工人员着想，从根本上保障劳动者的综合权益。要大力推进农业经营组织和制度创新。一方面，坚持和完善农村基本经营制度。继续坚持农村土地集体所有制不动摇，切实维护农民关于土地及其派生的各项权益。可以肯定地说，在发展现代农业的进程中，家庭承包经营的基础性地位是不容动摇的。确保农村土地经营承包关系保持长久不变。另一方面，积极构建新型农业经营体系。要渐进地构建以家户式承包为基础，以专业大户与家庭农场为骨干，以合作社与农场为纽带，以农业服务组织为支撑的现代化经营体系。要不断促进城乡要素平等交换和公共资源均衡配置。一方面，积极推进城乡要素市场一体化，实现要素在城乡之间自由流动，发挥市场配置资源的决定性作用。加快建立城乡统一的劳动力市场，有序推进农业转移人口市民化。建立城乡统一的建设用地市场，促进土地有序流转。鼓励要素向农村建设流动，鼓励支持金融资本向农村流动。另一方面，积极推进城乡基本公共服务一体化，持续加速公共服务资源要素在城乡之间自由流通与合理配置。尽力确保基本公共服务对城镇人口全覆盖，切实健全进城务工人员的社会保障体系。建立财政转移支付同农业转移人口市民化挂钩机制，建立基本公共服务综合评估制度，建立并完善城乡基层公共服务平台，不断改善教育、卫生、文化、民政等公共服务领域基础设施条件。

加速城乡融合发展是一项繁复的系统工程，任务艰巨且时间跨度长，因此必须从根本上促进体制机制与政策体系健全完善。鉴于任务的艰巨性、繁重性与复杂性，在顶层设计与机制创新的过程中，必须注重政策举措的针对性与实效性，进而从实处着力助推城乡之间实现高质量的融合发展目标。

二、从行政推动到内源发展："新三农"协同发展的内部挖潜

乡村振兴是全面建设社会主义现代化强国的内在要求。农业的现代化程度、农村的美丽程度和农民的富裕程度，是亿万农民参与感、获得感和幸福感的真实写照，与经济高质量发展和决胜全面小康息息相关。从辩证的观点来看，外部因素是事物变化的条件，内部因素才是变化的真正动力。"三农"问题的累积，既有宏观方面和体制方面的因素，也有着微观上的重要原因。实现"新三农"协同发展，国家宏观经济政策的调整只是必要条件，而不是充分条件。我国正经历由"乡土中国"到"城乡中国"的转变，传统"三农"问题初步得到解决，"新三农"问题逐步显现。"新三农"协同发展就不能仅仅是原有战略的回归和传统政策的延续，而是要适应新时代农业农村农民发展的新变化，在关键领域和重要环节取得新的突破。目前党和国家对于解决"三农"问题，已经制定了许多好的政策，但要从根本上解决农村发展缓慢、农民增收困难和农业效益低下的问题，最主要的力量还是来自农村内部，必须注重内部挖潜，真正释放内生动力，实现从行政推动到内源发展的转换，全面推进乡村振兴。

（一）"新三农"协同发展的观念转换

农业、农村、农民问题关系我国经济发展质量的成色。在现实中，农民问题是民生改善的重点难点，农业是兼具基础性与战略性的产业，农村是拉动经济增长与社会发展的内在动能。然而，农民的弱势地位、农业的弱质状态和农村的落后境地，往往掩盖了农民、农业、农村在推动经济社会发展方面所实际蕴藏的发展动能。正因为这种观念与认识，在经济社会生活中，农业、农村、农民通常是被动接受者，被当成接受改造的对象。与此相应的是，政府及其基层末梢居于主导地位，农民则处于从属地位，农业农村发展呈现"行政推动"的基本特征。自2011年，以城镇化率超过50%为标志，我国社会结构发生历史性变化，逐步由"乡土中国"进入"城乡中国"的发展阶段。在该时期，尽管农业农村已经不再是经济增长的主要领域，然而农村人口尤其是贫困人口仍然占据较高的比例，城乡收入依然存在较大差距，农村低收入群体在一定时期仍然将持续存在。同时，城镇化的快速推进也倒逼农业农村不断提高生产效率和经济效益，以避免城镇化的虹吸效应将农业农村的优质生产要素吸收殆尽。

在实践中，"三农"相对工业、城镇居民和城市社会的落后状态不仅是"三农"发

展战略的出发点,也构成了政策制定的落脚点,其实质在于忽略了"三农"内部发展的活力。而政府经由手中的行政权力,在农村掌握了包括土地、金融等在内的庞大资源,成为农业生产经营决策的主体之一。这种做法,固然可以在短期改善"三农"发展的环境,但从长期来看则会阻碍"三农"协同发展的实现。原因在于,行政力量的干预会挤压"三农"自身的发展空间,导致实现"三农"内生发展和可持续发展的制度基础难以真正建立,"三农"协同发展缺乏自主行为空间,无法形成新的生产组织方式,经济增长过度依赖资源要素的投入,"三农"发展潜力难以得到激发,制约经济发展质量和效益。正如熊彼特所指出的,经济体的发展并不能从外部强加,而只能是内部自行发生变化。"发展"只是经济生活中并非从外部强加于它的,而是从内部自行发生的变化……经济发展不是可以从经济方面来加以解释的现象;而经济——在其本身中没有发展——是被周围世界中的变化拖着走;为此,发展的原因,从而它的解释,必须在经济理论所描述的一类事实之外去寻找。[①]

所有外部的信息、技术及资金方面的支持在发展领域里都被称为外部干预。外部干预只能对"三农"发展发挥辅助性和推动式的功能。要真正实现"三农"的可持续发展,必须把所有的外部干预转换为"三农"内源的发展动力,即农民要充分认识并接受外部干预的选择,并把外部干预作为自身发展的基础条件,只有这样才能增加农民对农业农村发展的获得感。实际上,考察我国众多"三农"发展典型,可以发现都是依靠"三农"内部的动力而驱动发展。

从原初含义看,内源是生物有机体发育过程中的自组织过程。作为自然生命体,其发育与成长的根本动力需要源自自身的组织构造,而外部因素只能发挥助推作用,这正如内因与外因的辩证关系。在发展视域下,内源动力则是以机会为导向的创新,并且机会导向通常会取代外部以结果为导向的助推效能。在党的十九大报告中,乡村振兴被作为一种重大战略提升到了全新高度,囊括了产业、生态、乡风、治理和生活五大方面向着更高标准的新要求,是党在新时代领导"三农"工作的重要着力点。要实现这些发展要求,必须坚持城乡发展一体化这一重要指导方针,注重城市对农村的支持,工业对农业的反哺,从而使"三农"发展获得可持续发展的基础条件和外部环境。但需要特别指出的是,所谓以城带乡、以工促农必须建立在农民自身作为新农村建设主体的主体动力得到充分激发的基础之上。因为,任何经济社会发展战略,如果没有当地群众的自觉参与,没有激发人们的自主性,没有人们的内在动机的支持,是不可能实现的,即发展必须是当地群众自觉和自愿的发展。当然,提倡内源发展并不是要搞发展上的孤立主义,摒弃外部的援助和支持,更不是主张政府不作为、无须承担责任。相反,内源发展更需要与外部的交流和互动。只是这种交流与互动必须是建立在本地区人民发展的主体性得到培育、尊重和张扬的基础之上。这才是内源发展的完整意义。

(二)调动农民创造的积极性,尊重农民首创精神

从我国农村改革发展的实践经验可知,家庭联产承包责任制是经济体制改革的始发

[①] 约瑟夫·熊彼特:《经济发展理论》,北京:商务印书馆,1990年,第71页。

点，但这一始发点源于农民在实践摸索中的创造。所以，我国农村经济体制改革的基本经验，曾被高度概括为一句振聋发聩的话：尊重农民在实践中的首创精神。40多年前，我们充分尊重农民的创造精神，取得了家庭联产承包责任制的伟大成功。40多年后，当发展遇到瓶颈的时候，同样应该尊重农民的创造精神，相信广大农民一定能够找寻到"新三农"协同发展的正确道路和有效办法。

实现"新三农"协同发展，不能仅仅是依靠外部条件的变化，更主要的还是要使得农民内部产生出发展的需求，产生出发展的动力、活力和能力。实践多次证明，什么时候农民的主体性作用发挥越充分，农业农村的发展成效就越为显著。改革开放之前，农民在传统计划经济体制下处于依附和依赖地位，一切经济活动由国家和集体来组织，农民缺乏必要的自主性、开放性和创造性，缺乏必要的独立判断和创造性思维，更缺乏竞争压力和利益动力，农业农村发展处于低谷。改革初期，以生产队为基本生产单元的集体耕作制度被以农户为单位的家庭责任制替代，农业生产终于快速摆脱衰退的困境。随着改革的推进，农村市场逐步成长，不仅产品市场快速兴起，而且土地和劳动力要素市场也逐步发展，成为农村改革的重要推动力。在改革的实践中，尊重农民的首创精神，已经结出了丰硕的成果。农民的主体性逐渐增强，在勤劳致富的动力和市场竞争的压力的推动下越来越显现出积极的主体性力量，开始发挥出当代新型农民的主体动力作用，农业农村的发展也愈加成效显著。之所以如此，并不是因为农民比其他职业者更聪明、更伟大，唯一的原因在于，他们是自己所从事一切活动的当事人，他们有能力、有智慧将自己的事做得更好。其实，这也是中国改革开放40多年的基本经验之一，那就是充分尊重、调动和发挥每一个经济主体的积极性和创造性，让他们尽可能地发挥自己的潜能，形成有利于发展的动力和活力。充分调动亿万农民的主体积极性，使其真正发挥主体性作用，是实现乡村振兴和"新三农"协同内源发展的题中之义。所谓主体性是人的本质特性，它包括人的独立性、自主性、能动性和创造性等几个方面。当一个农民能够拥有真正的主体性时，他就已经不再是传统意义上的农民，而是符合新时代发展需要的新型农民和新型农业经营主体。

实现乡村振兴和"新三农"协同发展，不论是经济、政治、文化、社会、生态"五大建设"，还是党的建设，归根到底，都是建设农民美丽家园的行动。离开了农民的需要、离开了农民的主动参与，这种建设就没有意义，也不可能取得真正的成功。因此，乡村振兴必须走以人为本、以农民为中心的内源发展道路。这也正是中央提出推进乡村振兴必须坚持实事求是，结合各地经济社会发展实际开创具有中国特色的乡村振兴个性化道路，增强农业的新引力，强化农村的美丽宜居性的原因所在。

从长期以来的脱贫攻坚工作的实践中也可以发现，改变一个地区的贫困落后面貌，必须经由这个地区人们的自主性努力和作为，当地人们必须在文化意识上产生自觉，必须是做他们愿意做并且能够做的事情，才能达到预期的反贫困效果。否则，仅仅依靠外部输入资金、技术和各种援助是不可能真正实现脱贫的。从扶贫到脱贫，更多地体现了农民的主体动力的注入，农民从扶贫战役的被扶持对象，一跃成为反贫困战役的一支重要的主体力量。

马克思主义认为人是根本、是目的、是一切发展过程的最终价值取向。同时人又是手段，是社会历史发展和人自身发展的最重要手段，历史就是为了人并依靠人的人类活动过程。人民始终是促进发展的价值取向、依靠力量和目标旨归。农民作为发展的主体、受益的主体、市场的主体，实现"新三农"协同发展必须紧紧围绕发挥农民的主体作用这个重心，解决"人"的问题，重点解决农民适应生产力发展和市场竞争的能力不足问题，把农村人力资源开发放在首要位置，造就更多的乡土人才。为了更好地发挥人的主体性作用，一方面要积极发展农村教育事业，全面提升农民素质，大力培育新型职业农民、农业专业人才和各类新型农业经营主体；另一方面要加强农村基层组织建设，选好基层"村官"这一农村带头人，吸引更多的人才投身现代农业，鼓励社会各界参与农村建设。

（三）科学调整农村产业布局，优化农村经济结构

历史与现实多维原因，导致我国农业产业的比较收益相对偏低，尤其是传统种植业则更甚。农村发展单纯依靠农业不行，还必须要有二、三产业的发展。就我国的国情与农情来看，人多地少是最大的实际与特征，这一客观现实也就决定了我国促进"三农"发展必须以农村富余劳动力转移和经济渠道拓展为重要抓手。唯有通过加速劳动力转移，促进人地关系不断优化匹配，以提高劳动生产率为突破口，才能真正助益农民增收。亦即，要真正从根本上解决"三农"问题，必须打破思维、视野与认知的局限，从加速非农产业发展着力，促进农村单一经济结构向三产融合的复合经济形态转变。

在改革开放以前的计划经济年代，受限于既定的政策体制，广大农民只能与土地捆绑在一起，导致大量的零值劳动力不断涌现，农业的边际生产效率极端低下，与此相对应的便是农民的收入水平及其生活质量普遍较低。随着改革开放的推进，国家调整了相关户籍政策，允许农民从事非农产业，乡镇企业、民营经济和新型集体经济等多种经济形式先后在乡村兴起，有力地促进了劳动力转移和农民增收，盘活壮大了整个农村经济。

社区是农村经济社会发展的最小区域，需要有与农村社区人员生活和发展相适应的合理产业结构。然而，调整优化产业结构并不能够一蹴而就，而是一个长期过程，不论是三大产业之间还是农业产业内部，都必须进行适时调整，最终实现发展的多元化。但多元化的发展不能是 20 世纪 80 年代乡镇企业那样的村村点火、户户冒烟粗放式发展的回归。新时代实现乡村内源发展的多元化，要遵循新发展理念，善于把握乡村自然地理和人文资源等优势，在确保粮食安全的基础上，构建农村一、二、三产业融合发展体系。从纵向视野来看，根据市场化的基本原则，按照分工整合的要求，将农业产前、产中、产后各环节链接成一个有机的利益共同体，以获得并共享最大化的农产品价值增值。从横向视野来看，发挥农业的多功能性，不仅仅局限于传统的种植业与养殖业，也不只是包括农业产业链中的产前、产中、产后服务业与加工业，还包括众多新的农业业态，如休闲创意农业、立体生态农业、生态循环农业、旅游观光农业，等等。通过新产业、新业态、新模式、新经济实现可持续发展，真正把绿水青山变为金山银山。

三、"新三农"协同发展——进一步走向共识的行动逻辑

农民是农业的主体，农村是农业的载体。"新三农"协同发展的实质，就是现代农

民在现代农村按照现代产业体系建设现代农业，实现农业现代化、农村现代化和农民现代化。"新三农"协同发展既需要发挥市场、社会和政府各自的功效，更需要构建政府与市场的良性互动，注重系统性、整体性和协同性，以形成发展合力。

（一）"新三农"是相互交织的系统工程

现代农业是农村经济的重要基础产业。农村要发展、农民要进步，农业发展是重要基础。作为一种基础性、战略性的综合产业，农业由于其自身固有属性而在发展中必须由国家提供各类扶持，相比之下，农业产业主动融入市场并积极适应客观经济运行规律则更为重要，不断促进农业发展质量与经济效益，实现农业从传统到现代的转换。这要求在实践中不断拉长农业产业链，真正构建从生产起点到消费终端的全产业链条。正如马克思提出的那样，农业一定要变成有价值的代换，农业发展不仅仅停留在高产、高效，重要的还要高值。这就要求尽可能多地延长农业产业链。要获得更高的农业效益，除了生产种植，更要获取设计、包装、加工、仓储、运输、销售等后续产业链条中的高附加值，这样才能实现增值。

现代农村是农业发展和农民进步的载体平台。在推进乡村振兴过程中，中央围绕产业、生态、乡风、治理和生活等方面描绘了更为高级的发展图景，"新三农"协同发展只有在这样的载体平台上才能实现。现代农村需要学习借鉴城市的先进管理方式、配套公共服务和良好基础设施，向社区化、城镇化发展，同时保留农村生产、生活、生态的乡土气息。所谓农村经济，是在农村区域范围内的经济，而并非仅限于农业经济，农村经济应该呈现多元化的发展，依托于多种产业形态载体，并且非农产业的发展程度通常是衡量农村经济发展状况的重要指标。相应地，农村经济发展以后又会促进农民增收，也就是说农民是农村经济发展后的最大受益者，因此发展农村经济亟须充分挖掘和聚集农民的智力投资和劳动投资带来的人力资本变革。

现代农民是建设现代农业和现代农村的主体力量。培养出一支稳定的职业化农民队伍，才是中国未来农业发展的根本出路。这需要引导农民在职业的选择上做出理性判断：一是适当减少农民，引导农民从一产进入二产或三产，从田间走向车间，从乡村走进城市，保障这部分群体拥有稳定职业和稳定收入；二是培育职业农民，引导农民真正做好农民，把务农作为一种现实的职业追求，成为现代职业农民。

中国特色社会主义"新三农"协同迈进，需要立足于乡村独特的地域优势和资源禀赋，指向为农村居民服务，凸显农村的乡土文化特质及其潜在属性，竭力从当地获取持续性的内生驱动力，也就是找寻内源性的发展道路。而要在市场经济框架体制下助推农业农村顺利实现内源性发展，不仅要确保农业生产要素及产品服务能够高质量供给，使之与市场需求相匹配，而且要在宏观架构层面使经济组织与制度架构相匹配，并且要迎合民众的期盼与诉求。换言之，助推农业农村实现内源发展，不仅要求相关组织、活动及制度要实现自立，而且要求作为主体的农民能够自主自觉。总之，协同推进"新三农"，必须从根本上廓清农业农村现代化的发展方式及其根本驱动力要素。

（二）"新三农"协同发展的起点及其条件

我国地域广袤、气候多样，具备从热带气候到高山高原气候等数种气候类型，适宜发展各种气候条件下的农作物,为农业体系的健全完善奠定了客观的自然气候条件。同时,我国也属于自然灾害频发的国度,以 2016 年为例,全年发生地质灾害 10997 处,直接经济损失达 354290 万元;农作物受灾面积 26220.7 千公顷,受灾人口 18911.7 万人次,直接经济损失 5032.9 亿元。我国的水资源也严重缺乏,虽然存量占世界总量的 6%,但是人均占有量远低于世界平均水平;此外,水资源空间分布上存在着严重的地域差异,其中广大北方地区作为粮食主产区,但水资源占有量却不足 20%,并不具有农业生产的天然优势,加之水污染严重,不利于农业生产的可持续发展。[①] 近年来,我国农业基础条件不断改善,至 2016 年,我国农业机械总动力为 97245.6 万千瓦,大中型拖拉机 645.4 万台,耕地灌溉面积 67141 千公顷,化肥施用量 5984.1 万吨,农村用电量 9238.3 亿千瓦时,农作物总播种面积 166650 千公顷。[②]

我国人口众多,具有较为丰富的劳动力资源,2016 年人口普查统计结果显示我国劳动适龄人口约为 10 亿人（15～64 岁）,占总人口比重约 73%,但是总抚养比为 37.91%,老龄抚养比为 14.96%,劳动力结构优势逐渐减弱,已进入老龄化阶段。同时,随着城镇化步伐的推进和大量农村青壮年外出务工的影响,农村人口老龄化面临更加严峻的挑战。2016 年我国第一、二、三产业的就业构成为 27.7∶28.8∶43.5[③];城乡就业人口分别为 41428 万人和 36175 万人,城乡就业结构为 53.38∶46.62,就业结构逐步优化。随着我国各阶段各层次教育的普及、进步和发展,人口总体教育水平显著提升,2015 年总人口中具有大学（大专以上）教育程度人口为 17093 万人,同 2010 年第六次全国人口普查相比,每 10 万人中具有大学教育程度人口由 8930 人上升为 12445 人。普通高中和中等职业教育在校生人数由改革初期的 1553.1 万人和 212.8 万人,增加到 2016 年的 2366.6 万人和 1599 万人;普通本专科在校学生由改革初期的 86.6 万人,增加到 2016 年的 2695.8 万人。我国不仅劳动力数量丰富,而且劳动者综合素质在快速提升,但是由于多重因素的影响,大量优质人才资源持续向大中城市集聚[④],农村人才不断流失的态势更加严峻。

以家户为单位和统分结合的双层经营是我国农村最为基础的经营制度,是党在农村政策的基石,也是我国农村治理体系的重要内容,对我国农业、农村和农民协同发展具有重要意义。以此制度背景之下,农村土地由集体拥有所有权,农民则是以成员身份获得承包土地的资格。完全获得经营自主权的农民,能够自觉激励农业生产;并且,在集体经济架构之下,村集体不仅能够为各户家庭提供全方位的生产服务,而且农户通过占有或掌握相应的集体份额,可为开展相应生产经营活动提供基础。由于兼具统分特征的经营模式本身潜藏了巨大的制度弹性,能够在客观上与不同层次的生产水平相契合,能更好地适应市场经济运行趋势。同时需指出,在现实运行系统中,由于集体土地总体上是以人头为单位进行分配,在客观上虽然能保障农民站在同一起跑线,但却不能充分反映农民对生产经营的差异性和比较优势发挥,也就会导致集体经济本身具备的功能日趋

---

① 王国敏、周庆元:《增强我国粮食安全的综合保障能力对策》,《经济纵横》2013 年第 3 期,第 82～86 页。
② 中华人民共和国国家统计局:《中国统计年鉴（2017）》,北京:中国统计出版社,2017 年,第 5 页。
③ 与发达国家仍有较大差距,美国为 1.6∶18.4∶80;日本为 3.5∶24.3∶70.7;以色列为 1∶17.3∶79.8。
④ 2016 年"人户分离"人口为 2.92 亿,流动人口 2.45 亿人。

式微。尤其是随着越来越多的农业剩余人口逐步转向非农行业，长期固定的家户式承包地更是不能更好地与集约化、规模化的耕作趋势相适应。所以，必须在落实农村土地承包关系稳定并长久不变政策的基础上，完善农村承包地"三权分置"制度，培育新型农业经营主体，发展多种形式的适度规模经营。

2016年城镇居民人均可支配收入33616元，名义增长7.8%，实际增长5.6%；农村居民人均可支配收入12363元，名义增长8.2%，实际增长6.2%。城乡居民人均收入倍差2.72。从农村居民人均可支配收入的结构来看，按照降序可分为工资性收入、经营净收入、转移净收入和财产净收入几部分。这表明，农村经济构成部分中，非农产业收入的占比越来越重，已经成为农民增收的重要部分，尤其是在东部发达地区，经营净收入已成为农村居民增收的主要组成部分。需要特别指出，鉴于户籍制度等内在因素造成的统计口径问题，当大量户籍在农村的非农产业就业人员在城市的工业、服务业中创收，从这个意义上户籍农民的非农收入则不能完全作为测度衡量农村非农产业发展状况的指标。这一阶段，随着精准扶贫脱贫攻坚战的全面持续推进，我国贫困发生率由2010年的17.2%下降至2016年的4.5%。

在农民的收入水平递增之际，农村生产生活条件得以大幅改善，但也在客观上对农村环境带来了严峻的生态制约。究其原因，可归结为基层政府因生态环境监管能力不足，导致工业面源污染出现了转向农村的势头；农业生产中未能有效控制农药化肥等要素，导致农业面源污染暂时不可逆转；加之农村居民的生活理念与方式也在向城市现代化对标，而农村的垃圾处理能力又相对薄弱，由生活引致的环境污染也不断加剧。

从整体上审视，我国农村各项条件也大幅改善并为经济社会发展提供了若干可能，具备了"新三农"协同发展的前提和基础，迎来了难得的发展机遇，但在人口结构、资源环境、组织制度等诸多方面也存在多重约束因素，需要予以高度重视，必须立足国情农情，应势而动、顺势而为并制定针对性的应对措施，推动农业全面升级、农村全面进步、农民全面发展。

（三）"新三农"协同发展的目标及其方向

进入新时代，在决胜全面小康和建成现代化强国既定目标发展阶段，"新三农"协同发展事关经济社会发展全局。之所以要协同推进"新三农"，其价值目标是为顺应亿万农民对美好生活的向往，推动农业强、农村美、农民富的全面实现。这一总的目标又可细分为：在农业领域，既要求持续增强综合生产能力，而且要逐步优化供给体系质量，农村三大产业日趋融合；在农村区域，各项基础设施建设不断健全完善，人居环境明显改善，城乡基本公共服务更加均等化，城乡融合发展体制机制成效显现；在农民群体中，不仅增收渠道持续拓展，而且城乡居民收入差距不断缩小，大量贫困人口顺利脱贫，区域性整体减贫的成效明显。[①] 在此背景下，党的十九大因势而进，从战略高度对乡村振兴进行了决策部署，这是通过系统回溯与总结我国农村改革历程与经验，结合新的时代背景和发展实际，确立以乡村振兴为继续深化改革的突破口，以乡村全面振兴与

---

① 《十九大以来重要文献选编》（上），北京：中央文献出版社，2019年，第157~181页。

本质上的城乡融合为着力点,力争从实处与实效着手推动"新三农"迈向新发展。

发展经济学理论认为,经济增长与经济发展并非同义语,增长侧重于强调总量和规模,可通过货币化方式进行测度和衡量,而发展则要求实现人们所获得的各项福利不断改善,除去对经济总量与规模有要求以外,还要求经济带来的效率、效益和人们实际生活质量的改善,包含了经济社会全面发展和进步的理念。"新三农"协同发展体现为乡村全面振兴和农业农村农民并行发展,囊括了产业、生态、乡风、治理与生活等多个方面。[①] 农民是农业发展和农村进步的主体,农村是农业发展的空间载体。"新三农"协同发展的实质,就是现代农民在现代农村按照现代产业体系建设现代农业,实现农业、农村和农民的全方位现代化,以强美富的农业、农村、农民为最终目标和发展归属。农业农村农民问题是关系国计民生的根本性问题。当前,我国发展不平衡不充分问题在农村最为突出,因此"新三农"协同发展更加应当彻底转变传统的粗放型增长,兼顾方式升级和质量提升,注重增强广大民众的获得感和幸福感,顺应亿万农民群众对美好生活的向往,全面改善农村的生产生活生态条件。

"新三农"协同发展,产业兴旺是重点。这要求在发展农业时必须注重质量与效益兼顾,为农村发展不断注入新动能。作为农村发展乃至国民经济运行基础的农业,保障国家粮食安全和主要农产品有效供给是协同发展的内在要求。亟须进一步强化农业综合产能[②],继续以藏粮于地、藏粮于技为战略支撑,严格遵守既定的耕地红线,坚决执行永久农田保护制度。[③] 必须坚持质量兴农、绿色兴农,推动农业由增产导向转向提质导向。加快构建农村一、二、三产业融合发展体系,让农民合理分享全产业链增值收益。积极引领构建全新农业对外开放格局,促进农业资源要素优化配置,通过打造品牌,不断提升农产品在国际市场上的竞争力。加速分散小农户与现代化经营相衔接,深入挖掘新型经营主体在农业发展中应有的示范引领功能,从而将小农生产引入现代农业发展轨道。

"新三农"协同发展,生态宜居是关键。这要求推进乡村绿色发展,打造人与自然和谐共生发展新格局。必须把山水林田湖草作为一个生命共同体,统筹山水林田湖草系统治理。全面加强农业面源污染防治,严禁工业和城镇污染向农业农村转移,推进农村突出环境问题综合治理。逐步落实农业功能区制度,建立市场化多元化生态补偿机制。不断增加农业生态产品和服务供给,将农村生态优势转化为发展生态经济的优势。

"新三农"协同发展,乡风文明是保障。这要求繁荣兴盛农村文化,焕发乡风文明新气象。坚持以社会主义核心价值观为引领,加强农村思想道德建设。坚持以乡风文明为基本立足点,广泛借鉴和吸取城市现代文明、优秀传统文化及各类外来文化的有益成果,传承并发展农村文化的丰富内涵。进一步强化农村公共文化,从提质增效方面着力提升服务能力,不断提升农民的文化生活水平,提高农民科学文化素养,大力开展移风易俗工作。

---

① 《十九大以来重要文献选编》(上),北京:中央文献出版社,2019年,第141~156页。

② 王国敏、周庆元:《我国粮食综合生产能力影响因素的实证分析》,《四川大学学报(哲学社会科学版)》2016年第3期,第82~88页。

③ 《十九大以来重要文献选编》(上),北京:中央文献出版社,2019年,第157~181页。

"新三农"协同发展，治理有效是基础。必须加强农村基层基础工作，构建农村治理新体系。把夯实基层基础作为固本之策，加强农村基层党组织建设。坚持自治为基，深化村民自治实践。坚持法治为本，树立依法治理理念，建设法治农村。强化道德教化作用，提升农村德治水平。大力推进农村社会治安防控体系建设，建设平安农村。

"新三农"协同发展，生活富裕是根本。发展的终极目的是人们幸福，顺应亿万农民对美好生活的向往，农民是农村全面发展的主体，"新三农"协同发展最终体现为农民生活水平的提高，仅有通过持续提升农民生活质量，以此为农业农村的持续发展供给不竭动力。必须打好精准扶贫脱贫攻坚战，增强贫困群众获得感、幸福感和归属感，全面增进农民民生保障能力，塑造升级乡风面貌。积极推动农村教育事业优先发展，健全完善城乡互动、均衡一体的义务教育体制机制。[1] 助推乡村经济多元化，提高就业质量，拓宽农民增收渠道，促进农村劳动力转移就业和农民增收。继续把基础设施建设重点放在农村，推动农村基础设施持续升级。不断强化农村社会保障体系和健康农村建设，持续改善农村人居环境。

虽然"新三农"协同发展有多重具体要求和多层发展目标，但具体要求和发展目标之间并不存在非此即彼的冲突，在实施过程中可以作为一个系统相互支撑、有效兼容，各类具体要求和发展目标实现的方式及路径虽然存在一定的差异，但都服从于和服务于"新三农"协同发展的总目标。"新三农"协同发展体现为农村全面振兴和农村产业、地域与主体的全面发展，按照既定的产业、生态、乡风、治理和生态目标去努力，这些发展要求与目标归属都有机统一于实现中华民族伟大复兴的中国梦理想之中。

（四）"新三农"协同发展的行动逻辑

"新三农"协同发展的最终目标和归属在于顺应亿万农民对美好生活的向往，推动农业强、农村美、农民富的全面实现，体现为农村全面振兴和农村产业、地域与主体的全面发展，完成既定的产业、生态、乡风、治理和生态目标。围绕这些发展要求与目标归属，以乡村振兴与城乡发展一体化为根本方向的"新三农"协同发展理应是一种内源性发展。

所谓内源，最初是指生物有机体发育的内部自组织过程。一个生命体可以根据它自身的结构完成发育成长过程，外部的因素可以起推动作用，但不能决定生命有机体自身的进展。20世纪70年代，在解构西方主流发展话语权的过程中，内源发展理论被创造性提出，旨在从本质上对西方既有的发展理论进行批判，进而揭露对本土内生发展所可能产生的负效应。在此间，内源发展理论的创设者围绕发展中国家当期及未来的发展问题，就如何摆脱西方中心主义阴影进行了重点阐释，但内源发展却能够普遍适用于地理主权国家通过利用本地资源和本土文化对本国地域范围内的发展问题进行剖析。内源发展是一种机会导向和潜力挖掘的内生性创新发展，并以此替代结果导向的外部推动。任何经济社会发展战略，如果没有当地群众的自觉参与，没有激发人们的自主性，没有人们的内在动机的支持，没有结合当地自然资源禀赋、产业基础结构及市场经济发育程

---

[1] 《十九大以来重要文献选编》（上），北京：中央文献出版社，2019年，第157~181页。

度，都是不可能实现的。即发展必须是当地群众自觉和自愿的发展，强调根本动力源是来自于经济体内部，在整个发展中必须彰显本土化的特质与优势，属于独立自主发展模式。同时需指出，倡导内源式发展，并非主张搞发展上的孤立主义，摒弃外部的援助、支持和交往，更不是主张政府不作为、无须承担责任。相反，内源发展更需要与外部的交流和互动。只是这种交流与互动必须是建立在本地区人民发展的主体性得到培育、尊重和张扬的基础之上。这才是内源发展的完整意义。

与之对应，中国特色社会主义"新三农"协同的内源式发展，则是以农业产业和农村地域特有的资源禀赋、劳动力资源、三次产业结构、基础设施状况、基层组织架构以及市场发育程度等主客观条件而探索出的一种农业农村现代化发展新模式。它的发展动力主要源自农村居民改变现状的迫切愿望。与之相对应的是，由于农业农村农民的现代化与国家战略紧密关联，可以获得来自政府和社会各界的大力支持。协同推进"新三农"内源发展，既体现了以尊重农民主体性地位为立场的价值取向，与追求人的全面发展目标相契合，并且也是以农业农村农民的全方位发展提升为实践指向，进而实现真正的发展目标与要求。其一，全面推进"三农"发展是一个持久的动态过程，此间支撑农业农村农民发展的外部因素都不可能与其中长期的预定目标完全契合，要在如此背景下助推"新三农"协同发展，就不能单单依靠外部力量。其二，在我国广袤的农村范围内，区域间经济社会发展存在多元化差异，农村呈现问题也不尽相同，所以必须立足和结合当地居民和"农村"工作队伍的智慧与思考，以实事求是为遵循，切实地发现、分析和解决问题，而不能贸然越俎代庖。其三，国家政策支撑也必须审时度势，在农业基础薄弱、农村发展落后、城乡差距巨大时，通过财政、金融、产业等方面的政策对农业农村农民给予扶持具有合理性，符合经济社会发展总目标，但是如若针对"三农"领域的政策倾斜被程式化，就势必会以固定态势约束支农惠农政策的因时调适，甚至成为市场竞争能力提升的桎梏。其四，农村内部经济组织的生成、农业发展机会的发掘和职业农民等新型农业经营主体的培育，不仅是牵引"三农"全面发展的驱动力，而且是引领经济增长的新基点，进而可助于实现乡村振兴和城乡发展一体化的目标。反之，在要素自由流动的市场经济条件下，由于虹吸效应的作用，发展的成果就无法留在农村。

从治理的视野审察，协同推进"新三农"内源发展，就是要通过整合农业农村内部现有的经济、政治、文化、社会、生态治理等方面的系列机制，通过整合、调适和优化各类制度与规则，以制度政策为现代化"三农"治理机制兜底，使其符合新时代农业农村农民的基本特点和发展趋向，从而理顺"新三农"协同发展关系。既要充分运用在市场经济条件下形成的具有经济组织性质与功能的合作化主体，也要持续规范和加强基层自治组织的功能发挥。在"三治"模式中充分吸纳利益驱动、道德约束和法律强力等要素，充分发挥典型示范、组织合作、利益引导的直观效应。既要充分反映作为微观主体的经营农户及相关组织的灵活自主决策，又要完全将"三农"要素发展规划相关的规范约束纳入考量，把微观主体的发展意愿同宏观战略目标相综合，进行民主化、科学化的决策。协同推进"新三农"内源发展，既要立足于各要素综合制定合理机制，又要突出反映各主体要素的自主决策权与经营权。此外需指出，内源性发展并不排斥外部要素的支持，而是应将合理的外部要素引入"三农"内部体系加以转化和合理支配，才能综合利用好内外两种资源要素。

"三农"问题实际上是一个从事行业、居住地域和主体身份三位一体的问题。在实践中表现为城乡二元社会中城市与农村发展不同步、结构不协调的问题,解决"三农"问题要从城乡发展一体化、"三农"协同发展着手才能取得实效。"新三农"协同发展是城乡发展一体化和乡村振兴中的重要环节,是决胜全面小康和加速现代化建设的关键一招,是在新发展理念指导下的农业农村农民一体化的综合变革,是顺应经济社会发展趋势的必然要求和历史任务。"新三农"协同发展既秉承了城乡发展一体化和乡村振兴战略所提出的产业、生活、乡风、治理与生态方面的总要求,又深化了对自然客观规律、市场经济规律、社会发展规律的认识和遵循,使得新时代农业农村农民的发展更加注重系统性、整体性和协同性,避免单项突进的改革可能会因"路径依赖"而陷入"体制锁定"。[①]

第二节 "新三农"协同发展的制度调适

制度调适是我国"新三农"协同发展的重要保障。"新三农"协同发展是生产力和生产关系互相促进的结果。马克思主义辩证唯物法认为,生产力决定生产关系,生产关系反作用于生产力。生产力的现代化,同时必然要求有先进的、现代化的生产关系与之相适应。如果只有生产力的进步,而没有相应社会经济制度的创新,那么落后的生产关系就会成为生产力发展的桎梏。作为规则集成与变量集合的制度要素会在客观上对农业经营主体的行为与决策产生深远影响,进而促进经济社会实现长远综合发展。而农村经济制度的不断完善则有益于规范农业经营服务主体的系列行为。土地、资本和劳动力是最基本、最重要的生产要素。农村经济的发展与要素制度的改革与完善密不可分,"新三农"协同发展的重心和基础是经济发展,同时"新三农"协同发展也需要深化要素制度变革。

一、制度构成与分类:诱致性制度抑或强制性制度

在马克思主义经典理论中,制度有不同层面的含义。"社会制度"是最为宏观和抽象的概念,主要指人类社会历史更替的几个制度类型。在分析社会具体制度方面,马克思使用的是"生产关系"和"上层建筑"两个概念,包含了经济制度及其他制度的意义。经济制度是社会生产过程中人与人之间关系的规则系统,受到生产力水平的制约,又对生产力具有反作用。作为上层建筑的重要构成部分,制度在一定经济基础上产生,既为经济基础服务,也具有反作用。

在经济与社会生活中,低效率甚至无效的制度并不总是轻易发生变化。制度一经形成,就会产生路径依赖效应。制度变迁是制度的替代、转换与交换的过程。把握制度变迁方式的多样性及其不同特点,对于合理选择制度变迁方式,减少制度变迁的成本,具

[①] 王国敏:《新农村建设的物质基础:农村公共产品供给制度——一个非均衡发展的经济学分析》,《社会科学研究》2006年第5期,第58~63页。

有重要的价值。根据不同的标准,可以对制度变迁方式进行不同的分类。依据速度为标准进行识别,制度变迁可分为渐进式和突进式两种;以主体为依据进行考察,可以分为诱致性制度变迁与强制性制度变迁。在实际的制度变迁实践中,这些制度变迁方式会交叉搭配,共同发挥作用。

(一)诱致性制度变迁

一般地,"诱致性制度变迁是群体在应对因制度不同所引致的机会失衡中采取的自主变迁行为;而强制性制度变迁指的是由政府法令引起的变迁"[①]。从制度属性分析出发,可以将制度视为一种公共物品,由此诱致性制度变迁所提供的新制度安排将少于最佳供给,这时需要政府采取行动弥补制度供给的不足。这就需要考虑如何设计制度才能实现有效的资源配置。

诱致性制度变迁,是指现行制度安排的一种替代或变换,或者是一种新的制度安排。诱致性制度变迁的发生必须要有某些来自制度非均衡带来的获利机会。当影响制度变迁需求或供给的因素中有一个变动,制度就会处于非均衡中。制度非均衡则意味着获利机会的形成,就可能诱致制度的变迁。作为一个整体,社会将从抓住获利机会的诱致性制度安排创新中得到好处。然而,这种创新是否发生却取决于个别创新者的预期收益和预期成本的比较。制度安排包括正式的和非正式的两种,对于创新者而言,正式和非正式制度安排的预期收益和预期成本是不同的,而这又会反过来深刻地影响诱致性制度变迁的发生。

正式制度安排指的是,规则的变动或修改需要得到其行为受这一制度安排管束的人们的首肯,即无异议是自发的、诱致性正式制度安排变迁的前提。这需要耗费时间和精力去组织谈判并得到一致意见。由此就涉及组织成本和谈判成本。此外,正式制度变迁还会遇到外部性和"搭便车"问题。当一种制度安排被创造出来后,其他人可以模仿这种创新并大大降低他们的组织和设计新制度安排的费用。"搭便车"问题可能会因为制度安排是一种公共品而产生。一旦制度安排被创新和被建立,每一个受这个制度安排管束的个人,不管是否承担了创新初期的成本,他都能得到同样的服务。制度变迁中的外部效果和"搭便车"问题导致的一个严重后果是,正式制度安排创新的密度和频率将少于作为整体的社会最佳量。正如林毅夫所说,"经济增长时会出现制度不均衡。有些制度不均衡可以由诱致性创新来消除。然而,有些制度不均衡将由于私人和社会在收益、费用之间有分歧而继续存在下去""如果诱致性创新是新制度安排的唯一来源的话,那么一个社会中制度安排的供给将少于社会最优"[②]。

所谓非正式制度安排,意指规则被变动和修改是个体作用的结果,而非群体决策行为。在初期,改变规则的发起人通常被视为破坏现行规则的始作俑者,因为传统的认知是,只有在大多数人接受了新制度安排并对原来的制度弃如敝屣时,新制度才能取代旧

[①] 林毅夫:《关于制度变迁的经济学理论:诱致性变迁与强制性变迁》,载 R. 科斯等:《财产权利与制度变迁》,上海:上海三联书店、上海人民出版社,1994年,第374页。

[②] 林毅夫:《关于制度变迁的经济学理论:诱致性变迁与强制性变迁》,载 R. 科斯等:《财产权利与制度变迁》,上海:上海三联书店、上海人民出版社,1994年,第396、394页。

制度，也才能发生新旧转换。诸如价值观、伦理认知、规范准则和日常习惯等的变化就是属于此类的制度安排。需要指出的是，因为集体行动并未包含于创新非正式制度安排的范畴，所以即便非正式制度安排具有某些外部性，也绝非"搭便车"。对新规则而言，其被接受程度通常取决于成本与收益的比值。囿于纷繁复杂的因素不断显现，非正式制度安排的变迁比正式制度安排更为不易，即便是在政府大力鼓励与引导下，非正式制度安排的变迁也是困难重重。但是，一旦非正式的制度安排能够产生更为丰盈的预期收益，并且这种预期值能完全弥补成本之时，新式的价值观、伦理认知、行为规范和日常习惯也将被个体勉强接受并努力适应。

（二）强制性制度变迁

所谓强制性制度变迁，指的是制度的变迁通常由政府命令或法律介入而引起，而中央政府或地方政府是发起者。究其原因：一是为了有效弥补制度供给不足。一般而言，诱致性制度变迁过程中通常会遭遇外部性问题及"搭便车"现象，这样一来，制度安排创新的频次与密度也就难以满足社会的优化需求，也就表现为制度供给不足现象。面对此类境遇，国家强力作用下的制度变迁就能够在一定程度上弥补这一缺陷。二是提供法律规范和维持社会秩序是国家的基本职能，并能够维持行之有效、治理成本合理的运行规则，诸如度量衡标准统一、社会安宁有序等。基于法律规范与社会秩序的使命与目标，政府部门通常会提供有助于生产发展和贸易推进并且合理合法的程序。三是制度是一种公共物品，按照经济学的分析，公共物品通常由国家供给更为有效。当然，作为强制性制度变迁主体的国家在供给制度时也必须遵循经济原则，即制度变迁的预期收益必须高于预期成本。

然而，需要注意的是国家预期效用函数毕竟不同于个人预期效用函数，国家的成本与收益计算比个人的成本与收益计算更复杂。这是因为，在国家的预期效用函数中除了经济因素以外，还有非经济等方面的因素。

（三）两种制度变迁的异同

在社会实践活动中，强制性制度变迁和诱致性制度变迁之间并没有清晰的分界线，二者之间既相互勾连与制约，又相互补充与促进，共同着力于社会制度变迁。同时，对制度非均衡的反应灵敏度与及时性、对成本收益的性价比评估等方面都是两种制度变迁的共同特征。此外，二者之间又存在诸多差异性，其中突出表现为几个方面：一是主体差异性。在诱致性制度变迁中，其肇始主体通常为个人、群体、组织或集团；而在强制性制度变迁中，则是由中央和地方各级政府主导。二是优势差异性。发生诱致性制度变迁通常是建立在经济理性和一致同意的基础之上，所以受众群体都能自觉遵守并维持，体现出较高的遵从比例；而强制性制度变迁则能够在低成本、短时段和高速度等条件下加速制度变迁。三是问题域差异性。诱致性制度变迁遭遇的主要是效果外部性问题及潜在的搭便车现象，而强制性制度变迁则主要面临完全化赞同原则被打破的可能。在某种意义上讲，一致性同意原则并不仅仅是一个政治范畴，而且还是一个经济范畴，是经济绩效或效率的基础，有助于避免强制性制度变迁引起的部分利益相关者利益受损。

二、"三农"制度变迁的逻辑：政府的退出还是市场的嵌入

中国"三农"问题和城乡二元结构的生成是"自然分化"和"人为分化"共同作用的结果。这就表明，消除城乡二元分割格局和实现"三农"协同发展不仅需要市场还需要政府。然而，市场是不完全的，政府也是不完全的。因此，问题的关键在于不完全的市场和不完全的政府进行良性互动，在各自功能框架内发挥自身优势，互动互补以发挥最优的综合效应。

（一）"新三农"协同发展中的政府与市场

政府与市场的关系是不断动态演进的。从市场经济发展的历史进程来看，政府和市场的关系及其相应的经济职能是一个动态演进的范畴，在经济社会发展的不同阶段，根据生产发展的不同要求而变化。社会主义市场经济的发展，在一定程度上也是在不断地调整政府和市场的关系。我国的市场经济从无到有、从小到大、从弱到强，经历了一个不断发展变化的过程，相应的政府职能也在不断转换。这就要求在"新三农"协同发展过程中不断优化政府和市场的关系，以适应新时代的发展要求。

政府与市场关系的优化要符合实际。由于区域城乡之间存在巨大差异，在对待"新三农"协同发展问题上，政府和市场发挥的作用就应该存在差异。实现"新三农"协同发展是一个长期的、动态的过程，会遇到很多新的情况，必须考虑一个国家及地区所处的历史阶段和具体环境。简单地谈大市场小政府或强市场弱政府，笼统地说政府与市场的关系没有建设性意义。

因此，政府与市场关系的优化，必须从实际出发，依据长期、中期和短期具备的条件及各自所需，据此区分政府与市场各自的功能与边界，目标是探寻二者契合的发展进路。从短期看，应着重于政府充分发挥补位功能，并且相较于市场功能应更为突出政府作用，尤其是体现在经济运行中，如城乡要素流通、乡村公共服务供给、城乡居民发展机会均等等方面。在中期，则表现为以培育并提振市场功能为着力点，适时调减政府职能，并且政府也以培育并提振市场功能为工作重心。从长期看，则应以构建并调节政府和市场的协调融洽机制为出发点，坚持以市场作为资源要素流动和收入分配调剂的关键手段，而政府则是以确保市场竞争环境与社会公平为主要努力方向。

（二）政府与市场关系的优化

改革开放以来，我国城乡差距不断扩大有多方面的原因，但其中一个重要的原因就在于因政府与市场关系扭曲而形成的城乡发展失衡。在城乡发展过程中，政府既存在着一定程度的"越位"，也存在着一定程度的"缺位"。

基于城乡发展一体化和乡村振兴战略的"新三农"协同发展需要重构和优化政府与市场的关系，应该聚焦于健全产权制度和优化市场资源配置，充分地激活并整合市场主体、资源要素和市场空间，不断培育增进新动能，可以综合促进"新三农"改革朝着系统性、整体性和协同性[①]方向迈进。一是充分发挥市场在资源配置中应有的决定性作

[①] 《十九大以来重要文献选编》（上），北京：中央文献出版社，2019年，第157~181页。

用。政府相关职能机构要渐渐地从对农业农村直接投资、农产品价格调整和城乡要素流动等环节的行政干预中退出，促进城乡产品市场、资源要素统一化，以价值规律、市场规则和供求竞争为调节手段，加速城乡资源要素的流动和配置更趋自由化和优质化，促进城乡市场的发育和完善。二是更好地发挥积极有为政府的作用。从我国社会主义市场经济体制的发展实际出发，更好地发挥政府在制度保障、城乡发展规划、基础设施建设、公共服务供给、推动可持续发展等方面的作用。三是运用社会组织等第三部门的力量。理论和实践充分证明，市场是资源配置的有效机制。农村市场的完善一方面取决于市场环境的改善，另一方面则依赖市场主体的发育和多元市场主体的形成。无论是市场环境的改善还是市场主体的发育，都离不开政府的作用，但仅有政府作用是不够的。正如吉登斯所指出的，政府的职责不是为了对市场或技术进行约束，而应是帮衬市场或技术进行变革，并切实维护社会利益；要实现此目标，政府部门必须利用此资源并发挥有效治理。[①] 这就要求政府一方面要还权于市场，发挥市场在资源配置中的决定性作用，实现市场的高质量发展；另一方面要还权于民，充分发挥家庭、社区以及其他各种社会组织等第三部门在提高效率、促进公平、协调矛盾等方面的作用。

"新三农"协同发展需要政府、市场与社会三种机制的良性互动，充分发挥各自在自身领域的优势。当然，这种良性互动机制也是一种动态发展机制，在不同发展时期和不同约束条件下，其结合方式以及各自边界也会发生相应变化。这要求在实践中科学把握乡村的差异性和发展走势分化特征，坚持因地制宜、循序渐进、分类施策。

目前我国农业农村农民整体上处于弱势地位，特别是广大中西部地区，农业依然是农村主要产业形态，还无法享受基础设施投资和产业集聚带来的发展机遇，城镇化的虹吸效应引致青壮年劳动力等优质生产要素涌入城市，农村发展呈现"空心化"的态势。这些问题单纯依靠市场的力量很难得到解决，因此，从短期来看需要重视政府补位，相对突出政府的力量和作用，强化政府在城乡生产要素合理流动、完善农业支持保护制度、强化农村物品供给，促进城乡居民机会均等方面的作用，推动城乡之间更快地进入融合、互补、互动的发展轨道。

从中期来看，重点是培育和扩大市场力量，政府作用应适时弱化，政府的作用主要在于培育和扩大市场力量。实际上，东部部分发达地区的一些乡村已经步入这一发展阶段。由于工业建设带动和城镇扩张辐射的作用，这些乡村获得了充裕的发展机会和相对密集的利益，初步具备了"新三农"协同发展的条件。在这种条件下，政府应通过完善各种法律法规，创造良好的制度环境，促进市场的发育，建立较为完善的市场体系，促进城乡要素平等交换。同时，通过城乡规划、基础设施、公共服务一体化，推动城乡之间公共资源均衡配置。

从长期来看，需要形成政府、市场与社会良性互动的动态发展机制。应聚焦于促进产权制度和资源要素市场化配置，通过激活主体、要素与市场，致力于增进改革的系统性、整体性与协同性[②]，全面发挥各自的独特优势。进一步发挥市场对资源配置的决定

---

① 安东尼·吉登斯：《第三条道路及其批评》，北京：中央党校出版社，2002年，第86页。
② 《十九大以来重要文献选编》（上），北京：中央文献出版社，2019年，第157~181页。

性功能，政府主要的作用在于保障公平竞争、维护市场秩序，推动可持续发展，同时充分发挥各种社会组织等第三部门在增进效率、促进公平、协调矛盾等方面的作用。

三、农村土地制度优化

土地既是农业劳动者最重要的生产资料，也是环境本底和发展要素，具有经济、政治、社会、文化和生态等方面的功能。我国农村土地制度的优化牵涉面广、触及深层次体制，是一个系统的复杂问题，不仅仅关系到我国农业的生产和发展、农业经营体制、农民土地财产权利，而且关系农村社会的稳定和城乡之间土地资源配置与利用等。因此，对农村土地制度的改革和优化需要慎之又慎，需要在实践中不断探索改进。

（一）农村土地制度的优化是"新三农"协同发展的基础

农村土地制度的优化和改革，是实施乡村振兴战略的重要任务。2018年"中央一号文件"指出，破解"三农"问题仍是重中之重，应坚持优先推进农业农村发展。在破解"三农"问题和实施乡村振兴战略进程中，土地问题居于基础地位。这是因为，农村土地制度是否完善和合理、农村土地的利用是否规范和高效，直接关系到农业的持续发展、农村的空间优化和农民收入的提高，是乡村全面振兴的重要的基础性制度。

一方面，农村土地制度的优化和改革，是推进城乡融合发展和深化社会主义市场经济发展的迫切要求。当前，我国城乡发展一体化的进程不断加快，城乡经济社会二元结构及其固化的矛盾得到了显著的缓解。但不容忽视的是，现行的农村土地制度框架下形成的土地供求矛盾、所有权虚化和经营权流转不畅等问题，在一定程度上制约着我国城乡发展一体化进程。

另一方面，促进农村土地相关制度不断优化和改革，在客观上是为进一步深化社会主义市场经济的发展。在眼下，被激活和整合的农村资源要素正以积极态势融入各类经济活动过程中。在新型城镇化与新型工业化不断推进的大背景下，随着农村剩余劳动力转移增多，在客观上加速了土地经营权、农村土地工商化现象的逐步显现。社会主义市场经济发展的必然性要求是，需要持续促进土地征用、土地流转和土地利用相关制度不断优化，有力保障农民的各项基本权益，需要彻底破除隐性和显性的乡村振兴与城乡融合发展的瓶颈因素，加速改革和优化农村土地制度。

（二）我国农村土地制度改革主要成就和基本经验

纵观发展历程，在经验总结过程中发现，我国农村土地制度改革的显著成就集中表现为，在坚持农村土地公有的基本前提下，实现了所有、承包和经营"三权"分置，传统计划经济模式下的集体经济运行方式被有效破除，农业综合生产力被极大解放和持续提升，农业农村经济发展综合水平也大幅提高，为大规模的城镇化和工业化及现代化建设打下了夯实牢靠的基石。时至当下，关于农村土地制度改革，我国相继进行了形式纷繁的各类尝试与探索，在农村土地承包制度、集体用地制度和土地市场化改革等方面取得了系列成就，并总结出了系列丰富经验。就农村土地承包制度改革方面的成就与经验而言，通过对国家全域范围内的土地资源进行摸底、测度与统计，对农民承包地进行颁证确权，从实处体现了土地作为物质资料所具备的物权属性，从土地测量、土地确权、土地颁证和土地赋能等方面为土地可能的预期投资及利益实现提供了现实可能性及其机制保证；与此同时，促进农村承包经营权有效流转的市场机制逐步健全，在客观上构建了"三权"分置的总体格局，可以有效保障农村土地在遵守承包制度的基础前提下，能够充分融入市场经济活动，而土地资源在市场中的灵活流转与调剂，又在客观上为推进农业农地的适度规模化经营提供了基本物质保障。与此同时，随着我国农村土地改革不断纵深推进，农村集体建设用地日趋规范。从基本经验来看，农村集体建设用地改革的推进与深化全然是建立在市场化基础之上的，在过程中通过综合统计数据、确定土地物权、发放使用证书、划定基本功能并明晰增殖收益分配，围绕土地交易中心，持续合规化地推进建设用地流转。

改革开放以来，我国农村土地制度改革成效显著，其中最为典型的便是朝着土地市场化方向发展。至今为止，从经验与成就来看，在土地市场化改革中，伴随经济社会的纵深发展，作为不可或缺的重要生产要素，农村土地资源已经全方位参与到市场经济运行中。在客观上，参与到市场经济运行的土地资源既有利于促进农村土地市场化，助益农民如愿实现赋能目标，在帮助农民增收的同时也促进了群众生活水平提升；此外，随着农村土地制度的深化改革和不断优化，不仅以良好的条件加速了农村土地的市场化步伐，而且促进了零散化的农村土地资源的优化整合，有利于促成集约、规模和现代化的经营体系和经营模式。

（三）积极稳妥推进我国农村土地制度优化的策略

1. 完善农村土地产权制度，保障土地利用的平衡与高效。所有权、承包权、经营使用权、收益权、有限处置权构成了我国农地的产权结构，明晰产权结构是优化土地资源配置的首要问题。一方面，继续完善土地集体所有制，探索农村集体经济新的实现形式和运行机制，进一步规范土地资源的综合利用，确保农村土地资源的总量及其质量的有效平衡。同时，在坚持农地集体所有和农户承包经营权受法律保护的前提下，[①] 切实保障农民对于土地的基本权利，确保农村耕地资源的稳定性，不断提升耕地质量。另一方面，以土地颁证确权为基础，推进土地信息互联共通，以坚持农村土地资源集体所有制为前提，实现土地承包权的财产性质，积极稳妥地推进土地适度规模经营和农业产业化经营，发挥市场在资源配置中的决定性作用，让市场调节土地经营权的收益，促进土地资源的优化配置。逐步建立科学、合理、高效的农村土地制度，不断推进我国城乡经济社会均衡发展，进一步加快城乡发展一体化的历史进程。在实践中，可以根据实际和农民群众的意愿，选择采取以下集中方式。一是建立二级土地转让市场。就是农户在承包土地后由于各种原因不愿或不能从事农业生产，而有的农户却需要扩大土地规模，在自愿原则的基础上，按照土地经营使用权市场价格进行土地的交换或转让而形成的市场。土地经营使用者在二级市场上取得的土地的经营使用权，其经营使用年限不得超过土地承包的最终年限。这种方式充分发挥了市场在资源配置中的决定性作用，有利于土地自身价值的实现，有利于推动适度规模经营，也有利于发挥土地经营的效率与效益。

---

① 《十九大以来重要文献选编》（上），北京：中央文献出版社，2019年，第157~181页。

二是建立土地使用股份合作制。就是借鉴股份制企业的运营模式，对现行的土地家庭承包责任制进行优化改革而形成的一种土地经营模式，农户以其承包的土地入股从事农业产业化经营。三是发展家庭农场等新型农业经营主体。通过农业产业化联合体，以家庭为单位开展土地的适度集中和承包经营，实施内部分工，部分人员从事直接的农业生产，部分人员从事和农业联系比较紧密的二、三产业，形成生产、加工、销售、服务一条龙，实现与市场的直接链接，既发挥了家庭经营的优势和凝聚力，又提高了市场中的谈判能力，还充分享受了全产业链的增值收益。

2. 健全、完善和调适农村土地资源的征用制度，促进农村土地交易市场构建与壮大，农民可以作为农地相关权能所属的市场参与主体，加速了农地的流转速度与优化程度。在市场经济不断健全与现代化加速的大背景下，农村土地被征用的现象越来越普遍。理论上讲，如果要促进我国农村土地制度提质增效，那么必须以完善和规范其征地制度为前提。一方面，必须切实遵行已经执行的农地资源征用制度，在流程方面不断规范化，以尽力维护群众切身利益为落脚点；另一方面，在农地征用过程中也必须引入市场机制，而且要坚持以事实为依据，持续深入找寻农地资源流入市场的高效进路，并且此过程中政府要切实充当好保护农地和维系稳定秩序的"守夜人"，引导健全完善公开透明和开放有序的市场制度，从土地利用总体规划和稳定秩序方面着手，助益市场中国农地资源有效流转、高效开发和现代经营。

3. 探索农村土地资源的资本化的有效路径。农村经济发展绝不仅仅是农业的发展，把行政村或一定的农村区域作为治理体系来看，在农村非农产业发展中、农民要面对农村经济未来的不确定性，承受经济发展对农村的长远影响，农民不是简单的市场参与者，而是最为重要的利益相关者，农民应享有对农村经济事务的剩余控制权。土地作为农村经济中最为重要的生产要素，农民应有相应的权利处置土地，包括农地非农化的权利。随着确权赋能和"三权分置"制度的深入实施，我国农村土地资源的资本化程度有了一定程度的提升，但是从总体而言，农村土地资源的资本化仍然存在较大的提升空间。① 因此，在深化我国农村土地制度改革的进程中，政府要扮演好保护农户土地权利，土地经济秩序的"守夜人"角色，建立健全开放、公平、透明的土地市场，制定土地利用总体规划和维护农村土地市场秩序，健全农村土地综合利用产权交易平台，进一步推动农村土地资源的科学利用和合理配置，切实保障农民的基本权利，探索农村土地资本化的实现形式和运行机制，增强农村土地的流动性并赋予其价值增值功能，朝着农地市场化改革方向前进。②

4. 以土地为基石，加快农业高质量发展，培育新型职业农民。土地作为源头和最初级的承载元，是"三农"的物质基础。要真正实现"新三农"协同发展，就必须要以土地为抓手，纵深推进兼具绿色、优质、特色、品牌等特征的现代农业，加快农业从数量增产到质量提升转变。同时，必须以土地为基石，继续推进农村社会保障体系建设，

---

① 罗浩轩：《中国农业资本深化对农业经济影响的实证研究》，《农业经济问题》2013 年第 9 期，第 4~14 页。
② 罗浩轩：《当代中国农业转型"四大争论"的梳理与评述》，《农业经济问题》2018 年第 5 期，第 33~42 页。

针对新时期农村人口流动性强的特点，构建多渠道、多形式的农村养老保障体系，在实现土地承包权商品化及农民自愿的前提下，优化"土地换保障""实物换保障"的方案。确保农民群众依法平等享受均等化的基本公共服务，使农民在参与农民职业化的过程中没有后顾之忧，真正让农民成为更多人向往的职业与身份，让农村成为更为宜居的生态家园。[①]

总体而言，土地的产权制度、流通制度和管理制度构成了农村土地制度的基本架构，新时期农村改革的基石是坚持和完善农村土地集体所有制。一方面，确保土地对农民的社会保障价值，防范农民流离失所可能引发的社会稳定问题；另一方面，为蓬勃生长的新型规模经营与合作经济提供社会化生产的发展空间。以家庭承包经营为基础的统分结合的双层土地经营制度是我国在实践中的创造，是基于我国农村治理格局和民情特点的独特合作经济模式，是我国新时期农村改革的基石。

四、农村金融制度创新

农村金融是现代农村经济发展的血脉，完善而规范的金融制度可以为"新三农"协同发展提供高效的资金融通服务。加快农村金融制度改革，改善农村金融服务，是深化农村改革、推进农业和农村经济持续健康发展的重要举措。从农村金融制度的现状来看，虽然我国已建立起包括商业性、合作性和政策性农村金融机构体系，形成了以正规金融机构为主导、以农村合作金融为核心、以民间金融为补充的金融制度，但是农村地区的金融服务数量和质量仍远远落后于城市，金融二元化呈加剧态势，农村经济的发展要求金融制度的创新。建立现代农村金融制度，要从健全农村金融组织体系、推进农村金融服务产品创新、积极发展农业保险、进一步完善金融支农政策体系等方面进行制度建设和制度创新。

（一）完善农村金融制度环境

随着改革的不断深入，农村金融市场固化、停滞的发展状态正在逐渐改变。农村信用社改革进程的不断深入、商业银行的重新回归以及新型农村金融机构的诞生，使农村金融制度环境得到改善，新的农村金融体系已经初步形成。

农村金融体系的逐步完善为"三农"和中小企业贷款难的问题提供了解决途径。但不可否认的是，目前农村金融体系的发展，仍然面临着制度环境壁垒的约束：第一，农村信用社受到行政干预。尽管农信社的法人治理改革基本完成，但在实际运作中，许多地区农信社由于社员以均等金额入股，而且规定了保息分红和可以退股，这样的社员"入股"实际上与原来的存款差别不大，其股东并未与农信社建立起稳定的利益制约机制，内部人控制现象依然存在。从省级政府接管农村信用社后，政府官员直接与间接干预贷款的现象增加，基层信贷权限的收缩，使农户与乡镇企业贷款难度加大。第二，农村金融市场缺乏竞争主体。我国县级以下农村金融组织主要包括农村信用社、农行储蓄所和邮政储蓄部门，缺乏金融竞争主体，尚未形成有效的竞争机制。农业发展银行缺乏

---

① 《十九大以来重要文献选编》（上），北京：中央文献出版社，2019年，第157~181页。

稳定的资金来源，加之较高的筹资成本，与政策性优惠贷款形成了一定的反差，业务范围与功能相对单一，往往只是在农产品收购方面承担了一定的政策性金融功能，从某种程度来说，只是扮演着"粮食银行"的作用；农业银行的市场策略业已转向，主要信贷业务已经从农村市场退出，重点转向城市；农村信用社承担了较为沉重的历史负担，"三会"制度①名不符实，支农力度不足；邮政储蓄充任了农村资金的吸纳器，但不能从事贷款业务，反哺"三农"乏力；农村资本市场还未发育，农村中小企业很难获得有效的资本支持。第三，农村金融制度与结构方面存在法律空白。我国尚未出台针对农村金融的法律，行政管理代替了法律法规，农村实际存在的地下金融市场和民间融资缺乏法律条款的规范。

制度的不完善成为阻碍农村金融市场深化改革的一个关键因素，要彻底解决农村金融问题，必须进一步完善相关的制度环境。要彻底激活农村金融的发展活力，吸引更多的资本积极投入到农村金融领域，解决农村金融的制度环境问题是当务之急。只有在完善的制度环境下，农村金融才能实现可持续发展。

首先，准确定位各类金融主体地位，形成合理有序的竞争机制。第一，发展壮大农村信用社，真正实现其为农村金融服务的主体地位。进一步完善农村信用社改革试点政策。在下一步的改革试点过程中，要进一步明确提出对产权关系和内部治理的要求，进而有效化解"内部人控制"的相关问题。同时，对信用社的综合评估既要考察其资本充足率与不良贷款率，也要注重其治理结构的调整与优化。第二，减少对农业银行发展的限制，赋予其独立的商业银行地位。扭转中国农业银行脱离"三农"的不良倾向，切实加大对"三农"的支持力度，不能仅仅依靠行政干预手段，而应该从独立商业银行盈利性角度考虑，以经济收益引导其积极返回农村市场，改变对其经营目标的双重定位，使其能够通过实现自身经济目标来实现为农村金融提供服务的目标。第三，农业发展银行需要科学定位，切实履行政策性银行功能。在宏观层面，国家需要有效整合针对"三农"的资金投入，区分国家必需性和补偿性的财政投入，通过提供贴息资金与呆账损失的方式，使用少量财政补贴有效引导社会资金的流向，同时严格规定农业发展银行贷款项目的性质，禁止在支农名义下将资金投入到政绩工程、面子工程等对农业生产作用较小的项目中去。第四，支持并规范农村小额信贷机构的发展。促使农村小额信贷向规范化、制度化、机构化发展，增强其可持续发展的能力。逐步减少对非政府组织的干预与管制，发挥其在小额信贷项目的优势，赋予其合法地位，逐渐建立覆盖全国农村的小额信贷体系。

其次，适度开放农村金融市场，引导非正规金融正规化。一方面，在经济发展水平较高、农村金融市场基础较好、民营经济相对发达的地区组建农村民营商业银行，用以引导和规范逐步活跃的民间金融活动，使得符合条件的农村非正规金融正规化。多措并举引导欠规范、非法性的金融行为正规化，既可以在客观上提增农村金融规模供给力度，也能够通过引入市场竞争机制而促进不同类别的金融机构间开展良性有序竞争，从而促进金融服务质量大幅攀升。同时通过引导、鼓励和支持等方式推广有息民间借贷采

---

① "三会"制度，是指社区居民的民主制度安排，包括评议会、听证会和协调会。

取规范的契约形式，减少借贷纠纷。加大监管力度的同时，给予政策优惠和资金、人力帮助，通过对已有民间金融组织进行资源整合和现代化改造，大力助推农村金融制度不断健全完善，从而更符合文明趋向。

最后，引导支持金融机构依据农村实际探索开发契合乡村经济社会特质的金融产品，加速农村金融创新和金融市场发展。第一，结合土地流转新形势，开发与土地承包经营权抵押相关的金融服务业务。明确土地承包经营权抵押的法律规定，从法律层面认可农户通过经营权抵押获得所需资金，同时探索经营权抵押贷款的业务特征，既要保证金融机构资产安全，又要有效防范土地抵押给农户带来的生存风险。第二，在条件允许的情况下，逐步增加农村金融合作试点的数量与规模，通过教训参鉴与经验吸收，稳步推进农村金融合作操作制度，适时把握农村金融内部运行的隐现特征，全面挖掘潜在优势，持续加大政策倾斜力度，广泛引入国际先进经验，合理开发并高效利用居民自发监督功能，将农村的金融业务及小额信贷事项拓展为农村金融的重要组成部分。第三，以切实做好风险预警为前提，在可能限度内扩大乡村理财产品供给规模，提供多元化的投资内容，逐步优化分配决策机制。同时，适度开发同农村居民经济状况相契合的理财类别，并将低风险的理财产品种类推向农村市场；在风险把控环节，理财产品代理机构也要做好风险预警相关工作，在宣传推介环节要真实可靠，尽可能规避误导性的宣传内容。也就是，拓展农村金融产品供给渠道，丰富农村居民投资的类别，通过维持农村居民财产保值增值，进而提升财产性收入占比。

（二）健全农村金融组织体系

农村金融是现代农村经济的核心。这就要在新时代加快推进农村金融相关方面的体制创新，放开不合时宜的政策束缚，加快构建集商业性、合作性与政策性于一体的金融体系，并确保在运行安全有序的前提下具备充足的资金、健全的功能和完善的服务。现行的农村信用社的产权制度的根本缺陷在于其产权界定不清、信用社在管理上难以发挥主动性。针对我国农村信用社发展的问题及制约，我们应该从产权结构调整入手，通过完善信用社内部治理结构和优化外部经营环境，实现其面向"三农"、服务"三农"的经济与社会发展职责。首先，明晰产权结构，建立股份制社区银行制。按照银监会对农村信用社的改革定位，农村地区的信用社可借鉴社区银行的股份模式来促进产权结构明晰化，以此与改革发展实际相契合：一是逐步健全农村信用社补充资本金机制；二是创新资本金补充渠道，鼓励农民、个体工商户和其他各类经济组织投资入股；三是积极引进战略投资者，解决增资扩股的难题、规范增资扩股行为。其次，兼顾政策支农和商业化经营两重使命。农村信用社面向"三农"，承担政策支农的职责，要保证这一职责的有效完成，需要政府职能部门健全完善相关的倾斜政策，既对"三农"进行全力扶持，又对信用社产生的政策性资金亏损进行适度弥补。通过适时降低农村存款准备金比率，增加农业放款数额并配套相关的风险防范措施，减免农业业务相关税收并通过适度补息贴息等政策扶持支持农村信用社。再次，加大金融创新力度。创新金融技术，建立起以省为单位的大集中网络电子平台，在此基础上实现全国范围的大联网；创新金融产品，按照"以市场为导向，以客户为中心"的基本原则，强化针对个人与中小企业的业务创新，实施"社区银行"和"零售银行"的品牌发展战略，优化网点布局，拓展业务功能。

(三）推进农村金融服务创新

近年来，针对新时代"三农"协同发展不断增长的服务需求，发展小额信用贷款、联保贷款、农村小企业贷款等适合农村特点的金融产品，取得了较为明显的成效，受到广大农民的欢迎。但由于我国农村地区信用基础设施短缺、征信体系建设滞后及金融网点服务功能不强等原因，大量农民贷款需求难以得到满足。因此，要充分结合农村发展水平整体偏低、需求多元化等现实特征，重点围绕服务满意度、便捷度及可获性等相关指标，纵深推进乡村金融服务机制创新，以金融产品为原点推进创新事项由点向面拓展。从类别选择看，要重点突出农户小额信贷和联保信贷两种，并且从设计理念与机制引介到农业农村生产发展诸领域。大力推广普及系列低成本、低风险、易操作的农村金融产品，诸如将保险、理财、担保、质押等业务向"三农"领域全面推广。引导和鼓励不同特质属性的金融机构之间进行业务合作，探寻农保、期货等合作机制，促进利益相关者在竞争中不断成长与壮大。秉承"以客户为中心"的经营理念，改进授权机制，在风险可控的前提下，简化贷款手续，建立"绿色通道"，倡导建立涉农金融业务产品、流程、价格"三公开"制度。加快农村征信体系建设，改善县域信用环境，引导金融机构将农户信用档案与信用评价结果引入贷款审核与管理过程，增加对农户的信用贷款。

（四）积极发展农业农村保险

随着我国农村经济体制和社会组织改革的深入发展，农业农村风险及管理体制发生了根本性变化，新的农业和农村保险制度的建设与改革相对滞后，成为"新三农"协同发展的一大障碍。总体来说，当前我国农业农村保险规模小、覆盖面窄，其分散农村金融风险和促进农村经济发展的保障作用没有得到充分发挥。农村保险制度创新是在现代社会保险金融化的潮流趋势下，通过改革以契合现代保险的特征，不断摒弃传统经营理念，弥补固有农业保险的缺陷及不足，突破既有模式，以保险保障与投资双向并重，促进农村保险与金融市场不断融合化，进而实现协同发展的新式制度设计与安排。农业生产过程面临着自然和社会的双重风险，而保险的实质便是帮助实现风险转移，具有分散风险和补偿经济的经济保障效能。如能对之实施有效管理和运营，那么就能够有效克服各种不足与弊端，弥补潜在风险可能引致的诸类损失。所以，在农业经营环境日益复杂的情况下，更加需要发挥农业保险体系的综合保障功能。应加快建立农业保险的政策协调机制，由保监会、发改委、财政、税收、农业、林业、气象、防灾减灾等多部门参加，多部门协同研判和制定涉农保险、补贴与救济相互兼容的全方位政策措施，充分发挥政策合力。一是要加快推进农村保险体系构建，通过强制性的农业保险制度构建，充分发挥保险的引领功能，增强农户的参保意识与意愿，促进农业保险的推广与普及。进一步研判中央财经政策框架下的农保再保与风险分散分担机制。同时鼓励和引导各级地方政府探索契合当地农情实际的农业灾险分担机制，中央财政可给予适当的政策倾斜。二是要探索建立农村信贷与农业保险相结合的银保互动机制。农业保险的开展有助于提高农民风险抵御能力，也可以降低银行的贷款风险，使农民更容易获得信贷支持。建议借鉴国外的有益经验，鼓励和引导申请贷款的农户参加保险。可考虑由政府提供保费补贴或银行降低贷款利率的方式，也可采取银行作为农业保险的代理人、贷款农户的赔款由贷款机构来支付等多种形式。研究允许省级农村信用社组建担保公司和保险公司,专门负责本系统内农户和中小企业贷款的担保和保险业务,实现农村信用社系统的风险自我消化和互助协调发展。

创新农业保险相关配套制度机制是个长期动态过程,必须在明确目标和全力推进中才可能取得预期成效。第一,各级政府要切实加大对农村的支持力度。在财政投入中把保险补贴纳入预算之中,并逐年增加,进而保证资金的可靠性和稳定性。引导社会各界对农村保险的积极支持,设立多种形式的保险基金。同时给予相应的政策扶持。第二,我国农村地域范围广阔,区域之间发展非均衡,所以农民对保险类别的需求各异,所以各地须立足实际设置多元险种,突出地域特色,而非整齐划一。第三,为保障农险制度顺利实施,需在筹集和支付过程中对资金进行到位监督,强化基金管理力度。资金的管理使用部门应增强接受监督审查的自觉性与主动性,加大公开透明程度,切实获得农民信任,让农民愿意主动参保。第四,探索以合作医疗为主要内容的社会保险新模式,在政府的大力支持下,从方式、资金、意愿与渠道方面发挥重要功能,而其中最为重要的便是制度创新,并且其他因素也会对机制运行产生影响。

(五)优化金融支农政策体系

农业农村发展离不开资金投入,而在农民自有资金、国家财政资金和金融资金三类农业资金中,金融资金越来越发挥着重要作用,是影响农业发展和增加农民收入的重要因素。目前在我国已形成了政策性金融、商业性金融和合作性金融"三位一体"的农业金融体系。农业金融的发展离不开政策的支持,农业金融政策不仅仅是各种农业补贴和支持政策的补充,更是促进农业农村健康发展的必要措施。

金融支农工作涉及的领域和部门较多,应完善涉农金融政策体系,通过整合财税与货币政策,使几者协调共生。一是要加大财政支持力度,鼓励开展涉农信贷业务。在全面落实现有财政奖补配套政策的基础之上,逐步扩大县域金融机构涉农贷款增量的奖励范围和标准。对金融机构发放的高风险低收益涉农贷款,按贷款发放规模给予风险补贴。对促进农业发展和带动农民增收效果明显的农村企业或组织,支持和引导金融机构加大资金支持力度。二是要发挥货币政策的结构性调节作用。在充分竞争的基础上,适时推进农村利率市场化改革,允许农村金融机构按照客户的信用评级合理进行风险定价。三是发挥监管政策的导向作用。从农村金融的业务特点出发,适度调整不良涉农贷款的确定标准,适度放宽对农户贷款的展期要求。在稳定现有政策的基础上,将减免农村金融机构监管费用长期化和制度化、继续稳步放宽农村金融准入政策,适度提高兼并重组高风险农村金融机构的持股比例限制。强化对农村金融机构的监督管理,切实防范系统性金融风险。

五、乡村社会治理创新

在国家治理体系中,乡村社会治理是整个治理架构中最为微观的部分,现代化治理在乡村运行对国家而言是支撑基础。体系的微观基础,乡村社会治理现代化对国家治理现代化具有重要的支撑作用,直接影响着国家治理现代化的整体绩效。如果离开乡村社会治理视野,任何经济发展、政治变革、社会进步、文化发展、生态改善的方案都将无法顺利实施，甚至会面临失败。因此，必须强化乡村基层工作，不断完善"三治"结合的治理体系，锻造一支"一懂两爱"的"三农"工作队。[1]

（一）再造乡镇管理体制，优化乡村权力配置关系

党的十九大明确指出要持续强化农村基层工作，健全"三治"有机结合的乡村治理体系。[2] 通过改革逐渐在乡村地区构建一个相互支撑的权力制度矩阵，完善法治、自治、德治相结合的乡村治理体系，廓清乡镇与村两委之间的关系，为促进乡村治理体系的自我完善奠定制度基础。新制度经济学认为，初始的制度是推进制度变迁的逻辑起点，而其立足基础又是取决于边际报酬递增。所以，如果要创新初始的乡村治理条件，就必须扩大覆盖面并促增其边际酬劳，这才是关键点。

改善乡镇中存在的责任大、权力小且财政少的问题，破解上级政府与乡村之间的压力型体制，谨防形成自上而下的压力型指标任务体系，集中力量清理各级部门对村级组织创建达标、考核评比和检查督查多等方面的突出问题。当基层政府与村委会各自的职责权限不清时，在压力型体制下本应由上级政府部门完成的事务往往会通过一定途径交由下级完成，原本不属于村委会的事务最终很可能要由村委会来完成，这是当前造成乡村关系冲突的重要原因之一。压力型体制不消除，乡村关系就无法理顺。所以，县级政府及其相关部门要进一步厘清权责边界，渐进化推进各项权能下放，增强乡镇在人、财、物方面的自主权限。推动乡村治理重心下移，尽可能把资源、服务、管理下放到基层；维护村两委、村集体和合作组织的特别法人地位及其具备的权利。[3] 此外，加速推进乡镇机构改革，化繁为简，去掉冗余，不断提升服务能力与水平。

完善干部考核评价机制。改革乡镇基层绩效考核的标准及其方式，引导职能转变与优化，彻底摒弃传统的 GDP 思维模式。从各乡镇的自然禀赋和实际情况出发，深入贯彻以人民为中心的发展思想，强调生态、基建、治安、教育与素质等多维度指标，并切实纳入中长期规划，确保可持续的贯彻执行。

（二）完善村民自治制度，提升村内民主治理水平

党的十九大明确要求：打造共建共治共享的社会治理格局。不断强化现代化社区治理体系，促进社会治理重心逐步下沉，积极发挥社会组织应有功能，促进政府治理同社会调节及基层自治之间的有效互动。[4] 提高乡村社会治理水平，单纯依靠乡镇这一层级单方面的改革无法达到预期效果。由实践中我国乡、村社会的运行状况可见，是乡镇党委和政府在乡村治理中发挥主导作用，但这并不否认村级民主制度建设对解决好乡村事务的重要性。加强村级民主制度建设对乡村治理的影响，主要通过经过选举产生的村干部在处理乡村事务的行为中表现出来。因此，在党的领导下，发挥乡镇的指导作用，通过提升干部与民众的综合素质，完善选举、决策、管理及监督等方面对加强村级民主制度建设至关重要。

---

[1] 《十九大以来重要文献选编》（上），北京：中央文献出版社，2019年，第1~41页。
[2] 《十九大以来重要文献选编》（上），北京：中央文献出版社，2019年，第1~41页。
[3] 《十九大以来重要文献选编》（上），北京：中央文献出版社，2019年，第157~181页。
[4] 《十九大以来重要文献选编》（上），北京：中央文献出版社，2019年，第1~41页。

规范村民民主选举制度。民主选举是村民实行自治的基础和前提条件。根据各地经验，需要在以下方面加以规范：一是候选人的产生按照民主、公开、平等、公正的原则进行，可采取村民联名提名、村民小组推荐、村委会选举领导小组提名、党的基层组织与群众团体联合或单独推荐、村民自荐、海选等方式，鼓励村党组织书记通过选举担任村委会主任。二是进入村民实质投票推选之前，候选人必须对治村方略进行公开陈述，并对选民提出的质疑进行应答。三是完善投票程序，设立秘密划票计票处，有效维护和保障广大选民的表达权与选举权。通过民主选举，使一大批政治觉悟高、群众基础好、致富能力强、服务意识优的优秀乡土人才进入村级管理服务岗位。

强化村民民主管理制度。民主管理是村民自治组织和其他级别的政权组织相区别的主要标志。从实践来看，需要在以下方面加以强化：一是广泛深入宣传村民自治的本质，培养村民的自治意识。二是参照党和国家的党政方针，立足各村发展实际，由村民群策群议，共同讨论商定村务，制定自治章程和村规民约。三是健全各类组织，疏通村民参与管理的渠道，诸如村民会议、村民代表会议、道德评议会、红白理事会、理财小组、公共设施建设管理小组等，保证村民多渠道、多形式地参政议政。

改进村民民主监督制度。民主监督活动是村民自治的保障，从实践来看，需要在以下方面加以强化：一是加强对村两委、村代表工作报告及工作成效进行适时评价与监督。二是全面建立健全村务监督委员会，推行村级事务阳光工程，以求实、公开和满意为原则导向，动态公开群众关心的和重大的村务事宜。在方式选择上，以灵活多变为主线，以多种形式推进村务公开、建档立卡和做明白账。三是建立村民根据村干部为村民服务的态度和为村级经济的贡献，民主评定村干部工资奖金制度，变村干部工资由乡镇确定为村民民主评定，加强村民对村干部的监督，培养村干部为村民服务的意识，防止乡镇政府过多地干预村级组织的自治事务。

（三）健全乡村法规体系，提升法制化规范化水平

进入中国特色社会主义新时代，随着农村市场经济的发展、农村基层治理的法制化和村民自治制度的推进，对农村基层各个治理主体的行为及其关系的法制化、规范化和民主化的要求日益提升，以往由基层党委政府单一主体主控的治理体系面临着不断增大的民主压力。

从本质上讲，理顺乡村关系就是为了在农村发展社会主义民主，从而在更大程度上促进农村经济社会的全面发展。我国民主化进程的一条重要经验，就是民主必须以法制作为保障，从一开始就将民主化进程纳入严格的法制轨道，使之在党的领导下有秩序、有步骤地进行。理顺乡村关系也不例外，必须做到有法可依，走社会主义法制化道路。推行村民自治、改善乡村治理作为一个社会系统工程，涉及农村的方方面面。因此，需要细化实化工作重点，制定单项分类法规，完善法律法规体系，使得与乡村治理密切相关的所有机构与自然人都有法可依；对关涉的相关环节进行明确规定，助推农村尽早步入法治化轨道，从而为改善乡村治理奠定法制基础。

因此，必须采取切实有效措施对现行乡村治理关系进行优化和改革，及时修改和废止不适应新时代发展趋向的法律法规，将实践中行之有效的"三农"政策法制化，以此调节和规范农村基层治理主体行为关系，充分发挥立法在"新三农"协同发展中的保障

和推动作用。同时，各地可以从本地乡村发展的实际需要出发，依法制定推进"新三农"协同发展的地方性规章，进一步明确和优化农村基层治理主体的权力和行为关系，有效保障村民的自治权。

（四）推进乡村文化建设，提升乡村社会文明水平

乡村文化建设是农村"五位一体"总体布局的重要组成部分，也是乡村治理的重要内容。没有乡村文明程度的提高，就没有乡村治理水平的提高，也无法实现"新三农"协同发展。

明确新时代农村文化建设的重要地位。要从城乡发展一体化、新时代乡村振兴、"五位一体"统筹协调，进一步审视文化建设居中的实质地位。随着经济社会的深入推进，我国在现代化建设中实现了飞跃式发展。在社会主义现代化进程中，文化建设对于其他各领域、各方面建设的功效与作用日渐显露，成为助推经济社会综合发展的催化剂。可以认为，如果经济不发展，那么文化的繁荣是举步维艰的；同样，如果文化发展迅速，那么对经济社会发展的助推作用也是明显的。由此，在规划制定与改革实践中，必须摒弃传统孰先孰后的偏见，使经济发展和文化建设呈现出协调并进、多方共赢的状态。

加强促进乡村文化繁荣兴盛的人才支撑体系建设。乡村文化人才是支撑乡村文化发展的主体，是能动性最强、活跃度最高的要素。而要健全人才体系，就必须网络专业人才，打造文化人才库；通过文化教育，做好人才储备；健全相关规制，选聘专业人才为乡村文化发展注入鲜活动力。

完善农村公共文化服务体系。健全和完善农村公共文化服务体系是农村现代化的重要任务。农村现代化不仅要缩小城乡经济发展差距，重要的是要梯次渐进地弥合农民和城镇居民之间的文化发展间隙及差距，全方位推进人不断走向现代化。要实现农村现代化的目标，必须以实现农民的现代化为先决条件，所以，完善农村公共文化服务体系，必须坚持维护广大农民群众的文化权益，必须满足广大农民群众的文化诉求。健全与完善公共文化服务体系，实质就是为了更好地促进农村文化建设在新农村建设中重要作用的发挥，由此不断提高农民素质，不断提高农村文明程度。

进一步健全完善农村文化建设的考评测度机制。建立并不断完善农村文化建设的测度考评机制，依据科学的考评标准和考评原则，按照农村文化建设的可统计与测量化标准，全方位多视角地对农村文化建设的整体情况进行监督考评，也可以依据区域发展因素，对农村文化建设的个体发展情况进行监督考评。建立和完善农村文化建设的监督考评机制就是要从制度上促进农村文化建设的发展，引导乡镇管理人员重视农村文化建设的重要推动作用。同时，要杜绝农村文化建设的进程中存在的"形式主义"现象，要从根本上重视推进农村文化建设，而绝不是简单地迎接检查。所以，文化测度与考评机制是促进农村文化建设朝着科学化方向发展的动力机制，也是从内部层面助推各级领导在乡村文化建设中的内因动力。建立和完善农村文化建设的监督考评机制需要做到过程监督和结果监督，完善机制监督和标准监督，运用体系监督和规章监督，这样才能使得农村文化真正得到发展。

（五）突出乡村党组织建设，有效发挥领导核心作用

完善乡村党组织建设是发挥和呈现党的战斗力的重要基础，党的领导是实现"新三农"协同发展的根本保证。"党的领导是中国特色社会主义制度的最大优势，是实现经济社会发展的根本政治保证。必须贯彻全面从严治党要求，不断增强党的创造力、凝聚力、战斗力，不断提高党的执政能力和执政水平，确保我国发展航船沿着正确航道破浪前进。"[①] 在乡村的基层党建中，必须突显党的领导核心地位，持续整顿弱化散乱的党组织，夯实党组织建设的基层基础，突出政治功能并强化组织力，充分发挥基层党组织在乡村治理中的领导核心作用，引导农村党员发挥先锋模范作用，确保乡村社会充满活力、和谐有序，把党管农村工作的要求真正落到实处。

党的十九大政治报告指出，"党的干部是党和国家事业的中坚力量。要坚持党管干部原则，坚持德才兼备、以德为先，坚持五湖四海、任人唯贤，坚持事业为上、公道正派，把好干部标准落到实处"。[②] 乡村党组织建设必须坚持既定的成文选拔规则，促进优秀人才脱颖而出。选优配强村党组织书记，真正把那些政治上靠得住、工作上有本事、作风上过硬、人民群众信得过、善于领导科学发展的优秀党员选拔到村党组织书记的岗位上来。探索"双带头人"制度，实施农村带头人队伍整体优化提升行动，一方面，将更多的农民致富能手培养发展为党员干部；另一方面，培养更多的党员标兵致富能手，持续提升农村党员在致富中应有的带头与表率作用。

进一步改进大学生村干部工作。规范选聘工作，提高选聘质量，根据本地财力等实际情况和期满分流消化能力，合理确定选聘数量，避免盲目扩大选聘数量，重点选聘中共党员、学生干部等优秀毕业生。健全大学生村干部进出口机制，通过留村任职、考录公务员、自主创业、另行择业、继续学习等方式确保出路畅通。健全考核机制，加强教育管理，加大培训力度，引导大学生村干部积极发挥自身专长为农民群众服务。

第三节 "新三农"协同发展的政策保障

一、政策分类与实施原则

政策是一个内容丰富、形式多样、关系复杂的系统。把握政策的科学分类和实施原则，不仅有助于我们理解各种类型的政策，而且有助于协调运行过程中各种政策之间的关系。

（一）政策分类

政策结构指的是政策组成元件在时空差别的境况中呈现的排列组合及相互作用。也可以依据性质、角度和方向的差异性来对政策结构类型进行划分。从政策结构的层次上看，政策结构有宏观结构、中观结构与微观结构之分。政策的宏观结构是指层次高、辐

[①] 《十八大以来重要文献选编》（中），北京：中央文献出版社，2016年，第790页。
[②] 《十九大以来重要文献选编》（上），北京：中央文献出版社，2019年，第157~181页。

射广、时效长的政策结构。它是一些原则性规定，数量少、覆盖面大，具有最高层次和总揽全局的作用。政策的微观结构是指层次低、辐射窄、时效短的政策结构，数量多而且具体，每项政策的覆盖面和影响范围较小，具有明显的微观性色彩。另外，还有介于宏观结构与微观结构之间的中观结构。需要注意的是，在政策体系中，微观政策是一种基础性质的政策，没有大量的微观政策作基础，中观政策和宏观政策都难以实现。

在实践中，无论是政策的评估，还是政策决策与设计，政策制定者都应该或需要理解其所关注的政策问题是一个什么样的系统结构，以及其考虑的政策选择在这样的系统结构中处于什么样的位置。如果需要做出一项政策选择，施政者迫切希望预测或明晰政策的干预可能会对这个政策系统结构产生何种影响，以及这种影响十分能够有助于或制约其政策目标的实现。[①] 正如社会学家特纳在解释社会宏观动力学时将社会宏观、中观和微观等多个不同层次的系统区分开来，以识别一组基本的作用力及其衍生出的次级作用力。[②] 类似地，我们同样可以对政策所涉及的系统结构进行剖析，以识别政策系统及其子系统中的各种循环机制之间的关系，从而为政策工具的选择与决策提供依据。

（二）实施原则

政策实施，是指将已经颁布的政策加以贯彻执行和付诸实践，包括宣传发动、贯彻落实、检查监督等一系列活动所组成的动态过程，是推动"新三农"协同发展的关键环节，其在客观上直接决定着预期目标实现的程度与范围。

政策实施需要遵循以下基本准则：一是原则性与灵活性相结合。"三农"政策具有普遍的指导性和高度的原则性，各地各部门在贯彻执行时应坚持原则，又不可生搬硬套，必须结合自身发展阶段和实际情况，采取灵活多样的形式加以落实，把政策原则体现在丰富的实践之中。二是稳定性与创造性相结合。"三农"政策具有相对的稳定性，在实施过程中要不断调查研究并总结经验，既注意保持其连续性，又要根据客观形势的发展变化，及时做出合理调整，创造性地贯彻执行。三是典型示范与全面推行相结合。"三农"政策自身在实践中有一个试错和逐步完善的过程，因此可以通过先行试点的方式实施，不仅有利于获取经验、校正偏差，而且可以产生示范效应，以点带面，促进政策的全面推行。四是突出重点与综合实施相结合。"三农"政策具有综合性，不仅其内部是一个完整的体系，涉及农村生产、生活、生态等发展的各个环节，而且与外部其他相关政策共同构成了更高层次的政策体系，各项政策互相联系并互相影响。然而，各项政策的侧重点有所差异，不同时期的"三农"政策所要解决的重点问题也有差异。因此，在实施过程中既要全面执行，又要根据不同时期的"三农"发展形势和重点任务而有所侧重，抓住阶段性的主要矛盾，突出重点问题。

二、基于空间再造的政策体系

"新三农"协同发展，空间再造是基础。空间结构是经济社会等发展要素在土地上

[①] 赵德余：《政策模拟与实验》，上海：上海人民出版社，2015年，第171~191页。

[②] 乔纳森·H. 特纳：《社会宏观动力学——探求人类组织的理论》，北京：北京大学出版社，2006年，第163页。

的映射,是人们作用于土地的外在表现,空间自身具有生产特征和生产过程。空间区域为理解城乡联系及其背后的人口、产业、制度等变革提供了良好的尺度,空间区域的发展是人口、产业和土地等要素之间的综合协调。

(一)农村发展空间及其特征

农村发展空间是根据农村经济、社会及生态和农民生产生活的特点,通过农村经济社会区域差异分析和区域发展目标确立,从经济、产业和生态结构空间分布角度对农村经济社会进行的区域划分。

农村经济是与城市经济相互补充的另一种经济类型,具有多重地域空间特点。一是综合性。随着社会主义市场经济体制改革的不断深入,我国农村经济已不再是单纯的农业经济,而是逐步迈向一、二、三产业融合,包括农业、工业、交通、建筑、商业、服务业等多种经济活动。二是区域性。由于我国地域广袤,农业资源的禀赋差异性也呈现地域特征,区域性往往也是农业的显著特点,大部分地区农村产业结构又是以农业为基础,或以地域性特点显著的二、三产业为基础。因此,区域性是农村发展的重要特征。三是动态性。改革开放以来,我国农村经济取得了长足进步,表现为不同区域农村经济在时间阶段性上的动态性;同时,自然资源和社会经济基础状况的不同,以及市场条件、政策等外部因素的影响,区域间的梯度差异显著,[①] 表现为空间上的动态性。四是开放性。在我国农业综合产能提升与三产深度融合的大背景下,传统农村封闭状态已经变更为开放运行体系,农村市场的供求关系成为我国经济社会发展中不可或缺的重要构成。

(二)农村"空间—产业"的互动发展及整合方式

1. 农村"空间—产业"的互动发展。

农村"空间—产业"互动发展越来越成为区域经济社会聚焦的重点。从农村区域下的经济发展状况着眼,可知非均衡、差异性是空间经济的典型特质。所以,基于空间尺度及其可能衍生的比较优势等思维惯性,可依据不同空间尺度下的价值链主线对空间生产进行合理配置,积极提倡空间协同,优化空间结构,从行政区转向经济区。在此基础上,构建多中心网络型区域经济发展模块,加强区域和次区域经济合作,实现农村区域经济社会的可持续发展。

构建农村空间价值链,推动农村空间再造和空间创新。乡村振兴要求空间集约利用和科学规划。农村空间作为一种稀缺资源,需要在市场主导、政府引导下合理规划,摒弃无序开发的扩张蔓延,引入空间变量,重视空间价值,完善空间规制,激活空间活力,在追求产业价值的同时重视生态价值,加快传统产业改造和梯度转移,推动农村空间再造和空间创新,构建功能互补、分工协作的农村空间价值链,实现"空间—产业"承载配套、协同发展和可持续发展。

构建城乡发展一体化的空间价值链,推动城乡融合发展。城市和乡村均属于人类的生产生活空间,在"四化"同步发展过程中,城乡之间呈现出对立统一的辩证动态变

---

① 王国敏、周庆元:《中国农业现代化发展的梯度差异研究》,《探索》2013年第5期,第85~89页。

化。应将城乡间的价值链和城市价值链思维统一到新型城镇化和乡村振兴之中。城乡发展一体化客观上要求走出一条协同推进"新三农"发展的路径,使得城乡之间、"三农"内部要素之间能够相互作用与叠加生效。构建农村空间价值链和城乡发展一体化的空间价值链,避免城市的粗放扩张和乡村的凋零衰落。进一步形成城市空间与农村空间的合理分工和动态优化,实现可持续发展的城乡发展一体化。

2. 农村"空间—产业"互动发展的典型实践案例及经验总结。

产村相融的过程是一个以乡村地域空间界面为载体、以传统与新型产业业态为支撑、渐进引导乡村居民生产生活方式同步变革的"社会再生产过程",多元"产业"和村落"空间"二者之间相辅相成、相互促进。各地产村相融的实践呈现百花齐放的多元化模式。但从共性上说,要实现"以城带产、以产兴村"的"产村相融"良性可持续发展格局,通常需要科学、合理、超前、全域性的乡村规划,统筹考虑乡村产业和空间布局,通过产业转型、空间布局、基础设施配套以及乡村文化保持等四个"一般性"环节的升级改造从而逐步实现。① 笔者参考上海市 F 区 A 村"产村融合"发展实践案例,对典型的产村融合模式的"产业转型—空间布局优化—基础设施配套—乡村风貌保持"的实现路径进行论述。②

一是基于资源禀赋和市场需求双重视域下的产业转型。转型的关键在于仔细考察乡村自身的比较优势,依托村庄独特的地理环境、资源禀赋以及人文特征,结合现代化农业生产链,调整产业结构,促进一、二、三产业融合发展。A 村位于我国某特大城市中远郊,村域面积 3.5 平方公里,全村农业用地占比为 77.4%,以农业经营为主,经济条件薄弱。村民通过对村庄自身条件的考察,认为其主要优势在于距离特大城市较近,于是将村庄定位于某特大城市的"菜篮子"和"后花园",承担都市郊区的农副产品供应,满足城市人群的假日休闲养生需求。以此定位指导产业转型,引导一、二、三产业融合发展。包括,夯实第一产业,通过引进机械化生产和智慧管理,努力提升第一产业生产效率;升级第二产业,通过逐步淘汰村庄原有落后工业企业,改造农业配套设施,将其纳入第一产业产业链,帮助农业生产完成现代化升级;拓展第三产业,落实适应市场需求的、可操作的养老服务业和农业观光旅游产业。

二是基于生产、生活和生态"共生"的空间布局优化。空间布局调整通常要考虑土地利用的因地制宜、生产便利、节约集约以及生态安全等重要因素。因地制宜,即为土地利用要充分尊重当地的自然环境、资源条件以及原有的土地利用格局和产业分布格局。生产便利,即为土地利用要有利于生产,同类产业用地尽量集中连片,提高土地的规模集聚效应。节约集约,即为土地利用要尽量紧凑,通过整合归并零星土地资源,工业用地腾笼换鸟,民宅和其他房源设施更新改造二次开发等,盘活存量资源,增加产业发展空间。生态安全,即为土地利用要保护生态、提高生活环境质量,使风貌景观与村庄整体相协调,产业发展与生态环境结成相互促进的良性关系。

---

① 曾帆、邱建、蒋蓉:《成都市美丽乡村建设重点及规划实践研究》,《现代城市研究》2017 第 1 期,第 38~46 页。
② 上海市城市规划设计研究院:《上海市奉贤区四团镇拾村村村庄规划》,中华人民共和国住房和城乡建设部网,2013 年 11 月 20 日,http://www.mohurd.gov.cn/wjfb/201311/t20131126_216332.html。

据此，A村逐一落实空间布局优化措施，将村域分为"三区五片"。如图6-1所示，其包括现代农业、养老服务业、社区服务业三个功能区。现代农业区又分为三个生产片区，生产蔬菜及特色瓜果、粮食，进行淡水养殖。同时，在产区交界处，配套建设用于农机存储、粮食晾晒、农产品仓储的农业生产服务基地，养老服务业功能区承担多层次养老服务业发展功能，同时建设有社区服务业功能区。以村委会为中心，打造生活服务业和公共服务业融合发展的综合服务业功能区，承担社会服务功能。[①]

图6-1 A村产村融合空间布局

三是，基于政府主导供给和农民主体需求对称的公共基础设施配套。公共基础设施是产村融合的必要技术条件和物质基础，其关键是符合村民需要和体系完整，包括道路系统、道路交通组织与管理、排水、电力、电信、燃气、供暖、环卫等工程规划与设计，抗震、防洪与消防设施修建。

四是，基于"精神文化生产"的乡村文化传承、保护和利用。乡村文化是乡村价值的内核，往往通过建筑形式、聚落空间布局、景观环境等乡村风貌和民风民俗等非物质

---

① 上海市城市规划设计研究院：《上海市奉贤区四团镇拾村村村庄规划》，中华人民共和国住房和城乡建设部网，2013年11月20日，http://www.mohurd.gov.cn/wjfb/201311/t20131126_216332.html。

文化要素构成,应最大限度地尊重当地守则以及保持原始魅力,在"产村相融"规划发展中对其保护、传承及利用。比如,A村在建筑风格上,保留修缮原有民居,延续传统的建筑风格和形式,体现原始村落风貌,采用富有当地特色的建筑材料和建筑装饰,仿照民居聚落建造民居聚落型酒店;在民居组织空间上,保持江南水乡空间组织的重要特征,因水而起,枕水而建;在民风民俗上,基于村落特有的风俗习惯,举办各类节庆活动。在田园景观上,依托大片水稻种植,呈现出丰富多样的稻田肌理景观。

(三)中国特色社会主义新时代"新三农"协同发展的空间再造

1. 空间再造:城乡融合与乡村振兴"双轮驱动"新时代"新三农"协同发展。

第一,日益聚集的人口分布对空间格局的优化再造提出了客观要求。在乡村振兴战略纵深推进的大背景下,农村社会对基础设施的健全程度提出了更高要求,对基本公共服务的均等化水平提出了全新需求,无论数量范围还是质量层次都在不断扩展提升。从需求与供给的关系看,基础设施完善率与公共服务均等化率都在客观上对城乡空间格局提出了全新要求,并且在新要求下人口规模和人口密度又随空间发展而变化,突出表现为乡村人口趋向集中,集中性特征的趋势性变化又将对农民群体对美好生活的体验、感知和实现产生深刻影响。

第二,适度规模的农业生产经营体系对空间再造提出了客观要求。随着工业化城镇化的快速推进,越来越多的农业人口向城市工业转移,农村空心化和城乡一体化趋势愈发显现,传统的小农经营模式效能日渐式微,在时代背景与阶段特征发生转换的背景下,促进适度规模经营,提振农业创新能力、市场竞争能力和全要素生产力已成为必然趋势。而在当下,人均占有耕地面积过于偏小是农村问题的突出表现,如果仍将满足人民美好生活需求的希望过分寄托于传统的农业生产之中,实现难度显然是很大的。因此,在新时代新条件新情况下,必须摒弃传统认知中以"三农"看"三农"的偏见,而应转换视角,将其置于城乡融合发展的现实中加以审视。并且,在广大欠发达地区,无数农民无法在农业之外通过其他途径来实现增收,增加人均耕地面积则成为帮助农民增收的必然选择。但是,假如人口自由流动的前提得不到实现,那么人均耕地面积的增加显然是不可能实现的,相应耕作质量和增加农民收入的目标也是难以实现的。然而,农村社会的空间再造又必须要以人口大规模向城镇转移为基本前提,同时又需要通过村落整合、乡镇重组、户籍制度改革、农地"三权分置"、村务服务体制改革等诸多手段加速实现。概言之,农村社会结构正在朝着现代性方向不断进步。

第三,城乡融合发展目标的实现必须以空间再造为基本前提。传统城镇化存在着无序蔓延和无限扩张等诸多缺陷,为能有效弥补这一内在缺陷,就必须遏制城乡差距的扩大化趋势,因此党和国家因势提出了社会主义新农村建设、新型城镇化、城乡一体化和乡村振兴等系列战略举措,旨在实现城乡融合发展既定目标。既要通过提升城镇化发展提质增效,让越来越多的城镇化人口能够均等化地享受到现代化文明与全面深化改革的系列成果;又要坚持以发展乡村经济为基本着力点,围绕生产、生活与生态条件大做文章,通过在教育、医疗和社保等方面促进基本公共服务均等化,以缩减城乡差距,进而开辟出一条新型城镇化、城乡一体化与乡村振兴有机融合的新道路。

2. "空间生产"中城乡融合发展的深层逻辑和乡村形态。

城乡空间融合战略必须基于城乡的不同类型及发展模式。其中,城市转型必须依托于中心城镇与县级市区,从根本上解决驱动力源,着力于聚集生产要素,而以小城镇化为载体的新式城镇化,需要重点解决就地和就近问题。乡村空间和乡村城镇化之间可以互为表征、相互促进。

从空间角度上来讲,要改变城镇化无序扩张的规模导向,转型发展为质量导向,新型城镇化就必须要走资源节约型和紧凑型的道路,空间发展模式需要走高密度、高效率、节约型的现代化道路。另外,对于农村而言,新型城镇化的迅速推进对乡村空间格局的影响日渐深远,农村发展空间出现了再造的问题。农村空间的变化必然带来农村土地制度的变革,而土地流转必然需要社会保障进行相应的变革,还包括农民的宅基地的市场交易问题,这些问题得到解决才能进一步推动新型城镇化的可持续发展。由此,我们可以发现在城乡融合发展过程中必须遵循的一条内在的逻辑线索,那就是新型城镇化必然带来一种空间变化,而空间变化又必然会带来发展和制度的变革,制度变革的最终目标导向应该是不断满足人民日益增长的美好生活需要,让改革发展成果更多更公平惠及人民。

突出集镇与周围乡村的空间联系及其中心承转职能。集镇背靠大中城市、腹容广大农村,发挥着城乡经济接合点及联系枢纽的功能。集镇作为城乡之间联系和交流的中间环节,不仅可以为城市提供从农村集聚而来的原材料、农副产品和劳动力,而且可以为城市向农村转移产品、资金、技术等开辟广阔的市场,还可以接受因城市迭代而被淘汰但仍有持续使用价值的技术和设备等。从这个角度上看,众多集镇既是广大农村的中心,服务半径覆盖周围乡村聚落,同时又依附于周边较大城市,起着区域中心承转的职能。集镇的职能及其与周围区域的空间关系决定了集镇规划结构的开放性及其承上启下的作用。既反映在集镇对外的交通组织上,也反映在公共服务设施的布局上。

重视集镇发展与农村社区文化相互之间的有机关联。农村社区文化是城镇发展的根基和命脉,集镇发展、乡村振兴和社区发展,都离不开农村文化建设。一是做到保护好传统社区文化、风俗习惯和传统城镇风貌,坚守本土根植性,实现基于传统文化保护和发扬的再创造,有机组织到集镇空间布局中去。二是通过建设现代社区文化来突出集镇和农村的特色与个性,在突出生产和经济发展功能布局的基础上,重视生活空间、生态空间和文化空间的相互协同。

对于较大的集镇而言,通常受城市技术转移和经济要素扩散的影响较大,同时与乡村地域联系密切,两者相互促进,在产业发展上呈现多元化的发展态势。这类集镇一般都拥有较好的区位条件和良好的城镇经济基础,具备特色产业或发展的基础条件,可以充分考虑集镇发展的区域环境、经营传统和面临的发展机遇,以新技术、新业态、新产业、新模式"四新"经济支撑发展动力变革,优化集镇发展的主导产业。

对于中小型集镇而言,功能布局相对简单,集镇的形态多为集聚式或团聚状,腹地经济发展相对滞后。这类集镇之间的发展状况差别较大,这也就要求从实际出发,根据自身的特点和发展要求,因地制宜、因时制宜地确定发展思路。一是在尊重客观实际的基础上,明确集镇是否存在发展为区域性中心集镇的潜力;二是综合考虑集镇外围的城市、腹地和区域发展背景，避免就集镇论集镇；三是立足于传统支柱产业，充分考虑区域人口与经济的空间变动规律和发展趋势，积极培育新的经济增长点，发展新兴主导产业。

对于村庄发展而言，应探索找寻适应农民现实生产、生活状况，又能给他们带来真正提高的生活方式、居住环境、组织体制及文化形式，完善基础设施和公共服务，方便农民的生产和生活，提高农民居住质量，促进对地方文脉和乡土文化的保护，让农村成为安居乐业的美丽家园。第一，村庄合并需要因地制宜，要综合考虑当地的经济社会条件、人文环境传统和整体功能定位。以村庄合并的方式解决我国村庄规模小而散的问题，以及由此带来的耕地资源浪费问题，思路和方向固然正确，但我国乡村发展的情况迥异，不可能完全消灭自然村，全部建设为中心村。实际上，在经济欠发达地区的农村，耕作半径仍然在发挥作用，在一定范围内影响农民生产经营的模式和种类，进而影响农民收入和村庄发展。因此，是否合并村庄，规模和人口因素只是诸多影响因素中的一个，并不是唯一因素，这需要综合考虑当地的社会经济条件、农民的耕作习惯和人文环境传统。否则，在实践中可能会适得其反。第二，村庄建设要彰显村庄的特点，突出地方建筑特色和乡土风情。谨防千村一面，简单地以城镇建筑元素和水泥构造破坏乡村的自然生态和文化生态。村庄建设需要遵循村庄内在的演变规律，依托自然地理环境、传承历史文化传统，建设真正适合农民生产和生活、符合农村特点、农民愿意居住的社区，增强农民的认同感和归属感。第三，村庄建设要体现村民利益，让村民参与建设的全过程。进入新时代，我国乡村已初步建立起以村民自治为核心内容，自治、法治、德治相结合的现代乡村治理体制，在党的领导下，实现民主和法制已成为当前中国乡村政治文化的主流意识。在村庄建设的实践中，也需要突出法制化和民主化意识。农民作为推进乡村振兴的主体，所以推进乡村现代化时刻也不能脱离广大村民的支持并参与，提高村民决策的积极性，形成民事民议、民事民办、民事民管，让村民感到村里的重大决策听取了自己的意见、符合自身利益，这本身也是乡村政治民主化发展的需要，可以充分保证村民对社会公共事务的参与权、知情权和决策权。

三、基于产业融合的政策体系

推进新时代"新三农"协同发展，必须以产业融合与产业兴旺为切入重点。农村三产融合发展是指农业、工业、服务业与农村融合发展，以农村地域空间自然承载和资源禀赋条件为基本要件，聚焦于加速农业与二、三产业纵向交叉的现代产业体系，驱动乡村全面振兴、完善公共基础设施和服务配套，以实现城乡中国时代乡村地域空间界面上的产业发展呈现新样态、产业结构优化调整、产业链条不断延伸、产业功能不断拓展的现代化"三农"模式。而产业融合又能够有效突破农业农村经济发展被局限于某一个领域、产业或地域的障碍，解决农业农村发展不平衡不充分问题，从而实现农民农业农村在产业和区域间的良性互动与协同发展。

（一）重点领域：城乡融合发展

在新时代推进"新三农"协同发展，既需要产业业态同乡村地域空间有机融合，也需要三大产业（农业、工业和服务业）之间优化结构。21世纪以来，党和国家陆续颁布了十余份持续聚焦"三农"问题的文件,同时伴随着城镇化、工业化、信息化等现代化元素的持续推进,现代化农业生产方式也随之发生变化,农业内部结构与生产结构优化程度递增,因此,农业领域组织化、规模化和集约化程度就与日俱增。党的十八大以来,随着我国经济增速放缓、动能转换和结构不断优化,就必须充分利用工业化和现代服务业的优势以驱动传统农业不断向着现代化升级,并且还要加速促进三大产业的交融互动,既共享资源和调剂余缺,又拓展和延伸产业链条。概言之,适应市场需求的新常态,能够在客观上为农业加速现代化和提质增效注入强大动力和提供若干机遇。

产业是拉动农村综合发展的基础,农村是空间载体,和农村产业相互伴生。产业融合不仅事关农村产业发展和农民增收,而且会在更深层次上对整个国民经济发展中的要素流动、产业集聚、市场形态乃至城乡格局产生积极协同作用。其价值意义如下:可助益促进农村土地向集约化方向转型,不断拓展农村业态空间并促进产业聚集;有利于增加农村就业人口,规避农村空心化;有利于构建农村产业生态体系,增强产业自我更新能力;有利于乡村振兴有序推进,促进城乡融合发展。

三大产业的交融、勾连与互动,因为作为第一产业的农业在现代化过程中起到了与工业相联系、同服务业相衔接的功能,所以常被称为"第六产业"。在推进农业现代化过程中,通常会鼓励引导和支持农户推行多元化经营,持续延长产业链条,传统农业的农产品生产功能逐步向农产品的生产、加工、流通、休闲旅游等方面拓展,呈现产业交融趋势,也利于提升农业附加值并切实帮助农民增收。相较而言,传统农业通常定位和局限于第一产业的农产品生产功能,而通过三大产业融合形成"接二连三"优势,则能够在客观上打破农业、工业和服务业的传统边界,农业产业被充分融入工业元素和现代服务理念,注入全新的功能而具备更为强劲的综合竞争能力。换言之,亦即通过产业转型升级驱动,行业间明显的界限被模糊并呈现融合趋势,传统农业内部潜藏的势能被有效激活,具有生态、信息、工产业和休闲旅游性质特征的新农业类型在广大农村日渐时兴。总之,"第六产业"的形成、发展与深化,已在客观上成为助推农业现代化和激增农村活力的重大战略举措。

首先,促进农村产业融合多样化发展。进入新时代,推进农村产业融合发展应采取多元化理念,促进不同模式和谐共存、优势互补、协同发展,产生"一产×二产×三产"的乘数效应。具体包括:一是推进种养结合型农村产业融合。推进"种养结合"生态循环理念的关键是将牧场粪尿科学处理转化为粪肥,杜绝污染的同时可以变废为宝,是现代农业与现代环保型牧业的结合,处于一、二、三产业融合发展的重要中间环节,有利于形成农业资源高效、循环和可持续利用。二是支持产业链条和价值链条延伸型融合。鼓励农民将现代化产业组织和产业发展理念引入农业,以一产为基础,以二产为纽带,以三产为引领,向前向后延伸农业产业链,甚至扩展至全产业链,实现"现代种养—农产品加工—仓储管理—市场营销—农业休闲—乡村旅游—品牌建设—行业集聚"一条龙发展,充分挖掘提升农业农村价值。三是引导农业产业功能拓展型融合。积极引导农民从传统的农产品生产转换到开发农业多种功能价值,有机结合生产、生活、生态发展多层次农业,从而将农业市场延伸至文化市场、旅游观光市场、教育市场以及科技市场等等。不同地区的农村拓展产业功能要注重突出特色。在科学考察论证区域定位和功能定位的基础上,突出乡村在特色农业、生活风貌以及乡土文化等方面的比较优势。四是加快农村产业的技术渗透型融合。加快探索互联网＋现代农业、生物技术＋现代农业、农业设施装备技术＋现代农业等新型业态形式,依托互联网、物联网、云计算、大数据等信息技术,细胞工程、发酵工程、基因工程等生物技术与农业设施装备技术对农业产业进行交叉渗透和整合集成,促进现代智慧农业、精准农业和设施农业的发展。推广以消费者为中心的发展理念,创新以市场为导向的农业科技发展方式,鼓励新农业经营主体利用电子商务与物联网技术,开展农产品产购销线上线下立体式服务。[1]

其次,培育发展农村新型业态。农村新业态是一、二、三产业高质量融合发展的重要标志,其蓬勃发展有利于为农业农村发展注入新动能,培育新的增长点,是农民增收、农业增效、农村繁荣的重要抓手。因此,要因势利导、强化整合、加大支持,以互联网、物联网为平台,以培育外出务工经商人员的返乡创业为重点,积极构建探索共享农业、休闲农业、智慧农业、创意农业及生物农业等新业态发展模式。具体包括:一是探索共享农业。"共享经济的核心特征在于人类社会经济中合作的扩展"[2],它"借助共享平台将过剩产能与有需求的个人连接起来,在资源稀缺的世界里创造富足"[3],鼓励新型经营主体以共享发展理念为指导,依托互联网与物联网,积极探索乡村产业的新共享形态。比如,以民宿、菜地、果园为纽带发展"共享村庄",打造乡村文化交流、乡村农事劳动和乡村生活体验的村庄共享新业态。以设备、土地、资金、农技、人力为载体发展"共享生产",打造产供销全链条合作的新业态。以电子商务、云计算、大数据、物流为支撑发展"共享消费",打造城乡产品文化生活共享新业态。[4] 二是全力发展休闲农业。鼓励新型经营主体充分挖掘乡村自然生态、田园景观及环境资源,结合农林牧副渔生产、农家生活和乡村民俗村文化打造形式多样、特色鲜明的乡村旅游休闲产品。比如以城市居民休闲为核心,围绕游客视觉、听觉、触觉、味觉和嗅觉的感官体验,发展观光采摘、农耕体验、生态餐厅、休闲农庄、康体养生、垂钓鲜食、文化节庆等服务,形成观光、休闲、旅游为一体的乡村休闲新业态。三是发展智慧农业。智慧农业是农村新业态的前沿,是现代农业领域的一片蓝海,鼓励支持国内互联网企业加入智慧农业生产的研发与探索之中。以互联网技术、人工智能技术、物联网技术为支撑,探索农业生产数据平台服务,为农业生产者提供全生命周期指导、农事分析、全链条溯源等科学决策方案;运用国内自动研发的北斗导航系统,探索无人机植保、农机自动驾驶服务等为农机赋能。采用AI遥感最新科研成果检测病虫害实时状态,为农业生产者提供精准科学用药服务,大幅降低农药使用量。四是扶持创意农业发展。创意农业是以农耕文明为基础,以美学文化与附加值文化为核心,将农业产品、乡村景观、乡村民俗、乡村生活与文化、艺术创意相结合,因地制宜发展农业工艺品、乡野艺术景观、民居庭院、

---

[1] 苏毅清、游玉婷等:《农村一二三产业融合发展:理论探讨、现状分析与对策建议》,《中国软科学》2016年第8期,第17~28页。
[2] 谢志刚:《"共享经济"的知识经济学分析——基于哈耶克知识与秋序理论的一个创新合作框架》,《经济学动态》2015年12期,第78~87页。
[3] 罗宾·蔡斯:《共享经济:重构未来商业新模式》,杭州:浙江人民出版社,2015年,第7~23页。
[4] 吴业苗:《乡村业态演变与共享新业态建构》,《天府新论》2019年第3期,第104~111页。

农业节庆活动等创意农业新业态。五是积极发展生物农业。生物农业是指将基因工程、发酵工程、细胞工程和酶工程等生物技术运用于农村生产,强调利用生物技术提升农产品性能、防治病虫害和保持修复土地可持续生产力。鼓励各类经营主体探索生物育种、生物农药、生物化肥以及生物饲料技术,推进"生物技术+农业"型新业态发展,积极开拓生物土壤修复、秸秆综合利用、粪便处理等新兴领域,提升农业生产的多层次服务水平。

第三,完善产业融合的公共服务体系。农村公共服务体系的完善有利于农村产业融合向深度和广度发展,为各类农村新兴融合产业提供良好的创业条件、降低创业成本,提高产业效益。因此,政府可通过购买、资助、奖励等方式,支持完善农村产业融合的公共服务体系,发挥公共服务对农村产业融合的支撑作用。具体包括:一是建立健全多元化公共服务平台。满足农村产业融合的实际需要,依托骨干企业、供销社等生产经营组织,鼓励采取政府购买服务或民办公助等方式扶持公共服务平台建设,打造四大公共服务平台。①建设推广农村综合性信息服务平台。面向农村基层干部、农技人员、农业企业和广大农民的实际需求建设集涉农信息整合管理、信息挖掘开发、信息服务远程呼叫、在线应答、内容采编为一体的多层次信息服务平台。②搭建农村创业公共服务平台。加快建立农村创业者与政府服务、产业资源相结合的共享性平台,支持一批公益性农副产品批发市场、农业博览展销会和公共营销平台建设,为乡村创业企业或个人提供创业项目孵化、创业资源整合、创业环境支持、优秀人才集聚和就业引导等服务。③建设公共法律服务平台。以互联网技术和信息技术为支撑,融合实体、热线、网络三大平台,构建线上线下一体化的农村公共法律服务平台,逐步实现农村法律服务普及化、一体化和精准化,为新型农业经营主体提供法律咨询、法律事务办理、仲裁调解、诉讼代理等创业扶持。④构建农村产权交易平台。引导规范和扶持农村产权评估交易平台,完善农村产权交易风险防范机制、培育农村资产评估中介,保障依法公正交易秩序,推进包括农村土地承包经营权、集体建设用地使用权、宅基地使用权以及集体经济股权等各类合法产权进入平台交易,为新型农业经营主体提供更加便捷的信息发布、资产评估和交易服务。二是培育公共服务组织,增强服务能力。①加快构建农村社会化服务体系。打造以公共服务为依托,以现代科技与"互联网+"信息技术为支撑,以国家财政支农体系为保障,政府、市场和合作组织三位一体的农村社会化服务体系,重点发展集体土地股份合作制组织、农地托管组织、农户购销合作组织、"粮食银行"以及农户合作金融组织,聚焦三产融合需求,提高服务能力,推动农村社会化服务组织集约化、专业化发展。[①] ②鼓励成立各类农业科技创新联盟。鼓励国家相关部门、科研院所以及企业民间团体,围绕科技驱动农村产业融合,发起各类农业科技创新联盟,实现不同学科、不同领域、不同技术的整体协作,为产业整合的技术变革提供整体性知识、技术和市场要素积累。③加强农业行业协会的职能作用。加快农业行业协会的国家立法,明确规定协会的属性、原则与职责,规范协会的设立、权限与日常管理。加大政府对行业协会的资金、技术扶持以及政策、服务支持,发挥好各类农业行业协会的行业服务、行业自律、

---

① 仝志辉、侯宏伟:《社会化服务体系:对象选择与构建策略》,《改革》2015年第1期,第132~139页。

行业代表与行业协调等作用,鼓励协会开展各类商业模式推介和示范带动活动,为成员提供优质的产供销信息服务、技术培训服务与品牌营销服务。减少政府对行业质量检测、资质认定与信用评估等领域的直接干预,增加对行业协会的授权和委托职能,推动政府部分业务职能向行业协会转移。④实行服务补贴政策。加大力度支持专业化农业服务组织、服务型农民合作社等服务组织,针对农民切实需要的关键环节提供社会化服务。支持农业信贷担保服务实质运营,鼓励支持各地采取担保费补助、业务奖补等方式,加快做大农业信贷担保贷款规模。加大以奖代补力度,支持创建一批国家现代农业产业园,形成特色鲜明、服务能力强劲的服务功能区。

第四,建立多形式利益联结机制。农村产业融合发展中的利益联结机制不是单纯的产品和要素的交换关系,而是各类参与主体权责关系受法律和企业章程约束,形成风险共担、互惠合作、激励相容的利益共同体,通过利益共联形成分工协作、优势互补的发展新格局。有利于带动农民参与一、二、三产业融合发展,分享产业融合"红利",增加农民收入。农村产业融合发展路径复杂多样,涉及的利益主体复杂多元,因此,要因地制宜建立多种形式的利益联结机制,推进产业融合的可持续发展。① 一是创新发展订单农业,强化企业与农户之间的利益联结。鼓励引导工商资本、龙头企业与农户、农民合作社、专业大户、家庭农场在合作共赢的基础上,签订保护价合同或高于市场价合同,以二次返利的形式与农户分享最终产品销售利润,提高农户生产积极性,降低农户违约率,形成稳定购销关系,促进产业更紧密的融合。支持龙头企业为订单农户提供贷款担保、类金融服务以及保险资助,以资金链强化利益联结。鼓励龙头企业发挥技术、管理、资金优势,与生产农户共同建立技术开发、生产标准与质量追溯体系,提高产品质量,打造联合品牌,形成更加紧密的利益共享机制。② 二是鼓励发展股份合作,强化政府、企业、村集体与农民之间的联结。在条件成熟的地方,推动农村资产以生产要素的形式参与市场增值收益分配,以农村集体资产股份改革为突破口,将承包经营权确权到户,集体经营性资产、集体经营性建设用地折股量化到户。探索以农户土地经营权入股、集体经营性资产和建设用地入股的股份合作社或股份合作制企业,鼓励地方政府建立健全农村产权市场,探索本区农地基准地价,为农民以土地等资产入股提供参考依据,并采取"保底收益+按股分红"的方式,确保农户分享收益。三是,支持产业扶贫利益联结,帮助贫困户与工商企业建立紧密型利益联结关系。政府采用扶贫资金低息贷款、财政补息、以奖代补等资金、政策及项目支持的方式,引导企业与贫困户建立紧密的利益联结,鼓励企业通过赊购原料、技术服务、保护价收购、超额利润返还等形式保障贫困户利益。③

(二)产业融合的基础是农业产业自身的高质量发展

实现农业产业与二、三产业高度融合,是农业产业主导性融入二、三产业,还是

---

① 姜长云:《推进农村一二三产业融合发展的路径和着力点》,《中州学刊》2016年第5期,第43~49页。
② 闫林楠、雷显凯、范旭丽、胡凯:《农村产业融合利益联结机制研究》,《农村经济与科技》2017年第13期,第16~19页。
③ 白丽、赵邦宏:《产业化扶贫模式选择与利益联结机制研究——以河北省易县食用菌产业发展为例》,《河北学刊》2015年第4期,第158~162页。

二、三产业来统领农业产业的融入,对于农业产业与二、三产业之间的关系、角色和作用的科学认识关系着三产是否有效融入、农业基础地位能否巩固、农民根本利益能否保障的基础和前提。从我国社会主义初级阶段的国情来看、从我国社会主义基本经济制度来看、从我国国民经济结构的地位来看,农业产业的基础地位、农村居民的切身利益、城乡融合发展趋向等决定了农业产业在其与二、三产业融合过程中依然具有主导性地位和基础性作用,必须构建以农业产业为主导的三产交叉融合的现代产业体系,而不是任由二、三产业引领农业产业来实现产业融入,防止危及农业基础地位的巩固、损害农民切身利益、农村土地资源增值收益的外流等现象发生。因此,要实现一、二、三产业的融合与互动,首先要制定科学合理的产业政策,促进农业产业自身高质量发展,这是产业融合的基础和前提。没有高质量农业的发展,就无法真正推进一、二、三产业的融合与互动。

1. 把握农业自然再生产和社会再生产相统一的特性,以"自然生态+"推动产业融合。

与工业产业的标准化生产模式、服务旅游产业市场需求导向不同,农业产业生产自身却是一个自然再生产和社会再生产相统一的过程,自然特性和社会特性相统一就决定了在农业产业融合过程中需要同时发挥好自然特性和社会特性两个层面的问题。尽管农业工业化趋势明显,但农业自然再生产过程仍然是一个大有作为的环节,这一基础性环节,从根本上关系着农业产业再生产活动的产业链、供应链和价值链纵深。因此,在推进新时代"新三农"协同发展过程中,就需要依据农业自然资源环境条件重新认识农业自然再生产环节,把农业自然再生产和社会再生产统一起来,大力推动"自然生态+"农业农村产业融合模式,形成生态农业、旅游农业等产业融合类型。生态农业是指以保护、改善农业生态环境为前提,遵循生态学以及生态经济学规律,运用现代科学技术和系统工程方法,集约化经营的农业发展模式。生态农业作为一个农业生态经济复合系统,将农业经济系统同农业生态系统综合统一起来,以获得最大的生态经济整体效益。生态农业是农、林、牧、副、渔各业综合起来的大农业,又是将农业生产、加工和销售综合起来,适应市场经济发展的现代农业。首先,确定优先发展生态农业的政策。鼓励农民从事生态农业生产,同时出台一系列保障措施,提供技术指导和资金支持,消除农民的后顾之忧。其次,加强生态农业信息化建设。建立便民服务网络,就农民群众关心的国内外农业技术开展培训、应用与推广。再次,加强对生态农业的宣传。出台生态与发展并行的招商引资政策,保护农村生态环境,发展农村生态农业,提高农产品质量,增加农民收入,为乡村振兴和可持续发展奠定基础。

2. 发挥比较优势,促进农业专业化、品牌化和特色化生产。

比较优势理论认为各国或各地区在自身占据优势的领域或环节,更能在贸易中顺利实现获利。区域不同、资源禀赋不同,农业活动生产出的产品不同,依据各个区域生产要素的差异,遵循比较优势原则,把各产业部门以及企业落实在各自有利的地域上,即在各个区域放弃没有优势的产业,发展具有比较优势的产业,从而使得农业专业化水平得到提高。发挥农业区域比较优势,可以提高农业全要素生产率,从而实现区域农业生产经营效益的最大化。这要求发挥区域比较优势,实现农业的区域化生产,调整农业区域布局政策，适应新形势发展的需要。农业区域政策目标将由增加产量为主转化为提高质量、增强产品竞争力。把保护农产品消费者和调入区利益为重点的政策转向以保障生产者收入和主产区利益为重点的政策。从单纯关注生产领域转向流通与生产领域并重；鼓励发展优势产业、放弃劣势产业，加速产品市场化进程，从全国范围着眼，最终开创出"小而全、大而全"的局面。

3. 强化农业组织化，助推经营产业化。

大力发展龙头企业，促使其做大做强，增强发展后劲，规范龙头企业与农户的利益联结机制，建立风险防范机制。继续加大力度扶持农民专业合作经济组织的发展，促进农民自愿参加，以农户经营为基础，以产业、业态或产品为重要纽带，以切实帮助农民增收为目标，助推包括生产、购销、加工等互助合作。以专业合作社、股份合作社、专业协会为主要组织形式，提高农民的组织化程度。

4. 协调利益分配，优化农业供应链整合。

目前，我国农产品生产组织普遍存在经营分散、规模小、组织化程度低的问题，其根源在于我国分散的小农生产与社会大市场具有天然的矛盾，这使我们过去的农产品供应常常处于自发状态，很难具备竞争优势，常常在供应链中处于弱势地位，不仅对消费需求缺乏敏感度还面临较高的供应链协调成本。[①] 要克服上述问题必须要科学地整合农产品生产供应链。主要把握两点，一是要根据农产品流通的特点合理组织农产品供应链，是着力于链条上所有环节的再构造与再组合，而不是单元之间的简单叠加；二是要在供应链的各个节点之间建立起双赢的合作伙伴关系，从而使供应链产生协同作用，提升整个供应链条的生产效率以及降低管理成本。供应链能通过快速反应创造时间价值，依靠个性服务满足特殊需求，凭借整体最佳提高竞争能力。创造增值是供应链实践者的最高追求，供应链上的合作伙伴虽然有主有次，但是追求增值的目标是一致的，任何一个节点如果不能获得合理的增值，那么供应链将陷于动荡。农业企业要实施供应链联盟，最为普遍和核心的问题就是组建供应链联盟后的利益分配问题，即价值链整合问题。面对市场经济综合背景，应进一步深入思考强化农产品供应链及其关联的社会责任，构建良性、有序、均衡的供求关系，兼顾各环节相关主体可能存在的利益问题。

（三）积极稳妥推进农村一、二、三产业融合发展

增加农民收入，是构建农村一、二、三产业交叉融合的现代产业体系的根本出发点和落脚点。立足资源优势，以市场需求为导向，大力开发农业多种功能，延长产业链、提升价值链、完善利益链，大力发展特色种养业、农产品加工业、农村服务业，扶持发展一村一品、一乡（县）一业，通过保底分红、股份合作、利润返还等多种形式，带动农民就业致富，让农民合理分享全产业链增值收益。

1. 立足资源要素禀赋实际，精准找寻三产融合发展突破口。

我国地域广袤，东西横跨三级阶梯，区域间因经济社会发展水平不同而呈现出差异化的发展，各地区内部也因农业资源禀赋和自然发展条件千差万别，而引致各自的主体

---

① 李季芳：《供应链节点企业竞争合作博弈分析》，《理论学刊》2014年第4期，第65～69页。

功能区分呈现出差异化特征。在新时代新常态背景下，各区域应充分结合当地实际域情，聚力探寻三产融合发展新进路。其中，在大都市圈及发达区域要充分利用科技优势、经济实力和社会组织等力量，通过市场化方式，深入推进兼具生产、生活和生态功能属性的大农业，在发展模式上，则集成以抓经济效益为核心，以发展种植养殖为支撑，农工科一体、产加销齐备的生产、服务和管理全方位递进的良性格局，以特色鲜明的现代农业产业体系，助推全方位农业现代化。在经济社会欠发达区域，则应因地制宜地依托生态优势和资源优势，开发拓展农业的多元功能，重点打好生态牌，加快推进无公害、绿色、有机农产品基地建设，助推以产加销为链条的规模化、集约化、绿色化、生态化农副产品集群带。同时，提升品牌意识，通过品牌战略打造"一村一品""一村一特"，充分挖掘乡村所特有的自然生态、人文社会优质资源，尤其是以休闲观光农业为切入点带动乡村基础设施建设，助推乡村三大产业深入发展。此外，在些许禀赋丰富、条件优越的农村地区，可以充分结合当地独特的历史底蕴、地域特色和民族风情等异质性特征，打造特色的旅游景观和旅游村镇，形成乡村旅游文化品牌。

2. 优化农业内部结构与分工，为农村三产融合提供坚实支撑。

在大农业体系内部，只有各类别的子产业都深度融合，才有助于在充分利用各类自然资源的基础上塑造良好的生态系统，同时也在客观上有利于农业生产良性循环运行。而加快退促农业与其他产业深度融合，又要以农业内部结构的优化合力为前提，由充分满足城乡居民的基本温饱需求向全面小康转变，再向全面现代化升级，逐步形成以满足市场需求为基本导向，不断提升农业资源要素利用效率，促进生态型、环保型和绿色型现代农业发展。为此，必须充分发挥政府的政策引导和资金扶持职能，通过产业结构的优化调整，合理调适农业产业内部子产业间的各自份额占比，在技术层面充分引入和融合生物技术和信息技术，重新整合生物链与服务链相关资源要素，打造兼具生态、数字特征的新型农业形态，促进农业竞争力提升。此外，从广度和深度层面拓展和延伸农业产业部门，既在链条上将生产资料、加工销售和农业生产等环节衔接起来，加速促成三产深入融合，集成纵向延长和横向拓宽的全要素农业产业链，从整体上促进农业结构效益和经济效益双提升。

3. 加速促进农业产业化，为农村三产融合发展提供纽带。

增加农产品的附加值和提升产业化程度是农村三大产业融合发展的核心任务。其中，农业产业化是基于农产品内在的产业链和潜在的价值链主线，充分结合生产、加工和销售，贸易、工业和农业等环节，塑造并优化产业链，充分集成聚集效应与规模效应，双向促进要素的优化配置和资源的重新整合。同时，在资源要素方面，将土地资源进行流转、入股，通过托管、联营等方式促进适度规模经营；在经营主体方面，通过加大政策支持和资金扶持力度，助推新型农业经营主体的培育与成长，鼓励和支持多元化的生产主体、经营主体和服务主体开展深度的产业融合发展；在产业组织方面，持续强化农业产业化组织，不断提升对农业相关企业组织与合作组织的支持力度，并重点支持与帮扶三产融合的农业型现代化企业；在资源要素方面，增强具有高度产业化组织之间的互动流通，相互调剂余缺，并且以提高生产要素的集约化程度为切入点推进跨产业和区域的联合，促进产业联盟和农业集群相结合，在客观上对农业产业化和三产融合化形成利好局面。

4. 加速技术革新与人力资源提升，为农村三产融合提供技术与人才双支撑。

在新时代新条件下，创新仍旧是引领和驱动发展的第一动力，是构建现代化经济体系不可替代的重要支撑。对农村一、二、三产融合发展而言，创新驱动仍旧是动力源和支撑点。具体而言，农村三产融合，既要加快整合农业经济、科技、文化等资源要素，增加农业科技专项资金投入力度和额度，持续增大对大学、科研院所及相关企业的涉农研究支持力度，推动农业农村的生产需求导向逐步向加工消费导向转型，加速农业与其他各类生产性服务业深度结合，形成犄角互补之势。与此同时，还要培育更多的"一专多能"型复合农业人才队伍，覆盖和融入农业产业关涉的领域、链条和环节当中去。除此之外，要进一步加大对各类新型农业经营主体和农业职业经理人等群体的培训力度，培养锻造集专业化、职业化和新型化特征于一体的现代农民，在专业素养和技术支撑双重支撑下，以高效的劳动生产效率成功应对和化解"种地缺人""种地偏难"等现实问题。

四、基于主体培育的政策体系

不同于过去依靠众多同质的小农户从事农业生产活动的经营方式，多元主体既是中国现代农业经营体系最重要的基础特征，也是农业向现代农业演进中的必然现象。[①] 目前，培育多元新型农业经营主体已成为我国促进"新三农"协同发展以及农业转型升级的迫切需要。一方面，在工业化与城镇化快速推进的大背景下，随着农村大量青壮年劳动力逐步向城市非农产业转移，致使农业生产主体出现结构性短缺，农业兼业化、老龄化现象日益严重，"谁来种地、如何种地"等问题进一步凸显。据统计，2016 年，我国农村外出务工者达 16934 万人，占当年农村从业人员总数的 46.81%，而留在农村从业的 2.7 亿多人中大部分是老年人和妇女。另一方面，全球农产品市场一体化进程日益加快，而我国农业规模化程度、专业化水平、资源配置效率远没有达到国际市场的竞争要求，面临巨大压力和挑战。因此，要实现"新三农"协同发展，必须未雨绸缪，破解人才瓶颈制约，积极建立健全培育多元新型农业经营主体的政策引导机制和政策支持体系。本书认为，应在既尊重我国人多地少的国情和农情，又要适应农业现代化的基础上，积极构建"新三农"协同发展的主体优化机制，一是要对小农户实行有序改造，使其与现代农业相衔接，挖掘小农户生产潜力；二是培育多元新型农业经营主体，使其与适度规模经营相适应，同时发挥好新型农业经营主体对小农户的带动作用。

（一）以家庭经营为基础的小农户有序"组织化"和"现代化"转型升级是"新三农"协同发展的现实基础

实现"新三农"的协同发展，关键是要解决好占我国绝大多数、在广大欠发达地区的传统小农户如何转变其农业生产经营方式，实现农业现代化的问题。基于我国人多地少、经营分散的基本国情和农情，在未来相当长的一个时期内，以家庭经营为主的小农

---

① 陈锡文：《构建新型农业经营体系刻不容缓》，《中国合作经济》2014 年第 1 期，第 6~9 页。

户仍是我国农业生产和农业现代化发展的重要主体力量。根据2017年发布的全国第三次普查数据，我国的农业生产经营户2016年为20743万户，比1996年增加了1434万户。并且按照2035年我国实现70%的城镇化率目标计算，我国到目前为止，还存在4.5亿左右的农村人口。在此现实约束下，如何把小农户组织起来，探索小农户与现代农业的衔接机制是"新三农"协同发展的重大命题。本书认为，衔接机制构建的重点在于"组织化"和"服务规模化"。[①] 具体来说，应该通过发展专业合作社和培养龙头企业，将农民组织起来，提高小农户的市场竞争力；通过构建农业社会化服务对接机制以及现代农产品市场对接机制，实现农业社会服务的规模化和主要农产品供需市场化，改造小农户农业生产经营模式和提升小农户农产品市场销售效率，从而在保障小农户实现农业生产经营利益的基础上对小农户进行有序性"组织化"改造和"现代化"改造。

1. 发展专业合作社，提高小农户竞争力。

要实现小农户与现代农业相衔接，首要任务是将小农户组织起来，引导农民发展多种形式的合作社。合作社通常集普通农户和新型农业经营主体于一体，既是生产主体，也是服务主体。发展多种形式的农业合作联合社，有利于帮助普通小农户融入大市场，利用组织规模优势降低交易费用和共享收益。从2017年官方统计数据信息可知，我国的新型农业经营主体已形成了一定的规模，但是仍需要进一步壮大，以更好地发挥其组织作用。

一是构建合作社联合机制，鼓励农业以土地、林权、资金、劳动，以及技术等为纽带，发展多样的联合与合作，提升小农户组织化程度。一方面，在继续增加合作社数量的基础上提升合作社服务质量。依托产品、地区和渠道为纽带成立多种形式的合作社，在小农户自愿的基础上，鼓励小农户加入合作社。在此基础上提升合作社的综合能力，通过打造知名品牌，不断促进销售实现单一地区向其他地区的跨越，实现产品的单一性向综合性发展，实现单一服务向多种服务发展。通过合作社实现其经济规模，降低交易成本以及提高相应的议价能力。另一方面，要加快培育各类专业化市场化合作组织，比如土地合作、信用合作、专业服务合作等，推进农业生产社会化服务，帮助小农实现社会化经营。二是不断完善合作社市场开拓机制。鼓励和扶持小农户专业合作社在城市、社区、专业农产品市场、餐饮集团以及超市等地开拓建立营销网点，进一步实现农超对接、农社对接、农企对接，以及农市对接。加大力度支持合作社参与共建专业市场，向大中城市扩展。同时，积极组织各种活动，让合作社更多地接触一系列展示展销的活动，以及多方贸易洽谈的活动，鼓励合作社不断投入到政府组织的一些农业展览活动。[②]

2. 培养龙头企业，带动小农户迈入现代化。

鼓励农业产业化龙头企业带动小农户发展规模经营。龙头企业通常具有治理结构完善、管理高效、技术先进和融资抗风险能力强等特点，要鼓励龙头企业以"公司+农户"或者"公司+合作社+农户"的形式与小农户形成利益共同体，让龙头企业的市场

---

① 孔祥智、穆娜娜：《实现小农户与现代农业发展的有机衔接》，《农村经济》2018年第2期，第1~7页。
② 殷民娥：《国内外农民专业合作社发展考察及启示》，《华东经济管理》2017年第7期，第181~184页。

优势带动小农户发挥规模经济，从而实现农业增产、农地增效和小农户增收。① 2016 年底，我国共有各类龙头企业 13 万家，年销售收入达 9.2 万亿元，其生产的农产品占总体市场供应的 1/3。② 因此，要加快发展农业产业龙头企业，构建龙头企业的引领机制，带动小农户迈入现代化。

一是龙头企业在农产品生产、加工、销售各个环节中为小农户提供指导和帮助。龙头企业通常为市场提供高端农产品或精深加工农产品，在品牌打造和营销渠道建设方面具有较大优势，能按照市场供需关系来确定农产品加工业的发展方向，依照加工的规定完善农产品生产，把现代化的农业技术和种植养殖技术推广给农户，同时成立农产品和附属产品的现代化的流通中心，持续性地延长农业产业链条。二是龙头企业帮助小农户摸清市场经济规律。龙头公司一般拥有较为发达灵敏的营销中心以及配送体系，且拥有相对固定的销售客户，更容易吸引潜在的顾客，具备了利用建设农业生产基地和大小农户进行联合经济组织合作的能力和条件，可引导和组织小农户根据市场需求变化进行生产活动，从而提高他们对市场的适应能力。三是龙头企业帮助小农户提高农产品国际竞争力。龙头企业是世界范围内市场竞争的直接参与者，时刻掌握国内外市场新形势，并通过加快区域性布局、促进分工专业化、实现生产的标准化以及销售的规模化，带动小农户提升农业产品质量、降低生产成本、增强国际竞争力。③

3. 建立农业社会化服务对接机制，改造小农户农业生产经营模式。

支持农业生产服务组织成长与发展，建立农业社会化服务对接机制，改造小农户的生产经营模式。农业生产性服务组织为小农户在农产品生产的全链条提供社会服务，包括市场信息、农资供给、农技指导、农机作业、信用评价以及保险推广等服务，是适应目前小农户农业经营兼业化和老龄化有效的方式。2017 年底，我国发展生产托管服务组织 22.7 万个，服务农户 3656 万户，托管服务土地面积 2.32 亿亩，但还远远不够，需要进一步培育和完善。一是土地托管服务对接。根据小农户的实际需求，为小农户提供代种代耕、统防统治、烘干收储、加工销售等他们自己干不了或者干了不划算的服务，引领带动小农户生产迈入现代农业发展轨道。④ 以山东省高密市为例，全市建设 29 个为农服务中心，大力开展"保姆式""菜单式"等土地托管服务，叫响了"小农户外出打工、供销社给小农户打工"的品牌。二是农业综合服务对接，开展土地托管、水稻育秧、粮食烘储、信息发布等综合服务。以四川省崇州市为例，建设农业综合服务站，按照"公益性+社会化+信息化"相结合的原则，把绿色有机的农资、高产优质的种子、先进实用的农业科技、现代化的农机装备等现代生产要素，送到小农户身边，为他们提供更加个性化、精准化的便捷服务。

（二）新型农业经营体系构建是"新三农"协同发展的主攻方向

新型农业经营体系的构建是发展现代农业和实现"新三农"协同发展的主攻方向。

---

① 陈晓华：《发展农业龙头企业要把握好四大问题》，《中国乡村发现》2016 年第 4 期，第 10 页。
② 农业部农村经济体制与经营管理司、农业部农村合作经营管理总站：《中国农村经营管理统计年报（2017）》，北京：中国农业出版社，2017 年，第 20 页。
③ 李炳坤：《发展现代农业与龙头企业的历史责任》，《农业经济问题》2006 年第 9 期，第 4~8 页。
④ 刘同山、李竣：《论中国小农户的前景与出路》，《中州学刊》2017 年第 11 期，第 47~51 页。

目前我国农业发展面临两大问题，一是农村青壮年劳动力大量外出务工经商，使农业面临"谁来种地"的问题。二是农业纯收入中来自农业的比重正在明显下降，使农业面临"怎么种地"的问题。这两个问题直接关系到我国农业未来的兴衰，因此，必须加快探索构建我国新型农业经营体系。

新型农业经营体系是一个综合性概念，指"以家庭经营为基础，以专业大户、家庭农场、农民合作社、农业产业化龙头企业为骨干，其他组织形式为补充的农业经营体系"。其实质是适应农业现代化转型和市场竞争而形成多层次多功能的系统集成，是现代农业经营主体与现代化农业支持体系有机结合的产物，是农业资源、产品、要素的流动和组合方式产生的革命性变革。以合作组织为核心，以集约化、专业化、规模化、组织化、社会化为特征，实现产业布局、生产经营、服务分工与市场运营的相互协同，从而提高农业生产效率和市场竞争力。新型农业经营体系的构建主要包括新型农业经营主体体系、市场体系与服务体系三方面内容。

1. 新型农业经营主体体系。

农业经营主体是指直接或间接从事农业产业相关利益的任何个人和组织。随着我国农业农村经济社会快速发展以及城乡互动、工农互动的增强，我国农业经营主体呈现出多元化发展趋势，开始由改革开放初期相对同质化、封闭式的家庭经营农户主导的农业经营主体格局向现阶段异质化、开放式的多类型农业经营主体并存发展的格局转变，这些不同类型、多元发展的新型农业经营主体是新型农业经营体系的微观基础。具体而言，包括专业大户、家庭农场、农民专业合作社以及龙头企业等。专业大户又称种养大户，与传统小农户相比，其典型特征是专业生产、初具规模和雇佣农业工人；家庭农场则是以家庭成员为主要劳动力，这一点与传统小农户类似，但与小农户显著不同的是，家庭农场是面向市场的农产品商品化生产，农业收入是家庭收入的主要来源。从某种程度上说，家庭农场是一个企业实体，以盈利为目的，独立核算，自负盈亏；农民专业合作社是为解决分散经营导致的规模不经济而出现的互助性生产经营合作组织，为组织内成员提供农业生产资料购买、农产品销售、加工、运输、贮藏以及农业生产经营有关的技术、信息等服务；龙头企业是新型农业经营体系中最高级的组织形态，由政府认定达到一定标准的现代化企业组织，实现产加销贸工农一体化和规模化。龙头企业在带动农户对接现代化农业生产和进入市场发挥着重要的作用，通常的形式有"公司＋农户""公司＋基地＋农户""公司＋批发市场＋农户"等。

2. 新型农业经营市场体系。

新型农业经营市场体系不仅仅包括发达的农产品市场，还应包括健全的要素市场。农产品市场是指农业生产原料、农产品以及农村消费品等商品的流通体系，比如城乡集贸市场、农产品批发市场、城市各类生鲜超市、大型集散中心、国内直销、跨国批发、电子商务以及期货市场等。新型农产品市场体系的新特征就在于对信息技术、大数据、云计算等现代科技的运用，渗透、改造与重构了整个流通领域，深度融合了生产商、品牌商、线下零售商等经营主体，实现了线上线下协同发展，不仅为消费者创造了全渠道购物体验，更破解了传统分散小众的农产品供给与消费需求之间的匹配难题。要素市场是指包括土地、劳动力、资金以及技术服务等农业生产要素的流通体系。构建新型农业经营市场体系的根本在于推进农村要素市场改革，为要素市场的建设创造良好宽松的环境，提高要素市场流动率、覆盖面和活跃度。

比如，鼓励探索"三权分置"促进承包地的流动与整合，探索集体经营性建设用地与国有土地同等入市、同权同价，以及探索"宅基地三权分置"落实宅基地用益物权，促进闲置农村宅基地的退出与流动；采取多种形式对农业经营主体进行生产经营知识和专业技能培训，降低农村创业门槛促进劳动力向二、三产业转移；推进农村互联网金融的发展进程，释放农村金融需求；鼓励采用技术承包、转让、入股等方式，推动技术知识与农业全产业链深度融合。

3. 新型农业经营服务体系。

新型农业经营服务体系是指为农业全产业链提供专业化、市场化以及规模化的中间投入品的经济组织体系。与过去传统由政府提供统包统揽式公益性服务显著不同的是，新型农业经营服务体系更加强调市场化、专业化与综合化，由科研院校、农业合作组织或行业组织等社会化组织主导，提供科技服务、农机服务、植保服务、农资服务、农业设计、供应链管理等产前、产中与产后的特色服务。新型农业经营服务体系能有效地增加农业产业链的整合度与协调性，增强产业链价值和市场竞争力。

（三）新型农业经营主体培育的"内部—外部"互动机制

1. 新型农业经营主体培育的内在机制。

以经济利益为根本、以种养能人和精英农户为中坚、以村社集体经济组织为依托、以农业产业为支撑、以内部治理结构优化为保障的内部集聚力是新型农业经营主体培育的核心。

利益协调机制：经济利益是新型农业经营主体培育的根本。人们为之奋斗的一切，都同他们的利益有关。[①] 从本质上看，新中国成立以来我国农业经营主体的演化经历了一个从强制性的人民公社集体经营到以家庭承包农户经营为基础的家庭农场、专业大户、农民合作社、农业企业等新型农业经营主体多元发展的诱致性变迁过程。农业经营主体演化关键在于形成了较高的比较收益，实现了利益分享，降低了市场与自然风险。当前，传统分散细碎的农地经营格局难以实现产业技术升级，在与新型农业经营主体所取得的收益对比中处于弱势地位。因此，利益诱导下的新型农业经营主体成为推进现代农业发展的核心在于能在市场条件下获取相对较高的比较经济收益。

主体培育机制：种养能人、精英农户或专业大户是新型农业经营主体的中坚力量。这在实地调查中得到了验证，家庭农场、专业大户、农民合作社和农业企业等大多数是由当地种养能人、精英农户领办。与普通农户相比，精英农户以其自身优势掌握较多生产资料，拥有较多市场信息、较强资金实力、较突出的管理才能和较广的人际网络。目前，由精英农户形成的专业大户、家庭农场等新型农业经营主体占近70%，对周边农户具有一定的辐射带动和示范效应。但精英农户仍具有选择性、排斥性，"嫌贫爱富"的特点决定其选择拥有一定资金、土地和劳动力规模的农户，带动面较小。在当前人地

---

① 《马克思恩格斯全集》（第1卷），北京：人民出版社，2004年，第187页。

关系紧张和农地流转机制不畅的背景下，实现适度规模经营难度较大。因而，以家庭为基础形成的家庭农场、专业大户应作为新型农业经营主体的中坚力量重点培育。

平台搭建机制：以村社集体经济组织为依托重塑农民主体地位。农村新型集体经济组织是指以农村集体资产、集体土地、技术、资本等生产要素为纽带，以产权为核心，以股份制为主要内容，按照现代企业制度的要求而建立的具有完整法人治理结构的经济组织。[①] 以精英农户、种养能人形成的新型农业经营主体在推进现代农业发展中具有重要作用，但由其对普通农户的排斥性形塑的"精英俘获"实践逻辑，往往与政府涉农部门、社会工商资本有着诸多利益联结，限制了普通农户的积极有效参与，新型农业经营主体失去生存基础。以新型村社集体经济组织为依托，强调和重塑农民主体地位，"通过平等协商建立起来的契约组织"，才是"承包制下的独立小农得以最终摆脱贫困落后，摆脱自然灾害的侵扰，摆脱地方贪官污吏的剥削与压迫，减少市场风险的最有效、最强大的手段"[②]。四川崇州的实践探索，初步形成了以家庭承包为基础，以农户为核心主体，农业职业经理人、土地股份合作社、社会化服务组织三位一体的"农业共营制"模式[③]，很好地体现了农户主体地位和社会主义公有制的基本性质。因此，"通过土地确权使农民获得经济主体性，扩大农民参政能力，提高其政治主体性，加大对农村公共产品投入以增强农民主体性的发挥，夯实农村文化教育以提高农民素质"[④] 来重塑农民主体性，才是新型农业经营主体培育、壮大和生生不息的基础。

产业支撑机制：以农业产业为支撑是新型农业经营主体培育的内在关键。新型农业经营主体是以村域空间为载体，以农业为主导产业。新型农业经营主体培育要坚持以农业产业化破解农村"空心化"为基本线索。近年来，农民专业合作社得到了极大发展，却呈现明显的"空壳化"特征，"有名无实"现象较普遍。从根本上来看，一是未能找到适宜本地农情的农业产业，二是源于试图套取国家对农民专业合作社的相关补贴。因此，家庭农场、专业大户、农民合作社和农业企业等新型农业经营主体，就不能再走过去农民专业合作社培育的老路，必须将"准入—监管—退出"作为新型农业经营主体培育的重点，把农业产业支撑作为判定新型农业经营主体培育的准入条件，强化动态监管，对缺乏农业产业支撑的新型农业经营主体要建立规范退出机制。

内部治理机制：完善治理结构是新型农业经营主体健康发展的内部保证。多元化的新型农业经营主体具有异质性，各自具有不同的运行机理，但从共性来看，新型农业经营主体培育必须形成利益共享机制、民主管理机制、资本积累机制和风险共担机制"四位一体"的内部治理结构。利益共享是新型农业经营主体发展的内在动力，其利益链条必须是依据"激励兼容"原则，形成成员权利与成员利益相匹配、相均衡的利益分享体

---

① 王国敏、罗静：《农村集体经济：辩证审视、现实困境与必然出路》，《探索》2011 年第 3 期，第 156～160 页。
② 曹锦清：《小农的出路》，《理论参考》2002 年第 2 期，第 12 页。
③ 罗必良、李玉勤：《农业经营制度：制度底线、性质辨识与创新空间》，《农业经济问题》2014 年第 1 期，第 16～17 页。
④ 王国敏、邓建华：《重塑农民主体性是破解"三农"问题的关键》，《现代经济探讨》2010 年第 9 期，第 64 页。

系。利益分配的失衡不仅会造成新型农业经营主体内部矛盾、趋于瓦解,也可能造成农村社会阶层的进一步分化和收入差距的扩大,影响社会和谐稳定。新型农业经营主体具有特殊功能和社会属性,具有"服务农民、进退自由、权利平等、管理民主"的发展要求,就需要以民主管理机制构建提高新型农业经营主体的运行效率和质量,协调内部成员权利摩擦、降低管理成本、确保成员权利平等实现。资本融通和资本积累是新型农业经营主体发展壮大的关键因素,资本积累机制和风险共担机制,不仅是应对自然和市场风险的途径,也是新型农业经营主体持续健康发展的保证。

2. 新型农业经营主体培育的外部机制。

在内部集聚力提升基础上,改善外部环境,是培育新型农业经营主体的必要条件。

人才引进机制:培育新型农业经营主体要从人才的培训、教育和引进三个方面协同发力。一是要建立健全人才培训机制。农业部可联合财政部、团中央、教育部等部门建立农村实用人才培训基地,在全国范围内形成人才培训网络,通过多种形式对家庭农场主、种养大户以及合作社带头人进行培训。启动实施现代青年农场主培养计划、农村实用人才带头人培训计划和新型农业经营主体带头人轮训计划,围绕农业及全产业链发展的需要对人才进行培训,提高其生产经营能力和专业技能。二是要建立健全人才教育机制。加大对各类相关机构开展职业农民教育的财政支持,鼓励新型农业经营主体通过"半工半读"与"线上线下"相结合的方式就地就近参与农业职业培训以及技能鉴定。三是建立健全人才引进机制。鼓励有条件的地方通过补奖的方式引进职业经理人和科技人员到农民合作社、龙头企业兼职任职,提高农业经营管理科技水平。由国家财政出资设立就业补助资金,包括职业培训职业鉴定补助、社会保险补贴、一次性产业补贴以及高校毕业生就业产业基金,鼓励农民工、退伍军人、科技人员返乡下乡投身农村。同时通过设立高校毕业生就业产业基金、开展"三支一扶"计划和增设大学生村官计划服务岗位等引进有志投身农村创业创新创意事业的大学生加入"三农"队伍。[①]

政策扶持机制:以政策扶持与发展规划为基础,构建"四位一体"的新型农业经营主体培育政策支持体系。当前,应着力解决新型农业经营主体培育资金困难问题,构建金融、税收、信贷、保险"四位一体"的政策支持体系:一是按照"严格准入—动态监管—规范退出"的政策主线,加强对家庭农场、专业大户、农民合作社、农业企业等新型农业经营主体的资格申请、审查和审批的程序管理,为金融机构信贷放款提供资质认定;鼓励和发展农村内生型农户小额互助合作金融组织,建立健全农村内置金融机构监管体系。二是放宽农业生产投入品和农产品加工、流通、销售等环节的税收征用范围和额度;改善农业补贴现有普惠制政策取向,实施农业补贴普惠制与特惠制相结合、农业种植面积与农业产值相挂钩的农业补贴政策体系,强化农业补贴政策对新型农业经营主体的针对性和倾斜性。三是建立健全具有明确针对性的新型农业经营主体保险制度和保险基金,各级政府应根据财政能力和收入,提取定量比例资金作为支持新型农业经营主体培育的财政性保险基金,应对自然风险、市场风险和突发性特重大灾害。同时,注重与村域土地利用规划、新村建设规划与城乡发展规划等规划方案的衔接,以规划先行转

---

① 杨璐璐:《乡村振兴视野的新型职业农民培育:浙省个案》,《改革》2018年第2期,第132~145页。

变农业产业布局、农村农民居住空间和农村生态自然环境，实现农业生产方式和农民生活方式协同转型，为新型农业经营主体培育创造空间条件。

法律保障机制：以法律完善与制度供给为保证，塑造良好的法律和制度环境。结合现行《农民专业合作社法》和《农民专业合作社登记管理条例》，及时制定和出台包括家庭农场、专业大户、农民合作社、农业企业等新型农业经营主体同步运用的综合性法律法规，明确新型农业经营主体培育的基本原则、基本要求、运行机制、发展方向以及规则约束，适时制定和颁布新型农业经营主体培育的指导性目录。完善以"利益共享、风险共担"为核心、以"共建、共营、共享、多赢"为目标的新型农业经营主体培育配套产权激励制度和收益分享制度，突出家庭农户对农地承包经营权的财产权利。建立健全新型农业经营主体申报、登记、审批、合并、分离、解散和财务核算在内的组织工作机制及财务管理制度，在有序推进农民工市民化进程中建立有利于农村社会和谐稳定的农户退出机制。在此基础上适时构建新型农业经营主体准入与退出机制，按照"产业支撑、利益共享、风险共担"的评估原则，加强动态监测，对已不具备准入条件的新型农业经营主体及时清理，并建立新型农业经营主体配套政策动态调整机制，确保新型农业经营主体发展优惠政策的针对性和效果性。

政府与市场协调机制：政府功能与市场机制有效结合，协同推进新型农业经营主体培育。在社会主义市场经济条件下，发挥市场配置资源的决定性需要政府引导性功能的密切配合，实现市场与政府的功能互补。新型农业经营主体的培育既要遵循自然演化和市场演化的规律，也要在制度供给、法律完善、战略规划、政策改进等方面发挥政府的功能作用。当前我国已经发展起来的新型农业经营主体多为"服务型"主体，数量少、布局分散、带动力弱、功能效应较差，现代农业发展"生产型"农业经营主体匮乏。数据显示，我国农民专业合作社大都是以"服务型"为主，其中实行产加销一体化服务的占52.2%。"服务型"与"生产型"新型农业经营主体发展极不协调。因此，政府应在培育壮大"生产型"农业经营主体、建立健全农业社会化服务体系发挥首要责任，形成"生产型"农业经营主体与农业社会化服务体系协同推进的现代农业发展格局。

（四）优化新型农业经营主体培育的政策体系

发展为了人，发展依靠人。通过新型农业经营主体的培育与锻造，集成以家户式经营为基础，以合作化经营和联合化经营为纽带，以社会化服务体系为支点的现代化复合型农业生产经营体系。总体来说，新型农业生产经营体系的培育和锻造，不仅有利于深化农业领域的供给侧改革，引领农业经营由分散化向适度规模化转变，帮助农民拓宽增收渠道，为农业农村发展注入全新动能，显然对"新三农"协同发展意义重大且深远。

1. 以政府政策扶持与农业补贴政策引导新型农业经营主体培育。

作为新生事物的家庭农场、专业大户、农民合作社、农业企业等多元化的新型农业经营主体，其建立、培植与稳定发展需要政府给予政策扶持，并对以传统家庭经营为基础的现代农业发展补贴政策进行及时有效调整，进一步释放政策效应。一是由于新型农业经营主体培育需要较长时间的资金积累过程，政府应在中央与地方财政支农预算中，按一定比例提取并强调在助推新型农业经营主体发展的针对性实效性。二是新型农业经营主体培育要求通过进一步调整农业补贴政策，在税收优惠的基础上，实施"农业二次补贴",即在实施以家庭农户承包经营为补贴主体对象的农业补贴"普惠制"的基础上实施以家庭农场、专业大户、农民合作社、农业企业等新型农业经营主体为主要补贴对象的"特惠制",实现初次补贴"普惠制"与二次补贴"特惠制"相结合的农业补贴政策,构建适宜于现实客观情况的农业补贴政策体系,加快推进新型农业经营主体的培育。三是严格以新型农业经营主体及其相应的经营规模数量、经营质量效果为依据,量身定制并实行梯度差异化的补贴政策,从而激发和调动农村内部诸多发展要素的活力与动能。大力支持各类新型农业经营主体在农产品加工、流通、消费环节进行发展,真正促进农村三产全方位融合。以倾力打造农业服务平台为支撑,积极为辐射范围内农户提供优质农业服务。鼓励涉农相关龙头企业加大农业相关领域的研发资金投入,支持相关龙头企业创办农业高新技术企业。四是政府等相关职能部门在财政预算中增设或分设扶持专项资金,凡符合条件的相关经营主体,都有资格到相关部门申请专项资助,与此同时要确保资金专款专用,通过加强监管防止用作他途。五是农业补贴必须转向更加细化实施的阶段,推动农用地撂荒现象的改善,在补贴方式上,要将从家庭农户承包地面积向农业耕种面积转变作为重要农业补贴依据,同时,加强对增产增效增收作用明显的生产环节进行补贴,包括良种、机耕、机收补贴,推广旱作农业节水灌溉技术补贴等,不断改进补贴方式、提高补贴效率。农业补贴政策的出发点在于提高农民比较收益,培育具有一定规模、一定产能的新型农业经营主体,避免新型农业经营主体培育的"空壳化"和虚假繁荣。需要强调的是,这些政策工具的制定都必须以维护农民权益为核心,而不能异化为新型农业经营主体从政府"套利"的工具。因此,在调整和理顺现有财税体制的基础上,优化农业补贴政策,向新型农业经营主体倾斜,是推进现代农业发展与新型农业经营体系创新的关键。

2. 以确权赋能与农村土地权能结构优化推动新型农业经营主体培育。

以土地为基本生产要素的新型农业经营主体是在一定土地适度规模经营上实现现代农业发展的集约化、专业化、组织化和社会化的客观要求。因此,新型农业经营主体必须摆脱传统农业生产"人均一亩三分、户均不超过十亩"的耕地规模状态。要实现农村土地耕作适度规模、满足新型农业经营主体培育对耕作土地的需求,就必须构建农村土地顺畅、有序流转的体制机制。本书认为,农村土地流转的基本前提一方面来看是以有序推进农民工市民化为前提,只有"人转"才能实现"地转";另一方面来看,农村土地流转有序健康推进还必须以确权颁证、还权赋能、优化农村土地权能结构为前提。从农业农村发展内部来看,本书认为,当前亟须加快解决农村土地产权主体虚位、产权权能残缺和产权激励不足等突出问题,构造适宜于培育新型农业经营主体的农村土地权能结构。

3. 以农村金融体系创新与农业保险扶持新型农业经营主体培育。

新型农业经营主体培育必须依靠资本形成提供重要支撑。本书认为,新型农业经营主体是包括农村土地、劳动、资本、技术以及组织结构等要素相互组合的现代农业发展与新型农业经营体系创新的微观"载体"。就资本构成而言,新型农业经营主体的资本形成或来源主要在于个体农户、农民合作社、专业大户等家庭内部融资以及农业收入的资本化。但这对于新型农业经营主体培育来说,融资规模较小、融资渠道单一,无法适应新型农业经营主体培育发展需要。因此，构建农村金融体系至关重要。本书认为，新型农业经营主体培育既要重视农村内部金融互助组织体系的构建，也要重视外源融资对于新型农业经营主体的重要性。在这一过程中，就必须将政策重点放在如何推进新型农业经营主体培育初期阶段农村内部融资的局限性，探讨新型农业经营主体培育以及后续发展外部资本的可得性、便利性问题。新型农业经营体系创新与现代农业发展，就必须高度关注农村金融组织体系和金融方式与新型农业经营主体培育之间的协同性和融合性。

从当前农业农村发展现实和已有关联政策来看，应该构建以政策性金融、合作性金融和商业性金融"三位一体"协同发展的农村金融体系。从政策性金融来看，继续加强财政支农力度和农业补贴的针对性，同时强化农业社会保险的资金融通功能，建立与新型农业经营主体培育相适应的农业防灾减灾组织体系，减少新型农业经营主体因自然风险、市场风险带来的经济效益下降；从合作性金融来看，推动农村合作金融（农村信用合作社）在产权、组织、内部管理等方面的改革，强化其对农村农业发展的金融绩效。在强化金融监管的基础上，可以允许民营经济进入农村金融领域开展资金融通业务。同时，加快农村内部金融组织的构建，特别是加快建立和形成农村社区型互助金融合作组织的建立，通过农村内置金融的发展来激发农村内部发展活力、提升农业农村内部发展能力。尽快允许农村新型农业经营主体使用通过农村土地流转获得的农地经营权向金融机构抵押融资，成立农业贷款担保公司，解决新型农业经营主体培育初期"贷款难""融资难"等困境。因此，新型农业经营体系创新、新型农业经营主体培育与现代农业发展，必须形成外部金融进入与内置金融构造相结合的农村金融体系化解"资金瓶颈"问题。

4. 以聚集人才与健全培训机制支撑新型农业经营主体培育。

人才资源是加快助推新型农业经营主体培育、新型农业经营体系创新与现代农业发展的第一资源，为其提供强力的智力支撑。根据课题组调研发现，新型农业经营主体的培育基本上都是依靠农村村社能人带动形成，也有一些是依托农业企业的现代人才来管理实施。无论是新型农业经营主体培育的带动还是其自身的管理运营，都离不开人才的支撑，在新型农业经营主体向纵深发展时更需要熟悉现代经营业务和管理科学的管理人才和营销人才。因此，人才对于新型农业经营主体培育具有重要作用。

农村人才的集聚主要依托两个渠道实现。一方面要注重农村实用型人才的引进。政府要及时制定优惠政策，增加对新型农业经营主体亟须人才的引进，适时实行"青年回农门"拉动计划，通过贷款支持、融资支持等，吸引务工人员、退伍军人及大中专毕业生等中青年骨干劳动力充实到现代农业发展中来，并鼓励其创业。另一方面要建立农村职业农民培训和培养体系。人才在于培养和培训。制定农村科技人才和实用人才培养计划，以村社集体为基本单位，建立科技人才培养计划，为新型农业经营主体培育提供人才支持和科技支持。同时，面对现阶段农业农村发展趋势和农业劳动力再生产模式下，农业劳动力弱质化趋势在一定时期内不会逆转，为我国现代农业发展提供持续稳定的人才支撑，必须构依托农林类大专院校和科研院所的平台，建立适宜中国特色的新型职业农民培养体系。

农村人才引进和培养，最终是要留得住人才。目前我国农业科技人才的待遇普遍偏低，很多农业科技人才都不愿深入基层、扎根基层，导致大量农业科技人才的流失。因此，要提高基层农业科技人才的工作待遇，根据地方财政能力适时设立"农业科技人才专项补贴基金"，按年度绩效考核等级发放，也可鼓励农业科技人才以技术入股的形式参与到新型农业经营组织或经营主体最后收益分红，让农业专业型综合人才能够留得住。

课题组走访调研发现，新型农业经营主体多元化趋势日渐明显，有企业家、返乡民工、种养能人和村干部等。鉴于个体差异、综合背景以及优劣势不尽相同，新型农业经营主体培育中，就必须坚持分类指导的原则，结合前面提出的政府政策扶持与农业补贴政策调整、确权赋能与农村土地权能结构优化、农村金融体系创新与农业保险扶持、农村人才引进与职业培训体系建立、农技推广运用与社会化服务改进、城乡发展一体化体制机制建立等，还要重视培育具有重要现实功能效应的农业经营主体。一是从长远发展来看，以培育"年富力强"的农业经营主体为重点，政策重心应落脚于人才引进、政策扶持等方面。这类农业经营主体以"返乡农民工"和"大学生"群体为主，必须适时解决其实践经验不足、资金实力不强等方面的困难，鼓励他们成为新型农业经营主体的主力军，通过政策扶持和政府补贴，使其成为现代农业发展的主力军。二是从经济效应来看，以培育"强效辐射"的新型农业经营主体为重点，政策重心应指向利益协调、产业帮扶等方面。加快培育"农业企业家"引领的新型农业经营主体，积极发挥其生产资本和管理科学等优势，带动周边农户协同发展。同时，加强引导其成为农业龙头企业，延伸产业链条；也要加强对这类新型农业经营主体的监管，防止其破坏农村自然生态、过度开发农村自然资源、损害农户主体利益。三是从社会效应来看，以培育"本土化和乡土性"的新型农业经营主体为重点，政策重心应突出保障机制、平台搭建与基层治理等方面。来自传统农户的农村精英农户、种养能人以及村社干部带头人，对于推进现代农业发展与稳定农村社会具有重要作用。加强这类新型农业经营主体的培育，使之成为家庭农场、专业大户，可以在一定程度上改善农村落后面貌、增加农民收入，维系一大批农业经营者和农户的稳定。政府应在信贷、技术、保险、土地等方面加强政策扶持力度。

5. 以农技推广与社会化服务体系建设协同推进新型农业经营主体培育。

进一步完善农业科技引领下的社会化服务体系，突出政府引导与市场参与的协同作用，激发经营性农业科技创新、运用与推广，又要强化政府公益性科技创新、应用与推广，通过采用先进技术和生产手段，改善农业生产经营条件，提升新型农业经营主体集约化经营水平。现代农业发展的一个重要衡量标准就是现代科学技术的运用。新型农业经营主体培育、新型农业经营体系创新必须运用现代生产技术才能提高农业生产效率。从现阶段来看，现代农业发展一方面必须依托家庭经营为基础的家庭农场、专业大户、农民合作社等新型农业生产经营主体这一核心载体，另一方面亟须与农业生产经营产前、产中、产后各环节紧密关联的较为完善的农业社会化服务体系和农业社会化服务组织。我们认为，在家庭农场、专业大户、农民合作社、农业企业培育过程中，新型农业社会化服务组织和服务体系显得更为重要和地位突出。若有较为完善的适应新型农业经营主体培育发展的新型农业社会化服务体系，解决农业生产各环节中良种、农资、农机、农技、销售等环节的突出困难，就可以持续健康地推动新型农业经营主体培育和新型农业经营体系的构建。因此，我们认为，为了适应多元化农业经营主体培育的客观趋势，必须将社会服务组织推向多元化。在适当的时机，政府可以购买多元化发展的市场经营性服务，推动经营性服务组织从事农业公益性服务。

进一步完善新型农业经营主体培育需要明确重点和优先顺序。我们认为新型农业经营主体培育是一个自身演化的过程，不可强制性推动。在相关社会化服务体系建立起来以后，解决了农业生产经营各环节的服务问题、资金问题以及技术问题，新型农业经营主体培育便是水到渠成的。因此，我们认为，当前新型农业经营体系创新的重点仍要放在建立健全农业社会化服务体系方面。长期以来，重视农业技术的研发，重视农业生产中的强农惠农富农政策和补贴，但在农业技术推广上以及农业社会化服务体系上，做得远远不够。必须要以农业科技推广运用为核心建立完整的农业社会化服务体系。在当前大量青年劳动力向城市转移的情况下，农业生产的季节性、结构性短缺日趋严重。农业社会化服务体系必须加快建立和完善，通过专业化分工、多环节联系、多要素综合，创新农业经营体系。同时，农业是个弱势产业，效益较低，农业社会化服务成本又比较高，一主多元的农业社会化服务体系的形成，应该给予相应的政策扶持，如在服务网络建设、服务设施的配置、服务手段的采取，从财政、税收、信贷、用地和人才培训等方面给予相应的扶持和支持。

农业社会化服务组织一定要提供综合性服务，这是由新型农业经营主体具有自身演化的动态性、发展性特征决定的。强调专业性服务，可能在现阶段来看能够满足新型农业经营主体培育的发展需要，但从长期来看，新型农业经营主体向多元化方向演化，对农业社会化服务也必然呈现多元化的需求。因此，农业社会化服务体系的建立和完善，应当致力于构造一个综合性与专业性相结合的体制机制。

6. 以建立健全城乡融合发展的体制机制保障新型农业经营主体培育。

中国特色社会主义进入新时代，这一时代蕴含着我国已经从"乡土中国"转型至"城乡中国"的发展阶段，这就要求要注重加快形成城乡发展一体化新格局、强化"城市支持农村、工业反哺农业"体制机制在培育新型农业经营主体的重要作用。我们认为，"以工促农、以城带乡"是"工业反哺农业、城市支持农村"的一种更合理、更科学的提法。"以工促农"的本质应是在我国工业化、城市化发展的过程中，不断加大各级政府公共财政支农、惠农的支持力度，让更多的社会公共服务深入农村，突破农业、农村经济发展的资源瓶颈，逐步改变在资源配置和国民收入分配中农民、农业和农村的弱势地位，实现工农业发展并举。"以城带乡"的本质应是在乡村振兴过程中，充分发挥城市所有资源（既包括城市工业，也包括城市商业、信息、金融、科技、教育、医疗等资源）对农村的辐射和带动作用，并让农民作为平等的市场主体参与我国工业化、城市化的历史进程，加速农村剩余劳动力的转移，应更多地惠及农民的切身利益，逐步破解城乡二元经济结构，实现城乡融合发展。

以城乡发展一体化和城乡融合发展作为破解"三农"问题的根本途径，就必须发挥工业化、城镇化带动和促进农业农村发展的作用，要让农村共享工业化、城镇化带来的发展成果。因此，新型农业经营主体培育，不仅要依靠政府强化农村交通、通信、电力、水利等基础设施建设，在"硬件"层面提高城乡基本服务均等化，为新型农业经营主体培育提供物质基础；也要强化农村基本养老、基本医疗、基本教育等正规社会保障的供给力度，在"软件"层面提高城乡基本公共服务均等化，化解农村家庭承包农户土地流转后的后顾之忧，以此为新型农业经营主体可持续发展、新型农业经营体系创新营造更加有利的条件。从根本上来看，符合我国经济社会发展总体规律，在社会主义市场经济条件下，改变城乡二元格局，将为新型农业经营主体培育提供良好的外部环境和条件。

综合而言，中国特色社会主义"新三农"协同发展，既需要做到上下结合，即做到改革的顶层设计与基层的自主创造相结合；也需要做到环顾左右，即在农村改革的基础上，将城乡关系纳入改革视野，并统筹与经济改革配套的政治、社会、文化、生态等方面的改革；还需要做到瞻前顾后，即充分尊重我国农村的历史，着眼未来的可持续发展，最终走出一条新时代中国特色社会主义"新三农"协同发展的独特道路。

结语　坚持走中国特色社会主义"新三农"协同发展道路

> 加快推进农业农村现代化，走中国特色社会主义乡村振兴道路，让农业成为有奔头的产业，让农民成为有吸引力的职业，让农村成为安居乐业的美丽家园。[①]
>
> ——习近平

面对世界百年未有之大变局，中国共产党领导的中国特色社会主义事业还将以世界瞩目的方式继续前进，因此要真正给新时代中国特色社会主义"新三农"协同发展议题做一个结论性的话语就变得十分困难。但是，通过本书的深入系统研究，仍然能够窥见贯穿于新时代中国特色社会主义"新三农"协同发展的逻辑主线、主要抓手、方略原则以及实现路径等带有一般性价值和普遍性意义的核心内容。

习近平总书记强调，"农业强不强、农村美不美、农民富不富，决定着亿万农民的获得感和幸福感，决定着全面小康社会的成色和社会主义现代化的质量"[②]，我们"一定要看到，农业还是'四化同步'的短腿，农村还是全面建成小康社会的短板"，"农业基础稳固，农村和谐稳定，农民安居乐业，整个大局就有保障，各项工作都会比较主动"，"任何时候都不能忽视农业、忘记农民、淡漠农村"，"必须坚持把解决好'三农'问题作为全党工作重中之重"，这是"我们党执政兴国的重要经验，必须长期坚持、毫不动摇"[③]。党的十八大以来，这一系列关于中国特色社会主义新时代"三农"工作的重要论述，充分表明了重视"三农"工作不仅是中华民族的历史传统，也始终是中国共产党不断推进马克思主义经济学中国化发展的重要内容以及领导中国革命、建设和改革的重要经验，深刻地揭示了中国共产党长期以来高度重视"三农"工作的深层性理论逻辑、历史逻辑、实践逻辑和价值逻辑。总体来看，中国特色社会主义进入新时代之后，习近平总书记主要是从农业、农民和农村协同的整体性、从"三农"与新型城镇化、工业化、信息化、绿色化同步发展的联动性两个层面来看待和认识"三农"问题的。因

[①] 习近平：《论坚持全面深化改革》，北京：中央文献出版社，2018年，第394页。
[②] 《习近平关于"三农"工作论述摘编》，北京：中央文献出版社，2019年，第11页。
[③] 《习近平关于"三农"工作论述摘编》，北京：中央文献出版社，2019年，第3~4页

此，推进新时代"三农"协同发展，就应全面贯彻党的十九大精神，以习近平总书记关于新时代"三农"工作的重要论述为指引，在城乡融合中坚定不移地走中国特色社会主义乡村振兴之路，并充分认识到新时代"三农"协同发展的长期性、艰巨性，保持历史耐心和战略定力。这也就需要再次从理论逻辑、历史逻辑、实践逻辑和价值逻辑等层面确证新时代科学理解"新三农"协同发展的几个基本问题：

一是新时代"新三农"协同发展，政党领导、政治驱动和政策跟进发挥着越来越重要的功能，能否从政党、政治和政策的维度科学勾勒和呈现推进新时代"新三农"协同发展的主线，这是坚定不移走中国特色社会主义"新三农"协同发展之路的逻辑前提。二是随着新时代中国特色社会主义的社会主要矛盾转化，能够让亿万农民共享美好生活的抓手是什么或者说党和国家利用何种支点让亿万农民共享美好生活，这是坚定不移走中国特色社会主义"新三农"协同发展之路的基本方向。三是作为"后发展型"国家，中国在面临传统的、现代的和后现代的各种因素叠加累积的社会现实的同时，也不能忽视或轻视中国地方性发展的差异性和复杂性，推进中国特色社会主义"新三农"协同发展的方略原则能否忽视或轻视从宏观层面到微观层面各种自然的、经济的、社会的、政治的、文化的、生态文明的、党的建设的具体内容等对"三农"协同发展的影响，这是坚定不移走中国特色社会主义"新三农"协同发展之路、实现党和国家宏观政治政策话语与中观、微观地方性实践有效链接的中介环节。四是面对中国从"乡土中国"向"城乡中国"的整体转型，以及由这种转型带来的乡村主体结构、产业结构、空间结构、制度政策结构的具体变迁，能否从"主体—产业—空间—制度"的协同维度抓住中国多重"转型"和"变迁"带来的"变革"机遇实现"三农"之间的协同以及"三农"与城镇化、工业化、信息化、绿色化的协同，这是坚定不移走中国特色社会主义"新三农"协同发展之路的具体路径。

一、政党、政治和政策逻辑：理解"新三农"协同发展的"一条主线"

党的十八大以来，以习近平同志为核心的党中央从党和国家事业全局出发、着眼于实现"两个一百年"奋斗目标、顺应亿万农民对美好生活的向往，从政党的初心使命、政治的战略选择、政策的建立健全辩证统一逻辑出发，做出了实施乡村振兴战略、推进农业农村优先发展、走城乡融合发展之路等重大决策部署。可以看出，以习近平同志为核心的党中央已将新时代"三农"协同发展置于政党、政治和政策辩证统一逻辑视域中，突出了新时代中国共产党人对于推进"三农"协同发展亟须回答的"四个命题"，这将是中国特色社会主义新时代全面、系统、深刻、历史地理解"新三农"协同发展的"一条主线"。关于新时代"新三农"协同发展的政党、政治和政策逻辑这条主线，是推动新时代"新三农"协同发展的认识论和方法论前提，将深刻融入和全面贯穿于实施乡村振兴战略、推进农业农村优先发展、走城乡融合发展之路的各方面和全过程，要始终保持实践定力和历史耐心。

从政党、政治和政策辩证逻辑，科学揭示新时代中国特色社会主义"新三农"协同发展的"四个命题"，归根结底就是要从理论深化和实践转化的维度高度认识新时代中国特色社会主义"新三农"协同发展的政党使命驱动、政治战略驱动、政策制度驱动的重要价值和意义，准确把握好新时代中国特色社会主义"新三农"协同发展关于"三个哪里""三个起来""三个规律"和"五个什么"的基本命题，深刻阐释实现新时代中国特色社会主义"新三农"协同发展"为什么马克思主义行""为什么中国共产党能"和"为什么中国特色社会主义好"的辩证统一逻辑。具体来说，党的十九大报告就明确了中国共产党作为一个马克思主义使命型执政党，在中国特色社会主义新时代肩负的初心和使命就是为中华民族谋复兴、为中国人民谋幸福。中国共产党作为马克思主义使命型执政党的性质、宗旨和地位就决定了新时代中国特色社会主义"新三农"协同发展目标的实现，仍然要强调"办好农村的事情，关键在党。党管农村工作是我们的传统。这个传统不能丢"①，需要中国共产党的政党初心和使命来引领和驱动。在加强党对新时代"三农"工作的领导基础上，需要精准定位中国特色社会主义发展的时空方位和发展阶段，这进一步决定了新时代中国特色社会主义"新三农"协同发展应采取的政治战略。党的十九大报告指出，实施乡村振兴战略是新时代破解"三农"问题的战略选择，面向和适应新时代中国特色社会主义总任务和战略安排的《乡村振兴战规划（2018—2022年）》应运而生，成为"解决新时代社会主要矛盾、实现'两个一百年'奋斗目标和中华民族伟大复兴中国梦的必然要求"②。依循政党使命驱动和政治战略驱动，中国共产党人进一步围绕农业农村优先发展、农村基本经营体制、农村土地制度改革、乡村全面振兴以及基层党组织建设等具体内容进行政策创新驱动，最终形成了政党、政治和政策辩证逻辑，成为党和国家在新时代推进"三农"协同发展的基本框架。

进一步说，在新时代"三农"协同发展的政党使命、政治战略和政策驱动的辩证逻辑和基本框架下，本质上是从理论和实践相结合的维度科学回答了新时代中国特色社会主义"新三农"协同发展的"四个命题"，即中国特色社会主义"新三农"协同发展"从哪里来""现在在哪里"和"将要到哪里去"的初心使命问题，中国特色社会主义"新三农"协同发展与中华民族实现从"站起来""富起来"到"强起来"的逻辑关系问题，中国特色社会主义"新三农"协同发展对"人类社会发展规律""社会主义建设规律"和"执政党建设规律"等规律揭示问题，以及中国特色社会主义"新三农"协同发展对新时代"举什么旗""走什么路""以什么精神状态""肩负什么样的时代使命"和"实现什么样的奋斗目标"等基本问题的回答。可以说，新时代中国特色社会主义"新三农"协同发展过程中不断对"三个哪里""三个起来""三个规律"和"五个什么"的科学回答将是一个长期的历史性过程。在这一过程中，始终要坚持以马克思主义"三农"论述及其中国化理论为指导，以习近平总书记关于"三农"工作的重要论述为指引，从学科和学术上回答为什么马克思主义和中国化马克思主义对指导中国特色社会主义"新三农"协同发展"行"的学理依据；始终强化党对新时代"三农"工作的全面领导，加强农村基层党组织建设和党员干部队伍建设，不断提高新时代党全面领导农村工作能力和水平，从党的初心和使命回答为什么中国共产党领导中国特色社会主义"新三农"协同发展"能"的政党逻辑；始终在坚定中国特色社会主义道路自信、理论自信、

---

① 《习近平关于"三农"工作论述摘编》，北京：中央文献出版社，2019年，第188页。
② 中共中央、国务院：《乡村振兴战略规划（2018—2022年）》，北京：人民出版社，2018年，第4页。

制度自信和文化自信中科学回答新时代坚持和发展什么样的中国特色社会主义"新三农"、怎样坚持和发展中国特色社会主义"新三农",从实践、理论、制度和文化结合的高度回答促进"新三农"协同发展为什么只有中国特色社会主义"好"的实践逻辑、制度逻辑和文化逻辑。

二、城乡融合与乡村振兴:让亿万农民共建共享美好生活的"两个抓手"

党的十八大以来,党和国家把城乡融合发展作为解决"三农"问题的根本途径,预示着新时代超越"传统产业结构转换"的经济视域、以"空间"建构方式重塑城乡工农关系、推进城镇与乡村"空间生产"的整合已达成决策共识。① 尽管党的十九大报告做出了实施乡村振兴战略的重大部署,并在此后由中共中央、国务院印发的《关于实施乡村振兴战略的意见》中强调实施乡村振兴战略"是决胜全面建成小康社会、全面建设社会主义现代化国家的重大历史任务,是新时代'三农'工作的总抓手"②,在《乡村振兴战略规划(2018—2022年)》中进一步强调实施乡村振兴战略"是建设现代化经济体系的重要基础","是建设美丽中国的关键举措","是传承中华优秀传统文化的有效途径","是健全现代社会治理格局的固本之策","是实现全体人民共同富裕的必然选择"③。但是我们也要看到,面对全面建设社会主义现代化强国和实现中华民族伟大复兴的目标使命,"最艰巨最繁重的任务在农村、最广泛最深厚的基础在农村、最大的潜力和后劲也在农村"的客观现实不仅强化和放大了城乡发展的不平衡不充分,也会进一步证明实现乡村全面振兴最大的瓶颈就是把实施乡村振兴战略作为新时代推进"三农"工作的"唯一抓手"。实际上,从改革开放到党的十八大以来中国特色社会主义进入新时代,中国特色社会主义"三农"发展和乡村振兴已经走到了重塑城乡关系、工农关系以及重构城乡地域空间格局的新阶段。而这一新的发展阶段,最突出的特点就是跳出"三农"来抓"三农"、跳出"乡村"来看"乡村振兴",也就是推动城乡融合发展也已经成为新时代中国特色社会主义"新三农"协同发展的"又一抓手"。对此,"我们一定要认识到,城镇和乡村是互促互进、共生共存的。能否处理好城乡关系,关乎社会主义现代化建设全局","城镇化是城乡协调发展的过程,不能以农业萎缩、乡村凋敝为代价",必须"重塑城乡关系,走城乡融合发展之路","推动形成工农互促、城乡互补、全面融合、共同繁荣的新型城乡工农关系"④。上述党和国家战略决策共识,进一步凸显了新时代要把坚持城乡融合发展和坚持乡村振兴作为推进中国特色社会主义"新三农"协同发展的"两个抓手",城乡融合和乡村振兴要同步发力,或者说在城乡融合框架下促进乡村全面振兴。

需要进一步强调的是,新时代以城乡融合发展和乡村全面振兴"两个抓手"共同推

---

① 翟坤周:《"三农"发展的时代意蕴与乡村振兴的集成路径》,《福建论坛(人文社会科学版)》2019年第6期,第52页。
② 《十九大以来重要文献选编》(上),北京:中央文献出版社,2019年,第157页。
③ 中共中央、国务院:《乡村振兴战略规划(2018—2022年)》,北京:人民出版社,2018年,第4~5页。
④ 习近平:《论坚持全面深化改革》,北京:中央文献出版社,2018年,第395页。

结语　坚持走中国特色社会主义"新三农"协同发展道路

动中国特色社会主义"新三农"协同发展，其根本价值目标和立场在于坚持以人民为中心的发展思想，顺应亿万农民新期待新期盼，要以生活富裕为根本来调动亿万农民共建共享新时代中国特色社会主义"新三农"协同发展，通过产业兴旺、生态宜居、乡风文明、治理有效、生活富裕等与亿万农民息息关联的具体领域整体建设厚植乡村发展优势、巩固乡村发展成果、共享乡村美好生活。毋庸讳言，在城乡融合与乡村振兴"两个抓手"共同推动下，把让亿万农民共建共享美好生活作为根本价值目标和立场，具有从经典马克思主义到当代中国化马克思主义以及中外发展型农学的深厚学理根据和理论涵养。我们知道，"发展为了人民，这是马克思主义政治经济学的根本立场"。人民性是马克思主义最鲜明品格。这不仅是马克思主义唯物史观强调的"历史活动是群众的活动"① 的人民主体力量的真理表达，也是中国共产党人在百年民族复兴征程中"始终把人民立场作为根本立场，把为人民谋幸福作为根本使命……尊重人民主体地位和首创精神"② 而带领中国人民创造历史伟业的根本法宝。中国共产党成立以来就一直把为亿万农民谋幸福作为政党和政治使命。改革开放以后，中国共产党人始终认为，"农民稳住了，事情就好办了"③，"调动我国几亿农民的社会主义积极性，必须在经济上充分关心他们的物质利益，在政治上切实保障他们的民主权利"④。党的十八大以来，"坚持农民主体地位""调动亿万农民的积极性、主动性、创造性""不断提升亿万农民获得感、幸福感、安全感"等决策共识，进一步强化了中国共产党人坚持以人民为中心来推进新时代"三农"协同发展的核心价值立场。这一核心价值立场和目标指向紧紧抓住了城乡融合发展与乡村全面振兴的真正主体力量，有助于为城乡融合发展和乡村全面振兴建构最广泛的群众基础，有助于把发挥党领导城乡融合发展和乡村全面振兴的最大制度优势转化为最大动力优势。

与此同时，城乡融合与乡村振兴时代推动中国特色社会主义"新三农"协同发展，就绕不开对"美好生活到底是什么""美好生活在城乡地域空间呈现出何种样态"以及"如何开启通往共建共享美好生活的大门"等问题的追问。对于这一系列问题的回答，中国共产党人在推进新时代中国特色社会主义"新三农"协同发展进程中，不能仅从党和国家关于农业、农村、农民的"治理"层面进行政治话语解构，也不能仅从农业、农村、农民的"事理"层面做出现状及问题阐释，而真正需要的是从农业、农村、农民的"学理"层面挖掘"三农"协同发展"治理"层面的政治逻辑、厘清"三农"协同发展的"事理"层面的样态趋势。因而，从"学理"层面确证新时代中国特色社会主义"新三农"协同发展对亿万乡村居民带来的生活意义，无论是作为"根"在"村落的守望者"，还是长期"飘"于"都市里的陌生人"，重新发现由城乡融合与乡村振兴所建构的具有生命价值和生活意义的社会，是新时代中国特色社会主义"新三农"协同发展核心价值立场的永恒主题。

中国特色社会主义进入新时代，"三农"协同发展的价值目标除了全面回应亿万农

---

① 《马克思恩格斯文集》（第1卷），北京：人民出版社，2009年，第287页。
② 《十九大以来重要文献选编》（上），北京：中央文献出版社，2019年，第429页。
③ 《新时期农业和农村工作重要文献选编》，北京：中央文献出版社，1992年，第6页。
④ 《新时期农业和农村工作重要文献选编》，北京：中央文献出版社，1992年，第10页。

民的美好生活需要之外，日益凸显出由农业、农村、农民构成的现代"农学"所强调和追求的经济发展价值、生态环境价值、社会生活价值的辩证统一性。改革开放以来，中国特色社会主义现代"农学"价值目标逐渐经历了一个从初级到高级的演变过程：从生存伦理的维系和生活水平的提升到生态与环境的维持和改善，再到村落社会文化生活的延续和发展。第一阶段是一种基于"美好生活主体"生存性伦理需要的"生产性农学"；第二阶段和第三阶段逐渐地演变为一种基于"美好生活主体"发展性多样需要的"生活性农学"和"生命性农学"。无论是生产性、生活性"农学"还是生命性"农学"，都突出乡村特定地域空间"美好生活主体"对"农学"综合价值的呼唤和诉求。这种将农业、农村、农民之间整合形成的基于"美好生活主体"对生产性、生活性、生命性价值关切的现代"农学"，必将成为中国特色社会主义"新三农"协同发展带给乡村地域空间"美好生活主体"最宝贵的财富。从这个意义上，城乡融合与乡村振兴时代，我们追求的"新三农"协同发展，同时也是一种城乡融合带来的"空间性农学"，它将会在城乡之间的空间场域和场景建构中为"美好生活主体"提供有意义和有价值的乡村诗意栖居和乡村美好的生活。在日益全球化和城镇化过程中，我们越发对城镇化抱有现代都市的生活想象，我们也就越发渴望在观念、制度和行动方面从城市出发回归到地方性认同的"乡野绿林"和"乡愁情愫"之间。因此，基于乡村地域空间"生活主体"的美好生活创造和美好生活实现，不得不从城乡融合发展和乡村全面振兴"两个抓手"出发，找到实现"美好生活"和"美好社会"联姻之路，重回"生活"的乡村社会和都市社会。

三、宏观、中观和微观："新三农"协同发展方略原则的"三个层次"

一个民族、国家或地区，无论是从党和国家的政治权力到社会公众的利益实现，还是从社会公共空间到个体私人空间；无论是从中央到地方，还是从政府到市场和社会，总是蕴含着宏观、中观和微观等不同层面的运作机理和现实样态。也正是从宏观到中观、微观这种具有明显层次性的运作机理和现实样态成为链接党和国家宏观政治话语、战略导向与地方性发展理念、模式选择这一"最后一公里"的中介环节和中间枢纽。特别是像中国共产党领导的中国特色社会主义现代化国家，这种宏观、中观和微观的层级治理框架和模式显得尤为突出，甚至成为推进"新三农"协同发展的实施方略和原则的一个决定性因素。

作为一个发展中国家，中国在面临传统的、现代的和后现代的各种因素叠加累积的社会现实的同时，也就不能忽视或轻视中国地方性发展的差异性和复杂性。可以说，推进中国特色社会主义"新三农"协同发展的实施方略和原则，不能忽视或轻视从宏观层面到微观层面面临的各种自然的、经济的、社会的、政治的、文化的、生态文明的、党的建设等的具体内容对新时代"三农"协同发展的差异性影响。这正是由处理好宏观、中观、微观层次性关系作为实现党和国家宏观政治政策话语与中观、微观地方性实践的链接枢纽和中介环节的地位决定的。

因此，围绕新时代"新三农"协同发展实施方略原则的宏观、中观和微观层，既能将党和国家关于新时代中国特色社会主义"三农"发展的政治话语有效转化为政策话语，也有助于实现新时代中国特色社会主义"三农"发展的政策话语转化为政策执行，最终解决党和国家政治话语和政策话语的"最后一公里"的问题。从党和国家宏观政治话语和政策话语来看，推进新时代中国特色社会主义"新三农"协同发展，必须始终坚持以习近平新时代中国特色社会主义思想为指导，在科学回答坚持和发展什么样的中国特色社会主义"新三农"、怎样坚持和发展中国特色社会主义"新三农"这一基本政治命题中，始终坚持党对"三农"工作的领导、坚持农民主体地位、坚持农业农村优先发展、坚持乡村全面振兴和城乡融合发展、坚持乡村地域人与自然和谐共生、坚持改革创新激发活力等宏观性实施原则；从各级地方党委和政府辖区的中观层面来看，从经济社会到自然资源的区域差异都十分明显，中观层也是链接宏观层和微观层的中间枢纽和中介环节，各级地方党委政府推进区域新时代"新三农"协同发展从上来说是对党和国家宏观政治话语和政策话语的"地方化"过程，从各行政村组或自然村组来说又是各级地方党委政府政治话语和政策话语的"地方化"过程。由此可见，从党和国家的宏观层面的"新三农"协同发展到自然村组或行政村组微观层面的"新三农"协同发展，归根到底是一个党和国家宏观政治话语和政策话语不断"地方化"的过程，而这种"地方化"过程突出了"地方性"的区域差异与"新三农"协同发展的"融合性"，需要同时重视新时代"三农"协同发展的"地方性"政治话语和"地域性"政策制定。因此，在城乡融合与乡村振兴时代加快推进中国特色社会主义"新三农"协同发展，又必须"坚持因地制宜、循序渐进。科学把握乡村差异性和发展走势分化特征，做好顶层设计，注重规划先行、因势利导、分类施策、突出重点、体现特色、丰富多彩"①，不断分类推进集聚提升类村庄、城郊融合类村庄、特色保护类村庄、搬迁撤并类村庄的"新三农"协同发展实践模式探索。

当然，"新三农"协同发展实施方略原则包蕴的宏观层、中观层、微观层不是截然分割的，它们本质上是一个有机整体，这种"层次性"分解仅仅是为了凸显从党和国家宏观政治话语和政策话语如何实现有效的"地方化"，且能形成发挥"地方性"比较优势的"新三农"协同发展路径和政策。

四、主体、产业、空间和制度整合："新三农"协同发展的"四条路向"

从中国由农耕文明向工业文明、生态文明转型，由传统社会走向现代社会，由"乡土中国"进入"城乡中国"这样一个大视角出发，从中国现代化在世界现代化浪潮中呈现出中国特色社会主义道路的"独特性"出发，新时代中国特色社会主义"三农"协同发展已然面临着纷繁复杂的国际背景和带有中国独有的政治、文化、社会意义的国内环境。这一系列发展转型为深入理解新时代"三农"协同发展提供了一个可供参照的解释路径。但是，纵观人类历史的演进，客观上又存在着这样一种发展悖论："历史演进包蕴着悖论——前现代有可能构成现代阻力，现代则埋伏着后现代路上的陷阱，而后现代在超越现代之际往往须借助对前现代的创造性复归。"②无论人类文明演进到何种地步，发展总是围绕着主体、产业、技术、空间、制度等基础性要素的相互作用、相互影响而

---

① 中共中央、国务院：《乡村振兴战略规划（2018—2022年）》，北京：人民出版社，2018年，第13页。
② 冯天瑜：《中国文化生成史》，武汉：武汉大学出版社，2016年，第3页。

不断向更高阶社会迈进的过程。在此基础上，推进中国特色社会主义"新三农"协同发展，也就不可避免地受制于传统、现代和后现代因素叠加的影响。那么，当新时代"新三农"协同发展这一重大理论和实践命题面临着中国从"乡土中国"向"城乡中国"整体转型以及由这种转型带来的乡村主体结构、产业结构、空间结构、制度政策结构具体变迁的现实境遇之时，能否从"主体—产业—空间—制度"的协同维度抓住中国发展遭遇的多重"转型"挑战和时代"变迁"带来的"变革"机遇，构建一种"体现人与人、人与社会、人与自然、人的内在身心和谐的生活方式"[①]，实现农业、农村与农民之间的协同以及"三农"与城镇化、工业化、信息化、绿色化的协同，这将是坚定不移走中国特色社会主义"新三农"协同发展之路的正确路向。

同时，中国特色社会主义"新三农"协同发展之路的正确路向是与中国特色社会主义现代化道路具有高度一致性的，与西方发达国家处理城乡关系、处理"三农"关系有着本质的不同。显然，"我国现代化同西方发达国家有很大不同。西方发达国家是一个'串联式'的发展过程，依照工业化、城镇化、农业现代化、信息化顺序发展"，我们"必然是一个'并联式'的过程，工业化、信息化、城镇化、农业现代化是叠加发展的"[②]。中国特色社会主义现代化之路的复杂性和艰巨性，也就决定了中国特色社会主义"新三农"协同发展应以新型城镇化、工业化、信息化、农业现代化、绿色化"五化同步发展"为实践指引和现实条件，新时代"新三农"协同发展不能脱离"五化同步发展"的中国现代化之路。正是在这样正确的认知前提下，党的十八大以来，习近平总书记不仅从农业、农民和农村协同发展的整体性来看待新时代"三农"问题，也从"三农"与新型城镇化、工业化、信息化、绿色化同步发展的联动性以及人类社会现代化发展的普遍规律性来认识新时代"三农"问题。因此，中国特色社会主义"并联式"现代化道路的复杂性和艰巨性，进一步决定了"城乡中国"时代和"城乡融合"阶段"新三农"协同发展的战略导向及推进路径不同于"乡土中国"时代和"城乡统筹"阶段。党的十九大提出"城乡融合"和"实施乡村振兴战略"，标志着新时代"三农"协同发展已进入到城乡融合与乡村振兴引领农业农村优先发展的战略阶段。这一阶段是立足于走中国特色社会主义"并联式"现代化道路而面向建设社会主义现代化强国和实现中华民族伟大复兴的长期阶段，这一阶段是以城乡融合和乡村振兴"双轮驱动"引领乡村地域"主体—产业—空间—制度"等路径协同跨越乡村衰败这一"人类发展难以避免的'现代化陷阱'"[③]的战略转型阶段。中国特色社会主义城乡融合发展与乡村振兴战略实施的阶段性，也进一步决定了实现新时代中国特色社会主义"新三农"协同发展，必须把乡村地域的主体、产业、空间和制度等层面有效整合起来，并将其作为实现"新三农"协同发展的基本路向。

就新时代"新三农"协同发展的主体路径维度而言，解决好乡村社会"人"的问题

[①] 王雅林：《回家的路：重回生活的社会》，北京：社会科学文献出版社，2017年，第12页。
[②] 中共中央文献研究室：《习近平关于社会主义经济建设论述摘编》，北京：人民出版社，2017年，第159页。
[③] 王木森、唐鸣：《马克思主义共享理论视角下乡村振兴战略：逻辑与进路》，《新疆师范大学学报（哲学社会科学版）》2019年第5期，第125页。

是推进新时代中国特色社会主义"新三农"协同发展的关键。乡村社会"主体"本身就是随着城乡关系、工农关系以及乡村经济社会变迁而处于动态发展的,最突出的体现就是乡村社会"主体"的阶层结构、人力资本结构、性别年龄结构等发生了显著变化。从某种程度上来看,乡村社会"主体"结构变迁既是"新三农"协同发展的挑战,又是"新三农"协同发展的机遇,在推进"新三农"协同发展过程中坚持辩证思维,放大和利用好乡村社会"主体"结构变迁的优势。从农业经营主体结构来看,既要看到传统意义上"农民的终结"和现代意义上"新农人的崛起"同时并存,又要看到集约化、专业化、组织化和社会化新型农业经营主体的不断出现;从政府主体和市场主体结构来看,政府主体长期重视"三农"协同发展,政府推进"三农"协同发展的治理能力得到提升,市场主体也不断跨越城乡空间地域限制,进入新时代"三农"协同发展领域,不断推动乡村产业业态及技术支撑的升级迭代,为乡村全面振兴提供了前所未有的"人力资本"。就新时代"新三农"协同发展的产业路径维度而言,解决好产业兴旺和产业融合问题是新时代中国特色社会主义"新三农"协同发展的重点。乡村社会"产业"发展已经进入到超越传统"农业"单一产业维度而呈现出一、二、三产业交叉融合的新阶段,这一过程是伴随着党和国家对农业产业的功能不断拓展、社会主义市场经济不断发展以及人民美好生活水平不断提升而形成起来的。乡村社会"产业融合"形成的现代农业产业体系、生产体系、经营体系是建设现代化经济体系的重要组成部分。就新时代"新三农"协同发展的空间路径维度而言,乡村地域"空间"优化和重塑是新时代中国特色社会主义"新三农"协同发展的国土载体。从空间的物理属性来看,推进新时代中国特色社会主义"新三农"协同发展要加强物理空间场景、人文空间场景、网络空间场景的建构;从空间的功能属性来看,推进新时代中国特色社会主义"新三农"协同发展要加强对生产性空间场景、生活性空间场景、生态性空间场景、生命性空间场景的塑造。这两类属性的空间场景建构对于乡村社会"美好生活主体"具有重要的价值和意义,需要党和国家推动"三农"工作时高度重视。就新时代"新三农"协同发展的制度路径维度而言,突出体现为"新三农"协同发展的制度类型优化以及法治化进程。从新时代"三农"协同发展的制度类型来看,主要是从强制性制度、诱致性制度、引导性制度三个层面协同衔接来建立健全制度体系,不断加强主体功能区规划制度对建立国土空间规划体系的重要功能及其在推进新时代"新三农"协同发展中的运用;同时,不断加强"新三农"协同发展的法治化建设,推动《中国共产党农村工作条例》《中国共产党农村基层党组织工作条例》《乡村振兴战略规划(2018—2022年)》等实施和执行,不断加强中国特色社会主义"新三农"协同发展的制度保障和法治保障。

阶段性成果

1. 决策咨询报告

[1] 王国敏：《推进成都市农民集中居住持续发展的政策建议》，四川省社会科学界联合会《重要成果专报》2015年第11期（总第345期）采纳，省委省政府主要领导做出重要批示。

[2] 王国敏：《加快推进四川藏彝深度贫困区脱贫摘帽的对策建议》，四川省社会科学界联合会《重要成果专报》2017年第19期（总第420期）采纳，省委省政府主要领导做出重要批示。

2. 学术期刊论文

[1] 王国敏、陈加飞：《"四个全面"战略思想是中国特色社会主义理论体系最新成果》，《理论学刊》2015年第8期，第4~10页。

[2] 王国敏、王元聪：《我国城镇化发展的四大误区及对策研究》，《思想战线》2015年第6期，第84~87页。

[3] 王国敏、王元聪：《"三农"发展中的四大矛盾及其破解策略》，《探索》2016年第5期，第141~145页。

[4] 王国敏、周庆元：《我国粮食综合生产能力影响因素的实证分析》，《四川大学学报（哲学社会科学版）》2016年第3期，第82~88页。

[5] 王国敏、张宁：《论中国农村经济从第一次飞跃向第二次飞跃的转换》，《西南民族大学学报（人文社会科学版）》2016年第2期，第192~197页。

[6] 王国敏、张宁、杨永清：《贫困脆弱性解构与精准脱贫制度重构——基于西部农村地区》，《社会科学研究》2017年第5期，第67~76页。

[7] 王国敏、常璇：《我国农业结构性矛盾与农业供给侧改革的着力点》，《理论探索》2017年第6期，第100~106页。

[8] 王国敏、刘碧：《新时代少数民族深度贫困区精准脱贫：问题诊断与破解策略》，《福建论坛（人文社会科学版）》2019年第5期，第100~106页。

[9] 翟坤周：《经济绿色治理的整合型实施机制构建》，《中国特色社会主义研究》2016

年第 4 期，第 88~95 页。
[10] 翟坤周：《生态文明融入新型城镇化的空间整合与技术路径》，《求实》2016 年第 6 期，第 47~57 页。
[11] 翟坤周、王国敏：《我国移居农民集中居住的实践逻辑与实证分析——成都实践检视》，《学习与实践》2016 年第 10 期，第 94~106 页。
[12] 翟坤周：《"三农"发展的时代意蕴与乡村振兴的集成路径》，《福建论坛（人文社会科学版）》2019 年第 6 期，第 48~56 页。
[13] 罗静、郑晔：《绿色经济与资源环境、社会进步》，《社会科学研究》2015 年第 6 期，第 49~54 页。
[14] 罗浩轩：《新常态下中国农业经济增长的三重冲击及其治理路径——基于 1981—2013 年中国农业全要素生产率的测算》，《上海经济研究》2017 年第 2 期，第 24~33 页。
[15] 罗浩轩：《中国区域农业要素禀赋结构变迁的逻辑和趋势分析》，《中国农村经济》2017 年第 3 期，第 46~59 页。
[16] 罗浩轩：《当代中国农业转型"四大争论"的梳理与评述》，《农业经济问题》2018 年第 5 期，第 33~42 页。
[17] 罗浩轩、郑晔：《中美贸易摩擦下我国农业产业安全深层次困境及破解思路》，《西部论坛》2019 年第 1 期，第 46~59 页。
[18] 蒋和胜、费翔、唐虹：《不同经济发展水平下集中居住前后农民的福利变化——基于成都市不同圈层的比较分析》，《经济理论与经济管理》2016 年第 4 期，第 87~99 页。
[19] 蒋和胜、张新春、余梦秋：《TPP 协议框架下的美国农产品贸易战略及中国的应对之策》，《农村经济》2016 年第 8 期，第 125~129 页。
[20] 陈乐香：《共享发展理念的价值论蕴涵与实践逻辑》，《四川师范大学学报（社会科学版）》2017 年第 5 期，第 5~10 页。
[21] 杨永清：《经验观照、价值取向与新型城镇化推进策略》，《农村经济》2016 年第 8 期，第 84~89 页。
[22] 杨永清：《新型城镇化进程中农民市民化的理性选择及优化策略研究》，《西南民族大学学报（人文社会科学版）》2016 年第 10 期，第 188~193 页。

参考文献

1. 著作类

[1] 中共中央马克思恩格斯列宁斯大林著作编译局. 马克思恩格斯文集（全十卷）[M]. 北京：人民出版社，2009.

[2] 中共中央马克思恩格斯列宁斯大林著作编译局. 马克思恩格斯选集（全四卷）[M]. 北京：人民出版社，2012.

[3] 中共中央马克思恩格斯列宁斯大林著作编译局. 列宁全集（全六十卷）[M]. 北京：人民出版社，2017.

[4] 中共中央马克思恩格斯列宁斯大林著作编译局. 列宁专题文集（全五卷）[M]. 北京：人民出版社，2009.

[5] 毛泽东. 毛泽东文集（全八卷）[M]. 北京：人民出版社，1993；1996；1999.

[6] 邓小平. 邓小平文选（全三卷）[M]. 北京：人民出版社，1993；1994.

[7] 中共中央文献研究室. 邓小平年谱（1975—1997）：上、下 [M]. 北京：中央文献出版社，2004.

[8] 江泽民. 江泽民文选（全三卷）[M]. 北京：人民出版社，2006.

[9] 胡锦涛. 胡锦涛文选（全三卷）[M]. 北京：人民出版社，2016.

[10] 习近平. 之江新语 [M]. 杭州：浙江人民出版社，2007.

[11] 习近平. 习近平谈治国理政 [M]. 北京：外文出版社，2014.

[12] 习近平. 习近平谈治国理政 [M]. 第 2 卷. 北京：外文出版社，2017.

[13] 习近平. 论坚持全面深化改革 [M]. 北京：中央文献出版社，2018.

[14] 中共中央文献研究室. 习近平关于协调推进"四个全面"战略布局论述摘编 [M]. 北京：中央文献出版社，2015.

[15] 中共中央文献研究室. 习近平关于社会主义经济建设论述摘编 [M]. 北京：中央文献出版社，2017.

[16] 中共中央党史和文献研究院. 习近平扶贫论述摘编 [M]. 北京：中央文献出版社，2018.

[17] 中共中央党史和文献研究院. 习近平关于"三农"工作论述摘编 [M]. 北京：中

央文献出版社，2019.

[18] 中共中央文献研究室. 十二大以来重要文献选编［M］. 北京：人民出版社，1986；1988.

[19] 中共中央文献研究室. 十三大以来重要文献选编：上、中、下［M］. 北京：人民出版社，1991；1993.

[20] 中共中央文献研究室. 十四大以来重要文献选编：上、中、下［M］. 北京：人民出版社，1996；1997；1999.

[21] 中共中央文献研究室. 十五大以来重要文献选编：上、中、下［M］. 北京：人民出版社，2000；2001；2003.

[22] 中共中央文献研究室. 十六大以来重要文献选编：上、中、下［M］. 北京：中央文献出版社，2005；2006；2008.

[23] 中共中央文献研究室. 十七大以来重要文献选编：上、中、下［M］. 北京：中央文献出版社，2009；2011；2013.

[24] 中共中央文献研究室. 十八大以来重要文献选编：上、中［M］. 北京：中央文献出版社，2014；2016.

[25] 中共中央党史和文献研究院. 十八大以来重要文献选编：下［M］. 北京：中央文献出版社，2018.

[26] 中共中央党史和文献研究院. 十九大以来重要文献选编：上［M］. 北京：中央文献出版社，2019.

[27] 中共中央文献研究室. 十一届三中全会以来党的历次全国代表大会中央全会重要文件选编：上、下［M］. 北京：中央文献出版社，1997；2000.

[28] 中共中央文献研究室. 改革开放三十年重要文献选编：上、下［M］. 北京：中央文献出版社，2008.

[29] 改革开放以来历届三中全会文件汇编［M］. 北京：人民出版社，2013.

[30] 中共中央国务院关于"三农"工作的一号文件汇编（1982—2014）［M］. 北京：人民出版社，2014.

[31] 中共中央关于坚持和完善中国特色社会主义制度推进国家治理体系和治理能力现代化若干重大问题的决定［M］. 北京：人民出版社，2019.

[32] 中华人民共和国国民经济和社会发展第十四个五年规划和2035年远景目标纲要［M］. 北京：人民出版社，2021.

[33] 中共中央国务院关于全面推进乡村振兴加快农业农村现代化的意见［M］. 北京：人民出版社，2021.

[34] 全国主体功能区规划［M］. 北京：人民出版社，2015.

[35] 中华人民共和国国民经济和社会发展第十三个五年规划纲要［M］. 北京：人民出版社，2016.

[36] 中共中央国务院关于稳步推进农村集体产权制度改革的意见［M］. 北京：人民出版社，2017.

[37] 中共中央国务院关于加强和完善城乡社区治理的意见［M］. 北京：人民出版

社，2017.

[38] 乡村振兴战略规划（2018—2022年）[M]. 北京：人民出版社，2018.
[39] 中国共产党农村基层组织工作条例 [M]. 北京：人民出版社，2019.
[40] 中共中央国务院关于建立健全城乡融合发展体制机制和政策体系的意见 [M]. 北京：人民出版社，2019.
[41] 中共中央国务院关于建立国土空间规划体系并监督实施的若干意见 [M]. 北京：人民出版社，2019.
[42] 关于加强和改进乡村治理的指导意见 [M]. 北京：人民出版社，2019.
[43] 中国共产党农村工作条例 [M]. 北京：人民出版社，2019.
[44] 农业部农村经济研究中心. 面向"十二五"的中国农村发展 [M]. 北京：中国农业出版社，2010.
[45] 杜润生. 杜润生自述：中国农村体制变革重大决策纪实 [M]. 北京：人民出版社，2005.
[46] 陆学艺. "三农论"——当代中国农业、农村、农民研究 [M]. 北京：社会科学文献出版社，2002.
[47] 陆学艺. "三农"新论——当前中国农业、农村、农民问题研究 [M]. 北京：社会科学文献出版社，2005.
[48] 陆学艺. "三农"续论——当代中国农业、农村、农民问题研究 [M]. 重庆：重庆出版社，2013.
[49] 林毅夫. 制度、技术与中国农业发展 [M]. 上海：上海三联书店，上海人民出版社，1992.
[50] 林毅夫. 再论制度、技术与中国农业发展 [M]. 北京：北京大学出版社，2000.
[51] 温铁军. "三农"问题与制度变迁 [M]. 北京：中国经济出版社，2009.
[52] 温铁军. 中国新农村建设报告 [M]. 福州：福建人民出版社，2010.
[53] 陈锡文，等. 中国农村制度变迁60年 [M]. 北京：人民出版社，2009.
[54] 周其仁. 产权与制度变迁（增订本）[M]. 北京：北京大学出版社，2004.
[55] 黄宗智. 明清以来的乡村社会经济变迁：历史、理论与现实 [M]. 北京：法律出版社，2014.
[56] 赵智奎. 改革开放30年思想史 [M]. 北京：人民出版社，2008.
[57] 贺雪峰. 新乡土中国：转型期乡村社会调查笔记 [M]. 桂林：广西师范大学出版社，2003.
[58] 孔祥智，等. 农业经济学 [M]. 北京：中国人民大学出版社，2014.
[59] 罗必良. 现代农业发展理论：逻辑线索与创新路径 [M]. 北京：中国农业出版社，2009.
[60] 白永秀，吴丰华. 中国城乡发展一体化：历史考察、理论演进与战略推进 [M]. 北京：人民出版社，2015.
[61] 包亚明. 现代性与空间的生产 [M]. 上海：上海教育出版社，2003.
[62] 曹阳. 当代中国农业生产组织现代化研究 [M]. 北京：中国社会科学出版

社，2015.

[63] 陈池波，郑家喜. 加强农业支持力度的制度创新和政策调整对策研究［M］. 长沙：湖北人民出版社，2014.

[64] 陈燕妮. 马克思恩格斯城乡融合思想与我国城乡一体化发展研究［M］. 北京：中国社会科学出版社，2017.

[65] 段进军. 转型期中国城市社会空间重构研究［M］. 苏州：苏州大学出版社，2015.

[66] 冯健. 乡村重构：模式与创新［M］. 北京：商务印书馆，2012.

[67] 冯天喻. 中国文化生成史［M］. 武汉：武汉大学出版社，2016.

[68] 高晓燕. 基于供给视角的农村金融改革研究［M］. 北京：中国金融出版社，2012.

[69] 何格，等. 政策创新驱动新型农业经营主体培育研究：以四川为例［M］. 北京：中国农业出版社，2018.

[70] 何增科，周凡. 农业的政治经济分析［M］. 重庆：重庆出版社，2008.

[71] 洪银兴，等. 三农现代化的现代途径［M］. 北京：经济科学出版社，2009.

[72] 胡亦琴. 农村土地市场化进程中的政府规制研究［M］. 北京：经济管理出版社，2013.

[73] 黄祖辉，等. 农业现代化：理论、进程与途径［M］. 北京：中国农业出版社，2003.

[74] 蒋和平，等. 中国特色农业现代化建设机制与模式［M］. 北京：中国农业出版社，2013.

[75] 李昌来. "三农"科学发展论［M］. 北京：中国农业出版社，2008.

[76] 李红娟. 农村土地产权制度改革：从身份到契约的嬗变［M］. 北京：中国政法大学出版社，2017.

[77] 李燕凌. 农村公共产品供给问题论［M］. 北京：中国社会科学出版社，2016.

[78] 李燕凌. 农村公共产品供给问题论——基于新供给经济学的效率问题再认识［M］. 北京：中国社会科学出版社，2016.

[79] 李友梅，等. 从弥散到秩序："制度与生活"视野下的中国社会变迁（1921—2011）［M］. 北京：中国大百科全书出版社，2011.

[80] 李增元. 新型城镇化背景下的农村社区治理［M］. 北京：社会科学文献出版社，2018.

[81] 林峰，等. 乡村振兴战略规划与实施［M］. 北京：中国农业出版社，2018.

[82] 刘奇. 大国三农［M］. 北京：中国发展出版社，2016.

[83] 陆世宏. 中国农业现代化道路的探索［M］. 北京：社会科学文献出版社，2006.

[84] 陆益龙. 后乡土中国［M］. 北京：商务印书馆，2017.

[85] 陆益龙. 制度、市场与中国农村发展［M］. 北京：中国人民大学出版社，2013.

[86] 吕庆春，伍爱华. 转型社会中的农民市民化与社会风险［M］. 北京：中央编译局出版社，2014.

[87] 马晓河. 结构转换与农业发展：一般理论和中国的实践 [M]. 北京：商务印书馆，2004.

[88] 彭明. 中国现代史资料选辑第一、二册补编（1919—1927）[M]. 北京：中国人民大学出版社，1991.

[89] 沈传亮，李庆刚. 三中全会——中共重大改革决策实录 [M]. 北京：人民出版社，2014.

[90] 石智雷. 城市化改造传统农民 [M]. 北京：中国人民大学出版社，2016.

[91] 孙迪亮. 富农之道：中国共产党解决农民增收问题的理论与实践 [M]. 济南：山东人民出版社，2013.

[92] 王春光. 超越城乡：资源、机会一体化配置 [M]. 北京：社会科学文献出版社，2016.

[93] 王丰，蒋永穆. 马克思主义农业现代化思想演进论 [M]. 北京：中国农业出版社，2015.

[94] 王立胜. 中国农村现代化社会基础研究（修订版）[M]. 济南：济南出版社，2018.

[95] 王先明. 乡路漫漫：20世纪之中国乡村（1901—1949）：上、下 [M]. 北京：社会科学文献出版社，2017.

[96] 王雅林. 回家的路：重回生活的社会 [M]. 北京：社会科学文献出版社，2017.

[97] 吴宝华. 新型城镇化进程中农民市民化研究 [M]. 北京：社会科学文献出版社，2019.

[98] 武力，郑有贵. 解决"三农"问题之路——中国共产党"三农"思想政策史 [M]. 北京：中国经济出版社，2004.

[99] 武力，郑有贵. 中国共产党"三农"思想政策史（1921—2013）[M]. 北京：中国时代经济出版社，2013.

[100] 武力，郑有贵. 中国共产党"三农"思想政策史 [M]. 北京：中国时代经济出版社，2013.

[101] 徐勇，等. 中国农村与农民问题前沿研究 [M]. 北京：经济科学出版社，2009.

[102] 徐勇. 乡村治理的中国根基与变迁 [M]. 北京：中国社会科学出版社，2019.

[103] 李凤瑞. 农民增收新论 [M]. 北京：中共中央党校出版社，2002.

[104] 杨卫军. 农民增收：人力资本视角的研究 [M]. 西安：西北大学出版社，2010.

[105] 郁建兴，高翔. 从行政推动到内源发展：中国农业农村的再出发 [M]. 北京：北京师范大学出版社，2013.

[106] 张奋勤，等. 农民劳动力非农就业研究 [M]. 北京：中国财政经济出版社，2006.

[107] 张培刚. 农业与工业化 [M]. 武汉：华中工学院出版社，1984.

[108] 张日新，万俊毅. 要素配置与新农村建设研究 [M]. 北京：中国经济出版社，2011.

[109] 张晓山，等. 农民增收问题的理论探索与实证分析 [M]. 北京：经济管理出版社，2007.

[110] 张郁达. 中国城镇化进程中的农村土地制度改革［M］. 北京：知识产权出版社，2015.

[111] 赵海东. 中国农民增收的约束条件与路径选择［M］. 南昌：江西人民出版社，2007.

[112] 赵德余. 政策模拟与实验［M］. 上海：上海人民出版社，2015.

[113] 赵德余. 经济政策的选择与挑战［M］. 上海：上海人民出版社，2016.

[114] 折晓叶，艾云. 城乡关系演变的制度逻辑和实践过程［M］. 北京：中国社会科学出版社，2014.

[115] 郑有贵. 目标与路径——中国共产党"三农"理论与实践60年［M］. 长沙：湖南人民出版社，2009.

[116] 周韬. 城市"空间—产业"互动发展研究［M］. 北京：中国经济出版社，2016.

[117] 周应恒，等. 现代农业发展战略研究［M］. 北京：经济科学出版社，2012.

[118] 朱启臻. 生存的基础：农业的社会学特性与政府责任［M］. 北京：社会科学文献出版社，2013.

[119] 王国敏. 农业产业化与农业宏观政策研究［M］. 成都：四川大学出版社，2002.

[120] 王国敏. 农业产业化与农业宏观政策研究［M］. 成都：四川大学出版社，2005.

[121] 王国敏，等. 中国特色农业现代化道路的实现模式研究［M］. 成都：四川大学出版社，2013.

[122] 王国敏，等. 加强农业基础地位和确保国家粮食安全战略研究［M］. 成都：四川大学出版社，2014.

[123] 王国敏，等. 四川现代农业发展与新型农业经营体系创新研究［M］. 成都：四川大学出版社，2015.

[124] 翟坤周. 生态文明融入经济建设的多维理路研究——制度、机制与路径［M］. 北京：中国社会科学出版社，2017.

[125] 增长的极限——罗马俱乐部关于人类困境的研究报告［M］. 李宝恒，译. 成都：四川人民出版社，1983.

[126] 杜能. 孤立国同农业和国民经济的关系［M］. 吴衡康，译. 北京：商务印书馆，1986.

[127] 孟德拉斯. 农民的终结［M］. 李培林，译. 北京：中国社会科学出版社，1991.

[128] 约翰逊. 经济发展中的农业、农村、农民问题［M］. 林毅夫，赵耀辉，译. 北京：商务印书馆，2004.

[129] 苏贾. 后现代地理学［M］. 王文斌，译. 北京：商务印书馆，2004.

[130] 诺思. 制度、制度变迁与经济绩效［M］. 杭行，译. 上海：上海人民出版社，2008.

[131] 费景汉，古斯塔夫·拉尼斯. 增长和发展：演进观点［M］. 洪银兴，等译. 北京：商务图书馆，2004.

[132] 特纳. 社会宏观动力学——探求人类组织的理论［M］. 林聚任，葛忠明，等，译. 北京：北京大学出版社，2006.

[133] 刘易斯. 二元经济论 [M]. 施炜, 等, 译. 北京：北京经济学院出版社, 1989.
[134] 舒尔茨. 改造传统农业 [M]. 梁小民, 译. 北京：商务印书馆, 1987.
[135] 普沃斯基. 国家与市场：政治经济学入门 [M]. 郦菁, 等译. 上海：格致出版社, 上海人民出版社, 2009.
[136] 梅尔. 农业经济发展学 [M]. 何宝玉, 等译. 北京：农村读物出版社, 1988.
[137] 熊彼特. 经济发展理论 [M]. 何畏, 等译. 北京：商务印书馆, 1990.
[138] 斯科特. 农民的道义经济学：东南亚的反叛与生存 [M]. 程立显, 等译. 南京：译林出版社, 2001.
[139] 格雷泽, 沃克尔. 20世纪的马克思主义——全球导论 [M]. 王立胜, 译. 南京：江苏人民出版社, 2011.
[140] 速水佑次郎, 拉坦. 农业发展的国际分析 [M]. 郭熙保, 等译. 北京：中国社会科学出版社, 2000.
[141] 祖田修. 近现代农业思想史——从工业革命到21世纪 [M]. 张玉林, 钱红雨, 译. 北京：清华大学出版社, 2015.
[142] 祖田修. 农学原论 [M]. 张玉林, 等译. 北京：中国人民大学出版社, 2003.
[143] 森. 以自由看待发展 [M]. 任赜, 于真, 译. 北京：中国人民大学出版社, 2002.
[144] 庇古. 福利经济学 [M]. 朱泱, 等译. 北京：商务印书馆, 2006.
[145] 霍华德. 明日的田园城市 [M]. 金经元, 译. 北京：商务印书馆, 2000.
[146] 甘布尔. 政治和命运 [M]. 胡晓进, 等译. 南京：江苏人民出版社, 2003.
[147] 吉登斯. 第三条道路及其批评 [M]. 孙相东, 译. 北京：中共中央党校出版社, 2002.
[148] 吉登斯. 社会的构成：结构化理论大纲 [M]. 李康, 李猛, 译. 北京：生活·读书·新知三联书店, 1998.

2. 论文类

[1] 李克强. 论我国经济的三元结构 [J]. 中国社会科学, 1991 (3).
[2] 杜润生. 中国农村的社会主义改造与经济体制改革 [J]. 中国改革, 2003 (12).
[3] 陆学艺, 杨桂宏. 破除城乡二元结构体制是解决"三农"问题的根本途径 [J]. 中国农业大学学报（社会科学版）, 2013 (3).
[4] 陆学艺. 解决好三农问题亟需农村第二步改革 [J]. 中共福建省委党校（福建行政学院）学报, 2008 (7).
[5] 林毅夫. 发展战略、自生能力和经济收敛 [J]. 经济学（季刊）, 2002 (1).
[6] 蔡昉. 中国农村改革三十年——制度经济学的分析 [J]. 中国社会科学, 2008 (6).
[7] 蔡昉. 穷人的经济学——中国扶贫理念、实践及其全球贡献 [J]. 世界经济与政治, 2018 (10).
[8] 陈锡文. 中国特色农业现代化的几个主要问题 [J]. 改革, 2012 (10).

[9] 陈锡文. 当前我国农村改革发展面临的几个重大问题 [J]. 农业经济问题, 2013, 34 (1).

[10] 陈锡文. 落实发展新理念破解农业新难题 [J]. 农业经济问题, 2016 (3).

[11] 陈锡文. 论农业供给侧结构性改革 [J]. 中国农业大学学报（社会科学版）, 2017, 34 (2).

[12] 陈锡文. 从农村改革四十年看乡村振兴战略的提出 [J]. 行政管理改革, 2018 (4).

[13] 陈锡文. 乡村振兴的核心在于发挥好乡村的功能 [J]. 上海农村经济, 2019 (4).

[14] 韩俊. 推进社会主义新农村建设需要处理好的若干重大关系 [J]. 开发研究, 2006 (5).

[15] 韩俊. 深化"三农"改革有两个难点 [J]. 农村工作通讯, 2012 (22).

[16] 韩俊. 中国"三农"问题的症结与政策展望 [J]. 中国农村经济, 2013 (1).

[17] 韩俊. 农业供给侧结构性改革是乡村振兴战略的重要内容 [J]. 中国经济报告, 2017 (12).

[18] 韩俊. 关于实施乡村振兴战略的八个关键性问题 [J]. 中国党政干部论坛, 2018 (4).

[19] 张红宇, 李伟毅. 新型农业经营主体：现状与发展 [J]. 中国农民合作社, 2014 (10).

[20] 张红宇. 新常态下的农民收入问题 [J]. 农业经济问题, 2015 (5).

[21] 张红宇. 关于深化农村改革的四个问题 [J]. 农业经济问题, 2016 (7).

[22] 张红宇. 从"两权分离"到"三权分置"——中国农地制度的绩效分析 [J]. 农村经营管理, 2017 (8).

[23] 张红宇. 中国现代农业经营体系的制度特征与发展取向 [J]. 中国农村经济, 2018 (1).

[24] 张红宇. 乡村振兴与制度创新 [J]. 农村经营管理, 2018 (2).

[25] 张红宇. 农业生产性服务业的历史机遇 [J]. 农业经济问题, 2019 (6).

[26] 胡鞍钢, 周绍杰. 绿色发展：功能界定、机制分析与发展战略 [J]. 中国人口·资源与环境, 2014 (1).

[27] 胡鞍钢. 新中国 70 年：现代化发展道路 [J]. 经济导刊, 2019 (7).

[28] 韩喜平, 孙贺. 习近平"三农"发展的中国梦略论 [J]. 理论学刊, 2015 (11).

[29] 孔祥智, 穆娜娜. 实现小农户与现代农业发展的有机衔接 [J]. 农村经济, 2018 (2).

[30] 孔祥智. 新中国成立 70 年来城乡关系的演变 [J]. 教学与研究, 2019 (8).

[31] 孔祥智. 实施乡村振兴战略的进展、问题与趋势 [J]. 中国特色社会主义研究, 2019 (1).

[32] 秦宣. "四个全面"：形成发展、科学内涵和战略意义 [J]. 思想理论教育导刊, 2015 (6).

[33] 汪三贵, 刘未. "六个精准"是精准扶贫的本质要求——习近平精准扶贫系列论述

探析［J］．毛泽东邓小平理论研究，2016（1）．

［34］汪三贵．可持续减贫：创造世界减贫史上的中国奇迹［J］．可持续发展经济导刊，2019（Z2）．

［35］陆益龙．中国农村社会学40年的重建与发展［J］．西北师范大学学报（社会科学版），2019，56（3）．

［36］贺雪峰．谁的乡村建设——乡村振兴战略的实施前提［J］．探索与争鸣，2017（12）．

［37］贺雪峰．乡村振兴与农村集体经济［J］．武汉大学学报（哲学社会科学版），2019，72（4）．

［38］贺雪峰．城乡建设用地增减挂钩政策的逻辑与谬误［J］．学术月刊，2019，51（1）．

［39］罗必良，李玉勤．农业经营制度：制度底线、性质辨识与创新空间——基于"农村家庭经营制度研讨会"的思考［J］．农业经济问题，2014，35（1）．

［40］罗必良．明确发展思路，实施乡村振兴战略［J］．南方经济，2017（10）．

［41］罗必良．从产权界定到产权实施——中国农地经营制度变革的过去与未来［J］．农业经济问题，2019（1）．

［42］姜长云．推进农村一二三产业融合发展新题应有新解法［J］．中国发展观察，2015（2）．

［43］姜长云．关于编制和实施乡村振兴战略规划的思考［J］．中州学刊，2018（7）．

［44］姜长云．推进产业兴旺是实施乡村振兴战略的首要任务［J］．学术界，2018（7）．

［45］姜长云．新时代创新完善农户利益联结机制研究［J］．社会科学战线，2019（7）．

［46］郑风田，董筱丹，温铁军．农村基础设施投资体制改革的"双重两难"［J］．贵州社会科学，2010（7）．

［47］郑风田．深入推进我国农业供给侧结构性改革的进路［J］．新疆师范大学学报（哲学社会科学版），2017（5）．

［48］姜长云．新时代创新完善农户利益联结机制研究［J］．社会科学战线，2019（7）．

［49］郑有贵．历史逻辑视域下乡村振兴战略的目标定位［J］．中共党史研究，2019（7）．

［50］蔡文成．基层党组织与乡村治理现代化：基于乡村振兴战略的分析［J］．理论与改革，2018（3）．

［51］蔡宇玲，黄纯，王清云．新型农业社会化服务体系建设中的政府角色定位——基于宁波家庭农场初步实践的调查分析［J］．经营与管理，2016（1）．

［52］曹锦清．小农的出路［J］．理论参考，2002（2）．

［53］陈柏峰．乡村振兴战略背景下的村社集体：现状与未来［J］．武汉大学学报（哲学社会科学版），2018（3）．

［54］陈龙．新时代中国特色乡村振兴战略探究［J］．西北农林科技大学学报（社会科学版），2018，18（3）．

［55］陈卫平．农业国际竞争力：一个理论分析框架［J］．上海经济研究，2002（6）．

[56] 陈晓华. 大力培育新型农业经营主体——在中国农业经济学会年会上的致辞［J］. 农业经济问题，2014，35（1）.

[57] 陈晓华. 发展农业龙头企业要把握好四大问题［J］. 中国乡村发现，2016（4）.

[58] 陈英华，杨学成. 农村产业融合与美丽乡村建设的耦合机制研究［J］. 中州学刊，2017（8）.

[59] 戴炜倬，王栋. 政府对农村公共基础设施建设投资的作用机制：短期激励与长期合作——基于地方政府之间晋升博弈视角的分析［J］. 农业经济问题，2016，37（12）.

[60] 邓大才. 粮食安全：亟需重构新型供给格局［J］. 江西农业，2015（2）.

[61] 邓金钱. 新中国 70 年城乡收入结构变迁：历史演进与时代抉择［J］. 社会科学研究，2019（5）.

[62] 杜龙政，汪延明. 基于生态生产方式的大食品安全研究［J］. 中国工业经济，2010（11）.

[63] 杜宇能，潘驰宇，宋淑芳. 中国分地区农业现代化发展程度评价——基于各省份农业统计数据［J］. 农业技术经济，2018（3）.

[64] 方晨靓，顾国达. 农产品价格波动国际传导机制研究——一个非对称性视角的文献综述［J］. 华中农业大学学报（社会科学版），2012（6）.

[65] 方劲. 内源性农村发展模式：实践探索、核心特征与反思拓展［J］. 中国农业大学学报（社会科学版），2018（1）.

[66] 冯道杰，程恩富. 从"塘约经验"看乡村振兴战略的内生实施路径［J］. 中国社会科学院研究生院学报，2018（1）.

[67] 甘家武，龚旻. 城镇化过程中政府职能转变研究——基于生产要素优化配置视角［J］. 经济问题，2017（6）.

[68] 高强，孔祥智. 我国农业社会化服务体系演进轨迹与政策匹配：1978—2013 年［J］. 改革，2013（4）.

[69] 高帆. 激励相容与农业供给侧结构性改革的实施逻辑［J］. 天津社会科学，2017（4）.

[70] 高阳. 五大发展理念看"三农"未来［J］. 农村·农业·农民（B版），2016（2）.

[71] 辜胜阻. 中国农村剩余劳动力向何处去？［J］. 改革，1994（4）.

[72] 顾朝林，李阿琳. 从解决"三农问题"入手推进城乡发展一体化［J］. 经济地理，2013（1）.

[73] 郭晓鸣，廖祖君，张鸣鸣. 现代农业循环经济发展的基本态势及对策建议［J］. 农业经济问题，2011（12）.

[74] 郝金磊，姜诗尧. 城镇化水平、农村劳动力转移与经济增长［J］. 西北人口，2016，37（3）.

[75] 何敏，张宁宁，黄泽群. 中国与"一带一路"国家农产品贸易竞争性和互补性分析［J］. 农业经济问题，2016，37（11）.

[76] 洪亘伟, 刘志强. 快速城市化地区城市导向下的农村空间变革 [J]. 城市规划, 2010 (2).

[77] 洪名勇, 吴昭洋, 王珊. 贫困指标分解、民主评议与扶贫云系统失灵——兼论贫困户识别的基层民主方式 [J]. 农业经济问题, 2017 (12).

[78] 胡宁生. 国家治理现代化: 政府、市场和社会新型协同互动 [J]. 南京社会科学, 2014 (1).

[79] 黄坤明. 深刻理解"四个全面"的重要意义 [J]. 求是, 2015 (13).

[80] 黄少安. 改革开放 40 年中国农村发展战略的阶段性演变及其理论总结 [J]. 经济研究, 2018, 53 (12).

[81] 黄祖辉. 准确把握中国乡村振兴战略 [J]. 中国农村经济, 2018 (4).

[82] 贾衍邦. 产村统筹重在融合 [J]. 城乡建设, 2014 (1).

[83] 江永红, 李华锋. 基于科学发展观的百年三农问题再思考 [J]. 农业经济问题, 2005 (10).

[84] 蒋和平. 我国现代农业的发展目标、主要挑战及对策建议 [J]. 中国发展观察, 2011 (12).

[85] 蒋永穆, 鲜荣生, 张晓磊. 马克思恩格斯城乡经济关系思想刍论 [J]. 政治经济学评论, 2015, 6 (4).

[86] 蒋永穆, 张晓磊. 中国特色农业现代化道路的演进动力探析 [J]. 农村经济, 2017 (4).

[87] 赖明勇, 等. 经济增长的源泉: 人力资本、研究开发与技术外溢 [J]. 中国社会科学, 2005 (2).

[88] 李炳坤. 发展现代农业与龙头企业的历史责任 [J]. 农业经济问题, 2006 (9).

[89] 李大胜, 李胜文. 农业企业核心竞争力构成要素的实证研究 [J]. 农业经济问题, 2008 (5).

[90] 李干杰. 坚持人与自然和谐共生 [J]. 求是, 2017 (24).

[91] 李国祥. 农村一二三产业融合发展是破解"三农"难题的有效途径 [J]. 中国合作经济, 2016 (1).

[92] 李季芳. 供应链节点企业竞争合作博弈分析 [J]. 理论学刊, 2014 (4).

[93] 李培林, 李炜. 农民工在中国转型中的经济地位和社会态度 [J]. 社会学研究, 2007 (3).

[94] 李淑峰, 李永平, 冯海红. 新型农村金融机构市场进入与区域金融体系功能改善——基于山东省 17 地市面板数据的分析 [J]. 东岳论丛, 2017, 38 (2).

[95] 林小莉, 邓雪霜, 骆东奇, 朱莉芬. 重庆农业社会化服务体系建设的现实困境与对策 [J]. 农业现代化研究, 2016, 37 (2).

[96] 刘传俊, 刘祖云. 基于协同治理视角下农村公共服务主体博弈与有效供给 [J]. 湖北社会科学, 2018 (3).

[97] 刘春芳, 王济民, 梁辛. 中国农业科技推广体系主要模式评价 [J]. 农业经济问题, 2009 (2).

[98] 刘合光. 精准扶贫与扶志、扶智的关联 [J]. 改革，2017 (12).

[99] 刘清，程勤阳. 关于农村一二三产业融合发展的认识思考 [J]. 农民科技培训，2017 (3).

[100] 刘润秋，黄志兵. 实施乡村振兴战略的现实困境、政策误区及改革路径 [J]. 农村经济，2018 (6).

[101] 刘守英. 中国土地制度改革：上半程及下半程 [J]. 国际经济评论，2017 (5).

[102] 刘同山，李竣. 论中国小农户的前景与出路 [J]. 中州学刊，2017 (11).

[103] 刘彦随. 中国新时代城乡融合与乡村振兴 [J]. 地理学报，2018，73 (4).

[104] 刘祖云，李烊. 学术研究的"三角模型"：基于"转型社区"的文献考察 [J]. 党政研究，2017 (1).

[105] 柳庆刚，姚洋. 地方政府竞争和结构失衡 [J]. 世界经济，2012，35 (12).

[106] 楼栋，孔祥智. 新型农业经营主体的多维发展形式和现实观照 [J]. 改革，2013 (2).

[107] 罗迈钦. 现代农业发展背景下的经验农民向知识农民转型研究 [J]. 农业现代化研究，2014，35 (3).

[108] 马晓河. 推进农村一二三产业融合发展的几点思考 [J]. 农村经营管理，2016 (3).

[109] 马桂萍，赵晶晶. 习近平关于"三农"问题理论思维述要 [J]. 理论视野，2019 (5).

[110] 毛飞，孔祥智. 中国农业现代化总体态势和未来取向 [J]. 改革，2012 (10).

[111] 欧阳雪梅. 振兴乡村文化面临的挑战及实践路径 [J]. 毛泽东邓小平理论研究，2018 (5).

[112] 乔俊峰. 基于需求导向的农村公共服务调查及完善对策 [J]. 经济纵横，2017 (8).

[113] 曲延春. 农村公共产品市场化供给中的公共性流失及其治理——基于农村水利市场化的分析 [J]. 中国行政管理，2014 (5).

[114] 沈费伟，刘祖云. 村庄重建的实践逻辑与运作模式——以湖州市荻港村为例 [J]. 南京农业大学学报（社会科学版），2017，17 (2).

[115] 盛子强. 中国特色新型农业现代化与农村职业教育发展策略 [J]. 中国职业技术教育，2015 (24).

[116] 苏毅清，游玉婷，王志刚. 农村一二三产业融合发展：理论探讨、现状分析与对策建议 [J]. 中国软科学，2016 (8).

[117] 谭钧泽. 解决"三农"问题是建成全面小康社会的重中之重 [J]. 农业发展与金融，2017 (8).

[118] 涂圣伟. 我国农业供给结构失衡的根源与改革着力点 [J]. 经济纵横，2016 (11).

[119] 万宝瑞. 我国农村又将面临一次重大变革 [J]. 农业经济问题，2015 (8).

[120] 王德文，何宇鹏. 城乡差距的本质、多面性与政策含义 [J]. 中国农村观察，

2005（3）.

[121] 王璠. 中国共产党解决"三农"问题的理论探索——自十六大以来[J]. 西北农林科技大学学报（社会科学版），2012（2）.

[122] 王立胜，陈健，张彩云. 深刻把握乡村振兴战略——政治经济学视角的解读[J]. 经济与管理评论，2018（4）.

[123] 王木森，唐鸣. 马克思主义共享理论视角下的乡村振兴战略：逻辑与进路[J]. 新疆师范大学学报（哲学社会科学版），2019，40（5）.

[124] 王娜，曹丽莹. 习近平关于"三农"工作的重要论述形成的渊源与特点[J]. 经济学家，2019（2）.

[125] 王蔚，彭庆军. 论农村公共服务需求表达机制的构建[J]. 湖南社会科学，2011（5）.

[126] 王文乐. 农村金融供给短缺的现状及对策[J]. 企业经济，2008（10）.

[127] 王志章，韩佳丽. 贫困地区多元化精准扶贫政策能够有效减贫吗？[J]. 中国软科学，2017（12）.

[128] 王忠武. 乡村文明的价值结构与新时代重构——实现乡村振兴的文明复兴之路探讨[J]. 山东社会科学，2018（5）.

[129] 王兆华. 新时代我国农业农村现代化再认识[J]. 农业经济问题，2019（8）.

[130] 魏后凯. 农业农村优先发展的内涵、依据、方法[J]. 农村工作通讯，2017（24）.

[131] 魏锴，杨礼胜，张昭. 对我国农业技术引进问题的政策思考——兼论农业技术进步的路径选择[J]. 农业经济问题，2013，34（4）.

[132] 吴春梅. 公益性农业技术推广机制中的政府与市场作用[J]. 经济问题，2003（1）.

[133] 吴萌，等. 分布式认知理论框架下农户土地转出意愿影响因素研究——基于SEM模型的武汉城市圈典型地区实证分析[J]. 中国人口·资源与环境，2016，26（9）.

[134] 吴重庆，陈奕山. 新时代乡村振兴战略下的农民合作路径探索[J]. 山东社会科学，2018（5）.

[135] 钱正武. 习近平新时代"三农"观的理论贡献[J]. 理论学刊，2019（2）.

[136] 肖小虹，王婷婷，王超. 中华人民共和国成立70年来农业政策的演变轨迹——基于1949—2019年中国农业政策的量化分析[J]. 世界农业，2019（8）.

[137] 席建超，王首琨，张瑞英. 旅游乡村聚落"生产—生活—生态"空间重构与优化——河北野三坡旅游区苟各庄村的案例实证[J]. 自然资源学报，2016，31（3）.

[138] 夏红莉. 党的十九大关于懂农业、爱农村、爱农民的"三农"工作队伍建设研究[J]. 沈阳干部学刊，2018，20（1）.

[139] 项继权，周长友. "新三农"问题的演变与政策选择[J]. 中国农村经济，2017（10）.

[140] 谢迪斌. 发展 21 世纪中国马克思主义的三重逻辑 [J]. 社会主义研究, 2017 (1).

[141] 徐辉. 新常态下新型职业农民培育机理：一个理论分析框架 [J]. 农业经济问题, 2016 (8).

[142] 徐元明. 发达国家粮食补贴政策及其对我国的启示 [J]. 世界经济与政治论坛, 2008 (6).

[143] 许梦博, 李新光, 王明赫. 国内农业保险市场的政府定位：守夜人还是主导者？[J]. 农村经济, 2016 (3).

[144] 许玉明, 廖玉姣. "三农"问题研究的学术论争及其引申 [J]. 改革, 2012 (9).

[145] 杨璐璐. 乡村振兴视野的新型职业农民培育：浙省个案 [J]. 改革, 2018 (2).

[146] 杨敏. 新型城镇化过程中"新三农"发展格局的构建 [J]. 学术论坛, 2013 (9).

[147] 杨明清. 十八大以来推进"三农"发展研究 [J]. 理论学刊, 2017 (5).

[148] 杨尚勤, 何予平, 王茂林. 加强和改善党对"三农"工作的领导 [J]. 中国农民合作社, 2018 (5).

[149] 杨燕, 刘渝琳. 中国粮食进口贸易中"大国效应"的扭曲及实证分析 [J]. 国际商务. 对外经济贸易大学学报, 2006 (4).

[150] 叶敬忠. 乡村振兴战略：历史沿循、总体布局与路径省思 [J]. 华南师范大学学报（社会科学版）, 2018 (2).

[151] 叶兴庆. 改革以来我国粮食保护价政策的回顾与思考 [J]. 调研世界, 1998 (12).

[152] 叶兴庆. 演进轨迹、困境摆脱与转变我国农业发展方式的政策选择 [J]. 改革, 2016 (6).

[153] 殷浩栋, 汪三贵, 郭子豪. 精准扶贫与基层治理理性——对于 A 省 D 县扶贫项目库建设的解构 [J]. 社会学研究, 2017 (6).

[154] 殷民娥. 国内外农民专业合作社发展考察及启示 [J]. 华东经济管理, 2017, 31 (7).

[155] 尹恒, 朱虹. 县级财政生产性支出偏向研究 [J]. 中国社会科学, 2011 (1).

[156] 于法稳. 习近平绿色发展新思想与农业的绿色转型发展 [J]. 中国农村观察, 2016 (5).

[157] 张柏齐. 农业保护体系的特征与落实措施 [J]. 农业信息探索, 1995 (4).

[158] 张道刚. "产城融合"的新理念 [J]. 决策, 2011 (1).

[159] 张国献. 利益协调视域下城乡生产要素双向自由流动机制研究 [J]. 当代经济科学, 2012 (5).

[160] 张克俊. 农村土地"三权分置"制度的实施难题与破解路径 [J]. 中州学刊, 2016 (11).

[161] 张立学, 祝明新. 实施乡村振兴战略需做好"放管服"三篇文章 [J]. 机构与行政, 2018 (3).

[162] 张文礼. 改革开放以来"三农"政策的创新与发展 [J]. 中国经济史研究, 2005 (2).

[163] 张晓山. 统筹谋划城乡发展深化农业领域改革——学习习近平同志关于"三农"问题重要论述的粗浅体会 [J]. 中国农村经济, 2016 (10).

[164] 张学亮, 王瑞华. 乡村法治建设的路径依赖与范式转换 [J]. 理论探索, 2006 (5).

[165] 张艳红, 横霞. 我国农村空间结构优化研究 [J]. 调研世界, 2009 (11).

[166] 张杨, 程恩富. 毛泽东农村调查对新时代实施乡村振兴战略的若干启示 [J]. 毛泽东邓小平理论研究, 2018 (4).

[167] 张艺颉. 乡村振兴背景下村民自治制度建设与转型路径研究 [J]. 南京农业大学学报 (社会科学版), 2018 (4).

[168] 张占仓. 中国农业供给侧结构性改革的若干战略思考 [J]. 中国农村经济, 2017 (10).

[169] 张照新, 赵海. 新型农业经营主体的困境摆脱及其体制机制创新 [J]. 改革, 2013 (2).

[170] 赵春江, 等. 中国农业信息技术发展回顾及展望 [J]. 中国农业文摘—农业工程, 2018, 30 (4).

[171] 赵磊. "三农问题"的症结究竟何在 [J]. 农业经济问题, 2005 (6).

[172] 赵曼丽. 从协同到共生: 农村公共服务供给的理论构建与超越 [J]. 江海学刊, 2013 (3).

[173] 赵晓峰, 邢成举. 农民合作社与精准扶贫协同发展机制构建: 理论逻辑与实践路径 [J]. 农业经济问题, 2016 (4).

[174] 赵忠升. "三农"问题的核心: 农民的权益与能力 [J]. 农业经济问题, 2012 (11).

[175] 钟茂初. "人与自然和谐共生"的学理内涵与发展准则 [J]. 学习与实践, 2018 (3).

[176] 周应恒, 刘余. 中国农业发展大趋势与新三农发展路径 [J]. 现代经济探讨, 2017 (4).

[177] 周云波. 城市化、城乡差距以及全国居民总体收入差距的变动——收入差距倒U形假说的实证检验 [J]. 经济学 (季刊), 2009, 8 (4).

[178] 朱道林, 李瑶瑶. 农村土地制度改革的经济学考察 [J]. 中国土地科学, 2018, 32 (3).

[179] 朱天义, 张立荣. 个体化或集体经营: 精准扶贫中基层政府的行动取向分析 [J]. 马克思主义与现实, 2017 (6).

[180] 朱艳新, 黄红梅. 我国农产品供应链构建模式 [J]. 中国物流与采购, 2011 (4).

[181] 王国敏, 邓建华. 重塑农民主体性是破解"三农"问题的关键 [J]. 现代经济探讨, 2010 (9).

[182] 王国敏. 新农村建设的物质基础：农村公共产品供给制度——一个非均衡发展的经济学分析 [J]. 社会科学研究，2006 (5).

[183] 王国敏. 中国特色农业现代化道路的理论阐释与实证研究 [J]. 理论与改革，2009 (5).

[184] 王国敏，罗静. 农村集体经济：辩证审视、现实困境与必然出路 [J]. 探索，2011 (3).

[185] 王国敏，周庆元. 增强我国粮食安全的综合保障能力对策 [J]. 经济纵横，2013 (3).

[186] 王国敏，周庆元. 中国农业现代化发展的梯度差异研究 [J]. 探索，2013 (5).

[187] 王国敏，翟坤周. 确权赋能、结构优化与新型农业经营主体培育 [J]. 改革，2014 (7).

[188] 王国敏，杨永清，王元聪. 新型农业经营主体培育：战略审视、逻辑辨识与制度保障 [J]. 西南民族大学学报（人文社会科学版），2014 (10).

[189] 王国敏，周庆元. 我国粮食综合生产能力影响因素的实证分析 [J]. 四川大学学报（哲学社会科学版），2016 (3).

[190] 王国敏，王元聪. "三农"发展中的四大矛盾及其破解策略 [J]. 探索，2016 (5).

[191] 王国敏，等. 贫困脆弱性解构与精准脱贫制度重构——基于西部农村地区 [J]. 社会科学研究，2017 (5).

[192] 罗浩轩. 中国农业资本深化对农业经济影响的实证研究 [J]. 农业经济问题，2013，34 (9).

[193] 罗浩轩. 新常态下中国农业经济增长的三重冲击及其治理路径——基于1981—2013年中国农业全要素生产率的测算 [J]. 上海经济研究，2017 (2).

[194] 罗浩轩. 中国区域农业要素禀赋结构变迁的逻辑和趋势分析 [J]. 中国农村经济，2017 (3).

[195] 罗浩轩. 城乡一体化进程中的中国农村土地节约集约利用研究——基于改进的PSR模型 [J]. 经济问题探索，2017 (7).

[196] 罗浩轩. 当代中国农业转型"四大争论"的梳理与评述 [J]. 农业经济问题，2018 (5).

[197] 罗浩轩，郑晔. 中美贸易摩擦下我国农业产业安全深层次困境及破解思路 [J]. 西部论坛，2019，29 (1).

[198] 翟坤周，周庆元. 新农村综合体的内涵特征、体系框架与建设策略. 现代经济探讨，2014 (4).

[199] 翟坤周，王国敏. 我国移居农民集中居住的实践逻辑与实证分析 [J]. 学习与实践，2016 (10).

[200] 翟坤周. "三农"发展的时代意蕴与乡村振兴的集成路径 [J]. 福建论坛（人文社会科学版），2019 (6).

[201] CHAVARRIA D N, PÉREZ-BRANDAN C, SERRI D L, et al.. Response of

soil microbial communities to agroecological versus conventional systems of extensive agriculture [J]. Agriculture ecosystems & environment, 2018, 264.

[202] DEMSETZ H. The theory of the firm revisited [J]. Journal of law economics & organization, 1988, 4 (1).

[203] HO P, YANG X. Conflict over mining in rural China: a comprehensive survey of intentions and strategies for environmental activism [J]. Sustainability, 2018, 10 (5).

[204] KUZNETS S. Economic growth and income inequality [J]. The American economic review, 1955, 45 (1).

[205] LEE S J. Bitter and sweet: Food, meaning, and modernity in rural China [J]. Journal of asian studies, 2018, 77 (3).

[206] LIU Y, LIU Y, CHEN Y, et al. The process and driving forces of rural hollowing in China under rapid urbanization [J]. Journal of geographical sciences, 2010, 20 (6).

[207] MA T, ZHENG Z, MAN M, et al. Holocene fire and forest histories in relation to climate change and agriculture development in southeastern China [J]. Quaternary international, 2018, 488.

[208] MATOS C, BENTES I, PEREIRA S, et al. Which are the factors that may explain the differences in water and energy consumptions in urban and rural environments? [J]. Science of the total environment, 2018, 642.

[209] SAITONE T L, SEXTON R J, MALAN B. Price premiums, payment delays, and default risk: understanding developing country farmers' Decisions to market through a cooperative or a private trader [J]. Agricultural economics, 2018, 49 (3).

[210] TSANG T K, CHEN T M, LONGINI JR I M, et al. Transmissibility of norovirus in urban versus rural households in a large community outbreak in China [J]. Epidemiology, 2018, 29 (5).

后 记

值此定稿付梓之际,我不禁掩卷遐思,从考入四川大学求学到在四川大学工作,再到从四川大学退休,转瞬间已悄然跨越了近半个世纪。四十多年来一路星夜兼程,我始终坚持"边学边干,边干边学",在"学"与"干"中逐步成长。在此期间,我先后牵头组建了政治学院并担任首任院长;牵头成功申报了马克思主义理论学科硕士点和马克思主义中国化研究博士点和一级学科博士点,并担任学科点负责人;迄今共招收并指导了100余名硕士和50余名博士,我的众多弟子带着我言传身教的"争与不争"人生哲学信条,遍布在祖国大江南北,供职于党政军、科研院所、公司企业等各行业的各类岗位,大多已成为所在单位的业务骨干,这使我引以为傲。在教学科研与培养学生的过程中,我总结出了"战、抠、磨、黏、恒"五字诀,我想这种源于实践而又高于实践的经验总结应该算是一种具有普遍适用性的方法论,不仅可以用于指导开展科学研究,同样也适用于人类社会任何领域的创业者。

任何社会个体的思想意识、行为模式与职业选择通常与其生活环境、成长经历和所处时代紧密相关,我也概不能外。20世纪50年代初,我出生于重庆,属于"生在新中国,长在红旗下"的那一代祖国新青年。20世纪70年代初,我积极响应"知识青年上山下乡"号召,自愿报名奔赴边疆,一边接受贫下中农再教育,一边为支援祖国发展橡胶事业做贡献。当时我国工业生产急需大量的橡胶原料,而从国外进口成本又比较高,20吨大米仅能置换1吨橡胶,我国当时正是一个缺粮国,为了降成本和增产量,国家分别在云南和海南投建了2个橡胶生产基地。而我正好被分配到澜沧江畔的云南生产建设兵团。这是一个橡胶基地,主要负责生产橡胶。

来到兵团以后,我作为1师4团3营5连的连队政治辅导员到营部参加了马克思列宁主义著作学习的培训。我们学习的第一本书是《共产党宣言》,因为这是代表劳苦大众立场的纲领性文件,被誉为工人阶级的"圣经"。当时我和来自北京、上海、昆明、重庆等地的知青一起学习,他们比我年长2~4岁,部分是高中毕业,思想比较活跃。在分组讨论环节,他们大多能够围绕《共产党宣言》谈心得、提问题。听到战友们纷纷发言提问,而我由于对写作《共产党宣言》的世界历史背景不清楚,始终开不了口,这让我心急如焚。不甘落后的我多次借阅这本小册子,试图学懂弄通,但却因为缺乏知识基础而理解起来很费劲。于是,我向营教导员请教:"为什么我提不出问题""为什么有些内容我不能理解"？教导员对我说："小王啊，要想学好《共产党宣言》，就必须懂得'政治经济学'"。就这样，"政治经济学"这个专业名词就如一道闪电一下子触动了我，并且深深地印在了我的脑海里，此后我便经常拷问自己："什么是政治经济学？""它研究的对象究竟是什么？"这对我产生了较为深远的影响，以致在后来获得考大学的机会时，我便毫不犹豫地填报了政治经济学专业，并幸运地被四川大学政治经济学专业录取。

在四川大学读书期间，我倍加珍惜来之不易的学习机会。因为我所在的 4 团共报名参考人数就有几千人，但在经历了自愿报名、群众推荐、组织审查等环节的层层筛选之后，最后只有 120 人具有考试资格，而最终被大学录取的仅有 40 人。为此，我丝毫不敢松懈，闻鸡起读、挑灯夜读是我读书期间的学习常态。别人校园漫步时，我在研读政治经济学著作；别人逛街闲耍时，我也在研读政治经济学著作；别人花前月下时，我还在研读政治经济学著作。就这样秉持着"咬定青山不放松"的信念和"铁杵磨成针"的干劲，通过对包括《资本论》在内的若干经典著作的反复研读，持续咀嚼、消化与吸收，我初步较为系统地掌握了政治经济学基础理论。并且，我始终秉持并践行理论与实践相结合的原则，始终认为源于实践且高于实践的理论是用于指导和服务实践的，因此，读书期间我先后组织和参加了 10 多次社会实践，主要是到四川各地的工厂、农村去展开调研，这为我后来的学术研究奠定了基础。

大学毕业时，我幸运地获得了留校任教机会，被分配到当时的马列部担任政治理论课教员。在 1978—1979 年期间，我被四川大学选派到北京大学经济学系访学研修，并有幸得到陈岱孙、胡代光、洪君彦、厉以宁等先生的指导、关心和帮助，这使我获益匪浅，极大地提升了我的理论素养、学术水平和教学能力。从此，我也就正式开启了教学科研生涯。

在 20 世纪八九十年代，社会上"脑体倒挂"现象非常明显，下海潮备受追捧，人们趋之若鹜；此时，省市政府机关也急需经济学专业人才。面对充满诱惑的经商与从政机会，我却始终对教师职业情有独钟，认为既然选择了高校教职，就得坐冷板凳，就得甘守贫寂。因为每每回想起当年我的中学老师送我到建设兵团的场景时，我内心深处就觉得老师这个职业是无私的、伟大的、崇高的。我非常喜欢宋祖英唱的一首歌《长大了我就成了你》，歌词中我特别喜欢"写下的是真理，擦去的是功利""举起的是别人，奉献的是自己"，于是我就暗下决定立志做一名合格的人民教师。

就这样一坚持就是四十多年，教学与科研俨然融入我的生活，成为一种难以改变的习惯和常态。尤其是在 20 世纪 90 年代初期，理论界掀起了工业经济、世界经济、对外贸易和西方经济学等领域的研究热潮，这些热点话题成了别人眼中的显学，但我却始终不为所动。因为在见证、亲历了农村的贫瘠、农业的落后、农民的疾苦之后，我深知在当时的 10 亿人口中，有 8 亿在农村，积累了许多"广"而"深"的疑难问题，有待从理论上予以廓清，亟须从实证中进行回应；并且，反观历史与现实，封建中国历史上出现的多次因农民起义而引致的政权更迭或社会变革，无不与"三农"密切相关；我也始终认为只要解决好了"三农"问题，就相当于解决了中国问题的一多半。缘于上述理由，我始终坚守知青时代所凝结的"三农"情怀，始终沿着"三农"初心践行"学术使命"。

聚焦"三农"主题，我深耕细作，至今共获立了 6 项国家社科基金项目（重点项目 2 项，一般项目 4 项）和 20 余项省部级基金项目，发表了 180 多篇论文，出版了 17 本专著，分别从不同视角聚焦关涉"三农"领域的各方面问题。虽然在项目推进过程中，围绕研究主题产生了较为丰硕的系列成果，撰写了 10 余篇重要成果专报，并且均以"免于鉴定""优秀""良好"等级顺利结项，但在我心底深处长期思索并且始终悬而未决的问题至少有二：

其一，有不少学者局限地将"三农"问题视为经济问题和社会问题，认为不应该属于马克思主义学科的研究范畴。作为马克思主义理论学科的科研工作者和学科带头人，我始终觉得如果仅把"三农"问题列入应用经济学范畴，只运用经济学的话语体系与学科范式来研究，这显然是理论界的认知误区与视域局限。我始终坚定地认为马克思主义理论不应该被束之高阁，因为她是抽象性与具象性的辩证有机体。"三农"问题作为中国特色社会主义理论与实践进程中的重大现实问题，理应属于马克思主义中国化研究的对象与范畴，但我却苦于缺乏系统的论据和有力的论证而不能"以理服人"；有循于此，我长期冥思究竟应该如何从马克思主义的立场、观点和方法出发，运用马克思主义中国化研究的话语体系阐释"三农"问题，如何铿锵有力地矫正理论界对"三农"学科属性的局限与误解，如何真正彰显马克思主义理论既"顶天"又"立地"的理论品质，将"形而上"与"形而下"有机融贯，进而在抽象与具体、理论与实践的辩证互动中推进解决这一实际问题？

其二，以马克思主义为指导思想的中国共产党正是立足"三农"，通过发动并依靠广大农民群体进而战胜了一个又一个困难，取得了一个又一个胜利，使中华民族和中国人民从此"站起来"；改革开放也正是以农村为突破口拉开序幕，使中国人民和中华民族逐步"富起来"；党的十八大以来，党和国家始终把"三农"视为工作的重中之重，坚持找问题、补短板、强弱项和提质量相结合，助益中华民族和中国人民驶入"强起来"的快车道，那么，是否可以基于马克思主义基本原理，从马克思主义中国化理论与实践双向互动切入，对"三农"问题进行系统解构、深刻剖析与科学重构呢？

令人欣喜的是，在 2015 年国家哲学社会科学工作办公室发布的课题招标指南里，"中国特色社会主义新农业、新农民、新农村研究"这一选题赫然出现在马列科社类别之中。见到此选题时，我兴奋不已，当时虽已接近退休，但仍笔耕不辍，深感从马克思主义学科阐释"三农"问题，为"三农"问题的学科属性正名，对我而言既责无旁贷，又义不容辞。于是我迅速召集课题组展开论证，经过反复酝酿、深入探讨和精研细磨，在数易其稿后确定以"中国特色社会主义'新三农'协同发展研究"为题，从马列科社类别申报，最终如愿顺利立项。

在 2018 年中央农村工作会议中，习近平总书记不仅强调"三农"问题是我国经济社会发展的根本性问题，贯穿现代化建设和实现中华民族伟大复兴的全过程，更是明确将党关于"三农"的理论创新界定为习近平新时代中国特色社会主义思想的重要组成部分。这完全与本课题研究的理论基点、逻辑主线和现实指向不谋而合，为从马克思主义中国化学科范畴研究"三农"问题提供了思路参鉴和政策依据。这无疑是一剂强心针，更加坚定了我从马克思主义中国化的学科范畴与研究范式来展开本课题的信心与决心。此后,我带领课题组秉持申报初衷,立足马克思主义基本理论,以唯物论与辩证法为哲学基础,从"回到马克思主义"和"推进21世纪马克思主义、当代中国马克思主义"双重学术进路出发,创造性地搭建了以马克思主义学科为主、多学科交叉融合的研究范式与阐释框架,严守马克思主义的立场、观点与方法,依据中国独特的国情、农情与民情,结合不断变化的时代背景、阶段特征与发展需求,沿循"三农"协同发展的马克思主义中国化主线,通过强化与优化新时代"三农"协同发展的马克思主义中国化理论与实践的双向互动并理顺其双重逻辑,不仅在理论上有利于丰富拓展马克思主义中国化的学科范畴,而且对马克思主义中国化从宏观政治话语向微观学术议题的转变也深有裨益;在实践中既可以有力地回应时代之问,也能够切实地迎合发展之需。这正是本课题研究的意义与价值所在。

在此项目的研究过程中,课题组围绕主题在国内外学术期刊公开发表了论文30余篇,由我指导撰写的2份咨政报告先后被四川省哲学社会科学研究《重要成果专报》刊发,获得时任省委省政府主要领导的肯定性批示,并责成相关职能部门采纳。本项目虽以"免于鉴定"等级获准结题,但我全然没有如释重负之感;尽管我和团队成员都竭力想做到更加满意为止,但书中却难免存在些许疏漏或瑕疵。此书的出版,犹如抛砖引玉,恳请理论界、政策界及社会各界的同仁方家批评指正。您的宝贵意见或建议,将是课题组后续改进的动力与方向。

目前呈现的文本是课题组成员长期协作、共同努力的结果。具体撰写分工如下:导论由王国敏、翟坤周撰写,第一章由翟坤周、张宁撰写,第二章由王元聪撰写,第三章由王国敏、罗浩轩撰写,第四章由郑晔、赵波撰写,第五章和第六章由王国敏、周庆元、罗静和唐虹撰写,结语由王国敏、翟坤周撰写。全书由王国敏设计总体框架,提出观点,并承担修改、统稿等任务。张宁承担了参考文献梳理工作。杨永清、刘碧、林秀丽、张阳丽、王小川、荷莉琼等同志在课题研究中参与了课题调研、资料收集、文稿整理等工作。

最后,我要感谢全国哲学社会科学工作办公室对课题研究的资助,感谢课题组成员的辛勤付出,感谢对课题调研提供帮助的各地各级政府职能部门的相关领导、工作人员,感谢广大农村勤劳智慧、纯洁质朴、热情大方的英雄人民!感谢四川大学出版社王军社长及各位领导的支持,感谢舒星和蒋姗姗编辑为本书编辑出版付出的辛劳!我们在撰写本书的过程中,也借鉴了国内外众多专家学者的相关研究成果,在此一并致谢!

虽"往者不可谏",但"来者犹可追"。趁此契机,回溯既往,以昭未来。

是为后记。

王国敏

2021年6月30日于四川大学